U0667709

MATLAB®
examples

MATLAB®
examples

FRM金融风险管理师零基础编程

MATLAB

金融风险管理师

FRM（一级）

姜伟生 涂升 编著

清华大学出版社

北 京

<h1 style="text-align:center">内容简介</h1>

金融风险管理已经成为各个金融机构必备的职能部门。特别是随着全球金融一体化不断发展深入，金融风险管理愈发重要，也日趋复杂。金融风险管理师(FRM)就是在这个大背景下推出的认证考试，FRM现在已经是金融风险管理领域顶级权威的国际认证考试。丛书共分三本，分别是FRM考试第一、二级考纲内容以及实际工作所需的金融建模风险管理知识。丛书将金融风险建模知识和MATLAB编程有机地结合在一起，配合丰富的彩色图表，由浅入深地将各种金融概念和计算结果可视化，帮助读者理解金融风险建模核心知识，提高数学和编程水平。

本书是本系列图书的第一本【FRM(一级)】，共分12章。第1章介绍MATLAB编程基础；第2章和第3章在第1章基础上，讲解MATLAB数据可视化方案，集中介绍各种二维、三维绘图命令；第4章开始介绍时间轴、折算、利率、利差等概念；第5章和第6章，用两章内容和读者探讨金融风险建模中几个重要的数学模块，比如平面、空间、不等式、数列、插值、极限、微积分、泰勒展开、凸性和方向微分等内容。第7、8、9章讨论概率统计的几个重要模块：第7章探讨集合概率、排列组合、统计描述、正态分布、分位点等概念；第8章探讨中心矩、连续概率分布、离散概率分布、QQ图、线性相关和二元正态分布等内容；第9章深入探讨统计概率中的置信区间、假设检验、回归模型和自相关这几个模块；第10章以之前数学统计内容为基础，介绍固定收益金融产品分析；第11章介绍二叉树法定价欧式和美式期权；第12章以第11章为基础，探讨9大类期权交易策略。

本书适合所有金融从业者阅读，特别适合金融编程零基础读者参考学习。本书适合FRM考生备考参考学习，可以帮助FRM持证者实践金融建模，另外本书也是巩固金融知识、应对金融笔试面试的利器。

本书封面贴有清华大学出版社防伪标签，无标签者不得销售。

版权所有，侵权必究。侵权举报电话：010-62782989 13701121933

图书在版编目(CIP)数据

MATLAB金融风险管理师FRM：一级 / 姜伟生，涂升编著. — 北京：清华大学出版社，2020.7
（FRM金融风险管理师零基础编程）
ISBN 978-7-302-54537-8

Ⅰ. ①M⋯ Ⅱ. ①姜⋯ ②涂⋯ Ⅲ. ①Matlab软件—应用—金融风险—风险管理—资格考试—自学参考资料 Ⅳ. ①F830.9-39

中国版本图书馆 CIP 数据核字 (2019) 第 290407 号

责任编辑：栾大成　薛　阳
封面设计：姜伟生　涂　升
责任校对：胡伟民
责任印制：杨　艳

出版发行：清华大学出版社
　　　　网　　　址：http://www.tup.com.cn，http://www.wqbook.com
　　　　地　　　址：北京清华大学学研大厦 A 座　　　　　　　邮　　编：100084
　　　　社 总 机：010-62770175　　　　　　　　　　　　　　邮　　购：010-62786544
　　　　投稿与读者服务：010-62776969，c-service@tup.tsinghua.edu.cn
　　　　质 量 反 馈：010-62772015，zhiliang@tup.tsinghua.edu.cn
印 装 者：涿州汇美亿浓印刷有限公司
经　　销：全国新华书店
开　　本：188mm×260mm　　　　印　　张：30.25　　　　字　　数：920 千字
版　　次：2020 年 7 月第 1 版　　　印　　次：2020 年 7 月第 1 次印刷
定　　价：199.00 元

产品编号：084120-01

前言

人以"血"为"气之母"。金融之于一个国家，亦犹如血液之于人的身体。风险管理作为必不可少的金融行业之一，时时刻刻都在管理金融"血液"的流动，监控"血液"的各项指标，预防各类"血液"问题的发生。

现代金融风险管理是由西方世界在二战以后系统性地提出，研究和发展起来的。一开始，还只是简单地使用保险产品来规避个人或企业由于意外事故而遭受的损失。到了20世纪50年代，此类保险产品不仅难以面面俱到而且费用昂贵，风险管理开始以其他的形式出现。例如，利用金融衍生品来管理风险，在70年代开始崭露头角，在80年代风靡一时。再到90年代，金融机构开始开发内部的风险管理模型，全球性的风险监管陆续介入并扮演起管理者的角色。如今，风险管理在不断完善的过程中，已经成为了各个金融机构的必备职能部门，在有效地分析、理解和管理风险的同时，也创造了大量的就业机会。

金融风险管理的进化还与量化金融的发展息息相关。量化金融最大的特点就是利用模型来解释金融活动和现象，并对未来进行合理的预测。1827年，当英国植物学家罗伯特•布朗 (Robert Brown) 盯着水中做无规则运动的花粉颗粒时，他不会想到几十年后的1986年，法国人朱尔斯•雷诺特 (Jules Regnault) 根据自己多年股票经纪人的经验，首次提出股票价格也服从类似的运动。到了1990年，法国数学家路易斯•巴切里尔 (Louis Bachelier) 发表了博士论文"投机理论 (The theory of speculation)"。从此，布朗运动被正式引入和应用到了金融领域，树立了量化金融史上的首座里程碑。

而同样历史性的时刻，直到1973年和1974年才再次出现。美国经济学家费雪•布雷克 (Fischer Black)、美加经济学家迈伦•舒尔兹 (Myron Scholes) 和美国经济学家罗伯特•默顿 (Robert Merton) 分别于这两年提出并建立了Black-Scholes-Merton模型。该模型不仅仅实现了对期权产品的定价，其思想和方法还被拓展应用到了其他的各类金融产品和领域中，影响极其深远。除了对随机过程的应用，量化金融更是将各类统计模型，时间序列模型，数值计算技术等等其他五花八门的神兵利器都招致麾下，大显其威。而这些广泛应用的模型、工具和方法，无疑都为金融风险管理提供了巨大的养分和能量，也成为了金融风险管理的重要手段。例如，损益分布、风险价值VaR、波动率、投资组合、风险对冲、违约概率、信用评级等等这些重要的概念，就是在这肥沃的土壤上结出的果实。

纵观我国历史，由西周至唐，历经银本位的宋元明，清之后近代至今，中华文明本身就是一段璀璨瑰丽的金融史，并曾在很长一段时间位于世界前列。在当今变幻莫测的国际局势中，金融更是一国重器，金融风险管理人才更是核心资源。特别是随着全球一体化的深入，金融风险管理愈发重要，也日趋复杂。

金融风险管理师 (FRM) 就是在这样的大背景下应运而生的国际专业资质认证考试。本丛书以FRM考试第一、二级考纲为中心，突出介绍实际工作所需的金融风险建模和管理知识，并且将MATLAB编程有机地结合到内容中。就形式而言，本丛书另一大特点是通过丰富多彩的图表和生动贴切的实例，深入浅出地将烦琐的金融概念和复杂的计算结果进行了可视化，能有效地帮助读者领会知识要点并提高编程水平。

贸易战、金融战、货币战这些非传统意义的战争，所到之处虽不见炮火硝烟，但遍野哀嚎不绝于耳。安得广厦千万间，风雨不动安如山。笔者希望这一套丛书，能为推广金融风险管理的基本知识尽一份微薄之力，为国内外从事该行业的中文读者提供一点助益。在这变化莫测的全球金融浪潮里，为一方平安保驾护航，为盛世永驻尽心尽力。

在这里，笔者衷心感谢清华大学出版社的栾大成老师，以及其他几位编辑老师对丛书的大力支持，感谢身边好友们的倾情协助和辛苦工作。感谢MathWorks中国Lynn Ye女士对丛书的大力支持。感谢MathWorks Book Program对丛书技术支持。最后，借清华大学校训和大家共勉——天行健，君子以自强不息；地势坤，君子以厚德载物。

Nothing and no one can destroy the Chinese people. They are relentless survivors. They are the oldest civilized people on earth. Their civilization passes through phases but its basic characteristics remain the same. They yield, they bend to the wind, but they never break.

——赛珍珠 (Pearl S. Buck)

About Authors and Reviewers

作者和审稿人

(按姓氏字母先后顺序)

安然

博士，现就职于道明金融集团道明证券 (TD Securities)，从事交易对手风险模型建模，在金融模型的设计与开发以及金融风险的量化分析等领域具有丰富的经验。曾在密歇根大学、McMaster大学、Sunnybrook健康科学中心从事飞秒激光以及聚焦超声波的科研工作。

姜伟生

博士，FRM，现就职于MSCI，负责为美国对冲基金客户提供金融分析产品RiskMetrics RiskManager的咨询和技术支持服务。MATLAB建模实践超过10年。跨领域著作丰富，在语言教育、新能源汽车等领域出版中英文图书超过15种。

梁健斌

博士，现就职于McMaster Automotive Resource Center，MATLAB使用时间超过10年。曾参与过CRC Taylor & Francis图书作品出版工作，发表多篇英文学术期刊。深度参与本丛书的创作，对MATLAB代码进行了多轮查验和调试，完成了图书大部分核心代码甄选工作。

芦苇

博士，金融数学硕士，现就职于加拿大丰业银行，从事金融衍生品定价模型建模和风险管理工作。MATLAB建模时间超过10年。曾在多伦多大学从事博士后研究，大气建模工作。

邵航

金融数学博士，CFA，博士论文题目《系统性风险的市场影响、博弈论和随机金融网络模型》。现就职于OTPP (Ontario Teachers' Pension Plan，安大略省教师退休基金会)，从事投资业务。曾在加拿大丰业银行之一从事交易对手风险模型建模和管理工作。MATLAB建模实践超过10年。

涂升

博士，FRM，现就职于CMHC (Canada Mortgage and Housing Corporation，加拿大抵押贷款和住房管理公司，加拿大第一大皇家企业)，从事金融模型审查与风险管理工作。曾就职于加拿大丰业银行，从事IFRS9信用风险模型建模，执行监管要求的压力测试等工作。MATLAB使用时间超过10年。

王伟仲

博士，现就职于美国哥伦比亚大学，从事研究工作，参与哥伦比亚大学多门研究生级别课程教学工作，MATLAB建模实践超过10年，发表多篇英文期刊杂志论文。参与本书的代码校对工作，并对本书信息可视化提供了很多宝贵意见。

张丰

金融数学硕士，CFA，FRM，现就职于OTPP，从事一级市场等投资项目的风险管理建模和计算，包括私募股权投资、并购和风投基金、基础建设、自然资源和地产类投资。曾就职于加拿大蒙特利尔银行，从事交易对手风险建模。MATLAB建模实践超过10年。

Acknowledgement
致谢

To our parents.
谨以此书献给我们的母亲父亲。

推荐语

本书作者结合MATLAB编程将复杂的金融风险管理的基本概念用大量图形展现出来，使读者能用最直观的方式学习和理解知识点。书中提供的大量源代码使得读者可以亲自实现书中的具体实例。真的是市场上少有的、非常实用的金融风险管理资料。

——张旭萍 | 资本市场部门主管 | 蒙特利尔银行

投资与风险并存，但投资不是投机，如何在投资中做好风险管理一直是值得探索的课题。一级市场中更多的是通过法律手段来控制风险，而二级市场还可以利用量化手段来控制风险。本书基于MATLAB从实操上教给读者如何量化并控制投资风险的方法，这"术"的背后更是让读者在进行案例实践的过程中更好地理解风险控制之"道"，更深刻地理解风控的思想。

——杜雨 | 风险投资人 | 红杉资本中国基金

作为具有十多年FRM培训经验的专业讲师，我深刻感受到，每一位FRM考生都希望能将理论与实践结合，希望用计算机语言亲自实现FRM中学习到的各种产品定价和金融建模理论知识。而MATLAB又是金融建模设计与分析等领域的权威软件。本丛书将MATLAB编程和金融风险建模知识有机地结合在一起，配合丰富的彩色图表，由浅入深地将各种金融概念和计算结果可视化，帮助读者理解金融风险建模核心知识。本丛书特别适合FRM备考考生和通过FRM考试的金融风险管理从业人员，同时也是金融风险管理岗位笔试和面试的葵花宝典，甚至可以作为金融领域之外的数据可视化相关岗位的绝佳参考书，非常值得学习和珍藏。

——Cate程黄维 | 高级合伙人兼金融项目学术总监 | 中博教育

如何使用本书

欢迎读者订阅本书微信公众号，获取图书配套代码源文件，和更多风控咨询：

本书的重要的特点：

◀ 紧紧围绕FRM一二级考纲内容；

◀ 由浅入深，突出FRM考试和实际工作的联系；

◀ 强调理解，绝不一味罗列金融概念和数学公式；

◀ 将概念、公式变成简单的MATLAB代码；

◀ 全彩色印刷，赏心悦目地将各种金融概念和数据结果可视化；

◀ 中英混排，扩充个人行业术语库。

本书适用读者群体：

◀ 如果你是FRM备考考生：本书帮助你更好地理解FRM核心考点；

◀ 如果你是FRM持证者：本书是FRM证书和实际工作的桥梁；

◀ 如果你要准备金融类面试：本书帮助你巩固金融知识，应对复杂面试题目；

◀ 如果你并非金融科班出身，有志于在金融行业发展：本书可能是金融MATLAB编程最适合零基础入门、最实用的图书。

获得正版MATLAB软件

◀ 如果读者是学生或者教职员工,学校可能已提供无试用限期的MATLAB。如下网址可以用来检查是否已有校园许可证。

◀ https://ww2.mathworks.cn/academia/tah-support-program/eligibility.html

◀ 如果读者是在职员工,可通过公司邮箱申请下载为期30天的试用软件。如下网址是网申入口。

◀ https://ww2.mathworks.cn/campaigns/products/trials.html

丛书公开课视频资源

◀ 本书代码请扫码下载,下载平台不定期提供更多资源:

◀ 作者专门为丛书读者开设公开课,讲授图书主要内容。请读者登录https://www.bilibili.com/或https://www.zhihu.com网站或App,搜索"生姜DrGinger"频道。丛书公开课陆续在频道推出,欢迎读者订阅转载。

请读者注意:

◀ 本书为了方便读者学习,在围绕FRM考纲的基础上对内容设计有所调整;

◀ 本书的MATLAB代码是在2018a版本环境中编写。虽然本书的代码也使用2016a版本运行检查,笔者并不确定任何其他低版本MATLAB都可以运行本书代码;

◀ 本书采用的内容、算法和数据均来自公共领域,包括公开出版发行的论文、网页、图书、杂志等;本书不包括任何知识产权保护内容;本书观点不代表任何组织立场;

◀ 本书所有内容仅用于教学,代码错误难免;任何读者使用本书任何内容进行投资活动,本书笔者不为任何亏损和风险负责。

Contents

目录

第1章

Fundamentals of MATLAB
编程基础

本书是丛书的第一本。在本书的第1章和第2章中，作者将和读者一起探讨MATLAB编程基础。这之后的内容会更侧重于金融模型的搭建。希望读者在学习金融建模的过程中，不断提高MATLAB编程水平，勇往直前，不畏犯错，有错 (bug) 就改 (debug)，开开心心。

Core Functions and Syntaxes
本章核心命令代码

- `%%` 代码区块符号，配合 `Ctrl + Enter` 组合键使用。
- `[i,j]= find(M == min(M(:)))` 找到M矩阵中最小值的位置，i行j列。若M为向量则只需j=find(…)，即可找回向量中最小值的位置。
- `…` 为避免一行代码相较于其余代码显得过于冗长，使用此符号。
- `A([2:2:end],5)` 第5列偶数索引的元素。
- `A([2:end])` 取出第2到最后一个元素。
- `A([X,Y],:)` 截取A的第X和第Y行。
- `A([X:end],Y)` 第Y列第X个到最后一个元素。
- `A.*B` 行列数相等的两个矩阵A和B，对应元素相乘。
- `clc` 清空控制台。
- `clear all` 清除所有变量。
- `close all` 关闭绘图窗口。
- `cumprod` 如果A是一个向量，将返回一个包含A各元素累积连乘的结果的向量，元素个数与原向量相同。
- `cumsum` 如果A是一个向量，将返回一个包含A各元素累积连加的结果的向量，元素个数与原向量相同。
- `doc sin` 直接打开help浏览器，搜索sin为关键词的词条。
- `find(A<0)` 找到向量/矩阵A小于零元素的位置。
- `fliplr(A)` 将矩阵A左右翻转。
- `flipud(A)` 将矩阵A上下翻转。
- `linspace(0, 10, 11)` 得到0:10一样的结果。
- `linspace(10, 0, 11)` 得到10:-1:0一样的结果。
- `max(M(:))` 取出矩阵最大值。
- `max(max(M))` 取出矩阵最大值，等同于max(M(:))。
- `ones(row_num,column_num)` 生成元素都为1的矩阵，矩阵中的行数 =row_num，列数 =column_num。如ones(2,3)表示生成一个2行3列的元素全为1的矩阵。若row_num或column_num其中任一为1，则生成一向量。类似的还有zeros，NaN。
- `sort(unsorted_row,'descend')` 从大到小排列，'descend'可替换为其他参数而实现其他排列方式。使用doc sort可查看其余参数。

1.1 有关MATLAB

MATLAB之父，生于1939年的数学博士克里夫·莫勒尔 (Cleve Moler)，他同时也是计算机编程和数值分析方面的专家，教育经历丰富。在19世纪70年代，他亲手搭建了第一版MATLAB (Matrix Laboratory)。当时他在美国新墨西哥大学任教并担任计算机科学系的主席，已经是一些流行的数值计算函数库，例如LINPACK和EISPACK的创作者。Cleve Moler将最初的MATLAB制作成了一个免费的数值计算包，为自己的学生提供更便利的途径来访问这些函数库。直至1989年，他才正式成为MATLAB所属公司MathWorks的全职员工，并且推动了MATLAB的商业化。

老骥伏枥，志在千里。如今，Cleve Moler仍然笔耕不辍、孜孜不倦。MATLAB官网有两本他亲自编写的MATLAB教材：

◀ https://www.mathworks.com/moler.html

Cleve Moler也拥有自己的官方博客，经常会讨论一些有趣的话题和实验：

◀ https://blogs.mathworks.com/cleve/

Cleve Moler is chairman and chief scientist at MathWorks. Moler was a professor of math and computer science for almost 20 years at the University of Michigan, Stanford University, and the University of New Mexico. In addition to being the author of the first version of MATLAB, Moler is one of the authors of the LINPACK and EISPACK scientific subroutine libraries. He is co-author of three textbooks on numerical methods.
Source: https://www.mathworks.com/moler.html

言归正传，下面先从MATLAB的用户界面开始。经典的MATLAB应用程序窗口有六个主要部分，如图1.1所示。

◀ ①是各种工具所在的位置。
◀ ②是当前的路径，可以根据需要随意修改。
◀ ③是当前路径下的文件目录。
◀ ④是程序编辑窗口，可以同时打开多个程序文件。
◀ ⑤是工作区，以表格形式展示各种数据的格式。⑤非常重要，因为在命令执行过程中，各种数据会实时总结显示在这个区域。如果读者对区域⑤的任何数据感兴趣，可以双击变量名打开数据，并进行各种操作，比如绘图。
◀ ⑥是命令窗口，当命令执行的时候，一些结果显示和报错将出现在这个区域。

一般情况下，为了有更大的编程工作区，①可以被折叠，③可以被关闭。④⑤⑥区域的布置可以根据自己的偏好而调整。如果喜欢全屏编程，可以把④拖曳并扩展至全屏。使用双屏幕或多屏幕工作的用户可以把④放在主屏幕。另外，MATLAB还安排了几种编辑器的布置方案。图1.2展示了其中的一种。对于没有MATLAB程序的读者，可以安装使用开源免费的Octave。

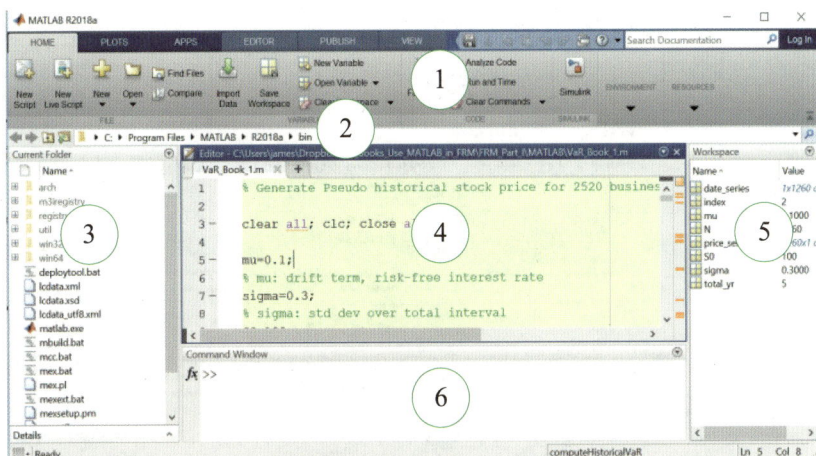

图1.1　MATLAB用户界面的窗口布局

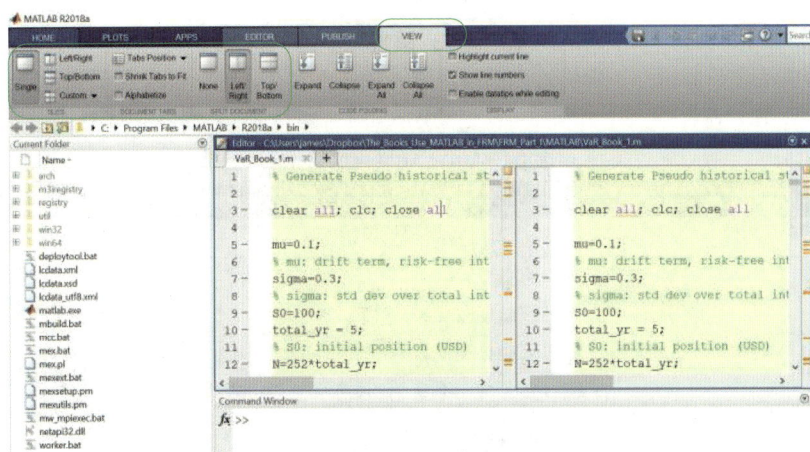

图1.2　MATLAB编辑器布置方案

本书中的操作基于Windows版本的MATLA2018a，其余操作系统的除了某些操作会略有不同以外，编程语句通用但与MATLAB版本有关。如某些方程在旧版本的MATLAB中不存在，运行时会报错。详情请查阅MATLAB版本文档。

初学者常常会不小心关闭一些重要的窗口，如图1.3所示，可以通过Home→Environment→Layout→Default将窗口布置恢复到出厂默认设置。

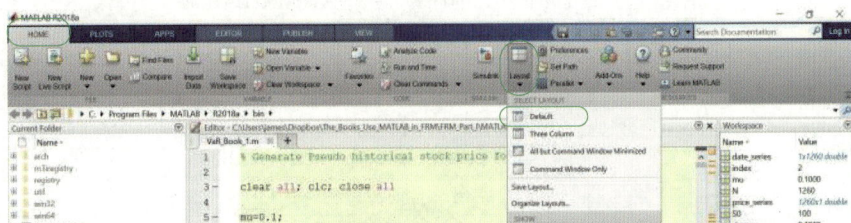

图1.3　恢复MATLAB默认窗口

MATLAB有自己对背景色调、文字等风格方面的经典设计。但是读者可以根据自己的喜好任意调节，调节方法参考图1.4。举个例子，有读者喜欢黑色背景的工作窗口、更大的字号，这些都可以通过Home→Environment→Preferences来调整。

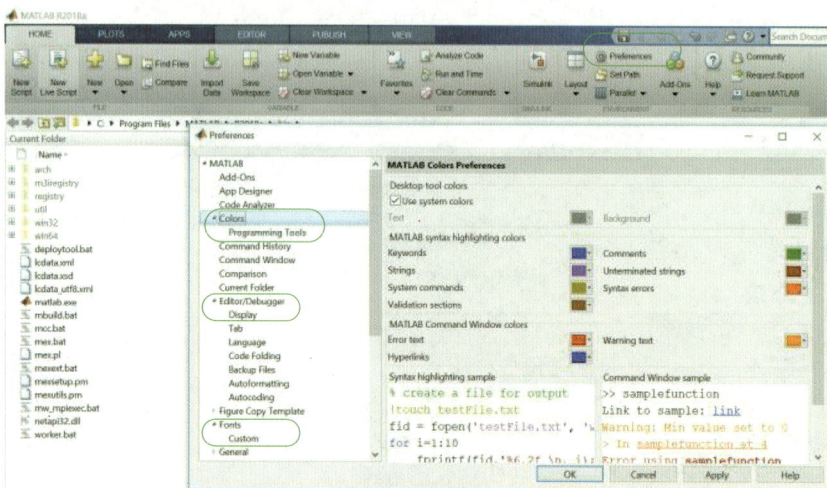

图1.4　设置MATLAB颜色、字体等

　　表1.1给出了一些常用的**MATLAB**的快捷键。编程刚刚入门的读者可能还没有认识到快捷键的重要性，但是希望读者先尝试一下表中给出的快捷键。相信不多久，读者就会意识到快捷键对提高编程效率的作用。

表1.1　MATLAB常用的快捷键

快捷键	说明
Ctrl + D	打开光标所在的函数
Ctrl + A	选中所有
Ctrl + R	代码行前加%，转为注释
Ctrl + T	取消注释%
Ctrl + Shift	统一修改某一变量名 (修改变量名过程中)
Ctrl + I	(先按Ctrl + A键选中所有) 自动对齐
Ctrl + Enter	运行当前区块 (一般用%%隔开) 代码
Ctrl + Shift + Enter	运行当前区块代码，并将光标移动到下一区块
Ctrl + .	折叠一段代码 (比如for循环、内嵌函数)
Ctrl + Shift + .	打开被折叠的代码 (比如for循环、内嵌函数)
Ctrl + =	折叠所有可以被折叠的代码
Ctrl + Shift + =	打开所有被折叠的代码
Ctrl + C	终止正在运行的计算，并不关闭**MATLAB**
Ctrl + G	填写代码行所在数值，直接跳去那一行
Ctrl + F2	设置标签，再次按Ctrl + F2组合键取消标签
F2	向下找下一个标签
Shift + F2	向上找上一个标签
Tab	根据前几个字母补全命令
Ctrl + Q	快速关闭**MATLAB**

　　很多快捷键需要配合**MATLAB**常用的句法符号一起使用。表1.2总结了几个常见的符号。比如"%"，百分号是最常用的注释符号。一段好的程序不但要有好的代码，也要有高质量的注释。必要而详细的注释不但方便其他人读懂代码，也有助于自己在日后debug和查阅。

表1.2　MATLAB常用句法符号

表1.2　MATLAB常用句法符号

符号	说明
%	将本行代码转换成注释，不会被运行
%%	代码区块符号，多步执行的代码经常使用%% (配合Ctrl + Enter组合键使用)
%{	区块注释开始
%}	区块注释结束
;	用在一句代码结束，不显示当前行代码运算结果 (如果需要显示代码可以不用分号)
…	用于行末，表示本行代码并未结束，连接下一行

对于一些常用的快捷键和符号，图1.5演示了Ctrl + R和Ctrl + T组合键分别用来注释和取消注释。如果不想执行一段代码，可以先选中代码区域，然后按Ctrl + R组合键，会看到选中区域的代码文字颜色全部变为绿色，每行行首增加一个"%"。这样本段区域的代码就不会被执行。如果需要取消注释，可选中被注释的代码，按Ctrl + T组合键，代码就恢复原样。

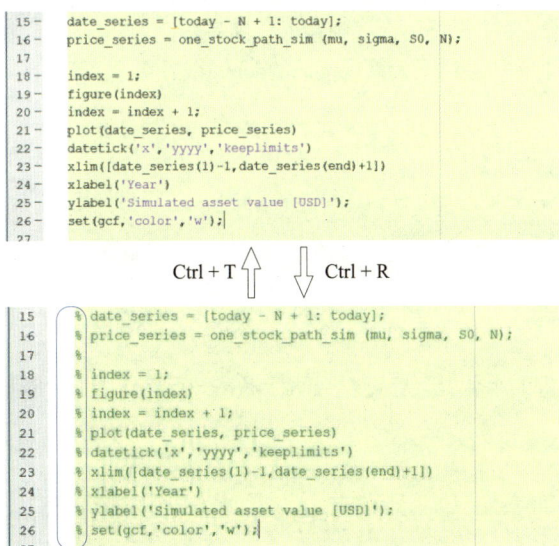

图1.5　使用Ctrl + R和Ctrl + T组合键

另外，使用一对"%{"和"%}"也可以对一段代码进行注释，如图1.6所示。注释后的代码还可以被折叠。

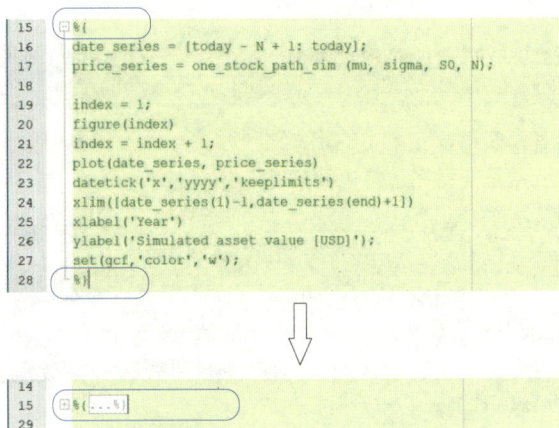

图1.6　使用"%{"和"%}"进行区块注释

"%%"是极其有用的区块分隔符，如图1.7所示。"%%"将长篇幅的大段代码分割成一个个区块。当光标在某一段代码时，当前区域就立刻会变色 (淡黄色)。配合Ctrl + Enter组合键，代码可以一个区块一个区块地执行。

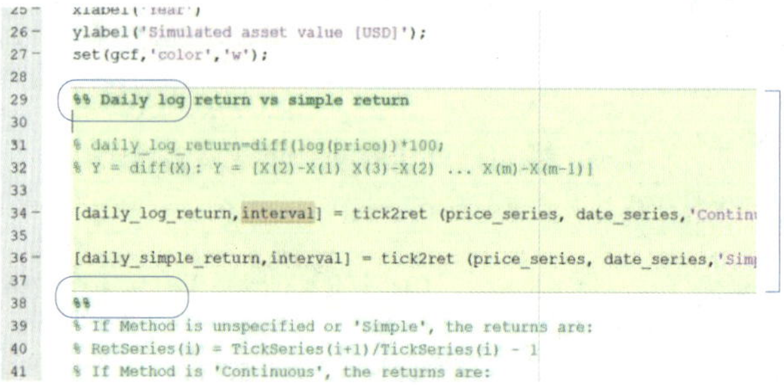

图1.7　使用 "%%" 搭建代码区块，配合Ctrl + Enter组合键可以分区块执行代码

MATLAB代码编辑窗口的左边标尺处都有每一行代码的序号，如果想准确地去到某一行，可以按Ctrl + G组合键，然后在弹出的Go To对话框中输入行序号，比如150，然后按Enter键，光标就跳转至150行，如图1.8所示。这个快捷键对于大篇幅代码的debug很好用。

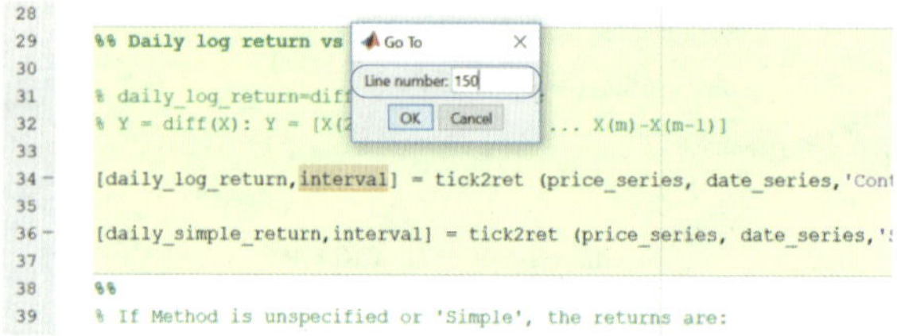

图1.8　使用Ctrl + G组合键跳至某一行

Ctrl + F2也是一个很好的组合键，它可以帮助标记某一行代码。配合F2和Shift + F2组合键可以向上或向下寻找标记。

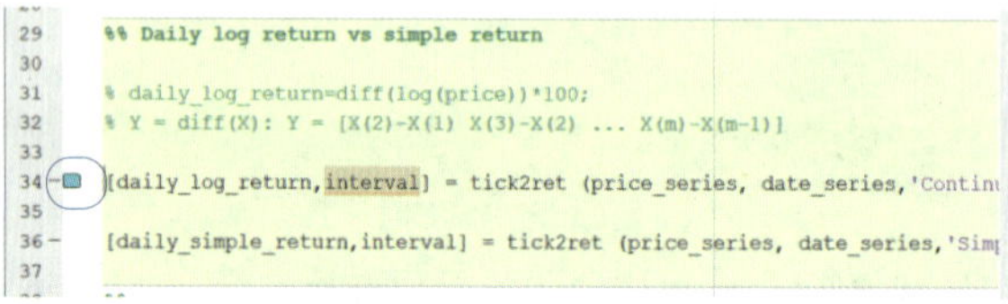

图1.9　使用Ctrl + F2组合键进行标记

其他相关快捷键的用法和讨论，请参考：

◀ https://www.mathworks.com/help/matlab/matlab_env/use-keyboard-shortcuts-to-navigate-matlab.html
◀ https://www.mathworks.com/help/matlab/matlab_env/keyboard-shortcuts.html

有一般编程基础的读者都知道，变量名的定义对于程序可读性的重要意义。MATLAB程序的变量名定义也不例外。这里总结常见变量名注意事项如下。

◀ 变量名不能用数字开头，比如1xyz就是一个错误的变量名；另外，.m文件名也不能以数字开头。
◀ 变量名不能使用空格，比如unknown x也是错误的。可使用下画线充当空格。
◀ 变量名中字母区分大小写，比如Xzz不同于xzz。
◀ 变量名取名不要随意，要符合所储存的内容，比如储存利率的变量名可以是interestRate，或者interest_rate，或者interest_r，或者IR等；再比如，三年期连续复利利率的变量，可以取名为IR_conti_3yr。
◀ 系统预设的变量 (Pre-defined variables) 不建议挪用，如表1.3所示。

表1.3　MATLAB系统预设变量名

变量名	说明
ans	用于存储当前计算结果
Inf	无穷
NaN	结果为空
pi	π
e	欧拉数
i	虚数单位，但是习惯性地用来作for循环的计数
j	虚数单位，也经常用来作for循环计数
nargin	函数变量输入个数，建议自定义函数时考虑使用
nargout	函数变量输出个数

表1.4总结了MATLAB求助的命令，这些命令在图1.1的窗口⑥中输入。help还可以在MATLAB界面的最右上角。需要注意的是，MATLAB官网 (https://www.mathworks.com/help/matlab/) 上的online help比较适合最新版本的MATLAB，不适合旧版本的MATLAB，因为MATLAB每半年会更新自己的应用，help也会随之改写。举例来说，如果读者使用2015b这个版本，在MATLAB官网help中找到的信息是不合适的。MATLAB应用本身自带的help是对应安装版本的。另外，MATLAB官网上有很多有用的版块，例如下面两个是常用的。

◀ https://www.mathworks.com/matlabcentral/fileexchange
◀ https://www.mathworks.com/matlabcentral/answers

表1.4　MATLAB求助

需求	命令
查帮助	help sin
查关键词	lookfor exponential
查文档	doc sin (推荐使用，因为这个命令直接打开help浏览器)

在丛书后续的代码中，读者可以看到很多代码都是以"clc；""clear all；""close all；"开头，如图1.10所示。

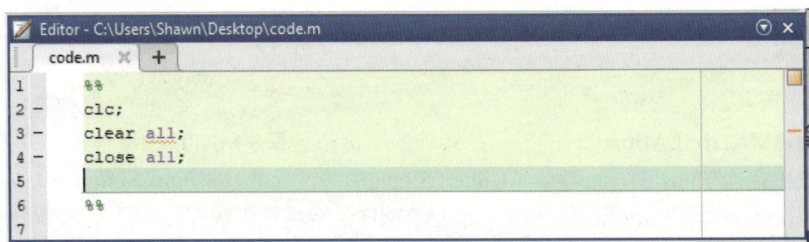

```
1    %%
2 -  clc;
3 -  clear all;
4 -  close all;
5
6    %%
```

图1.10　常见主函数的开头清理部分

clc是清除图1.1中窗口⑥的运算痕迹，保持窗口⑥的整洁。clear all是清除窗口⑤中所有的数据，注意除非完全肯定不再需要窗口⑤中数据，否则不要轻易执行clear all，数据清除后将不可恢复。close all的功能是关闭figure之类的窗口。表1.5总结了常见的工作区命令。

表1.5　常见工作区命令

命令	说明
load	load name_of_the_data
clear	clear all clear X_matrix, Y_vector

命令	说明
close	close all
clc	清理窗口⑥
pause	pause(10)暂停10s
tic/toc	开始/结束计时器
beep	系统提示音
ans	Last answer
pwd	显示当前路径
mkdir	mkdir('name_of_new_directory')创建新路径
cd	cd('name_of_desired_directory')指定路径
exit	关闭MATLAB
dir	List current folder contents.

表1.6展示了几种常见的MATLAB文件类型。其中，*.m和*.fig文件是本丛书中最经常见到的文件。另外，在用clear all清空窗口⑤之前，有必要的话，可以把窗口⑤内存储的数据保存成.mat格式文件。配合load命令可以再次读入*.mat内的数据。

表1.6　MATLAB常见文件类型

文件名	说明
.m	程序文件，自定义函数/命令文件
.mat	存储在窗口⑤中的数据
.fig	图形文件，GUI
.p	MATLAB保护函数/命令
.mlx	MATLAB特有的live functions/scripts文件
.mdl .slx	Simulink模型文件

1.2 矩阵

MATLAB是MATrix LABoratory的缩写，矩阵的结构和运算是MATLAB编程绕不开的话题。没有接触过线性代数或矩阵的读者，推荐参考Gilbert Strang的线性代数教材*Introduction to Linear Algebra*和*Linear Algebra and Its Applications*。网络上也有他在MIT讲解线性代数课程的录像。

如图1.11所示为矩阵的几种常见形式。**行向量** (row vector) 是一行多列的数据。**列向量** (column vector) 是一列多行的数据。多列多行的数据很常见，这种格式也是矩阵常见的形状。这种数据结构有两个维度——行和列。很多时候也会用到三维的数据，在行列维度基础上，又增加了一个"**页** (page)"维度。

以下代码给出生成行向量的几种方法。请读者将每一行代码在窗口⑥中执行。另外，在每行代码最后的分号";"代表不在窗口⑥中显示运行结果。若读者想在窗口⑥中显示某些运算结果以便使用或debug，删除分号";"即可。

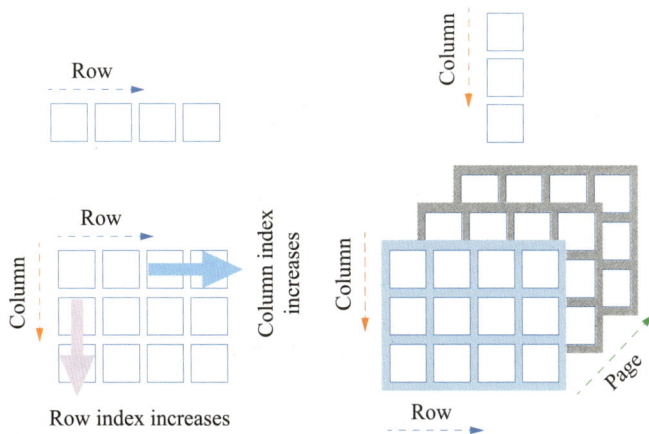

图1.11　几种常见的矩阵数据形式

```matlab
%% row vectors
% A matrix with one row, sometimes used to represent a vector
row_vector_1 = 0:10;
% result: row vector, 0, 1, ..., 10
row_vector_1_B = linspace(0, 10, 11);
% result: row vector, 0, 1, ..., 10
row_vector_2 = 10:-1:0;
% result: row vector, 10, 9, ..., 0
row_vector_2_B = linspace(10, 0, 11);
% result: row vector, 10, 9, ..., 0
row_vector_3 = [0:0.1:10];
row_vector_3_B = linspace(0, 10, 101);
row_vector_4 = (10:-0.1:0);
row_vector_4_B = linspace(10, 0, 101);

row_vector_5_mixed = [-3,-1,0:0.1:1, 2:5];
```

　　行向量的索引很简单，如图1.12所示，某个行向量 (例如row_v_A) 有6个元素，那么从左到右这6个元素的索引依次为1、2、3、4、5和6。如果想要读取第5个元素的内容，只需要执行row_v_A(5)。有Python编程背景的读者，这里要格外注意，Python是从0开始索引计数的。关于索引是应该从0 (zero-based numbering) 还是1 (one-based numbering) 开始计数的争吵从来没有停止过。

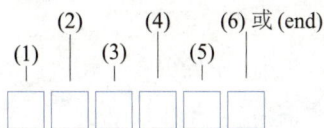

图1.12　行向量元素的索引

　　图1.13给出了几种常见的用索引读取元素的方法。如果读取行向量*a*的第2个元素，*a*(2)就可以。这里注意的是任何字母、符号、数字，必须在英文输入法下进行，任何全角的字符，比如中文全角的括号，都不能被执行，比如*a*(2) 就是错误的。

　　a([2，5]) 取出*a*中的第2个和第5个元素。*a*([1，3：5]) 取出*a*中第1个和第3~5个元素。*a*([2：end]) 或*a*(2：end) 取出第2到最后一个元素。"end"用来标记最后一个元素的位置，也就是不需要知道最后一个索引的具体值。类似地，*a*(2：end-1) 读取第2个元素到倒数第2个元素。

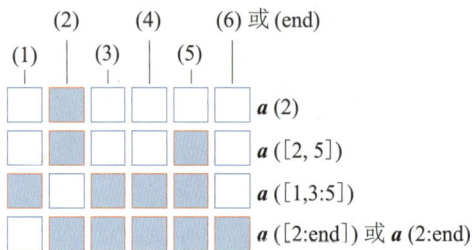

图1.13　行向量截取部分元素

下列代码给出几个读取元素的例子，请读者练习。

```matlab
%% index and indices

row_vector_5_mixed = [-3,-1,0:0.1:1, 2:5];

first_element = row_vector_5_mixed(1);

last_element = row_vector_5_mixed(end);

last_three_element = row_vector_5_mixed(end-2:end);
% extract the last three elements

elements_in_between = row_vector_5_mixed(2:4);

index = [2:2:8,14];

another_row = row_vector_5_mixed(index);
```

用英文分号"；"可以手动输入列向量，如下例。

```matlab
column_vector_0 = [1; 5; 9; 100;]
```

另外，把行向量转置就可以得到列向量，如以下两例。

```matlab
%% column vectors
% A matrix with one column, sometimes used to represent a vector

column_vector_1 = row_vector_1';
column_vector_3_B = row_vector_3_B';
```

列向量的索引和行向量完全一致。下列代码给出几个常见向量命令。

◀ length()计算出向量的长度/元素个数。

◀ size()把向量当作矩阵，给出矩阵的长宽 (甚至"高"，也就是page，如果矩阵是三维)；[Row_size, Col_size] = size(A) 将会返回矩阵A的行数Row_size和列数Col_size。

◀ sort()可以对矩阵元素按从小到大或从大到小排序；sort()默认按照递增排序，如sort(A)。若希望对向量或矩阵按照递减排序，则可添加'descend'说明，如sort(A, 'descend')。

◀ find()可以找出符合条件的元素索引；若X是一个向量，则find(X)返回向量X中的非零元素的位置；find()还可以返回符合条件的元素的所在行和所在列的位置。如[Row, Col] = find(A==2)，则返回矩阵A中等于2的元素的行位置Row和列位置Col。

◀ min()和max()计算出向量的最小值和最大值。

```
%% operations

row_vector_length = length(row_vector_3_B);
[num_row,num_column] = size(column_vector_3_B);

unsorted_row = [2, 20, -12, 222, -2, 22, -102];
[sorted_row,original_index] = sort(unsorted_row,'descend');
% 'ascend' indicates ascending order (the default)
% and 'descend' indicates descending order.

index_negative = find(unsorted_row<0);

[xmin, locmin] = min(unsorted_row);

[xmax, locmax] = max(unsorted_row);
```

二维矩阵是本书最常用的数据形式，下面重点讨论一下。首先，行向量是一行多列的特殊二维矩阵；同样，列向量是一列多行的二维矩阵。下面的代码给出几种常见的手动产生二维矩阵的方法。

```
%% Matrix

matrix_1 = [11, 12, 13, 14; 21, 22, 23, 24; 31, 32, 33, 34; 41, 42, 43, 44]
matrix_2 = [11:14; 21:24; 31:34; 41:44];
matrix_3 = [11, 12, 13, 14; ...
    21, 22, 23, 24;...
    31, 32, 33, 34;...
    41, 42, 43, 44];

row_1 = [11, 12, 13, 14];
row_2 = [21, 22, 23, 24];
row_3 = [31, 32, 33, 34];
row_4 = [41, 42, 43, 44];
matrix_4 = [row_1; row_2; row_3; row_4]
```

二维矩阵有两个维度，因此在每个维度上都有索引。$A(x, y)$ 中，x 代表的是"哪一行"，y 代表的是"哪一列"，如图1.14所示。

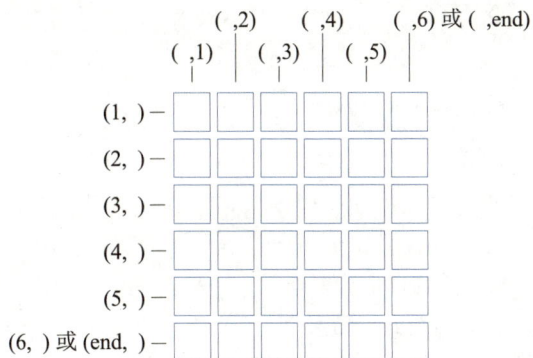

图1.14　矩阵行列索引

图1.15给出了$m \times n$矩阵 (即m行，n列) 的元素排序规则。

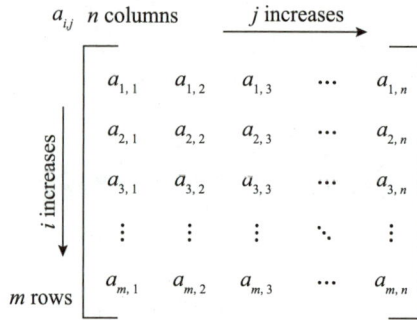

图1.15 $m \times n$矩阵

比如，要取出A的第3行第1个元素，可以用$A(3，1)$。$A(4，5)$是第4行第5个元素。$A(6，2)$得到的是A矩阵的第6行第2个元素。

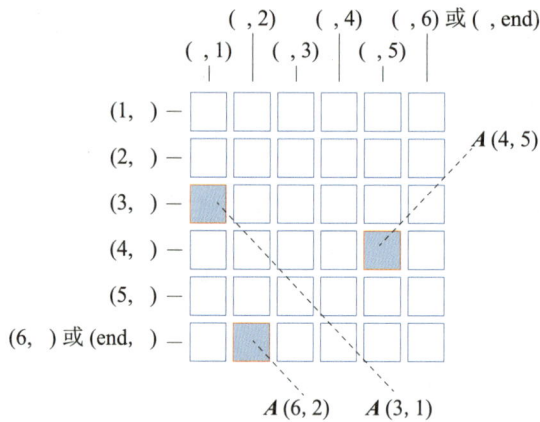

图1.16   矩阵截取单一元素

如果要取出矩阵A中的某一列 (比如第5列) 的所有元素，可以用$A(：，5)$。如果需要第5列的若干个元素，可以用$A([1，4，6]，5)$，如图1.17所示。

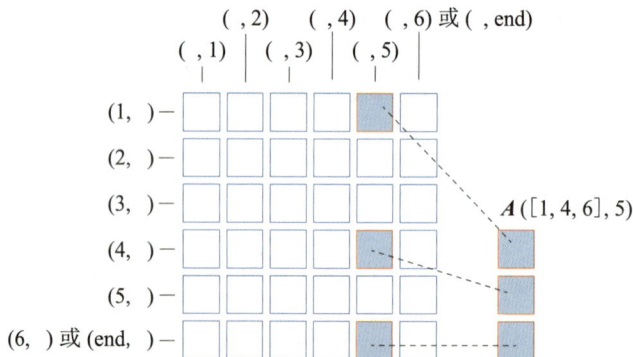

图1.17   矩阵截取某一列若干单一元素

从矩阵某一列取出元素的方法可以十分灵活，如果想取出第5列第2到最后一个元素，可以用$A([2：end]，5)$。如想取出第5列，除第2、第3两个元素之外的所有数据，可以用$A([1，4：end]，5)$，如图1.18所示。取第5列的奇数索引的元素，用$A([1：2：end]，5)$；取第5列偶数索引的元素，用

$\boldsymbol{A}([2：2：\text{end}]，5)$。其中，$[x：y：z]$ 代表从 x 开始每隔 y 个数字取数直到 z。注意，如果 y 不是 $z-x$ 的整数倍，则第 z 个元素不会被取到。

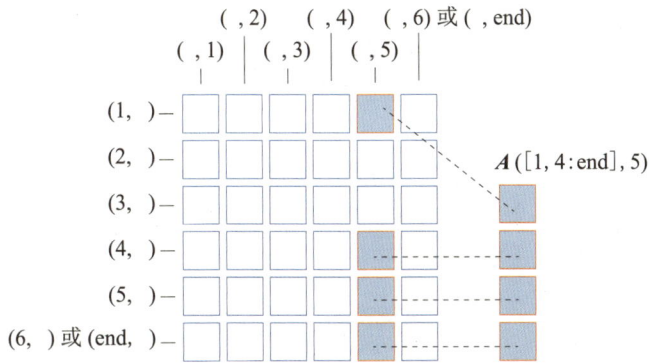

图1.18　矩阵截取某一列单一元素和连续元素

如果要截取矩阵 $\boldsymbol{A}$ 的第2列和第4列，组合成一个新的矩阵B，可以用命令 $\boldsymbol{B}=\boldsymbol{A}(：，[2，4])$。$\boldsymbol{B}=\boldsymbol{A}(2：\text{end}，[2，4])$，如图1.19所示，截取第2和第4行，除第1行元素外所有的元素。

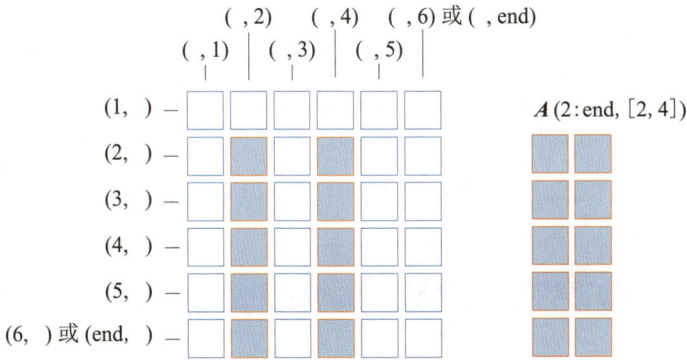

图1.19　矩阵截取某两列部分连续元素

刚才讨论了矩阵在列方向的一些截取操作。现在看一下行方向上的操作。首先，行列的截取操作几乎完全一致，除了索引的位置以外。图1.20展示的是截取 $\boldsymbol{A}$ 的第2和第4行，用的操作是 $\boldsymbol{A}([2，4]，：)$。同理，如果要截取A的所有偶数行，可以用 $\boldsymbol{A}([2：2：\text{end}]，：)$。图1.21展示了第2行和第4行，列索引是3：5的元素，命令是 $\boldsymbol{A}([2，4]，[3：5])$。

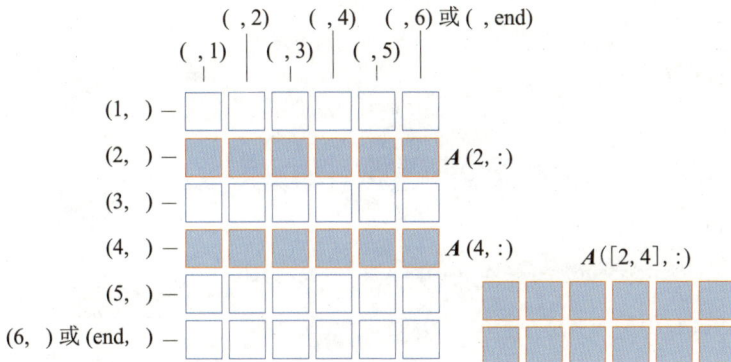

图1.20　矩阵截取某两整行元素

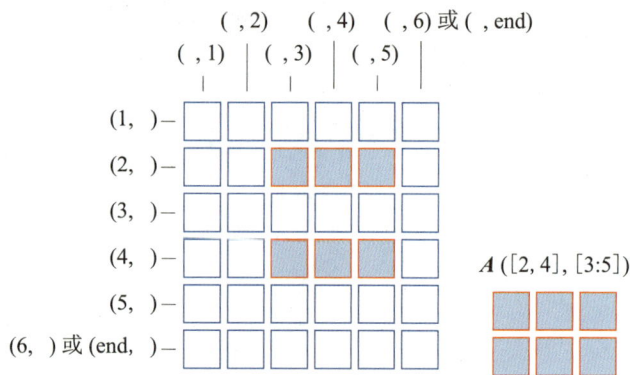

图1.21　矩阵截取某两行连续元素

删除某一矩阵的一行，可用如下命令：

```
Z(RowIndex,:)=[]
```

保留矩阵某一行位置，但是将元素全部变为"NaN"，可以用：

```
Z(RowIndex,:)=NaN
```

这里介绍几个常用的自动生成特殊矩阵的命令。ones()可以用来生成每个元素为1的矩阵。eye()可以生成对角方向元素为1，其他元素为0的矩阵，eye()的结果未必是方阵。zeros()可以生成每个元素为0的矩阵。NaN()命令可以得到每个元素为NaN的矩阵。

```
%% Generation of Special Matrices
row_num = 4;
column_num = 3;
All_ones_matrix = ones(row_num,column_num);
% similar functions: eye, diag, magic

All_zeros_matrix = zeros(row_num,column_num);

All_nan_matrix = NaN(row_num,column_num);
```

meshgrid()命令可以帮助调和矩阵的行列顺序，以及二维坐标系X-Y中 (x, y) 的顺序关系。如下命令得到的就是行数为3 (length(x))、列数为4 (length(y)) 的两个矩阵。

```
%% 2D grid

x = 1:2:5;
y = 2:2:8;
[X,Y] = meshgrid(x,y)
```

以上命令得到的结果如下：

```
X =
     1     3     5
     1     3     5
     1     3     5
     1     3     5
```

```
Y =
     2     2     2
     4     4     4
     6     6     6
     8     8     8
```

在用MATLAB函数max()和min()计算矩阵的最大值和最小值时，和向量相比，要区别运算规则。如果一个多行多列矩阵为M，max(M)得到的是每一列的最大值，不是整个矩阵的最大值。要得到整个矩阵的最大值，需要使用max(max(M))或者max(M(:))。min()函数也有类似特点，请读者参考如下代码。

```
row_1 = [11, 12, 13, 14];
row_2 = [21, 22, 23, 24];
row_3 = [31, 32, 33, 34];
row_4 = [41, 42, 43, 44];
M = [row_1; row_2; row_3; row_4]
```

```
max_each_column = max(M)
% compute the largest element in each column
```

```
max_each_row = max(M, [], 2)
% compute the largest element in each row of the matrix
```

```
max_matrix = max(max(M))
min_matrix = min(min(M))
% compute the largest (max) and the smallest (min) of the matrix
```

```
max_matrix = max(M(:))
min_matrix = min(M(:))
% compute the largest (max) and the smallest (min) of the matrix
```

要想得到最大值或最小值所在的具体位置，建议用find()，请参考如下代码。

```
[x_row, y_col] = find(M == max(M(:)))
```

```
[x_row, y_col] = find(M == min(M(:)))
```

MATLAB两个长度相等的行向量做加法，用＋就可以完成运算，如图1.22所示。

图1.22　相同长度行向量每个元素各自相加

如下代码中，**A**是一个三个元素的行向量，**B**的长度和**A**一致，**A**＋**B**得到的结果**C**，同样是一个三个元素的行向量。对应元素分别相加，可以得到[3, 7, 11]。

```
% add matrix inputs

A = [1 3 5];
B = [2 4 6];
C = A + B;
```

习惯Python编程的读者知道，在Python语言里，两个list做加法 + 运算得到的是如图1.23所示结果。

MATLAB语言环境下，要想到得到类似的效果，需要用horzcat()函数，比如horzcat(A，B)。或者，更简单的C = [A，B]。请读者练习如下语句。

图1.23　行向量(可以不同长度)追加

```matlab
A = [1 3 5];
B = [2 4 6];
C = horzcat(A,B);
C = [A, B];
% similar to horzcat()
```

以上例子中行向量中存储的是数字，如果行向量中存储的是字符，如下例，[s1，s2]同样适用，但是文字命令要用strcat()函数。

```matlab
s1 = 'Good ';
s2 = 'Morning';
ss1 = [s1, s2]

s1 = 'Good';
s2 = 'morning';
ss2 = strcat(s1,s2)
```

若是将两个行向量上下叠加，如图1.24所示，需要用[A；B]，或者vertcat(A，B)。

图1.24　相同长度行向量叠加

```matlab
A = [1 3 5];
B = [2 4 6];
C = vertcat(A,B);
% equivalent
C = [A; B];
```

另外，推荐读者使用cat()函数，因为这个命令可以在三个维度上任选叠加，如图1.25所示展示了cat(1，A，B)在纵向叠加。

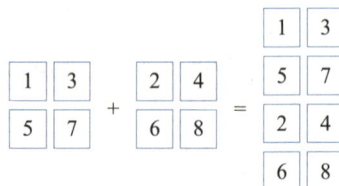

C = cat(1, A, B)

图1.25　cat函数纵向叠加

图1.26中命令cat(2，A，B) 展示在横向上叠加。

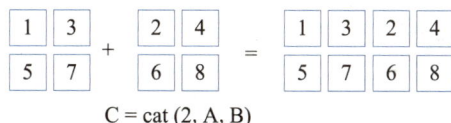

C = cat (2, A, B)

图1.26　cat函数横向叠加

cat(3，A，B) 还可以完成在page方向上叠加，如图1.27所示。

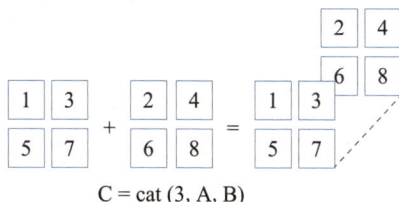

C = cat (3, A, B)

图1.27　cat函数page维度叠加

翻转、旋转和批量复制命令也是常见的矩阵变形操作。常见的翻转函数有flip()，fliplr()，flipud()。常见的旋转命令有rot90()函数。repmat()可用于将矩阵或者向量，按照指定的列和行方向复制粘贴生成新矩阵。如repmat(A，2，3) 将矩阵作为元素，沿着行方向复制粘贴3次，沿着列方向复制粘贴2次。图1.28给出了三个repmat()的使用方式。

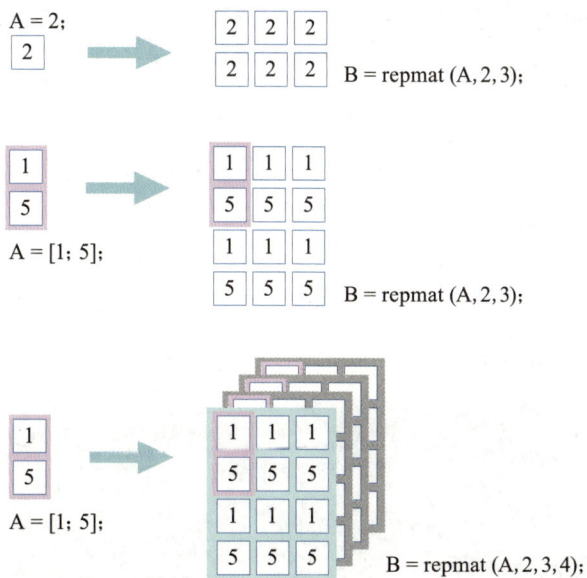

图1.28　repmat()按规律复制矩阵

请读者练习以下代码：

```
row_1 = [11, 12, 13, 14];
row_2 = [21, 22, 23, 24];
row_3 = [31, 32, 33, 34];
row_4 = [41, 42, 43, 44];
matrix_4 = [row_1; row_2; row_3; row_4]
```

```
flip_lr_matrix_4 = fliplr(matrix_4);
```

```
% fliplr: flip array left to right

flip_ud_matrix_4 = flipud(matrix_4);
% flipud: flip array up to down

rotated_matrix_4 = rot90(matrix_4)
% rot90: rotates matrix counterclockwise by 90 degrees
A = [1 2; 3 4; 5 6];
B = repmat(A,2,3);
```

1.3 基本数学运算

下面来了解一下简单的代数运算。MATLAB的基本代数运算可读性极强，比如下列四则运算：

$$
\begin{aligned}
y_1 &= a + b \\
y_2 &= a - b \\
y_3 &= a + b \cdot c \\
y_4 &= (a + b)/c
\end{aligned}
\tag{1.1}
$$

可以用如下MATLAB代码计算出结果。

```
a = 1; b = 2; c = 3;
y1 = a + b;
y2 = a - b;
y3 = a + b*c;
y4 = (a + b)/c;
```

MATLAB乘幂运算的运算符是"^"，如以下几个算式。

$$
\begin{aligned}
y_5 &= a^b \\
y_6 &= a^b + c \\
y_7 &= a^{b+c} \\
y_8 &= \sqrt{a} \\
y_9 &= (a + b)^{\frac{1}{3}}
\end{aligned}
\tag{1.2}
$$

MATLAB的计算代码如下。

```
a = 1; b = 2; c = 3;
y5 = a^b;
y6 = a^b + c;
y7 = a^(b + c);
y8 = sqrt(a);
y9 = (a + b)^(1/3);
```

MATLAB提供了大量的代数运算函数，下面介绍几个常见的命令。比如log()是自然对数运算，log10()是以10为底数的对数运算，abs()是绝对值运算，sin()是正弦函数运算。

$$
\begin{aligned}
y_{10} &= \ln(a+b) + c \\
y_{11} &= \log_{10}(a+b) + c \\
y_{12} &= \log_b(a+c) \\
y_{13} &= e^{(a+b)} + c \\
y_{14} &= |a+b| + c \\
y_{15} &= \sin(a+b) + c
\end{aligned}
\tag{1.3}
$$

以上代数式对应的MATLAB代码如下。

```
y10 = log(a + b) + c;
y11 = log10(a + b) + c;
y12 = log(a + c)/log(b);
y13 = exp(a + b) + c;
y14 = abs(a + b) + c;
y15 = sin(a + b) + c;
```

另外，下列数学公式，也希望读者能够记住。

$$
\begin{aligned}
&\log_b(xy) = \log_b x + \log_b y \\
&\log_b \frac{x}{y} = \log_b x - \log_b y \\
&\log_b(x^p) = p \log_b x \\
&\log_b \sqrt[p]{x} = \frac{\log_b x}{p} \\
&\log_b x = \frac{\log_{10} x}{\log_{10} b} = \frac{\log_e x}{\log_e b} \\
&x = b^{\log_b x} \\
&\ln(xy) = \ln x + \ln y \\
&\ln(e^x) = x \\
&e^{\ln x} = x \quad (x > 0) \\
&\ln(x^y) = y \ln x \quad (x > 0) \\
&\ln(xy) = \ln x + \ln y \quad (x > 0, \ y > 0) \\
&\lim_{x \to 0} \frac{\ln(1+x)}{x} = 1
\end{aligned}
\tag{1.4}
$$

对于简单的矩阵运算，假设 A 和 B 均为两行两列矩阵，其具体值如下：

```
A = [1, 3; 5, 7];
B = [2, 4; 6, 8];
```

表1.7总结了常见的矩阵加减运算。

表1.7　矩阵加减运算

运算符	例子	描述
+	```\nC = A + B\n% C = plus(A, B)\nC =\n 3 7\n 11 15\n```	矩阵相加，形状必须一致；对应元素相加
+	```\nC = A + 1\nC =\n 2 4\n 6 8\n```	矩阵加标量 (scaler)，每个元素都加上相同标量
−	```\nC = A - B\n% C = minus(A, B)\nC =\n -1 -1\n -1 -1\n```	矩阵相减，形状必须一致；对应元素相减
	```\nC = A - 1\nC =\n 0 2\n 4 6\n```	矩阵减去标量，每个元素都减去相同标量

矩阵的乘法相对较为复杂。两矩阵相乘，乘号左边矩阵的列数要等于乘号右边矩阵的行数，$C = AB$，矩阵A是$n \times m$矩阵 (n行m列)，矩阵B是$m \times p$ (m列p行)。

$$A = \begin{bmatrix} a_{11} & a_{12} & \cdots & a_{1m} \\ a_{21} & a_{22} & \cdots & a_{2m} \\ \vdots & \vdots & \ddots & \vdots \\ a_{n1} & a_{n2} & \cdots & a_{nm} \end{bmatrix}$$
$$B = \begin{bmatrix} b_{11} & b_{12} & \cdots & b_{1p} \\ b_{21} & b_{22} & \cdots & b_{2p} \\ \vdots & \vdots & \ddots & \vdots \\ b_{m1} & b_{m2} & \cdots & b_{mp} \end{bmatrix}$$
(1.5)

得到的结果C矩阵是$n \times p$ (n行p列)。

$$C = AB = \begin{bmatrix} c_{11} & c_{12} & \cdots & c_{1p} \\ c_{21} & c_{22} & \cdots & c_{2p} \\ \vdots & \vdots & \ddots & \vdots \\ c_{n1} & c_{n2} & \cdots & c_{np} \end{bmatrix}$$
(1.6)

矩阵C中的元素可以通过如下算式得到。

$$c_{ij} = a_{i1}b_{1j} + \cdots + a_{im}b_{mj} = \sum_{k=1}^{m} a_{ik}b_{kj}$$
(1.7)

其中：

$$\begin{cases} i = 1, \cdots, n \\ j = 1, \cdots, p \end{cases}$$

上面的解释看起来很复杂，下面用几个简单例子来说明。首先看两个2 × 2矩阵相乘，如图1.29所示。

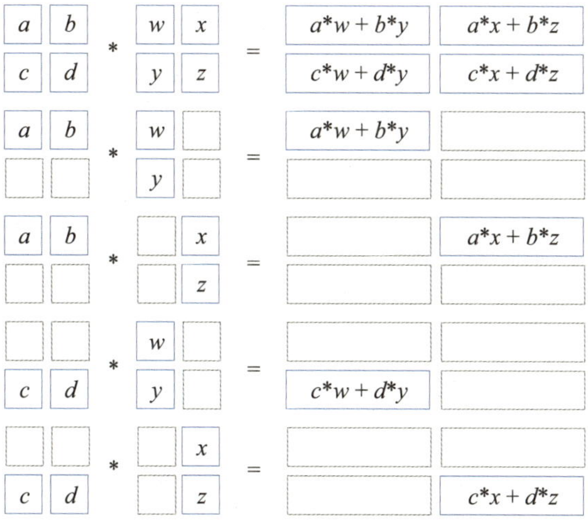

图1.29　矩阵乘法规则，两个2 × 2矩阵相乘为例

接着，再看几个特殊形态的矩阵乘积，如图1.30所示。

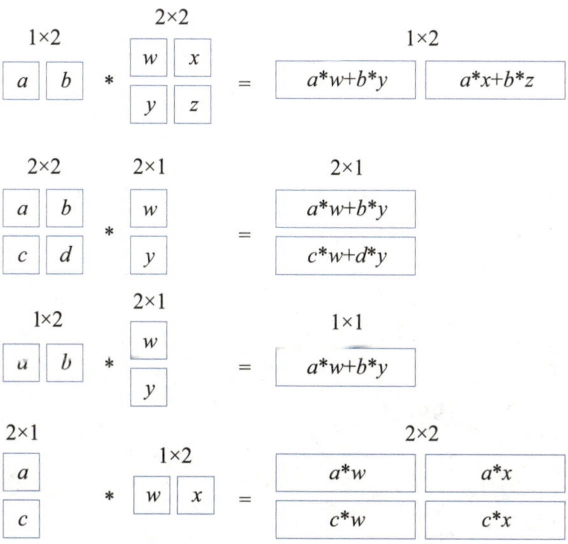

图1.30　特殊形态矩阵乘积

还有一类MATLAB矩阵乘法也很常见，即点乘".*"。相比前面介绍的矩阵乘法，点乘是相同形状矩阵相同位置元素分别相乘，如图1.31所示。丛书第三本和第四本将介绍更多矩阵运算。

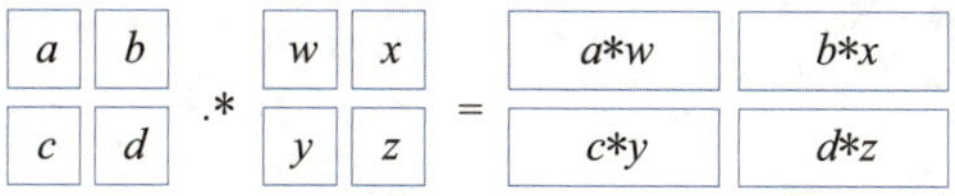

图1.31　.*命令，相同形状矩阵对应元素分别相乘

具体矩阵乘法运算总结见表1.8。

表1.8　矩阵乘法运算

运算符	例子	描述
*	```C = A*B\n% C = mtimes(A, B)\nC =\n 20 28\n 52 76\nC = B*A\n% C = mtimes(B, A)\nC =\n 22 34\n 46 74```	矩阵乘法运算；前提是满足矩阵乘法规律，两个矩阵可以是不同形状；$A*B$一般不同于$B*A$的结果
	```C = 2*A\n% C = A*2\nC =\n 2 6\n 10 14```	标量乘以矩阵，或者矩阵乘以标量；矩阵中每个元素都做乘法运算
.*	```C = A.*B\n% C = times(A, B)\n% C = B.*A\nC =\n 2 12\n 30 56```	两个相同形状的矩阵，一个矩阵每个位置元素和另一个矩阵相同位置元素一一相乘；$A.*B$的结果等同于$B.*A$
^	```C = A^2\n% C = A*A\nC =\n 16 24\n 40 64```	矩阵乘幂运算，相当于矩阵A乘以自己
.^	```C = A.^2\nC =\n 1 9\n 25 49```	矩阵的每个元素分别乘幂；左边的例子便是A矩阵的每个元素平方

其他常见的矩阵运算总结见表1.9。

表1.9　其他简单矩阵运算

运算符	例子	描述
/	```C = A/B\n% C = A*inv(B)\n% C = mrdivide(A,B)\nC =\n 1.2500 -0.2500\n 0.2500 0.7500```	MATLAB矩阵除法 (forward slash(/) or right-matrix division)，比如A/B，得到的结果近似于矩阵A乘以B矩阵的逆

运算符	例子	描述

./	```C = A./B```
	 ```% C = rdivide(A, B)```
	 ```C =```
	 ``` 0.5000 0.7500```
	 ``` 0.8333 0.8750```
		两个形状一致的矩阵，相同位置元素进行除法运算；*A*的元素为相当于分子项

\	```C = A\B```
	 ```% C = mldivide(A, B)```
	 ```C =```
	 ``` 0.5000 -0.5000```
	 ``` 0.5000 1.5000```
		矩阵**左除法** (Backslash or matrix left division)，比如*A**B*，结果近似于矩阵*A*的逆乘以矩阵*B*

.\	```C = A.\B```
	 ```% C = ldivide(A,B)```
	 ```C =```
	 ``` 2.0000 1.3333```
	 ``` 1.2000 1.1429```
		两个形状一致的矩阵，相同位置元素进行除法运算；*A*的元素为相当于分母项

.'	```C = A.'```
	 ```% C = transpose(A)```
	 ```C =```
	 ``` 1 5```
	 ``` 3 7```
		矩阵*A*的**转置** (transpose)。准确地说，.'进行一般转置运算；而，'进行复共轭转置，即ctranspose()。

1.4 判断和逻辑

判断和逻辑运算符也是编程中十分常用和重要的元素。表1.10给出了常用的判断运算和相应的MATLAB例子。

表1.10 MATLAB常用判断运算

运算符	描述	例子

<
lt(a, b)
	小于 (Less than)	```A = [1 2, 3] < [2 2 2]```
		 ```% [1, 2, 3] < 2```
		 ```% lt([1, 2, 3], 2)```
		 ```A =```
		 ``` 1, 0, 0```

<=
le(a, b)
	小于等于 (Less than or equal to)	```A = [1 2, 3] <= [2 2 2]```
		 ```% [1, 2, 3] <= 2```
		 ```% le([1, 2, 3], 2)```
		 ```A =```
		 ``` 1, 1, 0```

运算符	描述	例子
> gt(a, b)	**大于** (Greater than)	A = [1 2, 3] > [2 2 2] % [1, 2, 3] > 2 % gt([1, 2, 3], 2) A = 0, 0, 1
>= ge(a, b)	**大于等于** (Greater than or equal to)	A = [1 2, 3] >= [2 2 2] % [1, 2, 3] >= 2 % ge([1, 2, 3], 2) A = 0, 1, 1
== eq(a, b)	**等于** (Equal to)	A = [1 2, 3] == [2 2 2] % [1, 2, 3] == 2 % eg([1, 2, 3], 2) A = 0, 1, 0
~= ne(a, b)	**不等于** (Not equal to)	A = [1 2, 3] ~= [2 2 2] % [1, 2, 3] ~= 2 % ne([1, 2, 3], 2) A = 1, 0, 1

表1.11给出了MATLAB常用的逻辑运算符。在本套丛书中，这些运算符常常配合if elseif等使用。

表1.11 MATLAB常用逻辑运算

运算符	描述
and(A, B) A & B	"和"运算
A | B or(A,B)	"或"运算
~A not(A)	"非"运算

逻辑"和"、逻辑"或"真值表，请分别参考表1.12和表1.13。

表1.12 "和"运算

A	B	A & B and (A, B)
1 (true)	1 (true)	1 (true)
1 (true)	0 (false)	0 (false)
0 (false)	1 (true)	0 (false)
0 (false)	0 (false)	0 (false)

表1.13 "或"运算

A	B	A | B or (A, B)
1 (true)	1 (true)	1 (true)
1 (true)	0 (false)	1 (true)

A	B	A | B or (A, B)
0 (false)	1 (true)	1 (true)
0 (false)	0 (false)	0 (false)

表1.14总结了MATLAB常见运算符的先后顺序。简单或者较复杂的一些计算式,都遵循表中的优先级别,按照次序进行计算。

表1.14　MATLAB常见运算符计算优先次序

运算符	例子
1	括号()
2	转置 .' 乘幂 .^
3	点乘 .* 点右除 ./ 点左除 .\ 矩阵乘法 * 矩阵右除 / 矩阵左除 \
4	加 + 减 -
5	冒号 :
6	小于 < 小于等于 <= 大于 > 大于等于 >= 等于 == 不等于 ~=
7	和运算 AND &
8	或运算 OR |

1.5 条件与循环

编程流程图里最常见的就是各种条件和循环,下面主要讨论的是if条件语句、while条件语句、switch选择语句和for循环语句,这四种基本程序代码。

最简单的if…end条件命令,如图1.32所示。if命令常常和判断和逻辑语句,比如==、>、<、and、or等,一起使用。注意和Python不同的是,MATLAB的条件语句必须用end结束逻辑,而Python是通过**缩进** (indentation),来表达逻辑层次。

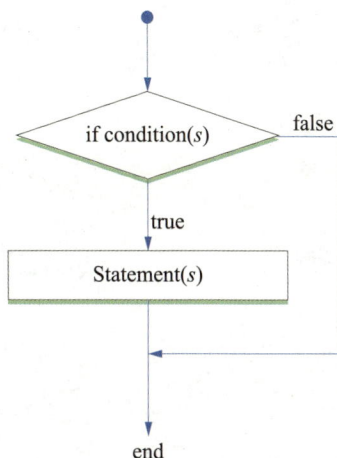

图1.32　If…end命令

稍复杂一点儿的条件语句是if…else…end,如图1.33所示。下面的程序可以这样翻译:首先用

rand()生成随机数，然后用round()取整，如果取整后的结果为1 (if state == 1)，显示"win"，否则 (else) 显示"lose"，条件逻辑结束 (end)。

```matlab
state=round(rand);
%Generate state (1=win, 0=lose)
if state == 1
    disp('win')
    % Executed if the condition is true
else
    disp('lose')
    % Executed if the condition is false
end
```

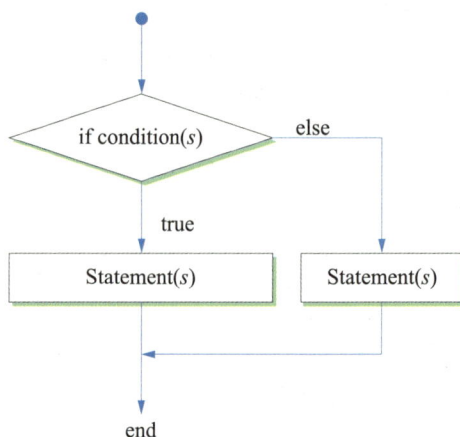

图1.33 if…else…end循环逻辑

每当条件增加一个，仅需要在if和else之间增加一个elseif，如图1.34所示。下面的程序给出的是一个分段函数的计算命令，可以简单翻译为：首先在窗口⑥中输入一个数值，将这个数值赋给变量t。

◀ 如果t大于0.75，s为0；
◀ 再如果t小于0.25，s等于1；
◀ 否则 (也就是t为0.25~0.75)，s通过算式计算得到；
◀ 条件逻辑结束 (end)。

具体代码如下。

```matlab
prompt = 'Please enter the value of t';
t = input (prompt);

if t > 0.75
    s = 0;
elseif t < 0.25
    s = 1;
else
    s = 1-2*(t-0.25);
end
disp(['s = ',num2str(s)])
```

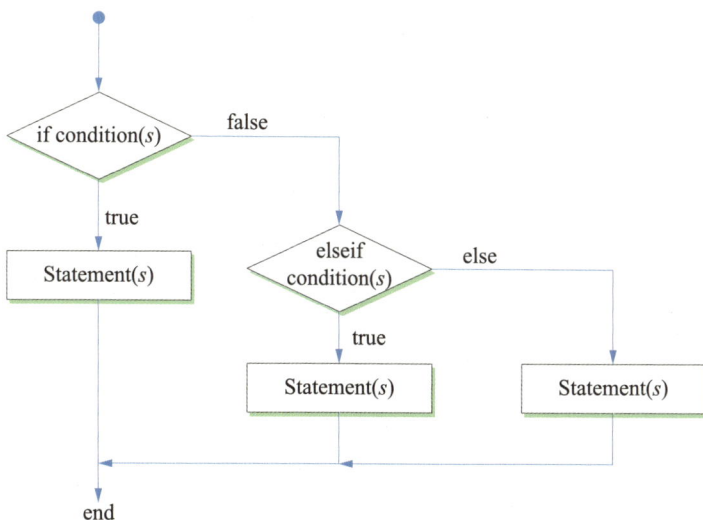

图1.34 if⋯elseif⋯else⋯end循环逻辑

while也是MATLAB中常见的循环，如图1.35所示。如下程序计算第一个大于1000的**阶乘** (factorial)，程序可以翻译为：

◀ 给变量n和nFactorial分别赋值为1；
◀ 循环开始，nFactorial为1，满足条件 (nFactorial小于1000)，n增加1，n等于2，nFactorial等于1乘以2，结果是2；
◀ 循环继续，此时nFactorial为2，满足条件 (nFactorial小于1000)，n增加1，n等于3，nFactorial等于2乘以3，结果是6；
◀ 循环继续，……
◀ 循环继续，此时nFactorial为720，满足条件 (nFactorial小于1000)，n增加1，n等于7，nFactorial等于720乘以7，结果是5040；
◀ 循环继续，此时nFactorial为5040，不满足条件 (nFactorial小于1000)；
◀ 循环结束 (end)。

具体代码如下。

```
n = 1;
nFactorial = 1;
while nFactorial < 1000
    n = n + 1
    nFactorial = nFactorial * n
end
```

Switch⋯case⋯case⋯otherwise⋯end命令更像是单刀多掷的开关，如图1.36所示。如下代码给出的就是一个switch的例子。

◀ 首先输入一个数值，赋值给n；
◀ n的数值好比触发开关，n为-1时，触发命令"显示：负一"；
◀ n为0时，触发命令"显示：零"；
◀ n为1时，触发命令"显示：正一"；
◀ 否则，触发命令"显示：其他数值"；
◀ 逻辑结束。

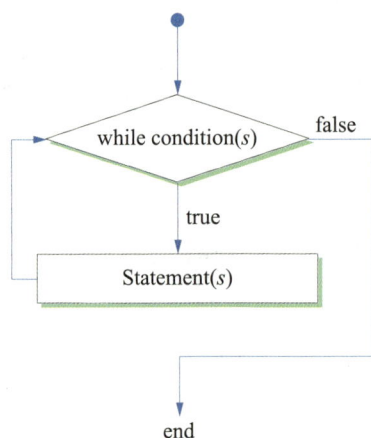

图1.35　while循环逻辑

具体代码如下。

```
n = input('Enter a number: ');

switch n
    case -1
        disp('negative one')
    case 0
        disp('zero')
    case 1
        disp('positive one')
    otherwise
        disp('other value')
end
```

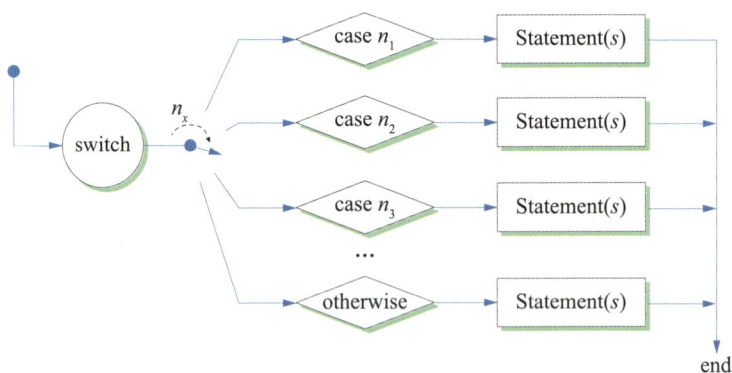

图1.36　switch循环逻辑

for…end循环是本书中最常见的一类循环。如图1.37所示，for循环中有一个非常重要的部件，叫作计数器。简单来说，计数器就是在按顺序查数。下面这个算式就可以通过for循环来求解。

$$result = 1 + \frac{1}{2} + \frac{1}{3} + \frac{1}{4} + ... + \frac{1}{99} + \frac{1}{100}$$

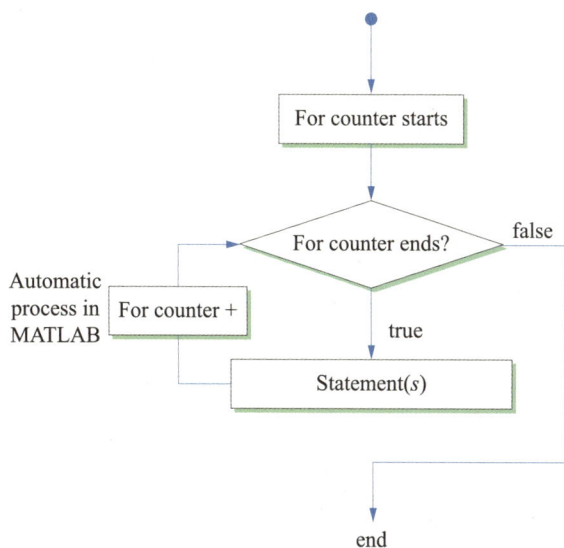

图1.37 for循环逻辑

翻译一下如下代码：n赋值为100，result赋初值为0；计数器从1开始，1、2、3、…，一直数到100；每次数数，就把当前的数ii的倒数1/ii加入result。

```
n = 100; result = 0;
for ii = 1:n
    result = result + 1/ii;
end
```

for循环虽然用起来简单，但并非最便捷的方法。如上述代码，可以用一个函数cumsum()来解决。

```
n = 100; ii = 1./(1:n);
temp = cumsum(ii);
result = temp(n)
```

另外，矩阵运算也可以便捷地取代一些for循环语句。A矩阵通过如下矩阵得到。

$$A = \begin{bmatrix} \dfrac{1}{1+1} & \dfrac{1}{2+1} & \cdots & \dfrac{1}{10+1} \\ \dfrac{2}{1+2} & \dfrac{2}{2+2} & \cdots & \dfrac{2}{10+2} \\ \cdots & \cdots & \cdots & \cdots \\ \dfrac{5}{1+5} & \dfrac{5}{2+5} & \cdots & \dfrac{5}{10+5} \end{bmatrix} \tag{1.8}$$

m行n列的元素，可以通过如下计算得到。

$$a_{m,n} = \frac{m}{m+n} \tag{1.9}$$

这个矩阵的计算可以通过**嵌套for循环** (nested for loop) 得到，具体代码如下。

```
A = zeros(5,10);
for m = 1:5
    for n = 1:10
        A(m, n) = m/(m + n);
    end
end
```

但是，通过矩阵运算，计算过程可以大大简化。

```
m = 1:5; n = 1:10;
[X,Y] = meshgrid(n,m);
A = Y./(Y + X)
```

如下这个计算式就可以通过矩阵运算来避免使用for循环。

$$A = \sum_{i=1}^{21} i^2$$
$$= 1^2 + 2^2 + \cdots + 20^2 + 21^2$$

(1.10)

具体代码如下。

```
x = [1:1:21];
A = x*x.';
% B = A .' returns the nonconjugate transpose of A ,
% interchanges the row and column index for each element
% or
A = sum(x.*x);
```

类似地，如下求和运算可以用矩阵方法计算。

$$B = \sum_{i=0}^{20} \left(\frac{1}{2}\right)^i$$
$$= \left(\frac{1}{2}\right)^0 + \left(\frac{1}{2}\right)^1 + \ldots + \left(\frac{1}{2}\right)^{19} + \left(\frac{1}{2}\right)^{20}$$

(1.11)

具体代码如下。

```
q=1/2;
B = sum(q.^(0:20))
```

丛书中很多代码可能并不是最简洁的，请读者在阅读过程中思考如何简化和优化代码。另外，丛书后文会有专门章节探讨如何提高代码运算效率。

1.6 函数

目前为止，本章已经接触了许多MATLAB函数，这里挑几个常用的函数总结一下。

◀ abs()计算绝对值；输入值可以是标量数值、行列向量或矩阵。

◀ find()寻找向量或矩阵中满足条件元素的位置。

◀ length()计算向量的长度，或者矩阵的最大长度，相当于max(size())。

◀ log()计算以e为底数的对数。

◀ max()计算向量的最大值，或者矩阵每行、每列最大值，等等。

◀ ones()生成满足行列数量要求的矩阵，矩阵每个元素为1。

◀ sin()计算正弦值，输入值的单位是弧度。

◀ sort()按需求排列，可以从大到小、从小到大、按字母顺序等。

即便MATLAB有丰富的函数和适合各种功能的工具箱，自定义函数也必不可少。自定义函数，一方面满足用户的特殊需求，同时也有利于让代码结构化、简化。更重要的是自定义函数可以提高效率，因为用户可以反复调用某一个通用的自定义函数。下面就了解一下如何自定义函数。MATLAB用function命令定义函数，单输入单输出函数可以这样定义：

```
function output = fcn_name (input)
...
end
```

下面以一个叫作average的函数来讲解单输入单输出函数。这个函数的输入x是一个向量，输出y值是x内元素的平均值。自定义函数单独保存为一个*.m文件，文件名必须和函数名一致，也就是自定义函数的文件扩展名为average.m。自定义函数内部，首先判断x是否为向量，如果不是向量，报错。然后计算平均值y，返回。

```
% save as average.m

function y = average(x) % Function definition

if ~isvector(x)
    error('Input must be a vector')
end

y = sum(x)/length(x); % only one output

end
```

对于稍微复杂一点儿的多输出函数，输入变量依然用圆括号"()"来限定，输出量用方括号"[]"来限定。如下，函数名是stats，因此这个自定义函数的扩展名必须是stats.m。

```
% save as stats.m

function [n,m,s] = stats(x)

n = length(x);   % number of elements
m = sum(x)/n;    % average value of vector
s = sqrt(sum((x-m).^2/n)); % standard deviation of vector
% s = sqrt(sum((x-m).^2/(n-1))); % sample
end
```

在主函数中调用子函数时，需要注意主函数一般和子函数保存在同一个文件夹内，也就是主函数和子函数(自定义函数)保存路径完全一致，如图1.38所示。

```
% this is the main function
% save average.m and stats.m
% in the same path as the main function

z = 1:99;
ave_z = average(z);
[num_z,ave_z,std_z] = stats(z)
```

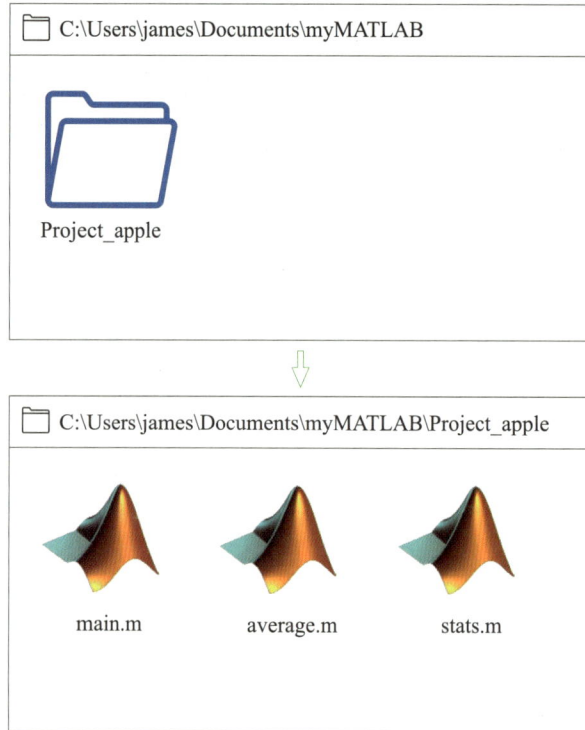

图1.38　将子程序和主程序保存在同一个文件夹

　　但是，当子程序有很多的时候，将它们分门别类地保存在主程序路径下的子文件当中，如图1.39所示。子文件命名时，要注意用"+"开头，比如图中的子文件夹名为 + myfcn。如下例，调用子程序的时候，要用myfcn.average、myfcn.stats类似的格式，里面包含子文件夹名和子函数名。

```
% this is the main function
% save average.m and stats.m
% in a folder with a name of +myfcn
% inside the folder as the main function

z = 1:99; ave_z = myfcn.average(z);

[num_z,ave_z,std_z] = myfcn.stats(z)
```

　　当你在做一个新的项目时，有一个函数functionx是在之前编写程序时制作过的，可以通过addpath()来导入之前函数所在目录，这样MATLAB就会从那个文件夹里搜寻你想调用的functionx函数。这么做可以省略复制的麻烦，而且当你更新之前编写的functionx函数时，在新项目中运行会调取最新更新的函数，无须考虑再更新其他项目中的functionx函数。

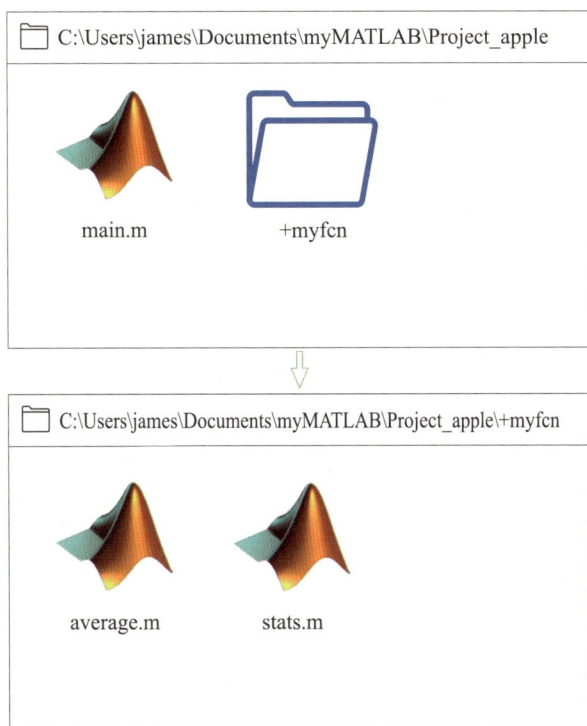

图1.39 将子程序存放在下一级文件夹

如果要更系统地管理并使用所编写的函数，可以把所有自定义的函数存放至一个文件夹中，在MATLAB中的搜寻目录中加入此文件夹，如图1.40所示，每次想用之前编写过的程序时即可任意调用。需要更新函数时，直接可以在原函数中更新。

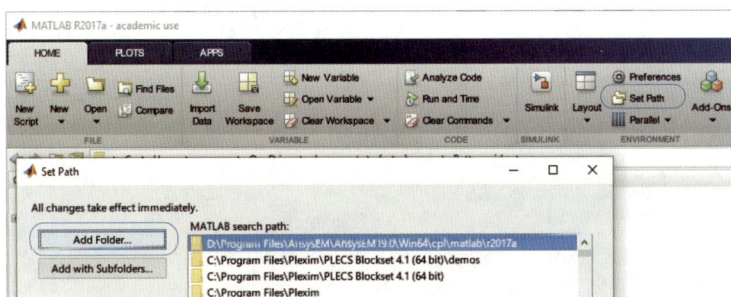

图1.40 在MATLAB中添加文件路径

讲到这里，提醒读者使用一个常用于子函数的快捷键Ctrl + D。当输入光标在子函数 (MATLAB函数或自定义函数均可) 上时，按Ctrl + D组合键，可以打开子函数文件。这有助于快捷编辑子函数，或者查询信息。另外，help可以帮助快速查阅函数注释，可以在窗口⑥中输入如下类似内容。

```
help max
```

窗口⑥中就会给出max()函数的注释，如下所示。

```
max     Largest component.
    For vectors, max(X) is the largest element in X. For matrices,
    max(X) is a row vector containing the maximum element from each
    column. For N-D arrays, max(X) operates along the first
```

```
non-singleton dimension.

[Y,I] = max(X) returns the indices of the maximum values in vector I.
If the values along the first non-singleton dimension contain more
than one maximal element, the index of the first one is returned.
```

...

自定义的函数也可添加注释内容。MATLAB默认的注释区间是 function定义行下以 "%" 开头的每一行，直到第一行需要执行的代码结束，如下代码灰色部分即为自定义函数ccinterest()的注释部分。

```
% save as ccinterest.m

function y = ccinterest(r,t)
% Function definition
% Continuously compounded return
% used for help ccinterest
% INPUTS r 1x1 .. interest rate
%        t 1x1 .. time in yrs
% OUTPUT y 1x1 .. payoff of the output parameters
% contact info

y = exp(r*t);

end
```

同样用 "help ccinterest" 就可以在窗口⑥中查阅注释部分。

```
help ccinterest
```

另外，从MATLAB R2016b开始，可以在主函数中定义子函数，如下例。

```
% this is the main function
x = 3; y = 2; z = perm(x,y)
% Starting in R2016b, another option for storing functions is
% to include them at the end of a script file


%%%%%%%% self-defined functions %%%%%%%%
function p = perm(n,r)
    p = fact(n)*fact(n-r);
end
```

```
function f = fact(n)
    f = prod(1:n);
end
```

最后简单总结一下MATLAB中括号的用法。

◀ "( )" 被称作**圆括号** (parentheses 或round brackets)；"(" 被称作左括号 (open parenthesis)；")" 被称作右括号 (close parenthesis)。"( )" 圆括号的用处最广泛，它可以用来给出矩阵元素序数，比如*A*(1,2)，它可以

圈定命令输入 max(A(:))，等等。

◀ "[ ]" 称作**方括号** (brackets、square brackets或square braces)。注意MATLAB不推荐*A*=[1:2:20]; 这种写法，MATLAB推荐更简洁的*A* = 1:2:20写法；但是本书为了方便初学者阅读，在丛书中的很多向量依然用 "[ ]" 来引出；"[ ]" 也常用来引出自定义函数的输出结果。另外，"[ ]" 可以用来合成字符串，比如['When a=',num2str(i)]。

◀ "{ }" 被称作"**大括号** (braces、curly braces、curved braces或curved brackets)。"{ }" 常用来定义**元胞数组** (cell array) 和表格数据。

　　至此，已经讨论了一些MATLAB基本的语法。第2章将以第1章为基础讨论MATLAB一些常见的数据可视化的内容。

第2章
数据可视化 I

数据的可视化 (Data Visualization) 是艺术和科学结合的范例之一。在本章内容开始前，先介绍一本书——*Wall street journal: guide to information graphics*。这本书的作者是金融数据可视化的专家Dona Wong。她师从数据可视化领域先锋人物耶鲁大学教授Edward Tufte。Dona曾供职于纽约时报 (*The New York Times*) 和华尔街日报 (*The Wall Street Journal*)，现任美联储纽约分行艺术总监。在这本书中，作者以其轻松愉快的方式分享了自己在数据方面的美学体验，很值得读者阅读参考。

请读者注意，本书中的所有MATLAB图像都是经过加工处理过的图像。图像线条颜色、粗细、文字位置等都和MATLAB结果有不同。在不篡改原始数据的前提下，美化图像是一项必不可少的工作。

本章核心命令代码

- ◀ area() 填充区二维绘图。
- ◀ axes('position',[x1 y1 width height]) 设置图中图位置。
- ◀ axis off 去掉坐标轴。
- ◀ axis([xmin xmax ymin ymax]) 设置二维绘图范围。
- ◀ box off 去掉图框。
- ◀ colorbar 调出色彩条。
- ◀ daspect([x y z]) 设置图像数据比例。
- ◀ grid on/grid off 图像增加或剔除背景栅格。
- ◀ heatmap() 生成平面热图。
- ◀ imagesc() 生成平面图像，本书也将其称作热图，MATLAB专门绘制热图的函数命令为 heatmap()。
- ◀ line() 可以绘制平面和空间曲线。
- ◀ num2str(A) 将数字转为字符串。
- ◀ plot([X, X], [y1, y2]) 绘制平行于 y 轴的直线。
- ◀ plot([x1, x2], [Y, Y]) 绘制平行于 x 轴的直线。
- ◀ plot(x,y) 绘制二维图线。
- ◀ plot(x,y,'Color',[0 0 0]+1/N*(k-1)); 绘制递进灰度线簇。
- ◀ polarplot(theta,rho) 绘制极坐标图。
- ◀ polarscatter() 绘制极坐标中的散点图。
- ◀ polyxpoly() 计算交点。
- ◀ refline() 绘制参考线 (拟合直线，均值水平参考线等)。
- ◀ scatter(x,y) 绘制散点图。
- ◀ set(gca, 'FontName', 'Times New Roman') 设置图像字体。
- ◀ set(gca, 'XAxisLocation', 'origin') x 轴放置原点。
- ◀ set(gca, 'XAxisLocation', 'top') x 轴置顶。
- ◀ set(gcf,'color','white') 图像背景设置为白色。
- ◀ stairs(x,y) 绘制阶梯图。
- ◀ stem(x,y) 绘制火柴梗图 / 针状图。

◀ subplot(2,2,1); subplot(2,2,3); subplot(2,2,[2,4]); 一个四格三子图布置方案。

◀ subplot(3,3, [2:3 5:6]); subplot(3,3, [1 4]); subplot(3,3, [8 9]); 一个九格三子图布置方案。

◀ subplot(4,4,[2:4 6:8 10:12]); subplot(4,4,[1 5 9]); subplot(4,4,[14:16]); 一个十六格三子图布置方案。

◀ surf/contour/contour3/mesh/meshc(x,y,z) 几个常见的三维绘图函数命令。

◀ title('text') 写入图像标题。

◀ xlabel('text') 写入 x 轴坐标。

◀ xlim([xmin xmax]) 设置 x 轴坐标取值范围，类似的命令还有 ylim 和 zlim。

◀ xtickformat('%.2f') x 轴数字设置到小数点后两位。

◀ yyaxis left/yyaxis right 绘制双 y 图。

2.1 平面绘图

MATLAB本身就有大量的绘图函数，官方网站提供了十分全面的介绍和总结文件MATLAB Graphics：

◀ https://www.mathworks.com/help/pdf_doc/matlab/graphg.pdf

本章主要讲解金融数据可视化常用的函数。一些特定的绘图函数，比如柱状图、直方图和饼图等统计绘图，在本章暂不涉及；第5章将结合它们在统计分析中的应用进行详细讲解。

首先，来了解一下2D绘图plot()这个函数。最基本的调用格式是plot(X，Y，LineSpec)，绘制一个$Y = F(X)$的2D函数图像。第一个输入变量X提供横轴的数据值，第二个输入变量Y提供纵轴的数据值。"LineSpec"是一系列的字符命令，对线型、标记、颜色进行控制。后面的章节会对常用的LineSpec命令陆续进行详细的总结。如图2.1所示，在X-Y平面内，用该命令可以绘制出完整周期的正弦sin()和余弦cos()函数；实蓝线和虚蓝线分别对应$Y = \sin(X)$和$Y = \cos(X)$。

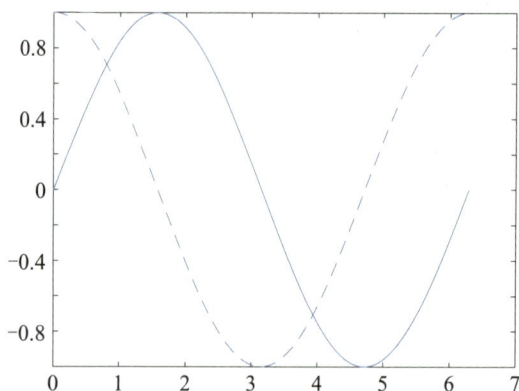

图2.1　plot()函数绘制2D图像

plot()函数结合subplot可以绘制一幅多子图的图像。图2.2给出了一幅一列四行的组图。subplot(num_row，num_column，num_subfig) 需要有三个输入量。第一个输入变量是子图的行数，第二个输入变量是子图的列数，第三个输入变量是子图从左到右、从上到下的序数。例如代码subplot (2，1，1)，第一个输入变量是2，第二个输入变量是1，决定了绘图区域里总共会有两个子图，按照两行一列的形式排布。并且取决于第三个输入变量的值，该代码将绘制上下布置(upper and lower subplots)的第一个子图。同理，subplot(2，1，2)则绘制下方的第二个子图。

又例如，subplot (2，2，1)则是绘制**四分子图** (quadrant of subplots) 左上角第一幅子图；subplot (2，2，2) 绘制右上角第二幅子图；subplot (2，2，3) 绘制左下角第三幅子图；subplot (2，2，4) 绘制右上角第四幅子图。以下MATLAB代码可以绘制图2.1和图2.2。

```
B1_Ch2_1.m

x = [0:0.01:2*pi];
linear_y = x;
sq_y = x.^2;
sin_y = sin(x);
cos_y = cos(x);
```

```
figure(1);
plot(x,sin_y);
hold on; % hold the current plot, and plot another on top
plot(x,cos_y,'--');
hold off;
% plot (x,sin_y, x,cos_y,'--')

figure(2);
subplot(4,1,1);
plot(x,linear_y,'y--');

subplot(4,1,2);
plot(x,sq_y,'k:');

subplot(4,1,3);
plot(x,sin_y,'g--');

subplot(4,1,4);
plot(x,cos_y,'r:');
```

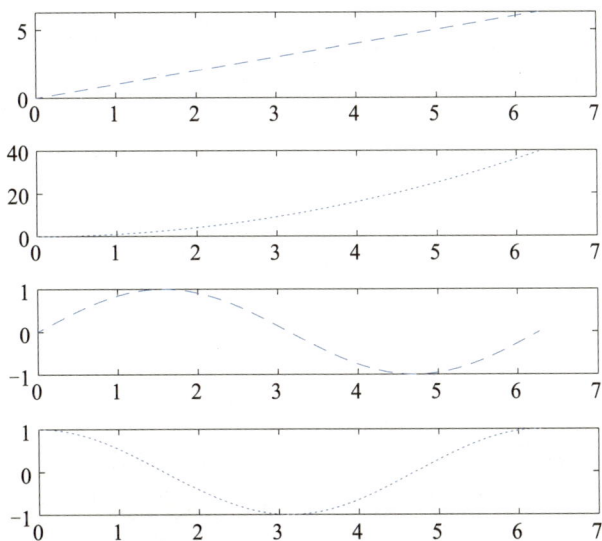

图2.2　使用subplot()函数绘制一列四个图像

2.2 线型和标记

　　plot (X，Y，LineSpec) 中的LineSpec可用于定义线型的属性，如颜色、**粗细** (line width)、数据点 **标记** (marker) 的颜色、类型、大小等。以下给出一个指定线型属性的例子。

```
plot(x,y,'-r',...
    'LineWidth',2,...
    'MarkerSize',10,...
    'MarkerEdgeColor','b',
    'MarkerFaceColor',[0.5,0.5,0.5]
    'MarkerIndices',1:5:length(y))
```

在这个例子中，'-r'定义了线型为实线，线的颜色为红色，'LineWidth'定义了线的粗细为2，'MarkerSize' 'MarkerEdgeColor' 'MarkerFaceColor' 'MarkerIndices'分别定义了数据点标记的大小、边的颜色、填充的颜色以及哪些数据点将采用标记。

如图2.1和图2.2所示，plot()函数可以修饰图像的**线型** (line style)，比如**实线** (solid line)、**点划线** (dash-dotted line) 等。表2.1给出了几种常见的线型。另外，线的颜色也可以调整，表2.2给出了几种常见颜色的函数。如果对颜色有特殊需求，建议使用**三原色颜色模式** (Red Green Blue color model, RGB) 数字代码。线型和色彩可以一起使用，例如，'y--'代表黄色虚线，'k:'代表黑色点线，'r:'代表红色点线，'g--'代表绿色虚线。

表2.1　plot函数的几种线型

运算符	描述	例子
'-'	实线 (solid line)，默认线型	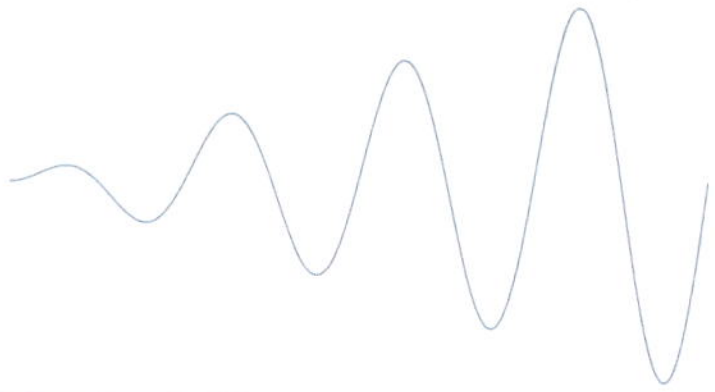
'--'	虚线、划线 (dashed line)	
':'	点线 (dotted line)	
'-.'	点划线 (dash-dotted line)	

表2.2　plot函数的几种线型颜色

运算符	描述	RGB代码
'red' 或 'r'	红色	[1 0 0]
'green' 或 'g'	绿色	[0 1 0]
'blue' 或 'b'	蓝色	[0 0 1]

运算符	描述	RGB代码
'yellow' 或 'y'	黄色	[1 1 0]
'magenta' 或 'm'	品红	[1 0 1]
'cyan' 或 'c'	青色	[0 1 1]
'white' 或 'w'	白色	[1 1 1]
'black' 或 'k'	黑色	[0 0 0]

set()函数可以用来修饰和编辑plot函数绘制的图像。和图2.1相比，图2.3在横纵坐标的布置上有很大区别。如下MATLAB代码可以用来得到图2.3。

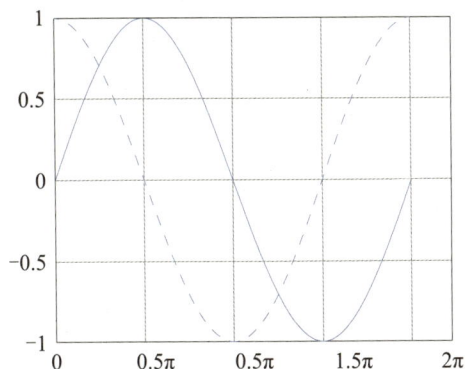

图2.3　增加背景网格，修饰坐标

```
B1_Ch2_2.m

x = [0:0.01:2*pi];
linear_y = x;
sq_y = x.^2;
sin_y = sin(x);
cos_y = cos(x);

figure(1);
plot(x,sin_y);
hold on;
plot(x,cos_y,'--');
hold off;

set(gca,'Xtick',0: 2*pi/4:2*pi);
set(gca,'Ytick',-1:0.5:1);
xticklabels({'0','0.5\pi','\pi','1.5\pi','2\pi'});
```

不难发现，图2.4和之前的几幅图像最大的区别在于，图2.4增加了数据**标记符号** (marker) 和图标**注释** (legend)。数据标记符号可以用来区别不同数据，表2.3给出了几种最常见的数据标记符号。legend函数可以用来增加图标注释。在图2.4中，上下两个子图的图标注释的样式并不相同。图2.4(a)采用一列多行的布置，图2.4(b)采用两行多列的布置。

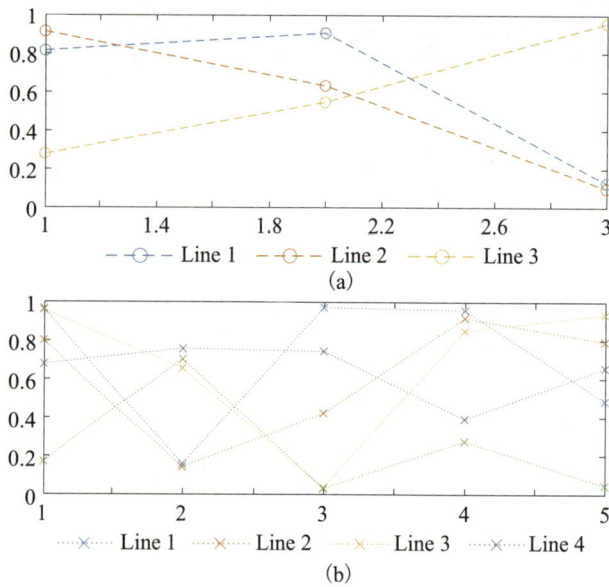

图2.4　legend()指令增加图标注释

以下MATLAB代码可以用来绘制图2.4。

```
B1_Ch2_3.m

%% Add legend

y1 = rand(3);

figure(1)
ax1 = subplot(2,1,1);
plot(y1,'o--')

y2 = rand(5);
ax2 = subplot(2,1,2);
plot(y2,'x:')

legend(ax1,{'Line 1','Line 2','Line 3'})
% add legend to the first subplot only
% can be used for 2018a only

legend(ax2, {'Line 1','Line 2','Line 3', 'Line 4'}, ...
'Location', 'northwest', 'NumColumns',2)
% add legend to the second subplot only
```

表2.3　plot函数的几种数据标记符号

运算符	描述
'o'	圆形 (circle)
'+'	加号 (plus sign)
'*'	星号 (asterisk)

运算符	描述
'.'	点 (point)
'x'	叉 (cross)
'square' 或 's'	方形 (square)
'diamond' 或 'd'	四边形 (diamond)
'^'	尖朝上三角 (upward-pointing triangle)
'v'	尖朝下三角 (downward-pointing triangle)
'>'	尖朝右三角 (right-pointing triangle)
'<'	尖朝左三角 (left-pointing triangle)
'pentagram' 或 'p'	五星 (five-pointed star (pentagram))

另外，线型、颜色和marker可以一起使用，如图2.5所示。

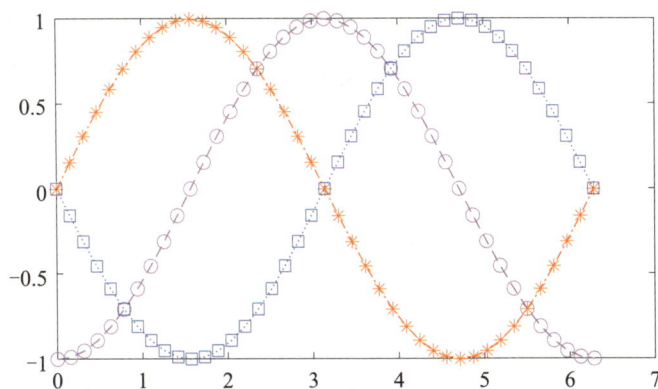

图2.5　同时使用线型、颜色和marker

相关的MATLAB代码如下。

```
B1_Ch2_4.m

x = 0:pi/20:2*pi;
plot(x,sin(x),'-.r*')
hold on
plot(x,sin(x-pi/2),'--mo')

plot(x,sin(x-pi),':bs')
hold off
```

还可以选择特定的数据作标记，如图2.6所示。首先找出最大值和最小值的位置，然后用五星来标记它们的位置。

```
B1_Ch2_5.m

x = 0:0.01:2*pi;
sin_y = sin(x);
loc_min = find(sin_y == min(sin_y));
% location of min value of sin_y
loc_max = find(sin_y == max(sin_y));
```

```
% location of max value of sin_y
figure(1)
plot(x,sin_y,'-p','MarkerIndices',[loc_min,loc_max],...
    'MarkerFaceColor','red',...
    'MarkerEdgeColor','k',...
    'MarkerSize',10)
box off
set(gca, 'XAxisLocation', 'origin')
xlabel('x'); ylabel('y')
```

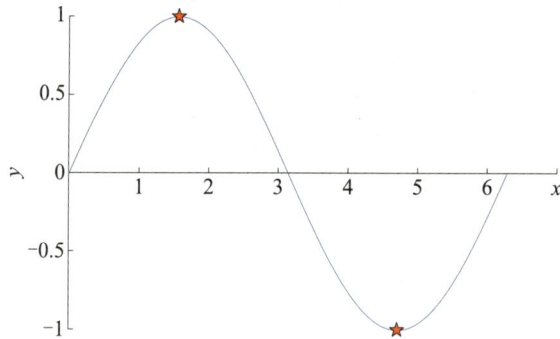

图2.6　特定位置使用marker

　　图2.7的特点是曲线色彩采用渐变灰度。另外，图像中的每个legend是在每个循环内部产生的。这样做的好处是，不需要改变代码，legend的数量和内容就可以变化。

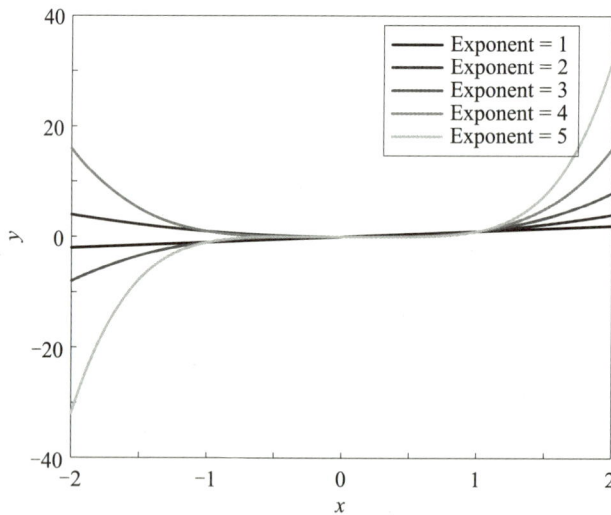

图2.7　渐变灰度

以下代码可以用来生成图2.7。

```
B1_Ch2_6.m
```

```
clear all; close all; clc;
x = [-2:0.01:2];
exp_series = [1:1:5];
```

```
figure(1);

for k = 1:length(exp_series)

    exp_current = exp_series(k);
    YY(:,k) = x.^exp_current;
    txt = ['Exponent = ',num2str(exp_current)];
    plot(x,YY(:,k) ,'DisplayName',txt,'Color',...
    [0 0 0]+1/length(exp_series)*(k-1)); hold on

end

hold off;
legend show;

xlabel('x');
ylabel('y');
```

　　另外，丛书中大量使用brewermap()命令。这个命令是MATLAB社区网友共享函数，选取作者定义的不同配色方案色谱。下载地址如下：

◄ https://www.mathworks.com/matlabcentral/fileexchange/45208-colorbrewer-attractive-and-distinctive-colormaps

　　请读者首先解压缩压缩包，然后将其存在绘图函数路径下，在绘图函数中调用brewermap()。下面用brewermap()重新绘制图2.7。brewermap()函数产生my_col，采用 'RdYlBu' 配色方案。在plot()函数中设置线型颜色为 'Color'，my_col(k，：)。产生的图像为图2.8。

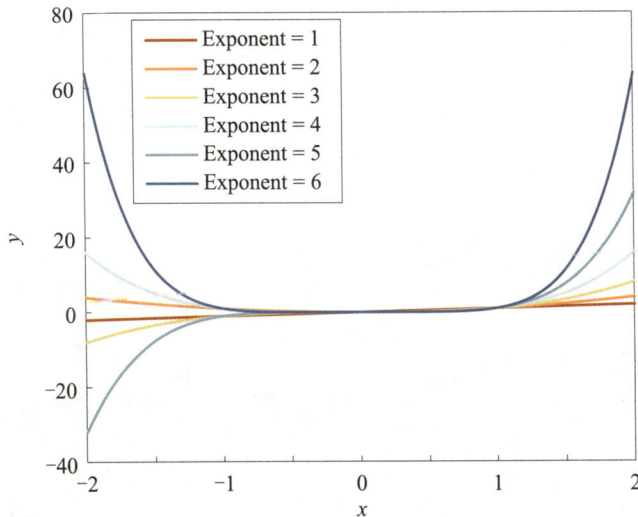

图2.8　brewermap()函数的 'RdYlBu' 配色方案

以下代码可以用来获得图2.8。

```
B1_Ch2_7.m
```

```
clear all; close all; clc;
```

```matlab
x = -2:0.01:2;
exp_series = 1:1:6;
my_col = brewermap(length(exp_series),'RdYlBu');
figure(1);

for k = 1:length(exp_series)

    exp_current = exp_series(k);
    YY(:,k) = x.^exp_current;
    txt = ['Exponent = ',num2str(exp_current)];
    plot(x,YY(:,k) ,'DisplayName',txt,'Color',...
    my_col(k,:),'LineWidth',1.5); hold on

end

hold off;legend show;
xlabel('x');ylabel('y');
```

参考线 (reference line)，比如**水平线** (horizontal line)、**竖直线** (vertical line)、**斜线** (diagonal line)，是常用的一类线。图2.9给出了几种用plot函数绘制的参考线。如左上角的水平线，它的左端点坐标为(0，2)，右端点坐标为(10，2)，因此绘制直线的代码应该是plot([0，10]，[2，2])。[0，10] 是两个端点的**横坐标** (coordinates of x-axis)；[2，2]是两个端点的**纵坐标** (coordinates of y-axis)。

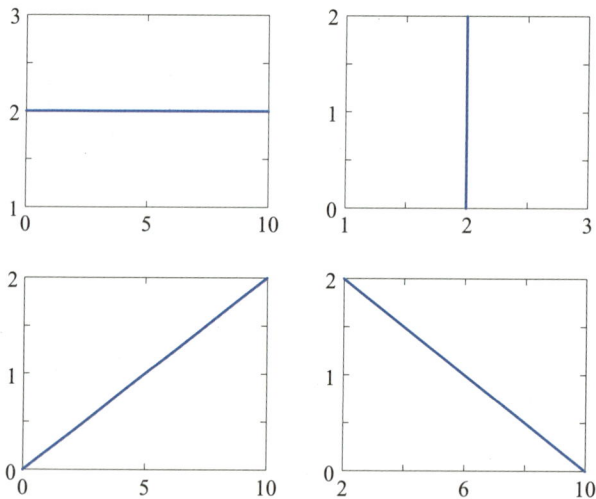

图2.9　plot()绘制各种直线

以下代码可以用来绘制图2.9。

B1_Ch2_8.m

```matlab
%% draw straight line

figure(1)
subplot(2,2,1)
plot([0, 10], [2, 2]) % ([x1, x2], [y1, y2])
```

```
% 'linewidth',3

subplot(2,2,2)
plot([2, 2], [0, 2])

subplot(2,2,3)
plot([0, 10], [0, 2])

subplot(2,2,4)
plot([10, 2], [0, 2])
```

另外，MATLAB有一个专门绘制参考线的函数refline()。MATLAB help给出一个有意思的例子，如图2.10所示。refline()函数首先绘制一个用**最小二乘** (least-squares method) 方法获得的拟合直线，然后又用这个函数绘制了一条水平线。丛书第三本会专门介绍最小二乘法回归。

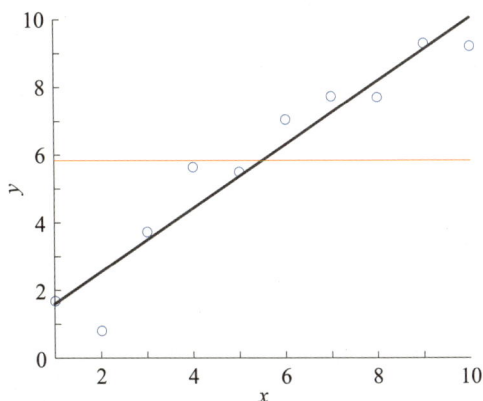

图2.10   refline()绘制参考线

以下代码可以用来获得图2.10。

```
B1_Ch2_9.m

x = 1:10;
y = x + randn(1,10);
figure(1)
scatter(x,y,25,'b','o')
% Superimpose a least-squares line on the scatter plot
refline
mu = mean(y);
% Add a horizontal reference line at the mean of the scatter plot
hline = refline([0 mu]);
hline.Color = 'r';
xlabel('x'); ylabel('y')
```

line()也是一个绘制平面甚至三维曲线不错的函数。图2.11展示的是用line()函数绘制的四个图像。可以看到，line()的绘图方法和plot()很相似；但是plot()只能绘制平面曲线。如图2.11右下图所示，line()还可以绘制空间曲线。本章最后一节会介绍更多常用的三维绘图函数。

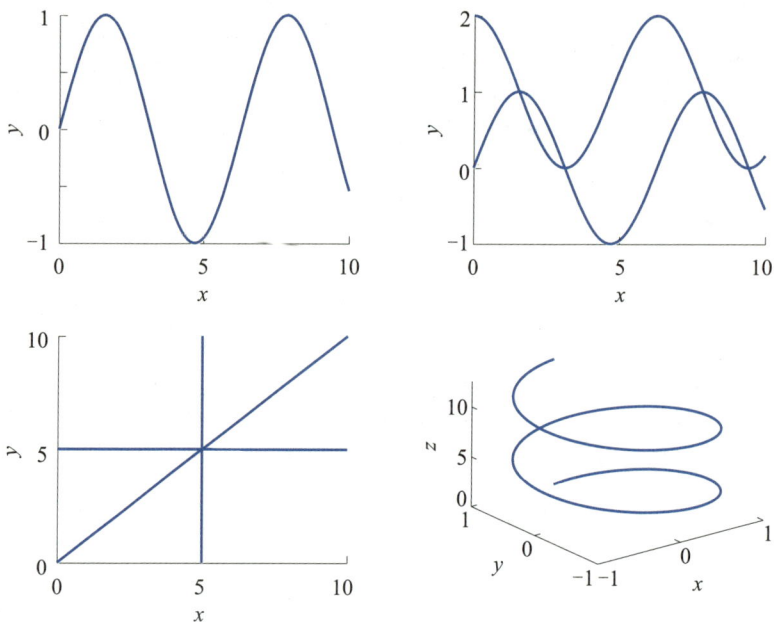

图2.11 line()函数绘制曲线

图2.11可以用如下代码获得。

```
B1_Ch2_10.m

figure(1)
x = linspace(0,10);
y1 = sin(x);
subplot(2,2,1)
line(x,y1)
xlabel('x'); ylabel('y');

y2 = cos(x)+1;
subplot(2,2,2)
line(x,y1); hold on
line(x,y2)
xlabel('x'); ylabel('y');

subplot(2,2,3)
xx = [0 10]; yy = [5 5];
line(xx,yy); hold on
xx = [0 10]; yy = [0 10];
line(xx,yy); hold on
xx = [5 5]; yy = [0 10];
line(xx,yy); hold on
xlabel('x'); ylabel('y');

subplot(2,2,4)
zzz = linspace(0,4*pi,200);
```

```
xxx = sin(zzz);
yyy = cos(zzz);
line(xxx,yyy,zzz)
view(3)
xlabel('x'); ylabel('y'); zlabel('z')
```

另外，推荐MATLAB用户分享绘制水平线和竖直线的命令，下载地址：

◄ https://www.mathworks.com/matlabcentral/fileexchange/1039-hline-and-vline

2.3 图像装饰

所有的图像都有自己在各个坐标轴的取值范围，在MATLAB中对于2D图像，xlim、ylim和axis函数可以用来限制图像展示的区域。图2.12中左右两图，横纵坐标均分别采用了统一的取值范围。

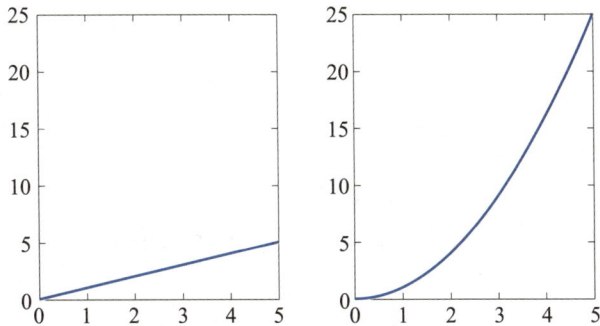

图2.12 xlim、ylim、axis指令控制图像横纵坐标轴取值范围

绘制图2.12的代码如下。

B1_Ch2_11.m

```
%% Add horizontal and vertical limits

x = [0:0.01:5];
linear_y = x;
sq_y = x.^2;

x_axis_min = 0;
x_axis_max = 5;
y_axis_min = 0;
y_axis_max = max([linear_y,sq_y]);

figure(1)
subplot(1,2,1)
plot(x,linear_y)
```

```
xlim([x_axis_min,x_axis_max])
ylim([y_axis_min,y_axis_max])

subplot(1,2,2)
plot(x,sq_y)
axis([x_axis_min,x_axis_max,y_axis_min,y_axis_max])
```

一些图片需要横纵坐标的比例为1∶1，如图2.13所示。MATLAB有很简单的方法实现这一需求，只需要在图2.12代码的最后增加如下一句：

```
daspect([1 1 1])
```

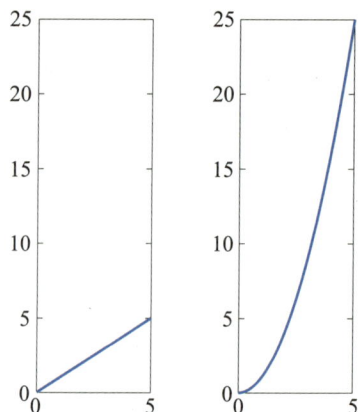

图2.13　横纵坐标比例尺1∶1

更多线型修饰，请参考MATLAB帮助词条LineSpec (Line Specification)，可以用如下命令在窗口⑥中打开词条。

```
doc linespec
```

图像标题、横纵坐标注释能够帮助读者读取图像的数据信息。MATLAB可以用xlabel、ylabel和title这三个函数来实现，如图2.14所示。右图中横纵坐标的最大值是从代码中抓取，通过num2str()换成字符串格式后，再打印在图像上。以下代码可以用来获得图2.14。

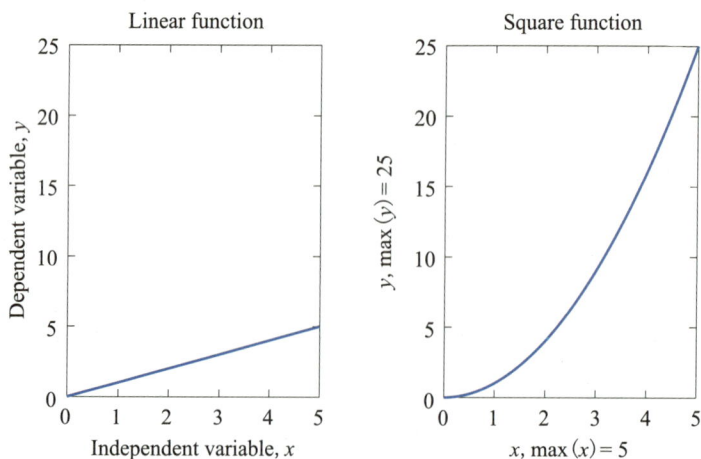

图2.14　xlabel、ylabel和title函数增加图片标注

```matlab
%% labels

% xlabel(s1, 'KeyWord', KeyWordValue, . . . )
% ylabel(s2, 'KeyWord', KeyWordValue, . . . )
% title(s3, 'KeyWord', KeyWordValue, . . . )
% text(x, y, s4, 'KeyWord', KeyWordValue, . . . )

x = [0:0.01:5];
linear_y = x;
sq_y = x.^2;

x_axis_min = 0;
x_axis_max = 5;
y_axis_min = 0;
y_axis_max = max([linear_y,sq_y]);

figure(1)
subplot(1,2,1)
plot(x,linear_y)
xlim([x_axis_min,x_axis_max])
ylim([y_axis_min,y_axis_max])
x_legend = 'Independent variable,x';
y_legend = 'Dependent variable, y';
xlabel(x_legend)
ylabel(y_legend)
title('Linear function')

subplot(1,2,2)
plot(x,sq_y)
axis([x_axis_min,x_axis_max,y_axis_min,y_axis_max])
xlabel(['x,max(x) = ',num2str(max(x))])
ylabel(['y,max(y) = ',num2str(max(sq_y))])
title('Square function')
```

常用的axis命令还有axis auto，axis tight，axis fill，axis on，axis off，axis normal，axis vis3d，axis square等。读者可通过在MATLAB命令窗口中输入help axis获得更多详细介绍。

text()函数可以用来在图片的固定位置增加文字注释，如图2.15所示。图中在三个不同位置增加了对抛物线、一次函数和参考线的注释。以下代码可以用来绘制图2.15。

```matlab
%% display texts

% text(x,y,txt) adds a text description to one or more data
% points in the current axes using the text specified by txt.
% To add text to one point, specify x and y as scalars in data
```

```
% units. To add text to multiple points, specify x and y
% as vectors with equal length

x = linspace(0, 4, 100);
figure(1)
plot(x, x, 'k--', x, (x-2).^2, 'k', [1, 1], [0, 4], 'k--')
xlabel ('x')
ylabel ('Value of functions')
title ('Visualization of two intersecting curves')
text (1.1, 2, '\leftarrow x = 1')
text (2, 0.4, '\downarrow y = (x-2)^2')
text (3, 3.4, 'y = x \rightarrow')
legend('x', '(x-2)^2', 'Location', 'SouthWest')
```

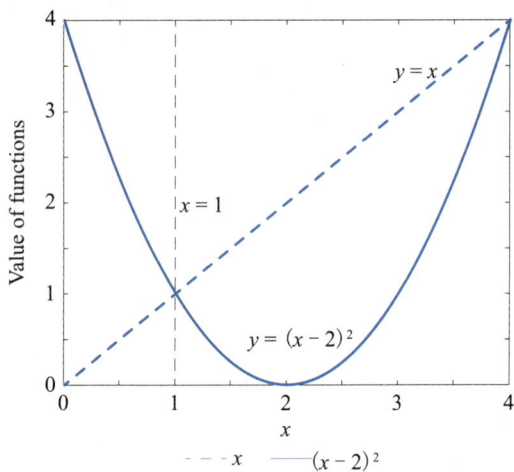

图2.15　text()函数，在图片固定位置增加文字注解

　　MATLAB图片内默认字体是Arial，可以根据自己的需求调整字体，在任何一个子图的下方加入如下代码，就可以将图片字体调整为Times New Roman。

```
set(gca, 'FontName', 'Times New Roman')
```

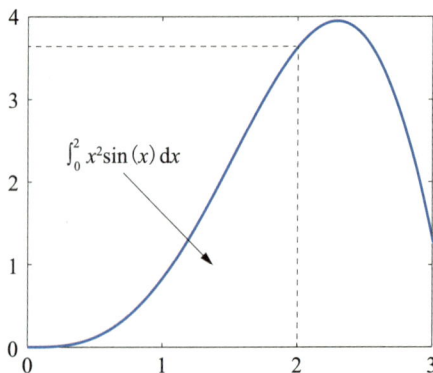

图2.16　text()函数，增加公式

　　text()函数还可以打印LaTeX编译的公式，如图2.16所示。以下代码可以用来绘制图2.16。

```
B1_Ch2_14.m
```

```
x = linspace(0,3);
y = x.^2.*sin(x);
figure(1)
plot(x,y); hold on
plot([2,2],[0,2^2*sin(2)],'--'); hold on
plot([0,2],[2^2*sin(2),2^2*sin(2)],'--')
hold off

str = '$$ \int_{0}^{2} x^2\sin(x) dx $$';
text(0.25,2.5,str,'Interpreter','latex')
annotation('arrow','X',[0.32,0.5],'Y',[0.6,0.4])
set(gca,'Ytick',0:1:4)
set(gca,'Xtick',0:1:3)
```

更多text文字注解修饰，请参考：

◀ https://www.mathworks.com/help/matlab/creating_plots/greek-letters-and-special-characters-in-graph-text.html

图的横纵坐标记号也可以很容易地被修饰，如图2.17所示。上图横轴小数点后保留两位小数，纵轴采用科学计数法。下图横轴没有小数位，纵轴没有采用科学计数法。

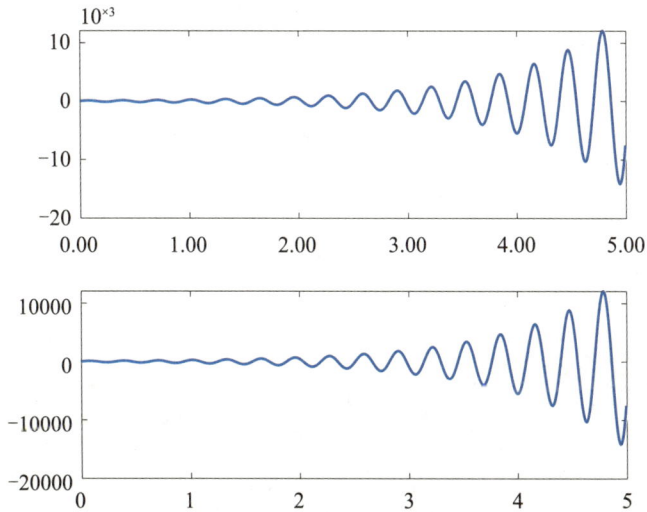

图2.17　坐标记号的格式修饰

以下代码可以用来生成图2.17。

```
B1_Ch2_15.m
```

```
% MATLAB Version 2018a
x = linspace(0,5,1000);
y = 100*exp(x).*sin(20*x);

figure(1)
```

```
subplot(2,1,1)
plot(x,y)
ax = gca;
ax.YAxis.Exponent = 3;
set(gca,'Xtick',0:1:5)
xtickformat('%.2f')

subplot(2,1,2)
plot(x,y)
ax = gca;
ax.YAxis.Exponent = 0;
set(gca,'Xtick',0:1:5)
```

图2.18展示了常见的几种图像修饰。比如左上角的图像增加了背景网格，采用的函数是grid on。axis off函数可以删除图像中的轴线，比如右上角。横坐标轴可以移动到**原点** (origin)，比如左下图。横坐标轴标注可以移动到图像顶部，比如右下图。

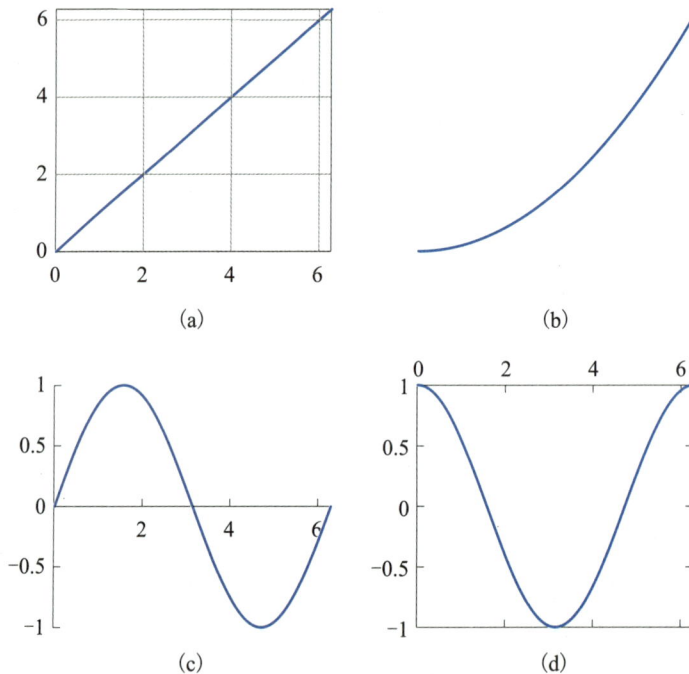

图2.18 图片修饰

(a) 增加背景网格；(b) 删除横纵坐标；(c) 坐标轴移动到原点；(d) 坐标轴移动到顶部

下列代码可以用来生成图2.18。

```
B1_Ch2_16.m

%% change the plot appearance

% axis on or axis off [default - on]
% box on or box off [default - on]
% grid on or grid off [default - off
```

```
x = [0:0.01:2*pi];
linear_y = x;
sq_y = x.^2;
sin_y = sin(x);
cos_y = cos(x);

figure(1)
subplot(2,2,1)
plot(x,linear_y)
grid on

subplot(2,2,2)
plot(x,sq_y)
axis off

subplot(2,2,3)
plot(x,sin_y)
box off
set(gca, 'XAxisLocation', 'origin')

subplot(2,2,4)
plot(x,cos_y)
set(gcf,'color','white')
set(gca, 'XAxisLocation', 'top')
```

2.4 图像布置

下面一起讨论另外三种常见子图的布置方案。图2.19给出了一个四格子图布置方案——两行两列。左侧上下两个子图，右侧一个子图。subplot (2，2，1) 定义的是左上子图，subplot (2，2，3) 定义的是左下子图。subplot (2，2，[2，4]) 中 [2，4] 这个向量将右侧两格合并形成右侧大图。

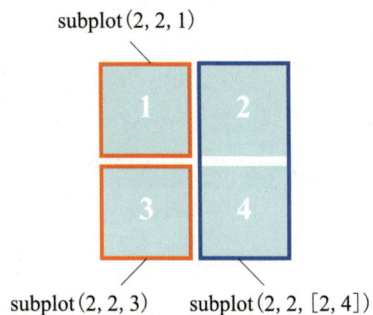

图2.19　一个四格(2行2列)子图布置方案

这个布置方案很适合比较两个曲线。MATLAB给出了一个很好的例子，如图2.20所示。左侧上下两图给出的是两条曲线，右侧大图给出的是两条曲线的对比。细心的读者可能已经发现，这两条曲线对比的是原函数和泰勒一次近似。这部分相关内容会在第4章介绍。

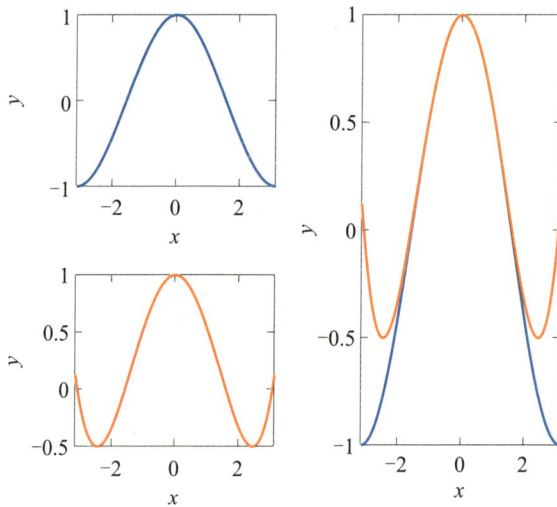

图2.20　四格三图布置样例

以下代码可以用来获得图2.20。

```
B1_Ch2_17.m

x = linspace(-pi,pi);
y_cos = cos(x); plot(x,y_cos);
% Original function
y_poly = 1 - x.^2./2 + x.^4./24;
% Taylor series approximation

figure(1)
subplot(2,2,1); % Top left
plot(x,y_cos,'b');
xlim([min(x),max(x)]) % scale x label from min to max
xlabel('x'); ylabel('y')

subplot(2,2,3); % Bottom left
plot(x,y_poly,'r');
xlim([min(x),max(x)])
xlabel('x'); ylabel('y')

subplot(2,2,[2,4]); % Half right
plot(x,y_cos,'b',x,y_poly,'r');
xlim([min(x),max(x)])
xlabel('x'); ylabel('y')
```

图2.21给出一个九格布置方案。这个九格是三行三列。subplot(3，3，[1，4])是左上角的第一张图，它占据了序号为1和4的两个方格。subplot(3，3，[8，9])是右下角的第二张图，它的绘图空间是标号为8和9的两个方格。中间偏右的大图占据了四个方格，绘图命令是subplot(3，3，[2，3，5，6])。

图2.22就是使用这个布置方案绘制的图像。

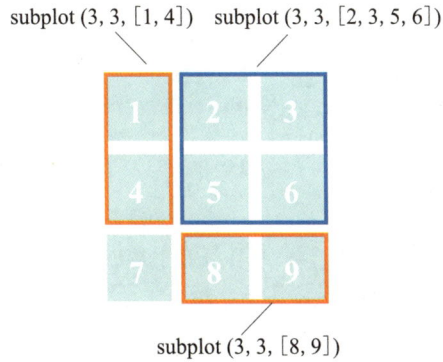

subplot (3, 3, [1, 4]) subplot (3, 3, [2, 3, 5, 6])

subplot (3, 3, [8, 9])

图2.21　一个九格 (3行3列) 子图布置方案

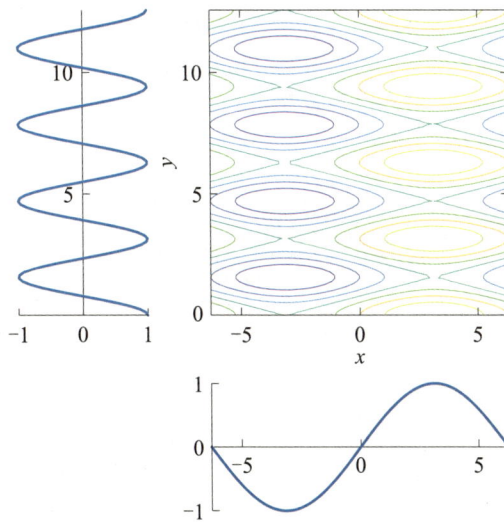

图2.22　九格三图布置样例

以下代码可以用来获得图2.22。

```
B1_Ch2_18.m

clc; close all; clear all

x = linspace(-2*pi,2*pi,100); y = linspace(0,4*pi,100);
[X,Y] = meshgrid(x,y); Z = sin(X/2)+cos(Y*2);

figure(1);

subplot(3,3, [2:3 5:6]); % Top right square
contour(X,Y,Z);
xlim([min(x),max(x)]); ylim([min(y),max(y)]);
xlabel('x'); ylabel('y');

subplot(3,3, [1 4]); % Top left
```

```
plot(y,cos(y*2));
view(90,-90); xlim([min(y),max(y)]);
box off; set(gca, 'XAxisLocation', 'origin');

subplot(3,3, [8 9]); % Btm right
plot(x,sin(x/2)); xlim([min(x),max(x)]);
box off; set(gca, 'XAxisLocation', 'origin');
```

图2.23给的是一个十六格三图的布置方案。这个十六格是四行四列。subplot (4，4，[1，5，9]) 给出的是左上角的第一个图。subplot (4，4，[14：16]) 是右下角的第二个图。subplot (4，4，[2：4，6：8，10：12]) 是中间的大图。图2.24给出了一个实例，是一个正线性相关的二维分布。

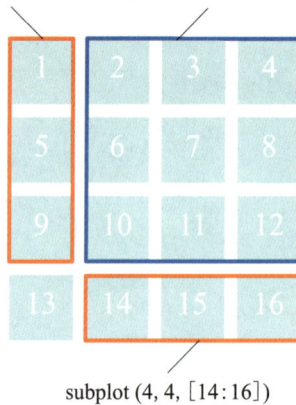

图2.23　十六格 (4行4列) 三子图

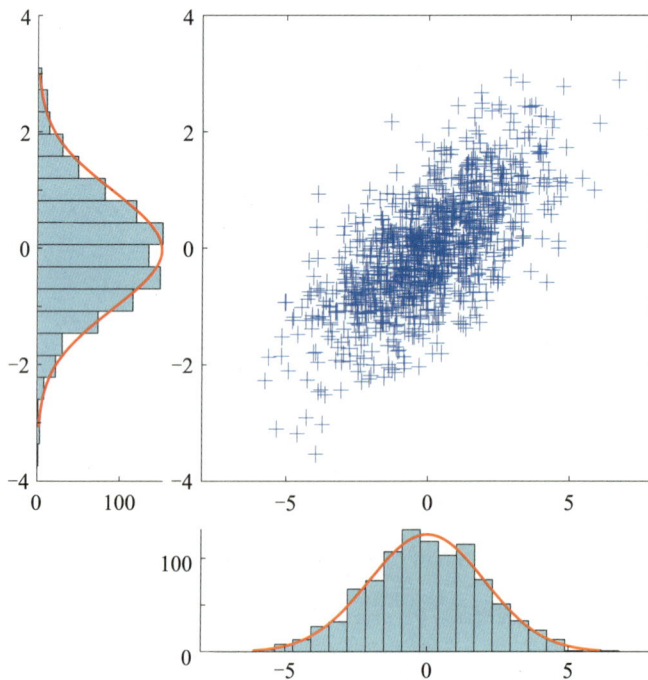

图2.24　十六格三图布置样例

```
close all; clear all; clc
% The following code will be discussed in Chapter 6

rho=0.66; ave_1=0; ave_2=0;
var1=1^2; var2=2^2;
cov12=rho*(var1*var2)^0.5;
num_sims = 1000;

AVEs=[ave_1 ave_2];
COV_Mtx=[var1   cov12;
          cov12 var2];
X = mvnrnd(AVEs,COV_Mtx,num_sims);
X1=X(:,1); X2=X(:,2);

figure(1)
num_bins = 20;
subplot(4,4,[2:4 6:8 10:12]); % Top right square
plot(X2,X1,'+')
xlim([-8,8]); ylim([-4,4]);
y1=get(gca,'ylim'); x1=get(gca,'xlim');

subplot(4,4,[1 5 9]); % Top left
histfit(X1,num_bins);
xlim(y1); view(90,-90); box off;

subplot(4,4,[14:16]); % Btm right
histfit(X2,num_bins)
xlim(x1); box off
```

如下链接内容讨论了很多**MATLAB**图像的布置细节，请读者阅读参考。

◀ https://blogs.mathworks.com/pick/2012/12/21/figure-margins-subplot-spacings-and-more/

要获取**subplot**函数的更多用法，请在**MATLAB**函数窗口 (command window) 中输入：

```
doc subplot
```

2.5 其他二维绘图函数

除了**plot()**绘图函数，**stairs()**、**scatter()**和**stem()**也是常见的绘图函数。图2.25展示的是stairs函数绘制的阶梯图和plot绘图对比。**plot**绘图函数可以绘制每个数据点线性连续的图像，也可以绘制离散数据每个数据点所在的位置。**stairs**函数绘制的是阶梯状分段函数。

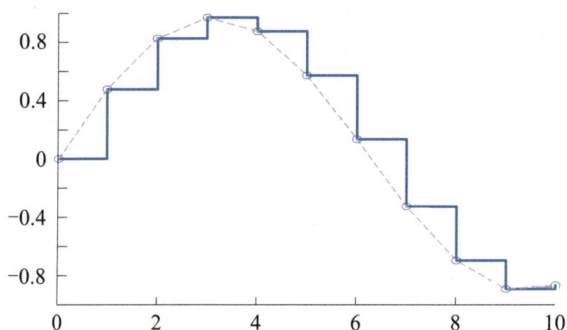

图2.25　stairs()函数绘制阶梯图

以下代码用来绘制图2.25。这个图像来自MATLAB官方范例。

```
B1_Ch2_20.m

alpha = 0.01;
beta = 0.5;
t = 0:10;
f = exp(-alpha*t).*sin(beta*t);
stairs(t,f)
hold on
plot(t,f,'o--')
hold off
```

plot(x，y，'o')可以绘制散点图，但是MATLAB专门的散点图绘制函数scatter()有很多有趣的功能。图2.26有上下两图，均由scatter()函数绘制。上图的数据有三个维度，x和y轴的坐标是大家熟悉的两个维度。上图第三个维度是圆圈的大小。下图有两个维度，圆圈填充的渐变色表达的是x轴的位置。

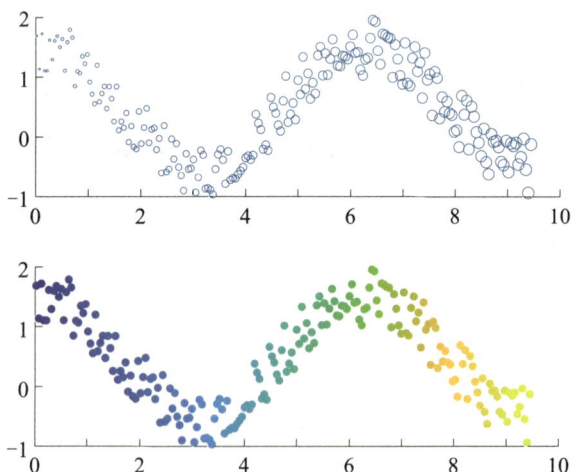

图2.26　scatter()绘制散点图

以下代码可以获得图2.26。这个图像参考MATLAB官方范例。

```
B1_Ch2_21.m
```

```
x = linspace(0,3*pi,200);
y = cos(x) + rand(1,200);
c = linspace(1,10,length(x));

figure(1)
subplot(2,1,1)
sz = linspace(1,50,200);
% sz specifies the circle size
scatter(x,y,sz) ; box off

subplot(2,1,2)
sz = 25;
% when sz is a scalar, the size of the circle is fixed
% c specifies the varying circle color
scatter(x,y,sz,c,'filled'); box off
```

  stem()绘制的叫作杆图，也叫火柴梗图，如图2.27所示。上图中的梗是实线、圆圈是空心的；下图中的梗是虚线，圆圈是实心的。圆圈是默认的marker，可以根据需求选用表2.3中任意一种标记符号。

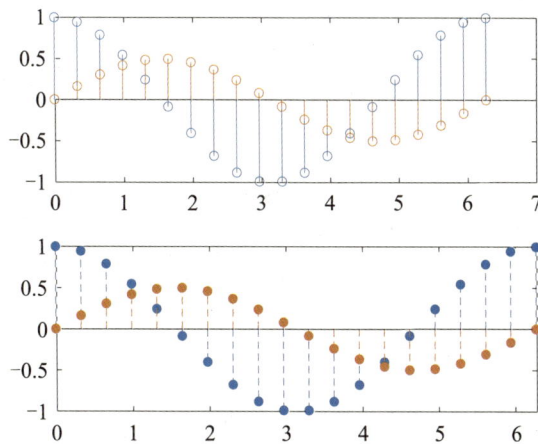

图2.27　stem()函数绘图

```
B1_Ch2_22.m
```

```
X = linspace(0,2*pi,20)';
Y = [cos(X), 0.5*sin(X)];

figure(1)
subplot(2,1,1)
stem(X,Y)
xlim([0,2*pi])

subplot(2,1,2)
stem(X,Y,'--','filled')
xlim([0,2*pi])
```

fill()函数可以用来填充图像区域，如图2.28所示。注意左右两图的填充区域不同。另外，area()函数也可以用来产生类似的区域填充效果，具体使用方法可参考：

```
doc area
```

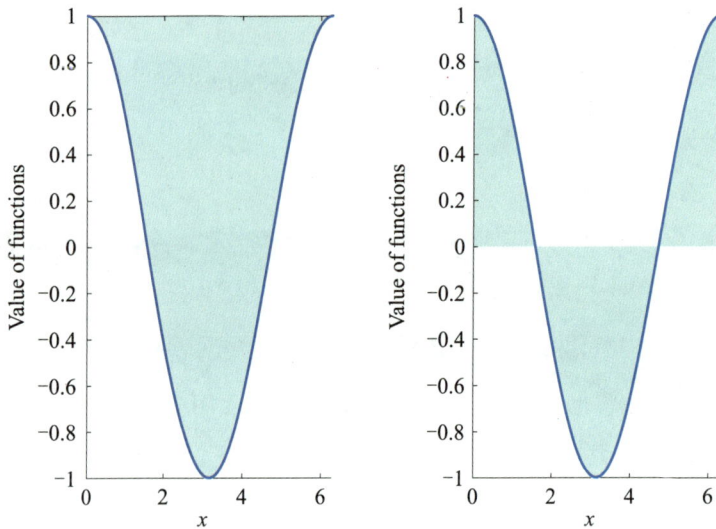

图2.28　fill()函数填充区域

以下代码可以用来生成图2.28。

```
B1_Ch2_23.m

%% fill patch

x = linspace(0, 2*pi, 100);
y = cos(x);
figure(1)
subplot(1,2,1)
plot(x, y)
xlabel('x')
ylabel('Value of functions')
hold on
fill(x,y,'c')

subplot(1,2,2)
plot(x, y)
xlabel('x')
ylabel('Value of functions')
hold on
fill([x,fliplr(x)],[zeros(1,length(x)),fliplr(y)],'c')
hold off
```

图2.29展示了用一次函数分割一个三角函数个阴影区域，这个效果也是用**fill**函数实现的。

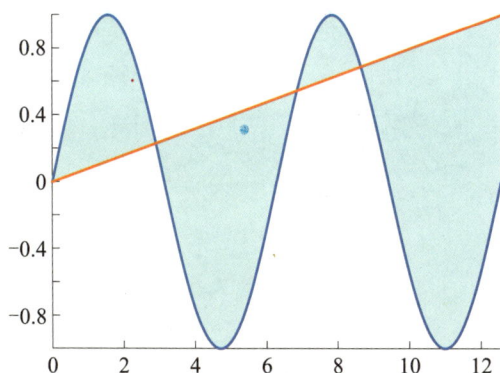

图2.29　一次函数分割阴影区域

如下代码可以用来获得图2.29。需要读者的是，如下代码中的x、curve1和curve2都是行向量，因此在构建x2和inBetween时，使用了fliplr()左右翻转函数。

```
B1_Ch2_24.m

x = 0:0.01:4*pi;
curve1 = sin(x);
curve2 = x/4/pi;
plot(x, curve1, 'r', 'LineWidth', 2);
hold on;
plot(x, curve2, 'b', 'LineWidth', 2);
x2 = [x, fliplr(x)];
inBetween = [curve1, fliplr(curve2)];
fill(x2, inBetween, 'g');
```

图2.30展示的是用fill()函数绘制图线值域区间。首先用plot()函数绘制图线，然后用fill()函数绘制$y\pm1$区间。

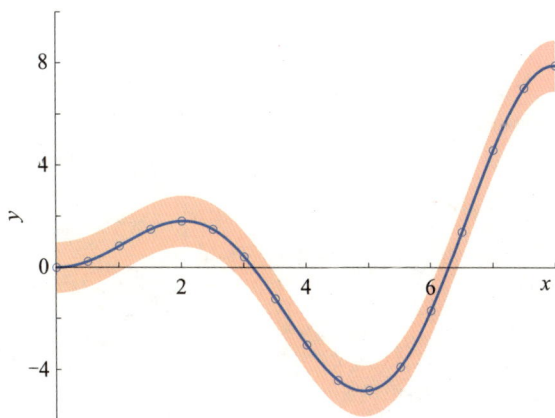

图2.30　fill()函数给图线添加上下界区间

以下代码生成图2.30。

```
B1_Ch2_25.m

clc; close all; clear all
```

```
x = 0:0.1:8;
y = x.*sin(x);

xconf = [x fliplr(x)];
yconf = [y+1 fliplr(y) - 1];

figure(1)
fill (xconf,yconf,'red',...
    'FaceColor',[1,0.8,0.8],...
    'EdgeColor','none');hold on

plot(x,y,'-bo','MarkerSize',...
    5,'MarkerIndices',1:5:length(y),...
    'LineWidth',1.5);
hold off
xlabel('x'); ylabel('y'); box off
set(gca, 'XAxisLocation', 'origin')
```

area()类似于fill()，可以用来填充平面图形颜色。下面用MATLAB官方例子讲解area()函数。图2.31绘制两个曲线和横轴构成的区域面积。'FaceColor' 用来定义颜色，'FaceAlpha' 定义透明度，'EdgeAlpha' 定义边界透明度。

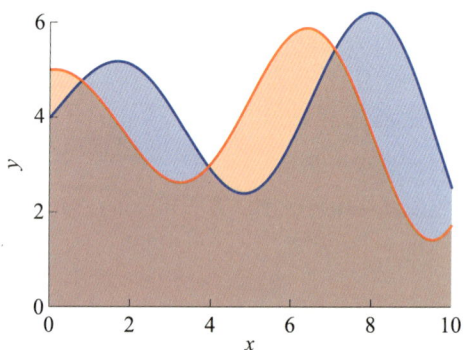

图2.31　area()绘制图像面积

以下代码绘制图2.31。

B1_Ch2_26.m

```
x = linspace(0,10);
y1 = 4 + sin(x).*exp(0.1*x);
y2 = 4 + cos(x).*exp(0.1*x);
% Create semitransparent area plots
figure(1)
plot(x,y1,'b','LineWidth',1.5); hold all
plot(x,y2,'r','LineWidth',1.5);
area(x,y1,'FaceColor','b','FaceAlpha',.3,'EdgeAlpha',0)
area(x,y2,'FaceColor','r','FaceAlpha',.3,'EdgeAlpha',0)
hold off
xlabel('x'); ylabel('y'); box off
```

quiver()是用来绘制平面的向量箭头和速度函数。图2.32展示的就是用quiver()绘制的速度向量，这个例子来自MATLAB官方。quiver (x，y，u，v) 的两对输入中，x和y是平面点的位置，u和v是向量沿x轴和y轴的分量。在丛书后续内容中会用quiver()绘制平面曲线某点处的切线和法线。

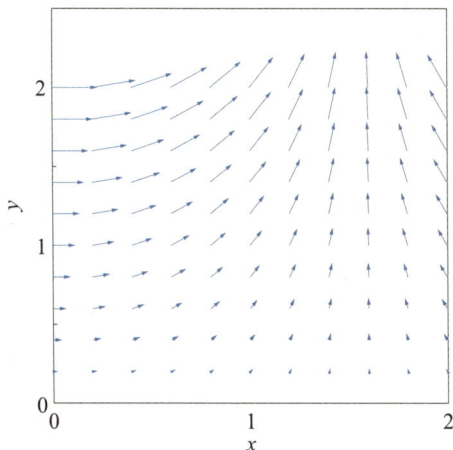

图2.32　quiver()绘制箭头和速度

```
B1_Ch2_27.m

[x,y] = meshgrid(0:0.2:2,0:0.2:2);
u = cos(x).*y;
v = sin(x).*y;

figure(1)
quiver(x,y,u,v)
xlabel('x'); ylabel('y')
```

热图也是一种将三维数据平面化的可视化方案。如图2.33所示，heatmap()和imagesc()都可以用来绘制热图。请注意，这两个绘制的图像y轴和常见的其他平面坐标系图像相反。热图heatmap()的好处是，每个区间的数值直接显示在热图上。

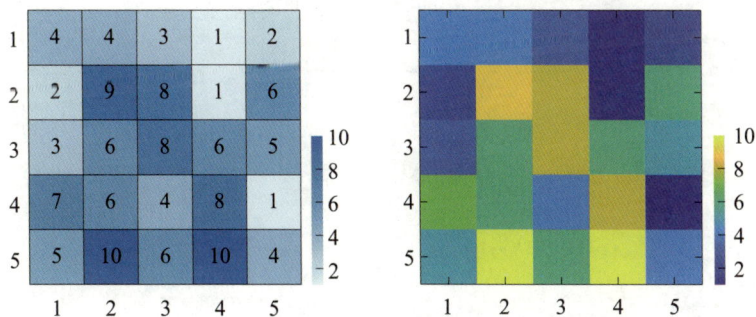

图2.33　heatmap()和imagesc()绘制热图

以下代码可以用来获得图2.33。

```
B1_Ch2_28.m

matrix_data = randi(10,5);
```

```
figure(1)
subplot(1,2,1)
heatmap(matrix_data);

subplot(1,2,2)
imagesc(matrix_data);
colorbar
```

有关统计数据的可视化，将在第3章讨论。

2.6 特殊坐标

对数坐标轴也经常用于图像展示，如图2.34所示。上图**横轴采用以10为底的对数坐标** (a base 10 logarithmic scale for the x-axis)，**纵轴为线性坐标** (a linear scale for the y-axis)，MATLAB的函数为 semilogx()。相比上图，中图反之，纵轴为对数坐标轴，采用的绘图函数为semilogy()。下图中横纵坐标轴均为以10为底的对数坐标轴，采用的绘图函数为loglog()。

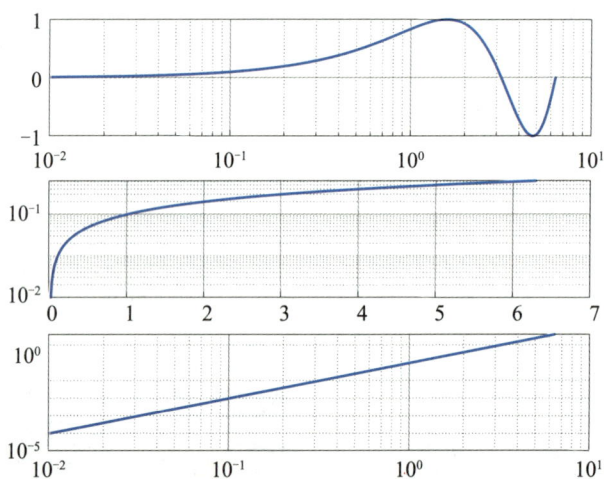

图2.34　对数坐标轴，semilogx()、semilogy()和loglog()函数

以下代码可以用来绘制图 2.34。

B1_Ch2_29.m

```
%% logarithmic scale

x = [0:0.01:2*pi];
linear_y = x;
sq_y = x.^2;
sin_y = sin(x);
cos_y = cos(x);
```

```
figure(1)
subplot(3,1,1)
semilogx(x,sin_y)
% semilogx plot data as logarithmic scales for the x-axis.
grid on


subplot(3,1,2)
semilogy(x,linear_y)
% semilogy plots data with logarithmic scale for the y-axis.
grid on


subplot(3,1,3)
loglog(x,sq_y)
% semilogy plots data with logarithmic scale for the y-axis.
grid on
```

双 Y 轴图也是一类常见的2D图，如图2.35和图2.36所示。这类图特别适用于横轴数据完全相同，但是纵轴数据的取值范围差异较大，或者纵轴数据单位完全不同的情况。

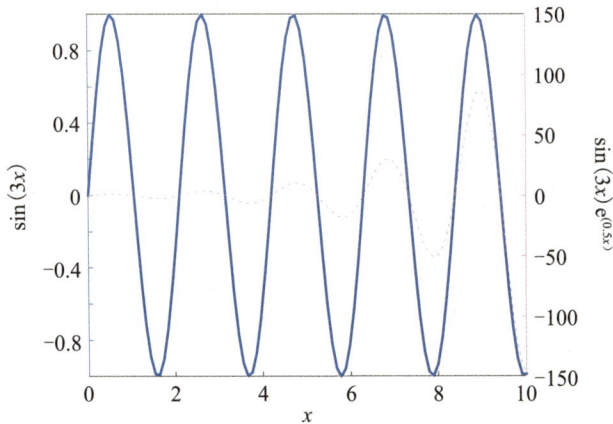

图2.35　yyaxis绘制双 Y 轴图像，两线图

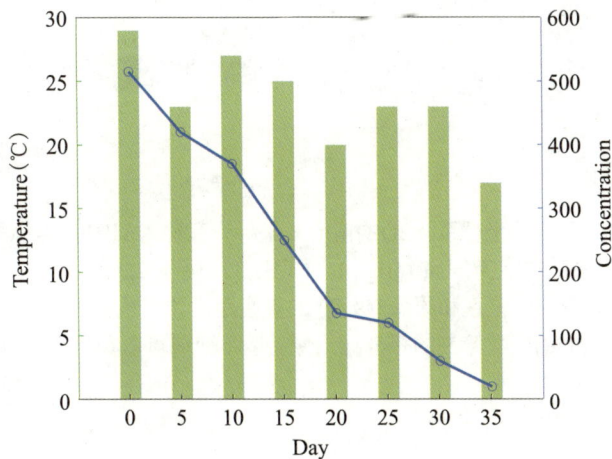

图2.36　yyaxis绘制双 Y 轴图像，线图和柱状图

以下代码可以用来生成图2.35和图2.36。

```
B1_Ch2_30.m

%% double y plot
% plotyy is not recommended

figure(1)

x = linspace(0,10);
y = sin(3*x);
yyaxis left
plot(x,y)
ylabel('sin(3x)')

z = sin(3*x).*exp(0.5*x);
yyaxis right
plot(x,z,'--')
ylim([-150 150])
xlabel ('x')
ylabel('sin(3x)e^{(0.5x)}')

days = 0:5:35;
conc = [515 420 370 250 135 120 60 20];
temp = [29 23 27 25 20 23 23 17];

figure(2)
yyaxis left
b = bar(days,temp,0.4);
yyaxis right
p = plot(days,conc,'o-');
p.LineWidth = 2;

title('Temperature and Concentration Data')
xlabel('Day')
yyaxis left
ylabel('Temperature (\circC)')
yyaxis right
ylabel('Concentration')
```

极坐标系不同于笛卡儿直角坐标系。2D的笛卡儿坐标系又称为*XY*直角坐标系，一般情况下*X*坐标轴和*Y*坐标轴相垂直，两轴的交点为**原点** (origin)，如图2.37所示。2D平面上的一点由横纵坐标值来表达。而极坐标的某一点的位置由该点和原点 (极点) 的直线距离和夹角表示。

图2.38展示了用polarplot()函数绘制的极坐标图像。以下代码可以用来绘制图2.38。

```
B1_Ch2_31.m

theta = linspace(0,720,100);
```

```
rho = 0.005*theta/10;

figure(1)
theta_radians = deg2rad(theta);
polarplot(theta_radians,rho)
```

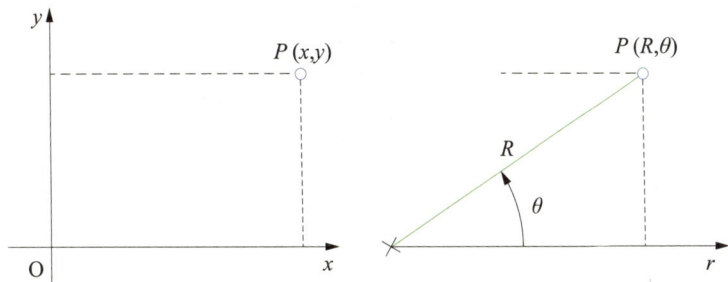

图2.37 笛卡儿坐标系和极坐标系

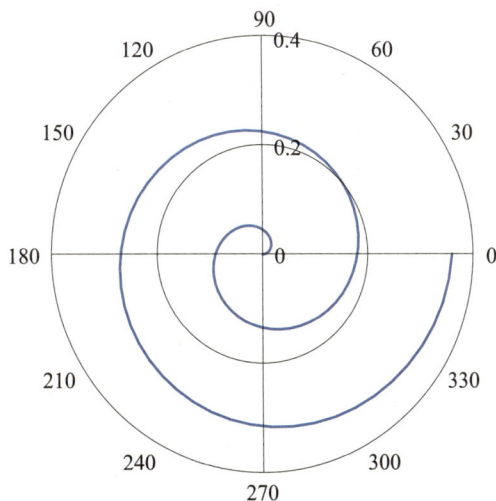

图2.38 polarplot()函数绘图

　　类似直角坐标系下绘制散点图的函数scatter()函数，极坐标系有类似的函数polarscatter()。图2.39就是用polarscatter()绘制的图像。除了极坐标系的位置，这个图像散点的大小和颜色代表着另外两个维度的量值。

　　以下代码可以生成图2.39。

`B1_Ch2_32.m`

```
clc; clear all; close all

theta = linspace(0,720,20);
rho = 0.005*theta/10;
size_filled = randi(8,length(theta),1);
% sizes: random positive integer selected from 1~8
color_p = rand(length(theta),1);
% colors generated by rand()
figure(1)
```

```
theta_radians = deg2rad(theta);
polarscatter(theta_radians,rho,...
    100*size_filled,color_p,'filled',...
    'MarkerFaceAlpha',.5)
colorbar
```

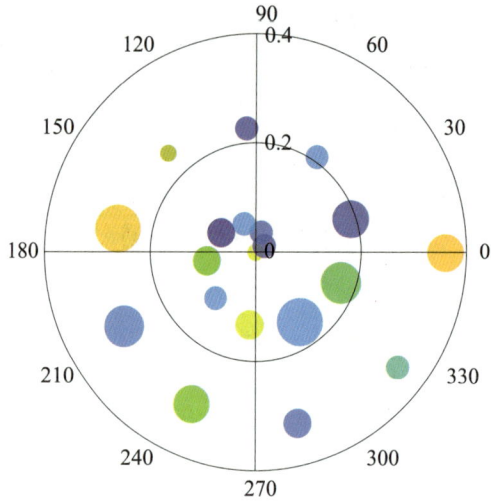

图2.39 polarscatter()函数绘图

本章讨论了平面绘图的常见命令和一些小技巧。第3章将继续讨论一些稍微复杂的MATLAB可视化命令和方案。

第3章

Data Visualization
数据可视化 II

数据可视化有两个目标：讲好故事，取信于人。

There are two goals when presenting data: convey your story and establish credibility.

不存在所谓的信息过载；这只能说明设计很糟糕。

There is no such thing as information overload. There is only bad design.

——爱德华·塔夫特 (Edward Tufte)

推荐读者阅读Edward Tufte的作品*Beautiful Evidence*。另外，推荐读者阅读金融时报编制的*Visual Vocabulary*。下载地址如下。

◀ https://github.com/ft-interactive/chart-doctor/tree/master/visual-vocabulary

Core Functions and Syntaxes
本章核心命令代码

◀ bar3() 绘制三维条形图。

◀ boxplot() 绘制箱式图。

◀ contour() 创建平面等高线图。

◀ contour3() 创建三维等高线图。

◀ contourf() 创建平面填充等高线图。

◀ contourslice() 绘制四维数据在三维空间的剖面线。

◀ errorbar() 绘制含误差条的线图。

◀ gca 取出当前坐标区。

◀ gcf 取出当前图窗的句柄。

◀ gradient() 计算数值梯度。

◀ hAxis.XAxisLocation 平面横坐标位置，取值可以是 'bottom' 'top' 'origin' 或具体数值。

◀ hAxis.XRuler.FirstCrossoverValue=0; 用来设定 x 轴在 y 轴方向的第一穿越点。

◀ hAxis.XRuler.SecondCrossoverValue=0; 用来设定 x 轴在 z 轴方向的第二穿越点。

◀ hAxis.YAxisLocation 平面纵坐标位置，取值可以是 'left' 'right' 'origin' 或具体数值。

◀ histogram() 绘制直方图。

◀ mesh(X,Y,Z,'MeshStyle','column') 绘制 x 维度图像。

◀ mesh(X,Y,Z,'MeshStyle','row') 绘制 y 维度图像。

◀ meshc() 绘制线框网格并根据该网格绘制等高线图，使颜色与曲面高度成比例。

◀ meshz() 绕线框网格绘制帷幕，使颜色与曲面高度成比例。

◀ mvnrnd() 生成服从多元正态分布伪随机数。

◀ pie() 绘制饼图。

◀ pie3() 绘制三维饼图。

◀ plot3() 绘制三维线图。

◀ plot3(x,y,zeros(size(z))) 绘制三维线图在x-y平面的投影。

◀ plot3(x,zeros(size(y)),z) 绘制三维线图在x-z平面的投影。

◀ plot3(zeros(size(x)),y,z) 绘制三维线图在y-z平面的投影。

◀ plotmatrix() 散点图矩阵。

◀ quiver() 绘制箭头图或速度图。

◀ quiver3() 绘制三维箭头图或速度图。

◀ scatter3() 绘制三维散点图。

◀ stem3() 绘制三维火柴梗图/针状图。

◀ surf() 创建一个三维曲面图。

◀ surfnorm() 计算并显示三维曲面法向量。

◀ view([1,1,1]) 常见的一种视点。

◀ view([x, y, z]) 输入观察空间图形的视点。

◀ view(Az,El) 输入观察空间图形的视角。

3.1 三维绘图

MATLAB不仅可以绘制2D图像，还可以绘制3D图形。其中，绘制3D线图最直接的方法就是使用函数plot3()，如图3.1所示。

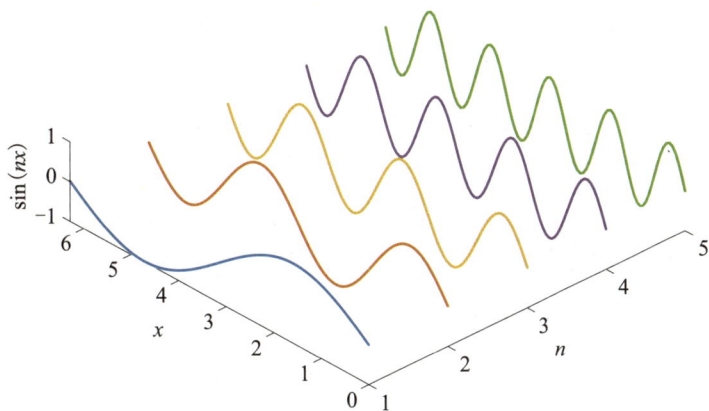

图3.1 plot3()函数绘制3D图

生成图3.1可由以下代码完成。

```matlab
B1_Ch3_1.m

%% 3D plot

x = 0:pi/50:2*pi; n_series = 1:5;
n_length = length(n_series);

for i = 1:n_length

    n = n_series(i);
    y = sin(n*x);
    plot3(n*ones(1,length(x)),x,y); hold on

end
hold off; grid on
xlabel('n'); ylabel('x'); zlabel('sin(nx)')
```

同样也是用plot3()函数，图3.2绘制螺旋线和它在三个平面 (*x-y*，*y-z*，*x-z*平面) 的投影。以下代码可以用来绘制图3.2。

```matlab
B1_Ch3_2.m

y = 0:0.01:4;
z = y/4.*cos(12*y) + 2;
x = y/4.*sin(12*y) + 2;
```

```
figure(1)
plot3(x,y,z,'LineWidth',2); hold all
xlim([0,max(y)]); ylim([0,max(y)]); zlim([0,max(y)])
xlabel('x'); ylabel('y'); zlabel('z')

plot3(x,zeros(size(y)),z);
plot3(zeros(size(x)),y,z);
plot3(x,y,zeros(size(z)));
view([1,1,1]); box off; grid on
```

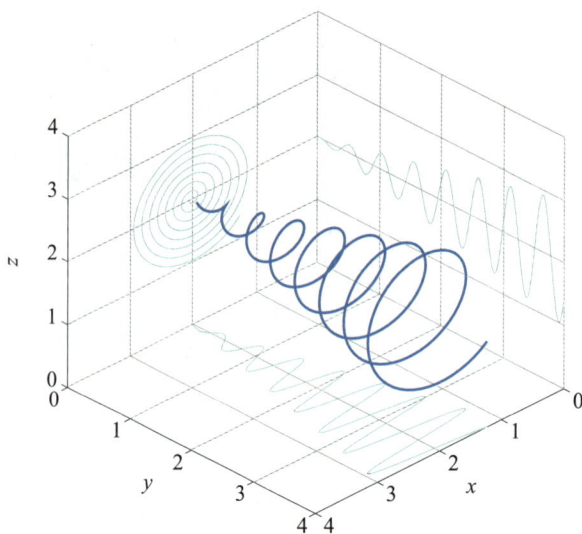

图3.2　plot3()函数绘制3D曲线和曲线的三个投影

绘制3D曲面的函数，需要输入三个规整的矩阵，比如X、Y和Z。X矩阵里保存着每个曲面上的点对应的x轴的值，以此类推。图3.3就是用mesh函数绘制出来的网格曲面。表3.1展示了另外6种常见的绘制曲面的MATLAB函数。其中，contour()和contourf()将三维数据平面化。

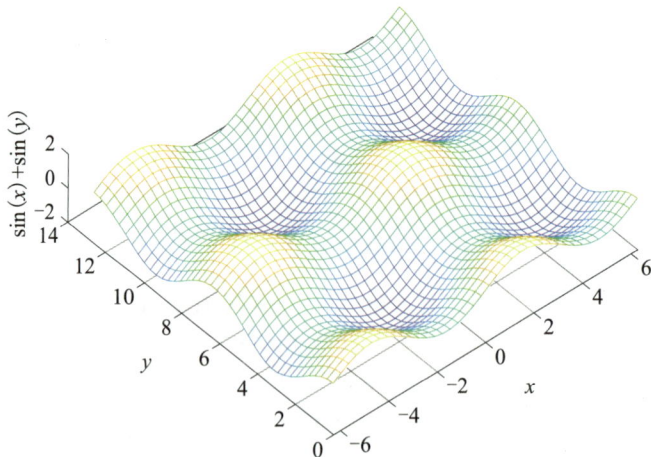

图3.3　mesh()函数绘图

表3.1 MATLAB常见曲面函数

<table>
<tr><th>函数</th><th>演示</th></tr>
<tr><td>surf()</td><td>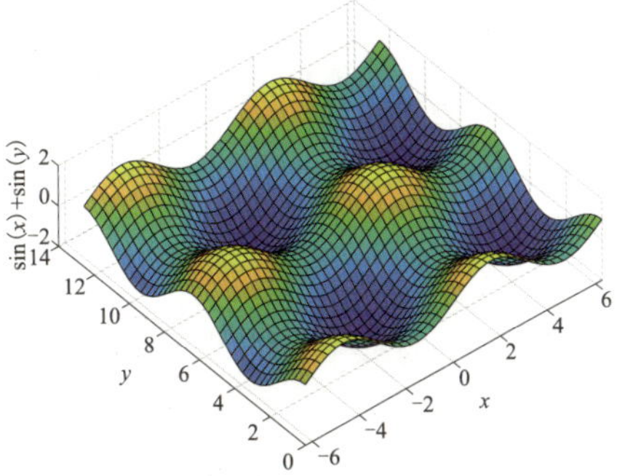
</td></tr>
<tr><td>contour3()</td><td>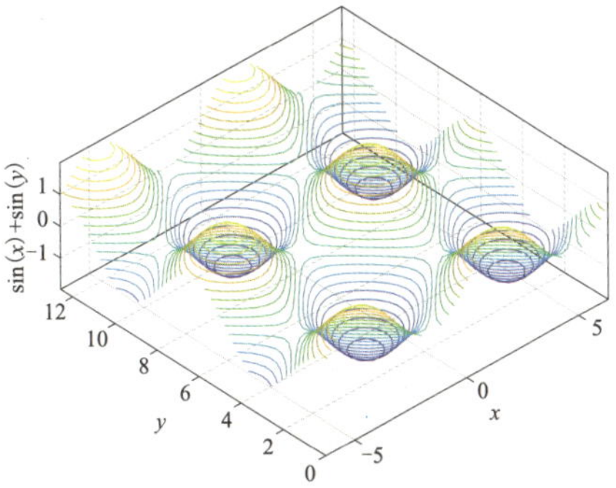
</td></tr>
<tr><td>contour()</td><td>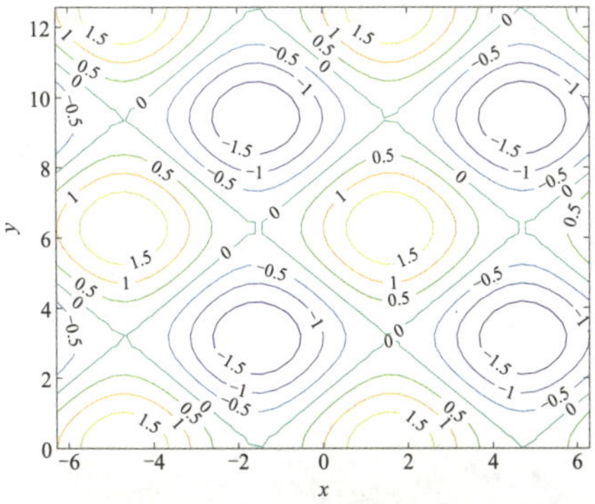
</td></tr>
<tr><td>contourf()</td><td>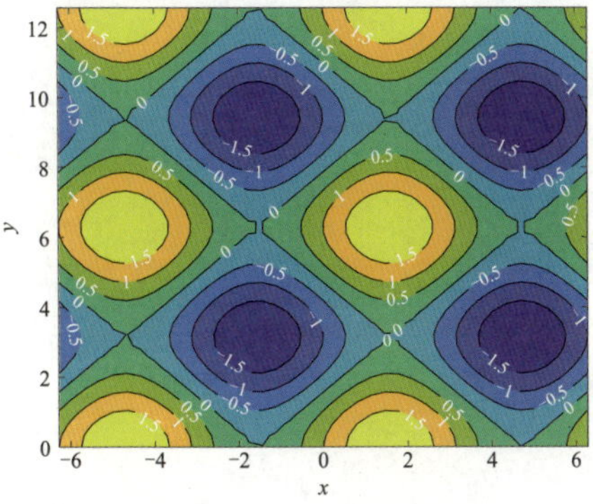
</td></tr>
</table>

函数	演示
meshc()	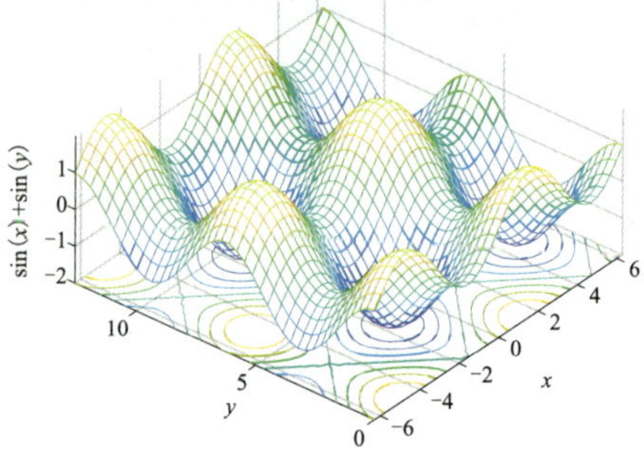
meshz()	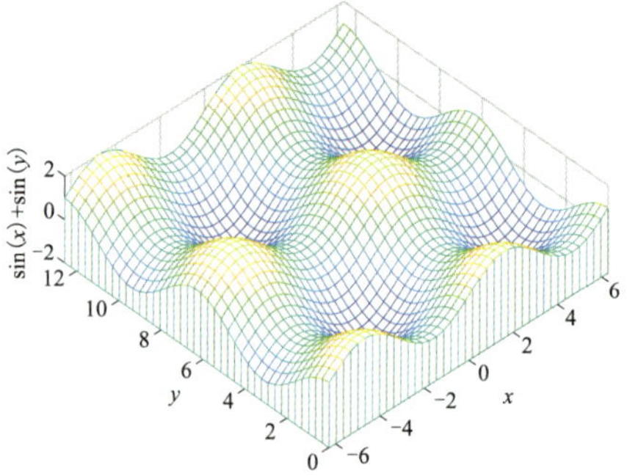

以下代码可以用来获得图3.3和表3.1中的曲面。

```
B1_Ch3_3.m

%% 3D surface, mesh, contours, etc.

x = linspace(-2*pi,2*pi,40); y = linspace(0,4*pi,40);
[X,Y] = meshgrid(x,y); Z = sin(X)+cos(Y);

i = 1
figure(i)
surf(X,Y,Z)
% surf(X,Y,Z) creates a three-dimensional surface plot
xlabel('x'); ylabel('y'); zlabel('sin(x) + sin(y)')

i = i+1;
figure(i)
mesh(X,Y,Z)
% mesh(X,Y,Z) draws a wireframe mesh with color determined by Z
xlabel('x'); ylabel('y'); zlabel('sin(x) + sin(y)')

i = i+1;
figure(i)
contour(X,Y,Z,'ShowText','on')
% contour(Z) draws a contour plot of matrix Z,
% where Z is interpreted as heights with respect to the x-y plane
```

```
xlabel('x'); ylabel('y');
xlim([-2*pi,2*pi]); ylim([0,4*pi])

i = i+1;
figure(i)
contourf(X,Y,Z,'ShowText','on')
% contourf(Z) draws a filled contour plot of matrix Z
xlabel('x'); ylabel('y');
xlim([-2*pi,2*pi]); ylim([0,4*pi])

i = i+1;
figure(i)
meshc(X,Y,Z)
% meshc(X,Y,Z) draws a wireframe mesh and
% a contour plot under it with color determined by Z
xlabel('x'); ylabel('y'); zlabel('sin(x) + sin(y)')

i = i+1;
figure(i)
meshz(X,Y,Z)
% meshz(X,Y,Z) draws a curtain around the wireframe mesh
% with color determined by Z
xlabel('x'); ylabel('y'); zlabel('sin(x) + sin(y)')
xlim([-2*pi,2*pi]); ylim([0,4*pi])

i = i+1;
figure(i)
contour3(X,Y,Z,20)
% contour3 creates a 3-D contour plot of a surface
% defined on a rectangular grid
xlabel('x'); ylabel('y'); zlabel('sin(x) + sin(y)')
xlim([-2*pi,2*pi]); ylim([0,4*pi])
```

图3.4展示了一个较为复杂的拥有x、y和z三个维度的曲面。为了更好地描述这个曲面沿着x轴和y轴两个维度上的变化，可采用如图3.5和图3.6所示的两种方式。图3.6的曲线线束描述了，当y值固定时，z随y的变化；反之，图3.5描述当x值固定，z随y的变化。这一类线束在本系列丛书中将会大量使用，因为它们方便描述一些复杂趋势。MATLAB的ribbon()函数也可以绘制类似趋势。

以下代码可以用来获得图3.4～图3.6。

```
B1_Ch3_4.m

x = linspace(-2*pi,2*pi,20);
y = linspace(0,3,20);
[X,Y] = meshgrid(x,y);
Z = sin(X).*exp(Y);

figure(1)
mesh(X,Y,Z)
```

```
% standard mesh
xlabel('x'); ylabel('y'); zlabel('z')
xlim([min(x),max(x)]); ylim([min(y),max(y)])

figure(2)
mesh(X,Y,Z,'MeshStyle','column')
% mesh: column only
xlabel('x'); ylabel('y'); zlabel('z')
xlim([min(x),max(x)]); ylim([min(y),max(y)])

figure(3)
mesh(X,Y,Z,'MeshStyle','row')
% mesh: row only
xlabel('x'); ylabel('y'); zlabel('z')
xlim([min(x),max(x)]); ylim([min(y),max(y)])
```

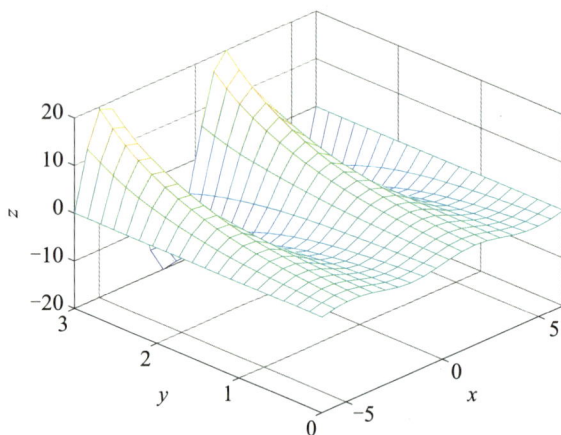

图3.4　mesh()函数绘制两个维度图像

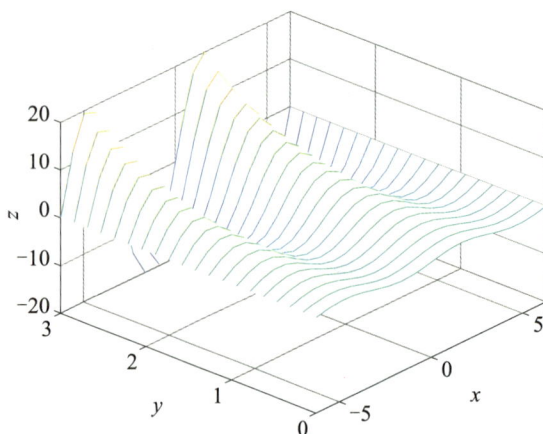

图3.5　mesh()函数绘制X维度图像

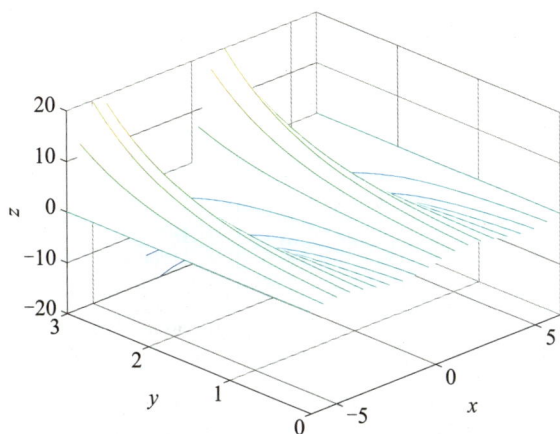

图3.6 mesh()函数绘制Y维度图像

3.2 其他三维绘图命令

第2章中讨论过stem()和scatter()函数，在三维空间里，这两个函数对应的是stem3()和scatter3()。图3.7就是用这两个函数绘制的图像。

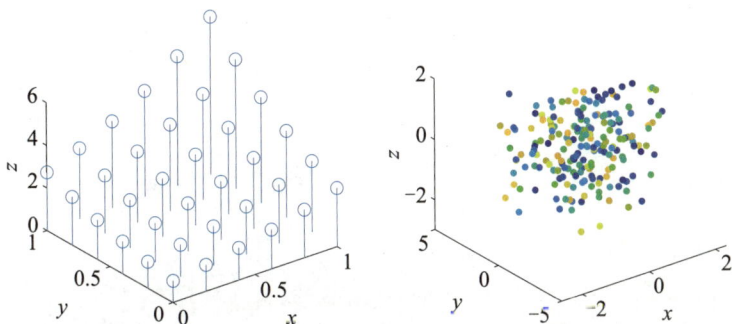

图3.7 stem3()和scatter3()绘制的图像

以下代码可以用来获得图3.7。

```
B1_Ch3_5.m

num_var = 200; Data = randn(num_var,3);
X = Data(:,1); Y = Data(:,2); Z = Data(:,3);
sz = 10; c = linspace(0,1,length(X));

[XX,YY] = meshgrid(0:0.2:1); ZZ = exp(XX+YY);

figure(1)
subplot(1,2,1)
```

```
stem3(XX,YY,ZZ)
grid off; xlabel('x'); ylabel('y'); zlabel('z')


subplot(1,2,2)
scatter3(X,Y,Z,sz,c,'filled')
grid off; xlabel('x'); ylabel('y'); zlabel('z')
```

　　quiver3()绘制三维箭头图或速度图，是可以用来绘制空间向量的函数，quiver()是和它类似的平面绘图函数命令。现在用MATLAB官方的两个例子来展示如何使用quiver()和quiver3()这两个函数。图3.8左图是quiver()绘制函数的梯度。梯度的结果是通过gradient()函数获得的。图3.8右图quiver3()绘制函数的法向量。法向量的结果是通过surfnorm()获得的。本书后文会用这个函数绘制空间曲面的切线和法线。第2章了解过的imagesc()和heatmap()也是两个展示三维数据的很好的方案。

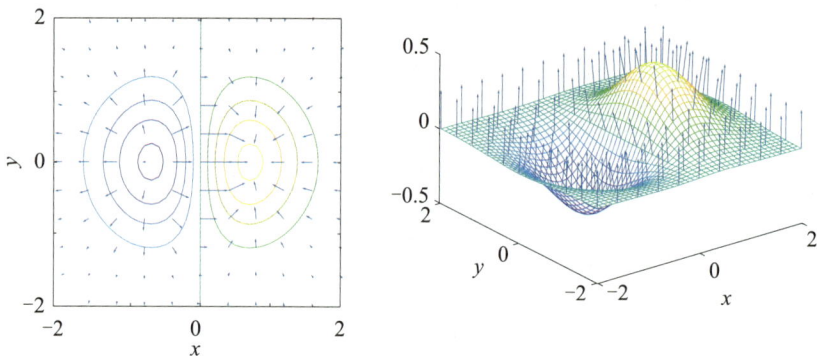

图3.8　quiver()和quiver3()绘图

　　以下代码可以用来获得图3.8。

```
B1_Ch3_6.m

[X,Y] = meshgrid(-2:.1:2); Z = X.*exp(-X.^2 - Y.^2);
% fine mesh


[xx,yy] = meshgrid(-2:.4:2); zz = xx.*exp(-xx.^2 - yy.^2);
% coarse mesh


[DX,DY] = gradient(zz,.2,.2);
% gradient(f,v) finds gradient vector of the scalar function f
% with respect to vector v in Cartesian coordinates.


[U,V,W] = surfnorm(xx,yy,zz);
% surfnorm(X,Y,Z) plots a surface and its surface normals from
% the vectors or matrices X, Y, and matrix Z.
% X, Y, and Z must be the same size.


figure(1)
subplot(2,1,1)
contour(X,Y,Z); hold on
quiver(xx,yy,DX,DY); hold off
```

```
xlabel('x'); ylabel('y'); zlabel('z')

subplot(2,1,2)
mesh(X,Y,Z); hold on
quiver3(xx,yy,zz,U,V,W,0.5)
xlabel('x'); ylabel('y');
```

　　虽然本节探讨的是三维数据的可视化，这里额外分享一个四维数据的可视化例子，如图3.9所示。这个四维数据 (x，y，z，v) 的可视化是使用contourslice()函数来完成的。图3.9左上图的等高线图就是，z分别取2、0和-2时，v在x-y平面投影的等高线。图3.9剩下三幅图分别是这三幅等高线的平面图。有读者可能会问，什么是四维数据？举个例子，人体体内温度分布，x相当于人体厚度，y相当于人体宽度，z相当于人体高度，v相当于整个身体各个位置的温度。图3.9左上图给四维数据的可视化提供一种方案。图中一个绘图点的位置由三维坐标决定；而点自身的颜色代表了对应值的大小，即为第四维。

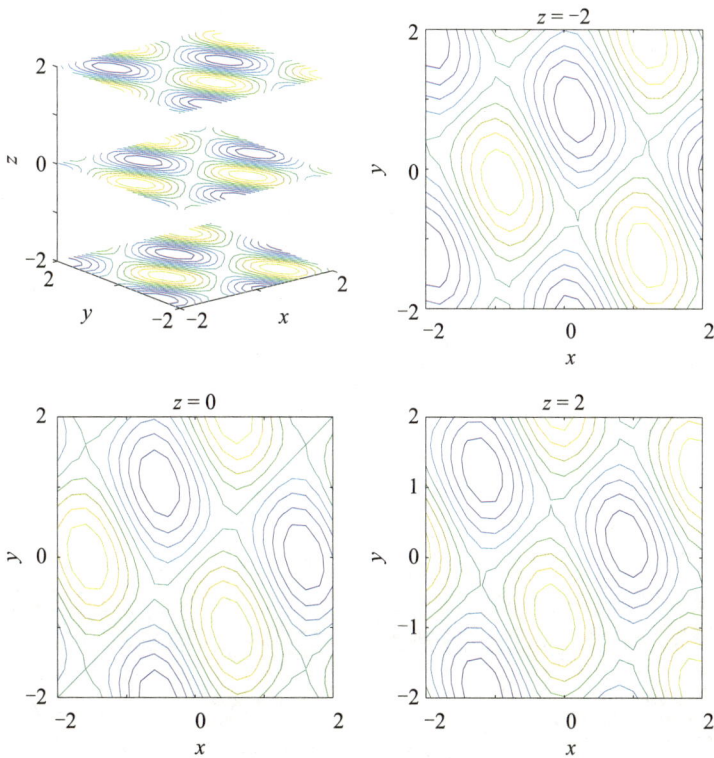

图3.9　countourslice() 四维数据绘图

　　以下代码可以用来获得图3.9。

`B1_Ch3_7.m`

```
clc; clear all; close all
[xxx,yyy,zzz] = meshgrid(-2:.2:2);
[xx,yy] = meshgrid(-2:.2:2);
vvv = sin(xxx-yyy+2*zzz).*cos(2*xxx+yyy-zzz);
```

```
xslice = []; yslice = [];
zslice = -2:2:2;
figure(1)
subplot(2,2,1)
contourslice(xxx,yyy,zzz,vvv,xslice,yslice,zslice,10)
view(3)
grid off; box off
xlabel('x');ylabel('y');zlabel('z')

Zs = zslice;
for i = 1:length(Zs)

    subplot(2,2,i+1)
    z = Zs(i);
    zz = z*ones(size(xx));
    vv = sin(xx-yy+2*zz).*cos(2*xx+yy-zz);
    contour(xx,yy,vv)
    xlabel('x');ylabel('y');
    title(['z = ',num2str(z)])

end
```

3.3 交点和交线

  图3.10展示的是contour()函数的一些高级用法。contour()函数可以绘制指定高度的等高线,如下代码中的 [25,50,100] 指定的就是三个等高线的高度。输入指令 'ShowText' 对应设置为 'on',就会允许显示这些等高线数值。caxis()用来指定颜色和数值的对应关系。图3.10展示的就是两个等高线线束的关系,两个等高线的高度都是指定数值。contour()还可以输出指定等高线的数值。图3.11就是用两个等高线输出的数值,配合polyxpoly()运算得到两个指定等高线的交点。

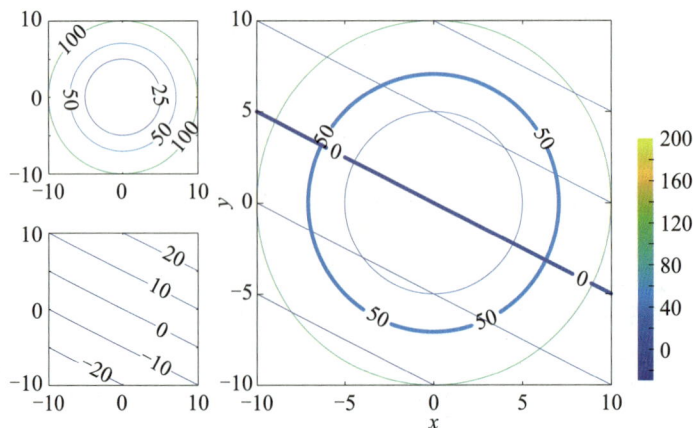

图3.10　两个等高线线束的关系

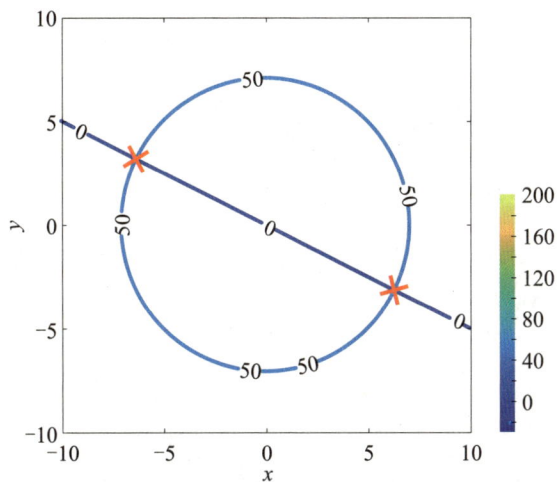

图3.11   指定等高线的交点

以下代码可以用来获得图3.10和图3.11。

```matlab
B1_Ch3_8.m

clc; clear all; close all
x = [-10:0.1:10]; y = x;
[xx,yy] = meshgrid(x,y);
% two functions:
zz1 = xx.^2 + yy.^2;
zz2 = xx + 2*yy;

figure(1)
subplot(2,3,1)
contour(xx,yy,zz1,[25,50,100],'ShowText','on')
% [25,50,100] defines the heights of the contours
% 'ShowText','on' allows contour() to show values of contours
caxis([min(zz2(:)) max(zz1(:))])
% caxis defines the color levels of the contours


subplot(2,3,4)
contour(xx,yy,zz2,[-30:10:30],'ShowText','on')
caxis([min(zz2(:)) max(zz1(:))])


subplot(2,3,[2,3,5,6])
contour(xx,yy,zz1,[25,50,100]); hold on
contour(xx,yy,zz2,[-30:10:30]); hold on
[~,c1] = contour(xx,yy,zz1,[50 50],'ShowText','on'); hold on
% [50 50] defines the level of 50
[~,c2] = contour(xx,yy,zz2,[0 0],'ShowText','on'); hold on
c1.LineWidth = 3; c2.LineWidth = 3;
% outputs, c1 and c2 defines the handles of the contours
caxis([min(zz2(:)) max(zz1(:))])
```

```
colorbar; xlabel('x'); ylabel('y')

figure(2)
[M1,c1] = contour(xx,yy,zz1,[50 50],'ShowText','on'); hold on
[M2,c2] = contour(xx,yy,zz2,[0 0],'ShowText','on'); hold on
x1 = M1(1,2:end); y1 = M1(2,2:end);
x2 = M2(1,2:end); y2 = M2(2,2:end);
[xi,yi] = polyxpoly(x1,y1,x2,y2);
% [xi,yi] = polyxpoly(x1,y1,x2,y2) returns the intersection points
% of two polylines in a planar, Cartesian system, with vertices
% defined by x1, y1, x2 and y2. The output arguments, xi and yi,
% contain the x- and y-coordinates of each point at which a segment
% of the first polyline intersects a segment of the second.
plot(xi,yi,'xk','MarkerSize',20)
c1.LineWidth = 3; c2.LineWidth = 3;
caxis([min(zz2(:)) max(zz1(:))])
colorbar; xlabel('x'); ylabel('y')
```

contour()函数还可以用来绘制两个平面形成的交线，如图3.12所示。代码中先用mesh()绘制出两个平面，然后构建两个平面在x轴的差值xx_diff，之后用contour()函数找到差值为0的y和z坐标，也就是交线的y和z坐标。然后用空间插值interp2()获得交线的x坐标。而后用line()绘制空间线。

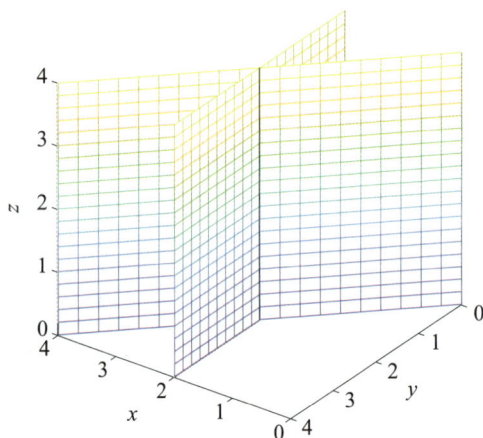

图3.12　两个平面的交线

以下代码可以用来获得图3.12。

```
B1_Ch3_9.m
```

```
%% planes and line, perpendicular to x-y plane
tt = 0:0.2:4;
[yy, zz] = meshgrid(tt);
xx1 = 2 +0*yy + 0*zz;
xx2 = yy + 0*zz;
xx_diff = xx1 - xx2;

C_X = contour(yy, zz, xx_diff, [0 0]);
y_intersect = C_X(1,2:end);
```

```
z_intersect = C_X(2,2:end);
```

```
x_intersect = interp2(yy,zz,xx1,y_intersect,z_intersect);
figure(1)
mesh(xx1,yy,zz); hold on
mesh(xx2,yy,zz); hold on
line(x_intersect, y_intersect, z_intersect,
'Color','k','LineWidth',3)
xlabel('x'); ylabel('y'); zlabel('z')
box off; grid off
```

类似图3.12，图3.13绘制空间曲面和平面的交线。首先也是用mesh()函数绘制平面和曲面。然后构建z轴方向上的插值z_diff。同样地，用contour()函数找到交线的x和y坐标。然后用空间插值interp2()获得交线的z坐标。而后用line()绘制空间线。代码把绘图程序写成了一个子函数。在不同的subplot()中调用这个子程序。

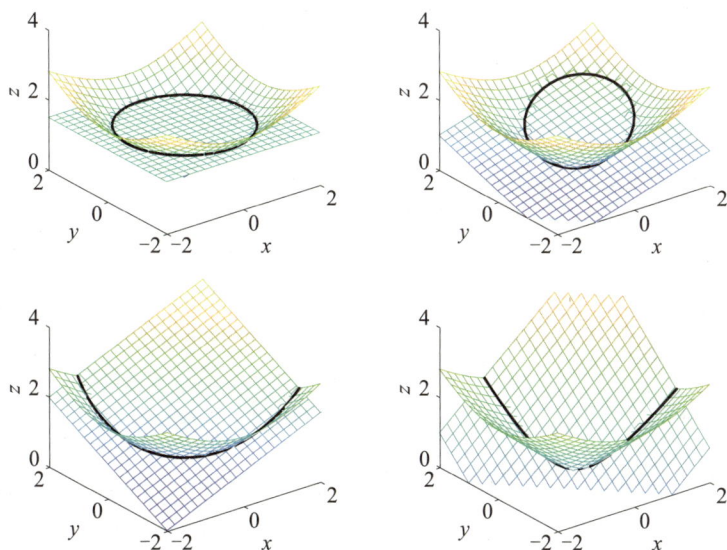

图3.13 空间曲面和平面的交线

图3.13可以通过如下代码获得。

B1_Ch3_10.m

```
%% conic sections
clc; clear all; close all
tt = -2:0.2:2; [xx,yy] = meshgrid(tt);
zz0 = sqrt(xx.^2 + yy.^2);
zz1 = 1.5 + 0*xx;
zz2 = xx/3 + yy/3 + 1;
zz3 = xx/2 + yy/2 + 2;
zz4 = xx + yy + 1;

figure(1)
subplot(2,2,1)
intersect_plot(xx,yy,zz0,zz1)
```

```
subplot(2,2,2)
intersect_plot(xx,yy,zz0,zz2)

subplot(2,2,3)
intersect_plot(xx,yy,zz0,zz3)

subplot(2,2,4)
intersect_plot(xx,yy,zz0,zz4)

function intersect_plot(xx,yy,zz_A,zz_B)
mesh(xx,yy,zz_A); hold all
mesh(xx,yy,zz_B)
z_diff = zz_A - zz_B;
C_Z = contours(xx,yy,z_diff,[0 0]);
x_intersect = C_Z (1,2:end); y_intersect = C_Z (2,2:end);
z_intersect = interp2(xx,yy,zz_B,x_intersect, y_intersect);
line(x_intersect,y_intersect,z_intersect,'Color','k','LineWidth'
,1.5)
xlabel('x'); ylabel('y'); zlabel('z')
zlim([0 4]); box off; grid off
end
```

3.4 图像句柄

gcf取出的是当前图像句柄。比如说，第2章经常用到如下一段代码，将图像背景色设置为白色：

```
set(gcf,'color','white')
```

更多gcf句柄的性质，请参考：

◄ https://www.mathworks.com/help/matlab/ref/matlab.ui.figure-properties.html

现在，用gca这个句柄修改第2章中第一幅MATLAB生成图像的一些细节。图3.14给出的就是修改后的图像。

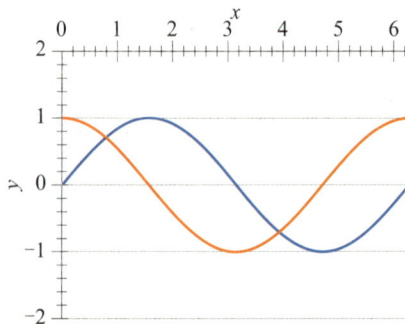

图3.14　修改gca句柄性质

```
x = 0:0.01:2*pi;
linear_y = x;
sq_y = x.^2;
sin_y = sin(x); cos_y = cos(x);

figure(1);
plot(x,sin_y,'b');
hold on; % hold the current plot, and plot another on top
plot(x,cos_y,'r');
hold off; box off
xlabel('x'); ylabel('y')

ax = gca; % get current axes (gca)
ax.TickDir = 'both';
ax.XMinorTick = 'on';
ax.YTick = -2:2;
ax.YMinorTick = 'on';
ax.XAxisLocation = 'top';
ax.YGrid = 'on';
ax.TickLength = [0.02 0.02];
ax.YLim = [-2 2];
ax.XLim = [0 2*pi];
```

更多轴的句柄性质，请参考：

◀ https://www.mathworks.com/help/matlab/ref/matlab.graphics.axis.axes-properties.html

第2章中用红五星标记了sin(x)在 [0，2×pi] 区间的最大值和最小值。下面用另外一种办法在特定位置添加marker。首先，定义plot()函数绘制的句柄为y_handle，然后修改句柄性质。

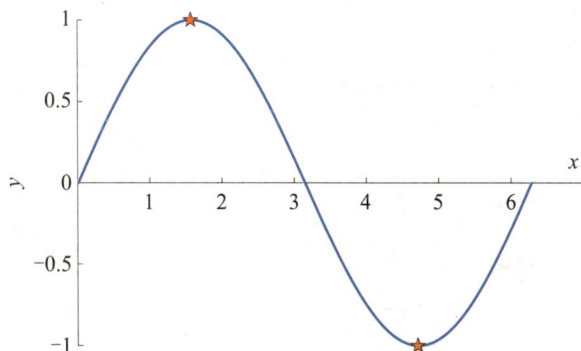

图 3.15　修改二维图线句柄

以下代码可以获得图3.15。

```
clc; clear all; close all
```

```
x = 0:0.01:2*pi;
sin_y = sin(x);
loc_min = find(sin_y == min(sin_y));
% location of min value of sin_y
loc_max = find(sin_y == max(sin_y));
% location of max value of sin_y
figure(1)
y_handle = plot(x,sin_y)

y_handle.MarkerIndices = [loc_min,loc_max];
y_handle.MarkerFaceColor = 'red';
y_handle.MarkerEdgeColor = 'k';
y_handle.MarkerSize = 10;
y_handle.Marker = 'p';
y_handle.LineWidth = 1;

box off
ax = gca;
ax.XAxisLocation = 'origin';
xlabel('x'); ylabel('y')
```

另外，在MATLAB控制台，也可以看到一些图形句柄的基本性质。

```
y_handle =

  Line with properties:

            Color: [0 0.4470 0.7410]
        LineStyle: '-'
        LineWidth: 0.5000
           Marker: 'none'
       MarkerSize: 6
  MarkerFaceColor: 'none'
            XData: [1×629 double]
            YData: [1×629 double]
            ZData: [1×0 double]
```

单击all properties 展开y_handle句柄所有性质：

```
        Show all properties

    AlignVertexCenters: 'off'
            Annotation: [1×1 matlab.graphics.eventdata.Annotation]
         BeingDeleted: 'off'
            BusyAction: 'queue'
         ButtonDownFcn: ''
              Children: [0×0 GraphicsPlaceholder]
              Clipping: 'on'
                 Color: [0 0.4470 0.7410]
             CreateFcn: ''
             DeleteFcn: ''
           DisplayName: ''
                   ...
```

如果一幅图中有两个图形对象，也可以用同样的方法来处理这两个图形对象的句柄。例如第2章中讨论过如何绘制图3.16。首先，用plot()绘制了函数图像，然后用fill()绘制了y±1区间带。那么如何展开并修改这两个图形对象的句柄呢？我们把fill()函数生成的图形句柄定义为fill_handle。然后修改fill_handle的两个性质FaceColor和EdgeColor。类似地，把plot()函数生成的图形句柄定义为y_handle，并做修改。以下代码可以生成图3.16。

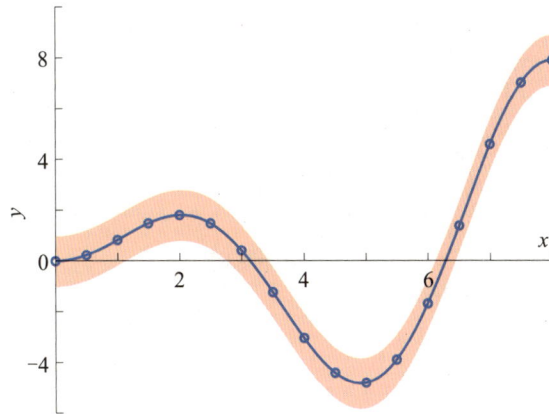

图3.16 · 修改两个图形句柄的默认值

```
B1_Ch3_13.m

clc; close all; clear all

x = 0:0.1:8;
y = x.*sin(x);

xconf = [x fliplr(x)];
yconf = [y+1 fliplr(y) - 1];

figure(1)
fill_handle = fill (xconf,yconf,'red')
fill_handle.FaceColor = [1,0.8,0.8];
fill_handle.EdgeColor = 'none';
hold on

y_handle = plot(x,y,'-bo')
y_handle.MarkerSize = 5;
y_handle.MarkerIndices = 1:5:length(y);
y_handle.LineWidth = 1.5;
hold off
xlabel('x'); ylabel('y'); box off
ax = gca;
ax.XAxisLocation = 'origin';
```

图3.17展示了双x轴图像，这两个轴的特点是：有对应的比例关系。两个轴都表达速度，但一个的单位是m/s，一个的单位是km/h。以下代码可以获得图3.17。

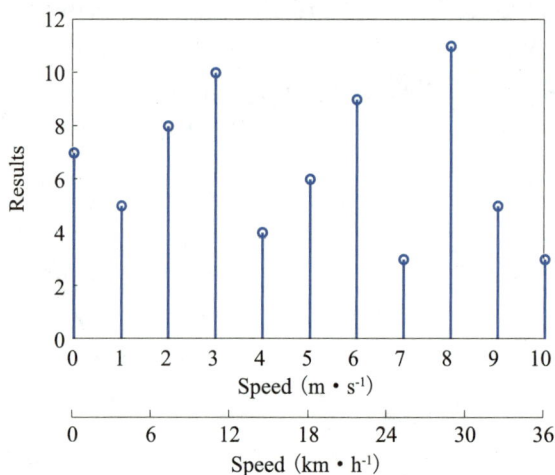

图3.17 双x轴图像

```
B1_Ch3_14.m

%% Double-x plot
clc; clear all; close all

x = [0:10]; % m/s
y = [7 5 8 10 4 6 9 3 11 5 3];

ax1 = axes('Position',[.1 .1 .8 1e-12]);
set(ax1,'Units','normalized');
set(ax1,'Color','none');
set(ax1,'xlim',[0 max(x)*3.6]);
set(ax1,'Xtick',0:6:36)
xlabel(ax1,'Speed (km/h)')

ax2 = axes('Position',[.1 .2 .8 .7]);
set(ax2,'Units','normalized');

figure (1)
stem (ax2, x, y)
xlabel(ax2,'Speed (m/s)')
ylabel(ax2,'Results');
title(ax2,'Double x-axis plot');
set(ax2,'xlim',[0 max(x)]);
```

在讲解axes时，MATLAB的帮助文章展示了一个很有意思的图像，如图3.18所示。这个图像通过一大一小，一个contour一个surf，两种呈现方式展示peak(20)运算结果。

以下代码可以用来获得图3.18。ax1是绘制contour()图像的图框，ax2是绘制surf()图像的图框。

```
B1_Ch3_15.m

% Create two axes objects ax1 and ax2
% By default, the values are normalized to the figure
```

```
figure(1)
ax1 = axes('Position',[0.1 0.1 0.7 0.7]);
% ax1 has a lower left corner at the point (0.1 0.1)
% ax1 has a width and height of 0.7

ax2 = axes('Position',[0.65 0.65 0.28 0.28]);
% ax2 has a lower left corner at the point (0.65 0.65)
% ax2 a width and height of 0.28

contour(ax1,peaks(20))

surf(ax2,peaks(20))
```

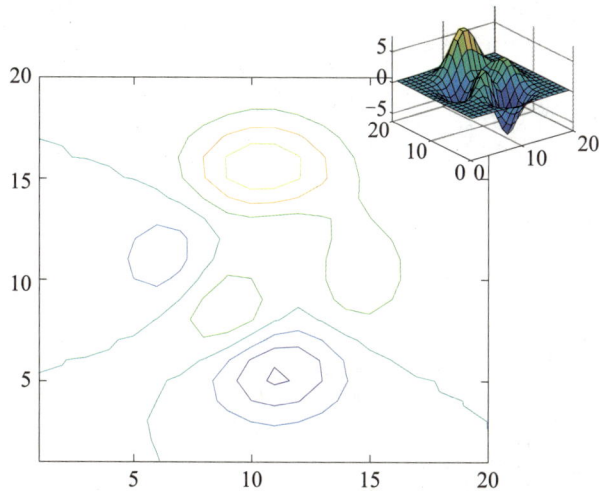

图3.18 countour()加surf()双视图

读者已经了解了如何定义平面坐标轴的位置。现在，用另外一种方法更加灵活地移动坐标轴。如图3.19所示，横轴不但可以放置在顶端、低端、原点处，甚至任意位置。类似地，这样的操作也适用于纵轴。以下代码可以用来获得图3.19。

B1_Ch3_16.m

```
clc; close all; clear all
x = -2*pi:0.01:2*pi;

figure(1)
subplot(2,2,1)
plot(x, sin(x));
hAxis = gca;
hAxis.YAxisLocation = 'left';
hAxis.XAxisLocation = 'bottom';
xlabel('x'); ylabel('y'); box off

subplot(2,2,2)
```

```
plot(x, sin(x));
hAxis = gca;
hAxis.YAxisLocation = 'right';
hAxis.XAxisLocation = 'top';
xlabel('x'); ylabel('y'); box off

subplot(2,2,3)
plot(x, sin(x));
hAxis = gca;
hAxis.XAxisLocation = 'origin';
hAxis.YAxisLocation = 'origin';
xlabel('x'); ylabel('y'); box off

subplot(2,2,4)
plot(x, sin(x));
hAxis = gca;
hAxis.YRuler.FirstCrossoverValue = 2;
hAxis.XRuler.FirstCrossoverValue = -0.5;
xlabel('x'); ylabel('y'); box off
```

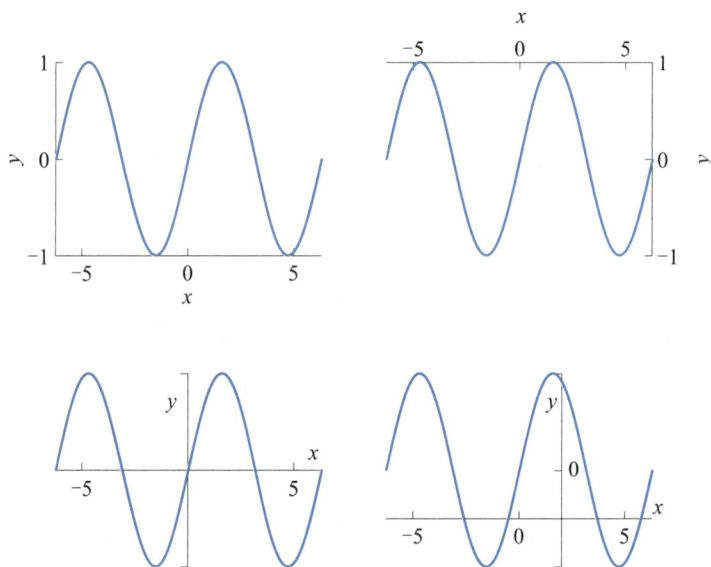

图3.19　平面坐标系x和y轴位置

同样地，空间坐标系的x、y和z轴也可以随意地移动，如图3.20所示。以下代码可以获得图3.20。

`B1_Ch3_17.m`

```
clc; clear all; close all

zzz = linspace(0,2*pi,400);
xxx = sin(zzz*10).*zzz;
yyy = cos(zzz*10).*zzz;
```

```
figure(1)
hAxis = gca;
line(xxx,yyy,zzz)
hAxis.XRuler.FirstCrossoverValue  = 0; % X crossover with Y axis
hAxis.YRuler.FirstCrossoverValue  = 0; % Y crossover with X axis
hAxis.ZRuler.FirstCrossoverValue  = 0; % Z crossover with X axis
hAxis.ZRuler.SecondCrossoverValue = 0; % Z crossover with Y axis
hAxis.XRuler.SecondCrossoverValue = 0; % X crossover with Z axis
hAxis.YRuler.SecondCrossoverValue = 0; % Y crossover with Z axis
view([1 1 1])
```

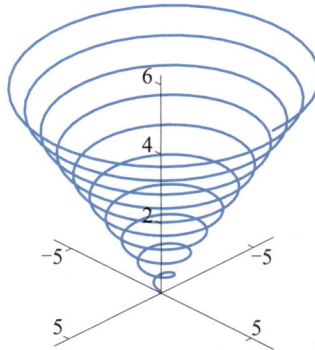

图3.20　空间坐标系x、y和z轴位置

  图3.21展示了对图像的局部放大。这种方法有助于展示图像细节。以下代码可以用来获得图3.21。

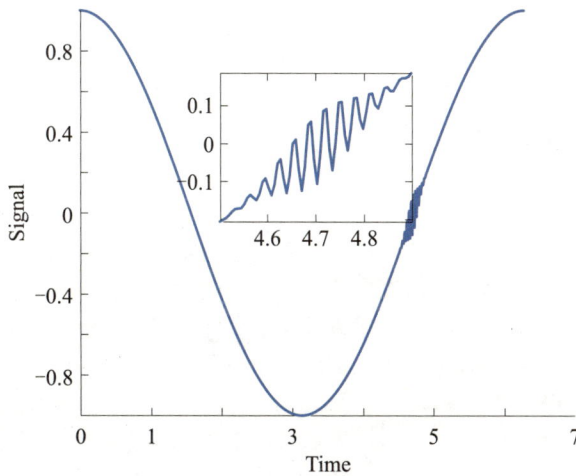

图 3.21　局部放大

B1_Ch3_18.m

```
t = linspace(0,2*pi,1000);
x = cos(t);
perturbation = 0.1*exp((-(t-3*pi/2).^2)/.01).*sin(200*t);
signal = x+perturbation;
```

```
figure(1)
plot(t,x+perturbation)
xlabel('Time');
ylabel('Signal');

% create a zoomed-in inside
axes('position',[.35 .5 .3 .3])
box on
% put box around new pair of axes

zoomIn = (t < 4.9) & (t > 4.5);
% range of t near perturbation

plot(t(zoomIn),signal(zoomIn))
% plot on new axes
axis tight % sets the axis limits to the range of the data
```

注意该代码中，axes ('position', [.35 .5 .3 .3]) 创造了一个局部窗口，主窗口长度从0到1，高度从0到1 (**归一化** (normalization) 之后的结果)。那么，[.35 .5 .3 .3]创造的局部窗口就是，在相对长度为0.35 (0.3倍主窗口长度) 和相对高度为0.5处为起点，高度为0.3 (0.3倍主窗口长度) 宽度同样为0.3的局部放大窗口。更多有关句柄的内容，请参考：

◀ https://www.mathworks.com/help/matlab/graphics-objects.html
◀ https://www.mathworks.com/help/matlab/graphics-object-properties.html

3.5 统计数据绘图

本节专门探讨统计数据的可视化。这一部分内容将从某种程度上通过图像向读者介绍之后关于统计三章的内容。如果读者不清楚本节的具体统计术语，请不要担心，会在统计部分逐一讲解。第2章讨论的plot()函数，在统计部分经常用来绘制**概率密度函数** (probability density function，pdf) 和**累积概率密度函数** (cumulative distribution function，cdf)。而fill()函数常常配合plot()绘制pdf在一段区间的面积，这个面积就是区间所对应的概率。scatter()和scatter()可以绘制平面和空间的散点数据。

柱状图是最常见的统计绘图之一，可以使用MATLAB中的bar()和barh()函数绘制。图3.22上中下三个子图都有各自的特点。图3.22上图纵轴是美元，小数点保留后两位，横轴是年份，45°顺时针旋转。图3.22中图纵坐标没有小数点后位，宽度是上图的0.4倍；横轴采用其他文字标记，45°逆时针旋转。图3.22下图用barh()绘图，柱朝右。以下代码用来获得图3.22。

`B1_Ch3_19.m`

```
%% Bar charts

x = 1900:20:2000;
x_labels = {'A year','B year','C year',...
```

```
    'D year','E year','F year'}
y = [75 91 105 123.5 131 150];

figure(1)
subplot(3,1,1)
bar(x,y)
ytickformat('usd')
% yttickformat was not defined in MATLAB 2016a
% Tick label to be rotated by 45 degrees clockwise
set(gca,'XTickLabelRotation',45)

subplot(3,1,2)
bar(x,y,.4)
% .4 is the width
ytickformat('$%,.0f')
set(gca,'XTickLabelRotation',-45)
set(gca,'XTickLabel',x_labels)

subplot(3,1,3)
barh(x,y)
xtickformat('usd')
```

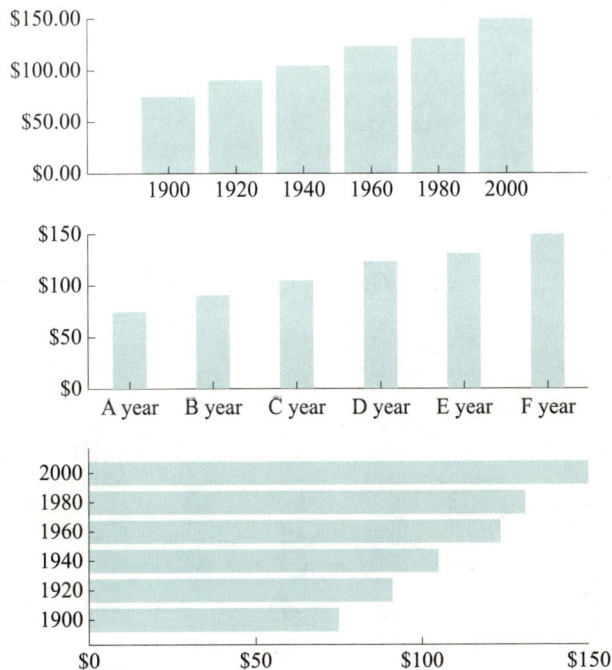

图3.22 bar()函数绘图

　　图3.23展示了另外一种bar()绘图方案。上图平行布置三个柱子，纵轴是百分比，纵轴旋转90°；下图柱子是层叠状，便于展示个体占总体的百分比，而且便于横向比较。使用以下的代码可以获得图3.23。

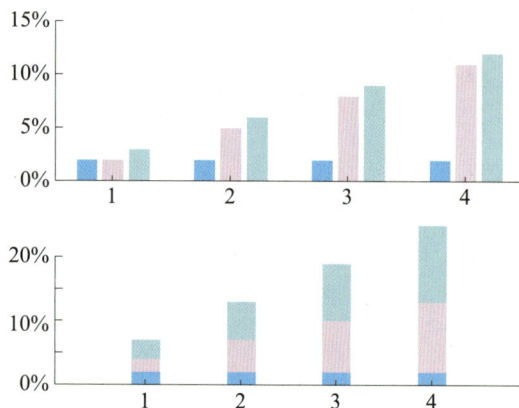

图3.23　bar()函数绘图，百分比

```
B1_Ch3_20.m

x = 1900:20:2000;
y = [2 2 3; 2 5 6; 2 8 9; 2 11 12];
% percentage values

figure(1)
subplot(2,1,1)
bar(y)
ytickformat('percentage')
set(gca,'YTickLabelRotation',90)

subplot(2,1,2)
bar(y,.3,'stacked')
ytickformat('percentage')
```

此外，两组数据的柱状图也可通过重叠的方式显示，如图3.24所示。如下代码可以获得图3.24。

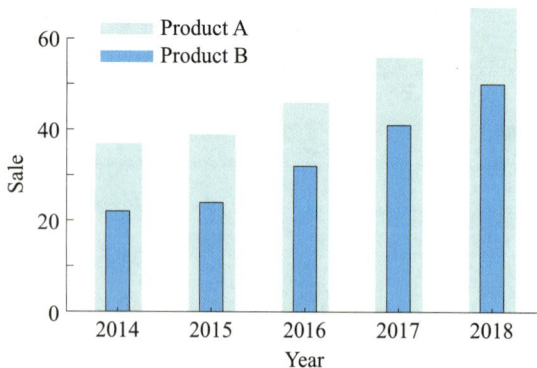

图3.24　bar()函数绘图，重叠绘图

```
B1_Ch3_21.m

x = [2014 2015 2016 2017 2018];
Product_A = [37 39 46 56 67];
```

```
w1 = 0.5;
bar(x,Product_A,w1,'FaceColor',[0.2 0.2 0.5])
Product_B = [22 24 32 41 50];
w2 = .25;
hold on
bar(x,Product_B,w2,'FaceColor',[0 0.7 0.7])
hold off
grid off
ylabel('Sale')
legend({'Product A','Product B'},'Location','northwest')
```

通过图形句柄，还可以修改柱状图**基线** (baseline) 的位置。首先，取出bar()的句柄bar_handle，然后读取其中的基线句柄bar_handle.BaseLine，并将其命名为bl。然后，通过修改BaseValue、Color和LineWidth值，修改基线的高度、色彩和线宽。图3.25给出的是修改基线后的柱状图。

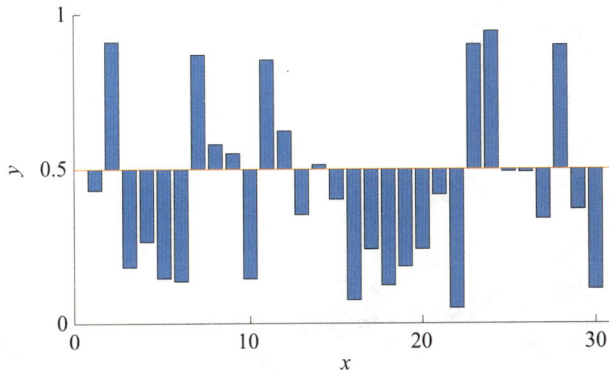

图3.25　bar()基线的位置和颜色

以下代码可以生成图3.25。

`B1_Ch3_22.m`

```
Y = rand(30,1);
figure(1)
bar_handle = bar(Y);
bl = bar_handle.BaseLine

bl.BaseValue = 0.5;
bl.Color = 'red';
bl.LineWidth = 1;

xlabel('x'); ylabel('y')
box off; grid off
```

接着再进一步区分基线上下柱状图的颜色。如图3.26所示柱状图，超过0.5的部分是蓝色，低于0.5的部分为红色。以下代码可以用来完成图3.26。

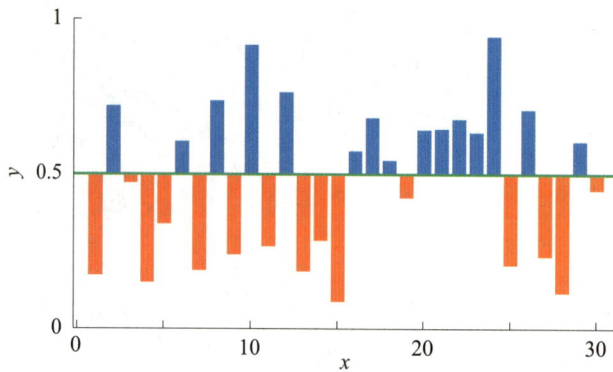

图3.26　区分基线上下柱状图颜色

```
B1_Ch3_23.m

clc; clear all; close all
Y = rand(30,1);
level = 0.5;
figure(1)
aboveLine = (Y >= level);

bottomLine = Y;
topLine = Y;

bottomLine(aboveLine) = NaN;
topLine(~aboveLine) = NaN;

bar_handle = bar(bottomLine,'r'); hold on
bar(topLine,'b')
bl = bar_handle.BaseLine
bl.BaseValue = 0.5;
bl.Color = 'green';
bl.LineWidth = 1;
xlabel('x'); ylabel('y')
box off; grid off
```

在柱状图上，还可以增加**误差范围** (error bar)。MATLAB用来绘制误差范围的函数为errorbar()。图3.27给出的是在数据柱状图上增加误差范围。

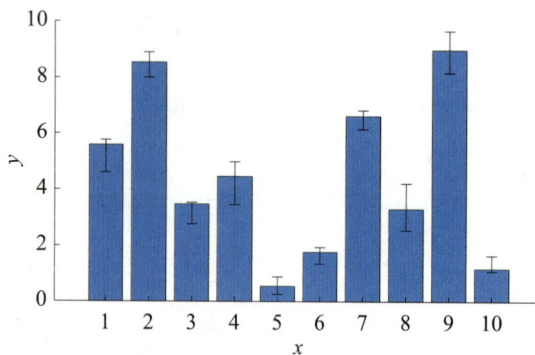

图3.27　柱状图上增加误差范围

以下代码可以用来获得图3.27。

```
B1_Ch3_24.m

X = [1:10];
Y = 10*rand(10,1);
err_low = rand(10,1);
err_high = rand(10,1);
figure(1)
bar(X,Y); hold on
er_handle = errorbar(X,Y,err_low,err_high)

er_handle.Color = [0, 0, 0];
er_handle.LineStyle = 'none'
hold off
xlabel('x'); ylabel('y'); box off
```

图3.28给出的是用bar3()绘制的三维柱状图。基于其显示的效果，除非没有任何替代方案，本书并不推荐三维柱状图。

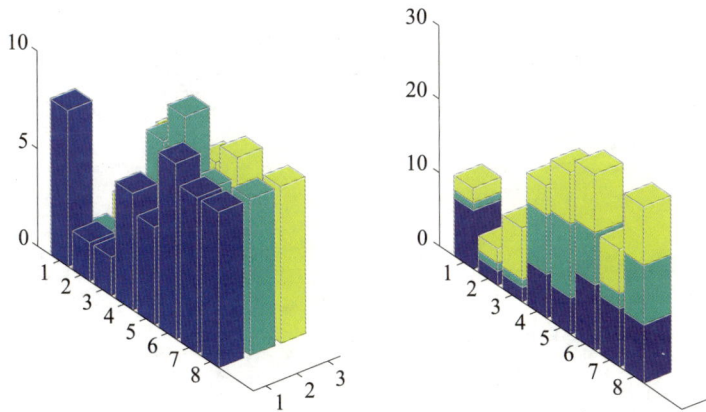

图3.28 bar3()函数绘图

以下代码产生图3.28。

```
B1_Ch3_25.m

Y = randi(10,8,3);
figure(1)
subplot(1,2,1)
bar3(Y); box off; grid off

subplot(1,2,2)
bar3(Y,'stacked'); box off; grid off
```

图3.29是pie()函数绘制的饼图。左图是有标记的**爆炸图** (exploded view)；右图的特点是将legend和数值合成并打印在图片上。

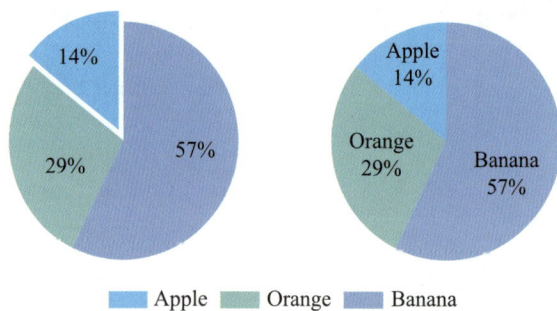

图3.29　pie()函数绘图

以下代码可以生成图3.29。

```
B1_Ch3_26.m

fruits = [12,24,48];

figure(1)
subplot(1,2,1)
explode = [1 0 0];
pie(fruits, explode)
labels = {'Apple','Orange','Banana'};
legend(labels,'Location','southoutside',...
    'Orientation','horizontal')

subplot(1,2,2)
p = pie(fruits);
pText = findobj(p,'Type','text');
percentValues = get(pText,'String');
txt = {'Apple: ';'Orange: ';'Banana: '};
combinedtxt = strcat(txt,percentValues);

pText(1).String = combinedtxt(1);
pText(2).String = combinedtxt(2);
pText(3).String = combinedtxt(3);
```

直方图 (histogram) 也是一类条形图，但与柱状图略有不同。柱状图是用柱子的长度表示某个测量值的大小，例如所占百分比、销量、样本个数等；而柱子的宽度并没有实际意义。直方图则将数据首先沿横轴分组 (分段)。图中的每个矩形对应一个组别 (段位)，其宽度表示对应组 (段) 数据的组距 (段距)，高度表示该组 (段) 的频率或频数。直方图的高度与宽度在这里都具有实际意义。此外，直方图中横轴的变量往往是连续的，而条形图中的横轴变量往往是离散的。图3.30展示了两个直方图。左图的纵轴是**频率**或**频数** (frequency)，是频率直方图；右图的纵轴是**概率** (probability)，是概率直方图。

以下代码可以生成图3.30。

```
B1_Ch3_27.m

x = randn(1000,1);
% generate 1000 random numbers

figure(1)
```

```
subplot(1,2,1)
histogram(x)
ylabel('Frequency')

subplot(1,2,2)
nbins = 10;
h = histogram(x,nbins)
h.Normalization = 'probability';
ylabel('Probability')
```

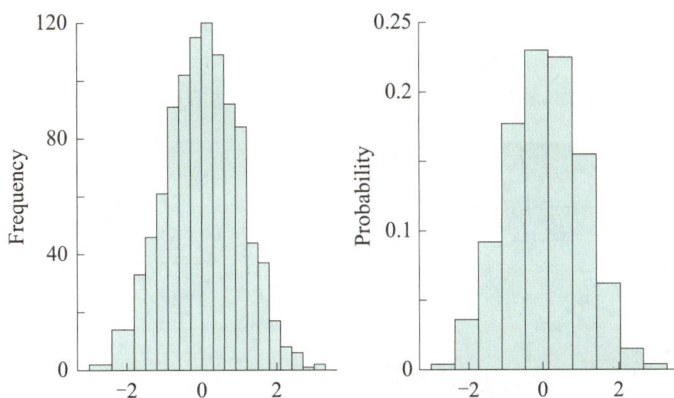

图3.30 直方图

箱形图 (boxplot，box plot) 可以用来展示数据分散情况。如图3.31所示，箱形的中间那条线是**中位数** (median)，箱形上下界对应的是25th和75th**百分位** (percentile)；也就是这三条线对应的是三条**四分位线** (quartile)。中位数也被称作**第二四分位点** (second quartile)。不了解**分位点** (quantile) 的读者，可以参考第7章。上下两个远端的**须线** (whisker) 对应的是除去**离群值** (outliers) 的最大和最小值，也就是**非离群值** (nonoutliers) 的边界。红色加号代表的是离群值。箱形图的优点是可以将数据的主要分布特征简洁地表现出来。尤其在比较不同的分布时，可以直观地观察不同数据的主要区别，例如它们的均值、取值范围等。

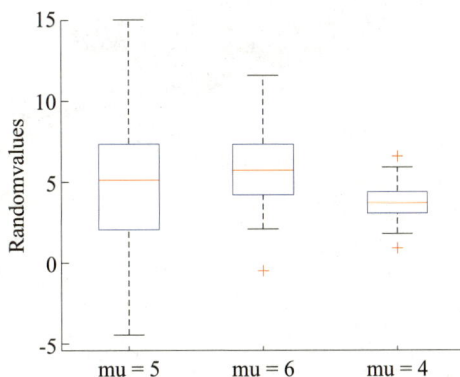

图3.31 箱形图

以下代码可以生成图3.31。

```
B1_Ch3_28.m
```

```
X1 = normrnd(5,4,100,1);
% 100 random values with mu = 5 and sigma = 4
```

```
X2 = normrnd(6,2,100,1);
% 100 random values with mu = 6 and sigma = 2
X3 = normrnd(4,1,100,1);
% 100 random values with mu = 4 and sigma = 1
figure(1)
boxplot([X1,X2,X3],'Labels',{'mu = 5','mu = 6','mu = 4'})
ylabel('Random values')
```

对于二元随机数，也有很多方案来展示其在不同区间出现的频率。第一种是热图，可用MATLAB的imagesc()函数产生类似如图3.32左图所示的图像。这个命令用渐变的颜色来体现数据的变化趋势。MATLAB也有专门的热图函数heatmap()。三维柱状图bar3()函数也是不错的方式。三维柱状图类似于平面柱状图，也是用高度来表示数据。第2章介绍过的surf()和scatter()函数也可以达到很好的展示效果，如图3.32右图和图3.33所示。其中，scatter()用颜色和实心圆的大小来表达数值。

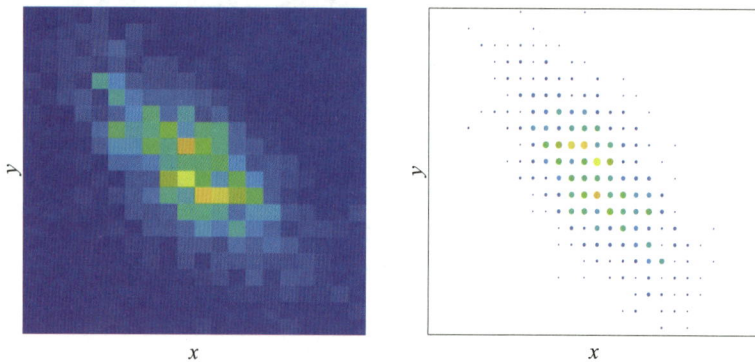

图3.32　imagesc()和scatter()绘制二元随机数在不同区间出现的次数

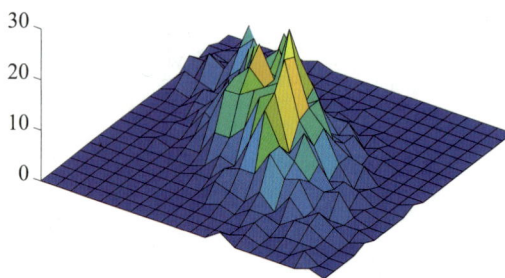

图3.33　surf()绘制二元随机数在不同区间出现的次数

以下代码用来生成图3.32和图3.33。

```
B1_Ch3_29.m

close all; clear all; clc

rho=0.66; ave_1=0; ave_2=0;
var1=1^2; var2=2^2;
cov12=rho*(var1*var2)^0.5;
num_sims = 1000;

AVEs=[ave_1 ave_2];
COV_Mtx=[var1  cov12;
```

```matlab
                cov12 var2];
X12 = mvnrnd(AVEs,COV_Mtx,num_sims);
X1=X12(:,1); X2=X12(:,2);

figure(1)
num_bins = 20;
subplot(4,4,[2:4 6:8 10:12]); % Top right square
plot(X1,X2,'+')
xlim([-4,4]); ylim([-8,8])
y1=get(gca,'ylim'); x1=get(gca,'xlim')

subplot(4,4,[1 5 9]); % Top left
histfit(X1,num_bins)
xlim(y1); view(90,-90); box off

subplot(4,4,[14:16]); % Btm right
histfit(X2,num_bins)
xlim(x1); box off

[bin_counts,Xedges,Yedges] = histcounts2(X1,X2,20);
X_centers = Xedges(1:end-1) + (Xedges(2) - Xedges(1))/2;
Y_centers = Yedges(1:end-1) + (Yedges(2) - Yedges(1))/2;
[XX,YY] = meshgrid(X_centers, Y_centers);

figure(2)
zz = bin_counts;
% zz(zz == 0) = NaN;
c = imagesc(zz)
set(c,'AlphaData',~isnan(zz))
set(gcf,'color','white')

xlabel('x'); ylabel('y')

figure(3)
zz = bar3(bin_counts);
for k = 1:length(zz)
    zdata = zz(k).ZData;
    zz(k).CData = zdata;
    zz(k).FaceColor = 'interp';
end
view([1,1,1])

figure(4)
surf(bin_counts)
view([1,1,1])

figure(5)
scatter(XX(:),YY(:),bin_counts(:)+eps,bin_counts(:)+eps,'filled')
```

该段代码首先用mvnrnd()生成一个二元随机数组。histcounts2()计算出数组在不同区间的出现概率。区间的边界也随之产生。然后，用imagesc()、bar3()、surf()和scatter()等函数绘制二元随机数在不同区间出现的次数。

刚才讨论了二元随机数的可视化方案。MATLAB的plotmatrix()函数可以研究多元随机数组任何两个变量的关系。图3.34对角线上的直方图是多元随机数组任意一组自己的统计规律。上三角和下三角的散点图给出了成对随机数的关系。以下代码获得图3.34。

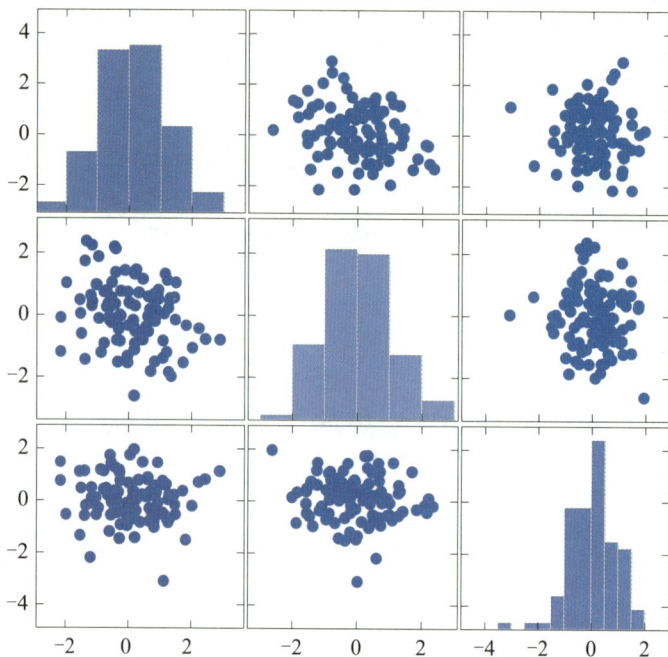

图3.34　plotmatrix()绘制多元随机数关系

```
B1_Ch3_30.m

X = randn(100,3);
figure(1)
plotmatrix(X)
```

3.6 视点与视角

MATLAB用view()函数来控制空间图形的展示视角。如图3.35所示，view()函数最简单的输入是view ([x，y，z])，这个输入的含义是，在空间点 (x，y，z) (称为视点)，朝着原点(0，0，0)视角观看空间图形。图3.36给出三个特殊的视角，从这三个视角观看空间图形，得到的是图形在三个坐标平面的投影。view()第二种输入是 view (Azimuth，Elevation)。Azimuth是空间视点 (x，y，z) 在x-y平面投影点和原点的连线和y负轴形成的夹角；Elevation是空间视点 (x，y，z) 的仰角。

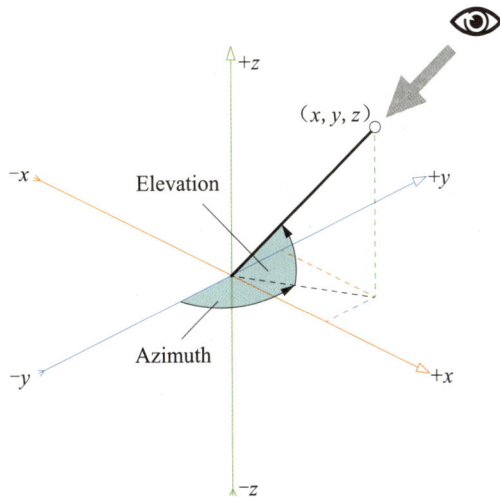

图3.35 view()视角定义

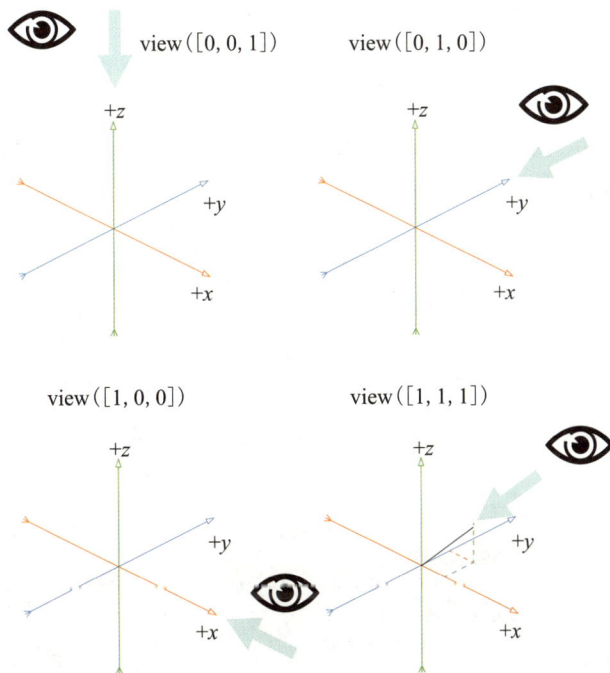

图3.36 view()定义的四个视角样例

　　图3.37给出的是常见的9个视角观察同一个空间图形。如下代码给出了图3.37视点坐标和 (Azimuth，Elevation) 这对空间视角。

```
B1_Ch3_31.m

clc; close all; clear all
y = 0:0.01:4;
z = y/4.*cos(12*y) + 2;
x = y/4.*sin(12*y) + 2;

h = figure(1)
```

```matlab
plot3(x,y,z,'LineWidth',2); hold all
xlim([0,max(y)]); ylim([0,max(y)]); zlim([0,max(y)])
xlabel('x'); ylabel('y'); zlabel('z')

hAxis = gca;
hAxis.XRuler.FirstCrossoverValue  = 0; % X crossover with Y axis
hAxis.YRuler.FirstCrossoverValue  = 0; % Y crossover with X axis
hAxis.ZRuler.FirstCrossoverValue  = 0; % Z crossover with X axis
hAxis.ZRuler.SecondCrossoverValue = 0; % Z crossover with Y axis
hAxis.XRuler.SecondCrossoverValue = 0; % X crossover with Z axis
hAxis.YRuler.SecondCrossoverValue = 0; % Y crossover with Z axis

% [az,el] = view([0,0,1])  % az = 0;   el = 90;
% [az,el] = view([0,1,0])  % az = 180; el = 0;
% [az,el] = view([1,0,0])  % az = 90;  el = 0;
% [az,el] = view([-1,0,0]) % az = -90; el = 0;
% [az,el] = view([0,-1,0]) % az = 0; el = 0;
% [az,el] = view([0,0,-1]) % az = 0;   el = -90;
% [az,el] = view([1,1,0])  % az = 135; el = 0;
% [az,el] = view([1,1,1])  % az = 135; el = 35.2644;
% [az,el] = view(3)    % az = -37.5000; el = 30;
```

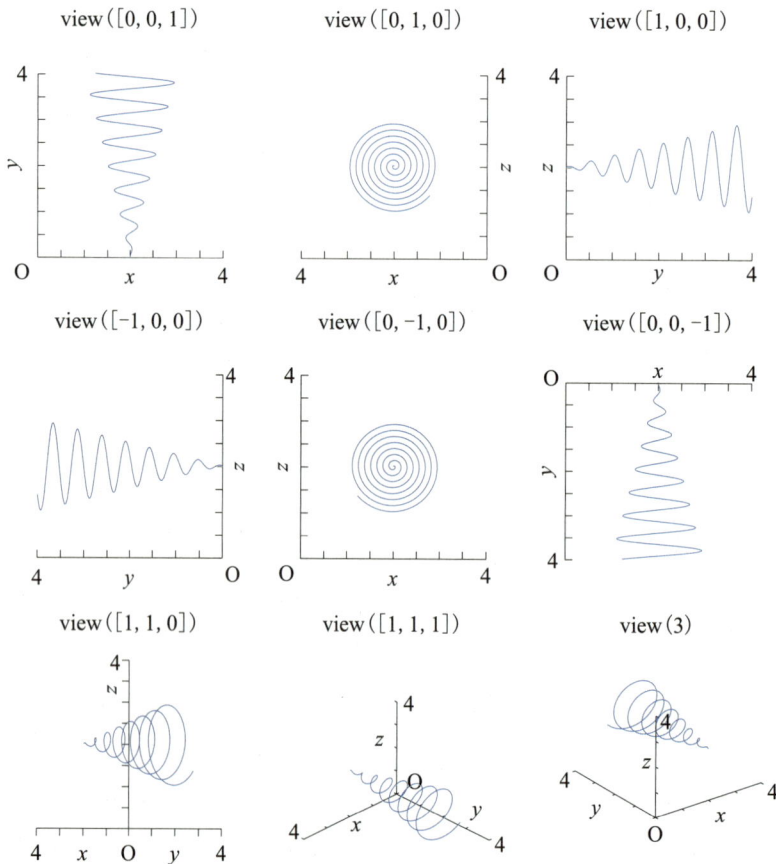

图3.37　9个常用的视角

图3.38给出的就是一个曲面的两个不同的视角。view (–45，30) 和view (135，30) 定义两个不同的视角。这样这个曲面峰两侧的细节都可被观察到。

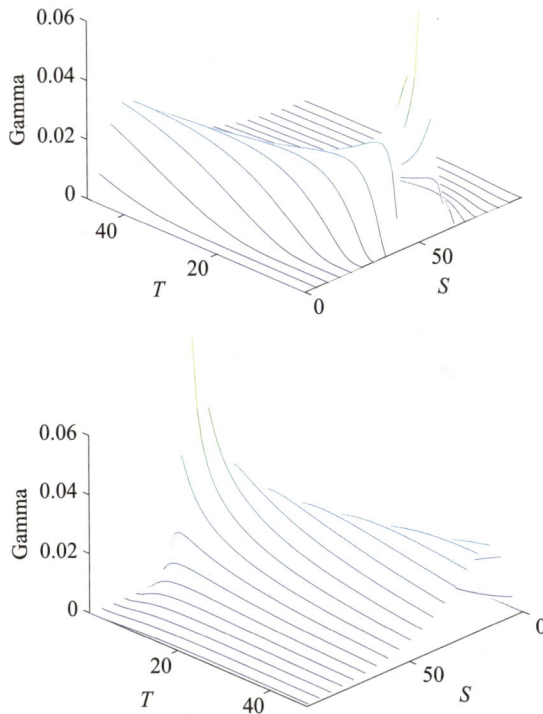

图3.38 两个不同的视角观察同一个曲面

以下代码可以用来获得图3.38。

```
B1_Ch3_32.m

clc; clear all; close all

s_range = 0.01:5:100;
k_range = 50;
r = 0.1;
vol = 0.35;
s_length = length(s_range);
T_range = [1:1:48]; % month(s)
T_length = length(T_range);
T_matrix = T_range(ones(s_length,1),:)'/12;

T_holder = ones(length(T_range),1);
S_holder = s_range(T_holder,:);
All_1 = ones(size(T_matrix));
Gamma_matrix  = blsgamma(S_holder, ...
    k_range*All_1, r*All_1, ...
    T_matrix, vol*All_1);

my_col = brewermap(T_length, 'RdYlBu');
```

```
%% Plot Gamma, long European call versus maturity

figure (1)
subplot(1,2,1)
mesh(s_range, T_range, Gamma_matrix,'MeshStyle','column');

xlabel('S');ylabel('T');zlabel('Gamma');
xlim([0 max(s_range)])
ylim([min(T_range) max(T_range)])
set(gcf,'color','white'); box off; grid off
view(-45,30) % first view angle

subplot(1,2,2)
mesh(s_range, T_range, Gamma_matrix,'MeshStyle','column');

xlabel('S');ylabel('T');zlabel('Gamma');
xlim([0 max(s_range)])
ylim([min(T_range) max(T_range)])
set(gcf,'color','white'); box off; grid off
view(135,30) % second view angle
```

　　图3.39给出的是从四个不同角度来观察空间随机点 $(X_1，X_2，X_3)$。图3.39左上图是一个空间视角 view([1，1，1]);图3.39右上图给出的是将空间点投影到X_2-X_3平面，采用的命令为view([1，0，0]);图3.39下面两图则将空间点投影到另外两个平面。具体代码如下。

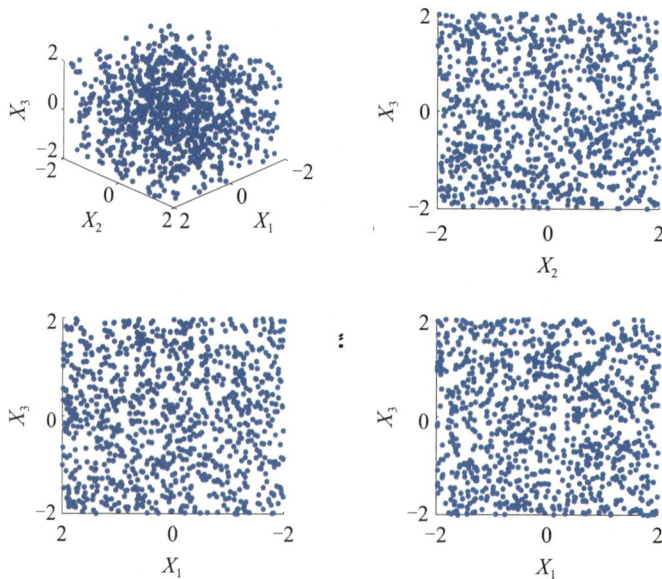

图3.39　四个不同视角观察空间随机点

```
B1_Ch3_33.m
```

```
% bi-variate uniform distribution
% range [a, b]
```

```
clc; close all; clear all
a = -2; b = 2;
num_bins = 10;

figure(1)
subplot(2,2,1)
num_points = 1000;
plot_unif_hist(a,b,num_points)
view([1,1,1])

subplot(2,2,2)
plot_unif_hist(a,b,num_points)
view([1,0,0])

subplot(2,2,3)
plot_unif_hist(a,b,num_points)
view([0,1,0])

subplot(2,2,4)
plot_unif_hist(a,b,num_points)
view([0,0,1])

function plot_unif_hist(a, b, num_points)

unif_rand = a + (b - a)*rand(num_points,3);
plot3(unif_rand(:,1),unif_rand(:,2),unif_rand(:,3),'.');
xlabel('x_1'); ylabel('x_2'); zlabel('x_3');
box off; grid off
end
```

    请读者注意，本章及第2章中介绍的绘图命令会在整套书中反复使用。另外，本书的MATLAB图像都是经过二次处理的图片。MATLAB生成的图片可以以.svg的格式存储，然后用各种矢量图形处理软件做后期处理。所以，本书中图片和MATLAB直接产生的图像会有差别。

货币的时间价值是通过利率体现出来的。复利是财富增值的具体表现，也是财富增值的内在因素。

复利是人类最伟大的发明，堪称是世界第八大奇迹。

Compound interest is the greatest mathematical discovery of all time. It is the eighth wonder of the world.

——爱因斯坦 (Albert Einstein)

Core Functions and Syntaxes
本章核心命令代码

◀ a*e(b) 表达的是 a×10^b，比如 2.0e+03 表达的是 2×10^3 = 2000。

◀ cfplot() 绘制现金流时间轴。

◀ datetick('x','yyyy','keeplimits')x 轴 tick 使用日期，日期格式 yyyy。

◀ effrr(r,m) 计算有效年利率，r 为年化利率，m 为年复利频率。

◀ exp() 自然对数底数指数运算。

◀ fred() 函数可以在线获取圣路易士联邦储备银行 (官网：https://fred.stlouisfed.org) 提供的大量的经济数据。如 FEDFUNDS 是联邦基金利率，MPRIME 是最优惠利率，DGS1MO 是美国国债收益率 1 月期等。

◀ fvfix() 计算固定现金流终值。

◀ fvvar() 计算非固定现金流的终值。

◀ irr() 计算一系列周期现金流的内部收益率。

◀ pvfix(Rate,NumPeriods,Payment,ExtraPayment,Due) 可以计算固定现金流现值。其中 Rate 为复利利率，NumPeriods 为复利频数，Payment 为固定现金流，ExtraPayment 为额外支付的现金流，默认为 0，Due 为支付的时间，默认为现金流在复利期末支付。

◀ pvvar(CashFlow, Rate, CFDates) 用于计算非固定现金流。其中，CashFlow 为现金流的金额，Rate 为年化利率，CFDates 为支付现金流的时间 (可选)。

◀ set(gca,'xticklabel',c) 根据 c 设置 x 轴的 tick 标识。

◀ set(gcf,'color','w') 将图片背景色设为白色。

◀ xirr() 计算一系列非周期现金流的内部收益率。

◀ yy/mm/d，日期格式，比如 18/08/08。

◀ yyyy/mmm，日期格式，比如 2018/Aug。

◀ yyyy/mmmm，日期格式，比如 2018/August。

◀ xlim([min(time) max(time)]) 根据变量 time 的最大值和最小值，确定 x 轴的范围。

◀ bar(PV, 0.5) 绘制条形图，并且定义每个条形的宽度为 0.5。

◀ zeros(1,length(curve1)) 生成一个和向量 curve1 一样长度的行向量。

◀ set(gca, 'XAxisLocation', 'origin') 将 x 轴放置在原点处。

◀ axes('position',[.5 .3 .3 .4]) 搭配绘制局部视图。

◀ A(any(isnan(A),2),:) = [] 将 NaN 元素删除。

◀ Mesh() 绘制网格图。

◀ legend('1 month','3 month','6 month','12 month') 定义图例。

◀ box on 显示绘图边框。

4.1 时间轴和折算

图4.1给出了一个简单的**时间轴** (time line) 和时间轴上的**现金流** (cash flows)。假若在0时刻投资$1000，并且在未来五年每年的年末，都可以收到$300现金。那么在这整个五年的时间轴上，一共有6个现金流，其中包括1个流出和5个流入。MATLAB自己有一个绘制时间轴和现金流的函数cfplot()，读者可以在窗口⑥中输入如下命令来了解一下。

```
doc cfplot
```

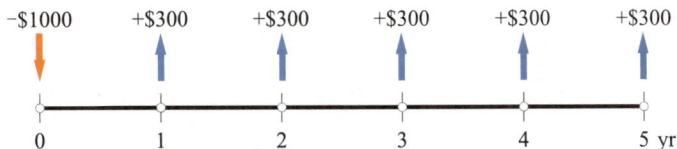

图4.1 时间轴和现金流

这五个$300的流入现金流都是各自的**终值** (future value)，想要求出这几个现金流的**现值** (present value)，需要用**利率** (interest rate) 进行**折算** (discount)。计算这些现金流在第5年处的未来价值叫作**复利** (compound)。图4.2展示了折算和复利的关系。这里的例子只是为了方便演示现金流的概念，本章也主要围绕常见现金流结构展开，并不与实际的债券产品挂钩。有关债券的内容，请参考第10章内容。

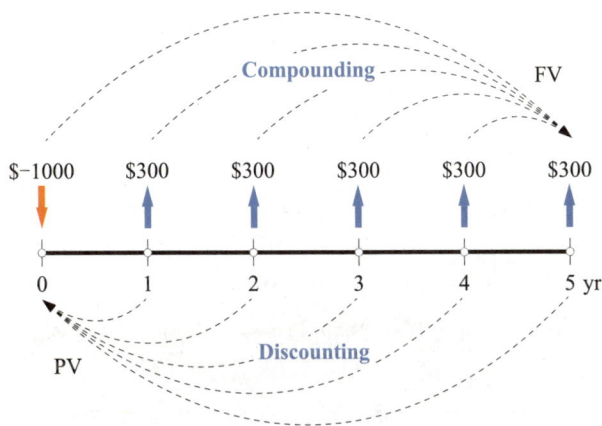

图4.2 折算和复利的关系

折算的方式主要有两个：**单复利** (simple compounding或periodic compounding) 和**连续复利** (continuous compounding)。单复利就是大家熟知的"利滚利"，是指上一期的利息或收益可以计入下一期的本金中，并在下一期产生收益和利息。金融建模中的连续复利，指的是对数回报率。

根据复利频率不同，单复利可以分为很多种，例如：

◂ **年复利** (annual compounding)；
◂ **半年复利** (semi-annual compounding)；
◂ **季度复利** (quarterly compounding)；

◀ 月复利 (monthly compounding);
◀ 双周复利 (biweekly compounding);
◀ 周复利 (weekly compounding);
◀ 日复利 (daily compounding)等。

一般情况下，利率都是**年化的** (annualized)。为了计算方便，本丛书中的利率有时会用小数来表达，比如5%对应的就是0.05。另外，**基点** (basis point，bp) 也是利率的常见单位，一个基点就是0.01%，小数为0.0001。如图4.3所示，第五年年底的现金流 + $300，如果用单复利折算到0时刻，当前价值可以通过如下公式计算出来：

$$PV = FV\left(1+\frac{y}{m}\right)^{-m\times T} \tag{4.1}$$

其中：

◀ PV: 字面意思是当前价值，即现值。
◀ FV: 字面意思是未来价值，即终值。
◀ y: 年化利率。
◀ m: **每年复利频率** (annual compounding frequency)。
◀ T: **期限长度** (number of years) (单位：年)。

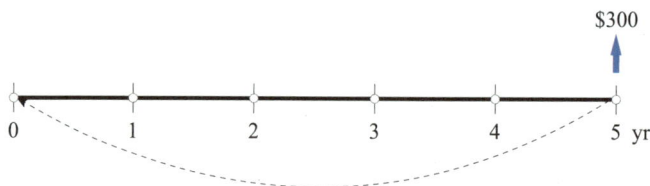

图4.3 折算第五年现金流$300

反过来，如果已知当前投资的现值PV，对应的未来价值FV可以通过复利公式计算出来：

$$FV = PV\left(1+\frac{y}{m}\right)^{m\times T} \tag{4.2}$$

表4.1展示利率相同，但是年折算频率不同的计算方法。期限长度都是5年。日复利中，可以使用365天/年、360天/年，也可以使用252天/年。关键是要保持计算过程一致。

表4.1 几种常见的简单复利 (假设y = 0.05 (5%))

复利种类	年复利频率m	折算公式	折算CF$_{5\text{-yr}}$ = $300
年	$m=1$	$PV = FV\left(1+y\right)^{-T}$	$PV = \$300\times\left(1+0.05\right)^{-5}$
半年	$m=2$	$PV = FV\left(1+\dfrac{y}{2}\right)^{-2T}$	$PV = \$300\times\left(1+\dfrac{0.05}{2}\right)^{-10}$
季度	$m=4$	$PV = FV\left(1+\dfrac{y}{4}\right)^{-4T}$	$PV = \$300\times\left(1+\dfrac{0.05}{4}\right)^{-20}$

复利种类	年复利频率m	折算公式	折算CF$_{5\text{-yr}}$ = \$300
月	$m = 12$	$\mathrm{PV} = \mathrm{FV}\left(1+\dfrac{y}{12}\right)^{-12T}$	$\mathrm{PV} = \$300 \times \left(1+\dfrac{0.05}{12}\right)^{-60}$
周	$m = 52$	$\mathrm{PV} = \mathrm{FV}\left(1+\dfrac{y}{52}\right)^{-52T}$	$\mathrm{PV} = \$300 \times \left(1+\dfrac{0.05}{52}\right)^{-260}$
日	$m = 252$或365	$\mathrm{PV} = \mathrm{FV}\left(1+\dfrac{y}{252}\right)^{-252T}$ $\mathrm{PV} = \mathrm{FV}\left(1+\dfrac{y}{365}\right)^{-365T}$	$\mathrm{PV} = \$300 \times \left(1+\dfrac{0.05}{252}\right)^{-1260}$ $\mathrm{PV} = \$300 \times \left(1+\dfrac{0.05}{365}\right)^{-1825}$

如果0时刻投资100美元，按不同的年利率 ($r = 0.01$，0.02，0.03，0.04，0.05) 计算，时间轴和现金流如图4.4所示，50年后能得到多少钱？图4.5展示了在不同年复利利率条件下，未来价值随时间的变化。当年复利为5% (0.05) 时，0时刻投资100美元，50年后，这笔投资的未来价值接近1200美元。以下代码可以获得图4.5。

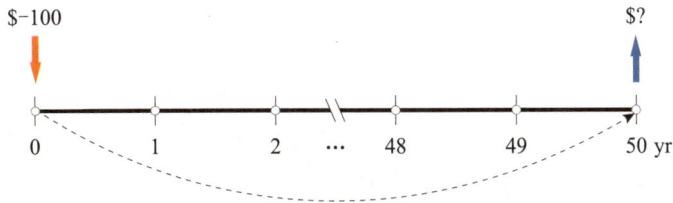

图4.4　0时刻投资100美元

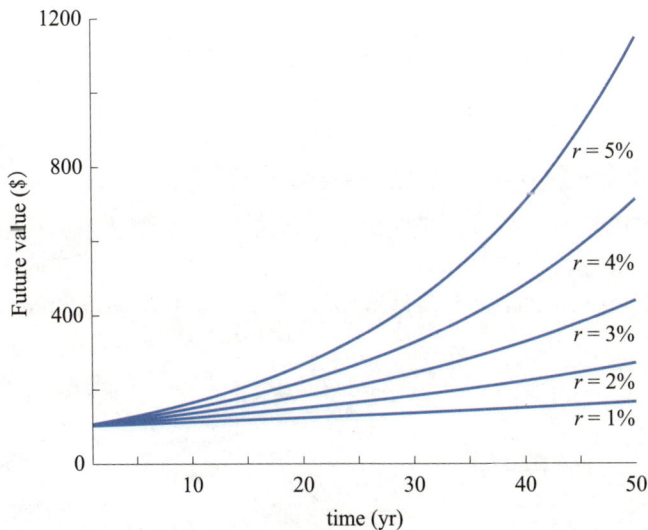

图4.5　0时刻投资100美元，按不同的年利率 ($r = 1\%$，2%，3%，4%，5%)，50年后的价值

```
B1_Ch4_1.m
```

```
clc; clear all; close all
time = [1:50]; % unit: year(s)
PV = 100; % USD
r = [0.01:0.01:0.05];
r_num = length(r);
figure(1)

for i = 1:r_num

    r_i = r(i);
    FV = PV*(1 + r_i).^time;
    plot(time,FV); hold on

end

xlim([min(time) max(time)])
xlabel('Time [year(s)]')
ylabel('Future value [USD]')
legend('r = 1%','r = 2%','r = 3%','r = 4%','r = 5%')
set(gcf,'color','white')
```

有效年利率 (annual effective rate of return) 指的是按照给定的计息方法，能够产生和每年复利一次的年利率相同的结果。计算式如下：

$$r_{\text{eff}} = \left(1 + \frac{r}{m}\right)^m - 1 \tag{4.3}$$

请注意，这里的单利也是年化的。当复利的计息周期小于一年时，比如半年(即每年付息两次)，对应的计算式就是：

$$r_{\text{eff}} = \left(1 + \frac{r}{2}\right)^2 - 1$$
$$= r + \frac{r^2}{4} > r \tag{4.4}$$

再举个例子，比如某个产品的年化单利是5%，半年付息一次，那么半年后连本带息，投资者应该获得102.5；下半年利滚利，将利息计入本金，一年期满，投资者获得105.0625元。这样有效年利率就是5.0625%。如果单利仍为5%，每季度计息一次，那么有效年利率可以用**MATLAB**的effrr()完成计算。

```
Return = effrr(0.05, 4)
% 0.05 is the interest rate
% m = 4 compounding frequency
% equivalent:
% (0.05/4+1)^4 - 1
```

图4.7给出年复利频率不断增大 ($m = 1$，2，4，12，52，365) 时，$r = 0.05$ (5%)，有效年利率的变化情况。虽然每年计息次数不断增大，有效年利率也会增大。但值得注意的是，当计息次数无穷大

(连续复利) 时，有效年利率会收敛：

$$\lim_{m \to \infty} \left(1 + \frac{r}{m}\right)^m - 1 = e^r - 1 \tag{4.5}$$

如果用 x 来代表年化复利和连续复利，当 x 足够小时，年化复利和连续复利几乎相等。

$$1 + x \approx e^x \tag{4.6}$$

上式整理一下可以得到：

$$\frac{\ln(1+x)}{x} \approx 1 \tag{4.7}$$

数学上，可以从一个极限更简单地反映出来，这个极限如下。

$$\lim_{x \to 0} \frac{\ln(1+x)}{x} = 1 \tag{4.8}$$

分子 $\ln(1+x)$ 可以看作是连续复利或者对数复利，而 x 自身是简单复利。当 x 足够小时，两者就变得十分接近，如图4.6所示。这个极限可以使用**洛必达法则** (L'Hospital's rule) 来证明。更多数学内容，请参考后面两章内容。

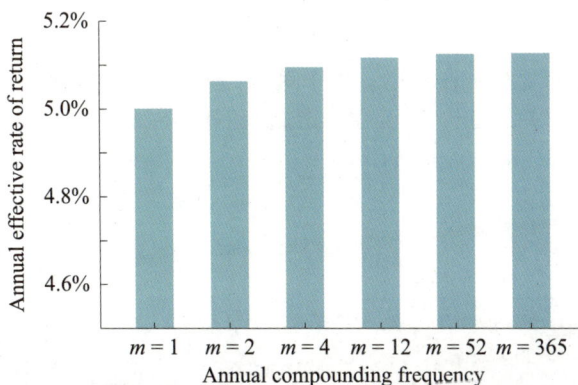

图4.6　有效年利率变化情况，$r = 0.05$ (5%)，年复利频率不断增大

如下代码可以获得图4.6。代码中用来计算年有效利率的函数是effrr()。

```
B1_Ch4_2.m

IR = 0.05;
m_freq = [1, 2, 4, 12, 52, 365];

Returns = effrr(IR, m_freq);

bar(Returns, 0.5)
c = {'m = 1','m = 2','m = 4','m = 12','m = 52','m = 365'};
set(gca,'xticklabel',c)
xlabel('Annual compounding frequency')
```

```
ylabel('Annual effective rate of return')
ylim([0.045,0.055])
```

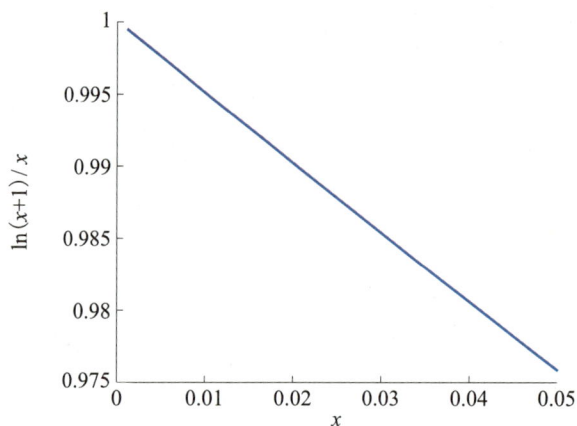

图4.7　ln(x + 1)/x和x的关系，当x趋向无穷小

以下代码可以获得图4.7。

```
x = 0.001:0.001:0.05;
y = log(x+1)./x;
figure(1)
plot(x,y)
xlabel('x')
ylabel('ln(x+1)/x')
```

如图4.8所示，复利频率提高，即m增大，对于同一个现金流，现值PV不断减小。但是，随着m继续增大，PV下降趋势放缓，并且趋于一个定值，这个定值就是通过连续复利得到的PV：

$$PV = FV \times e^{-rT} \tag{4.9}$$

其中：

◀ e: **欧拉数** (Euler's number)，即自然对数底数，e是无限不循环小数，e = 2.718 281 828 459 045 235 36… (通常取2.71用作快速运算)。

◀ r: 连续复利利率 (若不加特殊说明，本书中r表示连续复利，y表示简单复利、年化收益率或回报率)。

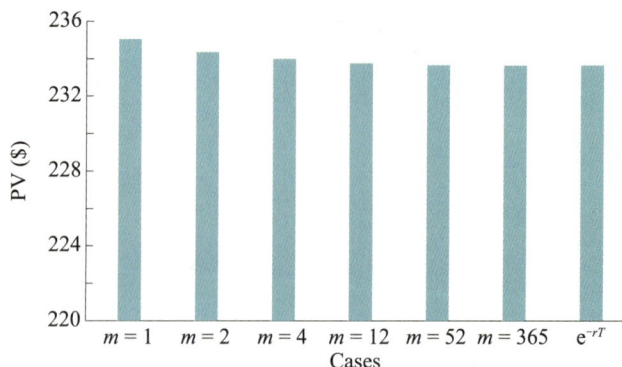

图4.8　几种不同复利频率对PV值比较

同样，如果给出PV和r，在一定期限T下，某现金流的未来价值FV可以这样计算出来：

$$\text{FV} = \text{PV} \times \text{e}^{rT} \tag{4.10}$$

以下MATLAB代码可以获得图4.8。

```
B1_Ch4_3.m

y = 0.05;
% y: rate of return (simple compounding), annualized IR
% A simple compounding interest rate is discretely compounded
% whenever it is calculated and added to the principal
% at specific intervals (such as annually, monthly or weekly)

r = y;
% r: continuous compounding rate
% Continuous compounding uses a natural log-based formula
% to calculate and add back accrued interest
% at the smallest possible intervals.

m = [1, 2, 4, 12, 52, 365];
% m: number of periods based on compounding frequency
% eg. annual compounding has a compounding frequency of 1
% eg. monthly compounding has a compounding frequency of 12

T = 5;
% T: number of years
FV = 300;
% FV: future value of the cash flow

% Calculation of present value using simple compounding
PV = FV.*(1 + y./m).^(-T.*m);
% PV = FV*(1 + y/m).^(-T*m);

% Calculation of present value using continuous compounding
PV_cont = FV*exp(-r*T);

figure(1)
PV = [PV, PV_cont];
bar(PV, 0.5)
c = {'m = 1','m = 2','m = 4','m = 12','m = 52','m = 365', ' e^{-rT}'};
set(gca,'xticklabel',c)
ylim ([220, 236])
ylabel ('Present value [USD]')
xlabel ('Cases')
set(gcf,'color','w');
```

4.2 现值和终值

图4.9展示了一个1～5年的现金流，每年年底收到$100现金，年复利为5%，固定现金流折算到0时刻的现值可以按如下方法计算。

$$PV = 100 \times 1.05^{-1} + 100 \times 1.05^{-2} + 100 \times 1.05^{-3} + 100 \times 1.05^{-4} + 100 \times 1.05^{-5}$$

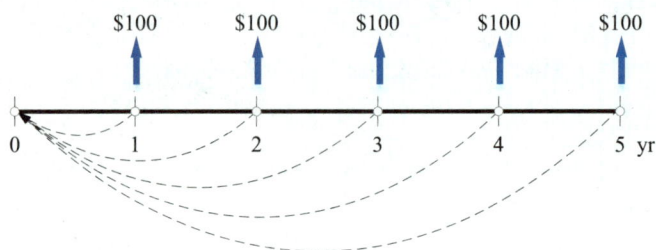

图4.9 0～5年，每年年末现金流入$100，$r = 0.05$(复利频率 = 1/年)

MATLAB函数pvfix()可以用来计算固定现金流折算现值，具体代码如下。

```
PresentVal = pvfix(0.05, 5, 100, 0, 0)
% PresentVal = pvfix(Rate,NumPeriods,Payment,ExtraPayment,Due)
% returns the present value of a series of equal payments.

% Equivalent:
% 100*1.05^(-1)+100*1.05^(-2)+100*1.05^(-3)+...
% 100*1.05^(-4)+100*1.05^(-5)

% or
% x = 1:5;
% PresentVal = sum(100*(1+0.05).^(-x))
```

图4.10展示了一个2.5年的固定现金流，每半年有$100的现金流入。利率为5%，复利频率从上个例子的每年一次变成了每年两次，这五个现金流的现值可以通过如下公式计算。

$$PV = 100 \times \left(1 + \frac{0.05}{2}\right)^{-1} + \ldots + 100 \times \left(1 + \frac{0.05}{2}\right)^{-5} \tag{4.11}$$

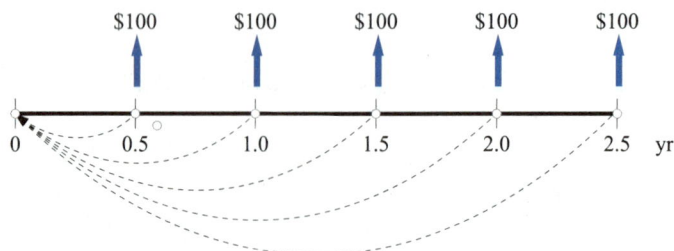

图4.10 0～2.5年，每半年现金流入$100，$r = 0.05$(复利频率 = 2/年)

对应的MATLAB代码如下。

```
PresentVal = pvfix(0.05/2, 2.5*2, 100, 0, 0)

% Equivalent:
% 100*1.025^(-1) + 100*1.025^(-2) + 100*1.025^(-3) + ...
% 100*1.025^(-4) + 100*1.025^(-5)

% or
% x = 0.5:0.5:2.5;
% PresentVal = sum(100*(1+0.05/2).^(-2*x))
```

图4.11展示了一个长度为一年的时间轴，每个月月底都有$100流入，利率为0.05(5%)，复利频率为每年12次。计算这些现金流的现值的代码，请参考如下。

```
PresentVal = pvfix(0.05/12, 1*12, 100, 0, 0)

% Equivalent:
% x = 1:12;
% PresentVal = sum(100*(1+0.05/12).^(-x))
```

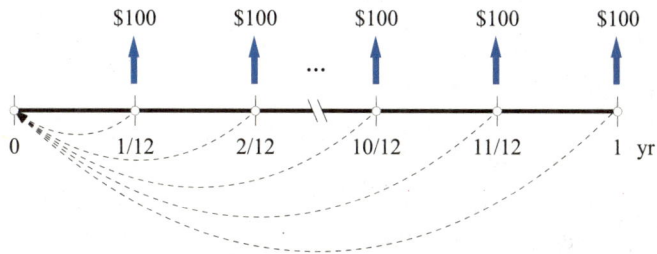

图4.11　一年内，每月月底固定现金流入$100，$r = 0.05$ (复利频率 = 12/年)

注意在上面三个不同的例子中，函数pvfix()的关于利率和复利频率的输入变量都有相应的改变。请读者计算如图4.12所示现金流现值。

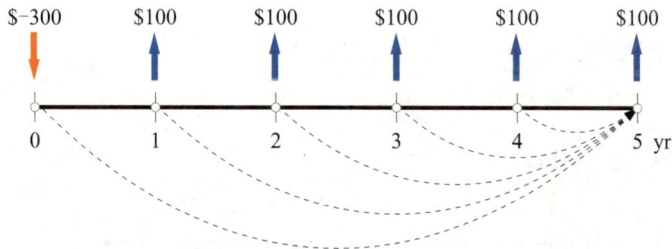

图4.12　0时刻投资$300，之后5年，每年年底收到$100

对于非固定现金流，可以使用MATLAB函数pvvar()来计算其现值。如图4.13所示，还是一个五年的现金流，每年年末流入的现金额度不同，使用pvvar()计算现值的代码如下。

```
PresentVal = pvvar([0 100 200 300 400 500], 0.05)

% Equivalent:
% 100*1.05^(-1)+200*1.05^(-2)+300*1.05^(-3)+...
% 400*1.05^(-4)+500*1.05^(-5)
```

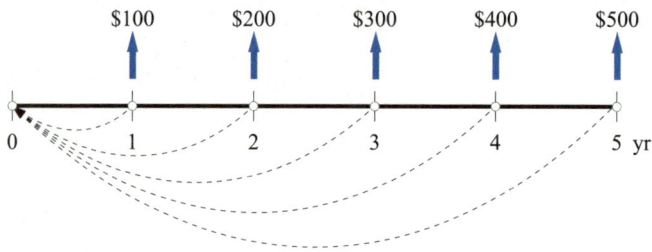

图4.13　0~5年，每年年末现金流入不固定金额，$r = 0.05$ (复利频率 = 1/年)

另外，pvvar()函数还可以指定现金流对应的具体时间，使得函数可以计算具有不规则时间节点的现金流。比如下面的代码给出了一个例子。

```
CashFlow = [-10000, 2500, 2000, 3000, 4000];

CFDates = ['01/18/2018'
           '02/28/2018'
           '03/08/2018'
           '08/18/2018'
           '12/28/2018'];
```

```
PresentVal = pvvar(CashFlow, 0.09, CFDates)

% PresentVal = pvvar(CashFlow,Rate,CFDates) returns
% the net present value of a varying cash flow.
% Present value is calculated at the time the
% first cash flow occurs.
```

刚才介绍了计算现值的两个函数pvfix()和pvvar()，接着来了解一下计算终值的两个函数fvfix()和fvvar()。

以下代码计算图4.14现金流终值。

```
FutureVal = fvfix(0.05/2, 2.5*2, -100, +300, 0)

% Equivalent:
% 300*1.025^5 - 100*1.025^4 - 100*1.025^3 - 100*1.025^2 - ...
% 100*1.025^1 - 100*1.025^0
```

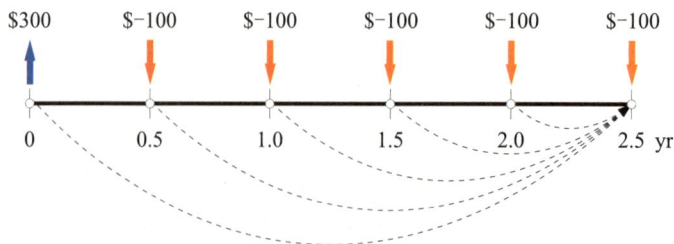

图4.14　0~2.5年，期初流出$300，每半年流出$100，$r = 0.05$ (复利频率 = 2/年)

以下代码可以用来计算图4.15的终值。

```
CashFlow = [-1000 100 200 300 400 500];
CFDates = ['06/31/2018'
```

```
                    '12/31/2018'
                    '06/31/2019'
                    '12/31/2019'
                    '06/31/2020'
                    '12/31/2020'];
```

```
FutureVal = fvvar(CashFlow, 0.05, CFDates)
```

```
% FutureVal = fvvar(CashFlow,Rate,CFDates) returns the
% future value of a varying cash flow.
```

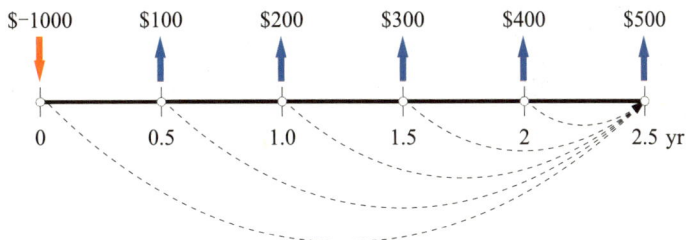

图4.15　计算终值，0~5年，0时刻投资$1000，每年年末现金流入不固定金额

内含报酬率 (internal rate of return，IRR)，也称内部报酬率、内部收益率，是指能够使未来现金流入量现值等于未来现金流出量现值的折现率，或者说是使投资净现值为0的折现率。

MATLAB的irr()函数计算一系列周期现金流的内部收益率。如下代码计算了图4.16的内部收益率。

```
annual_CF = [-100000 10000 20000 30000 40000 50000];
Internal_RR = irr(annual_CF)
```

```
% Return = irr(CashFlow) calculates the internal rate of return
% for a series of periodic cash flows.
```

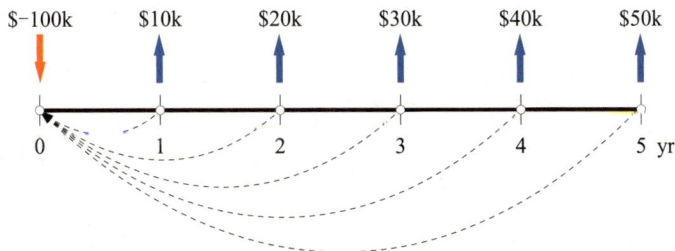

图4.16　计算内部报酬率

xirr()也可以计算内部收益率。不同于irr()函数，xirr()是计算一系列非周期现金流的内部收益率，并且可以根据现金流的具体日期计算收益率。参考如下代码。

```
CashFlow = [-10000, 1500, 2000, 3000, 4000];
CashFlowDates = ['01/18/2018'
                 '02/18/2018'
                 '03/18/2018'
                 '06/18/2018'
                 '12/18/2018'];
```

```
Internal_RR = xirr(CashFlow, CashFlowDates)

% Return = xirr(CashFlow, CashFlowDates) returns the internal
% rate of return for a schedule of nonperiodic cash flows.
```

4.3 利率

利率有很多种，比如**联邦基金利率** (federal funds rate，FFR)、各国**国债利率、国债收益率** (rates of treasury securities)、**伦敦同业拆借利率** (London Interbank Offered Rate，LIBOR)、**互换利率** (swap rate)，还有目前热度很高的**隔夜担保融资利率** (Secured Overnight Financing Rate，SOFR) 等等。

在FRM考试中，经常听到的一类利率叫作**无风险利率** (risk-free rate)。无风险利率是指，将资金投资在没有任何风险的对象上而得到的收益率。由于美国政府的公信力，美国国债被资本市场公认为风险极低，因而美国国债利率通常作为无风险利率。

联邦基金市场允许无法持有足够准备金的银行从其准备金充裕的银行挪借。**美国联邦资金利率** (federal funds rate)，指的就是这种隔夜贷款的利率，代表的是短期市场利率水准。图4.17展示了美国联邦资金利率在过去65年的变化趋势。**圣路易士联邦储备银行** (federal reserve bank of St Louis) (官网：https://fred.stlouisfed.org) 提供大量的经济数据供大众查看。并且MATLAB专门提供fred()函数来获取在线最新数据。

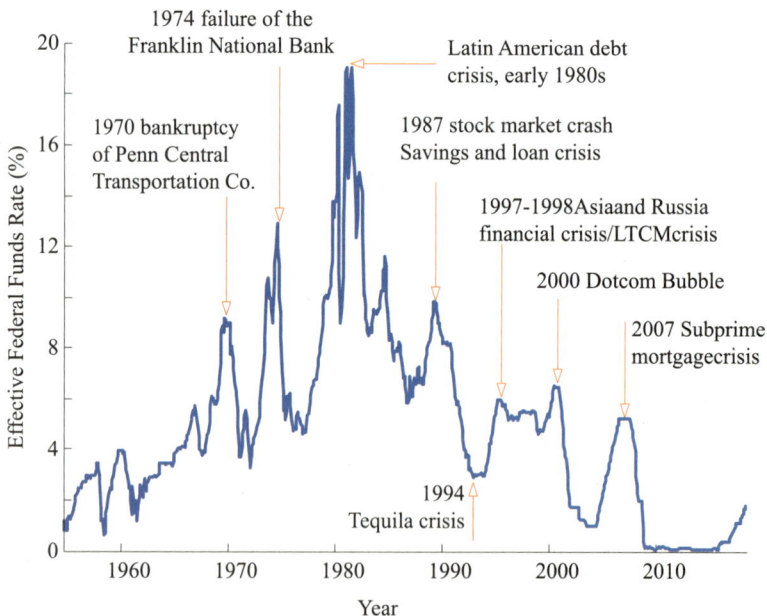

图4.17 联邦基金利率，1954—2018年 (数据来源：FRED Economic Data)

如下代码可以获得图4.17的数据。

```
B1_Ch4_4.m
```

```
clc; clear all; close all
```

```
url = 'https://fred.stlouisfed.org/';
c = fred(url); % fred requires Datafeed Toolbox
% fred returns a FRED connection to the FRED data server
% using the default URL 'https://fred.stlouisfed.org/'.
series = 'FEDFUNDS';
startdate = '01/01/1954';
% beginning of date range for historical data
enddate = '11/18/2018'; % to be updated
% ending of date range for historical data

d = fetch(c,series,startdate,enddate)
% display description of data structure

%% Plot
FEDFUNDS = d.Data(:,2);
date_series = d.Data(:,1);

figure(1)
plot(date_series, FEDFUNDS)
datetick('x','yyyy','keeplimits')
xlim([date_series(1)-1,date_series(end)+1])
ylim([0,max(FEDFUNDS)*1.1])
xlabel('Year')
ylabel('Effective Federal Funds Rate [%]')
set(gcf,'color','white')
```

　　https://fred.stlouisfed.org网站本身的数据可视化做得也很悦目。有兴趣的读者可以根据如图4.18所示步骤，获取所需要金融数据的视图。

Step 1: https://fred.stlouisfed.org

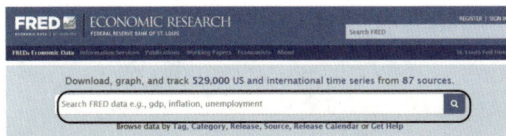

Step 2: 在搜索框内搜索需要的数据，如Federal Funds Rate

https://fred.stlouisfed.org/series/**FEDFUNDS**

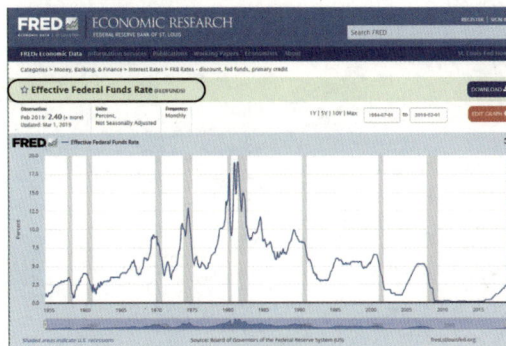

Step 3: 保存到本地，进行必要的可视化

图4.18　在https://fred.stlouisfed.org获取所需要的金融数据

最优惠利率 (bank prime loan rate) 是国外商业银行对信用水平最高的企业发放短期贷款时的利率水平。最优惠利率是商业银行和金融机构确定其他企业利率的基准。一般而言，最优惠利率高于银行同业拆借利率。图4.19展示近几十年的最优惠利率的变化情况。企业贷款利率和最优惠利率的利率差粗略反映了银行对该企业风险水平与其所在行业的风险水平的综合量化评估。图4.20展示最优惠利率和联邦基金利率之间的利差。以下代码可以获得图4.19和图4.20。

```
B1_Ch4_5.m

%% Bank Prime Loan Rate

clc; clear all; close all
url = 'https://fred.stlouisfed.org/';
c = fred(url);
series = 'FEDFUNDS';
startdate = '01/01/1956';
% beginning of date range for historical data
enddate = '11/18/2018'; % to be updated
% ending of date range for historical data

FEDFUNDS_data = fetch(c,series,startdate,enddate)
% display description of data structure
FEDFUNDS = FEDFUNDS_data.Data(:,2);
date_series = FEDFUNDS_data.Data(:,1);


series = 'MPRIME';
MPRIME_data = fetch(c,series,startdate,enddate)

MPRIME = MPRIME_data.Data(:,2);
%% Plot

figure(1)
plot(date_series, MPRIME)
datetick('x','yyyy','keeplimits')
xlim([date_series(1)-1,date_series(end)+1])
ylim([0,max(MPRIME)*1.1])
xlabel('Year')
ylabel('Bank Prime Loan Rate [%]')
set(gcf,'color','white')

figure(2)
spread_Bank_prime_minus_FFR = MPRIME - FEDFUNDS;
plot(date_series, MPRIME); hold on
plot(date_series, FEDFUNDS,'--'); hold on
plot(date_series, spread_Bank_prime_minus_FFR); hold on

curve1 = spread_Bank_prime_minus_FFR';
x2 = [date_series', fliplr(date_series')];
```

```
curve2 = zeros (1,length(curve1));
inBetween = [curve1, fliplr(curve2)];
fill(x2, inBetween, 'g');

datetick('x','yyyy','keeplimits')
xlim([date_series(1)-1,date_series(end)+1])
ylim([min(spread_Bank_prime_minus_FFR)*1.1,max(MPRIME)*1.1])
xlabel('Year')
ylabel('Rates [%]')
set(gcf,'color','white')
legend('Federal Funds Rate','Bank Prime Loan Rate','Spread')
box off
set(gca, 'XAxisLocation', 'origin')
```

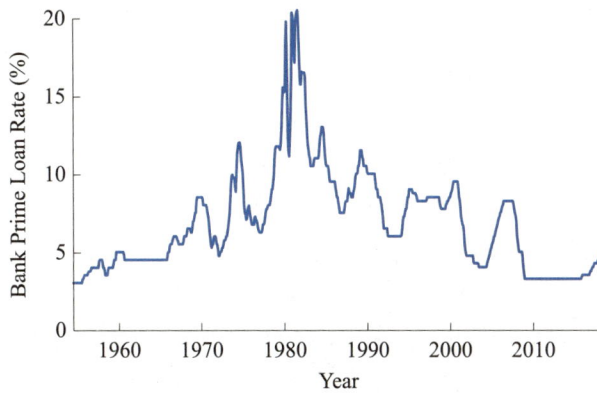

图4.19　最优惠利率

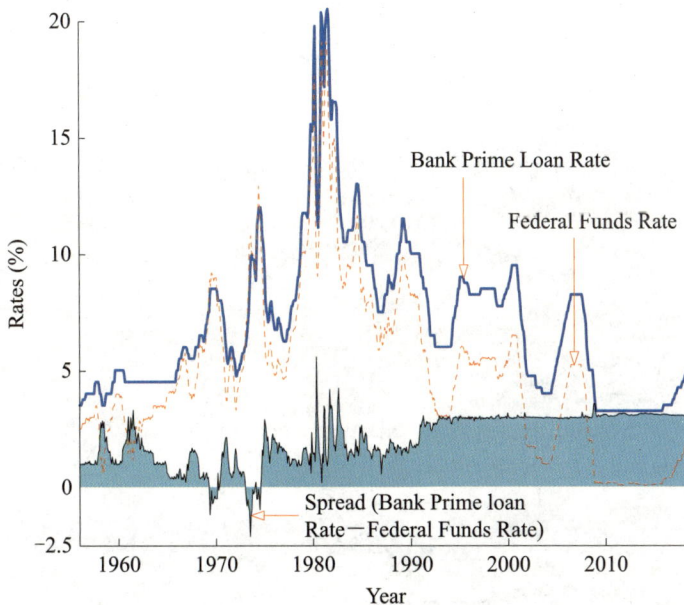

图4.20　最优惠利率和联邦基金利率以及两者利差 (数据来源：FRED Economic Data)

图4.21展示了美国国债1月、3月、6月、1年期收益率在过去12年的收益率变化。可以观察到，这四个期限的国债利率涨跌趋势十分接近。从细节图上可以看到，一般情况下，期限越长国债利率越高，但这并不是绝对的。从国债价格计算国债利率 (零息利率) 的其中一种常用方法叫作**票息剥离方法**(bootstrap method)，第10章将深入对其进行探讨。表4.2总结了常见的四种美国国债；美国国债几乎没有任何信用风险，流动性高，容易转让。以下代码可以用来获得图4.21。可参考表4.3内容用fred()函数获得利率数据。另外，请读者用for循环简化以下代码。

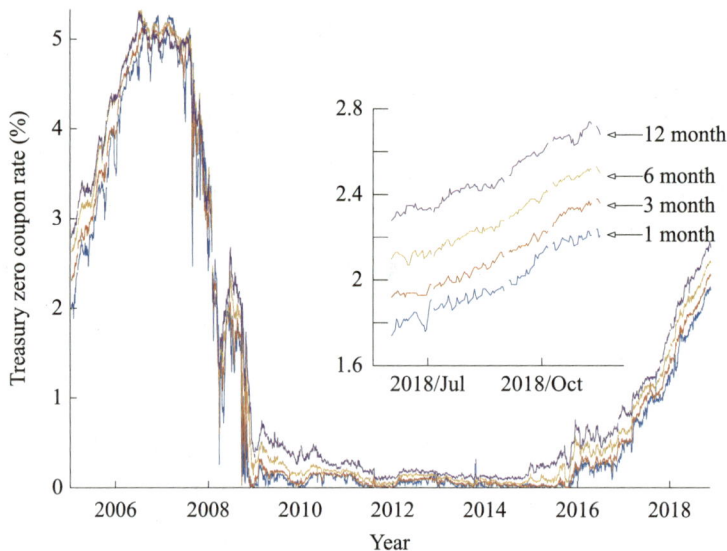

图4.21　美国国债1月、3月、6月、1年期收益率，12年历史数据

```
B1_Ch4_6.m

%% Treasury 1, 3, 6, 12 month(s)

clc; clear all; close all
url = 'https://fred.stlouisfed.org/';
c = fred(url);
series = 'DGS1MO';
startdate = '01/01/2005';
% beginning of date range for historical data
enddate = '11/18/2018'; % to be updated
% ending of date range for historical data

treasury_1_month_data = fetch(c,series,startdate,enddate)
% display description of data structure
treasury_1_month = treasury_1_month_data.Data(:,2);
date_series = treasury_1_month_data.Data(:,1);


series = 'DGS3MO';
treasury_3_month_data = fetch(c,series,startdate,enddate)
treasury_3_month = treasury_3_month_data.Data(:,2);


series = 'DGS6MO';
```

```matlab
treasury_6_month_data = fetch(c,series,startdate,enddate)
treasury_6_month = treasury_6_month_data.Data(:,2);

series = 'DGS1';
treasury_12_month_data = fetch(c,series,startdate,enddate)
treasury_12_month = treasury_12_month_data.Data(:,2);

figure(1)
plot(date_series, treasury_1_month); hold on
plot(date_series, treasury_3_month); hold on
plot(date_series, treasury_6_month); hold on
plot(date_series, treasury_12_month); hold on
datetick('x','yyyy','keeplimits')
xlim([date_series(1)-1,date_series(end)+1])
ylim([0,max(treasury_12_month)*1.1])
xlabel('Year')
ylabel('Treasury zero coupon rate [%]')
set(gcf,'color','white')
legend('1 month','3 month','6 month','12 month')

% create a zoomed-in inside
axes('position',[.5 .3 .3 .4])
box on
indexOfInterest = [length(date_series) - 120:length(date_series)];
plot(date_series(indexOfInterest),...
treasury_1_month(indexOfInterest)); hold on
plot(date_series(indexOfInterest),...
treasury_3_month(indexOfInterest)); hold on
plot(date_series(indexOfInterest),...
treasury_6_month(indexOfInterest)); hold on
plot(date_series(indexOfInterest),...
treasury_12_month(indexOfInterest)); hold on
% plot on new axes
datetick('x','yyyy/mmm','keeplimits')
```

表4.2　美国国债种类

国债种类	描述
短期国库券 (treasury bills (T-bills))	零息债券。每周发行的T-bills通常有以下几种期限：28天 (或4个星期)，91天(或13个星期，接近3个月)，182天 (或26周，接近6 个月)，以及364天(或52个星期，接近1年)
国库票据 (treasury notes (T-notes))	中期国债是指偿还期限为2~10年的国债。每年付息两次
国库债券 (treasury bonds (T-bonds))	长期债券，期限十年以上。每年付息两次
通涨保值债券 (treasury inflation-protected securities (TIPS))	除了拥有一般国债的固定利率息票外，TIPS的面值会定期按照CPI指数加以调整，以确保投资者本金与利息的真实购买力

表4.3　FRED美国国债利率数据

利率	数据来源
美国国债1月期收益率 (1-month treasury constant maturity Rate)	https://fred.stlouisfed.org/series/DGS1MO
美国国债3月期收益率 (3-month treasury constant maturity rate)	https://fred.stlouisfed.org/series/DGS3MO
美国国债6月期收益率 (6-month treasury constant maturity rate)	https://fred.stlouisfed.org/series/DGS6MO
美国国债1年期收益率 (1-year treasury constant maturity rate)	https://fred.stlouisfed.org/series/DGS1
美国国债2年期收益率 (2-year treasury constant maturity rate)	https://fred.stlouisfed.org/series/DGS2
美国国债3年期收益率 (3-year treasury constant maturity rate)	https://fred.stlouisfed.org/series/DGS3
美国国债5年期收益率 (5-year treasury constant maturity rate)	https://fred.stlouisfed.org/series/DGS5
美国国债7年期收益率 (7-year treasury constant maturity rate)	https://fred.stlouisfed.org/series/DGS7
美国国债10年期收益率 (10-year treasury constant maturity rate)	https://fred.stlouisfed.org/series/DGS10
美国国债20年期收益率 (20-year treasury constant maturity rate)	https://fred.stlouisfed.org/series/DGS20
美国国债30年期收益率 (30-year treasury constant maturity rate)	https://fred.stlouisfed.org/series/DGS30

图4.22展示了美国国债2年、3年、5年、7年期收益率过去14年的收益率变化。图4.23展示了美国国债10年、20年、30年期收益率过去14年的变化。

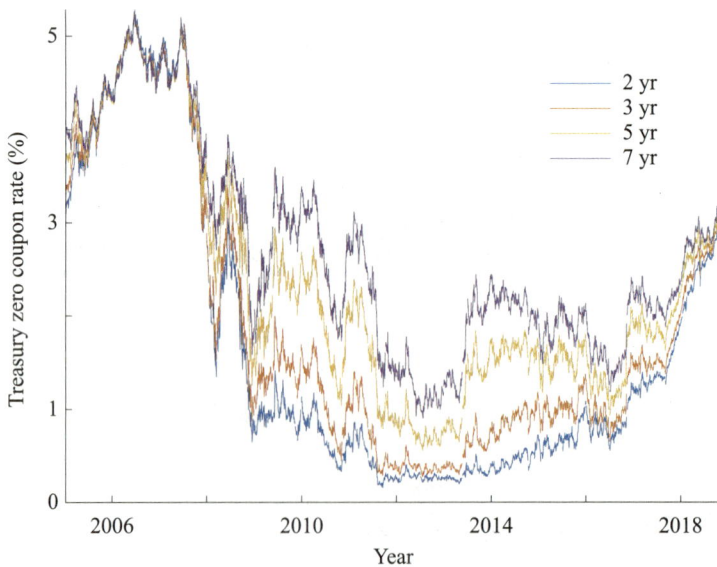

图4.22　美国国债2年、3年、5年、7年期收益率，14年历史数据

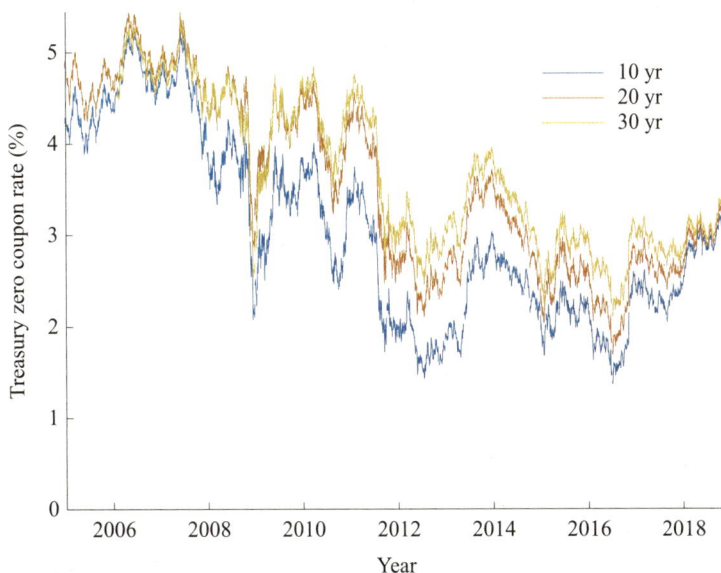

图 4.23　美国国债10年、20年、30年期收益率，14年历史数据

4.4 利率期限结构

　　通过观察利率的数据，我们发现利率的数据结构实际上可以用一个多维曲面来描述，这里有两个重要的维度，就是时间点和**期限** (tenor)。图4.24展示了一个利率曲面，其中时间维度是从2017年1月1日到2018年12月31日，利率期限是从1个月 (1/12年) 到30年。

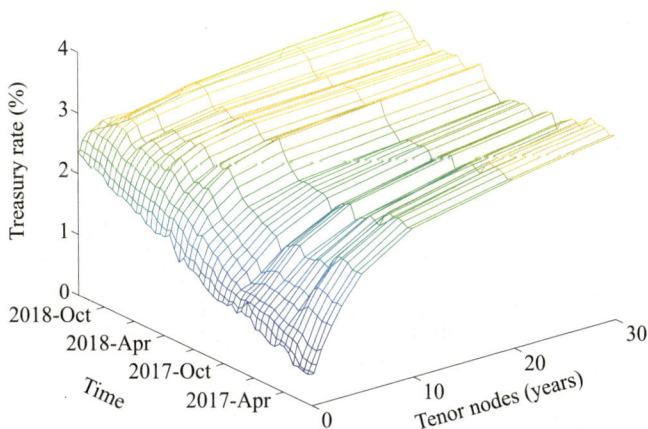

图4.24　利率曲面，20170101~20181231，期限0~30年

　　图4.25展示的是不同期限利率在2017—2018年的变化。这个维度是利率随时间的变化。任何期限的利率也会有涨跌，但是和股票价格不同，利率不会无限上涨。这就决定了利率建模和股票建模有明显的区别。第7~9章将会提及很多研究数据的统计工具，可以利用它们继续探讨利率曲

线变化的特点。

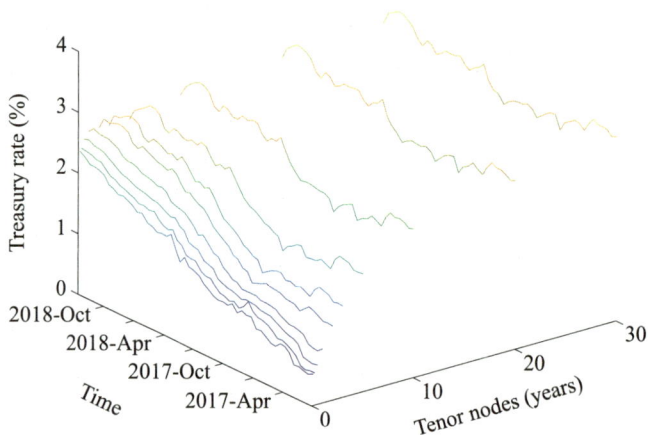

图4.25 利率曲面，20170101~20181231，期限0~30年 (时间维度)

　　某个时间点上，利率随着期限 (比如，1年期，2年期，5年期……30年期) 的变化叫作**利率期限结构** (term structure of interest rate)。图4.26展示的是2017和2018年两年时间，利率期限结构随时间的变化。利率期限结构一般是随着期限变长不断上扬。历史上也出现过很多其他形状的利率期限结构，如图4.27所示。在第二册书中将介绍利率期限结构特点以及建模方法。另外，利率期限结构不是一个平滑的曲线，具体利率值只会出现在某些固定的年限，比如一个月、半年、一年等。如果恰好需要用1/6年 (2个月) 处的利率，这该怎么办？第5章中，将会讨论线性插值这个数学方法来解决这个问题。线性插值常常用于获得期限节点之间的利率。另外，丛书第三册会探讨其他插值方法。以下代码可以用来绘制图4.24~图4.26。

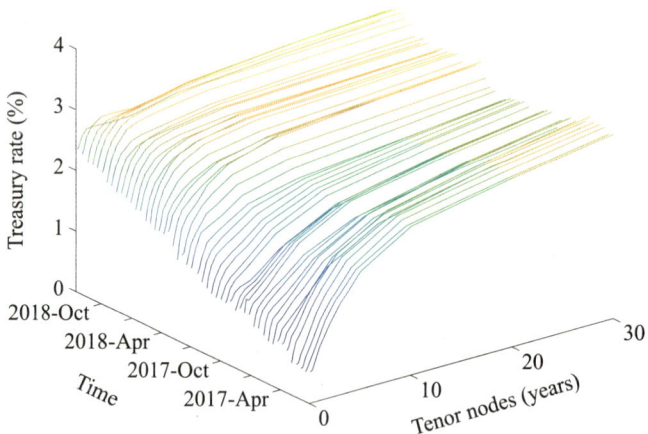

图4.26 利率平面，20170101~20181231，期限0~30年 (利率期限结构变化)

`B1_Ch4_7.m`

```
%% Interest rate surface
clc; close all; clear all

url = 'https://fred.stlouisfed.org/';
c = fred(url);
```

```matlab
startdate = '01/01/2017';
% beginning of date range for historical data
enddate = '12/31/2018'; % to be updated
Treasury_IR = [];
series_nodes = {'DGS1MO';
    'DGS3MO';
    'DGS6MO';
    'DGS1';
    'DGS2';
    'DGS3';
    'DGS5';
    'DGS10';
    'DGS20';
    'DGS30';};

for i = 1:length(series_nodes)

    series = series_nodes(i);
    DATA = fetch(c,series,startdate,enddate);
    Treasury_IR(:,i) = DATA.Data(:,2);

end

date_series = DATA.Data(:,1);

Treasury_IR_nan_removed = Treasury_IR;
Treasury_IR_nan_removed(any(isnan(Treasury_IR),2),:) = [];

date_series_nan_removed = date_series;
date_series_nan_removed(any(isnan(Treasury_IR),2)) = [];

%%
nodes = [1/12, 3/12, 6/12, 1, 2, 3, 5, 10, 20, 30];
index = 1;
figure(index)
index = index + 1;

mesh(nodes, date_series_nan_removed(1:10:end), ...
Treasury_IR_nan_removed(1:10:end,:))
datetick('y','yyyy-mmm','keeplimits')
xlabel('Tenor nodes [year]')
ylabel('Time [year]')
zlabel('Treasury rate [%]')

figure(index)
index = index + 1;
```

```
mesh(nodes, date_series_nan_removed(1:10:end),...
Treasury_IR_nan_removed(1:10:end,:),'MeshStyle','column')
% mesh(nodes, date_series_nan_removed, Treasury_IR_nan_
removed,'MeshStyle','column')
datetick('y','yyyy-mmm','keeplimits')
xlabel('Tenor nodes [year]')
ylabel('Time [year]')
zlabel('Treasury rate [%]')


figure(index)
index = index + 1;


mesh(nodes, date_series_nan_removed(1:10:end),...
Treasury_IR_nan_removed(1:10:end,:),'MeshStyle','row')
datetick('y','yyyy-mmm','keeplimits')
xlabel('Tenor nodes [year]')
ylabel('Time [year]')
zlabel('Treasury rate [%]')
```

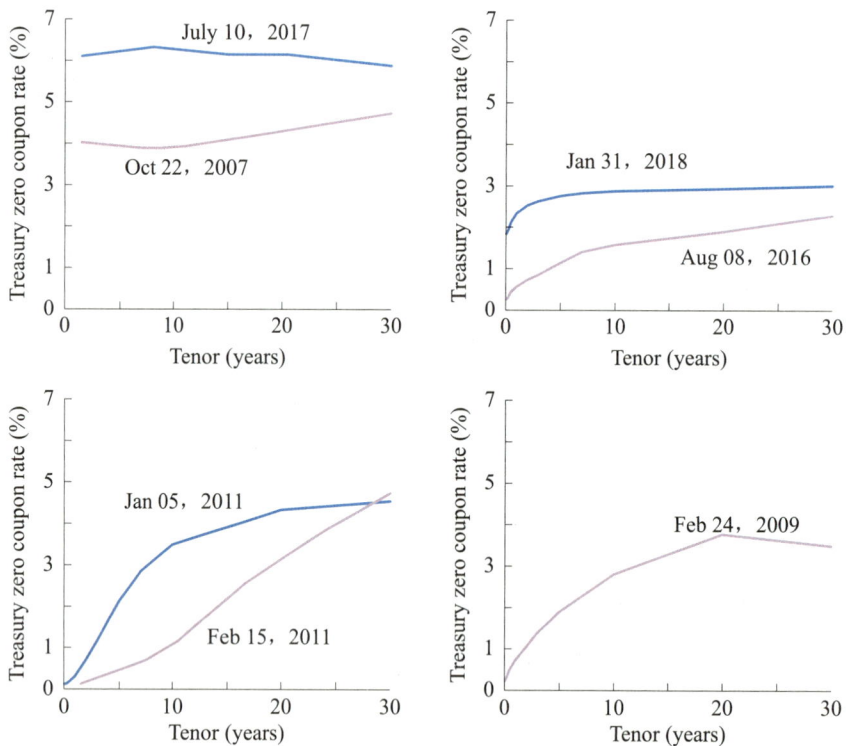

图4.27　美国国债收益率期限结构实例

4.5 伦敦银行同业拆借利率

伦敦银行同业拆放利率 (London Inter-Bank Offered Rate，LIBOR) 是重要的常用市场**基准利率** (benchmark interest rate或base interest rate)。基准利率是金融市场上其他利率或金融资产价格的参照物。很多借贷利率的定制都是在LIBOR基础上再加**利差** (spread)。LIBOR的期限一般不超过一年。其他主要发达国家使用的基准利率各有不同，比如，美国采用**联邦基准利率** (FFR)，日本采用**东京同业拆借利率** (TIBOR)，欧盟使用**欧元银行同业拆借利率** (EURIBOR) 等。请读者试着使用表4.4提供的数据源，下载数据并且绘制LIBOR曲线。

表4.4　FRED LIBOR利率数据

利率	数据来源
隔夜LIBOR (overnight London interbank offered rate (LIBOR)，based on U.S. Dollar)	https://fred.stlouisfed.org/series/USDONTD156N
1月期LIBOR (1-onth London interbank Oofered rate (LIBOR)，based on U.S. Dollar)	https://fred.stlouisfed.org/series/USD1MTD156N
3月期LIBOR (3-month London interbank offered rate (LIBOR)，based on U.S. Dollar)	https://fred.stlouisfed.org/series/USD3MTD156N
6月期LIBOR (6-month London interbank offered rate (LIBOR)，based on U.S. Dollar)	https://fred.stlouisfed.org/series/USD6MTD156N
12月期LIBOR (12-month London interbank offered rate (LIBOR)，based on U.S. Dollar)	https://fred.stlouisfed.org/series/USD12MD156N

图4.28展示了隔夜拆借和1周LIBOR的变化情况。图4.29给出了隔夜拆借LIBOR和1周LIBOR的差值变化。在2008—2009年金融危机前后，差值变化非常剧烈。2010年之后，两者的差值比较稳定。在几次人为操纵LIBOR事件被查实之后，LIBOR受到更严格的监管。

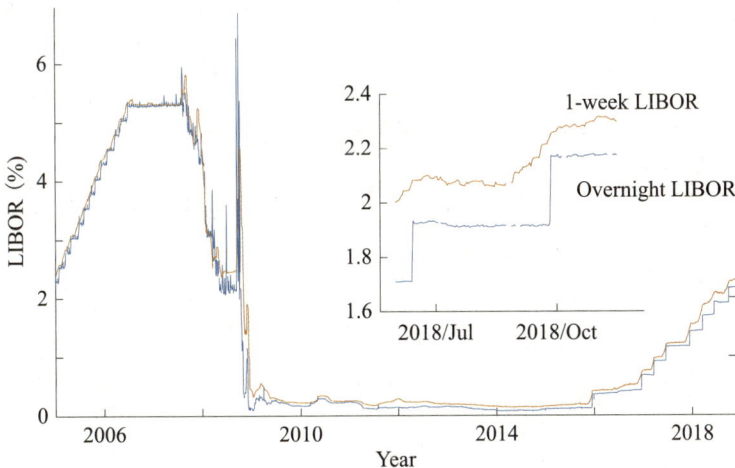

图4.28　隔夜拆借、1周LIBOR

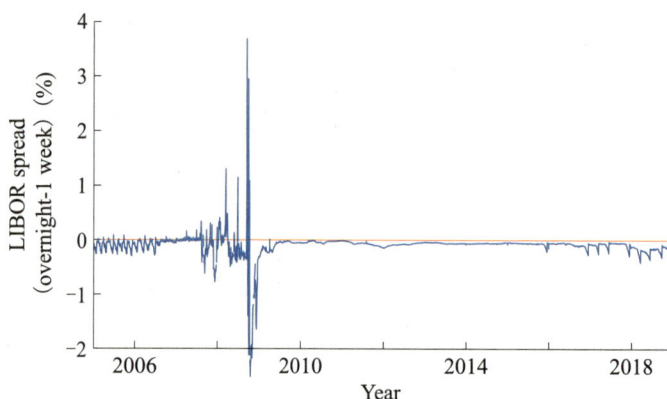

图4.29　隔夜拆借减去1周LIBOR

以下代码可以用来获得图4.28和图4.29。

```matlab
B1_Ch4_8.m

%% LIBOR, overnight, 1-wk

clc; clear all; close all
url = 'https://fred.stlouisfed.org/';
c = fred(url);
series = 'USDONTD156N';
startdate = '01/01/2005';
% beginning of date range for historical data
enddate = '11/18/2018'; % to be updated
% ending of date range for historical data

LIBOR_overnight_data = fetch(c,series,startdate,enddate)
% display description of data structure
LIBOR_overnight = LIBOR_overnight_data.Data(:,2);
date_series = LIBOR_overnight_data.Data(:,1);

series = 'USD1MTD156N';
LIBOR_1_wk_data = fetch(c,series,startdate,enddate)
LIBOR_1_wk = LIBOR_1_wk_data.Data(:,2);

figure(1)
plot(date_series, LIBOR_overnight); hold on
plot(date_series, LIBOR_1_wk); hold on
datetick('x','yyyy','keeplimits')
xlim([date_series(1)-1,date_series(end)+1])
ylim([0,max(LIBOR_overnight)*1.1])
xlabel('Year')
ylabel('LIBOR [%]')
set(gcf,'color','white')
legend('Overnight LIBOR','1-week LIBOR')
```

```
% create a zoomed-in inside
axes('position',[.5 .3 .3 .4])
box on
indexOfInterest = [length(date_series) - 120:length(date_series)];
plot(date_series(indexOfInterest),LIBOR_overnight(indexOfInterest)); hold on
plot(date_series(indexOfInterest),LIBOR_1_wk(indexOfInterest)); hold on
% plot on new axes
datetick('x','yyyy/mmm','keeplimits')


figure(2)

spread = LIBOR_overnight - LIBOR_1_wk;
plot(date_series, spread);

datetick('x','yyyy','keeplimits')
xlim([date_series(1)-1,date_series(end)+1])
ylim([min(spread)*1.1,max(spread)*1.1])
xlabel('Year')
ylabel('LIBOR spread (overnight - 1 week) [%]')
set(gcf,'color','white')
set(gca, 'XAxisLocation', 'origin')
```

图4.30给出了1个月到12个月期限的LIBOR近三十年的变化。读者可以比较一下，与自己根据表4.4内容绘制的图像是否一致。

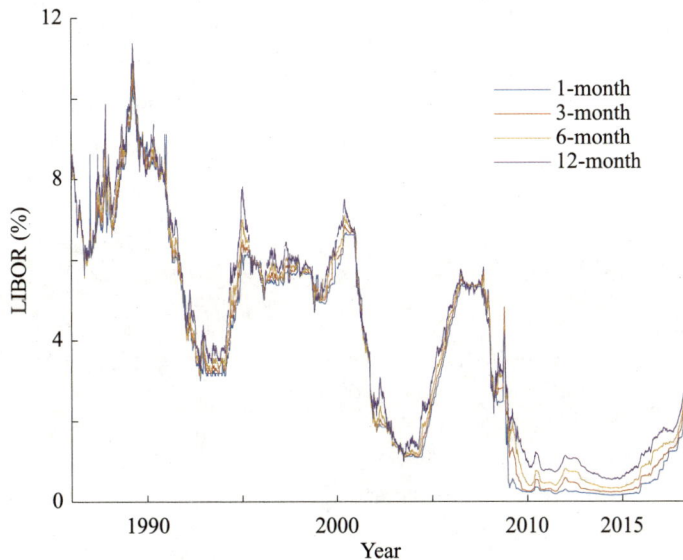

图4.30　LIBOR，1月、3月、6月、12月期限

4.6 利差、价差

通俗来说，**利差、价差** (spread) 就是两个利率或者两个价格等量值之间的差异。"spread" 这个词使用的场合很多，这个概念有很丰富的含义，比如以下的几个例子。

◄ **信用利差**，或**收益率利差** (credit spread，yield spread)：补偿信用风险而增加的收益率。
◄ **买卖价差** (bid-ask spread)：证券、股票、外汇等买入价和卖出价的差价。
◄ **商品价格价差** (inter-commodity spread)。
◄ **期权价差** (option spread)。

常见的商品价差的例子有如下几个。

◄ **裂解价差** (crack spread)：裂解价差代表理论炼油利润。如果裂解价差为正数，说明成品油价格高于原油、原材料，价差可以盈利。如果裂解价差为负数，说明成品油价格低于原油成本，无法盈利 (参考自CME Group)。
◄ **点火价差** (spark spread)：点火价差代表发电厂的理论利润。如果点火价差为正数，说明电价高于燃料价格，理论上发电厂可以盈利；如果裂解价差为负数，说明电价低于燃料成本，无法盈利 (参考自CME Group)。
◄ **大豆压榨价差** (crush spread)：通过压榨工艺将大豆加工成豆粕和豆油。压榨价差就是大豆价值与其副产品价值之间的差额，并且被认为是大豆加工商的潜在利润的指标 (参考自CME Group)。

针对期权而言，对应的常见价差有以下三大类。

◄ **水平套利**，**水平价差**，**日历价差** (horizontal spread，calendar spread，time spread)。
◄ **垂直套利**，**垂直价差** (vertical spread，money spread)。
◄ **对角价差**，**对角套利** (diagonal spread)。

以上内容属于期权交易策略，第12章会详细讲解。**泰德利差** (TED Spread)，亦作TED利差，如图4.31所示，是3个月LIBOR和3个月国债收益率的差值。TED利差是反映资金流动性的重要指标。也请读者自己绘制此图。

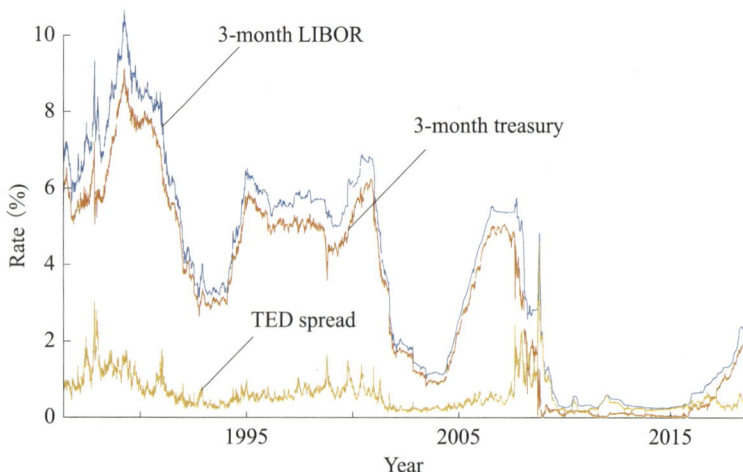

图4.31　TED Spread，3月期LIBOR，美国国债3月收益率 (数据来源：FRED Economic Data)

收益率利差是本节的主角，如图4.32所示，各种利率期限结构之间的利差，是一种重要的风险度量。图中的公司债务利率和国债利率之间的利差反映的就是当前市场的风险。各种评级机构 (比如美国的标普和穆迪)会发布不同信用评级公司债务的利率变化。接下来，用穆迪的Aaa和Baa公司债券利率数据来探讨这种利差的变化。表4.5给出了这些数据的来源。

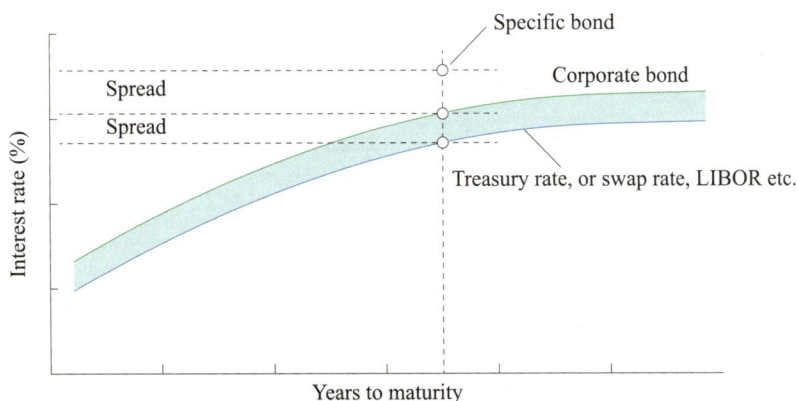

图4.32　各种利率之间的利差反映风险的度量

表4.5　FRED穆迪债券利率数据

利率	数据来源
穆迪Aaa公司债券利率 (Moody's seasoned Aaa corporate bond Yield)	https://fred.stlouisfed.org/series/DAAA
穆迪Baa公司债券利率 (Moody's seasoned Baa corporate bond yield)	https://fred.stlouisfed.org/series/DBAA

图4.33展示了穆迪Aaa和Baa公司债务收益率和两个利差近三十年的变化情况。明显看到，在2008~2009年期间，利差发生急剧跳跃。在经济衰退时，利差会明显变大。经济危机推动投资者购买更加安全的Aaa债券，因此Aaa债券价格相对上升(回报率相对降低)，评级较差的债券比如Baa价格下降(回报率相对提高)。因此，金融危机导致两者利差会有明显的增大。

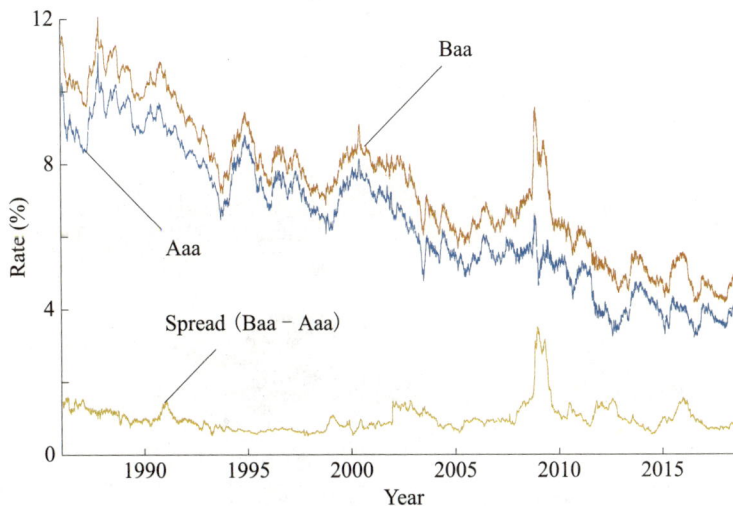

图4.33　穆迪Aaa、Baa公司债收益率，以及两者利差

之前说过，在很多情况下，美国国债的收益率被用作无风险利率。公司债利率(有风险)和无风险利率的利差也是金融风险重要的衡量指标。图4.34展示了穆迪Aaa公司债收益率和美国国债10年期收益率之间的利差。Baa和美国国债10年期收益率之间的利差则更大，如图4.35所示。请读者参考前

文使用fred()下载数据，并自行绘制图4.33～图4.35。

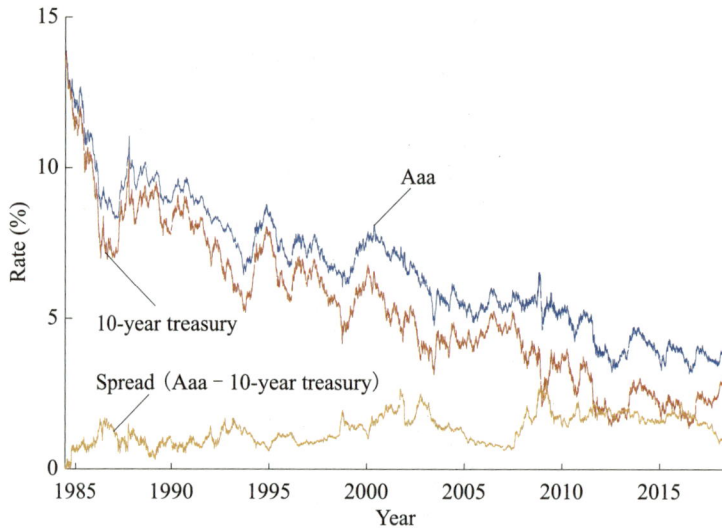

图4.34　穆迪Aaa，美国国债10年期收益率，以及两者利差

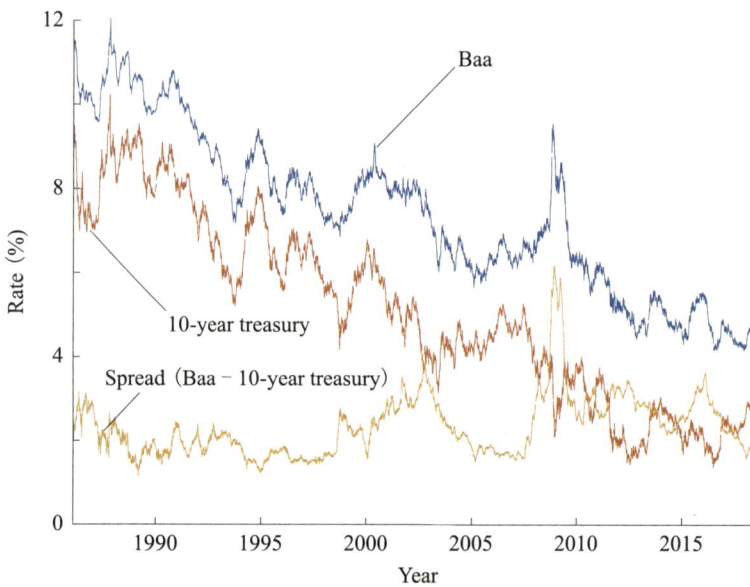

图4.35　穆迪Baa，美国国债10年期收益率，以及两者利差

　　本章介绍了时间价值、现值、终值、利率等概念，这些金融概念是各种金融建模的基础。从第5章开始，将用五章的篇幅来探讨金融建模常用的数学基础和概率统计知识。

第 5 章

Elements of Mathematics for Finance
数学基础 I

> 数学，是神灵创造宇宙的语言。
>
> *Mathematics is the language in which God has written the universe.*
>
> ——伽利略·伽利莱 (Galileo Galilei)

Core Functions and Syntaxes
本章核心命令代码

◄ @(x) exp(-x).*sin(3*x) 创建匿名函数的函数句柄。

◄ cell2sym() 把元胞数据转换为符号表达式。

◄ diff(x) 计算向量 x 相邻元素之间的差值。

◄ double() 将符合变量的值换算成双精度数值。

◄ error('Interpolation outside range') 用红色字体在命令窗口显示信息。

◄ expand((x-1)*(x-4)*(x-6)) 简化含有符号变量的表达式。

◄ ezplot(f_syms, xx) 绘制函数在定义域 xx 内的值, xx 为自变量。

◄ factorial(6) 计算 6 的阶乘。

◄ fnxtr(f,order) 外插插值。

◄ int(f) 求函数 f 的不定积分。

◄ interp1(x,v,xq) 一维插值, 根据 x-v 的对应关系, 插值获得在 xq 处的值。

◄ interp1(x,v,xq,'linear','extrap') 线性外插插值。

◄ interp2(X,Y,V,Xq,Yq); 二维内插值, 根据 X-Y-V 的对应关系, 二维插值获得 (Xq,Yq) 处的值。

◄ linprog() 求解线性回归问题。

◄ matlabFunction() 把符号表达式转换为函数句柄。

◄ mesh(X, Y, Z) 生成三维网格图。

◄ meshgrid (x, y) 生成网格坐标。

◄ nthroot(X,N) 求 X 的 N 阶方根。

◄ polyval(p,x) 求多项式在 x 处的值。

◄ regress(y,X) 回归拟合分析获得因变量为 y, 自变量为 X 的系数。

◄ roots() 求解多项式的根。

◄ set(gca,'Xtick',[1,5,10]) 指定 *x* 轴的刻度值。

◄ slice(xxx,yyy,zzz,v,x_checked(i),[],[]) 生成平面剖视图。

◄ sphere() 绘制球面。

◄ subs(original_fcn,x,x0) 将符合表达式 original_fcn 中的变量 x 替换为 x_0。

◄ syms x 创建符号变量 x。

◄ xticklabels() 指定 *x* 轴的刻度值。

5.1 空间

数学中坐标系这个概念的出现和创立，在代数和几何之间架起了一座桥梁。这一切要归功于解析几何之父——笛卡儿 (René Descartes)。他的那句"我思，故我在 (I think，therefore I am)"甚至比他自己的名字流传更广。在维度的世界里，点是零维度元素，线是一维元素，面是二维元素，体是三维元素。点动成线，线动成面，面动成体，完美地演示了低维空间向高维空间的过渡。

René Descartes (1596—1650)，French mathematician，scientist，and philosopher Because he promoted the development of a new science grounded in observation and experiment，he has been called the father of modern philosophy. Applying an original system of methodical doubt，he dismissed apparent knowledge derived from authority，the senses，and reason and erected new epistemic foundations on the basis of the intuition that，when "I think，therefore I am"(best known in its Latin formulation，"Cogito，ergo sum").

从物理的角度来看，我们生活在包括高度、宽度、深度和时间的四维空间里，空间中的物体随着时间变化。这是经典物理学的空间，也是人类的感官空间。

但数学上的空间可以是任意n个维度的，并且每两个维度之间相互正交。举个例子，一个欧式看涨期权价格C可以由标的物 (股票) 价格S、到期时间T、执行价格K、无风险利率r、波动率vol等因素决定，如果用一个函数来表达的话，这个函数可以写成$C(S、T、K、r、vol)$。这些自变量 (S、T、K、r和vol) 和因变量 (C) 暗示了一个多维空间的存在。不深究的话，加入这六个变量线性无关，那么这就是一个六维空间。在其他因素不变的情况下，如果单独研究欧式看涨期权价格C、股票价格S、到期时间T和执行价格K四者的关系，那就是在一个四维空间里讨论问题。当其中某个维度确定下来，比如执行价格K，这个问题就从四维空间蜕化成为三维空间问题，如图5.1所示。这个曲面是欧式看涨期权价格随着到期时间T和股价S变化的趋势。这种蜕化相当于将原问题映射到特定的维度上。假想一个四维空间的图形，沿着其中某个维度上用刀割下去，就得到一个三维空间的图形，可以是一个体，也可以是一个曲面。在这个三维空间，又用刀沿着某个维度割下去，就获得了一个二维图形。如果在三维空间的图形原本是一个体，那刀割后就得到一个二维的面。如果三维图形原来是一个曲面，刀割后就是一个二维曲线，如图5.1中蓝色线。期权到期，看涨期权的价格和股价的关系就如图5.1中的红色线。

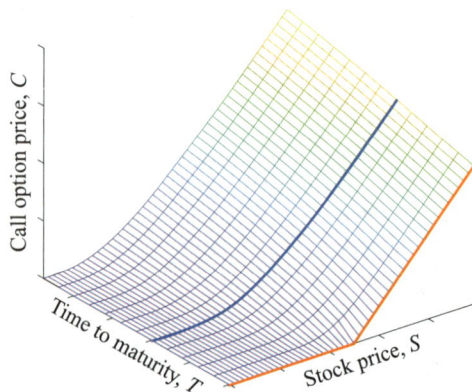

图5.1　欧式看涨期权价格C、到期时间T和股票价格S三者关系(其他因素不变时)

当到期时间T确定下来,就相当于在某个具体值T处,用刀割了一刀,这个三维空间问题就变成了二维空间问题,原来的三维曲面变成了二维曲线。这个曲线在某个到期时间T上,关于欧式看涨期权C和股票价格S两者的函数,如图5.2所示。当股票价格S也确定下来,这个曲线就蜕化成为一个点,相对应的看涨期权的价值C就只存在唯一的可能。

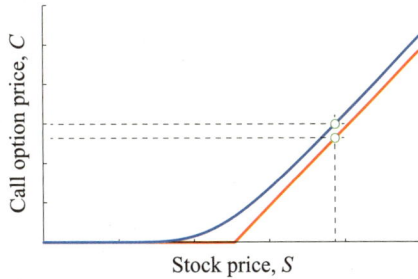

图5.2 欧式看涨期权价格C和股票价格S三者关系(其他因素不变时)

各种金融产品的定价都可以看作是一个个多维空间中的曲面或者超曲面。而期权的希腊字母、债券的久期和凸性这些特征就是这些曲面的某些特定性质。各种金融产品的估值运算也可以用空间曲面的特性来探讨。因此,本章和第6章,会通过较直观的图像思维来研究一元函数、二元曲面、不等式、数列、线性插值、收敛与发散、微积分、泰勒展开、凸性、方向微分等概念。但是,这两章并不能完全涵盖完整的数学知识体系。这里仅涉及相关的数学知识和概念,尤其是在金融建模里涉及的常用数学方法,以及如何用图形思维来更好地理解这些方法,以便于理解一些金融应用。

5.2 二维平面

最基本的空间元素是一个点。在二维平面坐标系,每一个点都有自己的坐标,如图5.3所示。这些平面上的点可以位于坐标系的四个象限以及x和y两个坐标轴上。函数表征了这个平面上横轴值x和纵轴值y的特殊对应关系。最简单的函数关系,就是一次函数。

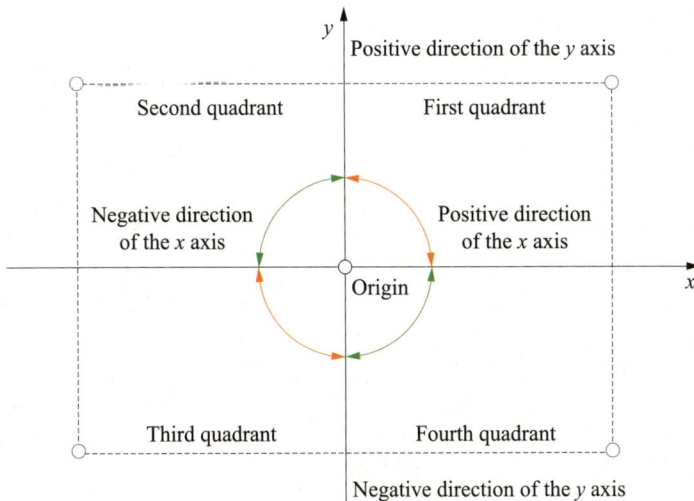

图5.3 平面坐标系和四象限

一次函数 (linear function) 有几个不同的形式。第一个形式是**斜截式** (slope-intercept form)：

$$y = mx + y_0 \tag{5.1}$$

斜截式需要两个参数，斜率 (m) 和y轴截距 (y_0)。第二种形式是**点斜式** (point-slope form)：

$$y - y_1 = m(x - x_1) \tag{5.2}$$

一次函数的斜率必不可少，另外提供一个点 (x_1，y_1) 就可以构造函数。另一种形式是**两点式** (two-point form)，利用平面上两点可以确定一条直线的原理：

$$y - y_1 = \frac{y_2 - y_1}{x_2 - x_1}(x - x_1) \tag{5.3}$$

两点式可以写成：

$$(x_2 - x_1)(y - y_1) = (y_2 - y_1)(x - x_1) \tag{5.4}$$

图5.4给出了一个一次函数的图像。一次函数**斜率** (gradient) 为1，***y*轴截距** (y-intercept) 为5，***x*轴截距** (x-intercept) 为-5。

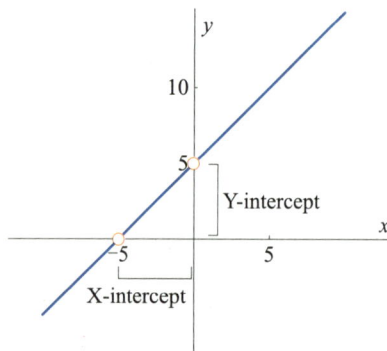

图5.4 一次函数

以下代码可以用来获得图5.4。

```
B1_Ch5_1.m

% Polynomials
% Degree 1 - linear


p1 = [1 5];
% x + 5 = 0 gives the root
r1 = roots(p1)
x = [-10:0.1:10];

figure(1)
y1 = polyval(p1,x);
```

```
plot(x,y1); hold on
plot(r1,0,'o')
set(gca, 'XAxisLocation', 'origin')
set(gca, 'YAxisLocation', 'origin')
xlabel('x')
ylabel('y')
```

图5.5给出三个一次函数。左图的一次函数，斜率为1，大于零，函数的倾角为45°，经过第一二三象限。中图的一次函数，斜率为-1，小于零，函数图像的倾角为135°，经过第一二四象限。右图中的一次函数 (或者称常数函数)，斜率为0，因此函数图像平行于x轴，图像经过第一二象限。以下代码可以用来获得图5.5。一次函数在金融领域应用极为广泛，下面举几个例子。已知1年期和2年期利率，想要求出1.5年期利率对应的值，使用的就是一次函数的性质。曲线某点处的切线就是一次函数，期权希腊字母中的Delta和债券的久期就和一次函数斜率这个概念紧密联系。

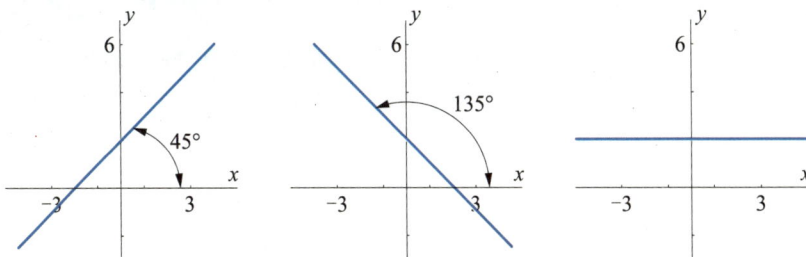

图5.5　三个一次函数

```
B1_Ch5_2.m
```

```
x = [-5:0.5:5];

figure(1)
subplot(1,3,1)
```

```
y_1 = x + 2;
plot(x,y_1); hold on
xlabel('x'); ylabel('y')
daspect([1 1 1])
box off; ylim([-3, 7])
set(gca, 'XAxisLocation', 'origin')
set(gca, 'YAxisLocation', 'origin')

subplot(1,3,2)
```

```
y_2 = -x + 2;
plot(x,y_2); hold on
xlabel('x'); ylabel('y')
daspect([1 1 1])
box off; ylim([-3, 7])
set(gca, 'XAxisLocation', 'origin')
set(gca, 'YAxisLocation', 'origin')
```

```
subplot(1,3,3)

y_3 = -x*0 + 2;
plot(x,y_3); hold on
xlabel('x'); ylabel('y')
daspect([1 1 1])
box off; ylim([-3, 7])
set(gca, 'XAxisLocation', 'origin')
set(gca, 'YAxisLocation', 'origin')
```

二次函数 (quadratic function，a quadratic polynomial，a polynomial of degree 2) 的基本式 (standard form) 如下：

$$f(x) = ax^2 + bx + c, \quad a \neq 0 \qquad (5.5)$$

如果二次函数存在两个不同的函数值为零根的话，可以写成**两根式** (factored form)：

$$f(x) = a(x - r_1)(x - r_2) \qquad (5.6)$$

二次函数另外一个常见的形式是**顶点式** (vertex form)，具体形式如下：

$$f(x) = a(x - h)^2 + k \qquad (5.7)$$

当函数值的根一样时，两根式就是顶点式的一个特例了。

图5.6给出的二次函数，**开口向上** (opens up)，有两个根 ($x_1 = -8$和$x_2 = 2$)。y轴截距为-16。

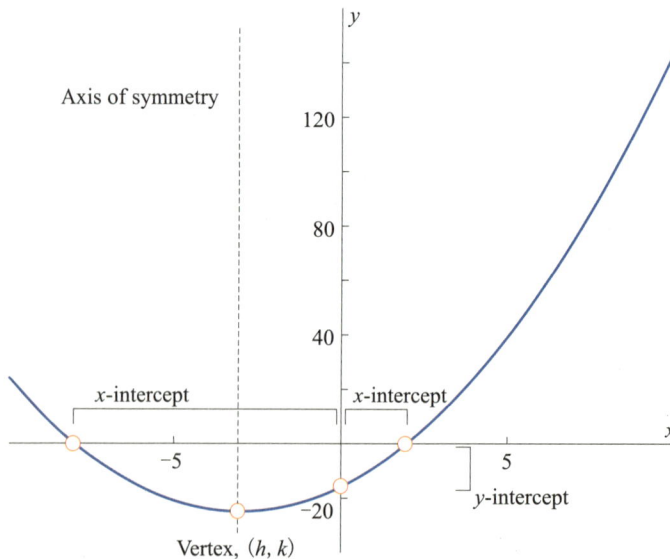

图5.6　某二次函数图像

以下代码可以用来获得图5.6。

```
B1_Ch5_3.m
```

```
%% Degree 2 - quadratic

x = [-10:0.1:10];

p2 = [1 6 -16];
% x^2 - 6x - 16 = 0 gives the roots
r2 = roots(p2)
y2 = polyval(p2,x);
figure(2)
plot(x,y2); hold on
plot(r2(1),0,'o',r2(2),0,'o')
set(gca, 'XAxisLocation', 'origin')
set(gca, 'YAxisLocation', 'origin')
xlabel('x')
ylabel('y')
```

图5.7给出两个二次函数。左图中，二次函数开口向上，顶点位于第三象限。这个函数有两个根，分别是$x = -2$和$x = 1$。这个函数的对称轴是$x = -0.5$。右图给出的二次函数，开口向下，顶点位于第一象限。$x = 2$和$x = -1$是函数的两个根。函数的对称轴为$x = 0.5$。注意图5.7左图是凸 (convex)，右图是凹 (concave)。这个凸凹的定义和国内数学界的凸凹定义正好相反。这就是为什么很多人认为债券的凸性 (convexity) 应该定义成凹性。本章后文会简单讨论凸性的性质；第6章也会有一节进行专门讨论。以下代码可以用来获得图5.7。

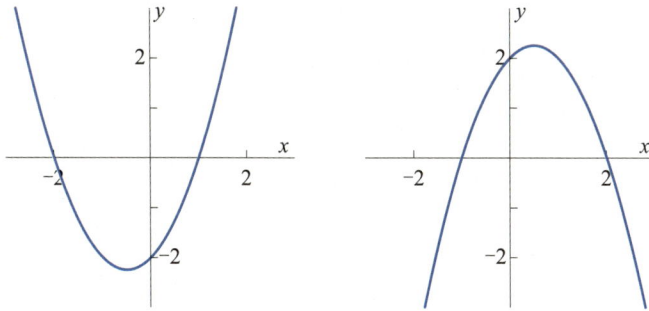

图5.7　两个二次函数图像

```
B1_Ch5_4.m
```

```
x = [-3:0.05:3];

figure(1)
subplot(1,2,1)

y_1 = (x-1).*(x+2);
plot(x,y_1); hold on
xlabel('x'); ylabel('y')
daspect([1 1 1])
box off; ylim([-3, 3]); xlim([-3, 3])
set(gca, 'XAxisLocation', 'origin')
set(gca, 'YAxisLocation', 'origin')
```

```
subplot(1,2,2)
```

```
y_2 = -(x+1).*(x-2);
plot(x,y_2); hold on
xlabel('x'); ylabel('y')
daspect([1 1 1])
box off; ylim([-3, 3]); xlim([-3, 3])
set(gca, 'XAxisLocation', 'origin')
set(gca, 'YAxisLocation', 'origin')
```

请读者注意，期权的希腊字母Gamma可以用来估算期权价值，债券的凸率可以用来估算债券的价值。这两者在构建估值方程时用的就是二次函数的相关性质。

三次函数的一般形式是：

$$f(x) = ax^3 + bx^2 + cx + d, a \neq 0 \tag{5.8}$$

图5.8给出了某个三次函数。MATLAB有两个命令专门用来处理这一类函数。roots()可以用来求根，polyval()用来返回多项函数的值。以下代码可以用来获得图5.8。

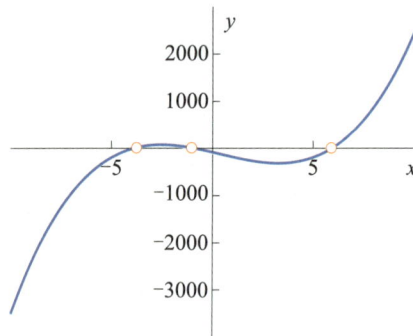

图5.8 某三次函数

```
B1_Ch5_5.m

%% Degree 3 - cubic

x = [-10:0.1:10];

p3 = [4 -4 -100 -100];
% 4x^3 - 4x^2 -100x -100 = 0 gives the roots
r3 = roots(p3)
y3 = polyval(p3,x);

figure(3)
plot(x,y3); hold on
plot(r3(1),0,'o',r3(2),0,'o',r3(3),0,'o')
set(gca, 'XAxisLocation', 'origin')
set(gca, 'YAxisLocation', 'origin')
xlabel('x')
ylabel('y')
```

图5.9展示了本书常见的几个函数。左上角是一次函数、二次函数和平方根函数图像。右上角是指数函数和对数函数。指数和对数这两个数学概念在金融建模领域应用很广泛，请熟记指数和对数运算常见的性质。左下角给出立方函数和立方根函数的图像。右下角给出的是反比例函数的图像。希望读者了解它们的函数趋势。

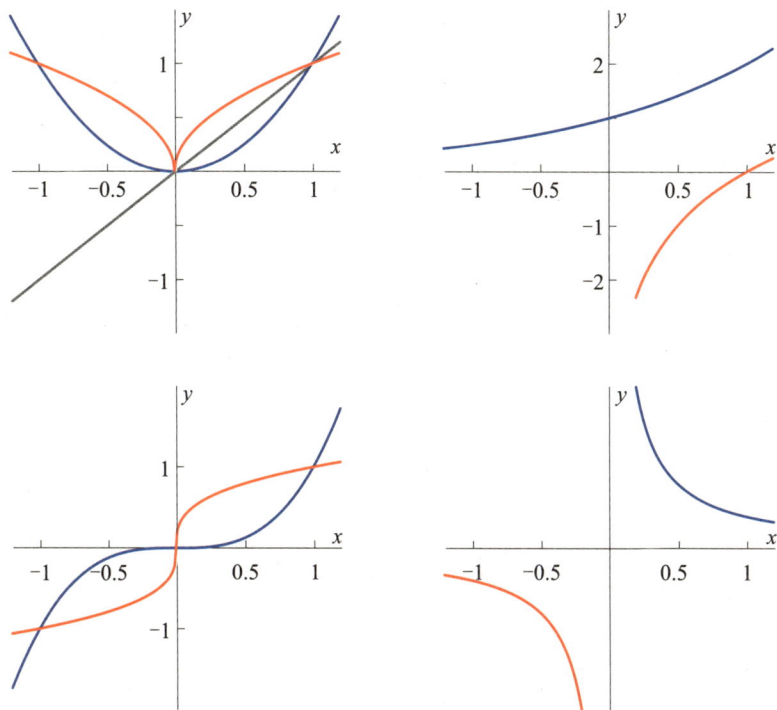

图5.9　常见的几个函数

以下代码可以用来获得图5.9。请读者用for循环简化这部分代码。

```matlab
B1_Ch5_6.m

x = -1.2:0.01:1.2;
x_postive = 0.2:0.01:1.2;

x_squared = x.^2;
x_linear = x;
x_sq_root = sqrt(abs(x));

figure(1)
subplot(2,2,1)
plot(x,x_squared); hold on
plot(x,x_linear); hold on
plot(x,x_sq_root)
box off
set(gca, 'XAxisLocation', 'origin')
set(gca, 'YAxisLocation', 'origin')
xlabel('x'); ylabel('y')
% daspect([1 1 1])
```

```
% Exponential function
x_exp_2 = 2.^x;
% Logarithmic function
x_log_2 = log2(x_postive);

subplot(2,2,2)
plot(x,x_exp_2); hold on
plot(x_postive,x_log_2); hold on
box off
set(gca, 'XAxisLocation', 'origin')
set(gca, 'YAxisLocation', 'origin')
xlabel('x'); ylabel('y')
% daspect([1 1 1])


x_cubic = x.^3;
x_cubic_root = nthroot(x,3);
subplot(2,2,3)
plot(x,x_cubic); hold on
plot(x,x_cubic_root)
box off
set(gca, 'XAxisLocation', 'origin')
set(gca, 'YAxisLocation', 'origin')
xlabel('x'); ylabel('y')
% daspect([1 1 1])


% Inversely proportional function
x_non_zero = [fliplr(-x_postive),x_postive];
x_inv_prop = 1./x_postive;
subplot(2,2,4)
plot(x_postive,x_inv_prop); hold on
x_inv_prop = 1./fliplr(-x_postive);
plot(fliplr(-x_postive),x_inv_prop); hold on
box off
set(gca, 'XAxisLocation', 'origin')
set(gca, 'YAxisLocation', 'origin')
xlabel('x'); ylabel('y')
% daspect([1 1 1])
```

指数增长、几何增长 (exponential growth) 就是用指数函数来表达：

$$G(r,t) = (1+r)^t \tag{5.9}$$

式中的r为年化增长率，t是年限。当增长率r取不同值时，指数增长和年限对应的关系如图5.10所示。图中，**翻倍时间** (doubling time) 指的是当增长翻倍时所用的时间。图5.10左图中平行于横轴的虚线就是增长翻倍所对应的高度。图5.10右图中加粗的等高线即为增长翻倍的情况。

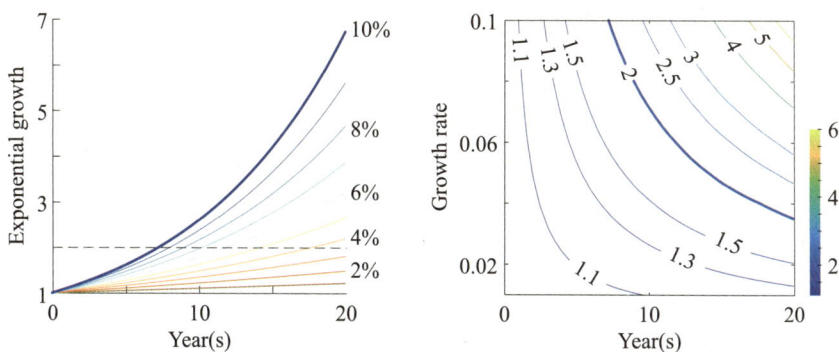

图5.10 指数增长

以下代码可以获得图5.10。

`B1_Ch5_7.m`

```matlab
%% Exponential growth and doubling time
clc; clear all; close all
r = [0.01:0.01:0.1]; % interest rate
t = [0:0.5:20]';      % year(s)

num_row = length(r);
num_col = length(t);

tt = repmat(t,1,num_row);
rr = repmat(r,num_col,1);

pp = (1 + rr).^tt;
figure(1)
ax1 = axes('ColorOrder',brewermap(length(r),'RdYlBu'),...
    'NextPlot','replacechildren')
subplot(1,2,1,ax1)

plot(t,pp); hold on
plot(t,2*ones(size(t)));
xlabel('Year(s)'); ylabel('Exponential growth')
box off

subplot(1,2,2)
contour(tt,rr,pp,[1.1,1.3,1.5,2:0.5:3,4:7],...
    'ShowText','on'); hold on
contour(tt, rr, pp, [2 2],'LineWidth',3)
xlabel('Year(s)'); ylabel('Growth rate')
colorbar
```

和指数增长相对应的就是，**指数衰退** (exponential decay)，指数衰减系数函数的数学表达为：

$$D(t,\lambda) = e^{-\lambda t} \tag{5.10}$$

其中，λ 为**衰减系数** (decay constant)。λ 为零的时候相当于没有任何衰减。图5.11给出的就是衰减系数从0.01到0.1，时间从0到20年的衰减特性。请参考图5.10代码，自行绘制图5.11。

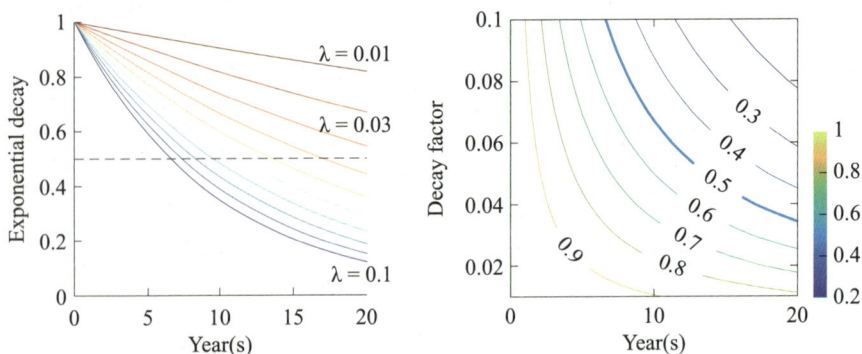

图5.11　指数衰退

平均寿命 (mean lifetime) 是衰减系数的倒数：

$$\tau = \frac{1}{\lambda} \tag{5.11}$$

图5.11左图的虚线和右图的粗等高线对应的0.5，是**半衰期** (half-life)。半衰期指的是衰减至一半所用的时间，可以通过下式求得：

$$t_{1/2} = \frac{\ln(2)}{\lambda} = \tau \ln(2) \tag{5.12}$$

半衰期是物理学中常见的概念，比如说放射性物质的半衰期、地质科学中研究化石年代的放射性定年法。此外，指数增长和指数衰退是金融中常见的概念，比如研究经济的增长和衰退。另外，在讨论**指数加权移动平均** (Exponentially Weighted Moving Average，EWMA) 估算波动率时，还会提到半衰期这个概念；EWMA模型的λ取值在0.9左右，0.94和0.97是两个常用值，而且衰减系数的表达变为：

$$D(t,\lambda) = \lambda^t \tag{5.13}$$

此时，上式的半衰期表达式为：

$$t_{1/2} = \frac{\ln\left(\dfrac{1}{2}\right)}{\ln(\lambda)} \tag{5.14}$$

如果t要确定到具体整数值时，我们可以用向上取整运算ceil()处理上式结果，也就是半衰期修正为：

$$t_{1/2} = \mathrm{ceil}\left(\frac{\ln(0.5)}{\ln(\lambda)}\right) \tag{5.15}$$

5.3 三维空间

第4章在讨论利率问题时提到过,利率数据可以是一个三维曲面,如图5.12所示。试想用一把刀,在十年处切下去,得到的截面是十年期利率随之间变化的二维曲线。同样的切法,在2018年8月8日处切断曲面,得到的则是这一天的利率期限结构。很多金融数据都是三维数据,比如说波动率曲面,因此了解三维数据的一些基本特点是很有必要的。

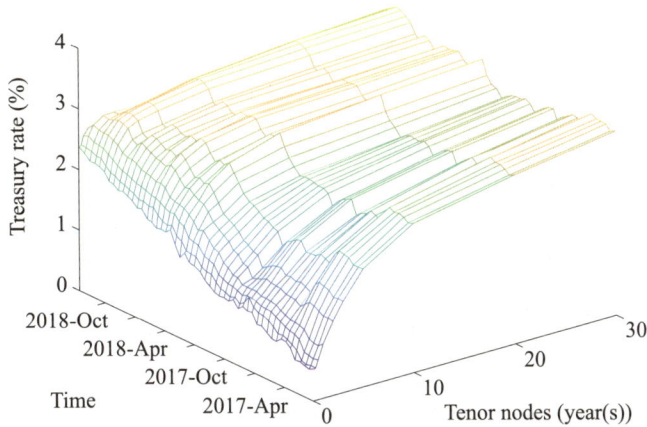

图5.12 利率曲面,20170101~20181231,期限0~30年,来自第3章

首先,三维空间也需要一个坐标系。图5.13给出的是一个三维直角坐标系。这个坐标系有三个在空间相互垂直 (正交) 的轴。三个轴相交于一点,即空间直角坐标系的原点。x轴和y轴构成x-y坐标平面;x轴和z轴构成x-z平面;这个平面垂直于y轴;类似地,由y轴和z轴构成y-z平面垂直于x轴。

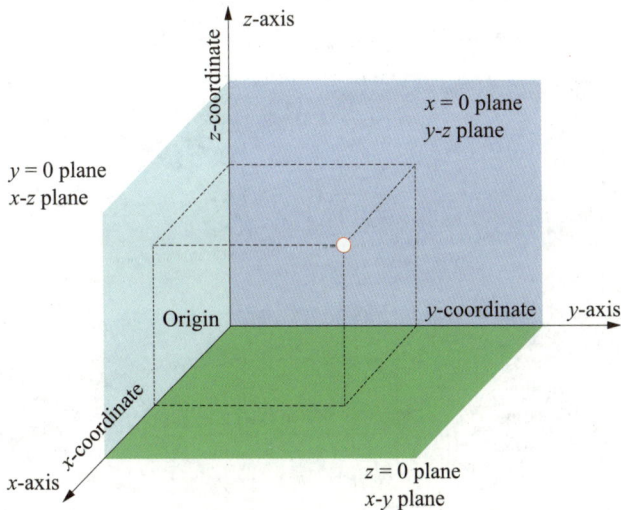

图5.13 三维直角坐标系

直线在这个三维坐标系的表达也很有意思。在x-y平面$x = 2$表达的是平面的一条线。但是在空间$x = 2$表达的是空间的一个面。同样地,$z = 2$也是空间的一个面。$x = 2$和$z = 2$两个平面相交得到的才是一条线,如图5.14左上角的蓝色线所示。而空间里的直线可以有各种不同的方向,如图5.14其他子图所示。

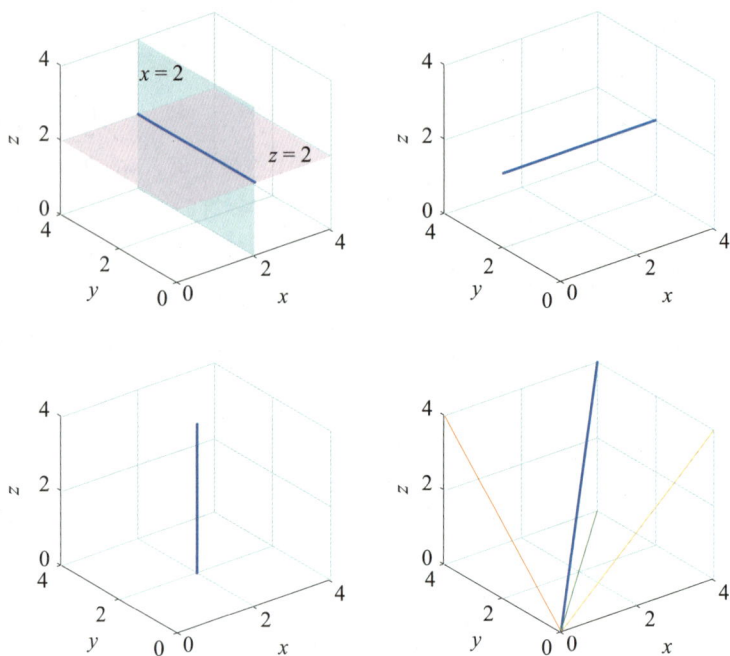

图5.14　空间直线

　　和平面确定一条线的方程一样，空间中确定一条线的解析式有很多种，本书不展开讨论。这里只介绍一种很常见的两点式。如果空间的一条直线通过两个点$P_1(x_1, y_1, z_1)$和$P_2(x_2, y_2, z_2)$，这条空间直线可以表达为：

$$\frac{x - x_1}{x_2 - x_1} = \frac{y - y_1}{y_2 - y_1} = \frac{z - z_1}{z_2 - z_1} \tag{5.16}$$

如果把z看作是因变量，x和y看成是自变量，这条直线可以写作：

$$\begin{cases} z = \dfrac{x - x_1}{x_2 - x_1}(z_2 - z_1) + z_1 \\ z = \dfrac{y - y_1}{y_2 - y_1}(z_2 - z_1) + z_1 \end{cases} \tag{5.17}$$

整理后得到：

$$\begin{cases} z = \dfrac{z_2 - z_1}{x_2 - x_1}x + \dfrac{x_2 z_1 - x_1 z_2}{x_2 - x_1} \\ z = \dfrac{z_2 - z_1}{y_2 - y_1}y + \dfrac{y_2 z_1 - y_1 z_2}{y_2 - y_1} \end{cases} \tag{5.18}$$

　　结合后文关于三维空间内平面的解析式，会发现上式分别代表了空间内的两个平面，所表达的直线即为这两个平面的交线。有的读者肯定会问了，这条直线可以由无数其他对平面相交而成，为什么一定要选择这两个平面？因为这两个平面分别平行于y轴和x轴，它们的切线方向各自分别沿着y轴或者x轴上，没有在这个坐标轴上的垂直分量为零。这两个平面十分简单，它们的表达式都只需要x，y，z三个维度其中的两个就可以了。在空间线性插值的应用中，就是利用空间中经过特定两点直线来完成插值的。以下代码可以用来获得图5.14。

B1_Ch5_8.m

```matlab
clc; clear all; close all
figure(1)
subplot(2,2,1)
tt = [0:0.1:4];
xx = tt;
yy = 2*ones(length(tt),1);
zz = 2*ones(length(tt),1);

plot3(xx,yy,zz); hold on
xlim([0,4]); ylim([0,4]); zlim([0,4]);
xlabel('x'); ylabel('y'); zlabel('z');
grid on

subplot(2,2,2)
yy = tt;
xx = 2*ones(length(tt),1);
zz = 2*ones(length(tt),1);

plot3(xx,yy,zz); hold on
xlim([0,4]); ylim([0,4]); zlim([0,4]);
xlabel('x'); ylabel('y'); zlabel('z');
grid on

subplot(2,2,3)
zz = tt;
xx = 2*ones(length(tt),1);
yy = 2*ones(length(tt),1);

plot3(xx,yy,zz); hold on
xlim([0,4]); ylim([0,4]); zlim([0,4]);
xlabel('x'); ylabel('y'); zlabel('z');
grid on

subplot(2,2,4)
xx = tt;
yy = tt;
zz = 1/2*xx + 1/2*yy;
plot3(xx,yy,zz); hold on
plot3(xx,yy,zeros(length(tt),1)); hold on
plot3(xx,zeros(length(tt),1),zz); hold on
plot3(zeros(length(tt),1),yy,zz); hold on
xlim([0,4]); ylim([0,4]); zlim([0,4]);
xlabel('x'); ylabel('y'); zlabel('z');
grid on
```

空间平面也是基本的三维图形，如图5.15所示。左上角的平面通过空间坐标系原点，它的空间表达式为：

$$x + y - z = 0 \qquad\qquad (5.19)$$

图5.15右上角的平面平行于x轴，这也是为什么这个平面的表达式中没有x一项的原因：

$$y - z + 5 = 0 \qquad\qquad (5.20)$$

图5.15左下角的平面平行于y轴。图5.15右下角的平面平行于x-y平面。同样是图5.15中右上角的平面，利用MATLAB不同的绘图指令进行显示，如图5.16中左图所示，不管x取任何值，z和y的关系不变。如果假设x为时间，y为**年限** (tenor)，z轴的高度代表利率，可以发现，利率期限结构 (z-y关系) 没有随时间 (x轴) 变化，正如图5.16中右图所示。

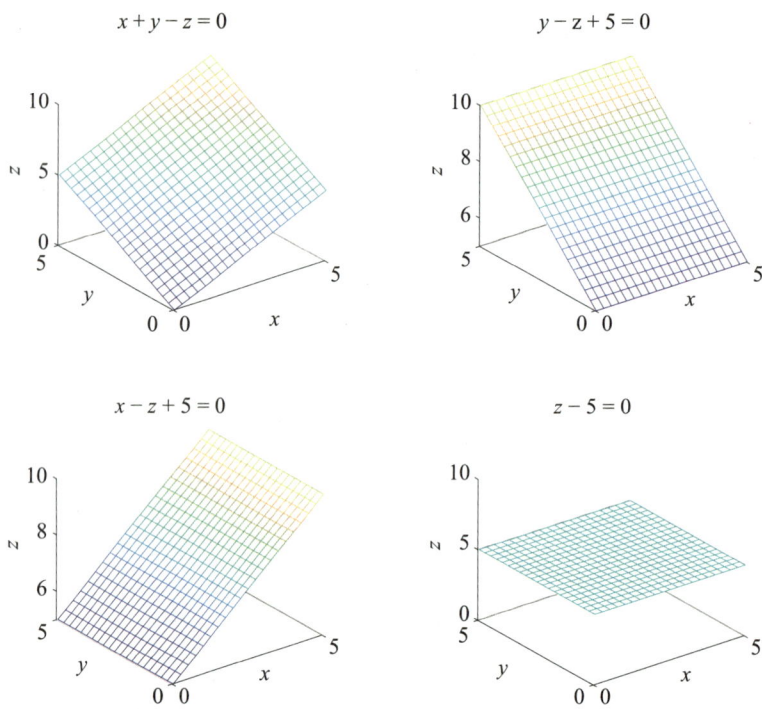

图5.15　空间平面

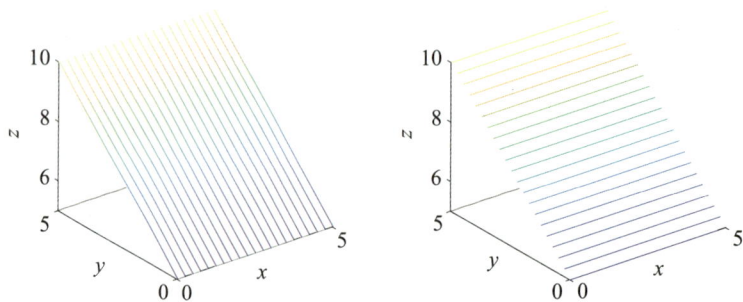

图5.16　$y - z + 5 = 0$平面沿y轴和x轴方向的趋势

图5.17展示了x和y两个方向的剖视图。在图5.17的左图中，由垂直于x轴的平面与三维数据曲面交汇而获得的曲线描述了当x固定时，z随y变化的规律。同样地，在图5.17右图中的交汇曲线描述了当y固定时，z随x变化的规律。

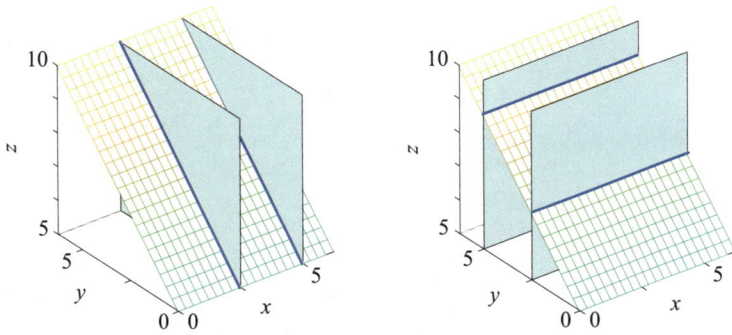

图5.17　$y-z+5=0$平面的剖面

以下代码可以用来获得图5.15～图5.17。

```
B1_Ch5_9.m

x = 0:0.25:5;
y = 0:0.25:5;

[xx,yy] = meshgrid (x, y);
zz = xx + yy;

figure(1)
subplot(2,2,1)
mesh(xx,yy,zz)
xlabel('x'); ylabel('y'); zlabel('z')


zz = yy + 5;

subplot(2,2,2)
mesh(xx,yy,zz)
xlabel('x'); ylabel('y'); zlabel('z')


zz = xx + 5;

subplot(2,2,3)
mesh(xx,yy,zz)
xlabel('x'); ylabel('y'); zlabel('z')


zz = xx*0 + yy*0 + 5;

subplot(2,2,4)
mesh(xx,yy,zz)
xlabel('x'); ylabel('y'); zlabel('z')
```

```matlab
zlim([0,10])

%% trends along y- and x-axis
zz = yy + 5;

figure(2)
subplot(1,2,1)
mesh(xx,yy,zz,'MeshStyle','column')
xlabel('x'); ylabel('y'); zlabel('z')
zlim([5,10])

subplot(1,2,2)
mesh(xx,yy,zz,'MeshStyle','row')
xlabel('x'); ylabel('y'); zlabel('z')
zlim([5,10])

%% slicing the surface

max_surf = max(zz(:));
min_surf = min(zz(:));
xs = [0,5]; ys = [0,5]; zs = [5,10];

[xxx,yyy,zzz] = meshgrid(xs, ys, zs);
v=zeros(size(xxx));

figure(3)
subplot(1,2,1)
mesh(xx,yy,zz); hold on
x_checked = [2,4];

for i=1:length(x_checked)
    slice(xxx,yyy,zzz,v,x_checked(i),[],[]); hold on
end

xlim([0,5]); ylim([0,5]); zlim([5,10])
xlabel('x'); ylabel('y'); zlabel('z')

subplot(1,2,2)
mesh(xx,yy,zz); hold on
y_checked = [2,4];

for i=1:length(y_checked)
    slice(xxx,yyy,zzz,v, [],y_checked(i),[]); hold on
end

xlim([0,5]); ylim([0,5]); zlim([5,10])
xlabel('x'); ylabel('y'); zlabel('z')
```

图5.18展示了四个基本空间曲面。任何复杂的空间曲面都是由一些简单的空间曲面构造而成。了解这些基本的空间曲面形状有助于分析复杂数据的趋势。下面就一一了解图5.18中的四个常见的空间曲面。以下代码可以绘制图5.18。

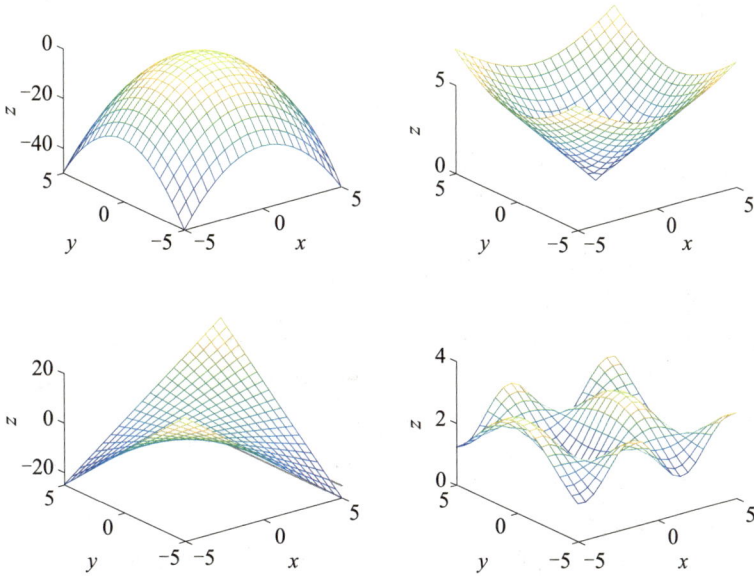

图5.18 四个简单空间曲面

```
B1_Ch5_10.m

[xx,yy] = meshgrid(-5:0.5:5);
figure(1)
subplot(2,2,1)
% paraboloid: a quadric surface
zz = -(xx.^2 + yy.^2);
mesh(xx,yy,zz)
xlabel('x'); ylabel('y'); zlabel('z')
grid off; box off

% Quadric conical surface
subplot(2,2,2)
zz = sqrt(xx.^2 + yy.^2);
mesh(xx,yy,zz)
xlabel('x'); ylabel('y'); zlabel('z')
grid off; box off

% saddle surface
subplot(2,2,3)
zz = xx.*yy;
mesh(xx,yy,zz)
xlabel('x'); ylabel('y'); zlabel('z')
grid off; box off

% wavy surface
```

```
subplot(2,2,4)
zz = sin(xx).*cos(yy/2)+2;
mesh(xx,yy,zz)
xlabel('x'); ylabel('y'); zlabel('z')
zlim([0,4])
grid off; box off
```

首先是空间抛物面，如图5.19所示。这个抛物面的解析式为：

$$z = -x^2 - y^2 \tag{5.21}$$

图5.19左上图是通过meshc()函数绘制的。这个函数的特点是，同时绘制空间曲面网格和投影在*x-y*平面的等高线。可以发现这个曲面是个**凹面** (concave surface)，这个曲面函数就叫作**二元凹函数** (bivariate concave function)。这个曲面在*x-y*平面投影的等高线是同心圆。这一点通过图5.19右上图看得更清楚。例如，*z*取一定值，比如-4，*x*和*y*形成的图像就是一个圆心在原点的圆形：

$$x^2 + y^2 = 4 \tag{5.22}$$

这一幅图是用contour3()函数绘制的。图5.19左下角的图给出的线束是当*x*值一定时，*z*和*y*的曲线关系。也就是相当于垂直于*y*轴，在不同*y*值上，对着曲面砍若干刀得到的截面的形状。举个例子，如果*x* = 2，得到的曲线的解析式为：

$$z_{x=2} = -y^2 - 4 \tag{5.23}$$

也就是在*y-z*平面上这是一个开口向下，顶点在 (0，-4) 的二次抛物线。而且，当*x*取不同值时，得到的抛物线的形状是完全相同的，唯一的区别就是高度位置不同。同样如图5.19右下角所示，如果*y*取定值*k*时，可以得到一系列在*x-z*平面的二次函数：

$$z_{y=k} = -x^2 - k^2 \tag{5.24}$$

而且这些曲线与之前沿*y*轴 (*x*取定值时) 获得的抛物线形状也是一样的。

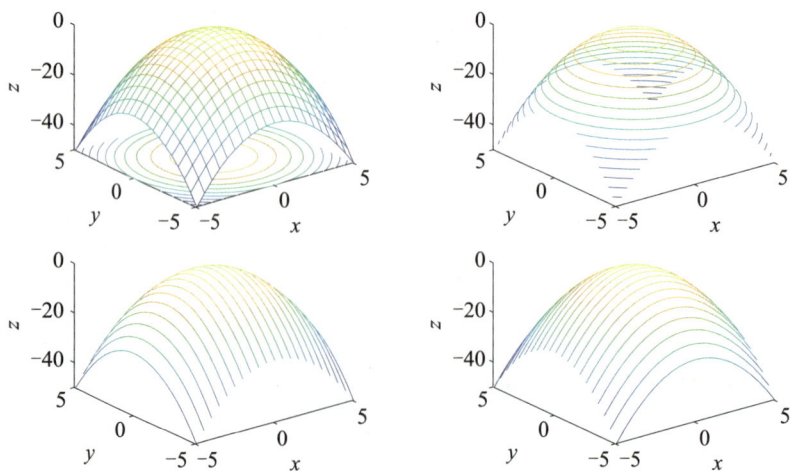

图5.19　抛物面的四种展示方案

以下代码可以用来获得图5.19。同时请读者试着改变代码中变量xx或yy的系数，比如将曲面改成：zz = −2*xx.^2 + yy.^2)，观察曲面的变化。另外考虑一下，如何可以移动曲面中心轴的位置？

```
B1_Ch5_11.m

[xx,yy] = meshgrid(-5:0.5:5);
figure(1)
zz = -(xx.^2 + yy.^2);
subplot(2,2,1)
meshc(xx,yy,zz)
xlabel('x'); ylabel('y'); zlabel('z')
grid off; box off

subplot(2,2,2)
contour3(xx,yy,zz,15)
xlabel('x'); ylabel('y'); zlabel('z')
grid off; box off

subplot(2,2,3)
mesh(xx,yy,zz,'MeshStyle','column')
xlabel('x'); ylabel('y'); zlabel('z')
grid off; box off

subplot(2,2,4)
mesh(xx,yy,zz,'MeshStyle','row')
xlabel('x'); ylabel('y'); zlabel('z')
grid off; box off
```

图5.20展示的图形类似冰淇淋的蛋筒，图像称作圆锥面，它的解析式为：

$$z = \sqrt{x^2 + y^2} \tag{5.25}$$

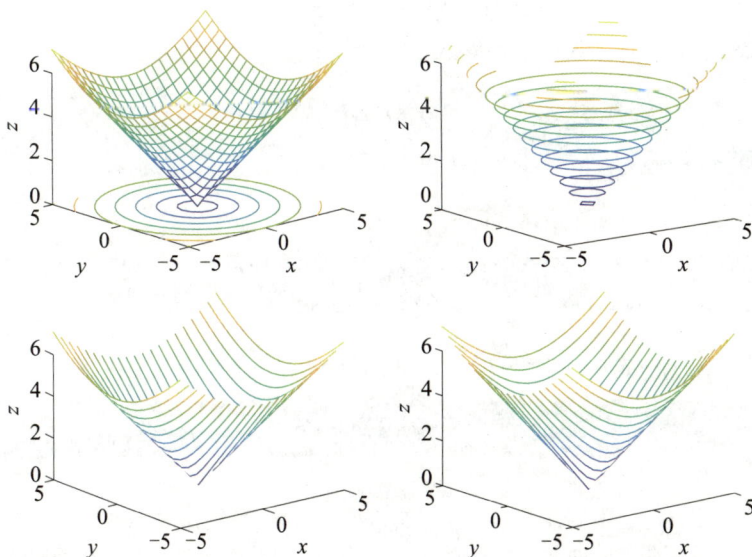

图5.20 圆锥面的四种展示方案

显而易见，这个圆锥曲面有一个尖点。通过图5.20右上图，可以看出这个曲面的等高线是一个个同心圆。研究当x值固定时，z和y的函数关系，又发现得到的线束是双曲线的一部分，如图5.20左下图所示。特别是当$x = 0$时，z和y的关系可以表达为：

$$z = |y| \tag{5.26}$$

这是个绝对值函数，它的函数图像是一条V字形折线，折点在 (0，0) 处。从图5.20右下图中可以看到，在y值固定时，y和x也有类似的关系。

马鞍面 (saddle) 是建筑学常用的一种结构，如图5.21所示。这个曲面的解析式为：

$$z = xy \tag{5.27}$$

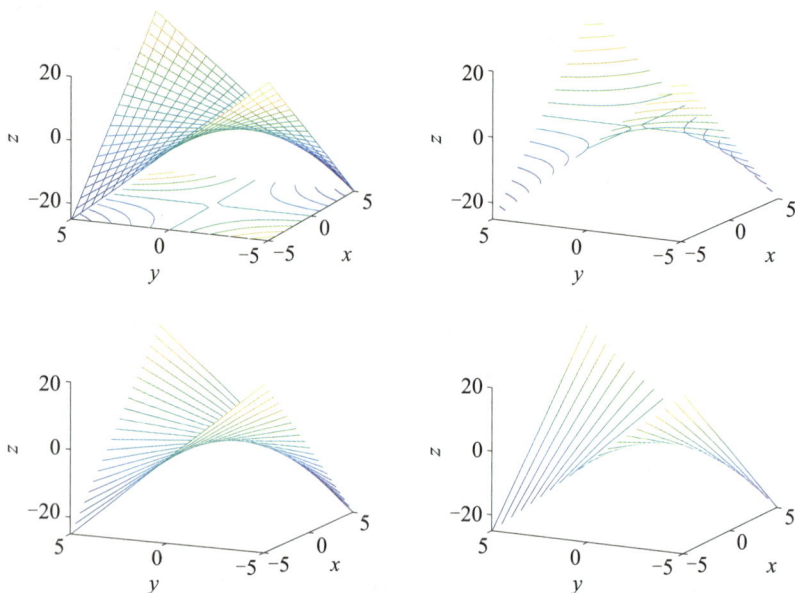

图5.21　马鞍面的四种展示方案

这也是一个二次曲面。如果用下式替换上式中的x和y：

$$\begin{cases} x = u + v \\ y = u - v \end{cases} \tag{5.28}$$

可以得到这个曲面的另外一个表达式：

$$z = u^2 - v^2 \tag{5.29}$$

图5.21右上图中当z为一定值，比如$z = 4$时，x和y的关系是反比例函数图像：

$$4 = xy \tag{5.30}$$

而当x或者y为一定值时，看到的是一条条一次函数的图像 (直线)，如图5.21下方左右两图所示。丛书第四本会深入讲解这些空间曲面，并且介绍它们和优化问题之间的联系。空间二项式曲面的一般形式是：

$$z(x,y) = \beta_6 xy + \beta_5 x^2 + \beta_4 y^2 + \beta_3 x + \beta_2 y + \beta_1 \tag{5.31}$$

不难发现以上代数式有6个系数。如果已知6个空间点的坐标值，这6个系数一般情况下可以求出。假设以下就是这个曲面经过的6个点的坐标：

$$\begin{cases} P_1 = (1,1,2) \\ P_2 = (-1,3,2) \\ P_3 = (-1,-1,6) \\ P_4 = (2,-2,20) \\ P_5 = (-1,2,-3) \\ P_6 = (2,2,12) \end{cases} \tag{5.32}$$

将这六个点的坐标代入这个六元一次方程并写成矩阵形式：

$$\begin{bmatrix} 1 & 1 & 1 & 1 & 1 & 1 \\ -3 & 1 & 9 & -1 & 3 & 1 \\ 1 & 1 & 1 & -1 & -1 & 1 \\ -4 & 4 & 4 & 2 & -2 & 1 \\ -2 & 1 & 4 & -1 & 2 & 1 \\ 4 & 4 & 4 & 2 & 2 & 1 \end{bmatrix} \begin{bmatrix} \beta_6 \\ \beta_5 \\ \beta_4 \\ \beta_3 \\ \beta_2 \\ \beta_1 \end{bmatrix} = \begin{bmatrix} 2 \\ 2 \\ 6 \\ 20 \\ -3 \\ 12 \end{bmatrix} \tag{5.33}$$

利用MATLAB求解：

```
A = [ 1 1 1  1  1 1
     -3 1 9 -1  3 1
      1 1 1 -1 -1 1
     -4 4 4  2 -2 1
     -2 1 4 -1  2 1
      4 4 4  2  2 1];

b = [2; 2; 6; 20; -3; 12];
xp = mldivide(A,b)
```

以上代码的运算结果为：

```
xp =

   1.0000    1.0000    2.0000    2.0000   -4.0000    0.0000
```

得到了要求的六个系数，然后对应的曲面解析式即为：

$$z(x,y) = xy + x^2 + 2y^2 + 2x - 4y$$

图5.22给出了由这六个已知点确定的曲面。这个曲面由MATLAB中的拟合函数regress()精确得到曲面解析式。在第6章介绍统计知识时，会更仔细地讨论regress()。

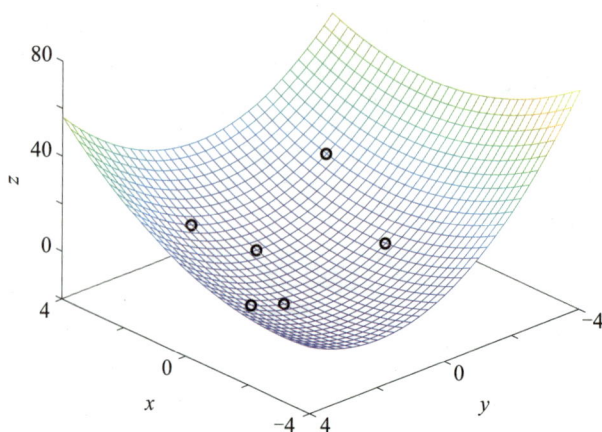

图5.22　拟合得到的二次曲面

以下代码可以用来获得图5.22。

```
B1_Ch5_12.m

clc; close all; clear all

xp = [1,-1,-1, 2,-1, 2]';
yp = [1,3,-1,-2, 2, 2]';
zp = [2,2, 6,20,-3,12]';

F = [ones(size(xp)), yp, xp, yp.^2, xp.^2, xp.*yp];

p = regress (zp, F)

[x_grid, y_grid] = meshgrid([-4:0.5:4],[-4:0.5:4]);

z_grid = p(1) + p(2)*y_grid + p(3)*x_grid + ...
    p(4)*y_grid.^2 + p(5)*x_grid.^2 + ...
    p(6)*y_grid.*x_grid;

figure(1)
plot3 (xp , yp , zp , 'ok')
hold on
mesh(x_grid, y_grid, z_grid)
xlabel('x'); ylabel('y'); zlabel('z');
grid on
```

图5.23展示的是一个波动的曲面，这个水波面的解析式如下：

$$z = \sin(x)\cos\left(\frac{y}{2}\right) + 2 \tag{5.34}$$

图5.23中左上图的网格面和等高线是采用meshc()函数绘制的，右上图是用contour3()绘制的空间等高线。当x为某一定值时，比如x = 1，这时在y-z平面，看到的是一个余弦波，如图5.23左下图所

示。同样，当 y 为某个定值时，比如 $y = 1$，呈现在 x-z 平面的是一个正弦波。沿着 x 和 y 这两个方向，曲面都呈现出了周期性的波动。

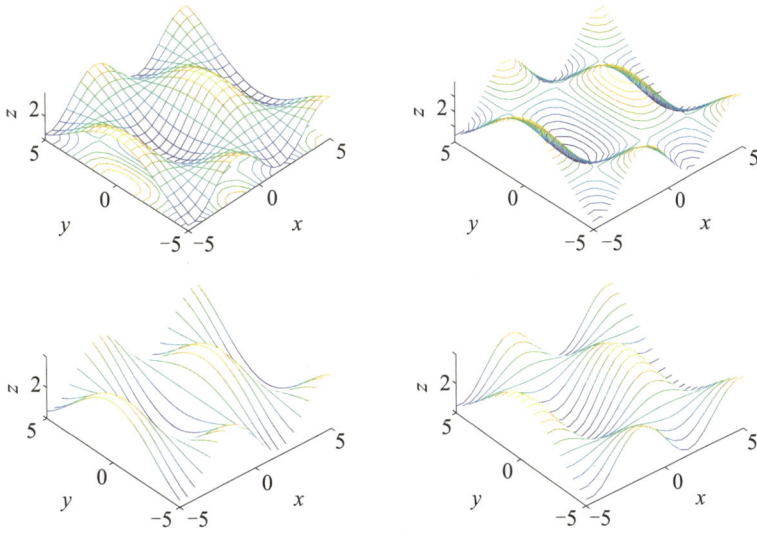

图5.23　水波面的四种展示方案

　　在金融领域很多数据都存在规律性波动，比如**季节性** (seasonality)、**经济周期** (economic cycle)。举个例子，对于西方的零售企业，第四个季度的业绩往往是最好的，因为消费者会在圣诞节之前集中采购节日相关货品，这个时期零售企业的股票上涨的可能性也很大。分析数据波动性有一个重要工具，便是**快速傅里叶变换** (Fast Fourier Transform，FFT)。简单地说，在一串数据样本里，FFT将数据从时间采样转换称为对应的频率响应。如图5.24所示，原本时域里的数据，被分解成一些特定频率上的信息的组合。有兴趣的读者可以用fft()函数分析图5.24的这个波动面。丛书第三本将专门介绍各种数据处理技术。

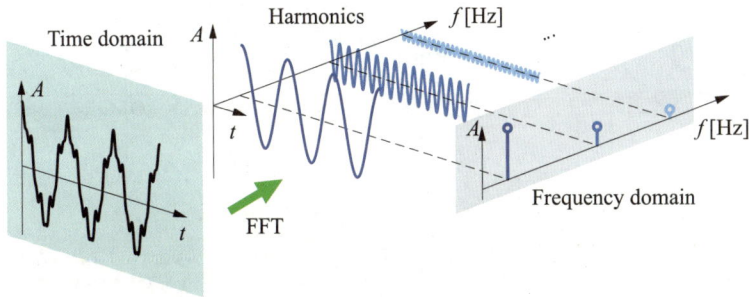

图5.24　快速傅里叶分解原理

5.4 不等式图像

　　本章前两节讨论的都是等式的图像。如果是不等式，画成图像又会怎样？首先来看一下一元线性不等式。图5.25给出六种 x 的取值范围。一般用实线表达小于等于或者大于等于，用虚线表达大于或者小于。浅蓝色背景的区域是取值范围，叫作**可行域** (feasible region)。y轴也可以有类似的取值范围，读者可以根据图5.25绘制y轴取值范围。

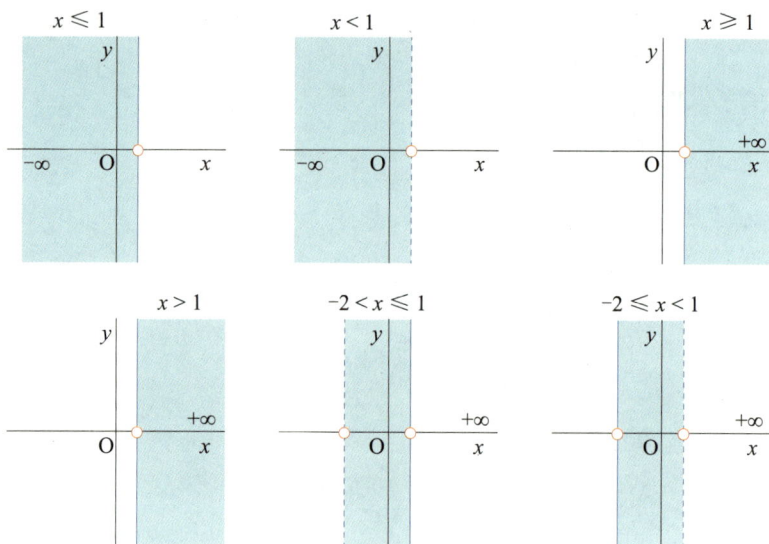

图5.25　x的取值范围的六个例子

如图5.26所示的这个不等式可行域，读者肯定不陌生。这个可行域的边界条件类似于欧式看涨期权到期收益折线：

$$\begin{cases} y \geqslant \max\left[(x-K),0\right] \\ x > 0 \end{cases} \tag{5.35}$$

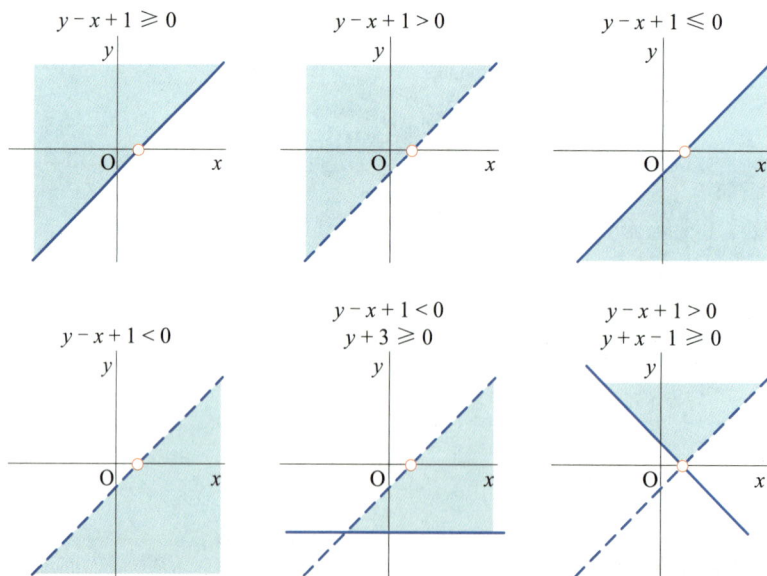

图5.26　不等式构成的可行域

上式中K为大于零的定值，上式可行域如图5.27左图所示。请留意这个可行域的形状，在第11章讨论欧式/美式期权边界条件，会用到这部分数学知识。欧式看跌期权到期收益折线作为边界条件构成的可行域如图5.27右图所示，具体不等式组如下：

$$\begin{cases} y \geqslant \max\left[(10-K),0\right] \\ x > 0 \end{cases} \tag{5.36}$$

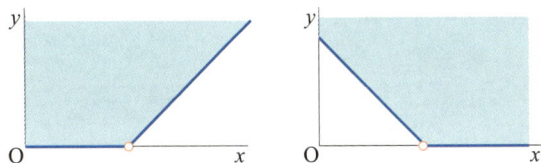

图5.27　分段不等式构成的可行域

现在给出两个不等式构成的取值范围：

$$\begin{cases} 2x+y-4 \leqslant 0 \\ x+2y-4 \leqslant 0 \end{cases} \tag{5.37}$$

然后在其可行域中找到目标函数(x与y之和)的最大值：

$$\arg\ \max\ obj = x+y \tag{5.38}$$

图5.28给出的是这个优化问题的可行域和目标函数的一些值。阴影部分为可行域，彩色的线束是目标函数不同值的等高线。可以发现在红色点处目标函数取得最大值。这是一个简单的**优化** (optimization) 问题，在第四本书中会进一步深入的介绍。以下函数可以用来获得图5.28。

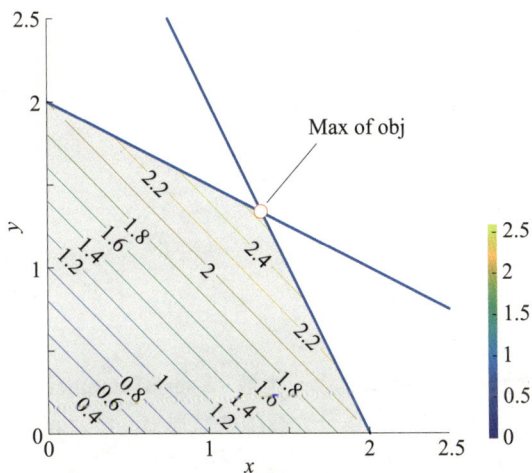

图5.28　可行域和目标函数obj = x + y

```
B1_Ch5_13.m

clc; clear all; close all

[xx,yy] = meshgrid(0:0.02:4);
objective=xx+yy;

% linear conditions
```

```
cond1=xx + 2*yy - 4<=0;
cond2=2*xx + yy - 4<= 0;

% boundaries
Cp1=4-2*xx(1,:);
Cp2=2 - xx(1,:)/2;

objective(~cond1)=NaN;
objective(~cond2)=NaN;

contour(xx,yy,objective,[0:0.2:3],'ShowText','on');
hold on

plot(xx(1,:),Cp1,'b')
plot(xx(1,:),Cp2,'b')
axis([0 2.5 0 2.5])
xlabel('x'); ylabel('y')
daspect([1 1 1])
colorbar
```

MATLAB函数linprog()可以用来求解以上线性回归问题，具体代码如下。

```
A = [2 1
     1 2];

b = [4 4];
f = [-1 -1];
[variables,max_obj] = linprog(f, A, b)
```

5.5 数列

数列 (sequence) 是指按照特定规律写成的一组数 (a set of numbers which are written in some particular order)。根据数列的长短，数列可以分为**有限项数列** (finite sequence) 和**无限项数列** (infinite sequence)。从某种意义上讲，数列也可以是连续函数的离散采样。首先，MATLAB绘制的几乎所有图像都是基于离散化的数据。因为很多数据的步长很小，也就是每个因变量数据之间的距离很短，以至于用MATLAB绘图命令得到的图像看起来像是连续的。

然而，当步长不断增大，就逐渐失去了原函数的样貌。在 $[0, 4\pi]$ 这个区间内，如果步长是 $\pi/12$，如图5.29左上图所示，正弦函数图像的趋势保持得很好，曲线看上去比较光滑。如果步长进一步增大为 $\pi/6$，从图5.29右上图可以看出，正弦函数的整体趋势还存在，但已经不那么光滑了。当步长为 $\pi/3$ 时，如图5.29左下图所示，正弦函数已经蜕化成一个分段明显的折线。当步长为 $\pi/4$ 时，图5.29右下图中的图像本身已经很难判断原函数是正弦函数了。步长太小，数据量太大，存储数据需要的空间太多；步长太小，则可能丢失数据的重要特征。以下代码可以用来获得图5.29。请读者建立绘图子函数简化这部分代码。

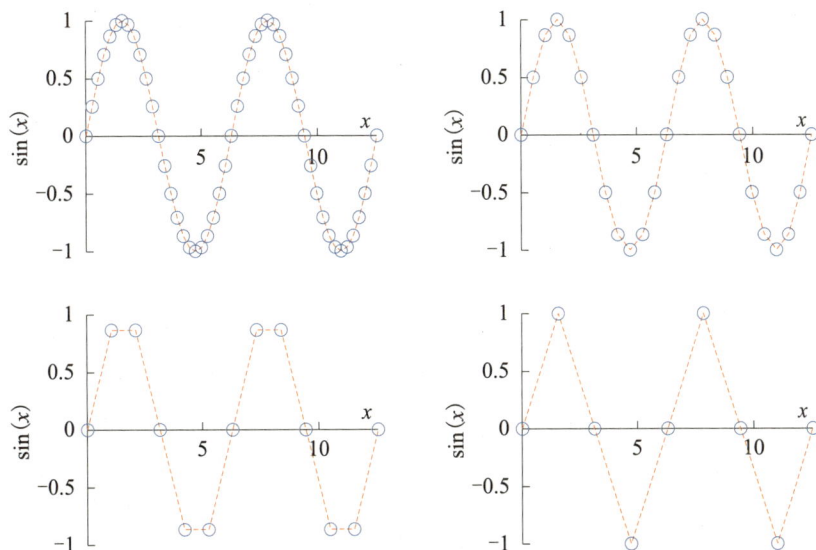

图5.29 离散化的正弦函数

```
B1_Ch5_14.m

%% down-sampling
num_step = 24;
x = [0:2*pi/num_step:4*pi];


y = sin(x);


figure(1)
subplot(2,2,1)
plot(x,y,'o-')
xlim([0, 4*pi])
xlabel('x'); ylabel('sin(x)')
set(gca, 'XAxisLocation', 'origin'); box off
title('Fine step size')


downsample_factor = 2;
xx = x(1:downsample_factor:end)
% Interpolation Vector
yy = interp1(x, y, xx, 'linear');
subplot(2,2,2)
% plot(downsample(x,downsample_factor),...
%      downsample(y,downsample_factor))
plot(xx,yy,'o-')
xlim([0, 4*pi])
xlabel('x'); ylabel('sin(x)')
set(gca, 'XAxisLocation', 'origin'); box off


downsample_factor = 4;
xx = x(1:downsample_factor:end)
```

```
yy = interp1(x, y, xx, 'linear');
subplot(2,2,3)
plot(xx,yy,'o-')
xlim([0, 4*pi])
xlabel('x'); ylabel('sin(x)')
set(gca, 'XAxisLocation', 'origin'); box off

downsample_factor = 6;
xx = x(1:downsample_factor:end)
yy = interp1(x, y, xx, 'linear');
subplot(2,2,4)
plot(xx,yy,'o-')
xlim([0, 4*pi])
xlabel('x'); ylabel('sin(x)')
set(gca, 'XAxisLocation', 'origin'); box off
```

5.2节讨论过指数增长和指数衰退。如果将步长设为1年，每年只看一个数据，这时候图5.10和图5.11的两个线图，就变成图5.30的样子。这些有规律的散点都可以称作数列，本身是一种离散函数。

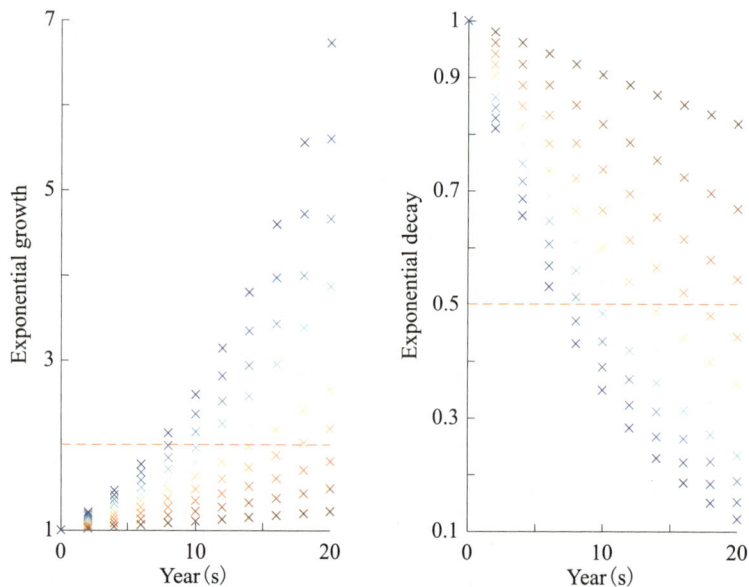

图5.30　指数增长和指数衰退的散点图

最常见的两个数列是等差数列和等比数列。当数列**连续项** (successive terms) 之间存在**等差** (constant difference)，那么该数列被称作**等差数列** (arithmetic progression或arithmetic sequence)，常简写作AP。也就是说，等差数列是从第二项起，每一项均由前一项加一个常数所构成的序列，如奇数1，3，5，7，…。**初项** (initial term) 如果写作a_1(a sub one)。**连续项之间的公差** (the common difference of successive members) 记作 "d"，那么，**数列的第n项** (nth term of the sequence) 可以写作：

$$a_n = a_1 + (n-1)d \tag{5.39}$$

一个等差数列的和等于其首项与末项的和乘以项数除以2。相传，**高斯** (Carl Friedrich Gauss) 在很小的时候就发现了等比数列求和的公式。老师让学生们计算 $1 + 2 + 3 + \cdots + 99 + 100$，高斯将5050的答案脱口而出。高斯这个名字会多次出现在本书中，特别是概率与统计这部分内容。

当数列**连续项之间存在恒比** (constant ratio between successive terms)，那么该数列被称作**等比数列** (geometric progression或geometric sequence)，常简写作GP。如果初项记作 a_1，**连续项之间的公比** (the common ratio of successive members) 记作q，等比数列的第n项可以写作：

$$a_n = a_1 q^{n-1} \tag{5.40}$$

图5.31展示的是首项为1，公比q为2、1、0.5、−0.5、−1和−2时等比数列的前10项。当$q = 2$时，等比数列呈现指数增长。当$q = 1$时，等比数列蜕化为常数数列。$q = 0.5$时，等比数列类似于指数衰退趋势。当$q = -0.5$时，等比数列正负交替**收敛** (converge)。当$q = -1$时，数列正负1**振荡** (oscillate)。$q = -2$时，等比数列正负交错振荡，同时**发散** (diverge)。有关收敛和发散这一话题，在第6章还会继续讨论。

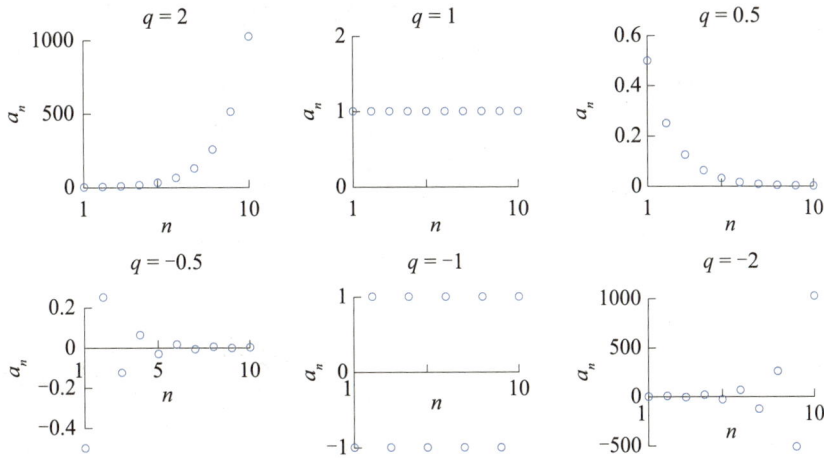

图5.31　公比q为不同值时的等比数列

以下代码可以用来获得图5.31。

B1_Ch5_15.m

```
clc; clear all; close all
Qs = [2, 1, 0.5, -0.5, -1, -2];
n = [1:1:10];

figure(1)
for i = 1:length(Qs)
    q =Qs(i);
    a_n = q.^n;
    subplot(2,3,i)
    plot(n,a_n,'o')
    xlabel('n'); ylabel('a_n')
    box off; grid off
    title(['q = ',num2str(q)]);
    xlim([min(n) max(n)])
    set(gca, 'XAxisLocation', 'origin')
    set(gca,'Xtick',[1,5,10])
end
```

等比数列求和这部分内容只简单展开讨论一下，这部分内容，将会在推导EWMA模型中使用。前n项等比数列的和S_n可以写作：

$$S_n = a_1 + a_2 + a_3 + \cdots + a_n$$
$$= a_1 + a_1 q + a_1 q^2 + \cdots + a_1 q^{n-1} \tag{5.41}$$

上式等式两侧同时乘以q，得到：

$$qS_n = a_1 q + a_1 q^2 + \cdots + a_1 q^n \tag{5.42}$$

上两式相减，并整理后得到：

$$(1-q)S_n = a_1 - a_1 q^n \tag{5.43}$$

当q不等于1时，等比数列的和为：

$$S_n = a_1 \frac{1-q^n}{1-q} \tag{5.44}$$

5.6 线性插值

插值 (interpolation)，又称为内插，是一类通过已知的、离散的数据点，在指定范围内推求新数据点的数值分析方法。常见的插值方法有线性插值、样条曲线插值、多项式插值等。在5.5节中，讨论了采用regress()函数进行数据拟合回归分析。读者也许会对插值和拟合的区别产生疑惑。图5.32对比了数据拟合和数据插值的区别。在左图的拟合曲线中，曲线未必需要经过每个数据点，该拟合曲线用于描述离散数据点的走势。在右图的插值曲线中，插值曲线需要经过每个离散数据点，并根据插值曲线估计其他数据点的值。已知两点 (x_0, y_0) 和 (x_1, y_1)，要得到区间 $[x_0, x_1]$ 内x对应的y值。举一个实用的例子，现在已知一年期利率和两年期利率，而一个现金流对应的期限恰好是一年半，插值的方法就可以帮助我们合理地获得一年半期限处的利率。

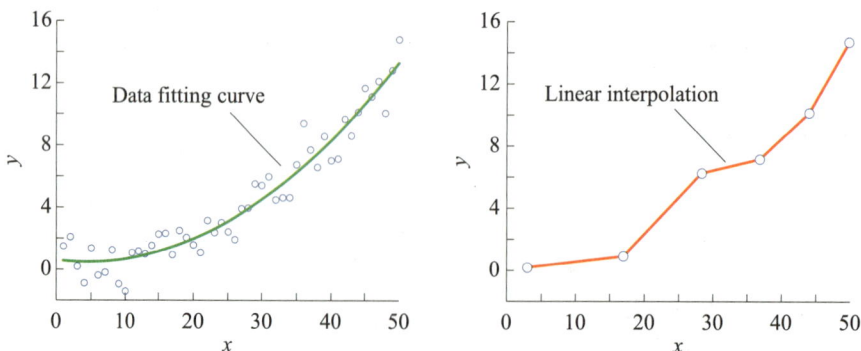

图5.32 数据拟合与数据插值 (一维线性插值) 的区别

插值的方法有很多，本书主要介绍最基本的线性插值，丛书第三本书有专门一章介绍其他的插值方法，特别是针对金融建模的插值方法，如图5.33所示。

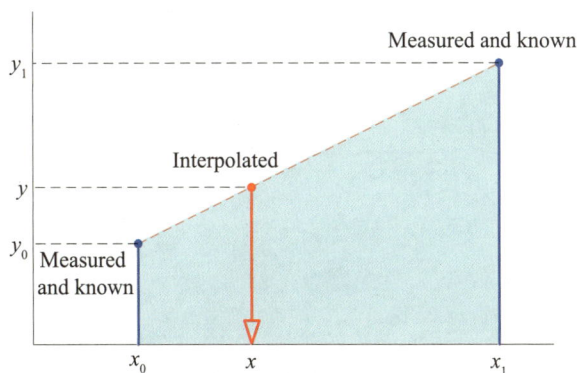

图5.33 线性插值

图5.33对应的情况，线性插值的等式可以通过斜率来联立，如下式：

$$\frac{y - y_0}{x - x_0} = \frac{y_1 - y_0}{x_1 - x_0} \tag{5.45}$$

y值可以很轻易地求得：

$$y = y_0 + (x - x_0)\frac{y_1 - y_0}{x_1 - x_0} = \frac{y_0(x_1 - x) + y_1(x - x_0)}{x_1 - x_0} \tag{5.46}$$

下面就用一个利率的例子，来讨论如何用一维线性插值来获得节点之间的利率值。表5.1给出当前时刻下的利率期限结构。这个利率期限结构有六个节点：一周、两周、一个月、三个月、半年、一年。

表5.1 几种常见的简单复利 (假设 y = 0.05 (5%))

期限	时间 (年)		年化利率	
1周	1/52	0.019231	1.8%	0.0180
2周	2/52	0.038462	1.95%	0.0195
1个月	1/12	0.083333	2.03%	0.0203
3个月	3/12	0.25	2.35%	0.0235
半年	6/12	0.5	2.5%	0.0250
一年	12/12	1	2.72%	0.0272

图5.34给出这个当前利率期限结构的趋势。图中的蓝色圆圈代表的就是已知的六个节点。这里需要注意的是，这六个节点处给出的利率值都是年化利率。

但是，这四个要计算的现金流CF_1、CF_2、CF_3、和CF_4，却发生在距今61天 (一年按365天计算)、122天、184天和304天。用线性插值的思想，这些现金流对应的利率可以用它们左右两侧已知数据来获得。图5.34中叉号对应的利率就是通过线性插值得到。以下代码可以用来获得图5.34。注意，代码中自定义了一个线性插值的子命令TableLook。

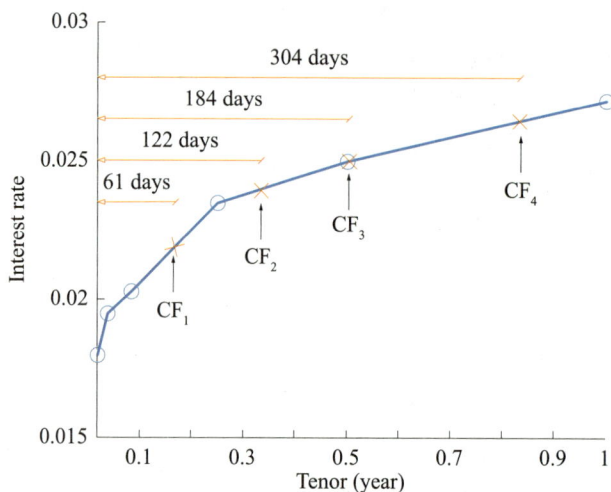

图5.34 利率期限结构

```
B1_Ch5_16.m
```

```
% linear interpolation of interest rates
clc; clear all; close all

tenors = [0.019231,0.038462,0.083333,0.25,0.5,1];
IRs = [0.0180 0.0195 0.0203 0.0235 0.0250 0.0272];
CF_dates = [61, 122, 184, 304]/365;
% date count: actual/365
CF_IR = TableLook(tenors, IRs, CF_dates)

figure(1)
plot(tenors, IRs,'o'); hold on
plot(tenors, IRs); hold on
plot(CF_dates,CF_IR,'x')
x_left = min(tenors);
x_right = max(tenors);
y_top = 0.03;
y_btm = 0.015;
xlim([x_left x_right])
ylim([y_btm y_top])
xlabel('Tenor (yr)')
ylabel('Interest rate')

%% subfunction

function yy = TableLook(x, y, xx)
yy = [];
num_int = length(xx);
```

```
for k = 1:num_int
    xx_i = xx(k);

    for n = length(x)
        if xx_i < x(1) || xx_i > x(n)
            error('Interpolation outside range')
        end
        % sequential search
        i = 1;
        while(1)
            if xx_i <= x(i + 1), break, end
            i = i + 1;
        end
        % linear interpolation
        y_i = y(i) + (y(i+1)-y(i))/(x(i+1)-x(i))*(xx_i-x(i));
    end
    yy = [yy,y_i];
end
end
```

另外，MATLAB给出的函数interp1()、interp2()、interp3()是最常用的插值工具，分别针对一维、二维和三维数据进行插值。这些命令的默认插值方法就是线性插值。采用命令interp1 (x，v，xq，method) 需要给出已知的一维数据的横坐标x，纵坐标v，需要插值求解的数据xq，以及插值的方法method。可供采用的插值方法有线性插值"linear"，最邻近插值法"nearest"，下一个邻点插值"next"，上一个邻点插值"previous"，保形分段三次插值"pchip"，Akima 三次Hermite插值"makima"和"样条插值spline"。值得注意的是，这些不同的插值方法要求不同数量的已知数据点作为输入和不同的内存，运算时间要求。相比线性插值，样条插值得到的结果更为平滑。图5.35比较了这两种插值方法。如前文介绍，丛书的第三本书会专门介绍样条插值背后的数学原理。

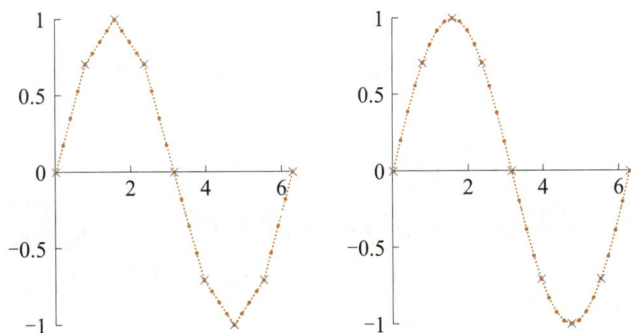

图5.35　两种不同的插值方法：左图线性插值，右图样条插值

图5.35可以通过以下代码获得。

```
B1_Ch5_17.m
```

```
%% 1D interpolation
clc; clear all; close all
x = 0:pi/4:2*pi;
v = sin(x);
```

```
xq = 0:pi/16:2*pi;

figure(1)
subplot(1,2,1)
vq1 = interp1(x,v,xq);
plot(x,v,'x',xq,vq1,':.');
xlim([0 2*pi]);
title('(Default) Linear Interpolation');
set(gca, 'XAxisLocation', 'origin')

subplot(1,2,2)
vq2 = interp1(x,v,xq,'spline');
plot(x,v,'x',xq,vq2,':.');
xlim([0 2*pi]);
title('Spline Interpolation');
set(gca, 'XAxisLocation', 'origin')
```

至此，我们讨论了MATLAB处理内插插值的方法。值得注意的是，在上述的一维数据内插中，"linear"默认用于内插插值，"pchip"可用于内插插值和外插插值。若读者希望采用线性插值应用在外插值上，则还需额外采用命令"extrap"，如interp1 (x，v，xq, 'linear', 'extrap')。顾名思义，外插插值指的是，未知的待查询数据点的横坐标在已知数据区点的定义域以外，如图5.36所示。

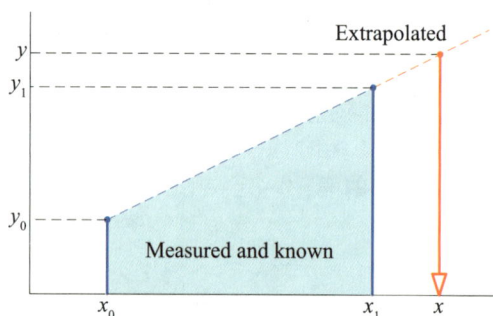

图5.36　线性外插

MATLAB有如下命令用来实现外插值：

```
g = fnxtr(f,order)
```

fnxtr将会返回"order"阶样条曲线外插值g。一般而言，"order"阶数应当小于f的阶数。若无特殊指定，"order"默认为2。

下面来讨论一下二维线性插值的基本思路。二维线性插值数据维度上比一维多了一个维度。图5.37给出了二维线性插值的原理。可以看出，二维线性插值相当于处理了三个一维线性插值。第3章提及过利率曲面，这个曲面的插值就可以用2D线性插值获得。

图5.38给出已知曲面的稀疏数据点，曲面上一共有49个数据点。为了获得精度更高的曲面，可以使用样条插值方法。图5.39展示了分别用线性插值和样条插值获得的曲面。

以下代码可以用来获得图5.38和图5.39，使用的是MATLAB函数命令interp2()。代码中，没有使用样条插值方法spline，用的是cubic方法，两者结果相差不大，但cubic比spline节省运算时间。丛书第三本会有专门讨论插值方法的章节。

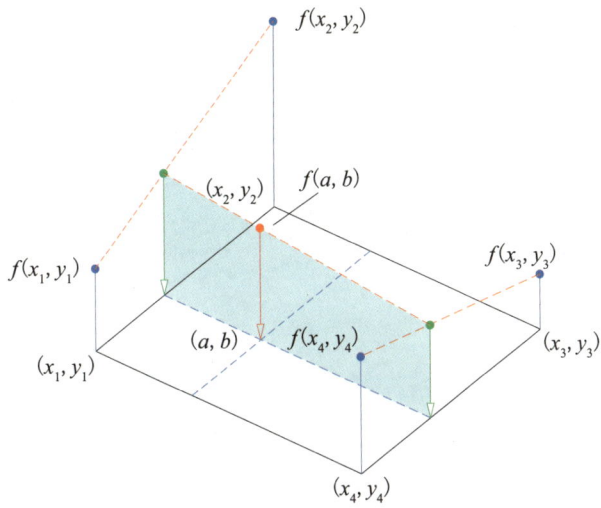

图5.37　2D线性插值

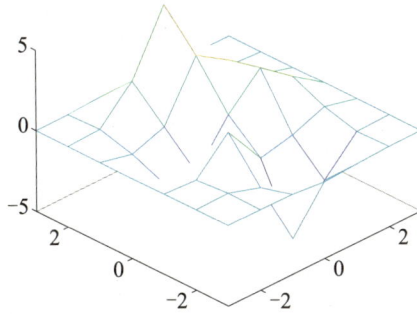

图5.38　已知曲面数值

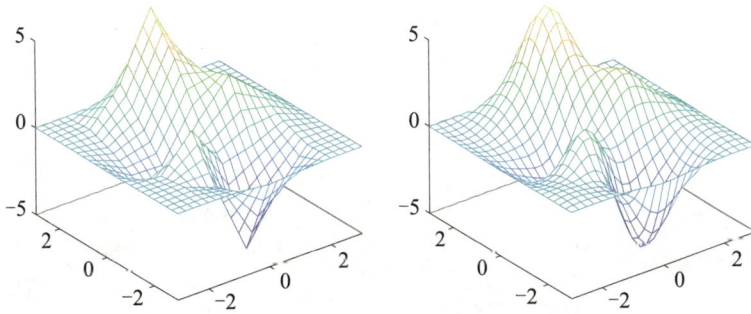

图5.39　插值之后的曲面：左图线性插值，右图样条插值 (实际上是cubic方法，结果类似于spline)

```
B1_Ch5_18.m

%% 2D interpolation

[X,Y] = meshgrid(-3:3);
V = peaks(X,Y);

figure(1)
```

```
mesh(X,Y,V)
title('Original Sampling');


[Xq,Yq] = meshgrid(-3:0.25:3);
Vq = interp2(X,Y,V,Xq,Yq);

figure(2)
subplot(1,2,1)
mesh(Xq,Yq,Vq);
title('Linear Interpolation Using Finer Grid');


Vq_cubic = interp2(X,Y,V,Xq,Yq,'cubic');

subplot(1,2,2)
mesh(Xq,Yq,Vq_cubic);
title('Cubic Interpolation Over Finer Grid');
```

这一章讨论了空间以及空间中的几个重要元素，比如点、线、面。请读者格外留意这些数学概念和它们与金融应用的联系。然后，简单介绍了线性不等式和这些条件代表的边界条件，以及这些边界条件包围形成的可行域。金融数据都是离散数据，数列是最典型的离散数据序列，了解数列，有助于了解离散数据的基本性质。线性插值是从离散数据推导离散点之间的数值的一种最基本的办法。在本章基础上，第6章将继续探讨其他一些数学概念。

数学的精进不休和日臻完善，和这个国家的繁荣息息相关。

The advancement and perfection of mathematics are intimately connected with the prosperity of the State.

——拿破仑·波拿巴 (Napoleon Bonaparte)

第6章 数学基础 II

我们的宇宙，在某种意义上是上帝所创造的最好的一个。

This is the best of all possible worlds.

有苦才有甜。

He who hasn't tasted bitter things hasn't earned sweet things.

——戈特弗里德·莱布尼茨 (Gottfried Wilhelm Leibniz)

Core Functions and Syntaxes
本章核心命令代码

◀ `\Delta` 大写希腊字母 Δ。

◀ `\delta` 小写希腊字母 δ。

◀ `brewermap()` MATLAB 社区网友共享函数，定义生成不同的颜色。下载地址 https://www.mathworks.com/matlabcentral/fileexchange/45208-colorbrewer-attractive-and-distinctive-colormaps。

◀ `cell2sym` 将 cell 数组变成符号数组。

◀ `diff(f_syms)` 求解符号方程一阶导数。

◀ `diff(f_syms,2)` 求解符号方程二阶导数。

◀ `double(X)` 转换为双精度。

◀ `ezplot(f_syms, xx)` 绘制图像，该图像由符号表达式 f_syms 表达，定义域为 xx。

◀ `fcn = @(x) exp(-x).*sin(3*x)` 生成以 x 为自变量的匿名函数。

◀ `feval(f_x,x_p,y_p)` 根据函数 f_x 的输入 x_p 和 y_p 计算函数值。

◀ `gradient(F)` 计算一阶偏微分。

◀ `integral(fun,xmin,xmax)` 计算符号变量函数 fun 在 [xmin,xmax] 的积分。

◀ `length(num_int_series)` 获得向量的长度。

◀ `limit(f_syms,n,Inf)` 计算符号变量函数 f_syms 的极限值。

◀ `matlabFunction(f_x)` 将函数变量表达式转换为函数句柄。

◀ `quiver(x,y,u,v)` 绘制速度图，在每一个二维点 (x,y) 绘制箭头矢量，矢量的方向和幅值由 (u,v) 定义。

◀ `set(gca, 'XAxisLocation', 'origin')` 将 x 轴的位置定义在原定处，其他选项还包括 "top" 和 "bottom"，分别将 x 轴的位置定义在图的顶部或底部。

◀ `set(gca, 'YAxisLocation', 'origin')` 将 y 轴的位置定义在原定处，其他选项还包括 "left" 和 "right"，分别将 y 轴的位置定义在图的左侧或右侧。

◀ `slice()` 四维数据切片。

◀ `stem3(x_p,y_p,f_p,'filled')` 绘制 3D 实心头火材梗图。

◀ `syms` 定义符号变量。

◀ `symsum(f_syms, n, 1, Inf)` 计算序列和的极限值。

◀ `xl = xlim` 取出图像 x 轴取值范围。

◀ `yl = ylim` 取出图像 y 轴取值范围。

◀ `zl = zlim` 取出图像 z 轴取值范围。

6.1 收敛与发散

第5章讨论数列时，发现了**振荡** (oscillation)、**收敛** (convergence) 和**发散** (divergence) 这三个现象。这一节再次展开讨论一下。一个数列 $\{a_n\}$，随着n的增加而趋近于C，我们说这个数列在n趋向于无穷时的极限为C：

$$\lim_{n\to\infty} a_n = C \tag{6.1}$$

图6.1给出了四个收敛的数列。具体公式请读者参考代码。这里有一个重要的极限，在前文中也出现过，请务必注意：

$$\lim_{n\to\infty}\left(1+\frac{1}{n}\right)^n = \mathrm{e} \tag{6.2}$$

以上极限值的求解可以通过MATLAB函数limit()完成。具体代码如下：

```
syms n
f = (1 + 1/n)^n;
limit(f,n,Inf)
```

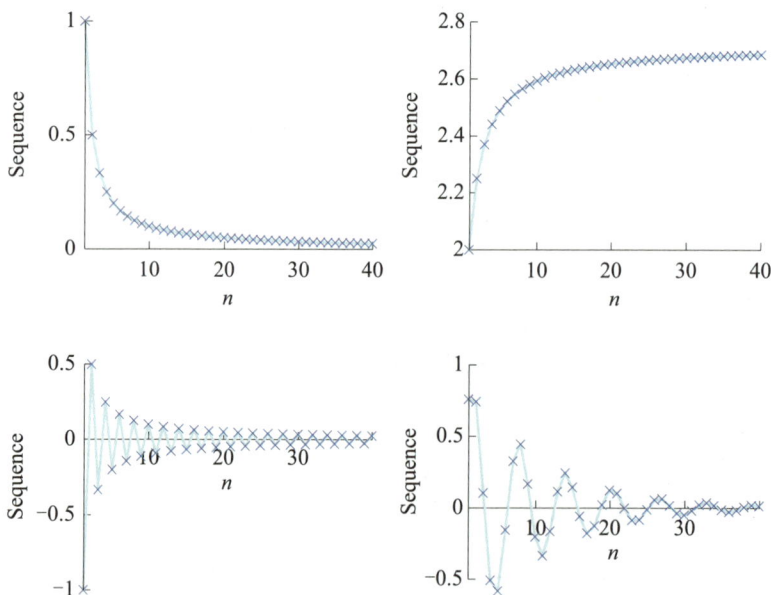

图6.1　四个收敛的数列

有界的数列未必收敛，比如图6.2中上两图。第一个数列的上下界为1和-1，第二个数列的上下界为2和-2。图6.2中下两图给出的是发散数列。

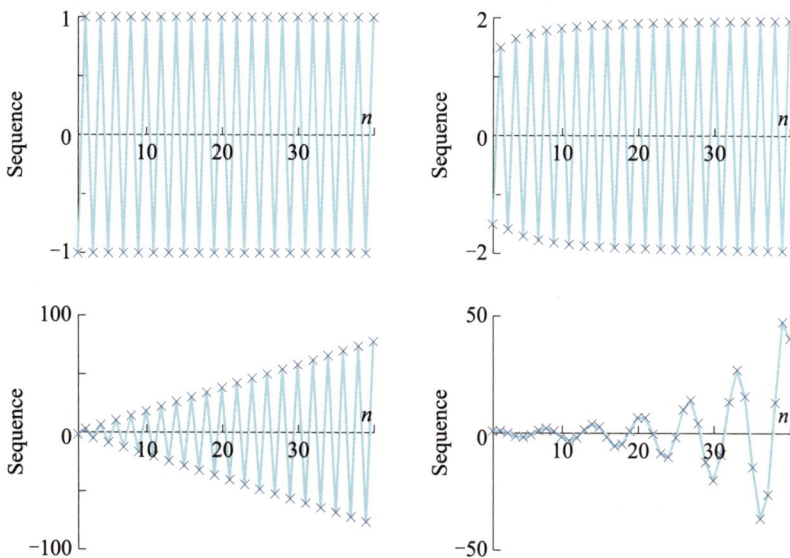

图6.2　有界但不收敛数列和发散数列

以下代码可以获得图6.1和图6.2。

```
B1_Ch6_1.m

clc; clear all; close all
n = 1:1:40;

% convergent
sq_1 = 1./n;             % convergent
sq_2 = (1 + 1./n).^n;    % convergent
sq_3 = (-1).^n./n;       % oscillating and convergent
sq_4 = sin(n).*exp(-n/10); % oscillating, convergent

figure(1)
subplot(2,2,1)
sq_plot(n,sq_1)

subplot(2,2,2)
sq_plot(n,sq_2)

subplot(2,2,3)
sq_plot(n,sq_3)

subplot(2,2,4)
sq_plot(n,sq_4)

sq_5 = (-1).^n;  % oscillating, bounded
sq_6 = (-1).^n.*(2*n.^2 + 1)./(n.^2 + n); % oscillating, bounded
sq_7 = (-1).^n.*(2*n.^2 + 1)./(n + 1); % oscillating, divergent
sq_8 = sin(n).*exp(n/10); % oscillating, exploding
```

```
figure(2)
subplot(2,2,1)
sq_plot(n,sq_5)

subplot(2,2,2)
sq_plot(n,sq_6)

subplot(2,2,3)
sq_plot(n,sq_7)

subplot(2,2,4)
sq_plot(n,sq_8)

function sq_plot(n,sq)
plot(n,sq,'-x');
xlabel('n'); ylabel('Sequence')
set(gca, 'XAxisLocation', 'origin')
box off; grid off
xlim([min(n) max(n)])
end
```

数列之和 (sum of an infinite series) 也可以是收敛或发散。下式就是一个收敛的数列之和，如图6.3左上图所示。

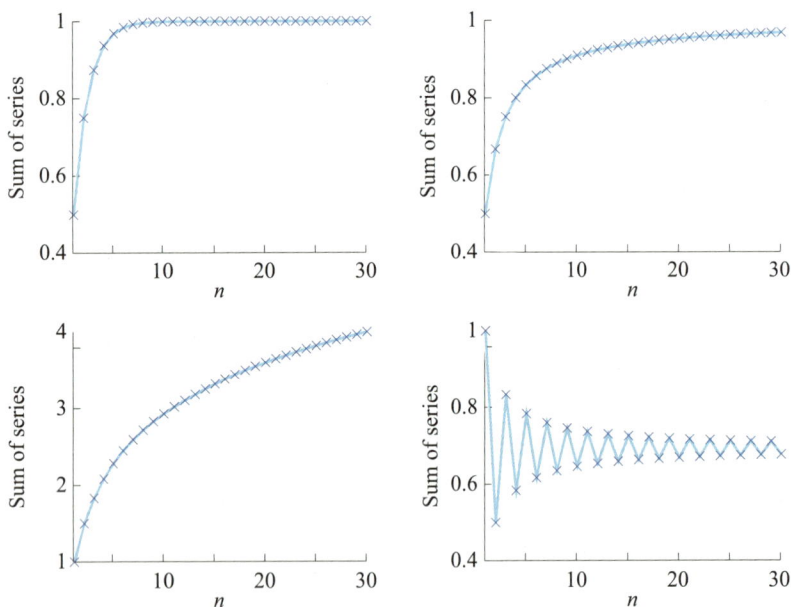

图6.3　数列之和

$$1 + \frac{1}{2} + \frac{1}{4} + \frac{1}{8} + \frac{1}{16} + \cdots = \sum_{n=0}^{\infty} \frac{1}{2^n} = 2 \tag{6.3}$$

如图6.3右上图所示，以下数列之和也是收敛的。

$$\frac{1}{1\times2}+\frac{1}{2\times3}+\frac{1}{3\times4}+\frac{1}{4\times5}+\frac{1}{5\times6}+\cdots=\sum_{n=1}^{\infty}\frac{1}{n(n+1)}=1 \qquad (6.4)$$

但是1/n这个数列之和并不收敛，如图6.3左下图所示。

$$1+\frac{1}{2}+\frac{1}{3}+\frac{1}{4}+\frac{1}{5}+\cdots=\sum_{n=1}^{\infty}\frac{1}{n} \qquad (6.5)$$

如果在以上数列中每一项增加正负号交替，这个数列之和收敛，如图6.3右下图所示。

$$1-\frac{1}{2}+\frac{1}{3}-\frac{1}{4}+\frac{1}{5}-\cdots=\sum_{n=1}^{\infty}\frac{(-1)^{n-1}}{n}=\ln(2) \qquad (6.6)$$

以上序列和的极限值可以通过symsum()来获得，如下。

```
syms n
f1 = 1/2^n
S1 = symsum(f1, n, 1, Inf)

f2 = 1/(n*(n+1))
S2 = symsum(f2, n, 1, Inf)

f3 = (-1)^(n-1)/n
S3 = symsum(f3, n, 1, Inf)
```

以下代码可以获得图6.3。

```
B1_Ch6_2.m

clc; clear all; close all
n = 1:1:30;

sq_1 = 1./(2.^n);
sum_sq_1 = cumsum(sq_1);
sq_2 = 1./(n.*(n+1));
sum_sq_2 = cumsum(sq_2);
sq_3 = 1./n;
sum_sq_3 = cumsum(sq_3);
sq_4 = (-1).^(n-1)./n;
sum_sq_4 = cumsum(sq_4);
% F = symsum(f,k,a,b) returns the sum of the series with
% terms that expression f specifies

figure(1)
subplot(2,2,1)
sq_plot(n,sum_sq_1)

subplot(2,2,2)
sq_plot(n,sum_sq_2)
```

```
subplot(2,2,3)
sq_plot(n,sum_sq_3)

subplot(2,2,4)
sq_plot(n,sum_sq_4)

function sq_plot(n,sum_sq)
plot(n,sum_sq,'-x');
xlabel('n'); ylabel('Sum of series')
set(gca, 'XAxisLocation', 'origin')
box off; grid off
xlim([min(n) max(n)])
end
```

　　振荡、收敛和发散，这三个现象将会大量出现在金融建模结果分析中。本书将主要以各种仿真结果，穿插着和读者来探讨这三个现象。另外，这一节采用了一些MATLAB符号运算函数。丛书第四本第一章专门介绍符号运算模块。

6.2 微分

　　若$f(x)$在定义域$[x_1, x_2]$内一阶可导，则函数$y = f(x)$的一次函数可以表达为：

$$\frac{dy}{dx} = f'(x) \tag{6.7}$$

　　图6.4给出某个二次函数在$x = -1$处的一阶导数的图像。可以发现虚线就是在$x = -1$处二次函数的切线。切线的斜率就是此处的函数的一阶导数值。这条切线的表达式为：

$$y(x) = f(a) + f'(a)(x - a) \tag{6.8}$$

　　其中，$a = -1$是切点所对应的x坐标值；$f'(a)$是函数$f(x)$在$x = a$处的一阶导数值。如果a沿着x轴变化，就可以得到一系列在不同斜率的二次函数切线，如图6.5所示。这些切线的斜率，从左到右，从负值渐渐变为正值。

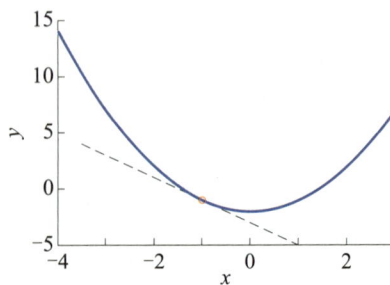

图6.4　二次函数在$x = -1$处的导数

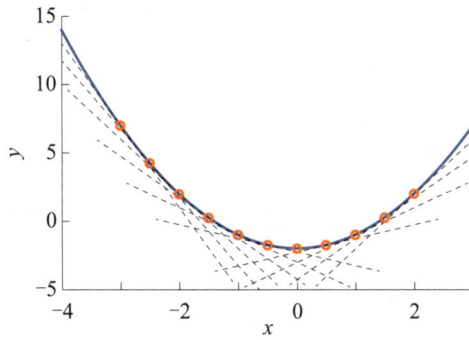

图6.5 切线斜率的变化

以下代码可以用来获得图6.4和图6.5。请读者用syms符号运算简化这部分代码。

```
B1_Ch6_3.m

clc; clear all; close all
x_start = -4;
x_end = 3
x = linspace(x_start, x_end, 500);
y = x .^ 2 - 2;
% original function

figure(1)
% plot the curve of the original function
plot(x, y, 'b-', 'LineWidth', 2);
grid on;

xlabel('x'); ylabel('y');
Tangent_x = -1;
xx = linspace(-2.5+Tangent_x,2.5+Tangent_x,10);
slope = 2 * Tangent_x;

Tangent_y = Tangent_x .^ 2 - 2;
hold on;
plot(Tangent_x, Tangent_y, 'ro', 'LineWidth', 2,...
'MarkerSize', 6);
yTangentLine = slope * (xx - Tangent_x) + Tangent_y;
plot(xx, yTangentLine, 'k--');
grid off
ylim([-5,15]); xlim([x_start x_end])

figure(2)
% plot the curve of the original function
plot(x, y, 'b-', 'LineWidth', 2);
grid on;

xlabel('x'); ylabel('y');
```

```
Points_x = x_start+1:0.5:x_end-1;

for i = 1:length(Points_x)

    Tangent_x = Points_x(i);
    xx = linspace(-1.9+Tangent_x,1.9+Tangent_x,10);
    slope = 2 * Tangent_x;

    Tangent_y = Tangent_x .^ 2 - 2;
    hold on;
    plot(Tangent_x, Tangent_y, 'ro', 'LineWidth', ...
    2, 'MarkerSize', 6);
    yTangentLine = slope * (xx - Tangent_x) + Tangent_y;
    plot(xx, yTangentLine, 'k--'); hold on
end
grid off
ylim([-5,15]); xlim([x_start x_end])
```

图6.6给出了一个三次函数的图像，一阶导数图像和二阶导数函数。这个函数的解析式为：

$$f(x) = x^3 - 11x^2 + 34x - 24 \qquad (6.9)$$

这个函数的一阶导数是：

$$f'(x) = 3x^2 - 22x + 34 \qquad (6.10)$$

这个函数的二阶导数，也是这个函数一阶导数的一阶导数：

$$f''(x) = 6x - 22 \qquad (6.11)$$

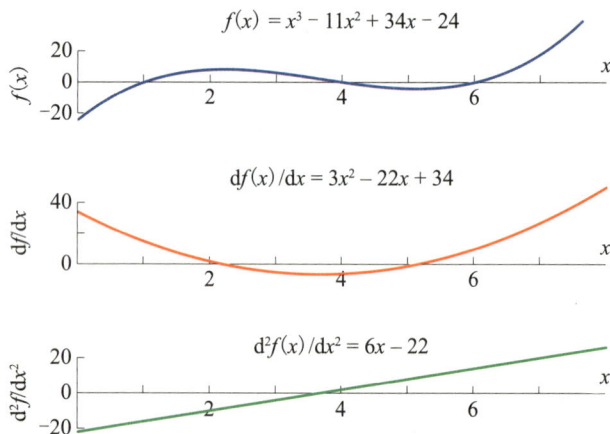

图6.6 某三次函数的图像，一阶导数图像，二阶导数图像

观察图6.6，可以看到，这个三次函数的一阶导数图像是一个二次函数。这个函数的二阶导数是一个一次函数。图中没有给出，但也可以知道，这个三次函数的三阶导数是一个常数函数：

$$f'''(x) = 6 \tag{6.12}$$

FRM考纲中很多知识点都用到了导数，但是一般只要求到二阶导数，比如希腊字母中的Gamma，就是一个二阶导数。

图6.7中的第一个子图给出了一个正弦函数图像，函数的解析式为：

$$f(x) = \sin(x) \tag{6.13}$$

这个正弦函数的一阶导数是余弦cos(x)：

$$f'(x) = \cos(x) \tag{6.14}$$

有意思的是，这个正弦函数的二阶导又是一个符号相反的正弦函数：

$$f''(x) = -\sin(x) \tag{6.15}$$

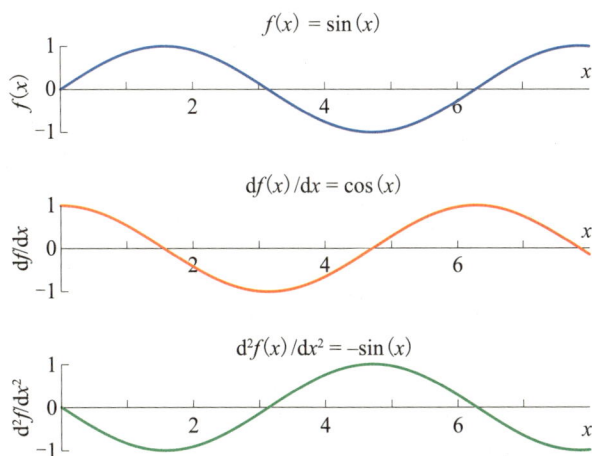

图6.7　正弦函数的图像，一阶导数图像，二阶导数图像

正弦、余弦函数等周期函数，有助于对一些具有周期规律的金融现象建模和预测。比如，很多商品的销售数据、失业率等数据都有以年为周期的规律。**傅里叶分解** (Fourier analysis) 是一种研究周期性的有效工具，第5章简单讨论了这一数学方法的基本原理。这个数学方法不在FRM考纲考察范围内，但在第三本书中会简单探讨使用傅里叶分析研究金融周期性。

指数函数和对数函数是两个常用的函数。FRM中大量使用的连续复利利率，就是对数运算。图6.8和图6.9展示的是指数和对数函数的函数图像和它们的一阶导数、二阶导数图像。

以下代码可以用来获得图6.6～图6.9。

```
B1_Ch6_4.m

clc; clear all; close all

xx = [0:0.05:8];
```

```matlab
syms x

functions = {expand((x-1)*(x-4)*(x-6));
    sin(x);
    exp(x/2);
    log(x+1);};


% expand(S) multiplies all parentheses in S,
% and simplifies inputs to functions such as
% cos(x + y) by applying standard identities.

for i = 1:length(functions)

    f_syms = cell2sym(functions(i));

    f = matlabFunction(f_syms)
    % g = matlabFunction(f) converts the
    % symbolic expression or function f to
    % a MATLAB function with handle g.

    figure(i)
    subplot(3,1,1)
    %    plot(xx,f(xx))
    ezplot(f_syms, xx)
    %    fplot() can also be used
    xlabel('x')
    ylabel('f(x)')
    set(gca, 'XAxisLocation', 'origin')

    df_dx_syms = diff(f_syms)

    df_dx = matlabFunction(df_dx_syms)

    subplot(3,1,2)
    %    plot(xx,df_dx(xx))
    ezplot(df_dx_syms, xx)
    xlabel('x')
    ylabel('df/dx')
    set(gca, 'XAxisLocation', 'origin')

    df2_dx2_syms = diff(f_syms,2)


    subplot(3,1,3)
```

```
%      plot(xx,df2_dx2(xx))
ezplot(df2_dx2_syms, xx)
xlabel('x')
ylabel('d^2f/dx^2')
set(gca, 'XAxisLocation', 'origin')

end
```

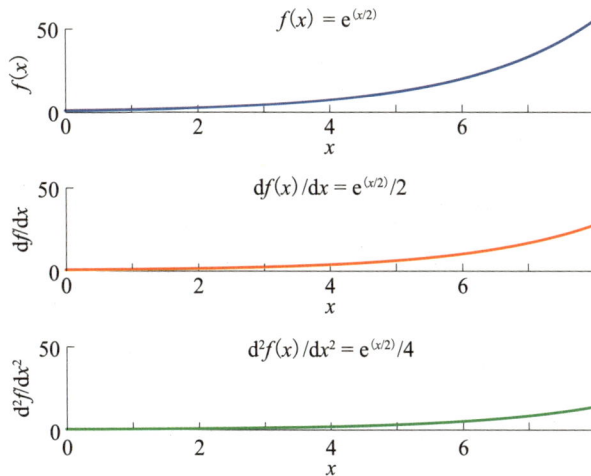

图6.8 指数函数的图像，一阶导数图像，二阶导数图像

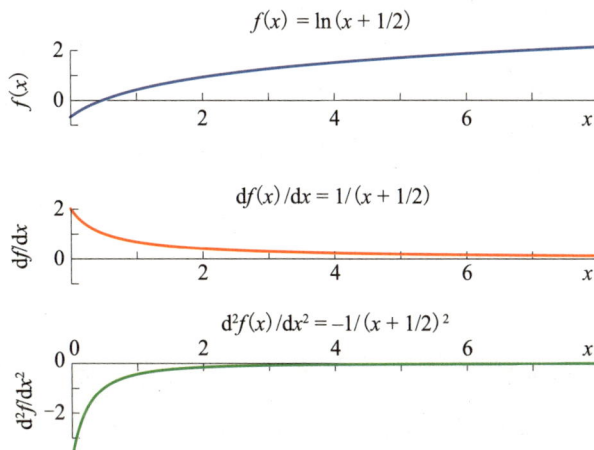

图6.9 对数函数的图像，一阶导数图像，二阶导数图像

另外，$f(x)$在切点附近的值可以用这条切线的一次函数来近似求得：

$$f(x) \approx f(a) + f'(a)(x-a) \tag{6.16}$$

从图6.10可以看出，靠近$x = -1$时，直线的y值贴近二次函数，但是随着x取值远离$x = -1$，二次函数和一次函数的误差不断增大。这部分内容是泰勒展开的基础，在本章的最后部分，将更加仔细地探讨这个数学方法。需要注意的是，泰勒展开贯穿各种金融估算方法，请读者留意学习。

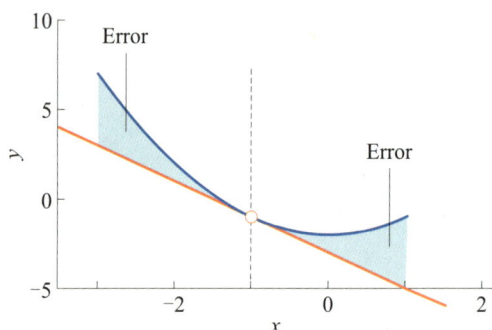

图6.10 二次函数在$x = 1$处的导数

刚才讨论的是只含有一个变量的泰勒一次估计。如果二元函数$z(x, y)$是x和y的函数，且在指定的定义域内，z对x和y的一次偏导数存在，它的泰勒一次估计可以写作：

$$z(x,y) \approx z(a,b) + \frac{\partial z}{\partial x}(a,b)(x-a) + \frac{\partial z}{\partial y}(a,b)(y-b) \tag{6.17}$$

另外，函数的导数可以简单地理解为，变化率：

$$f'(x) = \frac{dy}{dx} \approx \frac{\text{change in } y}{\text{change in } x} = \frac{\Delta y}{\Delta x} \tag{6.18}$$

图6.11给出三种一次导数的数值估算的方法：**向前差分** (forward difference)，**向后差分** (backward difference)，和**中心差分** (central difference)。请读者注意，这几种估算方法会贯穿金融建模始终，也是各种金融面试的必考题目。丛书第三本会专门讨论这些数值方法在金融建模中的应用。我们首先了解一下一阶导数差分的几个基本公式。一阶导数向前差分的具体公式为：

$$f'(x) \approx \frac{f(x + \Delta x) - f(x)}{\Delta x} \tag{6.19}$$

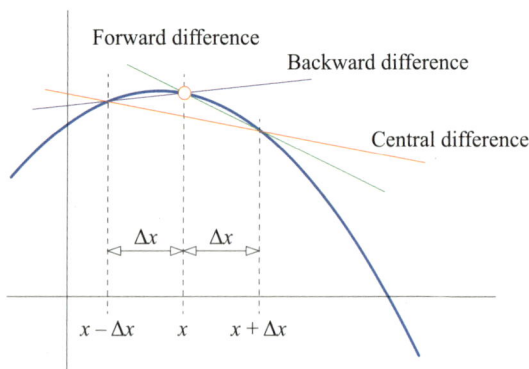

图6.11 三种一次导数的数值估计方法

一阶导数向后差分的公式如下：

$$f'(x) \approx \frac{f(x) - f(x - \Delta x)}{\Delta x} \tag{6.20}$$

一阶导数的中心差分第一种形式如下：

$$f'(x) \approx \frac{f(x+\Delta x) - f(x-\Delta x)}{2\Delta x} \qquad (6.21)$$

一阶导数的中心差分第二种形式如下：

$$f'(x) \approx \frac{f(x+\dfrac{\Delta x}{2}) - f(x-\dfrac{\Delta x}{2})}{\Delta x} \qquad (6.22)$$

类似地，二阶导数也有自己的几种差分求解形式。**二阶导数中心差分** (second-order central difference) 的公式如下：

$$\begin{aligned} f''(x) &\approx \frac{\dfrac{f(x+\Delta x)-f(x)}{\Delta x} - \dfrac{f(x)-f(x-\Delta x)}{\Delta x}}{\Delta x} \\ &= \frac{f(x+\Delta x)-2f(x)+f(x-\Delta x)}{\Delta x^2} \end{aligned} \qquad (6.23)$$

请读者格外注意以上公式，这个公式就是债券凸率数值计算的基本思想。**二阶导数向前差分** (second-order forward difference) 的表达式为：

$$\begin{aligned} f''(x) &\approx \frac{\dfrac{f(x+2\Delta x)-f(x+\Delta x)}{\Delta x} - \dfrac{f(x+\Delta x)-f(x)}{\Delta x}}{\Delta x} \\ &= \frac{f(x+2\Delta x)-2f(x+\Delta x)+f(x)}{\Delta x^2} \end{aligned} \qquad (6.24)$$

二阶导数向后差分 (second-order backward difference) 的表达式如下：

$$\begin{aligned} f''(x) &\approx \frac{\dfrac{f(x)-f(x-\Delta x)}{\Delta x} - \dfrac{f(x-\Delta x)-f(x-2\Delta x)}{\Delta x}}{\Delta x} \\ &= \frac{f(x)-2f(x-\Delta x)+f(x-2\Delta x)}{\Delta x^2} \end{aligned} \qquad (6.25)$$

图6.11中，Δx 被称作步长。Δx 的大小会影响到求解的精确度。Δx 太大，也就是步长大，误差会大。Δx 小，误差小，但是计算量也随之增大。图6.12给出步长 Δx 如何影响估算的示意图。

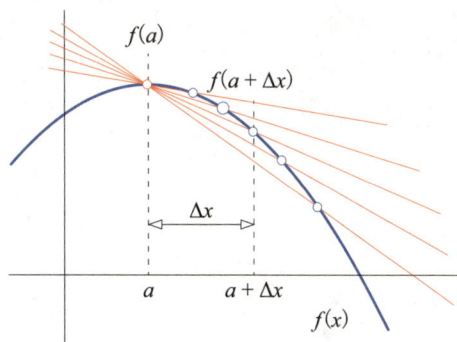

图6.12　步长对结果的影响

图6.13给出一个函数的原函数图像(上图)和它的一阶导数的图像(下图)。可以发现，当函数的斜线斜率为正时，dy/dx大于零；当函数切线平行于x轴时，dy/dx等于零；当函数切斜斜率小于零时，dy/dx小于零。

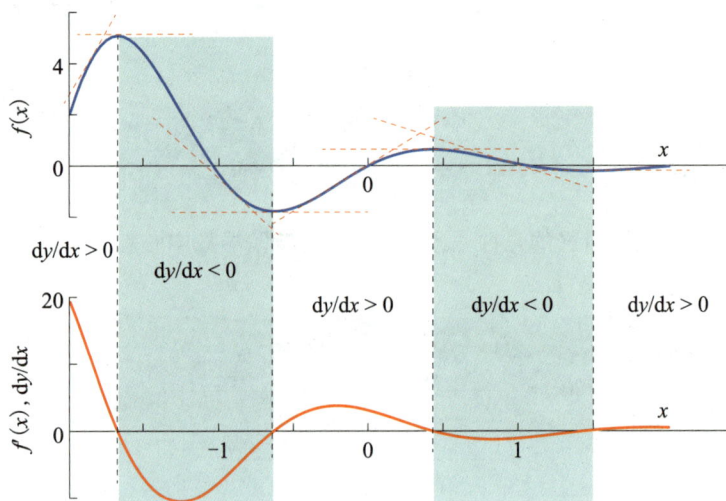

图6.13　原函数和一阶导数图像

图6.14给出一阶导数的**解析解** (analytical solution) 和三种数值近似的关系。区间 [-2，2] 长度为4，内数值运算共有20步，步长为 $\Delta x = 0.2$。可以发现，中心差分法的数值最靠近解析解。图6.15展示了这三种数值方法的误差情况。可以更清楚地看到，中心差分的误差远小于其他两种。当步长减半时，区间 [-2，2] 长度为4，内数值运算共有40步。步长为 $\Delta x = 0.1$。可以看到，同一个x位置处，相比图6.16，图6.16中展示的误差值明显减小。如果看一下误差的具体值，如图6.17所示，相比图6.15，明显减小。

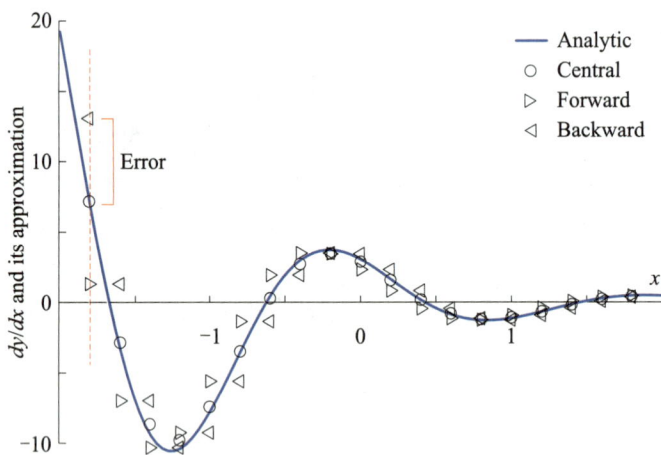

图6.14　一次导数的解析解和数值解，大步长

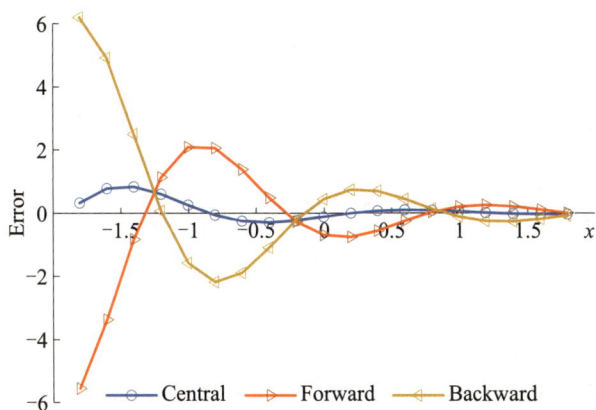

图6.15　三种数值解的误差，大步长

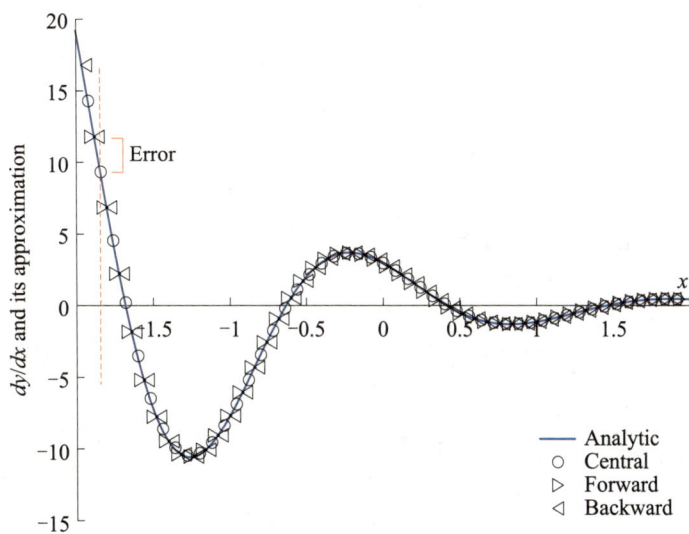

图6.16　一次导数的解析解和数值解，小步长

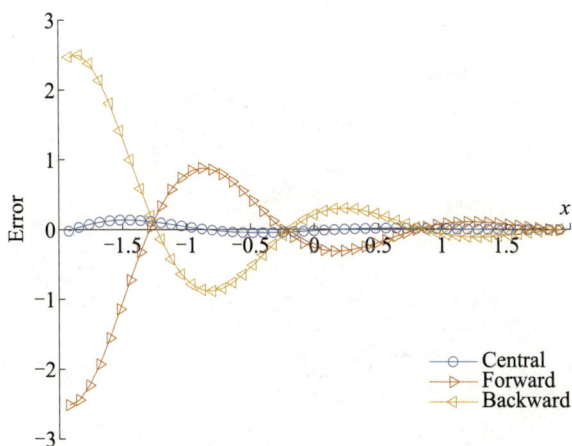

图6.17　三种数值解的误差，小步长

以下代码可以用来获得图6.14～图6.17。

```matlab
clc; clear all; close all
fcn = @(x) exp(-x).*sin(3*x);
% original function
d_fcn = @(x) -exp(-x).*sin(3*x)+ 3*exp(-x).*cos(3*x);
% analytical differential equation

x_start = -2; % starting point
x_end = 2;    % end point
x=linspace(x_start,x_end,21);
% 20 steps
xx=linspace(x_start,x_end,101);
% 100 steps
F=fcn(x);

% approximated differential
h=x(2)-x(1);

x_Central=x(2:end-1);
df_Central=(F(3:end)-F(1:end-2))/(2*h);

x_Forward=x(2:end-1);
df_Forward=(F(3:end)-F(2:end-1))/h;

x_Backward=x(2:end-1);
df_FBackward=(F(2:end-1)-F(1:end-2))/h;

% calculate the errors
error_Central = df_Central - d_fcn(x_Central);
error_Forward = df_Forward - d_fcn(x_Central);
error_Backward = df_FBackward - d_fcn(x_Central);

% Plot the original function
figure(1)
title('Original function and first-order derivative')
subplot(2,1,1)
plot(xx,fcn(xx))
xlabel('x')
ylabel('f(x)')
set(gca, 'XAxisLocation', 'origin')

subplot(2,1,2)
plot(xx,d_fcn(xx))
xlabel('x')
ylabel('f^/prime(x), df/dx')
set(gca, 'XAxisLocation', 'origin')
```

```
% Plot the analytical and numerical differentials
figure(2)
plot(xx,d_fcn(xx)); hold on
plot(x_Central,df_Central,'o')
plot(x_Forward,df_Forward,'>');
plot(x_Backward,df_FBackward,'<');
legend('Analytic','Central','Forward','Backward')
xlabel('x')
ylabel('dy/dx and its approximations')
set(gca, 'XAxisLocation', 'origin')
title('Analytical and numerical first-order derivative')

% Plot the errors
figure(3)
plot(x_Central,error_Central,'-o'); hold on
plot(x_Central,error_Forward,'->'); hold on
plot(x_Central,error_Backward,'-<'); hold on
legend('Central','Forward','Backward')
xlabel('x')
ylabel('Error')
set(gca, 'XAxisLocation', 'origin')
title('Errors')
```

6.3 积分

    函数可以微分，也可以积分。**牛顿** (Isaac Newton) 和**莱布尼茨** (Gottfried Wilhelm Leibniz) 就微积分发明权争执了很长时间。莱布尼茨也是17世纪少有的通才，这个德国人是律师，是哲学家，是工程师，更是优秀的数学家。牛顿在17世纪的学术界呼风唤雨，是学术天空中最耀眼的一颗星辰，莱布尼茨的光芒则显得暗淡很多。像莱布尼茨这样的天才还有很多，比如说爱迪生时代的**特斯拉** (Nikola Tesla)，乔布斯时代的**沃兹尼亚克** (Steve Wozniak)。莱布尼茨对微积分贡献颇丰，即便英国皇家学会公开判定："牛顿是微积分的第一发明人"，莱布尼茨也毫无嫉恨地评价牛顿：在从世界开始到牛顿生活的时代的全部数学中，牛顿的工作超过了一半。不管谁发明了微积分，莱布尼茨的微积分数学符号都被后世广泛采用。

Gottfried Wilhelm Leibniz (1646—1716) German philosopher，mathematician，and political adviser，important both as a metaphysician and as a logician and distinguished also for his independent invention of the differential and integral calculus.

Sir Isaac Newton (1642—1727)，English physicist and mathematician，who was the culminating figure of the scientific revolution of the 17th century. In optics，his discovery of the composition of white light integrated the phenomena of colours into the science of light and laid the foundation for modern physical optics. In mechanics，his three laws of motion，the basic principles of modern physics，resulted in the formulation of the law of universal gravitation. In mathematics，he was the original discoverer of the infinitesimal calculus.

下式给出了函数$f(x)$在区间$[a，b]$上积分运算的运算符：

$$\int_a^b f(x)\mathrm{d}x$$

积分这个数学概念可以简单地理解为，求解一个函数图像，在某个区间内，和x轴形成区域的面积大小，如图6.18所示。

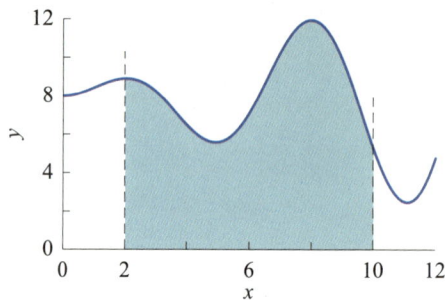

图6.18　函数的积分运算

普通的函数的积分都有精确的解析解。读者可以用MATLAB自带的符号积分命令来得到这些函数的积分解析式，比如下例：

```
syms x
f = -2*x/(1+x^2)^2;
int(f)
```

但是，在实际的金融建模实践中，很多的积分都没有解析解，即可以由基础方程进行表示。在讨论微分时，有向前差分、向后差分和中值差分这几个数值近似算法。积分也有类似的这几种数值近似。下式就是向前差分。在 $[a，b]$ 区间内，为估算函数在区间内和x轴形成的面积，我们用左侧a点的函数值$f(a)$进行积分估值运算。

$$\int_a^b f(x)\mathrm{d}x \approx (b-a)f(a) \tag{6.26}$$

图6.19上图展示的是向前差分的积分运算。图6.19下图展示的是向后差分的积分运算，具体数学公式如下：

$$\int_a^b f(x)\mathrm{d}x \approx (b-a)f(b) \tag{6.27}$$

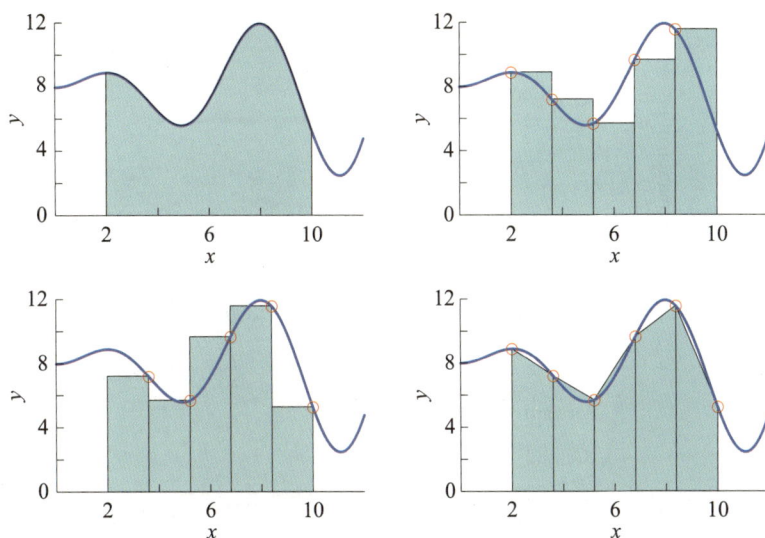

图6.19　三种数值积分运算方法：向前差分、向后差分和中值差分

图6.19下图给出的是中值差分。也就是在区间 $[a, b]$ 中，用 $f(a)$ 和 $f(b)$ 的平均值作为高度。这种方法，也叫作梯形法：

$$\int_a^b f(x)\mathrm{d}x \approx (b-a)\left(\frac{f(a)+f(b)}{2}\right) \tag{6.28}$$

另外，中值法也是常用的方法，具体公式稍稍不同：

$$\int_a^b f(x)\mathrm{d}x \approx (b-a)f\left(\frac{a+b}{2}\right) \tag{6.29}$$

本书没有给读者提供中值法求解积分的代码，这部分编程工作交给读者独立完成。相比图6.19，图6.20给出更小步长的数值积分。不难发现，同一个区间，步数更多，步长更小，误差一般会变得更小，如图6.21所示。

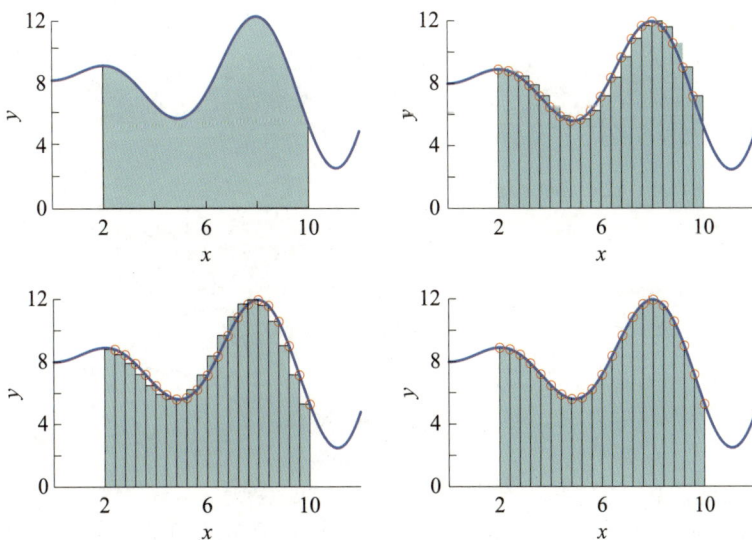

图6.20　数值积分，更小的步长

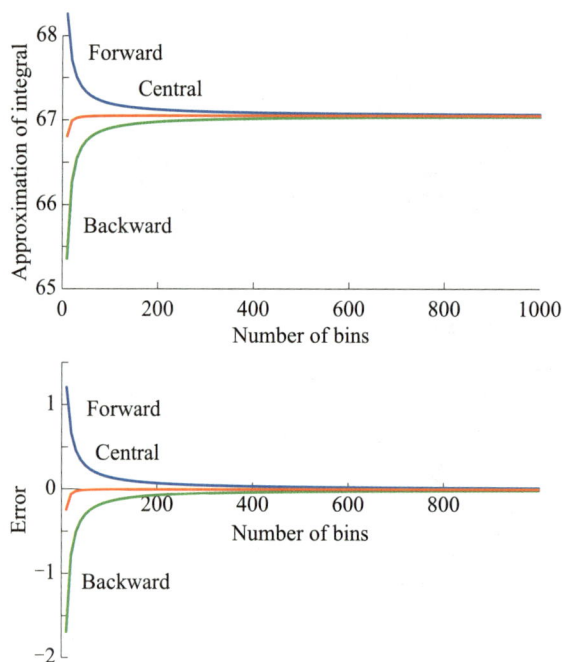

图6.21　误差和步数关系

以下代码可以用来获得图6.19～图6.21。请读者用syms和int()改写如下代码。

```
B1_Ch6_6.m

clc; clear all; close all

fcn = @(x) x.*sin(x)/2 + 8;
% Original function
% Other candidates:
% fcn = @(x)-exp(-x).*sin(3*x)+ 3*exp(-x).*cos(3*x);
% fcn = @(x) sin(x).*x;

x_start = 2;
x_end = 10;
num_int_series = 10:10:1000;

for i = 1:length(num_int_series)

    num_int = num_int_series(i);

    x=linspace(x_start,x_end,num_int+1);

    F=fcn(x);
    h=x(2)-x(1);

    fcn_Forward=F(1:end-1);
    area_Forward(i)=sum(fcn_Forward.*h);
```

```matlab
        fcn_Backward=F(2:end);
    area_Backward(i)=sum(fcn_Backward.*h);

    area_Central(i)=sum((fcn_Forward+fcn_Backward)/2.*h);

    area_analytical(i) = integral(fcn,x_start,x_end);
end

% Plot the original function and analytical integral
figure(1)

xx=linspace(x_start-2,x_end+2,101);
plot(xx,fcn(xx)); hold on
plot([x_start,x_start],[0,fcn(x_start)]); hold on
plot([x_end,x_end],[0,fcn(x_end)]); hold on
xxx = x_start:0.01:x_end;
curve1 = fcn(xxx);
curve2 = zeros(1,length(xxx));
x2 = [xxx, fliplr(xxx)];
inBetween = [curve1, fliplr(curve2)];
fill(x2, inBetween, 'g');
xlabel('x')
ylabel('y')

%% Numerical Approximations

num_show = 20; % to be updated, 5, 10, 20
xxxx = linspace(x_start,x_end,num_show+1);
F=fcn(xxxx);
h=xxxx(2)-xxxx(1);
fcn_Forward=F(1:end-1);
x_Forward = xxxx(1:end-1);
fcn_Backward=F(2:end);
x_Backward= xxxx(2:end);


% Forward
figure(2)

for i = 1:length(xxxx)-1

    curve1 = [fcn_Forward(i), fcn_Forward(i)];
    curve2 = [0, 0];

    x2 = [xxxx(i:i+1), fliplr(xxxx(i:i+1))];
    inBetween = [curve1, fliplr(curve2)];
    fill(x2, inBetween, 'g'); hold on
```

```matlab
end
plot(xx,fcn(xx)); hold on
plot(x_Forward,fcn_Forward,'o');
xlabel('x')
ylabel('y')

% Backward
figure(3)

for i = 1:length(xxxx)-1

    curve1 = [fcn_Backward(i), fcn_Backward(i)];
    curve2 = [0, 0];

    x2 = [xxxx(i:i+1), fliplr(xxxx(i:i+1))];
    inBetween = [curve1, fliplr(curve2)];
    fill(x2, inBetween, 'g'); hold on

end
plot(xx,fcn(xx)); hold on
plot(x_Backward,fcn_Backward,'o');
xlabel('x')
ylabel('y')

% trapezoidal
figure(4)

for i = 1:length(xxxx)-1

    curve1 = [fcn_Forward(i), fcn_Backward(i)];
    curve2 = [0, 0];

    x2 = [xxxx(i:i+1), fliplr(xxxx(i:i+1))];
    inBetween = [curve1, fliplr(curve2)];
    fill(x2, inBetween, 'g'); hold on

end
plot(xx,fcn(xx));
plot(xxxx,F,'o');

xlabel('x')
ylabel('y')

% study of convergence
figure(5)
plot(num_int_series,area_Forward); hold on
plot(num_int_series,area_Backward); hold on
```

```
plot(num_int_series,area_Central); hold on

xlabel('Number of bins')
ylabel('Approximation of integral')
legend('Forward','Backward','Central')

% errors
figure(6)
plot(num_int_series,area_Forward - area_analytical); hold on
plot(num_int_series,area_Backward - area_analytical); hold on
plot(num_int_series,area_Central - area_analytical); hold on

xlabel('Number of bins')
ylabel('Error')
legend('Forward','Backward','Central')
set(gca, 'XAxisLocation', 'origin')
```

一些更高级的数值积分方法，例如**辛普森求积** (Simpson's rule) 和**龙贝格求积** (Romberg Integration)，本书不做介绍，有兴趣的读者可以自行学习。

6.4 泰勒展开

英国数学家布鲁克·泰勒 (Brook Taylor) 在1715年发表了**泰勒级数** (Taylor's theorem)。金融模型中的一些常见概念，例如**久期** (duration)、**凸性** (convexity)、**希腊字母** (Greeks) 等都是基于泰勒展开。当**展开点** (expansion point) 为$x = a$时，一元函数$f(x)$的泰勒展开的基本形式如下：

$$
\begin{aligned}
f(x) &= \sum_{n=0}^{\infty} \frac{f^{(n)}(a)}{n!}(x-a)^n \\
&= f(a) + \frac{f'(a)}{1!}(x-a) + \frac{f''(a)}{2!}(x-a)^2 + \frac{f'''(a)}{3!}(x-a)^3 + \cdots
\end{aligned}
\tag{6.30}
$$

假设原函数为：

$$
y = \frac{1}{x+1}
\tag{6.31}
$$

如图6.22所示，原函数图像是蓝色实线。在展开点$x = 4$处，原函数的函数值为：

$$
y_{x=4} = \frac{1}{x+1} = \frac{1}{5}
\tag{6.32}
$$

原函数的一次泰勒展开为下式。在图6.22中，一次泰勒展开的函数是红色虚线，函数的图像是一次函数。

$$y \approx \frac{1}{5} + \frac{-1}{25}(x-4) \tag{6.33}$$

原函数的二次泰勒展开为：

$$y \approx \frac{1}{5} + \frac{-1}{25}(x-4) + \frac{1}{125}(x-4)^2 \tag{6.34}$$

三次泰勒展开，在二次展开的基础上又增加了一项：

$$y \approx \frac{1}{5} + \frac{-1}{25}(x-4) + \frac{1}{125}(x-4)^2 + \frac{-1}{625}(x-4)^3 \tag{6.35}$$

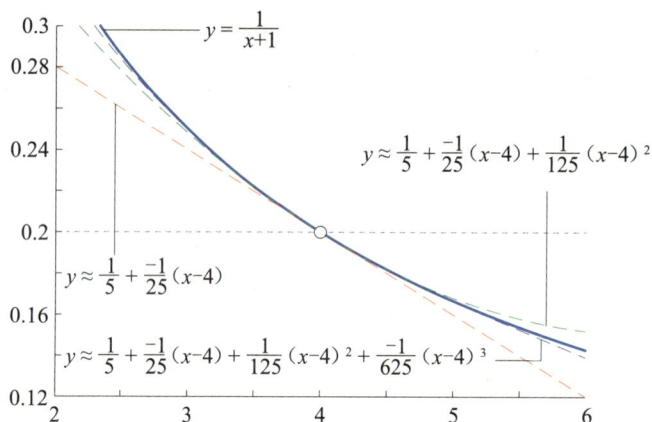

图6.22　$y = 1/(x + 1)$ 的一次、二次和三次泰勒展开近似

　　图6.22给出一次、二次和三次泰勒展开，在区间 [2，6] 上的图像和原函数图像的关系。很容易发现，泰勒展开的阶数越高，近似的程度越好，如图6.23所示。另外，越远离展开点$x = 4$，误差越大。为了更形象地方便读者理解，可以把图6.23的横轴想象成回报率，把纵轴想象成债券的价格。图6.23左图是用久期估算，随着回报率变动，债券价格变化。图6.23中图是用久期和凸率来估算回报率和债券价格关系。和原函数相比，泰勒级数估计的误差可正可负。误差绝对值可以更好地描述这三种不同阶数泰勒展开的近似情况，如图6.24所示。

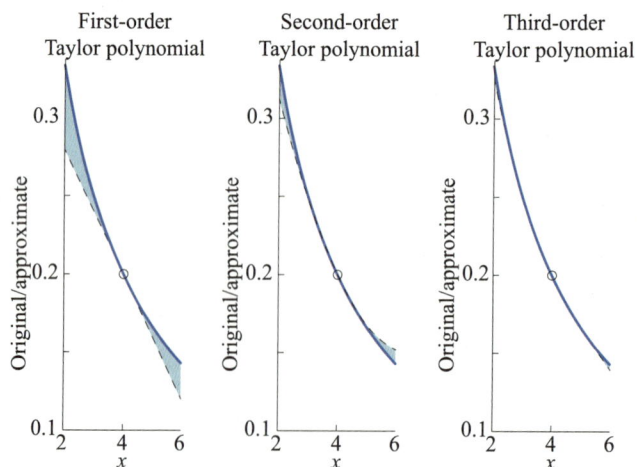

图6.23　对比不同阶数的泰勒展开

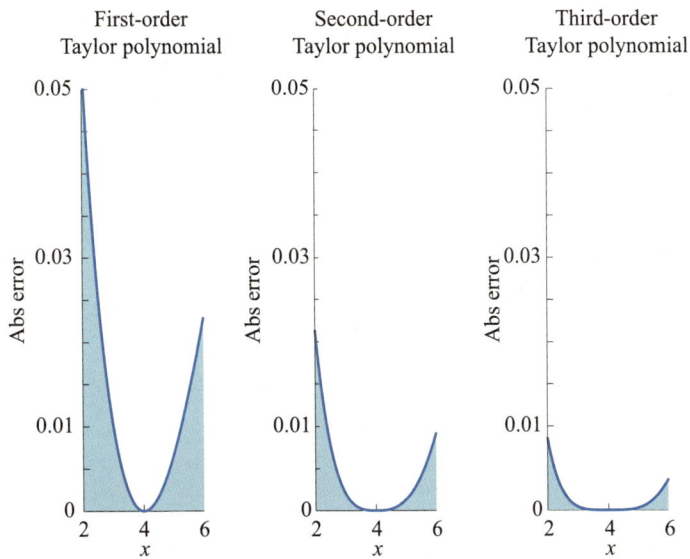

First-order Taylor polynomial   Second-order Taylor polynomial   Third-order Taylor polynomial

图6.24　三个近似的误差绝对值

以下代码可以用来获得图6.22～图6.24。请读者用diff()函数简化如下代码。

```matlab
B1_Ch6_7.m

clc; close all; clear all
syms x
% syms var1 ... varN creates symbolic variables var1 ... varN.
% Separate variables by spacesrule
original_fcn = 1/(x+1);
% Original function
xmin = 2;
xmax = 6;
x0 = 4;
% [2,4] x0 = 3; [2,6] x0 = 4;
highest_order_series = 0:3;
order_length = length(highest_order_series);
x_range = xmin:0.01:xmax;
original_y = subs(original_fcn,x,x_range);
% subs(s,old,new) returns a copy of s,
% replacing all occurrences of old with new,
% and then evaluates s

figure(1)

plot(x_range, original_y, 'k-', 'LineWidth',2); hold on
plot(x0,subs(original_fcn,x,x0),'o'); hold on

% fplot(f,xinterval) plots over the specified interval.
% Specify the interval as a two-element vector of
% the form [xmin xmax]
```

```matlab
hold on

for i = 1:order_length

    highest_order = highest_order_series(i);

    taylor_approxi = taylor(original_fcn, 'ExpansionPoint', ...
        x0, 'Order', highest_order+1)

    fplot(taylor_approxi, [xmin, xmax],'--'); hold on

end

title('Taylor approximation vs. actual function')
legend('Original function','x_0')
xlim ([xmin,xmax])
ylim ([0.1,0.3])
xlabel ('x')
ylabel ('Original/approximate')
set(gcf,'color','white')

%% Plot errors
figure (2)
subplot(1,3,1)
y_1 = 9/25 - x_range/25;
plot (x_range,y_1,'--'); hold on
plot (x_range,original_y, 'k','LineWidth',2); hold on
plot(x0,subs(original_fcn,x,x0),'o'); hold on
fill([x_range,fliplr(x_range)],[double(original_y),...
fliplr(y_1)],'c')
xlabel('x')
ylabel ('Original/approximate')
xlim([xmin,xmax])
ylim([0.1, 0.35])

subplot(1,3,2)
y_2 = (x_range - 4).^2/125 - x_range/25 + 9/25;
plot (x_range,y_2,'--'); hold on
plot (x_range,original_y, 'k','LineWidth',2); hold on
plot(x0,subs(original_fcn,x,x0),'o'); hold on
fill([x_range,fliplr(x_range)],[double(original_y),...
fliplr(y_2)],'c')
xlabel('x')
ylabel ('Original/approximate')
xlim([xmin,xmax])
ylim([0.1, 0.35])

subplot(1,3,3)
```

```matlab
y_3 =- (x_range - 4).^3/625 + (x_range - 4).^2/125 - ...
x_range/25 + 9/25;
plot (x_range,y_3,'--'); hold on
plot (x_range,original_y, 'k','LineWidth',2); hold on
plot(x0,subs(original_fcn,x,x0),'o'); hold on
fill([x_range,fliplr(x_range)],[double(original_y),...
fliplr(y_3)],'c')
xlabel('x')
ylabel ('Original/approximate')
xlim([xmin,xmax])
ylim([0.1, 0.35])
set(gcf,'color','white')

%% Plot absolute errors
figure (3)
subplot(1,3,1)
y_1 = 9/25 - x_range/25;
diff_1 = abs(original_y - y_1);
plot (x_range,diff_1)
fill([x_range,fliplr(x_range)],[zeros(1,length(x_range)),...
fliplr(diff_1)],'c')
xlabel('x')
ylabel('Abs error')
xlim([xmin,xmax])
ylim([0,0.05])

subplot(1,3,2)
y_2 = (x_range - 4).^2/125 - x_range/25 + 9/25;
diff_2 = abs(original_y - y_2);
plot (x_range,diff_2)
fill([x_range,fliplr(x_range)],[zeros(1,length(x_range)),...
fliplr(diff_2)],'c')
xlabel('x')
ylabel('Abs error')
xlim([xmin,xmax])
ylim([0,0.05])

subplot(1,3,3)
y_3 =- (x_range - 4).^3/625 + (x_range - 4).^2/125 ...
- x_range/25 + 9/25;
diff_3 = abs(original_y - y_3);
plot (x_range,diff_3)
fill([x_range,fliplr(x_range)],[zeros(1,length(x_range)),...
fliplr(diff_3)],'c')
xlabel('x')
ylabel('Abs error')

xlim([xmin,xmax])
```

```
ylim([0,0.05])
set(gcf,'color','white')
```

展开点为(x, y)时，函数$f(x, y)$二元泰勒展开的形式如下：

$$df = f(x+dx, y+dy) - f(x, y)$$
$$= \frac{\partial f}{\partial x}dx + \frac{\partial f}{\partial y}dy$$
$$+ \frac{1}{2!}\left(\frac{\partial^2 f}{\partial x^2}dx^2 + 2\frac{\partial^2 f}{\partial x\partial y}dxdy + \frac{\partial^2 f}{\partial y^2}dy^2\right) + ... \qquad (6.36)$$

式中的微分项叫偏微分。图6.25给出的是杨辉三角在偏微分上的应用。图中给出一阶和二阶偏微分的两种常见表达方式。图6.26给出的是某个二元曲面$f(x, y)$的一阶和二阶偏微分展开求解过程。

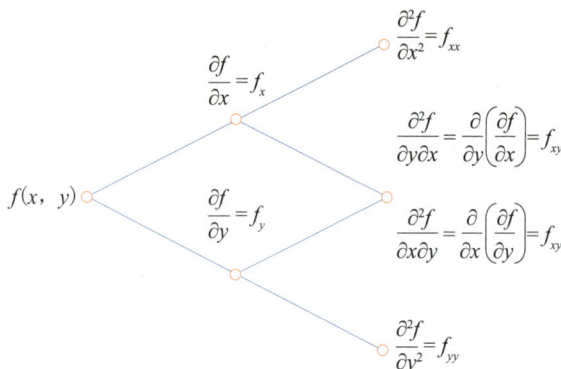

图6.25　杨辉三角在偏微分中的应用

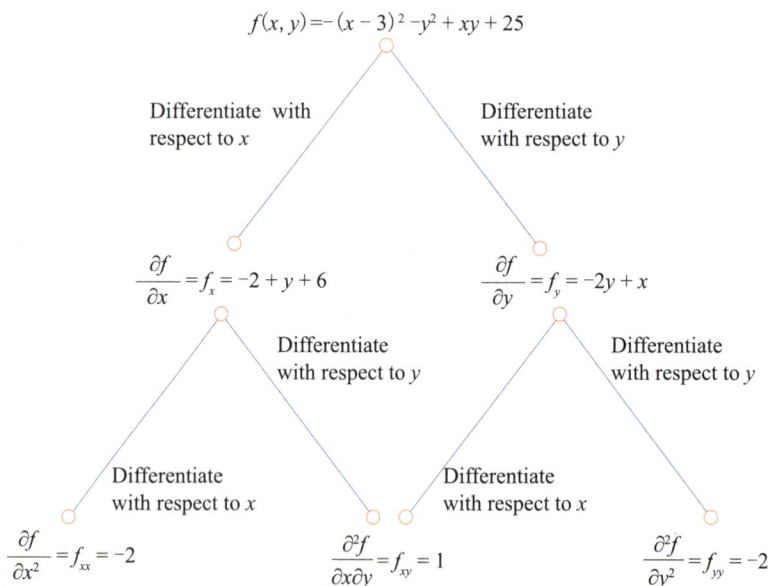

图6.26　某个二次曲面函数的一阶、二阶偏微分导数

如果展开点为(a, b)，二元泰勒展开的另外一个形式是：

$$
\begin{aligned}
f(x,y) = f(a,b) &+ f_x(a,b)(x-a) + f_y(a,b)(y-b) \\
&+ \frac{1}{2!}\left[f_{xx}(a,b)(x-a)^2 + 2f_{xy}(a,b)(x-a)(y-b) + f_{yy}(a,b)(y-b)^2 \right] \\
&+ \cdots
\end{aligned}
\tag{6.37}
$$

本章最后一节，会深入讨论以上两个公式。

有限差分中，偏微分一阶导数中值差分如下：

$$
f_x(x,y) \approx \frac{f(x+\Delta x, y) - f(x-\Delta x, y)}{2\Delta x}
\tag{6.38}
$$

$$
f_y(x,y) \approx \frac{f(x, y+\Delta y) - f(x, y-\Delta y)}{2\Delta y}
\tag{6.39}
$$

偏微分二阶导数中值差分公式如下：

$$
f_{xx}(x,y) \approx \frac{f(x+\Delta x, y) - 2f(x,y) + f(x-\Delta x, y)}{\Delta x^2}
\tag{6.40}
$$

$$
f_{yy}(x,y) \approx \frac{f(x, y+\Delta y) - 2f(x,y) + f(x, y-\Delta y)}{\Delta y^2}
\tag{6.41}
$$

$$
\begin{aligned}
f_{xy}(x,y) &= f_{yx}(x,y) \\
&\approx \frac{f(x+\Delta x, y+\Delta y) + f(x-\Delta x, y-\Delta y)}{4\Delta x \Delta y} \\
&\quad - \frac{f(x+\Delta x, y-\Delta y) + f(x-\Delta x, y+\Delta y)}{4\Delta x \Delta y}
\end{aligned}
\tag{6.42}
$$

丛书第三册有章节专门探讨有限差分方法。这里来特别讨论一下指数函数$y = e^x$和正弦函数$y = \sin(x)$在$x = 0$处的泰勒展开。展开点为$x = 0$时，e^x可以用泰勒展开近似得到：

$$
\begin{aligned}
e^x &= \frac{x^0}{0!} + \frac{x^1}{1!} + \frac{x^2}{2!} + \frac{x^3}{3!} + \frac{x^4}{4!} + \frac{x^5}{5!} + \cdots \\
&= 1 + x + \frac{x^2}{2} + \frac{x^3}{6} + \frac{x^4}{24} + \frac{x^5}{120} + \cdots \\
&= \sum_{n=0}^{\infty} \frac{x^n}{n!}
\end{aligned}
\tag{6.43}
$$

图6.27给出了不同阶数的泰勒展开估算的指数函数。同样，随着阶数不断提高，泰勒展开的结果越接近指数函数。

以下代码可以用来获得图6.27。请读者用diff()代码和for循环来改写代码。

```
B1_Ch6_8.m

%% Taylor expansion approximation

x = [0:0.01:5];

y = exp(x);
```

```
% please convert the following to a for loop
y_1 = x + 1;
y_2 = y_1 + x.^2./factorial(2);
y_3 = y_2 + x.^3./factorial(3);
y_4 = y_3 + x.^4./factorial(4);
y_5 = y_4 + x.^5./factorial(5);
y_6 = y_5 + x.^6./factorial(6);

my_col = brewermap(10,'Blues');
% brewermap can be downloaded from MATLAB community:
% https://www.mathworks.com/matlabcentral/fileexchange/
% 45208-colorbrewer-attractive-and-distinctive-colormaps

figure(1)

plot(x,y_1,'color',my_col(4,:)); hold on
plot(x,y_2,'color',my_col(5,:)); hold on
plot(x,y_3,'color',my_col(6,:)); hold on
plot(x,y_4,'color',my_col(7,:)); hold on
plot(x,y_5,'color',my_col(9,:)); hold on
plot(x,y_6,'color',my_col(10,:)); hold on
plot(x,y,'k'); hold on

% ylim([-1.2, 1.2])
set(gca, 'XAxisLocation', 'origin')
xlabel('x'); ylabel('y, and its approximation')
legend('1st','2nd','3rd','4th','5th','6th','e^x')
```

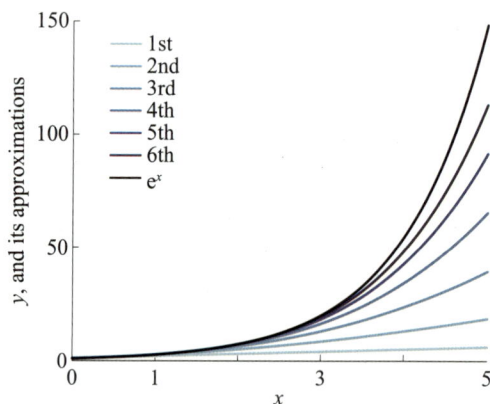

图6.27 泰勒展开估算指数函数

正弦函数在 $x = 0$ 处的泰勒展开如下：

$$\sin(x) = x - \frac{x^3}{3!} + \frac{x^5}{5!} - \frac{x^7}{7!} + \frac{x^9}{9!} - \frac{x^{11}}{11!}\cdots$$

$$= \sum_{n=0}^{\infty} \frac{(-1)^n}{(2n+1)!} x^{2n+1} \tag{6.44}$$

图6.28给出原函数在 $[-2\pi, 2\pi]$ 区间上的函数图像，以及六个不同阶数的泰勒近似的图像。

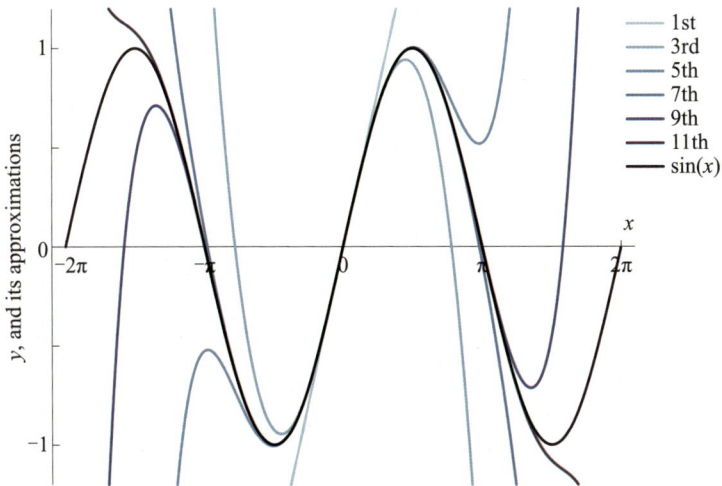

图6.28　泰勒展开估算正弦函数

以下代码可以用来获得图6.28。同样，请读者用diff()和for循环简化代码。

```
B1_Ch6_9.m

%% Taylor expansion approximation

x = [-2*pi:0.01:2*pi];

y = sin(x);

% please convert the following to a for loop

y_1 = x;
y_2 = y_1 - x.^3./factorial(3);
y_3 = y_2 + x.^5./factorial(5);
y_4 = y_3 - x.^7./factorial(7);
y_5 = y_4 + x.^9./factorial(9);
y_6 = y_5 - x.^11./factorial(11);

my_col = brewermap(10,'Blues');
% brewermap can be downloaded from MATLAB community:
% https://www.mathworks.com/matlabcentral/fileexchange/
% 45208-colorbrewer-attractive-and-distinctive-colormaps

figure(1)

plot(x,y_1,'color',my_col(4,:)); hold on
plot(x,y_2,'color',my_col(5,:)); hold on
plot(x,y_3,'color',my_col(6,:)); hold on
plot(x,y_4,'color',my_col(7,:)); hold on
plot(x,y_5,'color',my_col(8,:)); hold on
```

```
plot(x,y_6,'color',my_col(9,:)); hold on
plot(x,y,'color',my_col(10,:)); hold on

set(gca,'Xtick',-2*pi:pi:2*pi)
xticklabels({'-2\pi','-\pi','0','\pi','-2\pi'})
xlim([-2.1*pi, 2.1*pi])
ylim([-1.2, 1.2])
set(gca, 'XAxisLocation', 'origin')
xlabel('x'); ylabel('y, and its approximation')
legend('1st','3rd','5th','7th','9th','11th','sin(x)')
```

MATLAB的函数taylor()可以专门处理泰勒展开。本节开始之前，讨论过$y = 1/(1 + x)$的泰勒展开近似。现在用taylor()函数再次处理这个问题，如图6.29所示。展开点为$a = 4$，不同阶数的泰勒展开公式如下。

```
txt = 'Order = 0'
t = 1/5
txt = 'Order = 1'
t = 9/25 - x/25
txt = 'Order = 2'
t = (x - 4)^2/125 - x/25 + 9/25
txt = 'Order = 3'
t = (x - 4)^2/125 - x/25 - (x - 4)^3/625 + 9/25
txt = 'Order = 4'
t = (x - 4)^2/125 - x/25 - (x - 4)^3/625 + (x - 4)^4/3125 + 9/25
```

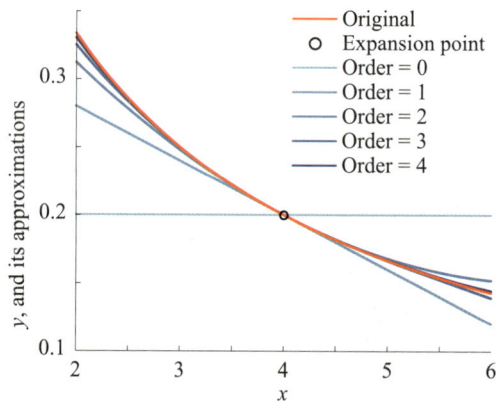

图6.29　用taylor()函数做$y = 1/(x + 1)$泰勒展开近似

如下代码获得图6.29。请读者改写这部分代码，分别绘制$y = \exp(x)$在$x = 0$和$x = 2$处的泰勒展开，分别绘制$y = \cos(x)$在$x = 0$和$x = \mathrm{pi}$处的泰勒展开。

B1_Ch6_10.m

```
clc; clear all; close all
syms x
f1 = 1/(1+x);
ORDERs = 1:5;
```

```
xd = 2:0.01:6;
yd = subs(f1,x,xd);
x_a = 4; % expansion point
y_a = subs(f1,x,x_a);
my_col = brewermap(length(ORDERs)+3,'Blues');

figure(1)
txt = 'Original';
plot(xd, yd,'r','DisplayName',txt); hold on
txt = 'Expansion point';
plot(x_a,y_a,'ok','DisplayName',txt); hold on

for i = 1:length(ORDERs)

    order = ORDERs(i);
    txt = ['Order = ',num2str(order)];
    display(txt)
    t = taylor(f1, 'ExpansionPoint', x_a, 'Order', order)
    fplot(t, [min(xd), max(xd)], 'color',...
        my_col(i+3,:),'DisplayName',txt); hold on

end

set(gca, 'XAxisLocation', 'origin')
xlabel('x'); ylabel('y, and its approximation')
legend show; box off; grid off
```

6.5 凸性

在第5章中简单提到了凸函数和凹函数，并且指出国内的数学教材在凸凹定义上很多和国外是相反的。

如图6.30左图所示，要求函数是在 $[x_1, x_2]$ 区间内是凸函数，需要满足在 $t \in [0,1]$ 条件下，下式成立：

$$f(tx_1+(1-t)x_2) \leqslant tf(x_1)+(1-t)f(x_2) \tag{6.45}$$

上式也是**延森不等式** (Jensen's inequality) 的一种常见形式。如果要求函数是严格凸函数，将以上不等式中的小于等于号换成小于号。常见的凸函数例子有 $f(x) = x^2$，$f(x) = e^x$。如图6.30右图所示，要求函数是在 $[x_1, x_2]$ 区间内是凹函数，需要满足在 $t \in [0,1]$ 条件下，下式成立：

$$f(tx_1+(1-t)x_2) \geqslant tf(x_1)+(1-t)f(x_2) \tag{6.46}$$

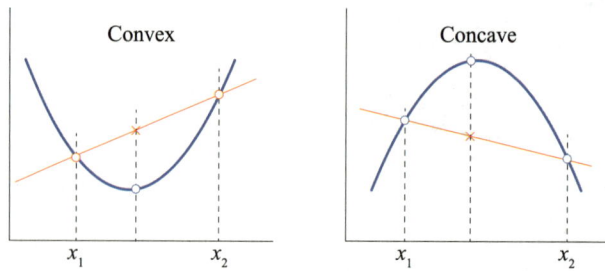

图6.30 凸函数和凹函数

常见的凹函数例子有 $f(x) = \sqrt{x}$, $f(x) = \ln(x)$。注意,同一函数的凸凹性在不同区间上可以交替出现,比如 $f(x) = \sin(x)$ 的凸凹性就是交替出现的。判断函数在某个区间的凸凹性的一种方法是看切线的位置。如果函数在某个区间内为凸函数,区间内的切线都在函数曲线下方,如图6.31上两图所示;反之,如果函数在某个区间内为凹函数,区间内切线在函数曲线上方,如图6.31下两图所示。

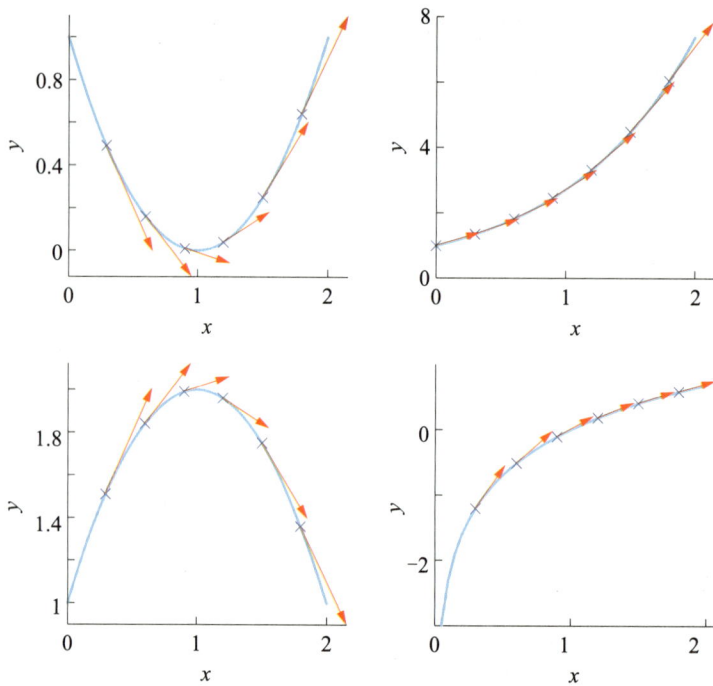

图6.31 凸函数和凹函数的切线位置

以下代码可以获得图6.31。

```
B1_Ch6_11.m
```

```
%% Convex and concave functions
x = [0:0.05:2];
y1 = (x-1).^2; % convex
y2 = exp(x);   % convex
y3 = -(x-1).^2 + 2;  % concave
y4 = log(x);         % concave
```

```
figure(1)
subplot(2,2,1)
convex_plot(x,y1)


subplot(2,2,2)
convex_plot(x,y2)


subplot(2,2,3)
convex_plot(x,y3)


subplot(2,2,4)
convex_plot(x,y4)

function convex_plot(x,y)

plot(x,y,'LineWidth',2); hold on
xx = x(1:6:end);
yy = y(1:6:end);
plot(xx,yy,'x'); hold on
u = gradient(xx);
v = gradient(yy);
quiver(xx,yy,u,v);
xlabel('x'); ylabel('y'); zlabel('z')
end
```

函数在某个点处的**法线** (normal) 和切线是相互垂直的。凸函数的法线方向是汇聚的，如图6.32左图所示。凹函数的法线方向是发散的，如图6.32右图所示。这一点类似于物理学中的凹镜和凸镜。

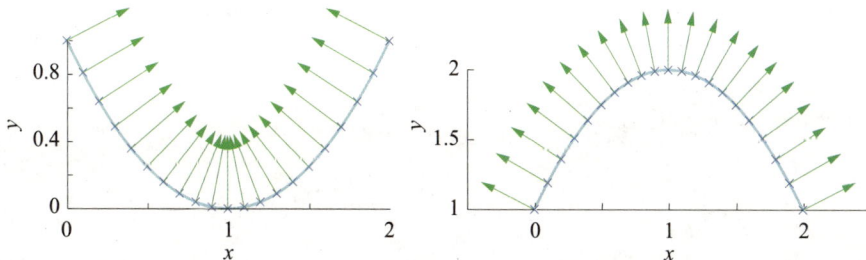

图6.32　凸函数和凹函数的法线位置

以下代码可以获得图6.32。

B1_Ch6_12.m

```
%% Convex and concave functions with norms
clc; close all; clear all
x = [0:0.02:2];
y1 = (x-1).^2;
```

```
y2 = -(x-1).^2 + 2;
y3 = exp(x);
y4 = log(x);

figure(1)
subplot(2,1,1)
convex_plot(x,y1)
daspect([1 1 1])

subplot(2,1,2)
convex_plot(x,y2)
daspect([1 1 1])

figure(2)
subplot(1,2,1)
convex_plot(x,y3)
daspect([1 1 1])

subplot(1,2,2)
convex_plot(x,y4)
daspect([1 1 1])
function convex_plot(x,y1)


plot(x,y1,'LineWidth',2); hold on
xx = x(1:5:end);
yy = y1(1:5:end);
plot(xx,yy,'x'); hold on
kk = [1, 2, 3]';
xxx = repmat(xx,3,1);
yyy = repmat(kk, 1,length(xx));
zzz = repmat(yy,3,1);
[U,V,W] = surfnorm(xxx,yyy,zzz);
quiver(xx,yy,U(1,:),W(1,:));
xlabel('x'); ylabel('y'); zlabel('z')

end
```

凸性这个数学概念还可以用来解释**算术平均数** (Arithmetic Mean，AM) 和**几何平均数** (Geometric Mean，GM) 的关系。例如，有a和b两个正数，它们的算术平均数大于几何平均数：

$$\frac{a+b}{2} \geqslant \sqrt{ab} \tag{6.47}$$

只有$a = b$时，等号才能成立。类似地，这样的关系可以推广到n个正数的算术平均数和几何平均数关系：

$$\frac{x_1 + x_2 + \cdots + x_n}{n} \geqslant \sqrt[n]{x_1 \cdot x_2 \cdots x_n} \tag{6.48}$$

6.6 方向微分

除了微分，对于二元或多元函数，还要特别引入**偏微分** (partial derivative) 的概念。期权的希腊字母Delta、Gamma、Theta等就是偏微分。本节先用下面这个二元函数$f(x, y)$为例来介绍偏微分。

$$f(x, y) = -(x-3)^2 - y^2 + xy + 25 \tag{6.49}$$

根据在第5章所学，上式描述的是一个曲面，如图6.33所示。假设要在P(2，2，24) 这一点研究偏微分。

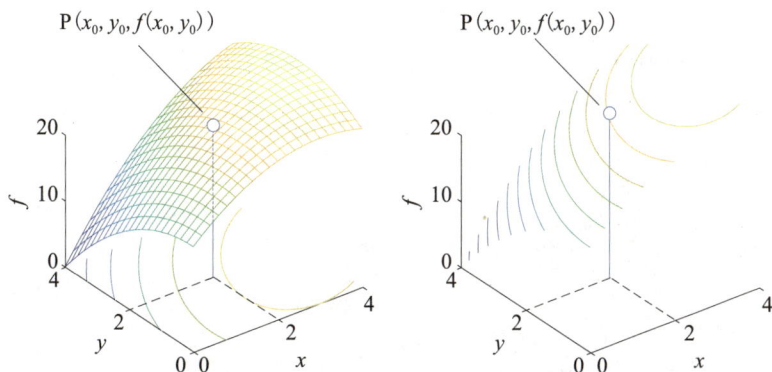

图6.33　曲面网格和空间等高线

因为$f(x, y)$ 有两个自变量方向，分别是x方向和y方向，在$x = 2$处 ($x = 2$平面)，垂直x轴朝着曲面切下一刀，得到的剖面线，如图6.34左图所示。这条曲线解析式为：

$$f(x = 2, y) = -y^2 + 2y + 24 \tag{6.50}$$

类似地，在$y = 2$处，垂直y轴朝向曲面切另外一刀，得到图6.34右图所示剖面线，它的解析式为：

$$f(x, y = 2) = -x^2 + 8x + 12 \tag{6.51}$$

$f(x, y)$对y求一阶偏导数，可以得到：

$$\frac{\partial f(x, y)}{\partial y} = -2y + x \tag{6.52}$$

当$x = 2$时，图6.34左图中的二次曲线的一阶导数就是曲面P点处，$x = 2$平面的切线：

$$\left.\frac{\partial f(x,y)}{\partial y}\right|_{x=2}=-2y+2 \tag{6.53}$$

P点处曲面在$x=2$平面的切线可以表达为：

$$\begin{cases} x=2 \\ f=-2y+28 \end{cases} \tag{6.54}$$

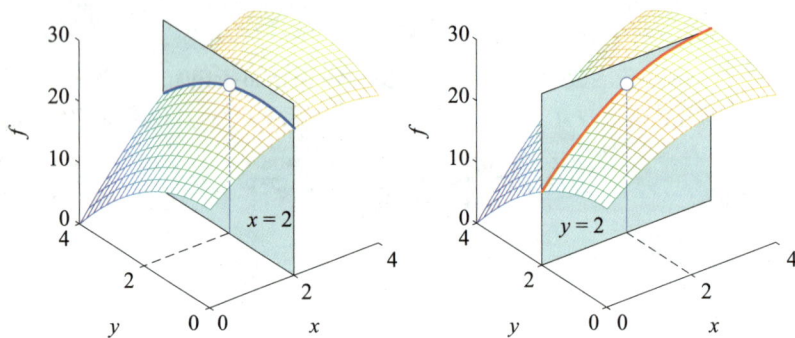

图6.34　曲面沿$x=2$和$y=2$两个平面剖面线

图6.35左图展示的是曲面P点处在$x=2$平面的切线。图6.35右图给出的是在y-f平面内剖面线和切线。

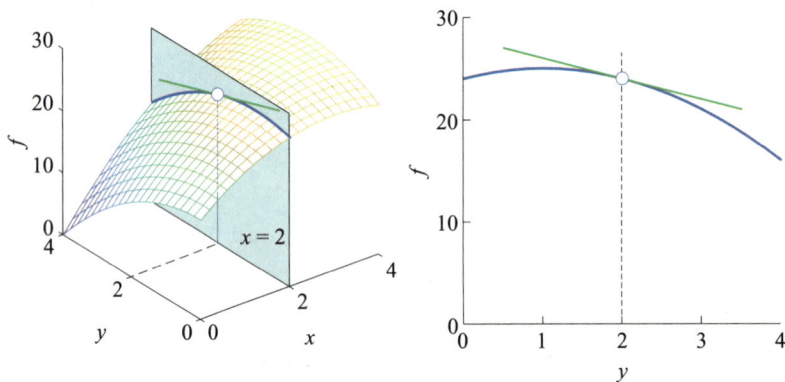

图6.35　曲面沿$x=2$的剖面线和切线

$f(x，y)$对x求一阶偏导数，可以得到：

$$\frac{\partial f(x,y)}{\partial x}=-2x+(y+6) \tag{6.55}$$

当$y=2$时，图6.34右图中的二次曲线的一阶导数就是曲面P点处，$y=2$平面的切线为：

$$\left.\frac{\partial f(x,y)}{\partial y}\right|_{y=2}=-2x+8 \tag{6.56}$$

P点处曲面在$y=2$平面的切线可以表达为：

$$\begin{cases} y=2 \\ f=4x+16 \end{cases} \tag{6.57}$$

图6.36左图展示的是曲面P点处在$y = 2$平面的切线。图6.36右图给出的是在x-f平面内剖面线和切线。

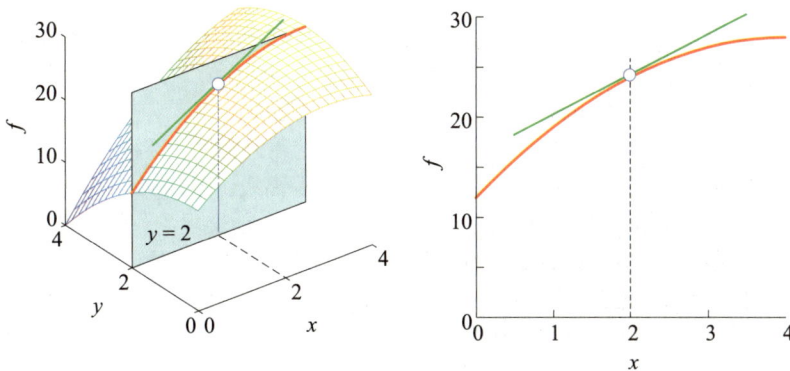

图6.36　曲面沿$y = 2$的剖面线和切线

将这个切线放到同一张图中，如图6.37所示，这两条线共享P点；并且在P点处都和平面相切。另外，这两条线在空间相互垂直。这两条切线在x-y平面的投影也相互垂直。空间两条相交直线确定一个平面。这个平面就是P点处曲线切面，如图6.38左图所示。

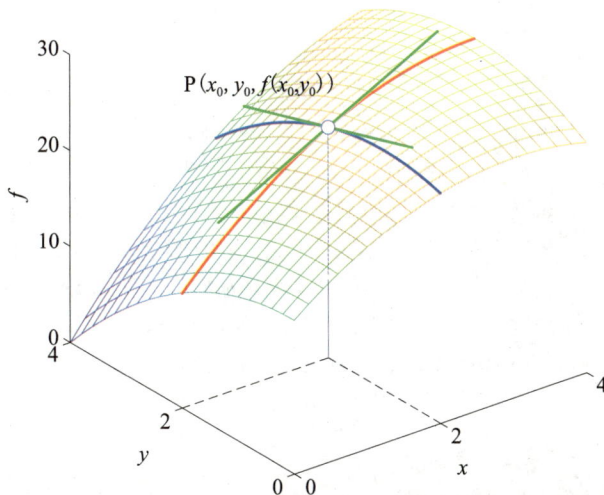

图6.37　曲面P点沿x轴和y轴两个方向的切线

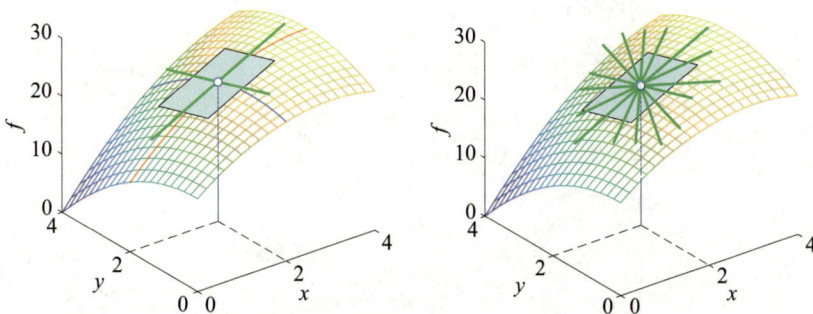

图6.38　曲面P点的切面和无数条切线

空间某一点 $(x_0, y_0, f(x_0, y_0))$ 处曲面$f(x, y)$的切面的解析式为：

$$P_{tg}(x,y) = \frac{\partial f(x_0, y_0)}{\partial x}(x - x_0) + \frac{\partial f(x_0, y_0)}{\partial y}(y - y_0) + f(x_0, y_0) \qquad (6.58)$$

有读者已经注意到，这个公式相当于二元泰勒展开的一次逼近。也就是用一个切面来估计某个曲面在切点处附近的变化。需要注意的是，曲面一点的切面只有一个，但是曲面某点处的切线有无数条，如图6.38右图所示。这些切线就是沿各个方向曲面的变化趋势。

等高线是一种表达空间曲面很有效的方法。本章之前已经用过空间等高线来表达空间曲面，相信读者并不陌生。图6.39演示的是$f(x, y)$空间曲面和它的两条等高线。图6.39给出两个空间角度视图。图中加粗的等高线对应的高度是24，这就是P点所在海拔高度。前文提到，曲面一点的切线有无数条。现在提问读者，在某一条等高线平面内的曲面切线有怎样的特点？另外，如果把这个曲面比作一座山，请读者大概指出：P点处上山最快的路径是哪条 (或者说坡度最陡峭的方向)，P点处下山最快的路径是哪条？

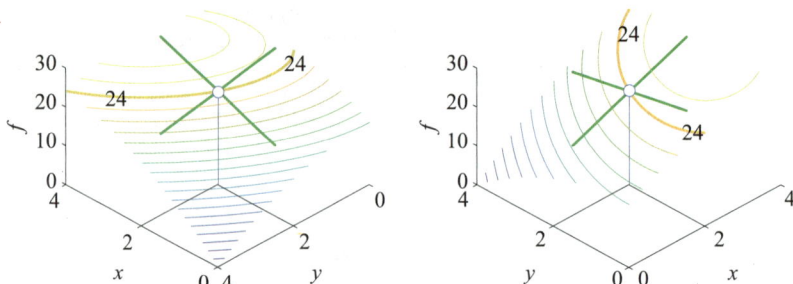

图6.39　曲面空间等高线和P点的两条沿x和y轴方向的切线

我们现在用平面等高线来讨论这几个问题。图6.40给出的是，空前曲面$f(x, y)$等高线在$x - y$平面的投影。另外，把几条P点切线也投影在这个平面等高线束上。把这些切线以P点为界一分为二，每条切线产生两条射线。其中，绿色的两条射线l_{x1}和l_{x2}对应的是曲面P点处沿x轴的切线。那么曲面P点沿y轴的切线对应的就是l_{y1}和l_{y2}这两条射线。红色的两条射线l_{c1}和l_{c2}对应的就是等高线平面内曲线P点切线。我们发现，把$f(x, y)$曲面比作一座山，在P点处沿l_{c1}和l_{c2}行走，空间高度没有变化。这个原因很简单，这就是等高线，沿着等高线移动，空间高度自然不会变化，否则这条曲面就不能叫作等高线。l_{h1}和l_{h2}这两条射线就分别对应曲面P点处下山和上山最快的两个方向。

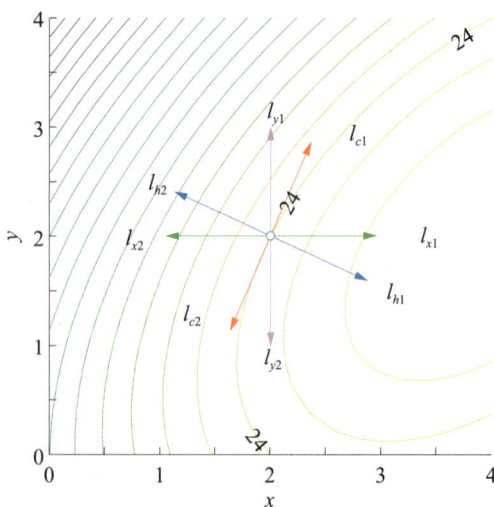

图6.40　曲面投影到x-y平面的等高线和P点几条有个性的切线

在空间上，偏微分也可以作为向量元素来帮助解决问题。例如，图6.40中，l_{x1}和l_{y1}这两条射线就可以看作是空间的两个单位向量。而曲面P点处其他任何空间切线方向都可以由这两个单位向量构造，这些切线就是方向微分，因为它们不仅局限在x和y两个方向；这些方向微分都可以由沿x和y方向的微分构造。这部分在丛书第四本中还要继续展开探讨。以下代码可以获得图6.33～图6.40。

```matlab
B1_Ch6_13.m

%% directional derivative
clc; close all; clear all
t = [0:0.2:4];
ts = [0.5,3.5];
[xx, yy] = meshgrid(t);
[xxs,yys] = meshgrid(ts);

x_p = 2; y_p = 2;
% the x, y coordinates of the point

syms f(x,y)
f(x,y) = -(x-3)^2 - y^2 + x*y + 25;
% the function of the surface

f_xy = matlabFunction(f)
% convert it to a function

ff = feval(f_xy,xx,yy);
% Generate the data of the surface

f_p = feval(f_xy,x_p, y_p);
% the z coordinate of the point
% the_point = [x_p, y_p, f_p];

f_xy_x2 = matlabFunction(subs(f,[x,y],[x_p,y]))
ff_xy_x2 = feval(f_xy_x2,x_p*ones(length(t),1),t);
% repmat(x_p, num_row, num_col) is faster
% y = 2, parallel to x-z plane

f_xy_y2 = matlabFunction(subs(f,[x,y],[x,y_p]))
ff_xy_y2 = feval(f_xy_y2,t,y_p*ones(length(t),1));
% x = 2, parallel to y-z plane

% plot the surface
index = 1;
figure(index)
index = index + 1;
subplot(1,2,1)
meshc(xx,yy,ff); hold on      % the surface
stem3(x_p,y_p,f_p,'filled')   % Point P
```

```matlab
xlabel('x'); ylabel('y'); zlabel('f')

subplot(1,2,2)
contour3(xx,yy,ff,[2:2:30]); hold on % the surface
stem3(x_p,y_p,f_p,'filled')
xlabel('x'); ylabel('y'); zlabel('f')

% plot the surface and the plane x = x_p
figure(index)
index = index + 1;

subplot(1,2,1)
mesh(xx,yy,ff); hold on
plot3(x_p,y_p,f_p,'ok'); hold on

xslice = [min(xx(:)) max(xx(:))];
yslice = [min(yy(:)) max(yy(:))];
zslice = [min(ff(:)) max(ff(:))];

[xxx,yyy,zzz] = meshgrid(xslice, yslice, zslice);
v=zeros(size(xxx));

x_checked = [x_p];
slice(xxx,yyy,zzz,v,x_checked,[],[]); hold on
% plot the plane, x = x_p

plot3(x_p*ones(length(t),1),t,ff_xy_x2,'k','LineWidth',3)
xlabel('x'); ylabel('y'); zlabel('f')

subplot(1,2,2)
mesh(xx,yy,ff); hold on
plot3(x_p,y_p,f_p,'ok'); hold on

y_checked = [y_p];
slice(xxx,yyy,zzz,v,[],y_checked,[]); hold on
plot3(t,y_p*ones(length(t),1),ff_xy_y2,'k','LineWidth',3)
xlabel('x'); ylabel('y'); zlabel('f')

df_x = matlabFunction(diff(f,x))
a_x = feval(df_x,x_p,y_p)
% a = subs(df_x,{x,y},{x_p, y_p})
z_tg_xp = a_x*(ts - x_p) + f_p;

figure(index)
index = index + 1;

subplot(1,2,1)
mesh(xx,yy,ff); hold on
```

```
plot3(x_p,y_p,f_p,'ok'); hold on

y_checked = [y_p];

slice(xxx,yyy,zzz,v,[],y_checked,[]); hold on
plot3(t,y_p*ones(length(t),1),ff_xy_y2,'k','LineWidth',2); hold on
plot3(ts,y_p*ones(length(ts),1),z_tg_xp,'r','LineWidth',2)
xlabel('x'); ylabel('y'); zlabel('f')
zl = zlim

subplot(1,2,2)
plot(t,ff_xy_y2,'k'); hold on
plot(ts,z_tg_xp,'r'); hold on
plot(y_p,f_p,'o')
xlabel('y'); ylabel('f')
ylim([zl])


df_y = matlabFunction(diff(f,y))
a_y = feval(df_y,x_p,y_p)
% a = subs(df_y,{x,y},{x_p, y_p})
z_tg_yp = a_y*(ts - y_p) + f_p;

figure(index)
index = index + 1;

subplot(1,2,1)
mesh(xx,yy,ff); hold on
plot3(x_p,y_p,f_p,'ok'); hold on

x_checked = [x_p];

slice(xxx,yyy,zzz,v,x_checked,[],[]); hold on

plot3(x_p*ones(length(t),1),t,ff_xy_x2,'k','LineWidth',3); hold on
plot3(x_p*ones(length(ts),1),ts,z_tg_yp,'r','LineWidth',2)
xlabel('x'); ylabel('y'); zlabel('f')
zl = zlim

subplot(1,2,2)
plot(t,ff_xy_x2,'k'); hold on
plot(ts,z_tg_yp,'r'); hold on
plot(x_p,f_p,'o')
xlabel('x'); ylabel('f')
ylim([zl])

% Plot surface + two curves and two tangents
```

```matlab
figure(index)
index = index + 1;

mesh(xx,yy,ff); hold on
stem3(x_p,y_p,f_p,'filled'); hold on

plot3(x_p*ones(length(t),1),t,ff_xy_x2,'k','LineWidth',3); hold on
plot3(x_p*ones(length(ts),1),ts,z_tg_yp,'r','LineWidth',2); hold on
plot3(t,y_p*ones(length(t),1),ff_xy_y2,'k','LineWidth',2); hold on
plot3(ts,y_p*ones(length(ts),1),z_tg_xp,'r','LineWidth',2)
xlabel('x'); ylabel('y'); zlabel('f')

% Plot surface and tangent plane, and the point

figure(index)
index = index + 1;

% z_tg_yp = a_y*(ts - y_p) + f_p;
% z_tg_xp = a_x*(ts - x_p) + f_p;
z_tg_xyp = a_x*(xxs - x_p) + a_y*(yys - y_p) + f_p;
mesh(xx,yy,ff); hold on
surf(xxs,yys,z_tg_xyp); hold on
stem3(x_p,y_p,f_p,'filled'); hold on
xlabel('x'); ylabel('y'); zlabel('f')
% contours

figure(index)
index = index + 1;
subplot(1,2,1)
contour3(xx,yy,ff,20); hold on
contour3(xx,yy,ff,[f_p f_p],'LineWidth',2,'ShowText','on'); hold on
stem3(x_p,y_p,f_p,'filled'); hold on
plot3(x_p*ones(length(ts),1),ts,z_tg_yp,'r','LineWidth',1); hold on
plot3(ts,y_p*ones(length(ts),1),z_tg_xp,'r','LineWidth',1)
xlabel('x'); ylabel('y'); zlabel('f')
view(-135, 45); box off; grid off

subplot(1,2,2)
contour3(xx,yy,ff,[2:2:30]); hold on
contour3(xx,yy,ff,[f_p f_p],'LineWidth',2,'ShowText','on'); hold on
stem3(x_p,y_p,f_p,'filled'); hold on
plot3(x_p*ones(length(ts),1),ts,z_tg_yp,'r','LineWidth',1); hold on
plot3(ts,y_p*ones(length(ts),1),z_tg_xp,'r','LineWidth',1)
xlabel('x'); ylabel('y'); zlabel('f')
view(-45, 45); box off; grid off

figure(index)
index = index + 1;
```

```
contour(xx,yy,ff,20); hold on
contour(xx,yy,ff,[f_p f_p],'LineWidth',2,'ShowText','on'); hold on
plot3(x_p*ones(length(ts),1),ts,z_tg_yp,'r','LineWidth',1); hold on
plot3(ts,y_p*ones(length(ts),1),z_tg_xp,'r','LineWidth',1)
xlabel('x'); ylabel('y'); zlabel('f')
box off; grid off
```

关于二元泰勒展开，某二元函数$V(x, y)$的二阶泰勒展开可以写为：

$$V(x,y) \approx \frac{\partial V(x_0,y_0)}{\partial x}(x-x_0) + \frac{\partial V(x_0,y_0)}{\partial y}(y-y_0) +$$
$$\frac{1}{2}\frac{\partial^2 V(x_0,y_0)}{\partial x^2}(x-x_0)^2 + \frac{1}{2}\frac{\partial^2 V(x_0,y_0)}{\partial y^2}(y-y_0)^2 +$$
$$\frac{\partial^2 V(x_0,y_0)}{\partial x \partial y}(x-x_0)(y-y_0) + V(x_0,y_0) \tag{6.59}$$

$V(x, y)$相当于图6.33的曲面，$(x_0, y_0, V(x_0, y_0))$相当于曲面上的P点。上式可以看作是二次曲面对$V(x, y)$曲面的逼近。如果$V(x, y)$函数的具体解析式未知，但是它的一阶和二阶偏微分可以用数值方法得到：

$$V(x,y) \approx \text{Delta}(x-x_0) + \text{Vega}(y-y_0) +$$
$$\frac{1}{2}\text{Gamma}(x-x_0)^2 + \frac{1}{2}\text{Vomma}(y-y_0)^2 +$$
$$\text{Vanna}(x-x_0)(y-y_0) + V(x_0,y_0) \tag{6.60}$$

其中，

$$\begin{cases} \text{Delta} \approx \dfrac{\partial V(x_0,y_0)}{\partial x} \\[2mm] \text{Vega} \approx \dfrac{\partial V(x_0,y_0)}{\partial y} \\[2mm] \text{Gamma} \approx \dfrac{\partial^2 V(x_0,y_0)}{\partial x^2} \\[2mm] \text{Vomma} \approx \dfrac{\partial^2 V(x_0,y_0)}{\partial y^2} \\[2mm] \text{Vanna} \approx \dfrac{\partial^2 V(x_0,y_0)}{\partial x \partial y} \end{cases} \tag{6.61}$$

如果以$P(x_0, y_0, V(x_0, y_0))$为始发点，任何其他点都是相对于P的平移；也相当于将坐标原点平移到P点，那么$V(x, y)$相对于$V(x_0, y_0)$的移动ΔV可以写作：

$$\Delta V(\Delta x, \Delta y)\big|_{x_0,y_0} =$$
$$V(x,y) - V(x_0,y_0) \approx \text{Delta} \cdot \Delta x + \text{Vega} \cdot \Delta y +$$
$$\frac{1}{2}\text{Gamma} \cdot \Delta x^2 + \frac{1}{2}\text{Vomma} \cdot \Delta y^2 +$$
$$\text{Vanna} \cdot \Delta x \cdot \Delta y \tag{6.62}$$

如果把V看成某种金融衍生品的价格,这个金融衍生品的价格由x和y两个因素决定。目前,x值是x_0,y值是y_0,金融衍生品的价格是$V(x_0, y_0)$。金融衍生品价格波动ΔV,就可以由x和y的波动Δx和Δy估计出来。其中:

$$\begin{cases} \Delta x = (x - x_0) \\ \Delta y = (y - y_0) \end{cases} \tag{6.63}$$

金融领域将Delta、Gamma、Vega、Vomma、Vanna等系数叫作期权**敏感性**或**敏感度** (sensitivity);而x和y叫作V的风险因子,也就是说,因为x和y的变化会给V的价格带来风险。Delta相当于ΔV对Δx变化的敏感度;Gamma相当于ΔV对Δx^2变化的敏感度。这些系数越大,敏感度越大。另外,请读者注意以下关系:

$$\begin{cases} \text{Gamma} = \dfrac{\partial \text{Delta}(x_0, y_0)}{\partial x} \\[2ex] \text{Vomma} = \dfrac{\partial \text{Vega}(x_0, y_0)}{\partial y} \\[2ex] \text{Vanna} = \dfrac{\partial \text{Delta}(x_0, y_0)}{\partial y} = \dfrac{\partial \text{Vega}(x_0, y_0)}{\partial x} \end{cases} \tag{6.64}$$

举个例子,Gamma不仅是ΔV对Δx^2变化的敏感度,也是Delta对于Δx变化的敏感度。如果只考虑x的一阶偏导数对ΔV的影响,ΔV可以用Δx估算:

$$\Delta V(\Delta x, \Delta y)\big|_{x_0, y_0} \approx \text{Delta} \cdot \Delta x \tag{6.65}$$

如果只考虑x的一阶和二阶偏导数对ΔV的影响:

$$\Delta V(\Delta x, \Delta y)\big|_{x_0, y_0} \approx \text{Delta} \cdot \Delta x + \frac{1}{2} \text{Gamma} \cdot \Delta x^2 \tag{6.66}$$

Delta越大,在等量Δx变化情况下,ΔV变化越大,如图6.41所示。Delta为正,Δx和ΔV的变化方向相同。Delta为负,Δx和ΔV的变化方向相反。

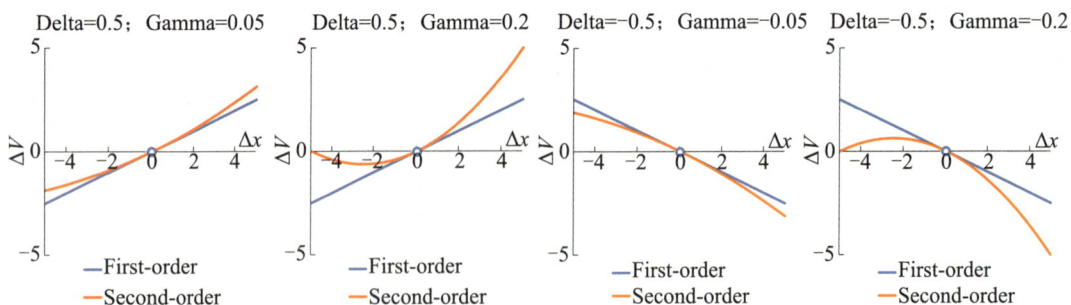

图6.41 Delta和Gamma正负和大小对ΔV估值的影响

Gamma越大,在等量Δx变化情况下,ΔV变化越大。Gamma为正时,Δx^2对ΔV都是正方向影响,如图6.41上两图所示;Gamma为负时,Δx^2对ΔV都是负方向影响,如图6.41下两图所示。

以下代码可以用来获得图6.41。

```
clc; clear all; close all

figure(1)
subplot(2,2,1)
delta_1 = 0.5; gamma_1 = 0.05;
delta_plot(delta_1,gamma_1)

subplot(2,2,2)
delta_2 = 0.5; gamma_2 = 0.2;
delta_plot(delta_2,gamma_2)

subplot(2,2,3)
delta_3 = -0.5; gamma_3 = -0.05;
delta_plot(delta_3,gamma_3)

subplot(2,2,4)
delta_4 = 0.5; gamma_4 = -0.2;
delta_plot(delta_4,gamma_4)

function delta_plot(delta,gamma)
delta_x = [-5:0.1:5];
delta_v_first = delta*delta_x;
delta_v_snd = delta*delta_x + 1/2*gamma*delta_x.*delta_x;
plot(delta_x,delta_v_first); hold on
plot(delta_x,delta_v_snd); hold on
plot(0,0,'ok')
xlabel('\Delta x');ylabel('\Delta V')
set(gca, 'XAxisLocation', 'origin')
title(['Delta = ',num2str(delta),'; Gamma = ',num2str(gamma)])
legend('First-order','Second-order','Location', 'Best')
box off; grid off
set(gca,'Xtick',-4:2:4); ylim([-5,5])
end
```

此外，如果只考虑 y 的一阶偏导数对 ΔV 的影响，可以近似地认为：

$$\Delta V(\Delta x, \Delta y)\big|_{x_0,y_0} \approx \mathrm{Vega} \cdot \Delta y \tag{6.67}$$

再将 y 的二阶偏导数对 ΔV 的影响考虑进来，就又有：

$$\Delta V(\Delta x, \Delta y)\big|_{x_0,y_0} \approx \mathrm{Vega} \cdot \Delta y + \frac{1}{2}\mathrm{Vomma} \cdot \Delta y^2 \tag{6.68}$$

在学习完久期、凸率、希腊字母，以及债券和期权价格泰勒近似之后，读者可以再回顾比较一下不同阶数的泰勒展开。这会有助于加深读者理解这几个重要的金融概念。

我不知道世人看我的眼光；依我看来，我不过是一个在海边玩耍的孩子，不时找到几个光滑的卵石、漂亮的贝壳，惊喜万分。而展现在我面前的是，真理的浩瀚海洋。

I do not know what I may appear to the world, but to myself I seem to have been only like a boy playing on the sea-shore, and diverting myself in now and then finding a smoother pebble or a prettier shell than ordinary, whilst the great ocean of truth lay all undiscovered before me.

我看的比别人更远，那是因为我站在一众巨人们的肩膀之上。

If I have seen further than others, it is by standing upon the shoulders of giants.

——艾萨克·牛顿 (Isaac Newton)

第7章 统计基础 I

薛定谔 (Erwin Schrödinger) 曾不加掩饰地厌恶概率，他曾说：

> 上帝知道我不喜欢概率论，从我们亲爱的朋友马克思·玻恩创立概率论的那一刻起，我就一直讨厌它！
>
> *God knows I am no friend of probability theory, I have hated it from the first moment when our dear friend Max Born gave it birth.*

但是，恐怕薛定谔的猫 (Schrödinger's cat) 不大会同意主人的观点。

Core Functions and Syntaxes
本章核心命令代码

◀ `binopdf(x,n,p)` 根据尝试的次数 n 和成功率 p 生成自变量为 x 的二项式分布概率密度函数。
◀ `corrcoef(X,Y)` 返回线性相关系数 PCC。
◀ `cov(X, Y)` 返回 X 和 Y 的协方差矩阵。
◀ `geomean()` 计算几何均值。
◀ `hist(data, bins)` 绘制出数据 data 的直方图，bins 指定直方的数量。
◀ `histfit(samples,nbins,'kernel')` 绘制出数据 samples 的直方图，同时根据数据分布，给出 PDF 的拟合曲线，nbins 指定直方的数量。
◀ `histogram(X)` 生成直方图。
◀ `isoutlier(samples)` 获得样本数据中的离群值。
◀ `kurtosis()` 返回四阶中心矩。
◀ `linspace(x1,x2,n)` 生成一个 $n×1$ 的行向量，行向量的每个元素在 x_1 和 x_2 之间均匀连续分布。
◀ `loc_1 (loc_1 ~= 1) = NaN` 将矩阵 loc_1 中不等于1的元素替换为 NaN 元素。
◀ `loc_heads (loc_heads == 0) = NaN` 将矩阵 loc_heads 中为0的元素变为 NaN 元素。
◀ `lognpdf(x,mu,sigma)` 根据自变量生成对数正态分布，均值为 mu，sigma 为标准差。
◀ `max(),min(),range()` 分别计算最大值，最小值和范围。
◀ `mean()` 获得矩阵或向量的均值。
◀ `median()` 获得中位数。
◀ `mode()` 获得众数。
◀ `normcdf(x,mu,sigma)` 生成累积概率密度分布函数 cdf，均值为 mu，标准差为 sigma，范围为 x。
◀ `normpdf(x,mu,sigma)` 生成概率密度分布函数 pdf，均值为 mu，标准差为 sigma，范围为 x。
◀ `patch(X,Y)` 生成填充多边形，封闭多边形的形状由 X 和 Y 的对应关系指定。
◀ `pearsrnd(mu,sigma,skew,kurt,m,n)` 根据指定的四个中心矩生成 $m×n$ 的矩阵。
◀ `plot3(X,Y,Z)` 绘制三维图，三维点由 (X, Y, Z) 确定。
◀ `poisspdf(x,lambda)` 在 x 的每个值处，生成随机事件的平均发生率为 lambda 的泊松分布概率密度函数。
◀ `prctile(data, [5, 95])` 计算样本数据的第5和第95百分位数。
◀ `rand(m,n)` 生成 $m×n$ 的随机数矩阵，生成的随机数符合连续均匀分布。
◀ `randi([0,1],m,n)` 生成随机数为0或者1的 $m×n$ 的矩阵。

- randn(m,n) 生成$m\times n$的随机数矩阵，生成的随机数符合标准正态分布。
- round(X,N) 若N为正数，将X取整到小数点后N位。
- sum(head_or_tail) 将矩阵head_or_tail沿着列方向将各元素相加，得到一个和矩阵列数一样的行向量。
- unifpdf(X,A,B) 生成连续均匀函数矩阵，其阶数和X一样。
- barh(x,y) 绘制横向柱状图。
- histogram(x) 绘制直方图。
- pie(x) 绘制饼图。

7.1 集合概率回顾

古话说，物以类聚，人以群分。概率里的**集合** (set)，如同事先限定好的一个范围或者一个群体，里面的每一个组成单元叫作**元素** (member或element)。但是，元素可以在某些特征上完全一致，也可以在某些方面大相径庭。集合可以分为：**有限元素集合** (finite set)、**无限元素集合** (infinite set) 和**空集** (empty set或null set) ∅。集合与元素的关系有**属于** (belong to) ∈ 和**不属于** (do not belong to) ∉。集合的元素可以写在**花括号** {}(curly brackets)内。图7.1给出了一个简单的集合的例子，其中，元素和集合的关系可以用以下文字表达。

◀ x属于A (x belongs to capital a)
◀ x是集合A的元素 (x is a member/element of the set capital a)
◀ x在集合A之内 (x is/lies in the set capital a)
◀ 集合A包含x (The set capital a includes x)
◀ y不属于集合A (y does not belong to the set capital a)
◀ y不是集合A的元素 (y is not a member of the set capital a)

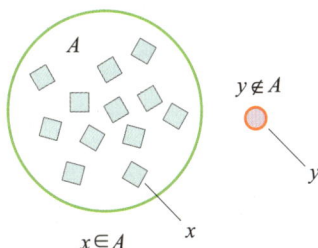

图7.1 集合与元素的关系

ismember()函数可以用来判断元素和集合，或集合和集合之间元素的关系，如下例。集合A内保存1～99这99个自然数，现在判断$x = 5$和$y = 100$是否是A中的元素。

```
x = 5;
y = 100;
A = [1:99];
[logic_in_x,Loc_x_in_A] = ismember(x,A)
[logic_in_y,Loc_y_in_A] = ismember(y,A)
```

运算结果如图7.2所示。

$x = 5$是集合A的元素，经过ismember (x, A) 计算得到的logic_in_x返回值是1即"真"，也就是5是A的元素。Loc_x_in_A返回值是5，是在A中的位置索引。通常集合中的元素上是没有排序的，但在MATLAB中，由于矩阵运算的思想，集合A中的元素都有各自的索引。$y = 100$不是集合A的元素，因此logic_in_y的返回值是0即"假"，Loc_y_in_A的返回值是0，表示不存在。ismember()函数可以用在两个集合上，如下例。

```
B = [5,105,10,110];
A = [1:99];
[logic_in_B,Loc_B_in_A] = ismember(B,A)
```

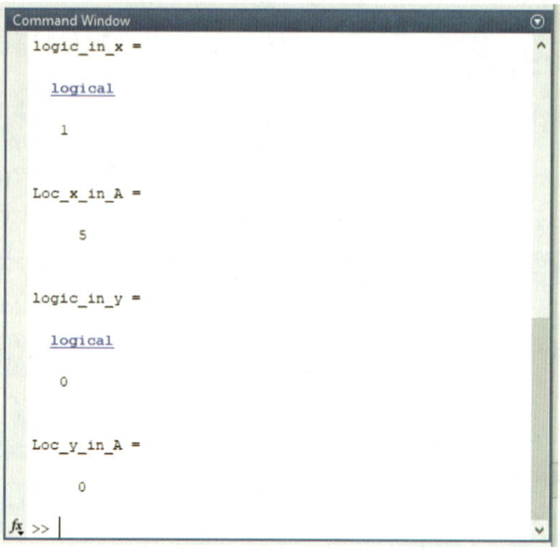

图7.2　运算结果

返回结果如图7.3所示。

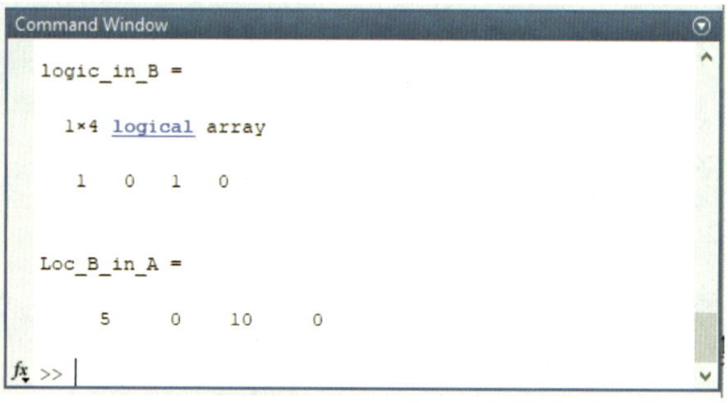

图7.3　返回结果

这个结果也很好地显示了，B集合中有四个元素，A集合中还是原来的99个元素。B集合的第一、第三个元素是A集合中的元素，在A集合中的索引为5和10。B集合的第二、第四个元素不在A集合中。一般情况下，集合各元素有互异性，也就是一个集合中任意两个元素互不相同，每个元素只能出现一次。如果一个集合有重复元素，这个集合叫作**多重集** (multiset)，MATLAB的unique()运算可以去除多重集的重复元素，如下。

```
A = [1 1 2 2 3 4 5];
B = unique (A)
% create a set from the unique elements of a list
```

运算结果如图7.4所示。

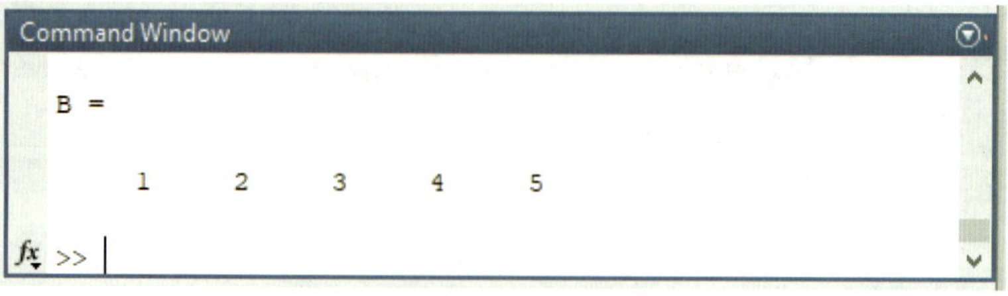

图7.4　运算结果

集合与集合之间的关系也可以是多种多样的，而**文氏图** (Venn diagram)是用来表达集合关系的常用工具。如果集合A中的每一个元素也都是集合B中的元素，那么A是B的**子集** (subset)，记$A \subseteq B$。A和B的关系也叫作"包含"。如果同时满足$A \subseteq B$和$A \neq B$，则称A是B的**真子集** (proper subset)，记作$A \subset B$。这个关系叫作"真包含"，如图7.5所示。两个集合A和B的**交集** (intersection)，记作$\bigcap B$，是含有所有既属于A又属于B的元素，而没有其他元素的集合。A和B的**并集** (union) 是所有A的元素和所有B的元素，而没有其他元素的集合，常记作$A \bigcup B$。表7.1给出了几个MATLAB集合运算的例子。

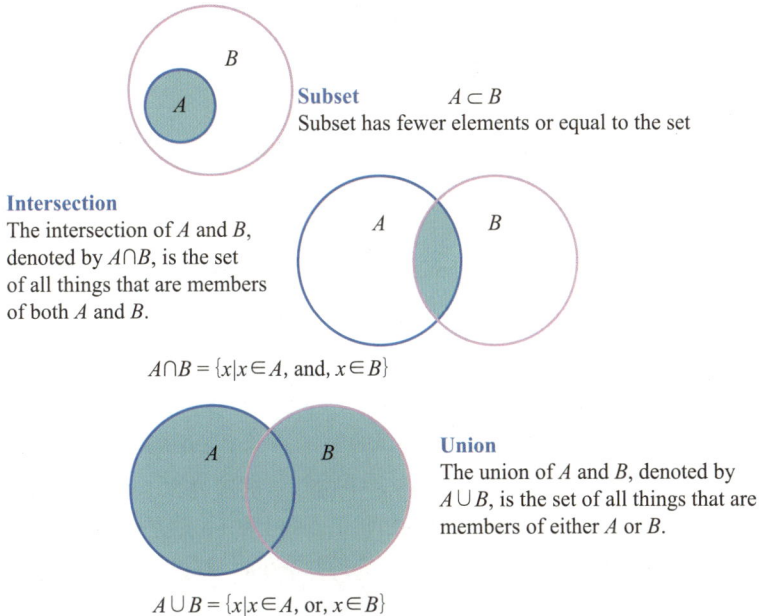

Subset $A \subset B$
Subset has fewer elements or equal to the set

Intersection
The intersection of A and B, denoted by $A \cap B$, is the set of all things that are members of both A and B.

$A \cap B = \{x | x \in A, \text{ and, } x \in B\}$

Union
The union of A and B, denoted by $A \cup B$, is the set of all things that are members of either A or B.

$A \cup B = \{x | x \in A, \text{ or, } x \in B\}$

图7.5　用文氏图表现集合与集合的关系

表7.1　常见集合运算

数学表达	英文表达	MATLAB运算代码	MATLAB运算结果

$A \bigcap B$	intersection of the set capital a and the set capital b	`A = 1:2:10;`
		`B = 3:8;`
		`C = intersect(A, B)`
			`C =`
			　　3　　5　　7

$A \bigcup B$	union of the set capital a and the set capital b
	join of the set capital a and the set capital b
	sum of the set capital a and the set capital b
		`A = [1 1 2 2 3 4 5];`
		`B = [2 5 8 9];`
		`% Find the values in A that`
		`are not in B`
		`C = union(A,B)`
			`C =`
			　　　1　　2　　3
			4　　5　　8　　9

$A - B$	relative complement of the set capital b in the set capital a	`A = [1 1 2 2 3 4 5];`
		`B = [2 5 8 9];`
		`% Find the values in A that`
		`are not in B`
		`C = setdiff(A,B)`
			`C =`
			　　1　　3　　4

数学表达	英文表达	MATLAB运算代码	MATLAB运算结果

$\overline{(A \cap B)}$	complement of the set capital a intersect capital b	`A = [1 1 2 2 3 4 5];`
		`B = [2 5 8 9];`
		`% Find the values in A that`
		`are not in B`
		`C = setxor(A,B)`
			`C =`
			    1 3 4
			  8 9

John Venn (1834—1923) English logician and philosopher best known as the inventor of diagrams，known as Venn diagrams

介绍完了集合，这里引入**随机试验** (randomized trial) 的概念。随机试验，简称**试验** (experiment)，就是按照一定的步骤和规则去试验性地完成或重复某件事情或某个操作。本书概率与统计内容会反复提及如下两个试验。

◀ 掷一个硬币多次，每次记录正反面，正面为1，反面为0。
◀ 掷一枚骰子多次，每次记录点数。

试验任一可能的结果称为一个**样本点** (sample points)；试验样本点构成的集合称为**样本空间** (sample space)。在抛硬币试验中，代表反面向上的0和正面向上的1，就是两个样本点，$\Omega = \{0, 1\}$就是这个试验的样本空间。在抛骰子试验中，骰子每一面的数字（1，2，3，4，5，6）就是样本点，$\Omega = \{1, 2, 3, 4, 5, 6\}$是对应的样本空间。

现在来进行一次抛硬币试验。这次试验一次抛两枚硬币，同样用1表示正面向上，0表示反面向上。考虑先后顺序，试验的可能样本点有11，10，01，00；不考虑先后顺序，试验的可能样本点有11，10，00。考虑先后顺序，那么样本空间为$\Omega = \{11, 10, 01, 00\}$。用$A$来表达正反面结果为11，可以写作$A = \{11\}$，$A$被称作**事件** (event)，是$\Omega$的子集。一次试验中，$A$可能发生，也可能不发生。$P(A)$被定义为事件$A$发生的概率，可以很容易发现，$P(A) = 1/4$。计算方法：

$$P(A) = \frac{n(A)}{n(\Omega)} \tag{7.1}$$

其中，$n(A)$ 是事件A在样本空间发生的次数，也就是频率；$n(\Omega)$ 是样本空间Ω的样本点个数。从上式可以发现概率的两个基本性质。如果Ω为样本空间，A为任意事件，A发生的概率为0~1：

$$0 \leqslant P(A) \leqslant 1 \tag{7.2}$$

整个样本空间对应的概率之和为1：

$$P(\Omega) = 1 \tag{7.3}$$

贝叶斯定理 (Bayes' theorem) 是由**托马斯·贝叶斯** (Thomas Bayes) 提出的，贝叶斯定理描述的是两个条件概率的关系：

$$P(A|B) = \frac{P(B|A)P(A)}{P(B)} \qquad (7.4)$$

其中：

◆ $P(A|B)$ 是指在事件 B 发生的情况下事件 A 发生的概率，即已知 B 发生后 A 的条件概率 (conditional probability)；

◆ $P(B|A)$ 则是指在事件 A 发生情况下 B 发生的概率；

◆ $P(A)$ 是 A 的边缘概率 (marginal probability)，不考虑任何有关 B 的因素；

◆ $P(B)$ 是 B 的边缘概率，不考虑任何 A 的因素。

贝叶斯定理的另外一个表达式为：

$$P(A|B)P(B) = P(B|A)P(A) = P(A\cap B) \qquad (7.5)$$

事件 A 在事件 B (发生) 的条件下的概率，与事件 B 在事件 A (发生) 的条件下的概率是不一样的。图 7.6 给出的是证明贝叶斯定理的一种方法。

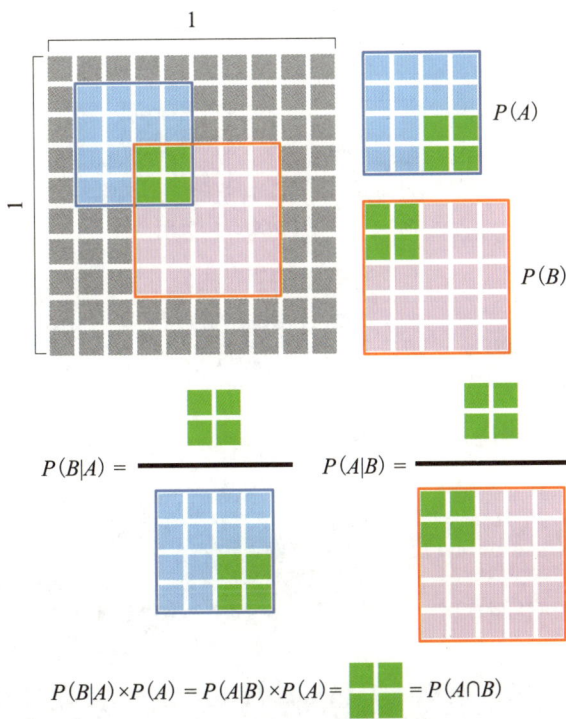

图7.6　贝叶斯定理图

现在，就用抛骰子的试验来解释本节介绍的这几个概率计算。抛一枚骰子，可能得到6种结果，构成的空间全集为 $\Omega = \{1, 2, 3, 4, 5, 6\}$。6个骰子点数中的每一种结果的概率相同，比如 $P(\{1\}) = P(\{5\}) = 1/6$。

设"骰子点数为偶数"事件为 A，因此 $A = \{2, 4, 6\}$；$P(A) = 3/6 = 0.5$。A 事件的补集 B 为"骰子点数为奇数"，$B = \{1, 3, 5\}$，事件 B 的概率 $P(B) = 1 - P(A) = 0.5$。交集 $A \cap B = \{\}$，为空集 $\varnothing$，因此：

$$P(A\cap B) = 0 \qquad (7.6)$$

而两者的并集 $A \cup B = \Omega$，为空间全集，因此：

$$P(A \cup B) = 1 \qquad (7.7)$$

C事件被定义为"骰子点数小于4"，因此 $C = \{1，2，3\}$，事件C的概率$P(C) = 0.5$。图7.7展示的是A、B和C事件的关系。事件A和C的交集$A \cap C = \{2\}$，因此$A \cap C$的概率为：

$$P(A \cap C) = P(\{2\}) = \frac{1}{6} \qquad (7.8)$$

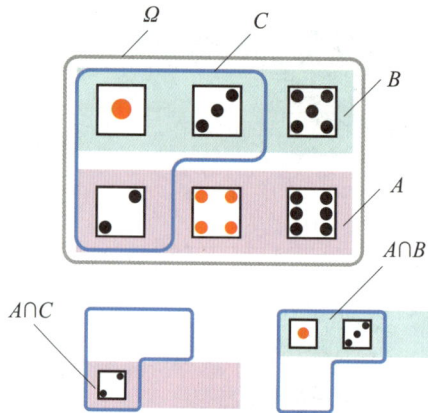

图7.7　A、B和C事件的关系

而事件B和C的交集$B \cap C = \{1，3\}$，因此$B \cap C$的概率为：

$$P(B \cap C) = P(\{1\}) + P(\{3\}) = \frac{1}{3} \qquad (7.9)$$

A和C的并集$A \cup C = \{1，2，3，4，6\}$，对应的概率为：

$$P(A \cup C) = P(A) + P(C) - P(A \cap C) = \frac{1}{2} + \frac{1}{2} - \frac{1}{6} = \frac{5}{6} \qquad (7.10)$$

简单来说，条件概率$P(C|A)$，在A事件发生的条件下，C事件的发生概率。用贝叶斯公式可以求解：

$$P(C|A) = \frac{P(A \cap C)}{P(A)} = \frac{1/6}{1/2} = \frac{1}{3} \qquad (7.11)$$

类似地，在C事件发生的条件下，A事件发生的条件概率$P(A|C)$为：

$$P(A|C) = \frac{P(A \cap C)}{P(C)} = \frac{1/6}{1/2} = \frac{1}{3} \qquad (7.12)$$

7.2 排列组合

在古典概率中，离不开排列和组合这两个概念。**组合** (combination) 是在一组元素中，排序不重要，但元素的选择和各个元素间的搭配很重要。**排列** (permutation) 也是在一组元素中，元素的选择、排序都很重要。A、B、C这三个字母可以有六种不同的排列：ABC，ACB，BAC，BCA，CAB，CBA。从 n 个对象中选取 r 个元素进行排列，总共的排列数可以通过下式计算：

$$P(n,r) = P_n^r = \frac{n!}{(n-r)!} \tag{7.13}$$

其中，"!"运算符表示**阶乘** (factorial)，即：

$$
\begin{aligned}
n! &= 1 \cdot 2 \cdot 3 \cdots (n-2) \cdot (n-1) \cdot n \\
&= \prod_{i=1}^{n} i \\
&= n \cdot (n-1)!
\end{aligned}
\tag{7.14}
$$

0的阶乘为 $0! = 1$。

从ABC三个元素无放回抽取两个字母，只要元素相同，不管次序是否相同都算作相同结果。结果有三个组合AB，AC，BC。n 个对象中选取 r 个组合可以通过下式计算：

$$C(n,r) = C_n^r = \frac{n!}{(n-r)!r!} \tag{7.15}$$

大家熟知的杨辉三角，也称作**帕斯卡三角** (Pascal's triangle)，可以用来寻找多项式的系数。杨辉比帕斯卡提前300年左右，在自己书中介绍了这个规律。但是，杨辉也不是第一位发现者，他在书中也说得很清楚，这个规律是引自贾宪的一部叫作《释锁算术》的数学作品。按照时间先后顺序，贾宪在11世纪北宋时期就发现并推广了这一规律，杨辉只是在13世纪南宋时对其进行了再次解释，而帕斯卡一直等到1655年才在自己的作品中有所介绍。广义的杨辉或帕斯卡三角是，每一行都为连续二项式系数的数字三角形。这个三角形随底下两角新增的数字而不断增大，而里面的每一个数字皆为其上两个数字相加的和。

$$
\begin{aligned}
(a+x)^0 &= 1 \\
(a+x)^1 &= a+x \\
(a+x)^2 &= a^2 + 2ax + x^2 \\
(a+x)^3 &= a^3 + 3a^2x + 3ax^2 + x^3 \\
(a+x)^4 &= a^4 + 4a^3x + 6a^2x^2 + 4ax^3 + x^4 \\
(a+x)^5 &= a^5 + 5a^4x + 10a^3x^2 + 10a^2x^3 + 5ax^4 + x^5 \\
(a+x)^6 &= a^6 + 6a^5x + 15a^4x^2 + 20a^3x^3 + 15a^2x^4 + 6ax^5 + x^6 \\
&\cdots \qquad\qquad \cdots
\end{aligned}
\tag{7.16}
$$

这里之所以提到杨辉三角，就是因为每一行式子的系数实际上都暗藏了组合的思想。如图7.8所示，每一行数字的和是2的乘幂。比如说第一行的和是 $2^0 = 1$，第四行数字的和是 $2^3 = 8$。第11章讨论二叉树时，还会使用到杨辉三角。

$$C_0^0 = 1$$

$$C_1^0 = 1 \quad C_1^1 = 1$$

$$C_2^0 = 1 \quad C_2^1 = 2 \quad C_2^2 = 1$$

$$C_3^0 = 1 \quad C_3^1 = 3 \quad C_3^2 = 3 \quad C_3^3 = 1$$

$$C_4^0 = 1 \quad C_4^1 = 4 \quad C_4^2 = 6 \quad C_4^3 = 4 \quad C_4^4 = 1$$

$$\cdots$$

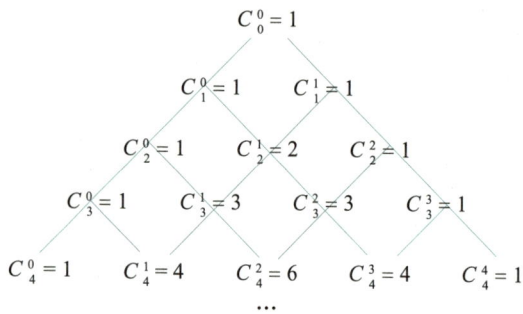

图7.8　杨辉三角前五行

MATLAB社区给出了一个有意思的例子，这段代码可以求解出多项式$(x + a)^n$展开系数。a和n可以为任意正整数。比如，当$a = 1$，$n = 4$时：

```
(x+1)^4 =
x^4 + 4*x^3 + 6*x^2 + 4*x + 1
```

具体代码如下。

B1_Ch7_1.m

```matlab
clc; close all; clear all

n = input('n (an integer) in (x+a)^n is ');
a = input('a (an integer) in (x+a)^n is ');
Cy = ones(1,n+1);

j = 2:n+1;
Cy(1,j) = a.^(j-1);

% Pascals Triangle
Pascals_Triangle = zeros(100,100);
% Preallocating Pascals Triangle Matrix
Pascals_Triangle(:,1) = 1;

for i = 2:1:n+1
    for j = 2:1:n+1

        Pascals_Triangle(i,j) = (Pascals_Triangle(i-1,j-1)...
            + Pascals_Triangle(i-1,j));

    end
end

Cx = Pascals_Triangle(n+1,1:n+1);
p = Cy.*Cx;
answer = poly2sym(p);
```

```
formatSpec = '(x+%d)^%d = ';
X = sprintf(formatSpec,a,n);
disp(X)
disp(answer)
```

图7.9是用imagesc()绘制的帕斯卡三角热图。生成此图的代码含有两个子方程。第一个方程用来生成图像，第二个方程用来生成帕斯卡三角的矩阵。第二个方程的逻辑很简单，主要的计算就是下一行中间的元素是上一行对应两个元素之和。Cleve有一篇博客专门探讨帕斯卡三角，请读者参考：

◀ https://blogs.mathworks.com/cleve/2018/02/19/fun-with-the-pascal-triangle/

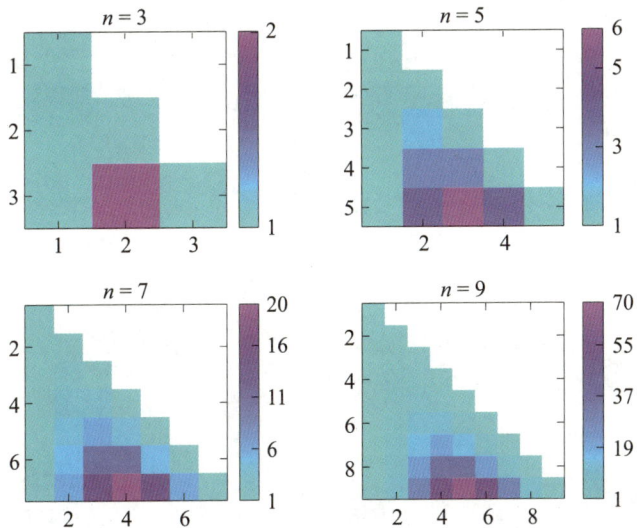

图7.9　imagesc()函数绘制的帕斯卡三角热图

以下代码可以用来生成图7.9。

```
B1_Ch7_2.m
```

```
figure(1)
subplot(2,2,1)
PT = plot_pt(3)

subplot(2,2,2)
PT = plot_pt(5)

subplot(2,2,3)
PT = plot_pt(7)

subplot(2,2,4)
PT = plot_pt(9)

function PT = plot_pt(n)
PT = pascal_triangle(n);
PT(PT == 0) = NaN;
```

```
c = imagesc(PT)
cb = colorbar;
set(c,'AlphaData',~isnan(PT))
set(gcf,'color','white')
colormap(cool)
title(['n = ',num2str(n)])
bar_ticks = [1:round(max(PT(:))/4):max(PT(:))-1,max(PT(:))];
set(cb, 'ticks', bar_ticks);
end


function A = pascal_triangle(n)

A=eye(n);
A(:,1)=1;
for i=2:n
    A(i,2:end)=A(i-1,1:end-1)+A(i-1,2:end);
end

end
```

7.3 统计描述

在所有可能情形已知的时候，各个可能情形对应的概率计算起来比较容易，这也是古典概型或者传统概率的核心内容。而在更复杂的试验中，例如并不知道有多少可能的情形，此时就需要更加关注试验中出现的各个情形的**频率** (frequency)。假设情形A是某次试验S的事件，N次独立重复试验中A发生的次数，也就是频率为N_A，那么称A发生的概率为：

$$P(A) = \frac{N_A}{N} \tag{7.17}$$

表7.2给出了某一个金融产品在一年252个工作日中，**日回报率** (daily return) 的统计数值。举个例子，亏损-10%到-5%的事件，一共出现了22次，每天获利10%以上，则共出现15次。每个事件出现的次数，除以总共的次数和，得到的就是事件出现的概率，如表7.2第三列所示。这些概率值也可以用百分数来表达，如表7.2第四列所示。举个例子，在252个数据中，日回报率为0%～5%的概率为36.51%。表中最后一列给出的是**累积概率** (cumulative probability)。

表7.2　日回报率统计

日回报率 r	出现次数 (频率)	概率	概率	积累概率
$r < -10\%$	16	0.063 492	6.35%	6.35%
$-10\% \leqslant r < -5\%$	22	0.087 302	8.73%	15.08%
$-5\% \leqslant r < 0\%$	73	0.289 683	28.97%	44.05%

日回报率 r	出现次数 (频率)	概率	概率	积累概率
$0\% \leqslant r < 5\%$	92	0.365 079	36.51%	80.56%
$5\% \leqslant r < 10\%$	34	0.134 921	13.49%	94.05%
$r \geqslant 10\%$	15	0.059 524	5.95%	100.00%
total	252	1	100%	N/A

图7.10中的直方图可以用来表达表7.2数据。直方图的纵坐标可以是事件出现的次数，即**频率**或**频数** (number of events in a trial，frequency)，如图7.10左图所示；纵坐标也可以是经由频率计算出来的概率，如图7.10右图所示。对应的累积概率的直方图如图7.11所示。

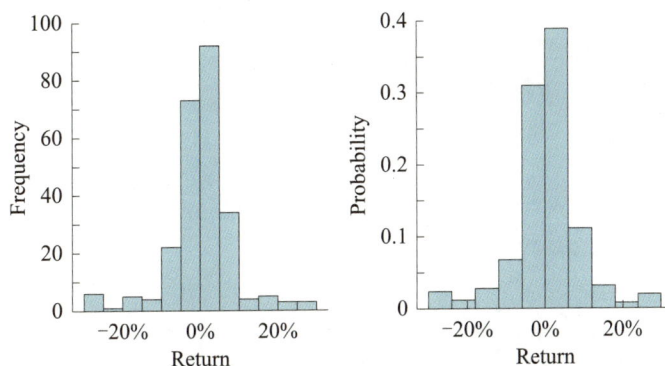

图7.10　事件频次分布和概率分布

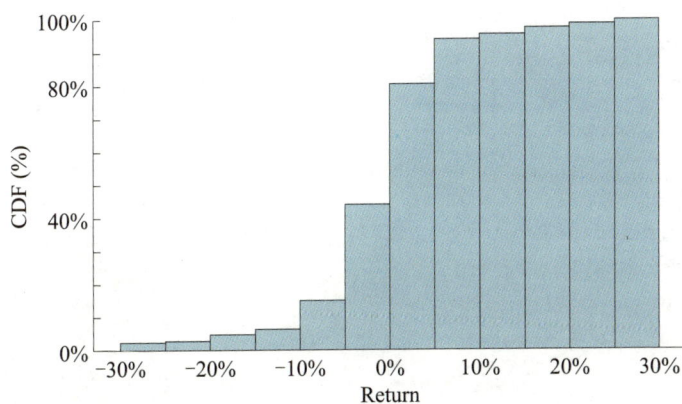

图7.11　事件累积概率分布

以下代码可以获得图7.10和图7.11。

```matlab
B1_Ch7_3.m

clc; clear all; close all

% buckets
r_buckets = [-0.3, -0.1, -0.05, 0, 0.05, 0.1, 0.3];

% frequency within each bucket
num_set = [16, 22, 73, 92, 34, 15];
```

```matlab
num_interation = length(num_set);
r252 = [];

% generate fake returns with in buckets

for i = 1:num_interation

r_bucket = (r_buckets(i+1)-r_buckets(i)).*...
rand(num_set(i),1) + r_buckets(i);

    r252 = [r252; r_bucket];

end

figure(1)
subplot(1,2,1)
histogram(r252)
ylabel('Frequency')
xlabel('Return')
a=[cellstr(num2str(get(gca,'xtick')'*100))];
pct = char(ones(size(a,1),1)*'%');
new_xticks = [char(a),pct];
set(gca,'xticklabel',new_xticks)

subplot(1,2,2)
nbins = 10; % number of buckets or bins
h = histogram(r252,nbins)
h.Normalization = 'probability';
ylabel('Probability')
xlabel('Return')
a=[cellstr(num2str(get(gca,'xtick')'*100))];
pct = char(ones(size(a,1),1)*'%');
new_xticks = [char(a),pct];
set(gca,'xticklabel',new_xticks)

figure(2)

histogram(r252,'Normalization','CDF')
ylabel('Probability (%)')
xlabel('Return')
a=[cellstr(num2str(get(gca,'xtick')'*100))];
pct = char(ones(size(a,1),1)*'%');
new_xticks = [char(a),pct];
set(gca,'xticklabel',new_xticks)
a=[cellstr(num2str(get(gca,'ytick')'*100))];
pct = char(ones(size(a,1),1)*'%');
new_yticks = [char(a),pct];
set(gca,'yticklabel',new_yticks)
```

描述一组数据时，往往首先关心的是这组数据的最大值、最小值、平均值等这些基本的统计描述。下面用一组有趣的数据结合MATLAB程序来描述这些基本统计量。**卡文迪许** (Henry Cavendish) 于1797年，完成了对地球密度的精确测量，图7.12展示的是他得到的29个数值。

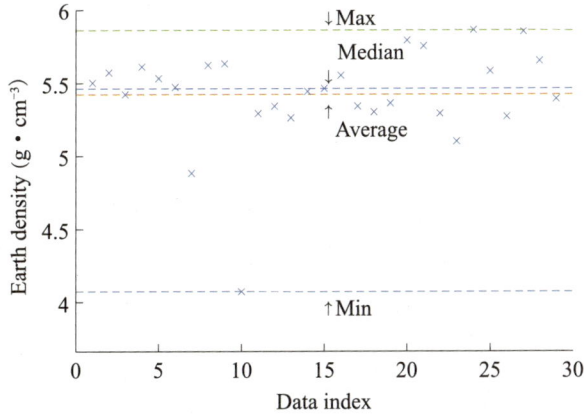

图7.12　卡文迪许测量得到的29个地球密度数值

首先，可以用以下几个MATLAB函数对这些数值进行直接计算。

◀ mean()计算平均值
◀ median()计算中位数
◀ mode()计算众数
◀ max()计算最大值
◀ min()计算最小值
◀ range()计算最大值和最小值之差

图7.13给出的是数据的箱型图。可以看到离群值的位置在最下方，平均值在5.5 g/cm³左右。**离群值** (outlier) 也称逸出值，指的是一组样本数据中，有若干偏离其他数值的值。如何界定离群值，如何处理离群值，这一系列问题，已经超出FRM考察范围。但是，在实际工作中，界定和处理离群值的数学方法是大数据处理基础中的基础，这部分内容在丛书第三本中探讨。MATLAB的isoutlier (samples)函数可以用来找到样本值中的离群值。

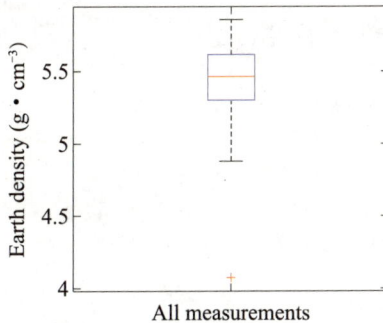

图7.13　29个地球密度值的箱型图

图7.14是这29个地球密度数值的直方图，给出了这些样本值的平均值和中位数的位置。图7.14同时给出了核密度估计的图像。**核密度估计** (kernel density estimation) 可以用来估计未知的密度函数，本书不做展开讨论。读者可以把核密度估计，看作平滑和延伸后的直方图。MATLAB常用的核密度估计的函数之一是histfit(samples，nbins，'kernel')。以下代码可以用来得到图7.13和图7.14。

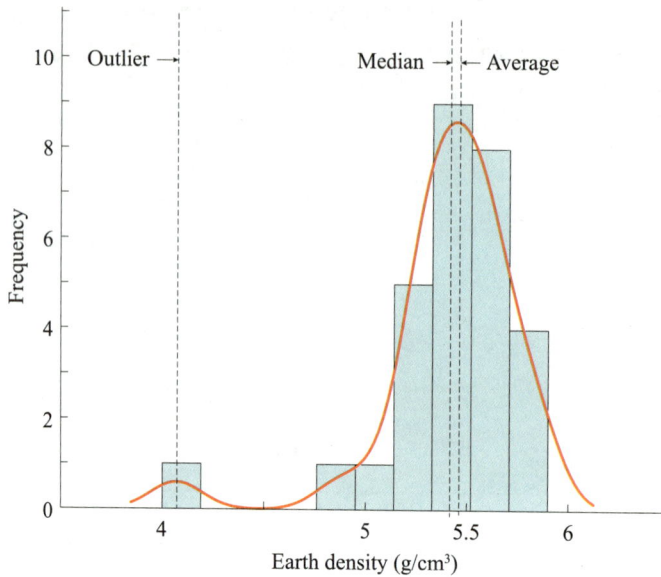

图7.14　29个地球密度值的直方图和核密度图像

```
B1_Ch7_4.m

earth_density = [5.5, 5.57, 5.42, 5.61, 5.53, 5.47, 4.88, ...
    5.62, 5.63, 4.07, 5.29, 5.34, 5.26, 5.44, 5.46, 5.55, ...
    5.34, 5.3, 5.36, 5.79, 5.75, 5.29, 5.1, 5.86, 5.58, ...
    5.27, 5.85, 5.65, 5.39];
% Dataset contains 29 measurements of the density of the earth,
% obtained by Henry Cavendish in 1798 using a torsion balance.
% Density is presented as a multiple of the density of water.
% Data can be downloaded from:
% http://lib.stat.cmu.edu/DASL/Datafiles/Cavendish.html

earth_density_avg = mean(earth_density)

earth_density_median = median(earth_density)

earth_density_mode = mode(earth_density)

earth_density_geomean = geomean(earth_density)

earth_density_max = max(earth_density)

earth_density_min = min(earth_density)

earth_density_range = range (earth_density)
% max(x) - min(x)

figure(1)
```

```matlab
plot([1:length(earth_density)],earth_density,'x'); hold on

plot([0,30],[earth_density_max,earth_density_max],'--'); hold on
txt1 = '\downarrow Max';
text(15,earth_density_max+0.1,txt1)

plot([0,30],[earth_density_min,earth_density_min],'--'); hold on
txt1 = '\uparrow Min';
text(15,earth_density_min-0.1,txt1)

plot([0,30],[earth_density_avg,earth_density_avg],'--'); hold on
txt1 = '\uparrow Average';
text(15,earth_density_avg-0.1,txt1)

plot([0,30],[earth_density_median,earth_density_median],'--'); hold on
txt1 = '\downarrow Median';
text(15,earth_density_median+0.1,txt1)

ylim([min(earth_density)*0.9,max(earth_density)*1.1])
xlabel('Data index')
ylabel('Earth density [g/cm^3]')

%% plot the distribution

outlier_loc = isoutlier(earth_density);
outlier = earth_density(outlier_loc);


figure(2)

boxplot(earth_density,'Labels','All measurements')
ylabel('Earth density [g/cm^3]')


figure(3)
histfit(earth_density,10,'kernel'); hold on

plot([earth_density_avg,earth_density_avg],[0,11],'--'); hold on
txt1 = '\leftarrow Average';
text(earth_density_avg+0.05,10,txt1)

plot([earth_density_median,earth_density_median],[0,11],'--'); hold on
txt1 = 'Median \rightarrow';
text(earth_density_median-0.05,10,txt1,...
'HorizontalAlignment', 'right')

plot([outlier,outlier],[0,11],'--'); hold on
```

```
txt1 = 'Outlier \rightarrow';
text(outlier-0.05,10,txt1,'HorizontalAlignment', 'right')

ylim([0,11])
xlabel('Earth density [g/cm^3]')
ylabel('Frequency')
```

平均值 (average，mean value，mean) 在统计学里又被称作**期望值** (expected value，expectation)。另外一个叫法是**一阶中心矩** (the first moment)，这个概念在之后的内容里会详细介绍。

如果X为一个**随机变量** (random variable)，x_1，x_2，$\cdots x_k$是随机变量的结果，它们对应的概率为p_1，p_2，$\cdots p_k$。X的期望值可以通过下式求得：

$$\mathrm{E}[X] = \sum_{i=1}^{k} x_i p_i = x_1 p_1 + x_2 p_2 + \cdots + x_k p_k \tag{7.18}$$

本书为保持和MATLAB命令一致，mean将用来表达求取平均值计算，比如数组X的均值：

$$\mathrm{mean}(X) = \frac{1}{N} \sum_{k=1}^{N} x_k \tag{7.19}$$

如果X是连续的**随机变量** (continuous random variable)，则存在一个相应的**概率密度函数** (probability density function，pdf) $f(x)$，X的期望值可以写作：

$$\mathrm{E}[X] = \mu = \int_{-\infty}^{\infty} x \cdot \mathrm{pdf}(x) dx \tag{7.20}$$

标准差 (standard deviation) 和**方差** (variance) 也是基本的统计描述。随机变量X的方差描述变量和期望值之间的距离。**总体** (population) 的方差可以通过下式获得：

$$\mathrm{var}(X) = \frac{1}{N} \sum_{i=1}^{N} (x_i - \mu)^2 \tag{7.21}$$

μ为总体平均值或期望值，N为总体数量。标准差是方差的正平方根，常用的数学符号是σ (sigma)。总体的标准差可以通过下式得到：

$$\mathrm{std}(X) = \sigma = \sqrt{\frac{1}{N} \sum_{i=1}^{N} (x_i - \mu)^2} \tag{7.22}$$

标准差的另一种计算推导如下：

$$
\begin{aligned}
\sigma &= \sqrt{\mathrm{E}[(X - \mu)^2]} \\
&= \sqrt{\mathrm{E}[X^2] + \mathrm{E}[-2\mu X] + \mathrm{E}[\mu^2]} \\
&= \sqrt{\mathrm{E}[X^2] - 2\mu \mathrm{E}[X] + \mu^2} \\
&= \sqrt{\mathrm{E}[X^2] - 2\mu^2 + \mu^2} \\
&= \sqrt{\mathrm{E}[X^2] - \mu^2} \\
&= \sqrt{\mathrm{E}[X^2] - (\mathrm{E}[X])^2}
\end{aligned}
\tag{7.23}
$$

FRM考试中关于期望值另外几个必背公式如下：

$$
\begin{aligned}
&\mathrm{E}[X+Y]=\mathrm{E}[X]+\mathrm{E}[Y]\\
&\mathrm{E}[aX]=a\mathrm{E}[X]\\
&\mathrm{cov}(X,Y)=\mathrm{E}[XY]-\mathrm{E}[X]\mathrm{E}[Y]\\
&\mathrm{E}(XY)=\mathrm{E}(X)\mathrm{E}(Y)\ (\text{only for independent } X \text{ and } Y)\\
&\mathrm{var}(X)=\mathrm{E}[X^2]-(\mathrm{E}[X])^2
\end{aligned}
\tag{7.24}
$$

样本 (sample) 是从总体抽取一部分个体，这个过程叫作**抽样** (sampling)。图7.15给出的是总体和样本之间的关系。总体是研究对象的整个群体，总体包括一个个个体。样本是总体中的一个部分，也就是样本是总体中随机抽取的某一些个体。样本容量是样本包含的个体数目，也是数据的数目。总体中个体的数目太多以至于不能逐一研究时，人们通常通过样本的某些性质来科学地推断总体的相应性质。采样的目的是，依据样本的某个或某些属性，获得判断总体属性的可靠依据。

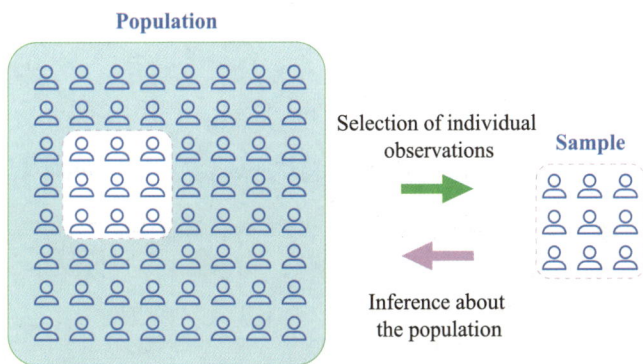

图7.15　总体和样本的关系

样本均值通过下式计算：

$$
\mathrm{mean}(\overline{X})=\overline{x}=\frac{1}{N}\sum_{i=1}^{N}x_i
\tag{7.25}
$$

样本标准差通过下式得到：

$$
\mathrm{std}(\overline{X})=s=\sqrt{\frac{\sum_{i=1}^{N}(x_i-\overline{x})^2}{N-1}}
\tag{7.26}
$$

有趣的是，总体标准差的分母是N，而样本标准差的分母是$N-1$。实际上，样本标准差里的分母为$N-1$是为了让标准差的估计是**无偏的** (unbiased)，即尽可能排除样本大小N的影响。标准差在金融领域常被称作**波动率** (volatility)。波动率反映金融资产价格的波动程度，可用于衡量资产回报稳定性的指标。波动率越大，金融资产价格波动大，代表回报远离以往的平均数值，回报较不稳定，故风险越高。相反，标准差数值越小，代表回报较为稳定，风险也较小。

图7.16给出了2000个点的数据分布，可以看出来这些数据点的平均值在10附近，标准差约为5。图中的阴影区域覆盖了平均值附近一个标准差的范围。以下代码可以获得图7.16。

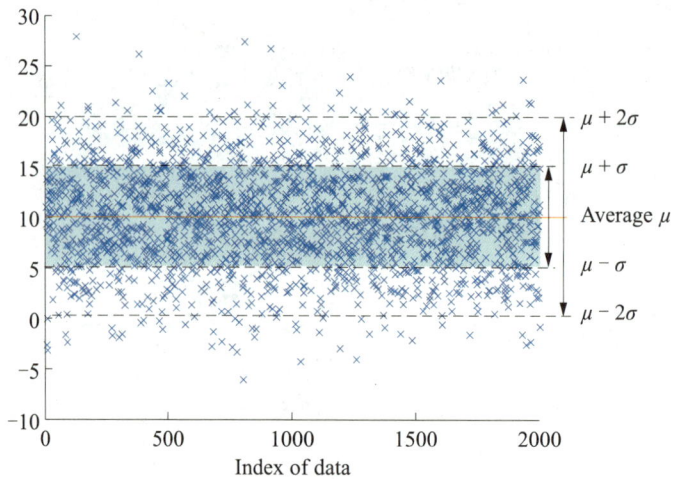

图7.16 2000个数据点的分布情况

```
B1_Ch7_5.m
```

```
N = 2000;
X = 5*randn(N,1)+10;
avg_X = mean (X);

figure(1)
x = [1:length(X)];
plot(x,X,'x'); hold on
plot([0,N],[avg_X,avg_X],'--'); hold on
txt1 = '\uparrow Average';
text(15,avg_X-0.1,txt1)

xx =  [0:length(X)+1];
X_std = std (X);
lower_bound = avg_X*ones(1,length(xx)) - X_std;
upper_bound = avg_X*ones(1,length(xx)) + X_std;

h = patch([xx fliplr(xx)], [lower_bound fliplr(upper_bound)],'r')
alpha(0.3)
set(h,'EdgeColor','none')
hold off
xlim([0 N])
```

对于类似正态分布的数据，如图7.17所示，大概有68%的数据会落在阴影区的范围内。在平均值附近两个标准差范围里，大约有95%的数据会落入其中。需要强调的是，68%和95%这两个数值，不只适用于正态分布的数据。68%-95%-97%在统计学里又称为**经验法则** (empirical rule)，可用于其他数据分布。对于任何分布形状的数据，可以使用**切比雪夫不等式** (Chebyshev's Inequality) 来讨论随机变量和均值的关系 ($b>0$)：

$$P\big(|X-\mathrm{E}(X)|\geqslant b\big)\leqslant \frac{\mathrm{var}(X)}{b^2} \tag{7.27}$$

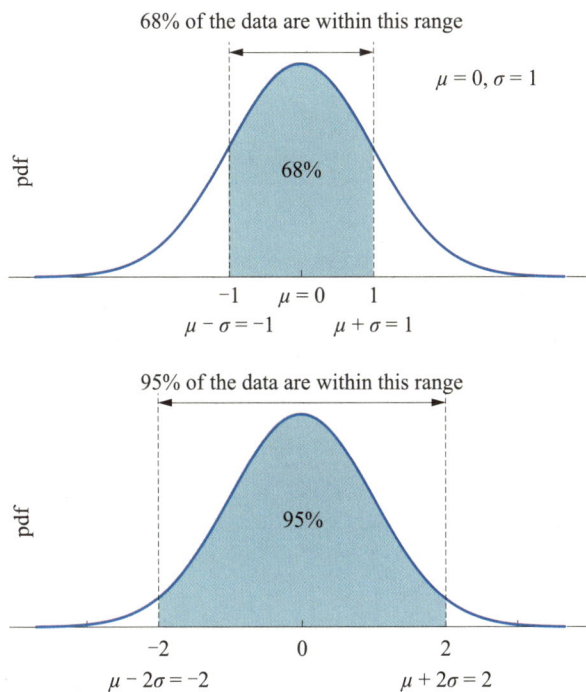

图7.17 σ与标准正态分布概率密度函数的面积关系

7.4 正态分布

前面已经提到过，对于连续分布的概率密度函数可以表达为pdf (x)，对应的平均值可以通过如下积分式计算：

$$\text{mean}(X) = \mu = \int_{-\infty}^{+\infty} \text{pdf}(x) \cdot x \, dx \tag{7.28}$$

类似地，x的方差可以通过如下积分获得：

$$\text{var}(X) = \sigma^2 = \int_{-\infty}^{+\infty} \left[\text{pdf}(x) \cdot (x - \mu)^2 \right] dx \tag{7.29}$$

累积概率密度函数cdf(x)和pdf(x)的关系也可以用如下的积分建立：

$$\text{cdf}(x) = \int_{-\infty}^{x} \text{pdf}(s) \, ds \tag{7.30}$$

本书中PDF用来表示概率密度函数这一概念，pdf (x) 用来表达概率密度函数的运算；CDF用来表示累积概率密度函数的概念本身，cdf (x) 是累积概率密度的计算。

高斯分布 (Gaussian distribution)，也称正态分布 (normal distribution)。首先，高斯分布的PDF和CDF图像极其优雅，如图7.18所示。除了外表俊秀之外，这个高斯分布可以说是全宇宙最普遍的分布，没有之一。高斯分布仿佛是整个宇宙纷繁复杂表象下的终极秩序。

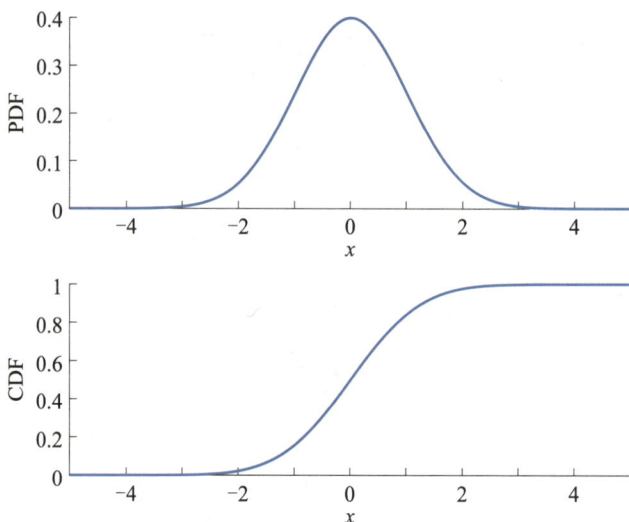

图7.18 标准正态分布概率密度函数

提到高斯分布，不得不提到有"数学王子"之称的伟大数学家**高斯** (Carl Friedrich Gauss)。他在数学和数学之外的很多领域都留下了自己的闪亮足迹，以"高斯"冠名的公式、定理、发现不计其数。高斯布衣出身，不到十岁就完美地计算出1～100这100个自然数的求和问题。直至高斯心脏病突发去世之前，他还穿着睡衣裤，在求解数学问题。

Carl Friedrich Gauss (1777—1855), German mathematician
Generally regarded as one of the greatest mathematicians of all time for his contributions to number theory, geometry, probability theory, geodesy, planetary astronomy, the theory of functions, and potential theory(including electromagnetism). Gauss was the only child of poor parents. He was rare among mathematicians in that he was a calculating prodigy，and he retained the ability to do elaborate calculations in his head most of his life.
(Source: https://www.britannica.com/)

正态分布的概率密度函数PDF可以写作：

$$\text{pdf}(x) = \frac{1}{\sqrt{2\pi}} \frac{1}{\sigma} \, e^{-\frac{(x-\mu)^2}{2\sigma^2}} \tag{7.31}$$

其中：

◀ x：随机变量 (random variable)。
◀ μ：是正态分布的**平均值** (mean) 或者叫**期望值** (expectation，expected value)，对于正态分布，平均值、**中数** (median) 和**众数** (mode) 值相同。
◀ σ：**标准差** (standard deviation)，读作 (sigma)。
◀ σ^2：**方差** (variance)，读作 (sigma squared)。

千万记住，如图7.18上图中，纵轴的值不是概率值，而是随机变量X在观察值为x时的概率密度。某个区间 $[x_1, x_2]$ 之间的概率可以通过概率密度函数在 $[x_1, x_2]$ 内的积分获得。如果有人问图7.18上图中，$x = 0$的概率为多少，千万不要回答约为0.4，因为$x = 0$是一个点，其区间长度为0，因此$x = 0$的概率为0。

对概率密度函数做积分，就可以得到CDF，如图7.18下图所示。正态分布的概率密度函数CDF可以写作：

$$\text{cdf}(x) = \int_{-\infty}^{x} \text{pdf}(s)\text{d}s = \frac{1}{\sigma\sqrt{2\pi}} \int_{-\infty}^{x} \exp\left(-\frac{(s-\mu)^2}{2\sigma^2}\right)\text{d}s \tag{7.32}$$

对于正态分布，当$\mu = 0$且$\sigma = 1$时，这个分布被称作**标准正态分布** (standard normal distribution)，概率密度函数可以写作：

$$\text{pdf}(x) = \frac{1}{\sqrt{2\pi}} \exp\left(-\frac{x^2}{2}\right) \tag{7.33}$$

标准正态分布的CDF可以写作：

$$\text{cdf}(x) = \int_{-\infty}^{x} \text{pdf}(s)\text{d}s = \frac{1}{\sqrt{2\pi}} \int_{-\infty}^{x} \exp\left(-\frac{s^2}{2}\right)\text{d}s \tag{7.34}$$

注意，在CDF的积分形式中，积分的下限总是从负无穷 ($-\infty$) 开始。

cdf (x) 运算是，给出横轴x值，求解分布所对应的累积概率CDF，如图7.19所示。以下代码可以用来获得图7.18和图7.19。

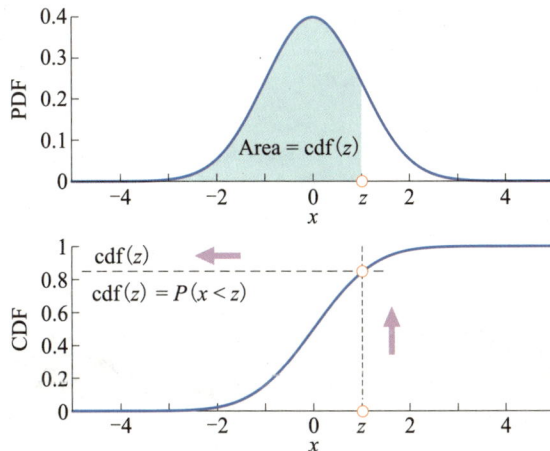

图7.19 cdf()函数原理

```
B1_Ch7_6.m

x = [-5:0.01:5];
mu = 0; sigma = 1;
y_pdf = normpdf(x,mu,sigma);
% returns the pdf of the normal distribution
% with mean mu and standard deviation sigma,
% evaluated at the values in x
y_cdf = normcdf(x,mu,sigma);
% p = normcdf(x,mu,sigma) returns the cdf
```

```
% of the normal distribution with mean mu and
% standard deviation sigma, evaluated at the values in x

figure(1)
subplot(2,1,1)
plot(x,y_pdf)
xlabel ('x'); ylabel ('Standard normal distribution, PDF')

subplot(2,1,2)
plot(x,y_cdf)
xlabel ('x'); ylabel ('Standard normal distribution, CDF')
```

图7.20左上图为标准正态分布的PDF。可以看到图形的高峰位于正中央，对于标准正态分布，这个中心线是$x = 0$，即平均数μ所在位置。以平均数为中心，左右对称。μ决定正态分布PDF中心位置，如图7.20右上图所示。$\mu = 1$时，PDF沿横轴整体向右平移一个单位。σ决定了曲线的陡峭或扁平程度。σ越大，表示数据间的差异越大，分布也越分散。如图7.20左下图所示，$\sigma = 2$，PDF相比标准正态分布扁平很多，分布更分散一些。图7.20右下图中，蓝色曲线陡峭很多，说明分布集中很多。以下代码可以用来获得图7.20。

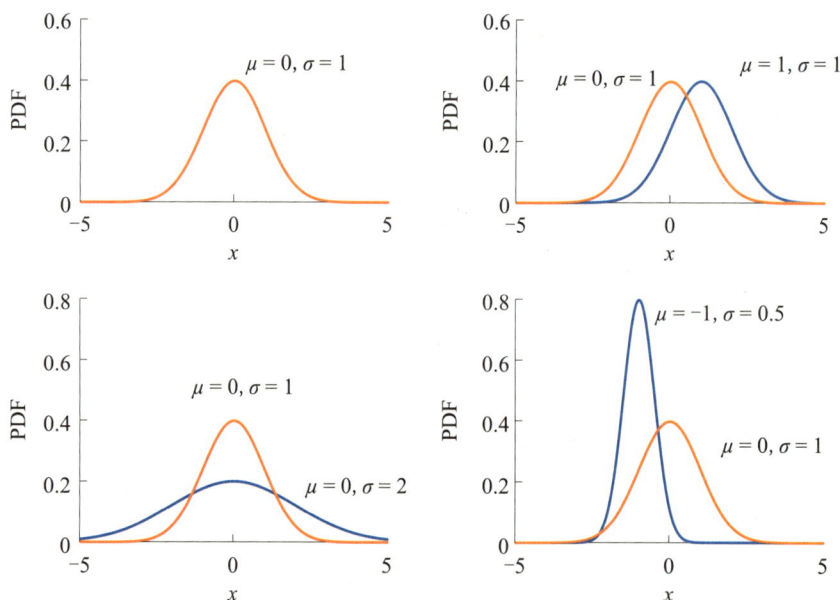

图7.20　四个正态分布比较

B1_Ch7_7.m

```
x = [-5:0.01:5];
mu_1 = 0; sigma_1 = 1;
y_pdf_1 = normpdf(x,mu_1,sigma_1);

mu_2 = mu_1 + 1;
y_pdf_2 = normpdf(x,mu_2, sigma_1);

sigma_3 = sigma_1 + 1;
```

```
y_pdf_3 = normpdf(x,mu_1, sigma_3);

sigma_4 = sigma_1 - 0.5;
mu_4 = mu_1 - 1
y_pdf_4 = normpdf(x,mu_4, sigma_4);

figure(1)
subplot(2,2,1)
plot(x,y_pdf_1)
xlabel('x'); ylabel('PDF'); ylim([0,0.8])
title('\mu = 0, \sigma = 1')

subplot(2,2,2)
plot(x,y_pdf_1,'--'); hold on; plot(x,y_pdf_2)
xlabel('x'); ylabel('PDF'); ylim([0,0.8])
title('\mu = 1, \sigma = 1')

subplot(2,2,3)
plot(x,y_pdf_1,'--'); hold on; plot(x,y_pdf_3)
xlabel('x'); ylabel('PDF'); ylim([0,0.8])
title('\mu = 0, \sigma = 2')

subplot(2,2,4)
plot(x,y_pdf_1,'--'); hold on; plot(x,y_pdf_4)
xlabel('x'); ylabel('PDF'); ylim([0,0.8])
title('\mu = -1, \sigma = 0.5')
```

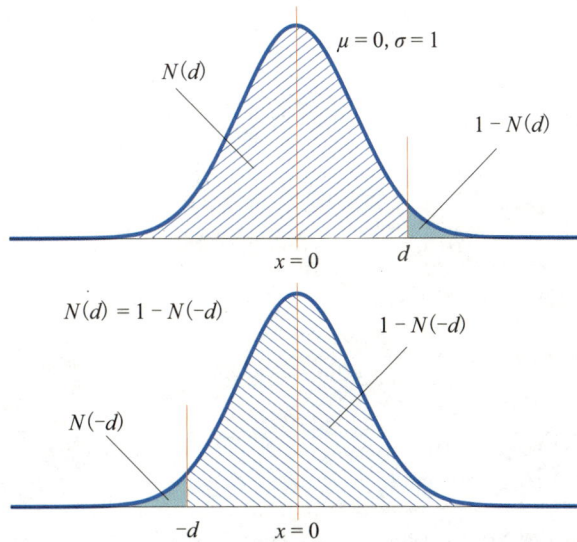

图7.21 标准正态分布的对称性

如果某个随机变量服从一个均值为μ、标准差为σ的正态分布，常记作：

$$X \sim N(\mu, \sigma^2) \tag{7.35}$$

如果X服从标准正态分布，那就是：

$$X \sim N(0,1) \tag{7.36}$$

FRM考试中，$N()$通常用来表达标准正态分布的CDF函数。图7.21给出一个重要的对称性，请读者务必记住：

$$N(d) = 1 - N(-d) \tag{7.37}$$

这个公式在讨论Black-Scholes模型时会用到。

如图7.22所示，随机变量x在区间 $(-1，1.5)$ 范围上对应的概率为$P(-1 < x < 1.5)$，在标准正态分布下这个值为0.775。在图7.22上图的标准正态分布PDF图像中，阴影部分面积对应的就是$P(-1 < x < 1.5)$。图7.22下图是标准正态分布的CDF图像。这里有两个点值得关注，第一个是cdf $(x = -1) = P(x \leqslant -1) = 0.1587$，第二个是cdf $(x = 1.5) = P(x \leqslant 1.5) = 0.9332$。这两者之差就是$P(-1 < x < 1.5)$。这个从CDF的积分公式和上下限的变换就可以证明：

$$\int_{-1}^{1.5} \text{pdf}(s)ds = \int_{-\infty}^{1.5} \text{pdf}(s)ds - \int_{-\infty}^{-1} \text{pdf}(s)ds \\ = \text{cdf}(x=1.5) - \text{cdf}(x=-1) \tag{7.38}$$

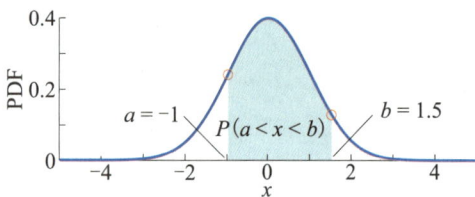

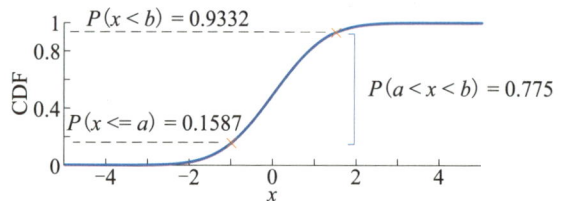

图7.22 标准正态分布在$-1 < x < 1.5$区间的概率$P(-1 < x < 1.5)$

以下代码可以用来生成图7.22。

```
B1_Ch7_8.m

clc; close all; clear all

x_a = -1;
x_b = 1.5;
mu = 0; sigma = 1;

xx = [-5:0.01:5];
pdf_xx = normpdf(xx);
cdf_xx = normcdf(xx);

cdf_x_a  = normcdf(x_a);
cdf_x_b  = normcdf(x_b);
xx_ab = linspace(x_a, x_b,100);
prob_ab = cdf_x_b - cdf_x_a;

figure(1)
```

```
subplot(2,1,1)

plot(xx,pdf_xx); hold on

pdf_xx_ab = normpdf(xx_ab);

plot(xx_ab,pdf_xx_ab); hold on

curve1 = pdf_xx_ab;
curve2 = zeros(size(pdf_xx_ab));
x2 = [xx_ab, fliplr(xx_ab)];
inBetween = [curve1, fliplr(curve2)];
fill(x2, inBetween, 'g'); hold on
plot(xx_ab(end),pdf_xx_ab(end),'ok'); hold on
plot(xx_ab(1),pdf_xx_ab(1),'ok')
box off; grid off;
xlabel('x'); ylabel('PDF')
title(['P(a<x<b) = ', num2str(prob_ab),...
    '; a = ',num2str(x_a),', b = ',num2str(x_b)])

subplot(2,1,2)
plot(xx,cdf_xx); hold on
plot(x_a,cdf_x_a,'kx'); hold on
plot(x_b,cdf_x_b,'kx'); hold on
xlabel('x'); ylabel('CDF')
box off; grid off;
```

如果选取正态分布PDF图像几个规整的区间计算概率的话，如图7.23所示，用标准差σ为间距，对于标准正态分布$\sigma = 1$，标准正态分布 $[2\sigma, 3\sigma]$ 这个区间，也就是 [2, 3] 区间的概率为0.021 (= 0.9987 − 0.9772)；在 [1, 2] 区间的概率为0.136 (= 0.9772 − 0.8413)；类似地，在 [0, 1] 区间的概率为0.341 (= 0.8413 − 0.5)。以下代码可以获得图7.23。

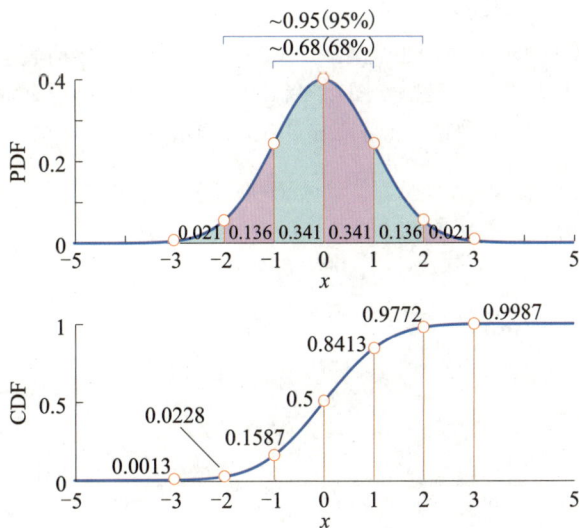

图7.23 标准正态分布标准差间距的区间内概率值

```
mu = 0;
sigma = 1;
pd = makedist('Normal',mu,sigma);
xs = [-3:3]; xmid = [-2.5:1:2.5];

xx = -5:0.01:5;
ys_cdf = cdf(pd,xs);
yy_cdf = cdf(pd,xx);
yy_pdf = normpdf (xx, mu, sigma);
ys_pdf = normpdf (xs, mu, sigma);
ys_cdf_interv = diff(ys_cdf);

figure(1)
subplot(2,1,1)
plot(xx,yy_pdf); hold on
stem(xs,ys_pdf,'o')
str = string(round(ys_cdf_interv,3));
textscatter(xmid,0.075*ones(size(xmid)),str);

grid off; box off;
xlabel('x'); ylabel('PDF')

subplot(2,1,2)

plot(xx,yy_cdf); hold on
stem(xs,ys_cdf,'o')
str = string(round(ys_cdf,4));
textscatter(xs,ys_cdf,str);
grid off; box off;
xlabel('x'); ylabel('CDF')
```

我们用MATLAB函数randn()生成1000个服从正态分布的随机数，平均值是50，标准差为10。bin就是直方图中每个矩形条的横向取值范围。图7.24给出了当bin的宽度不同时，直方图的区别。bin太宽或太窄都不能有助于显示和研究数据分布。越注重数据细节的时候，bin稍窄一些可能更好。

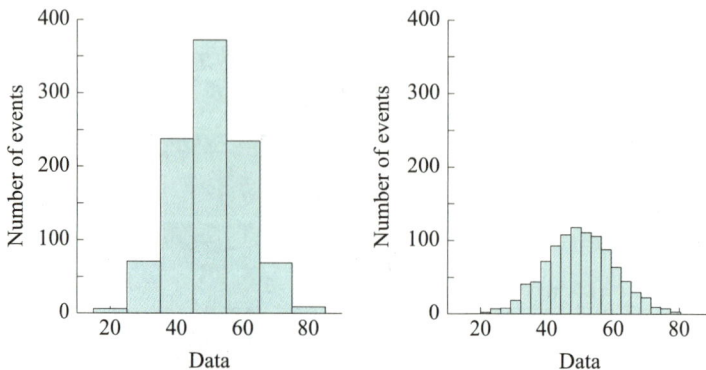

图7.24　bin的宽度对直方图的影响

MATLAB有histfit()函数，能够绘制出数据的直方图，同时根据数据分布，给出PDF的拟合曲线，如图7.25所示。绘制PDF的拟合曲线时，histfit()默认的分布是正态分布；同时，它也支持常见的其他分布，比如**极值分布** (extreme value distribution)，**对数分布** (lognormal distribution)，**泊松分布** (Poisson distribution)，**韦伯分布** (Weibull distribution)，等等。这些分布本章后文会进行介绍。

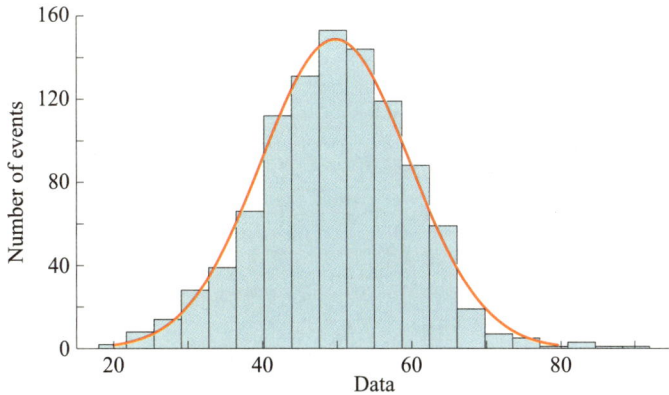

图7.25 直方图和正态分布拟合曲线

7.5 分位点

在讲解分位点之前，先说一说累积分布函数cdf()的逆运算icdf()，称作**逆累积分布函数** (inverse cumulative distribution function) 或者**分位函数** (quantile function)。一个服从标准正态分布的随机变量 x，给定 z 值时，cdf(z) 计算的是概率 $P(x < z)$，即对应的概率密度函数在 $x < z$ 区域上的积分。作为为 cdf() 的逆运算，icdf() 将计算过程完全倒转过来，即对于一定概率的值 $P(x < z)$，在假设的分布上给出对应的 z 值。如图7.26所示，描述了标准正态分布下逆累计分布函数icdf()的计算原理。icdf(p) 是已知概率值 p，反求 x 横轴上对应的值，用 z 来表达。

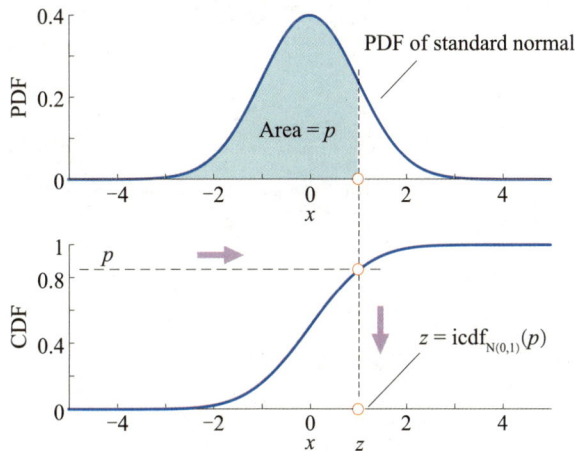

图7.26 cdf(x) 的逆运算icdf(p)

在标准正态分布下，累积概率值分别为0.2、0.5、0.6和0.8，经过icdf()运算得到的*x*对应的值如图7.27所示。注意，图7.27采用双纵轴图像，左侧纵轴对应的是标准正态分布的PDF，右侧纵轴对应的是标准正态分布的CDF。以下代码可以用来生成图7.27。

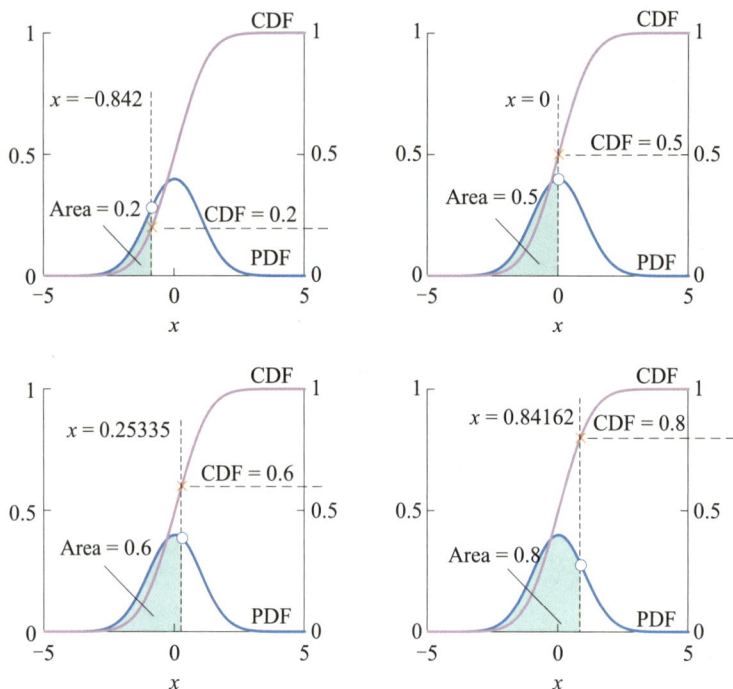

图7.27　标准正态分布CDF等于0.2、0.5、0.6和0.8所对应的*x*值

```
B1_Ch7_10.m

clc; close all; clear all

CDFs = [0.2, 0.5, 0.6, 0.8];
mu = 0; sigma = 1;
pd = makedist('Normal','mu',mu,'sigma',sigma);
Xs = icdf(pd, CDFs);

figure(1)

for i = 1:length(Xs)
    x = Xs(i);
    subplot(2,2,i)
    cdf_pdf_plot(x)
end

function cdf_pdf_plot(x)

xx = [-5:0.01:5];
pdf_xx = normpdf(xx);
cdf_xx = normcdf(xx);
```

```
cdf_x  = normcdf(x);
xx_x = linspace(-5,x,100);

yyaxis left

plot(xx,pdf_xx); hold on

pdf_xx_x = normpdf(xx_x);

plot(xx_x,pdf_xx_x); hold on

curve1 = pdf_xx_x;
curve2 = zeros(size(pdf_xx_x));
x2 = [xx_x, fliplr(xx_x)];
inBetween = [curve1, fliplr(curve2)];
fill(x2, inBetween, 'g'); hold on
plot(xx_x(end),pdf_xx_x(end),'ok')
box off; grid off;
xlabel('x'); ylabel('PDF')
ylim([0 1])

yyaxis right
plot(xx,cdf_xx); hold on
plot(x,cdf_x,'kx')
ylabel('CDF')

title(['CDF = ',num2str(cdf_x),'; x = ',num2str(x)])
end
```

　　了解了累积分布函数icdf()，理解**分位数** (quantile)，也称**分位点**，就很容易了。分位点指的是将一个随机变量的概率分布范围分为几个等份的数值点，常见的有：

◀ **二分位点** (2-quantile，median)
◀ **三分位点** (3-quantiles，terciles)
◀ **四分位点** (4-quantiles，quartiles)
◀ **五分位点** (5-quantiles，quintiles)
◀ **八分位点** (8-quantiles，octiles)
◀ **十分位点** (10-quantiles，deciles)
◀ **二十分位点** (20-quantiles，vigintiles)
◀ **百分位点** (100-quantiles，percentile)

　　二分位点也就是中位数，MATLAB对应的函数命令是median()。图7.28给出的是标准正态分布的三分位数和四分位数。对于标准正态分布，三分位数对应的是$x = -0.4307$和$x = 0.4307$。这两条线将PDF图像的面积均匀地分为三等份。

　　图7.29给出的是标准正态分布的五分位点和八分位点。图7.30给出的是标准正态分布的十分位点和二十分位点。quantile(X，p)函数可以计算数据X在概率为p处的分位点。另外，prctile(X，p)函数计算数据X在百分比p处的分位点。

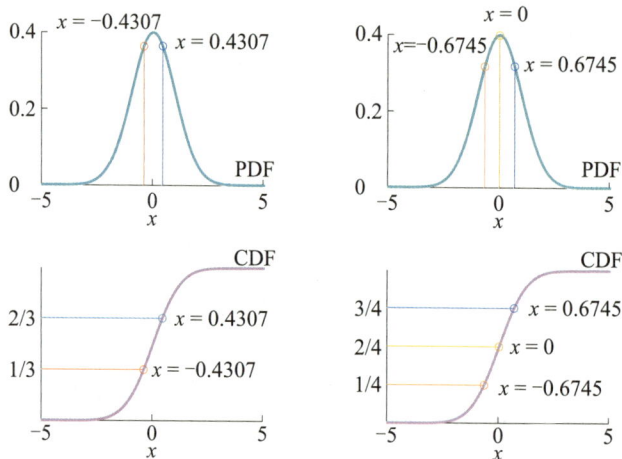

图7.28　三分位数和四分位数

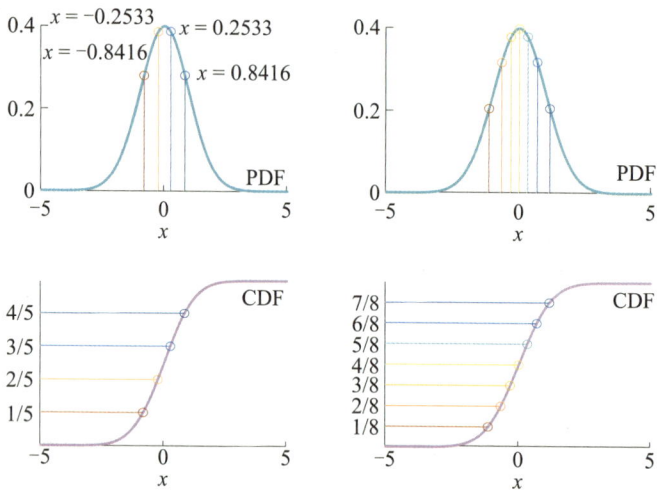

图7.29　五分位点和八分位点

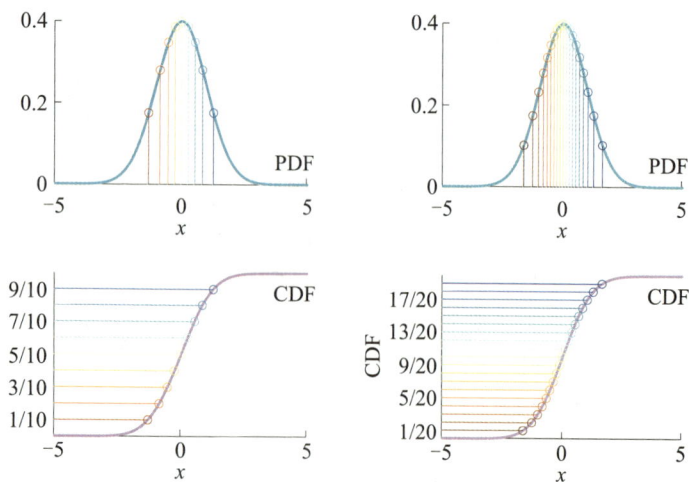

图7.30　十分位点和二十分位点

以下代码可以获得图7.28～图7.30。

```matlab
B1_Ch7_11.m

clc; clear all; close all

num_Qs = [3, 4, 5, 8, 10, 20, 50, 100];

for i = 1:length(num_Qs)
    figure(i)
    num_q = num_Qs(i);
    quantile_plot(num_q)
end


function quantile_plot(num_q)

quantiles = [1:num_q-1]./num_q;
% [num, dem] = rat(quantiles);
xx = [-5:0.01:5];
mu = 0; sigma = 1;
pd = makedist('Normal','mu',mu,'sigma',sigma);
x_Qs = icdf(pd,quantiles);
pdf_Xs = normpdf(x_Qs);

my_col = brewermap(length(x_Qs),'RdYlBu');

subplot(2,1,1)
plot(xx,normpdf(xx),'LineWidth',2); hold on

for i = 1:length(x_Qs)
    plot([x_Qs(i),x_Qs(i)], [0, pdf_Xs(i)],'color',my_col(i,:)); hold on
    plot(x_Qs(i), pdf_Xs(i),'o','color',my_col(i,:)); hold on
end
xlabel('x'); ylabel('PDF')
box off; grid off

subplot(2,1,2)
plot(xx,normcdf(xx),'LineWidth',2); hold on

for i = 1:length(x_Qs)
    plot([-5,x_Qs(i)], [quantiles(i),
quantiles(i)],'color',my_col(i,:)); hold on
    plot(x_Qs(i), quantiles(i),'o','color',my_col(i,:)); hold on
end

denominator = num_q;
if length(quantiles) <= 10
```

```matlab
        yticks(quantiles);
    else
        yticks(quantiles(1:round(length(quantiles)/10):end));
    end

    existing_Y_Ticks = get(gca, 'YTick');
    New_Y_Tick_Numerators = (existing_Y_Ticks * denominator);

    for k = 1 : length(existing_Y_Ticks)
        y_tick_labels{k} = sprintf('%.f/%d', New_Y_Tick_Numerators(k), denominator);
    end
    % Apply our tick marks to the plot.
    set(gca,'YTickLabel',y_tick_labels);
    xlabel('x'); ylabel('CDF')
    box off; grid off

end
```

在风险价值VaR这个计算中，就一定会用到分位点；选择不同的分位点，VaR的计算结果也就不同，对应着不同的风险水平。如果将一组历史数据从小到大排序，并计算相应的累计百分位，则某一百分位所对应数据的值就称为这一百分位的百分位数。图7.31中有两个百分位点，一个是5%分位点，一个是95%分位点。MATLAB计算这两个分位点的函数是prctile(data，[5, 95])。以下代码可以用来获得图7.31。

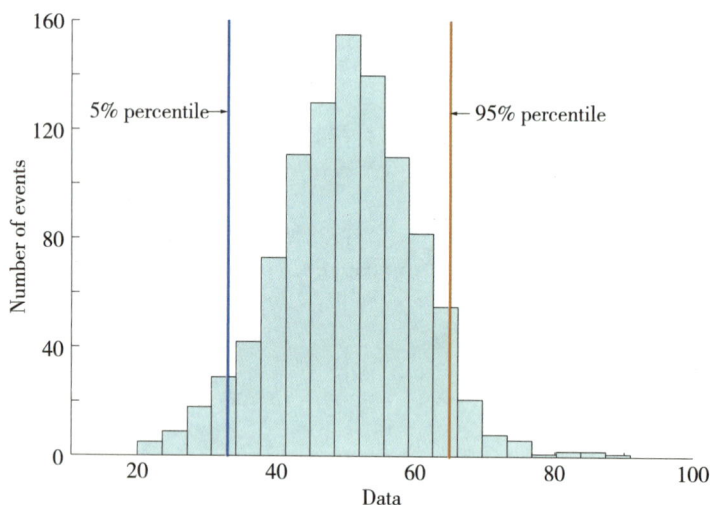

图7.31　5%和95%分位点

`B1_Ch7_12.m`

```matlab
clc; close all; clear all
data = 50 + 10*randn(1,1000);

%% Histograms with different numbers of bins
figure(1)
```

```matlab
subplot(1,2,1)
bins = [10:10:100];
hist(data, bins)
% predetermined locations of bins
xlabel('Data')
ylabel('Number of events')
y1=get(gca,'ylim')
x1=get(gca,'xlim')

subplot(1,2,2)
num_bins = 20;
hist(data,num_bins)
% 20 is the number of bins
xlabel('Data')
ylabel('Number of events')
ylim([y1])
xlim([x1])

%% Histogram with a normal distribution fit

figure(2)
histfit(data,num_bins)
xlabel('Data')
ylabel('Number of events')

%% Histogram with 5% and 95% percentiles
figure(3)

hist(data,num_bins)
Percentiles = prctile(data, [5, 95]);
y1=get(gca,'ylim')
hold on
p_5  = Percentiles(1)
p_95 = Percentiles(2)
plot([p_5 p_5],y1)
plot([p_95 p_95],y1)

txt1 = '5% percentile \rightarrow';
text(p_5-0.05,y1(2)*0.8,txt1,...
'HorizontalAlignment', 'right')

txt2 = '\leftarrow 95% percentile';
text(p_95+0.05,y1(2)*0.8,txt2,...
'HorizontalAlignment', 'left')

xlabel('Data')
ylabel('Number of events')
```

7.6 硬币和骰子试验

本章最后一节，再来做一次抛硬币的随机试验。依次抛50枚硬币，然后按顺序记录下**反正面**（heads and tails）。正面赋值为1，背面赋值为0。在MATLAB中，可以使用函数命令randi()来产生服从均匀分布的随机整数0和1。图7.32展示了第一次试验的结果。

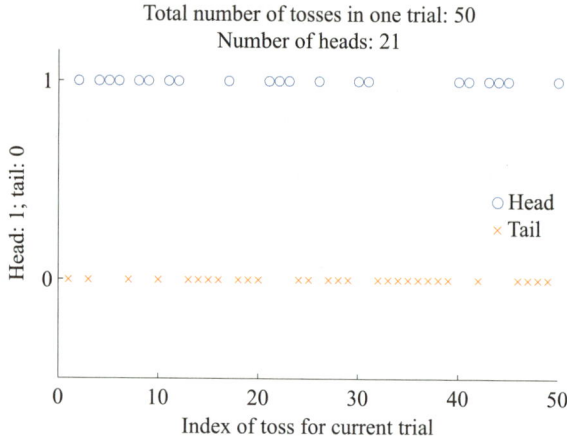

图7.32 一次试验抛50枚硬币，21次正面

图中横轴记录的是某次抛硬币的编号1~50。在这一次抛硬币的试验中，一共50个独立事件里，有21次硬币的正面朝上，其他29次硬币的反面朝上。再重复做一次这个试验，结果如图7.33所示，在第二次试验中，有31次硬币的正面朝上，19次反面朝上。以下代码可以用来获得图7.32和图7.33。

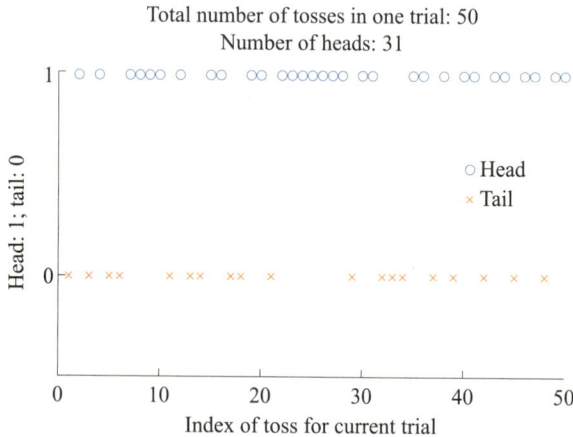

图7.33 一次试验抛50枚硬币，31次正面

`B1_Ch7_13.m`

```
%% Results of one trial
% Head: 1; tail: 0
clc; close all; clear all

num_toss = 50; % number of tosses in one trial
```

```
index_toss = 1:num_toss;
head_or_tail = randi([0,1],num_toss,1);
loc_heads = head_or_tail;
loc_heads (loc_heads == 0) = NaN;
loc_tails = head_or_tail;
loc_tails (loc_tails == 1) = NaN;

num_heads = sum(head_or_tail);

figure(1)
plot(index_toss,loc_heads,'o'); hold on
plot(index_toss,loc_tails,'x')
xlabel('Index of toss');
line1 = ['Total number of tosses in one trial: ', num2str(num_toss)];
line2 = ['Number of heads: ', num2str(num_heads)];
title({line1;line2})
ylim([-0.5,1.5]); xlabel('Index of toss for current trial')
ylabel('Head: 1; tail: 0'); legend('Head','Tail')
```

图7.32和图7.33中描述的试验，每次试验抛硬币的总数均为50。如果将每次试验中抛硬币的总数增加，并同时计算每次试验平均值，如图7.34所示，随着每次试验事件数量的增大，试验得到的均值趋向0.5。

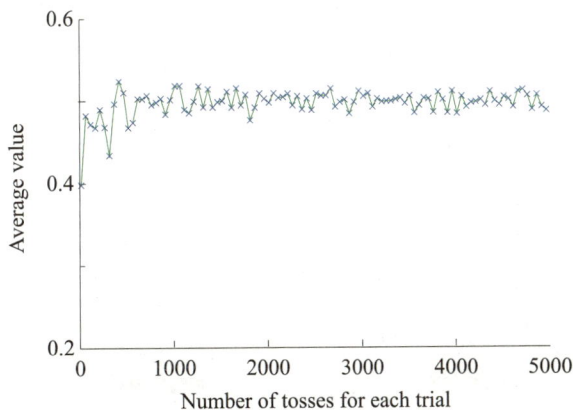

图7.34　抛硬币，随着每次试验事件数量增大，均值趋向于0.5

这是因为每个硬币正反面出现的概率都是二分之一，也就是抛硬币得到正反面的概率相同，都是50%，理论上试验的均值为：

$$1 \times \frac{1}{2} + 0 \times \frac{1}{2} = 0.5 \tag{7.39}$$

在每次具体的试验中，由于随机性，该次试验的平均值不太可能分毫不差地等于0.5。但随着抛硬币的次数变多，平均值结果会更小地偏离0.5。有读者会问，如果抛硬币50次，每次结果都是背面，也就是结果都是0，这样平均值也是0。如果出现这种情况，你可能是个极度幸运的人，有中彩票头奖的潜质。抛50次硬币，每次都是背面，这样的试验结果对应的概率有多少呢？(1/2)^50(也就是$(1/2)^{50}$)，这个小概率事件发生的概率是8.8818 × 10^{-16}。以下代码可以用来获得图7.34。

B1_Ch7_14.m

```
%% number of tosses varies for each trial
% Head: 1; tail: 0
clc; clear all close all

NUMs_toss = [10:50:5000];
% Number of tosses in each trial increases

AVEs_toss = [];
for i = 1:length(NUMs_toss)

    num_toss = NUMs_toss(i);
    head_or_tail = randi([0,1],num_toss,1);
    num_heads = sum(head_or_tail);
    ave_head_tail = mean(head_or_tail);
    AVEs_toss = [AVEs_toss,ave_head_tail];

end

figure(1)
plot(NUMs_toss, AVEs_toss,'-x')
xlabel('Number of tosses for each trial')
ylabel('Average value'); ylim([0,0.75])
```

如果将硬币换成骰子，一次试验要抛骰子50次，每次事件记录骰子的点数，并同时计算所获得的点数的平均值。图7.35给出一次试验的结果。有读者要问，如果自己要想得到同样的结果，甚至点数出现的先后顺序都完全一样，这样的概率有多大呢？答案是 $(1/6)^{50}$，大概算来是1.2372×10^{-39}。以下代码可以获得图7.35。

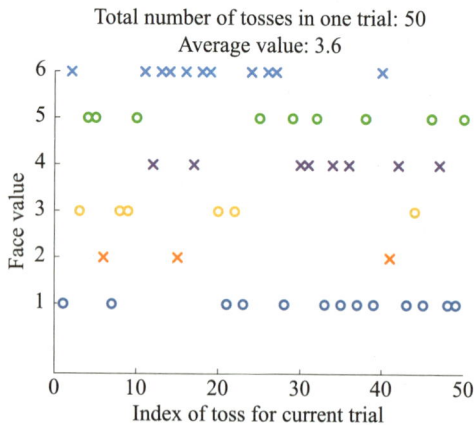

图7.35　某一次试验抛骰子50次，这次试验的结果

B1_Ch7_15.m

```
%% Toss a dice
```

```
%  50 events in one trial

clc; close all; clear all

num_toss = 50;
% number of tosses in one trial
index_toss = 1:num_toss;
face_1_to_6 = randi([1,6],num_toss,1);
average_faces = mean(face_1_to_6);
% please convert the following to a loop
loc_1 = face_1_to_6; loc_1 (loc_1 ~= 1) = NaN;
loc_2 = face_1_to_6; loc_2 (loc_2 ~= 2) = NaN;
loc_3 = face_1_to_6; loc_3 (loc_3 ~= 3) = NaN;
loc_4 = face_1_to_6; loc_4 (loc_4 ~= 4) = NaN;
loc_5 = face_1_to_6; loc_5 (loc_5 ~= 5) = NaN;
loc_6 = face_1_to_6; loc_6 (loc_6 ~= 6) = NaN;

figure(1)
plot(index_toss,loc_1,'o'); hold on
plot(index_toss,loc_2,'x'); hold on
plot(index_toss,loc_3,'o'); hold on
plot(index_toss,loc_4,'x'); hold on
plot(index_toss,loc_5,'o'); hold on
plot(index_toss,loc_6,'x'); hold on
xlabel('Index of toss');
line1 = ['Total number of tosses in one trial: ',...
num2str(num_toss)];
line2 = ['Average value: ', num2str(average_faces)];
title({line1;line2}); ylabel('Face value')
ylim([-0.5,6.5]); xlabel('Index of toss for current trial')
```

类似抛硬币试验，在抛骰子试验中，如果不断提高每次试验的事件数量，如图7.36所示，会发现每次试验的均值将趋向于3.5。由于每个骰子点数出现的概率都是六分之一，理论上试验的均值为：

$$1\times\frac{1}{6}+2\times\frac{1}{6}+3\times\frac{1}{6}+4\times\frac{1}{6}+5\times\frac{1}{6}+6\times\frac{1}{6}=3.5 \tag{7.40}$$

获得图7.36的代码，请读者参考获得图7.34代码，自行修改完成。

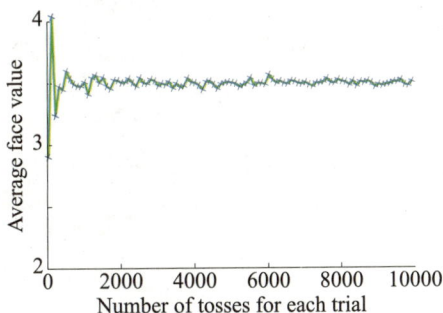

图7.36 抛骰子，随着每次试验事件数量增大，均值趋向于3.5

本章从概率统计的可视化切入，和读者回顾集合概率的基础知识，然后介绍了排列组合，这两部分内容都是古典概率的范畴。接下来，探讨了统计描述中常用的概念和MATLAB命令。正态分布是最常用的分布，请读者务必清楚它的性质。分位点，这个概念在VaR计算中会被反复提及。第8章会以本章为基础探讨更多的概率分布。

第8章 Fundamentals of Statistics
统计基础 II

有人眼里，概率统计规律是整个星球运作的金科玉律。

要通晓上帝之意，我们需领悟统计；因为统计度量着他的目的。

To understand God's thoughts we must study statistics, for these are the measure of his purpose.

——弗罗伦斯·南丁格尔 (Florence Nightingale)

也有些人认为统计结果是容易被人为扭曲的。有意思的是，历史上最畅销的统计类图书之一是 Darrel Huff 创作的 *How to Lie with Statistics*。

事实真相皆顽固，统计数字可驯服。

Facts are stubborn things, but statistics are pliable.

世上有三种谎言：谎言，该死的谎言和统计数据。

There are three kinds of lies: lies, damned lies and statistics.

——马克·吐温 (Mark Twain)

Core Functions and Syntaxes
本章核心命令代码

- `autocorr(y)` 计算数据序列 y 的自相关系数，并绘制自相关系数火柴杆状图。
- `corr()` 可用于计算线性相关系数，采用该函数时，可自定义的指令项有 "Pearson" "Kendall" 或者 "Spearman"，可计算获得相应的线性相关系数。
- `corrcoef(x_returns, z_returns)` 计算 x_returns 和 z_returns 的协方差系数。
- `cov(x_returns, z_returns)` 计算 x_returns 和 z_returns 的协方差。
- `fcontour(f,'LevelList',[9])` 绘制函数句柄 f 的等高线图，默认的 f 中的自变量范围为 [-5,5]，LevelList 定义显示 f 的值为 9 附近的等高线。
- `icdf(p,A)` 计算逆累计分布函数 p 在累积概率 A 处的自变量值，此处需要配合使用 makedist 命令生成概率密度函数句柄。
- `makedist('Normal','mu',mu,'sigma',sigma)` 创建概率密度函数句柄，Normal 为定义概率密度函数为正态分布，mu 和 sigma 分别定义概率密度函数的数学期望和标准差。
- `mvncdf(X,MEANs,COV_Matrix)` 根据 X 指定的多元变量范围，MEANs 指定的多维变量的均值以及协方差矩阵 COV_Matrix，生成多维正态累积概率分布数据点。
- `mvnpdf(X,MEANs,COV_Matrix)` 根据 X 指定的多元变量范围，MEANs 指定的多维变量的均值以及协方差矩阵 COV_Matrix，生成多维正态分布数据点。
- `mvnrnd(AVEs,COV_Mtx,num_sims)` 用于产生多元随机数，其中，AVEs 给定多元正态分布的期望值向量，COV_Mtx 给定协方差矩阵，num_sims 给定随机数的个数。
- `norminv()` 是专门针对正态分布的 ICDF 运算，针对其他常见分布的逆累计分布函数还有 `poissinv()`,`tinv()`,`unifinv()`,`unidinv()` 等。
- `normspec()` 绘制置信区间或者尾部区间。
- `pearsrnd(mu,sigma,skew,kurt,num_seeds,1)` 强大的随机数发生器，可以指定随机数服从的分布的

四个矩：一阶矩mu，二阶矩sigma，三阶矩skew，四阶矩kurt。

◀ rand(num_seeds,1) 生成一个随机数矩阵，随机数的范围为 (0,1)，矩阵的大小为 num_seeds × 1。

◀ randsample(X,num_samples) 从向量 X 中随机地抽出 num_samples 个元素。

◀ regress(y,X) 根据 y 返回 X 的回归系数。

◀ std() 计算标准差。

◀ trnd(nu,num_seeds,1) 符合学生 t-分布的随机数发生器，自由度为 nu，矩阵的大小为 num_seeds × 1。

◀ unifcdf() 连续均匀分布的累积概率密度分布。

◀ unifpdf() 连续均匀分布的概率质量分布。

8.1 中心矩

在数学和统计学中的**矩** (moment)，是对变量分布和形态特点进行度量的一组量，其概念来自于物理学中的"矩"。在物理学中，矩是描述物理性状特点的物理量。在统计学中，随机变量的概率分布同样具有一定的形态特点，如分布的宽窄高低等。因此在统计学中，矩同样用于描述随机变量分布的特点，又称为**中心矩** (central moment)。零阶矩表示这些点的总概率 (也就是1)。

一阶矩即为**期望** (expectation)：

$$E(X) = \text{mean}(X) = \int_{-\infty}^{\infty} x f(x) \mathrm{d}x \qquad (8.1)$$

二阶 (中心) 矩表示**方差** (variance)：

$$\text{var}(X) = \int_{-\infty}^{\infty} \left[x - E(x)\right]^2 \text{pdf}(x)\mathrm{d}x \qquad (8.2)$$

三阶 (中心) 矩表示**偏斜度** (skewness)；当偏斜度为正时，又称为右偏态，概率分布函数的主体在右侧，且右侧的尾部更长。相反地，当偏斜度为负时，概率分布函数的主体在左侧，左侧的尾部也相应地更长。

$$\text{skewness}(X) = \int_{-\infty}^{\infty} \left[x - E(x)\right]^3 \text{pdf}(x)\mathrm{d}x \qquad (8.3)$$

四阶 (中心) 矩表示**峰度** (kurtosis)。峰度往往用于描述随机变量概率分布的峰态。相对于标准峰度形态，当随机变量的频数较集中地分布在众数周围时，随机变量的概率分布曲线则比标准正态概率分布曲线的顶峰更尖峭，此时的峰度形态为尖顶峰度；当随机变量的频数在众数的周围分布较为分散时，此时的峰度形态为平顶峰度。

$$\text{kurtosis}(X) = \int_{-\infty}^{\infty} \left[x - E(x)\right]^4 \text{pdf}(x)\mathrm{d}x \qquad (8.4)$$

为了消除单位量纲的影响，以便于观察和比较不同的频数分布的峰度，常常将峰度除以方差，称之为峰度系数，其定义为：

$$\frac{\text{kurtosis}(X)}{\text{var}(X)} = \frac{\int_{-\infty}^{\infty} \left[x - E(x)\right]^4 \text{pdf}(x)\mathrm{d}x}{\int_{-\infty}^{\infty} \left[x - E(x)\right]^2 \text{pdf}(x)\mathrm{d}x} \qquad (8.5)$$

值得注意的是，正态分布的峰度系数为3，均匀分布的峰度系数为1.8。图8.1用图像给出各阶中心矩的特点。图8.1左上图为一阶矩表达图像的位置。图8.1右上图为二阶中心矩表达分布的发散性。图8.1左下图为三阶中心矩表达分布正、负 (右、左) 偏斜程度。图8.1右下图为四阶中心矩表达一个分布的尖峰情况。

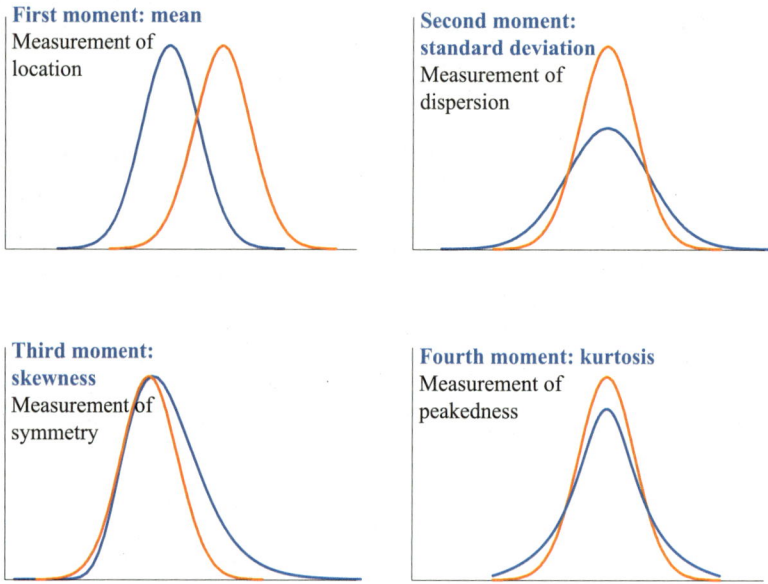

First moment: mean
Measurement of location

Second moment: standard deviation
Measurement of dispersion

Third moment: skewness
Measurement of symmetry

Fourth moment: kurtosis
Measurement of peakedness

图8.1 期望，方差，偏斜度和峰度

　　对于完全对称的单峰分布，**平均数** (mean)、**中位数** (median)、**众数** (mode)，处在同一位置，如图8.2上图所示。这种分布的偏度为零。但是，偏度为零不一定意味着分布对称。如图8.3所示，这个离散分布的偏度计算出来为0，但是很明显这个分布不对称。

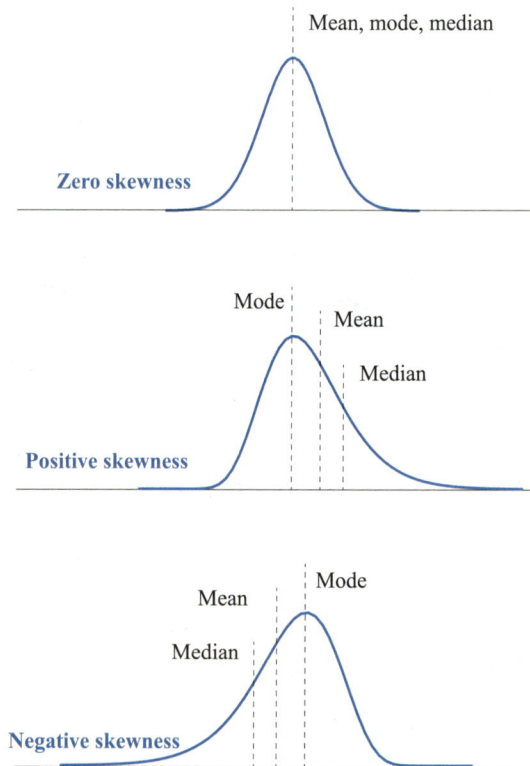

Mean, mode, median

Zero skewness

Mode
Mean
Median

Positive skewness

Mean
Median
Mode

Negative skewness

图8.2 正偏和负偏

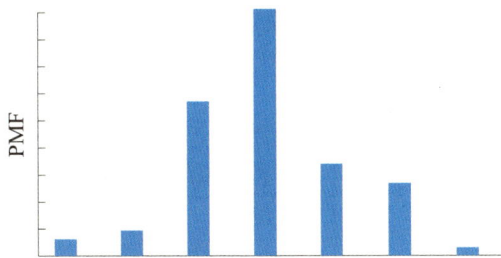

图8.3 偏度为0，但是不对称的分布

负偏 (negative skew，negative skewness，negatively skewed)，又称**左偏** (left-skewed，left-tailed，或skewed to the left)，如图8.2下图所示，特点是分布的**左侧尾部更长** (the left tail is longer)，分布的**主体集中在右侧** (the mass of the distribution is concentrated on the right)。**正偏** (positive skew，positive skewness，positively skewed)，又称**右偏** (right-skewed，right-tailed，or skewed to the right)，如图8.2中图所示，分布的右侧尾部更长，分布的主体集中在图像的左侧。

图8.4展示了两种峰态：**高峰态** (leptokurtic) 和**低峰态** (platykurtic)。高峰态的**峰度值** (kurtosis) 大于3。如图8.4上图所示。和正态分布相比，高峰态分布有明显的尖峰，两侧稍后，两侧尾端有**肥尾** (fat tail)。图8.4下图展示的是低峰态。相比正态分布，低峰态明显稍扁，但是有意思的是低峰态尾部更薄，这是因为概率密度函数和横轴构成的图形面积为1。

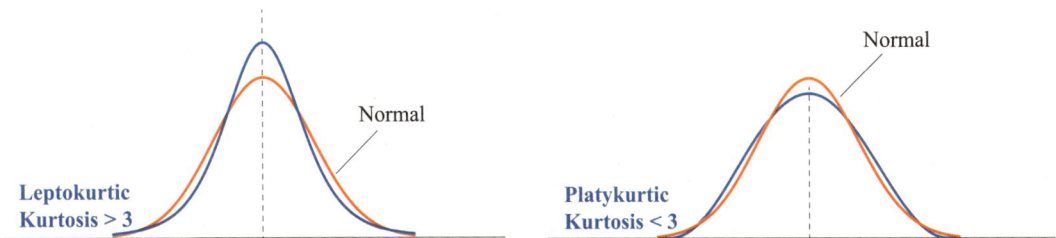

图8.4 峰度：高峰态，低峰态

图8.5展示了具有不同的峰度值的几个分布；但是，这几个分布的均值都为0，方差都为1，偏度都为0。红色的分布是峰度系数为3的正态分布，橙色的两条是峰度小于3，大于1.8的低峰态分布，绿色的曲线为峰度系数为1.8的连续均匀分布，蓝色的几条曲线是峰度大于3的高峰态分布。图8.6采用MATLAB函数plot3()来绘制不同峰度的分布。**超值峰度** (excess kurtosis)，等于峰度值减去3，标准正态分布的超值峰度为0。

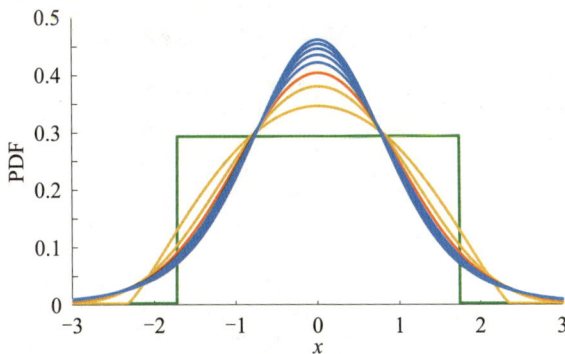

图8.5 不同峰度变化，峰度值1.8、2、2.5、3 ⋯ 5.5、6

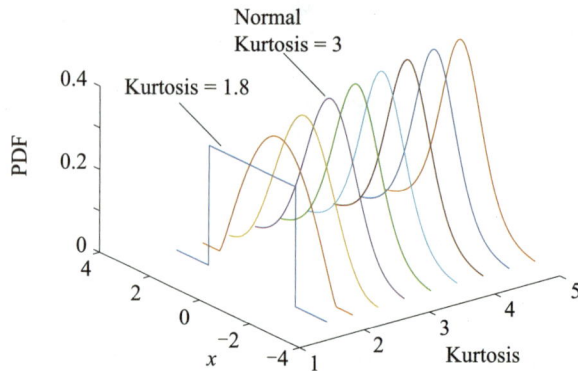

图8.6 plot3()绘制不同峰度分布

以下代码可以用来获得图8.5和图8.6。

```
B1_Ch8_1.m

%% Use [p,type,coefs] = pearspdf(X,mu,sigma,skew,kurt)
%  The function pearspdf can be downloaded from:
% https://www.mathworks.com/matlabcentral/fileexchange
% /26516-pearspdf

% Plot pdf curves with different kurtosis
clc; close all; clear all

X = [-3:0.01:3];
mu = 0; sigma = 1;
skew = 0;
KURTs = [1.8:0.4:5];
PDFs = [];
% my_col = brewermap(length(KURTs),'Blues');
figure(1)
for i = 1:length(KURTs)

    kurt = KURTs(i);
    [p,type,coefs] = pearspdf(X,mu,sigma,skew,kurt);
    PDFs = [PDFs;p];
%     plot(X,PDFs(i,:),'color',my_col(i,:)); hold on
end

plot(X, PDFs)
xlabel('x'); ylabel('PDF')

figure(2)

for i = 1:length(KURTs)
    kurt = KURTs(i);
    plot3(kurt*ones(1,length(X)),X,PDFs(i,:)); hold on
```

```
end
grid on
xlabel('Kurtosis'); ylabel('x'); zlabel('PDF')
```

　　图8.7和图8.8用两种不同方式展示不同偏度的分布。请读者参考图8.5和图8.6对应的代码，自己编写代码。

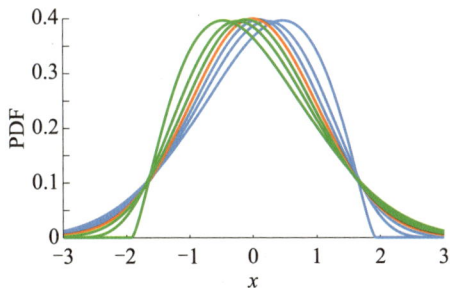

图8.7　不同偏度：正偏和负偏

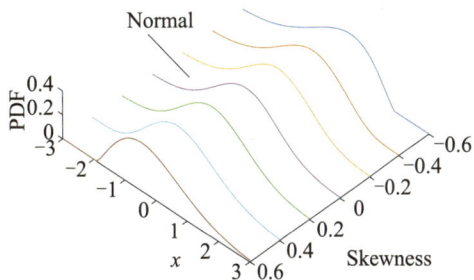

图8.8　plot3()绘制不同偏度的分布

　　图8.9展示了几种峰度和偏斜度的情况。每种情况的随机数都是用MATLAB的函数pearsrnd (mu, sigma, skew, kurt, num_seeds, 1)产生的。这个函数可以指定四个中心矩，根据这四个值来产生符合分布要求的随机数。然后，使用histfit()函数绘制数据的直方图，采用kernel方法拟合出一条PDF。以下代码可以用来生成图8.9。

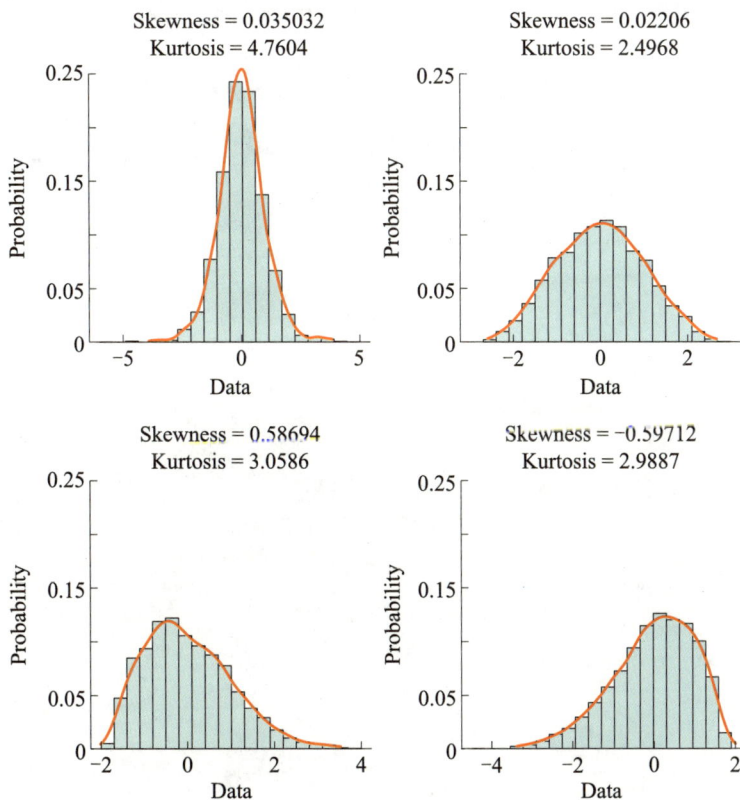

图8.9　几种峰度和偏斜度的情况

```
%% Studies of Skewness and Kurtosis

clc; close all; clear all
num_seeds = 4000;
mu = 0; sigma = 1;
nbins = 20;

SKEWS = [0,    0,    0.6, -0.6];
KURTS = [5, 2.5,    3,        3];

figure(1)
y_lims = [0 0];

for i = 1:length(SKEWS)

    subplot(2,2,i)
    skew = SKEWS(i); kurt = KURTS(i);
    x_rand = pearsrnd(mu,sigma,skew,kurt,num_seeds,1);

    x_skew = skewness (x_rand);

    x_kurtosis = kurtosis (x_rand);

    histfit(x_rand,nbins,'kernel'); hold on
    yt = get(gca, 'YTick');
    y_ticks = round(yt/numel(x_rand),2);
    y1 = get(gca,'ylim')

    if y_lims(2) < y1(2)
        y_lims = y1;
    end

    ylim([y_lims])
    set(gca, 'YTick', yt, 'YTickLabel', y_ticks)

    first_line  = ['Skewness = ', num2str(x_skew)];
    second_line = ['Kurtosis = ', num2str(x_kurtosis)];
    title({first_line;second_line})
    xlabel('Data'); ylabel('Probability')

end
```

8.2 连续概率分布

最简单的一种概率分布就是**连续均匀分布** (uniform distribution)。它的PDF图形由简单三段线构成，如图8.10所示。区间 $[a, b]$ 上是一条非零的平行于横轴的线段，两边是两条位于零位置的射线。PDF解析式如下：

$$\text{pdf}(x) = \begin{cases} \dfrac{1}{b-a} & , x \in [a,b] \\ 0, & \text{否则} \end{cases} \tag{8.6}$$

连续均匀分布的**CDF**的解析式如下：

$$\text{cdf}(x) = \begin{cases} 0 & \text{for } x < a \\ \dfrac{x-a}{b-a} & \text{for } a \leqslant x \leqslant b \\ 1 & \text{for } x > b \end{cases} \tag{8.7}$$

连续均匀分布的期望值为：

$$E(X) = \text{mean}(X) = \frac{1}{2}(a+b) \tag{8.8}$$

分布的方差为：

$$\text{var}(X) = \frac{1}{12}(b-a)^2 \tag{8.9}$$

连续均匀分布的偏度为0；它的峰度为1.8 (超值峰度为 $3 - 1.8 = 1.2$)。

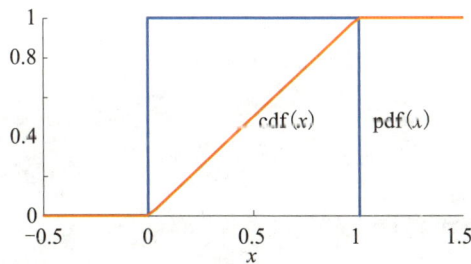

图8.10 $[0，1]$区间上的连续均匀分布

以下代码可以获得图8.10。

B1_Ch8_3.m

```
clc; clear all; close all
x = linspace(-0.5,1.5,50);
A = 0;
B = 1;
```

```
pdf_uniform = unifpdf(x,A,B);
```

```
cdf_uniform = unifcdf(x,A,B);
```

```
figure(1)

plot(x,pdf_uniform,'--'); hold on
plot(x,cdf_uniform)
legend('PDF','CDF'); xlabel('x')
title('Uniform distribution')
ylim([0 1.1])
```

学生*t*-分布 (student's t distribution) 是常用的一类**厚尾** (fat tail) 分布，也称为**肥尾**分布。*t*-分布多应用于根据小样本数据来估计呈正态分布且方差未知的总体的均值。若已知总体数据的方差，或者样本数量足够多时，则应当采用正态分布来估计总体数据的均值。厚尾现象，常出现在金融数据中，因此厚尾分布也往往应用于金融数据分析，比如证券的收益率。相较于正态分布，厚尾分布的尾部更厚，峰处比正态分布更尖。采用厚尾分布的数据出现极端值的概率要比正态分布数据出现极端值的概率大，这一点很符合金融数据的特点。厚尾影响着VaR估计。学生*t*-分布的**PDF**如下式：

$$\text{pdf}(x) = \frac{\Gamma(\frac{v+1}{2})}{\sqrt{v\pi}\,\Gamma(\frac{v}{2})}\left(1+\frac{x^2}{v}\right)^{-\left(\frac{v+1}{2}\right)} \tag{8.10}$$

其中：

◀ v (nu) 是**自由度** (number of degrees of freedom)。
◀ Γ 指的是Gamma**方程** (Gamma function)。

Gamma方程类似于阶乘表达式，正整数v的Gamma方程表达式为：

$$\Gamma(v) = (v-1)! \tag{8.11}$$

v取特殊分数，比如1/2和3/2时，v的Gamma方程的值：

$$\Gamma\left(\frac{1}{2}\right) = \sqrt{\pi}$$
$$\Gamma\left(\frac{3}{2}\right) = \frac{1}{2}\sqrt{\pi} \tag{8.12}$$

一般情况下，当n为非负整数时，$1/2 + n$的Gamma方程表达式为：

$$\Gamma\left(\frac{1}{2}+n\right) = \frac{(2n)!}{4^n n!}\sqrt{\pi} \tag{8.13}$$

当自由度v不断提高时，厚尾现象逐渐消失，学生*t*-分布逐渐接近标准正态分布 (均值为0，标准差为1)，如图8.11所示。很明显，学生*t*-分布的偏度为0。

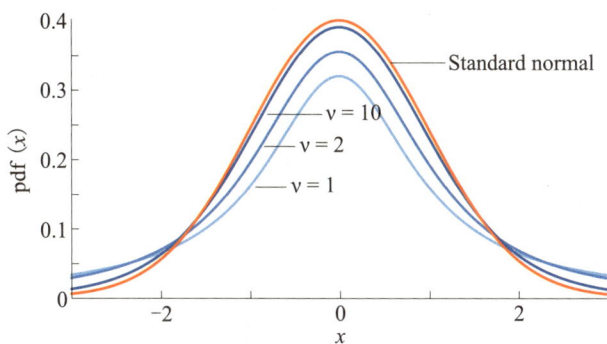

图8.11 学生t-分布

学生t-分布和一个著名的啤酒品牌**吉尼斯** (Guinness) 有着千丝万缕的联系。化学家、酿酒师、**威廉·戈塞** (Willam S. Gosset) 在吉尼斯酒厂工作时发现了这一神奇的分布现象。但是酒厂为了保密，不让威廉在论文中提到任何酿酒的内容，而且论文以Student这一笔名发表。后来，为了纪念威廉的贡献，这一分布被命名为学生t-分布。以下代码可以用来获得图8.11。

```
B1_Ch8_4.m
```

```
x = linspace(-3,3);
pdf_1 = tpdf(x,1);
pdf_2 = tpdf(x,2);
pdf_10 = tpdf(x,10);

pdf_n = normpdf(x,0,1);

figure(1)
plot(x,pdf_1,'--'); hold on
plot(x,pdf_2,'--'); hold on
plot(x,pdf_10,'--'); hold on
plot(x,pdf_n); hold on
xlabel('x'); ylabel('pdf(x)');
legend('\nu = 1','\nu = 2','\nu = 10','standard normal')
```

对数正态分布 (lognormal distribution) 是随机变量的对数变化服从正态分布的概率分布。这个分布几乎撑起了金融建模中概率分布的半边天。对数正态分布一般用于描述增长率，如股票价格和股票指数。服从对数正态分布的随机变量的概率密度在短期内与正态分布很接近。但从长远上看，服从对数正态分布的随机变量呈现更多的向上分布的数据。希望读者从开始了解**对数回报率** (log return) 时，就开始思考对数回报率和对数分布的关系。对数正态分布的**PDF**如下：

$$\text{pdf}(x) = \frac{1}{x\sigma\sqrt{2\pi}} e^{-(\ln x - \mu)^2/2\sigma^2} \tag{8.14}$$

其中：

◀ μ是变量对数的平均值。
◀ σ是变量对数的标准差。

图8.12给出对数正态分布的图像。可以清楚地看到，不同于正态分布，正态分布的偏度为零，图

像对称；对数正态分布的最大特点是右偏 (正偏)。在正态分布中，随机变量的值大多分布于均值附近，并且两端关于均值对称。在偏态分布中，随机变量的概率密度分布函数不关于均值对称，并可分为正偏态分布和负偏态分布。对于右偏的对数正态分布，其平均值大于其中位值。

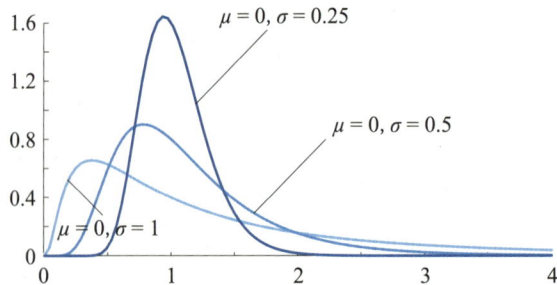

图8.12　对数正态分布

以下代码可以获得图8.12。

```
B1_Ch8_5.m

X = linspace(0,4,100);
Y_1 = lognpdf(X,0,1); Y_2 = lognpdf(X,0,0.5);
Y_3 = lognpdf(X,0,0.25);

figure(1)
plot(X,Y_1); hold on
plot(X,Y_2); hold on
plot(X,Y_3); hold on

legend('\sigma = 1, \mu = 0',...
    '\sigma = 0.5, \mu = 0', ...
    '\sigma = 0.25, \mu = 0')
```

如果随机变量X服从**对数正态分布** (log-normally distributed)，$Y = \ln(X)$ 就服从正态分布：

$$\ln(X) \sim \mathcal{N}(\mu, \sigma^2) \tag{8.15}$$

对数正态分布的概率密度函数如下：

$$\text{pdf}(x) = \frac{1}{x} \frac{1}{\sigma\sqrt{2\pi}} \exp\left(-\frac{(\ln x - \mu)^2}{2\sigma^2}\right) \tag{8.16}$$

它的期望值为：

$$\text{E}(X) = \text{mean}(X) = e^{\mu + \sigma^2/2} \tag{8.17}$$

它的方差为：

$$\text{var}(X) = (e^{\sigma^2} - 1)e^{2\mu + \sigma^2} \tag{8.18}$$

图8.13给出的是一个μ为0，σ为1的对数正态分布。对应的正态分布如图8.14所示。

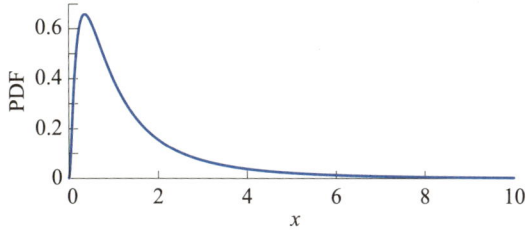

图8.13　对数正态分布，$\mu = 0$，$\sigma = 1$

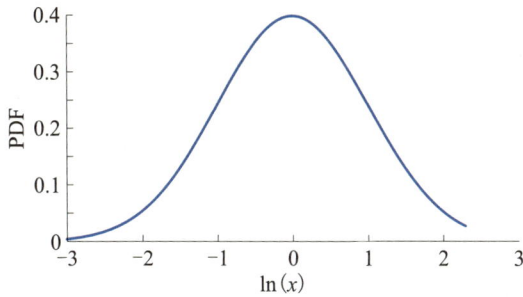

图8.14　相关正态分布，$\mu = 0$，$\sigma = 1$

以下代码可以用来绘制图8.13和图8.14。

```matlab
B1_Ch8_6.m

clc; clear all; close all;
mu = 0;
% mu: mean of the associated normal distribution
sigma = 1;
% sigma: standard deviation of the
% associated normal distribution
x_norm = (0.01:0.01:10);
pdf_norm = lognpdf(x_norm,mu,sigma);

figure(1)
plot(x_norm,pdf_norm)
xlabel ('x in a lognormal distribution')
ylabel ('Probability')
ylim ([0, 0.8])
xlim ([0, 10])
set(gcf,'color','w');

x_logn = (log(x_norm) - mu)/sigma;
pdf_logn = pdf_norm.*x_norm;
% z: standard normal variable
x = [-3:0.01:3];
y = normpdf(x,mu,sigma)
```

```
figure(2)
plot(x_logn, pdf_logn); hold on
plot(x,y,'--')
hold off
xlabel ('s, x in a normal distribution')
ylabel ('Probability')
ylim ([0, 0.5])
xlim ([-3, 3])
set(gcf,'color','w');
```

图8.15展示了从正态分布到对数正态分布变换。首先，用lognpdf()产生服从对数正态分布的PDF图像；用normpdf()产生服从正态分布的PDF图像。再用norminv()函数将几个点投射到两个PDF图像上。然后，将这几个点投射到 $Y = \ln(X)$ 的图像上。会发现，这两个分布的PDF的横轴实际上完成的是一次指数对数转换。以下代码可以用来获得图8.15。

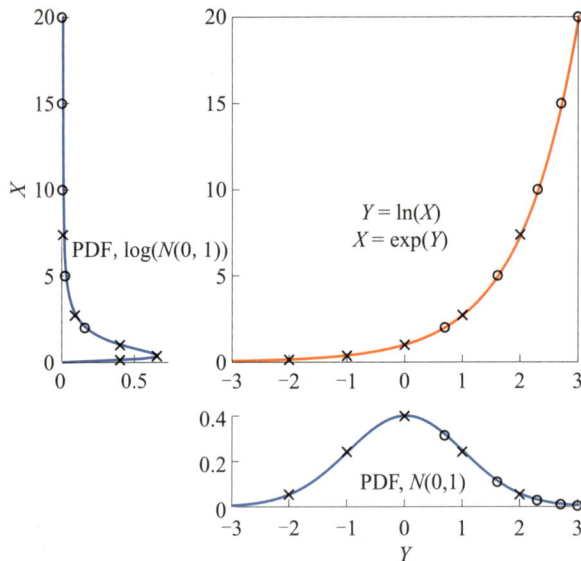

图8.15　对数正态分布和正态分布的关系

`B1_Ch8_7.m`

```
close all; clear all; clc

X2 = linspace(0,20,200);
mu = 0; sigma = 1;
logn_pdf = lognpdf(X2,mu,sigma);
X1 = linspace(-3,3,200);
norm_pdf = normpdf(X1,mu,sigma);

e_x1 = exp(X1);
XX2 = exp([-2:2]);
XX2_logn_cdf = logncdf(XX2,mu,sigma);
XX1_inv = norminv(XX2_logn_cdf);
```

```
XXX2 = [2,5:5:20];
XXX2_logn_cdf = logncdf(XXX2,mu,sigma);
XXX1_inv = norminv(XXX2_logn_cdf);

figure(1)

subplot(4,4,[2:4 6:8 10:12]);  % Top right square

plot(XX1_inv,XX2,'x'); hold on
plot(XXX1_inv,XXX2,'o'); hold on
plot(X1,e_x1,'r'); ylim([0,20])
y1=get(gca,'ylim'); x1=get(gca,'xlim')

subplot(4,4,[1 5 9]);  % Top left
plot(X2,logn_pdf,'b'); hold on
plot(XX2,lognpdf(XX2,mu,sigma),'x'); hold on
plot(XXX2,lognpdf(XXX2,mu,sigma),'o')
view(90,-90); box off
xlim(y1); ylabel('PDF, logN(0,1)')

subplot(4,4,[14:16]);  % Btm right
plot(X1,norm_pdf,'b'); hold on
plot(XX1_inv,normpdf(XX1_inv,mu,sigma),'x'); hold on
plot(XXX1_inv,normpdf(XXX1_inv,mu,sigma),'o')
box off; xlim(x1); ylabel('PDF, N(0,1)')
```

另外两个常见的连续分布是指数分布和卡方分布。**指数分布** (exponential distribution) 常用来表示独立事件发生的时间间隔。

$$\text{pdf}(x) = \begin{cases} \lambda e^{-\lambda x} & ,x \geq 0 \\ 0 & ,x < 0 \end{cases} \tag{8.19}$$

λ是分布的一个参数，常被称作**率参数** (rate parameter)，即单位时间内发生事件的次数。

$$\text{cdf}(x) = \begin{cases} 1 - e^{-\lambda x} & ,x \geq 0 \\ 0 & ,x < 0 \end{cases} \tag{8.20}$$

指数分布的期望值为：

$$E(X) = \text{mean}(X) = \mu = \frac{1}{\lambda} \tag{8.21}$$

它的方差为：

$$\text{var}(X) = \frac{1}{\lambda^2} \tag{8.22}$$

图8.16给出的是$\lambda = 0.5$，1和1.5时，指数分布的PDF和CDF。

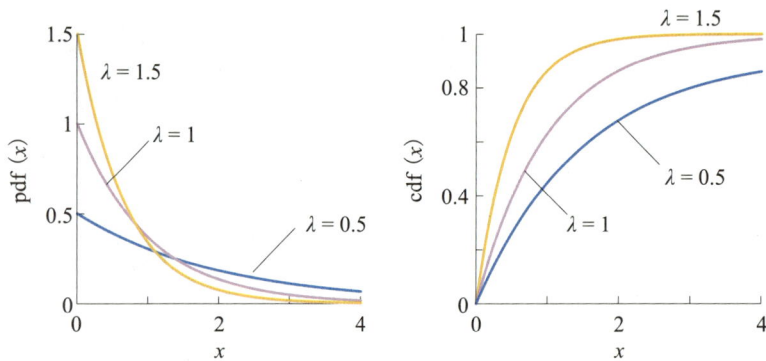

图8.16   指数分布PDF和CDF

以下代码可以获得图8.16。

`B1_Ch8_8.m`

```matlab
LAMBDAs = [0.5, 1, 1.5];
MUs      = 1./LAMBDAs;
x = 0:0.01:4;

figure(1)

subplot(1,2,1)
for i = 1:length(MUs)
    mu = MUs(i);
    x_pdf = exppdf(x,mu);
    %     Y = exppdf(X,mu) returns the pdf of the exponential distribution
    %        with mean parameter mu, evaluated at the values in X
    plot(x,x_pdf); hold on
end
legend('\lambda = 0.5','\lambda = 1','\lambda = 1.5')
xlabel('x'); ylabel('pdf(x)')
box off; grid off

subplot(1,2,2)
for i = 1:length(LAMBDAs)
    mu = MUs(i);
    x_cdf = expcdf(x,mu);
    plot(x,x_cdf); hold on
end
legend('\lambda = 0.5','\lambda = 1','\lambda = 1.5')
xlabel('x'); ylabel('cdf(x)')
box off; grid off
```

卡方分布 (Chi-squared distribution) 的密度函数为：

$$\text{pdf}(x) = \frac{1}{2^{\frac{k}{2}}} \frac{1}{\Gamma(\frac{k}{2})} x^{\frac{k}{2}-1} e^{\frac{-x}{2}} \tag{8.23}$$

其中

◀ Γ 代表Gamma函数。

◀ k是自由度。

图8.17给出的是卡方分布的PDF和CDF图像，当自由度为$k = 1$，2，3和4。

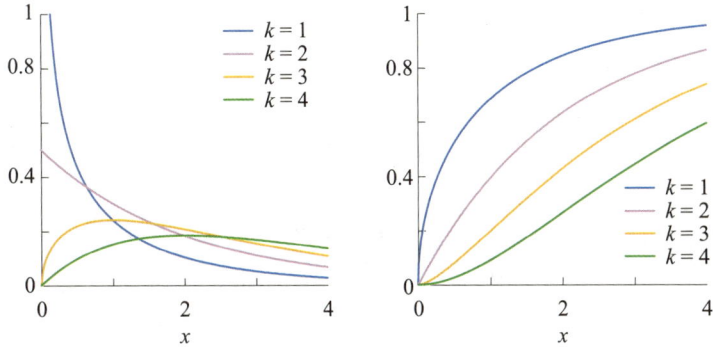

图8.17 卡方分布PDF和CDF

以下代码可以用来产生图8.17。

```
B1_Ch8_9.m

freedoms = 1:4;
x = 0:0.01:4;

figure(1)

subplot(1,2,1)
for i = 1:length(freedoms)
    k = freedoms(i);
    x_pdf = chi2pdf(x,k);
    %     Y = exppdf(X,mu) returns the pdf of the exponential distribution
    %     with mean parameter mu, evaluated at the values in X
    plot(x,x_pdf); hold on
end
legend('k = 1','k = 2','k = 3','k = 4')
xlabel('x'); ylabel('pdf(x)')
box off; grid off
ylim([0 1])

subplot(1,2,2)
for i = 1:length(freedoms)
    k = freedoms(i);
    x_cdf = chi2cdf(x,k);
    plot(x,x_cdf); hold on
end
legend('k = 1','k = 2','k = 3','k = 4')
```

```
xlabel('x'); ylabel('cdf(x)')
box off; grid off
```

8.3 离散概率分布

如果分布函数的值域是离散的，比如正整数域，那么这个随机变量就属于离散分布。之前讲到的连续均匀分布，相对应也有离散均匀分布。离散分布 X 的平均值可以通过下式求得：

$$\text{mean}(X) = \sum_{k=1}^{N} \text{pmf}(x_k) x_k \tag{8.24}$$

注意上式中用的是 pmf(x_k)，不是概率密度函数 pdf(x)，因为 pdf(x) 适用于连续离散变量。pmf 指的是**概率质量函数** (probability mass function，PMF)。x_k 指的是某一离散值。pmf(x_k) 是对离散随机变量 x_k 定义，pmf(x_k) 本身代表 x_k 概率。pdf(x) 是对连续随机变量 x 定义的，pdf(x) 本身不是概率，是概率密度。pdf(x) 在某区间内，比如区间 $[a, b]$ 进行积分后才是概率。

想象一根长度为 1m 的铁丝，只有长度这一个单位，不考虑粗细。1m 长的铁丝，重量为 1kg，那么这个铁丝的**线密度** (linear density) 为 1kg/m。把这个铁丝平整地放在一个二维坐标系中，横轴就是铁丝的长度，纵轴用来记录铁丝的密度，1kg/m 就相当于 pdf(x)，如图 8.18 左图所示。如果这时候问读者，$x = 0.5$m 这个位置的质量是多少？读者可能会一愣，因为我们可以说出半条铁丝 [0m，0.5m]，或 [0.5m，1m]，甚至 [0.25m，0.75m] 的质量是 0.5kg。怎么能获得 $x = 0.5$m 这一点处的铁丝质量？我们需要一段铁丝，哪怕一小段，来计算它的重量。在该问题中，在 $x = 0.5$m 这一点，铁丝质量就只能认为没有。

如果考虑从 $x = 0$m 开始，到其他某一点，这段铁丝的质量时：该段铁丝质量 = 铁丝长度 (m) × 铁丝线密度 (kg/m)。沿着这个思路继续往下走，就能得到图 8.18 右图。铁丝的密度 kg/m 就相当于 PDF，而铁丝的质量就是 CDF。

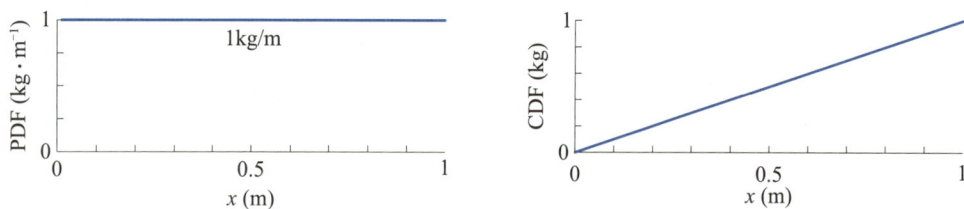

图8.18　解释 pdf(x) 和 cdf(x) 的区别

能否找到类似的例子去理解 pmf(x_k) 呢？假设有 5 个铁锤，每个铁锤重达 0.2kg。铁锤作为独立的产品，不能分割。这五个铁锤，编号 (index) k 为 1、2、3、4 和 5。如果用图像来表达，这五个铁锤质量的分布情况就如图 8.19 左图所示。这时候，如果有人问，第三个铁锤 ($k = 3$) 的重量是多少？那就可以很轻松地回答：第三个铁锤的重量是 0.2kg。如果要求前 k 个铁锤的重量的和，即**小计** (subtotal)，如图 8.19 右图所示，比如，前三个铁锤重量总和为 0.6kg，这时候，每个编号铁锤的质量就相当于 PMF，而几个铁锤的质量就相当于 CDF。离散分布的方差可以通过下式求得：

$$\text{var}(X) = \sum_{k=1}^{N} \left[\text{pmf}(x_k)(x_k - \mu)^2 \right] \tag{8.25}$$

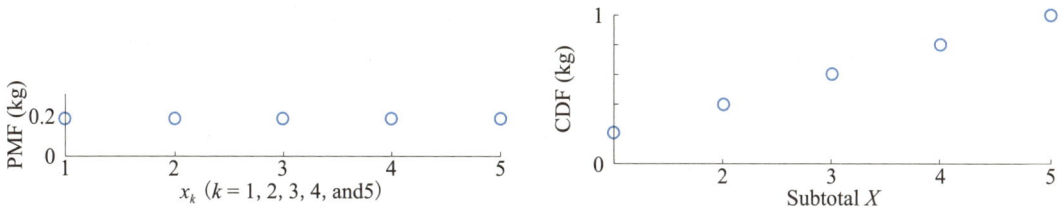

图8.19　解释pmf(x_k)和cdf(x_k)的区别

伯努利试验 (Bernoulli trial) 是由伯努利 (Jakob Bernoulli) 本人提出。该试验只有两种可能的情况出现，试验的结果是典型的二选一问题，比如成功或失败，硬币朝上或朝下，等等。伯努利过程 (Bernoulli process) 是由一串独立同分布 (independent and identically distributed (IID)) 的伯努利试验组成。举个例子，抛硬币猜反正面。抛硬币一次，是伯努利试验。但是同一试验反复做了100次，也就是同一枚硬币反复抛了100次，这个过程叫作伯努利过程。

如果硬币没有做手脚，随机抛硬币得到正面的概率是1/2，得到反面的概率也是1/2。得到正面(成功)这一事件的概率记作$p = 1/2$。得到反面 (失败) 这一事件的概率记作$q = 1 - p = 1/2$。重复多次伯努利试验得到的结果将服从二项分布 (binomial distribution)。二项式分布是n个独立的是/非试验中成功的次数的离散概率分布。进行n次试验，其中成功k次，失败$n - k$次，所对应的概率为：

$$\mathrm{pmf}(k) = C_n^k p^k (1-p)^{n-k}$$
$$= \frac{n!}{k!(n-k)!} p^k (1-p)^{n-k} \tag{8.26}$$

读者应当注意二项式系数 (binomial coefficient) 的计算。图8.20展示了$n = 9$，$p = 0.8$的伯努利分布的PMF和CDF图像。图8.20的PMF分布明显左偏。图8.21展示$n = 80$，$p = 0.5$的伯努利分布的PMF和CDF图像。当n足够大时，伯努利分布的PMF会逐渐接近正态分布的样子。

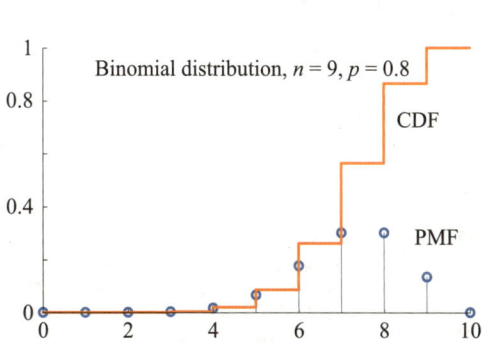

图8.20　伯努利分布PMF和CDF，$n = 9$，$p = 0.8$

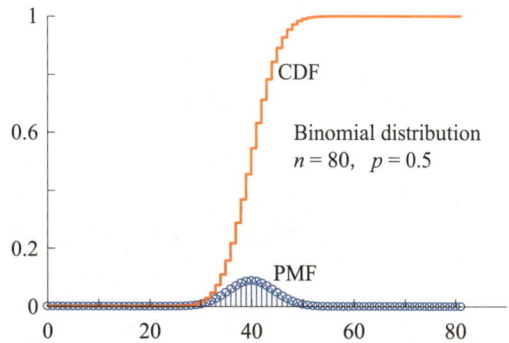

图8.21　伯努利分布PMF和CDF，$n = 80$，$p = 0.5$

以下代码可以用来获得图8.20和图8.21。

```
B1_Ch8_10.m

clc; clear all; close all
num = 9; % updated to 80
x = 0:num+1;
p = 0.8; % updated to 0.5
binomial_pdf = binopdf(x,num,p);
```

```
binomial_cdf = binocdf(x,num,p);

figure(1)
stem(x,binomial_pdf); hold on
stairs(x,binomial_cdf)
title(['Binomial distribution, n = ',num2str(num),...
', p = ', num2str(p)])
legend('PMF','CDF', 'location', 'northwest')
ylim([0 1.1])
```

现在设定，每次试验抛硬币100遍，记录下出现硬币正面的次数。分别重复该试验20次、200次、2000次和20 000次。图8.22左上图展示的是20次试验的结果分布和正态分布拟合。这幅图的直方图结果并没有呈现明显的分布规律。但当试验重复次数提高到200次 (图8.22右上图)，2000次 (图8.22左下图) 和20 000次 (图8.22右下图) 时，尤其在20 000次试验时，会发现对应的直方图展现出明显的正态分布。

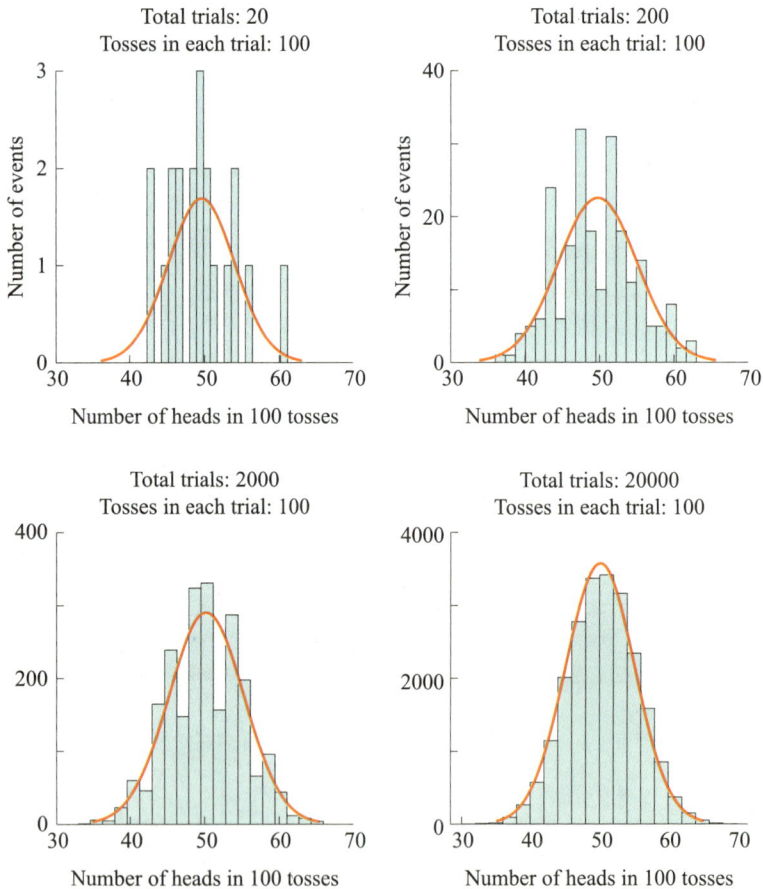

图8.22 抛硬币试验，每次抛100次硬币；试验次数：20、200、2000和20 000

以下代码可以用来获得8.22。

`B1_Ch8_11.m`

```
%% multiple trials, toss coins
```

```
clc; clear all; close all

NUMs_trials = [20,200,2000,20000];
% four experiments, each has different number of trials
num_toss = 100;
% number of tosses in each trial is fixed
NUMs_heads = [];
x_lims = [0,0];
% numbers of heads in each trial for the experiment
figure(1)

for i = 1:length(NUMs_trials)

    num_trials = NUMs_trials(i);

    for j = 1:num_trials

        head_or_tail = randi([0,1],num_toss,1);
        num_heads = sum(head_or_tail);
        NUMs_heads = [NUMs_heads,num_heads];

    end

    subplot(2,2,i)
    nbins = 20; histfit(NUMs_heads,nbins)
    x1=get(gca,'xlim')
    if x1(2)>x_lims(2)
        x_lims = x1;
    end
    xlim(x_lims)
    xlabel(['Number of heads in ',num2str(num_toss),' tosses'])
    ylabel('Number of events')
    line1 = ['Total trials: ',num2str(num_trials)];
    line2 = ['Tosses in each trials: ',num2str(num_toss)];
    title({line1;line2})

end
```

泊松分布 (Poisson distribution) 可以看作二项分布的大样本情形，是二项分布最终演化为正态分布的过渡阶段。当试验的样本次数n足够大时，二项分布开始逼近泊松分布，但还没有达到连续的程度；当n继续增大，几乎可以看成连续时，泊松分布就可以用正态分布来代替了。所以泊松分布依旧是离散分布，它适用于描述单位时间内随机独立事件发生次数的概率分布，如汽车站台候车人数，自然灾害发生的次数等。金融领域中泊松分布常用来模拟毁约或拖欠的次数；另外，泊松分布也用于**跳跃扩散模型** (jump-diffusion model) 中。本丛书会在后续内容中介绍泊松分布的应用。

泊松分布公式也是在FRM考试中常见的考点，一定要牢记它的具体形式：

$$\text{pmf}(k) = \frac{\lambda^k}{k!}\text{e}^{-\lambda} \tag{8.27}$$

其中：

◀ λ是单位时间(或单位面积)内随机事件的平均发生率。
◀ k是事件发生的次数，k的取值可以是0，1，2，3，…。

图8.23给出了三个泊松分布的PMF和CDF的分布情况。

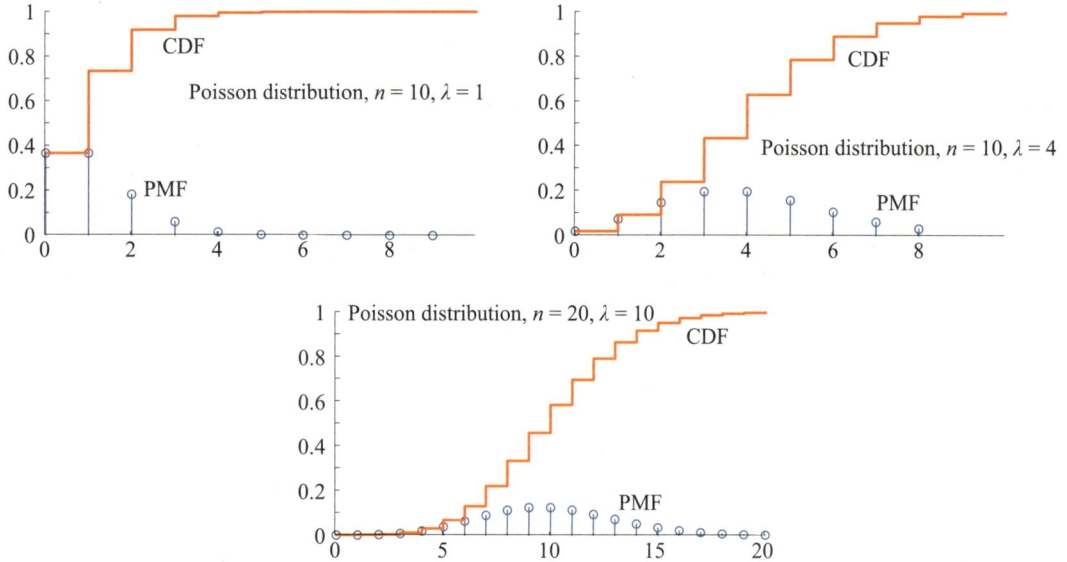

图8.23 三个泊松分布的PMF和CDF

以下代码可以用来获得图8.23。

```
B1_Ch8_12.m

clc; clear all; close all

NUMs = [10, 10, 20];
LAMBDAs = [1, 4, 10];

figure(1)

for i = 1:length(NUMs)

    num = NUMs(i);
    lambda = LAMBDAs(i);
    x = 0:num;
    poisson_pdf = poisspdf(x,lambda);
    % better if it is named poisspmf()
    poisson_cdf = poisscdf(x,lambda);

    subplot(3,1,i)
    stem(x,poisson_pdf); hold on
    stairs(x,poisson_cdf)
```

```
    title(['Poisson distribution, n = ',num2str(num),...
        ', \lambda = ', num2str(lambda)])
    legend('PMF','CDF', 'location','northwest'); hold off

end
```

关于泊松分布、伯努利分布和正态分布之间千丝万缕的联系，读者可以参考其他概率统计的专门教材。对概率统计有更深兴趣的读者，这里推荐学习John Tsitsiklis教授在MIT讲授的*Probabilistic Systems Analysis and Applied Probability*。

8.4 QQ图

QQ图实质上是在比较两个概率分布的CDF。一般横轴用的是标准正态分布的ICDF。纵轴是数据的ICDF；以此来判断数据是否存在正态性。如图8.24所示，先把数据 (x值) 一一对应的CDF值找到，然后将这些CDF值对应到标准正态分布的ICDF，计算出对应的y值。这样就拿到了一组 (x, y) 数据对。将这些数据对绘制在x-y平面。如果X服从正态分布，那么得到的就是一直线。

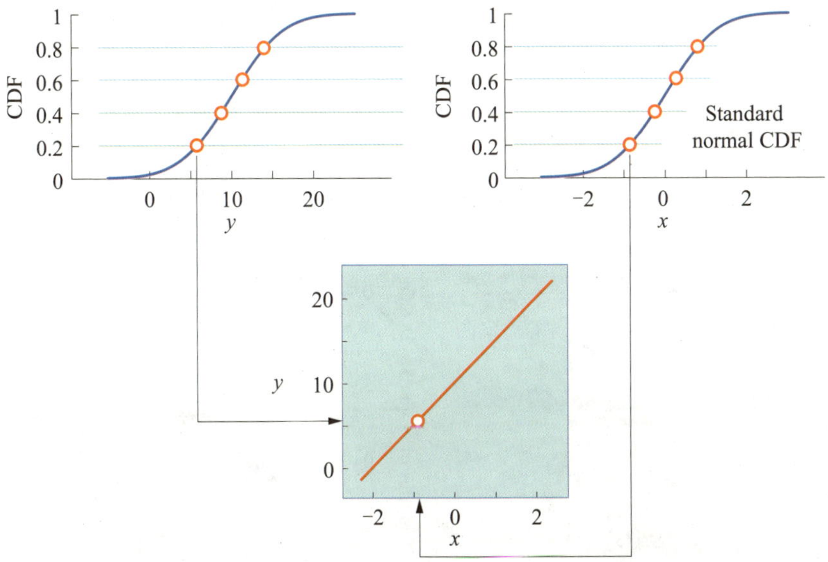

图8.24 理解QQ图

下面来看一下均匀分布的QQ图。图8.25中有四张子图。左上角的是均匀分布的CDF，取值范围为[0，1]。采用的是MATLAB函数rand()，调用了离散均匀随机数发生器。在统计内容的讨论中提过，连续均匀分布的PDF是水平直线，CDF图像是斜线。图8.25右上角给出的是标准正态分布的CDF。图8.25左下图是随机数发生器产生的离散随机分布的数据直方图和kernel拟合得到的PDF。图8.25右下角给出的是均匀分布的QQ图。这个QQ图的横轴是标准正态分布的分位点，纵轴是随机数据的分位点。QQ图像呈现出一个大S形状。

第 8 章 统计基础 II | Fundamentals of Statistics 287

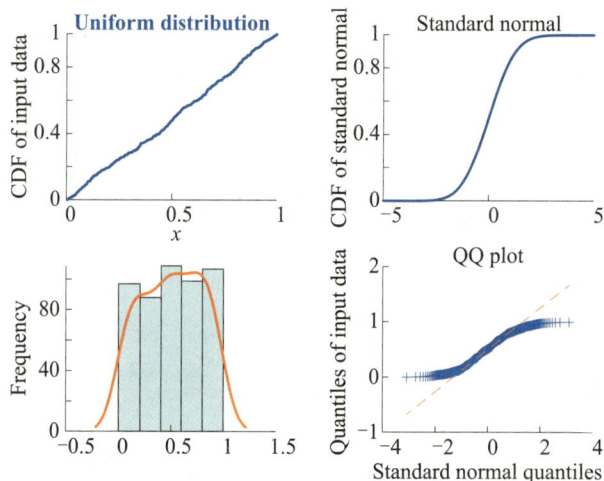

图8.25 均匀分布的QQ图

　　图8.26讨论的是学生t-分布的QQ图。这个学生t-分布的自由度是μ = 3。trnd()是MATLAB中用来产生学生t-分布的随机数发生器。trnd()中可以给出自由度μ的具体值。通过学习之前统计的内容，我们知道学生t-分布，当自由度较小时，分布展现出肥尾现象，这一点很难通过图8.26左上角PDF图像得到，但是右下角的QQ图中，和标准正态分布分位点 (横轴) 相比，我们看到了一个左尾部下偏、右尾部上挑的形状。请读者记住这个形状，这是肥尾分布的QQ图的特点。

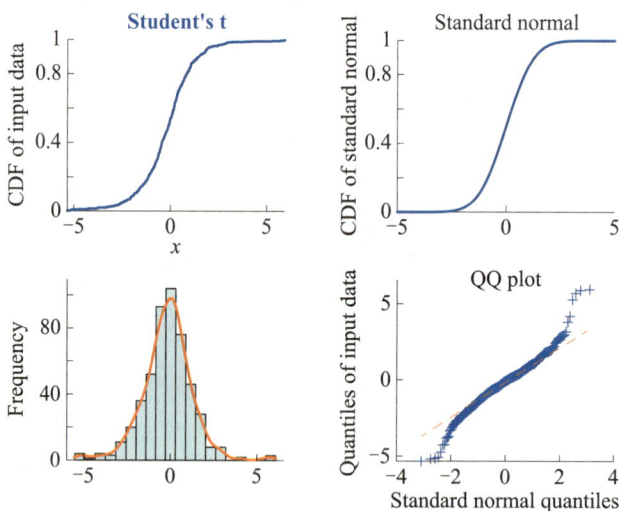

图8.26 学生t-分布 (μ = 3) 的QQ图

　　图8.27讨论的分布呈现正偏 (右偏) 的特征。图8.27左下角的数据的直方图和kernel拟合PDF明显看出来右偏。右偏分布的QQ图的特点如图8.27右下角所示，可以看到一个新月形状，弯曲朝向左上方。pearsrnd()是MATLAB中很强大的随机数发生器。pearsrnd()中可以指定随机数服从分布的四阶矩 (mu, sigma, skew, kurt)。右偏和左偏如图8.28所示的随机数组都是用这个随机数发生器产生的。

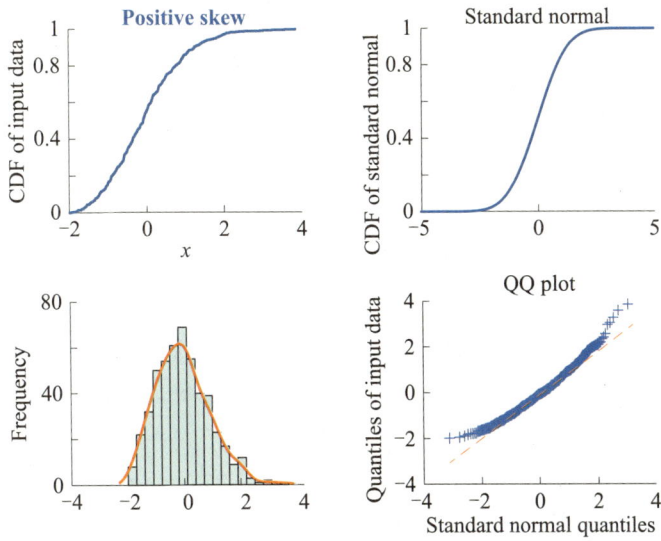

图8.27 右 (正) 偏分布的QQ图

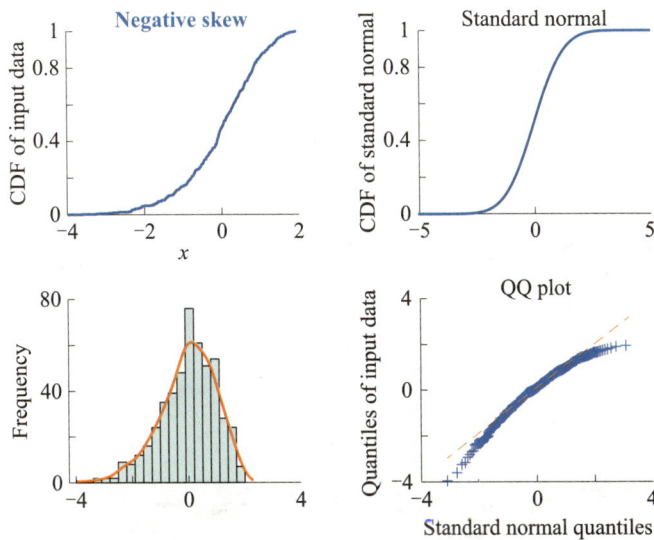

图8.28 左 (负) 偏分布的QQ图

以下代码可以用来获得图8.25 ~ 图8.28。

```
B1_Ch8_13.m

%% QQ plots

clc; close all; clear all

num_seeds = 500;

for i = 1:4
    n = i;
```

```matlab
switch n
    case 1
        % Uniformly distributed
        x_rand = rand(num_seeds,1);
        nbins = 5;
        title_i = 'Uniform distribution';

    case 2
        % Student's t
        nu = 3;
        x_rand = trnd(nu,num_seeds,1);
        nbins = 20;
        title_i = 'Student''s t';

    case 3
        % Positively skewed
        mu = 0; sigma = 1;
        skew = 0.6; kurt = 3.5;
        x_rand = pearsrnd(mu,sigma,skew,kurt,num_seeds,1);
        nbins = 20;
        title_i = 'Positive skew';

    case 4
        % Negatively skewed
        mu = 0; sigma = 1;
        skew = -0.65; kurt = 3.5;
        x_rand = pearsrnd(mu,sigma,skew,kurt,num_seeds,1)
        nbins = 20;
        title_i = 'Negative skew';
end

figure(i)
subplot(2,2,1)
ecdf(x_rand)
title(title_i)

subplot(2,2,2)
x = [-5:0.01:5];
mu = 0; sigma = 1;
% x = [min(x_uniform):0.01:max(x_uniform)];
% mu = mean(x_uniform);
% sigma = std(x_uniform);
y_cdf = normcdf(x,mu,sigma);
plot(x,y_cdf)
title('Standard normal')

subplot(2,2,3)
% h = histogram(x_uniform,nbins); hold on
```

```
% h.Normalization = 'probability';
% ylabel('Probability')
histfit(x_rand,nbins,'kernel')

subplot(2,2,4)
qqplot(x_rand)
```

end

现在，把这四个QQ图放置在一张图上进行比较，如图8.29所示。我们用左尾部薄厚 (和正态分布相比) 和右尾部薄厚 (和正态分布相比) 来归纳这四种QQ图的数据规律。

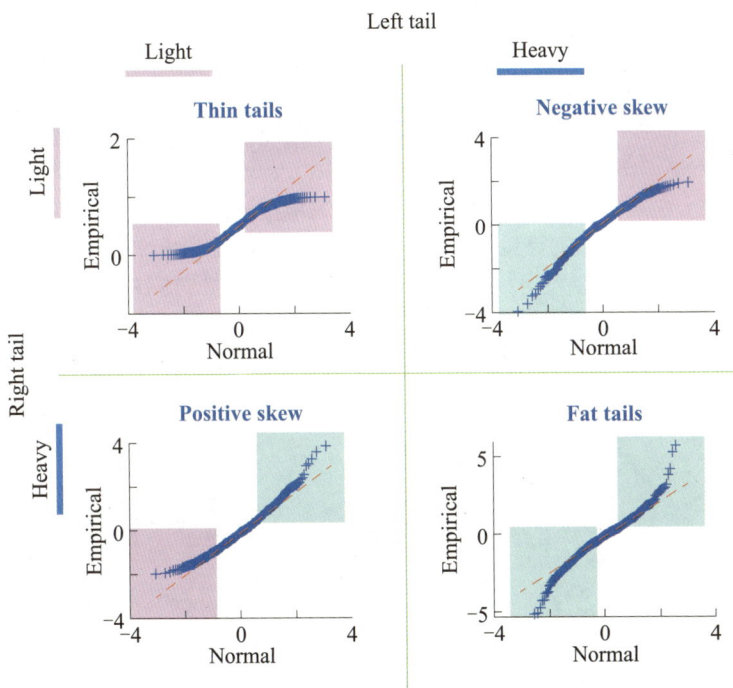

图8.29 薄尾、厚尾、正偏、负偏的QQ图特点

进行**模型回测** (model backtesting) 时，还会遇到其他的非参数法，比如K-S**测试** (Kolmogorov-Smirnov test)kstest()、AnDar**测试** (Anderson-Darling test) adtest()、CvM**测试** (Cramer-von Mises test)等，也会产生类似QQ图的图像。

8.5 线性相关

实际中提到的线性相关系数，常常指的是以卡尔·皮尔逊 (Karl Pearson) 命名的**皮尔逊线性相关系数** (Pearson Correlation Coefficient，PCC)。PCC取值范围为 [-1, 1]。当X增大时，Y也增大，此时PCC的取值范围为 [0, 1]，当X增大时，Y减小，则PCC的取值范围是 [-1, 0]。对于两组一一对应的随机变量，X和Y，当X和Y的PCC等于1时，则称X和Y**完全正线性相关** (total positive linear correlation， perfectly positive correlation)。PCC等于0，称X和Y**没有线性关系** (no linear correlation)。PCC等于-1，X和Y的关系是**完全负线性相关** (total negative linear correlation，perfectly negative correlation)。PCC的求解公式如下：

$$\text{corrcoef}(X,Y) = \rho_{X,Y} = \frac{\text{cov}(X,Y)}{\text{std}(X) \cdot \text{std}(Y)} \tag{8.28}$$

公式中的cov()是协方差运算：

$$\text{cov}(X,Y) = \frac{1}{N-1}\sum_{i=1}^{N}\left[\left(x_i - \text{mean}(X)\right)\left(y_i - \text{mean}(Y)\right)\right] \tag{8.29}$$

方差是协方差的一种特殊情况，如下式：

$$\text{cov}(X,X) = \frac{1}{N-1}\sum_{i=1}^{N}\left(x_i - \text{mean}(X)\right)^2 = \text{var}(X) \tag{8.30}$$

这里需要格外小心的是，皮尔逊线性相关系数PCC只能描述"线性"关系，它不能用来描述其他非线性关系，比如$y = x^2$或$y = \sin(x)$等其他关系。这一点也适用其他的线性相关系数。即使线性相关系数为0，也不能说明两者之间完全没有相关性，因为可能存在非线性的相关性。

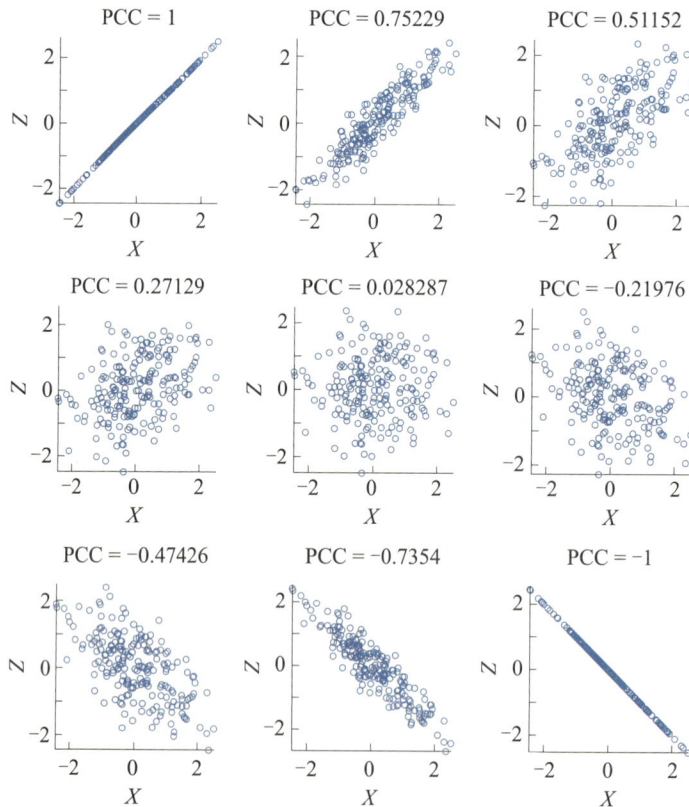

图8.30　不同线性关系

图8.30展示了PCC从1到-1变化时对应的9个X-Y散点图。为获得存在线性关系的两组随机变量，可以首先用MATLAB的randn()函数产生两组服从正态分布$N(0, 1)$的随机数ε_1和ε_2。然后用下面的式子获得X和Y：

$$\begin{cases} X = \varepsilon_1 \\ Y = \rho\varepsilon_1 + \sqrt{1-\rho^2}\,\varepsilon_2 \end{cases}$$

(8.31)

其中，X和Y的线性关系由ρ决定。ρ为**线性相关系数** (coefficient of linear correlation)，等于PCC的值。这种方法的源头是**柯列斯基分解** (Cholesky decomposition)，丛书后续会有进一步介绍。以下代码可以用来获得图8.30。

B1_Ch8_14.m

```matlab
clc; clear all; close all
N = 400;

particle_disp = struct();

particle_disp.x = randn(N, 1);
particle_disp.y = randn(N, 1);

figure(1)

correl_series = [1, 0.75, 0.5, 0.25, 0, -0.25, -0.5, -0.75, -1];
index = length(correl_series);

figure (1)

for i = 1:index

    correl = correl_series(i);

    subplot(3,3,i)

    % Generate correlated random numbers
    particle_disp.z = correl*particle_disp.x +...
        sqrt(1-correl^2)*particle_disp.y;

    plot(particle_disp.x, particle_disp.z,'o');
    PCC = corrcoef(particle_disp.x,particle_disp.z)
    xlabel('X');
    ylabel('Z');
    title (['PCC = ', num2str(PCC(2,1))])

end

set(gcf,'color','w');
```

Karl Pearson (1857—1936) A major player in the early development of statistics as a serious scientific discipline in its own right. He founded the Department of Applied Statistics(now the Department of Statistical Science)at University College London in 1911; it was the first university statistics department in the world. The present departments of Statistical Science and Computer Science，as well as the Genetics and Biometry group in Biology and the physical side of Anthropology are all part of his legacy to UCL.
(Source: https://www.ucl.ac.uk/statistics/department/pearson)

图8.31上两图给出了x和z的价格变动。图8.31下图给出x和z的每日的回报。回报采用的是每日差值，就是当前价格减去上一天的价格。图8.31下两图给出的是x和z每天的回报情况。关于回报率的计算，可参见本册相关章节的讨论。

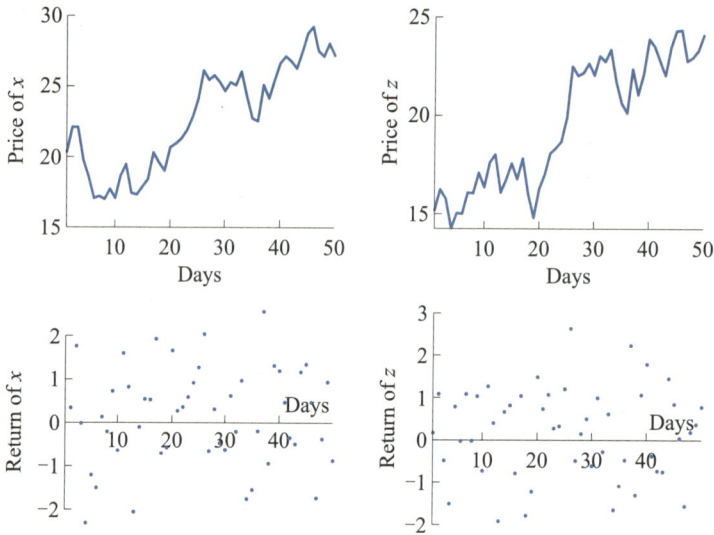

图8.31　x和z的价格和每日价格差值，PCC = 0.813，线性正相关

用MATLAB的函数cov (x_returns，z_returns) 和corrcoef (x_returns，z_returns) 可以分别计算出这两个回报的协方差矩阵和线性相关系数矩阵，代码如下。

```
Covariance matrix =
ans =
    1.2663    0.9741
    0.9741    1.1335

Correlation coefficients =
ans =
    1.0000    0.8130
    0.8130    1.0000
```

模拟时，设定的线性相关系数是0.75，而仿真结果实际计算得到的线性相关系数是0.813。在实际中这是很正常的现象，每次仿真得到的相关系数几乎都不会相同。可以尝试增加仿真的步数，这样大家会发现计算得到的PCC会逐渐接近设定值0.75。

下面将仿真中的线性相关系数设为-0.75，也就是让x和z两个回报之前呈现线性负相关的关系。这时，如图8.32上两图所示，x和z的走势恰好相反。x的价格向上运动时，z的价格向下运动；反之亦然。

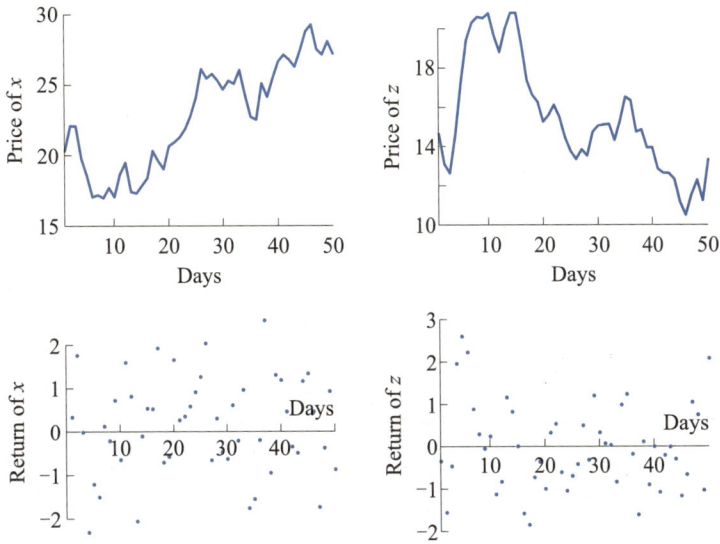

图8.32　x和z的价格和每日价格差值，PCC = −0.7985，线性负相关

同样地，用cov (x_returns，z_returns) 和corrcoef (x_returns，z_returns)，可以计算出，x和z的回报线性负相关的情况下，这两个序列的协方差矩阵和线性相关系数矩阵的具体值，如下。

```
Covariance matrix =
ans =
    1.2663    -0.9254
   -0.9254     1.0606


Correlation coefficients =
ans =
    1.0000    -0.7985
   -0.7985     1.0000
```

以下代码可以用来获得图8.31和图8.32。

```
B1_Ch8_15.m

clc; clear all; close all

N = 50;
time = 1:1:N;


particle_disp = struct();


x_original = 20;
z_original = 15;
x_returns = randn(N, 1);


y_returns = randn(N, 1);
```

```
correl_series = [0.75, -0.75];
index = length(correl_series);

for i = 1:index
    figure (i)
    correl = correl_series(i);

    % Simulate two correlated timeseries of returns
    z_returns = correl*x_returns +...
        sqrt(1-correl^2)*y_returns;

    % convert return (difference) to price
    x_prices = cumsum(x_returns) + x_original;
    z_prices = cumsum(z_returns) + z_original;
    prices_max = max(max(x_prices(:)),max(z_prices(:)))
    prices_min = min(min(x_prices(:)),z_prices(:))

    subplot(2,2,1)
    plot(time,x_prices)
    xlabel('Days'); ylabel('Price of x')
    xlim([1,N])

    subplot(2,2,2)
    plot(time,z_prices)
    xlabel('Days'); ylabel('Price of z')
    xlim([1,N])

    subplot(2,2,3)
    plot(time,x_returns,'.')
    xlabel('Days'); ylabel('Return of x')
    set(gca, 'XAxisLocation', 'origin')
    xlim([0,N])

    subplot(2,2,4)
    plot(time,z_returns,'.')
    xlabel('Days'); ylabel('Return of z')
    set(gca, 'XAxisLocation', 'origin')
    xlim([1,N])

    disp('Covariance matrix =')
    cov(x_returns,z_returns)
    disp('Correlation coefficients =')
    corrcoef(x_returns,z_returns)

end
```

皮尔逊线性相关系数是典型的**参数方法** (parametric method)，在处理金融数据时往往会遇到以下的一些局限。

◀ 只能表述线性相关性，而不能表述非线性相关性；系数值为0不代表完全不相关。

◀ 当二元**联合分布** (joint distribution)，即含有两个随机变量的多维概率分布函数，不满足假设条件时，计算结果不具有实际意义；所以皮尔逊线性相关系数常用于多元正态分布和t分布。

◀ 当数据发生变化后，例如由X变为$\ln(X)$，相关系数需要重新计算，往往会有不同的结果。

实际应用中会经常遇到另外两个**非参数法** (non-parametric method) 来计算线性相关系数，即**斯皮尔曼相关系数** (Spearman Correlation Coefficient，SCC) 和**肯德尔相关系数** (Kendall Correlation Coefficient，KCC)。不同于参数法的皮尔逊相关系数，这两者是**有序度量** (ordinal measure)，不提前假设联合分布，只依赖于排序后的数据之间的相互关系。

计算两个变量X和Y的斯皮尔曼相关系数，主要有三个步骤。首先将分别含有n个样本的变量X，按照样本从小到大进行排序。然后，根据变量X的样本顺序，将在同时间采样的变量Y进行排序。同一顺序上的样本X_i和Y_i构成一个样本对。接着，计算这个样本对上两个样本的差，即

$$d_i = X_i - Y_i \tag{8.32}$$

这样一来，斯皮尔曼相关系数可以由下面的公式进行计算：

$$\rho_s = 1 - \frac{6\sum_{i=1}^{n} d_i^2}{n(n^2-1)} \tag{8.33}$$

计算肯德尔相关系数，首先也需要按照和斯皮尔曼相关系数一样的步骤对原来的样本序列进行排序。然后使用下面的公式进行计算：

$$\rho_k = \frac{2(n_c - n_d)}{n(n-1)} \tag{8.34}$$

其中，n_c和n_d分别是**和谐样本对** (concordant pair) 与**非和谐样本对** (discordant pair) 的个数。所谓的和谐样本对，就是两个样本对中样本大小关系一致，例如，$\{X_i,Y_i\}$ 和 $\{X_j,Y_j\}$ 这两个不同的样本对，满足：

$$\begin{cases} X_i < Y_i \\ X_j < Y_j \quad or \\ i \neq j \end{cases} \begin{cases} X_i < Y_i \\ X_j < Y_j \\ i \neq j \end{cases} \tag{8.35}$$

反之，若有：

$$\begin{cases} X_i < Y_i \\ X_j > Y_j \quad or \\ i \neq j \end{cases} \begin{cases} X_i > Y_i \\ X_j < Y_j \\ i \neq j \end{cases} \tag{8.36}$$

则这两个样本对就是非和谐样本对。对于 $X_i = Y_i$ 或 $X_j = Y_j$ 的情况，这两个样本既不属于和谐样本

对，也不属于非和谐样本对。

在MATLAB中，计算这个三个不同的相关系数可以使用corr()函数命令，并在定义指令项"Type"为"Pearson""Kendall"或者"Spearman"时即可计算相应的相关系数。图8.33展示了利用同一组数据求得的三个相关系数。该组数据由随机数发生器产生，设定的相关系数为0.5。最后，可以看到三个相关系数的值都不完全等于0.5，并且彼此之间也不相等。图8.33可由以下的代码生成。

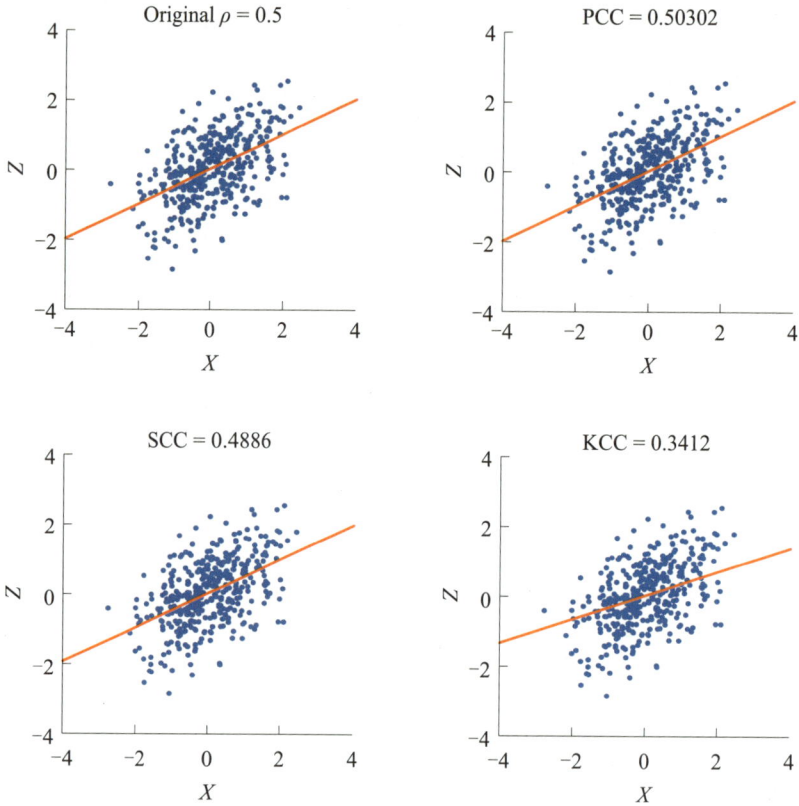

图8.33　同样数据计算得到的皮尔逊线性相关系数 (PCC)，斯皮尔曼相关系数 (SCC) 和肯德尔相关系数 (KCC)

B1_Ch8_16.m

```
clc; clear all; close all
N = 400;

particle_disp = struct();

particle_disp.x = randn(N, 1);
particle_disp.y = randn(N, 1);
xp = linspace(-4,4,20);

correl = 0.5;
particle_disp.z = correl*particle_disp.x +...
    sqrt(1-correl^2)*particle_disp.y;
intersept = mean(particle_disp.z);
```

```
PCC = corr(particle_disp.x,particle_disp.z,...
    'Type', 'Pearson')
% rho = corr(X) returns a matrix of the pairwise
% linear correlation coefficient
% between each pair of columns in the input matrix X.


SCC = corr(particle_disp.x,particle_disp.z,...
    'Type', 'Spearman')


KCC = corr(particle_disp.x,particle_disp.z,...
    'Type', 'Kendall')


PCC_yp = PCC*xp + intersept;
SCC_yp = SCC*xp + intersept;
KCC_yp = KCC*xp + intersept;
original_yp = correl*xp + intersept;


figure(1)
subplot(2,2,1)
plot(particle_disp.x, particle_disp.z,'.'); hold on
plot(xp, original_yp); box off
set(gcf,'color','w'); xlabel('X'); ylabel('Z');
title(['Original \rho = ', num2str(correl)])
daspect([1 1 1]); xlim([-4,4]); ylim([-4,4])


subplot(2,2,2)
plot(particle_disp.x, particle_disp.z,'.'); hold on
plot(xp, PCC_yp)
set(gcf,'color','w'); xlabel('X'); ylabel('Z');
title(['PCC = ', num2str(PCC)]); box off
daspect([1 1 1]); xlim([-4,4]); ylim([-4,4])


subplot(2,2,3)
plot(particle_disp.x, particle_disp.z,'.'); hold on
plot(xp, SCC_yp)
set(gcf,'color','w'); xlabel('X'); ylabel('Z');
title(['SCC = ', num2str(SCC)]); box off
daspect([1 1 1]); xlim([-4,4]); ylim([-4,4])


subplot(2,2,4)
plot(particle_disp.x, particle_disp.z,'.'); hold on
plot(xp, KCC_yp)
set(gcf,'color','w'); xlabel('X'); ylabel('Z');
title(['KCC = ', num2str(KCC)]); box off
daspect([1 1 1]); xlim([-4,4]); ylim([-4,4])
```

　　在实际中，对于三个不同相关系数的选用需要灵活对待。皮尔逊线性相关系数的一些局限性前面已经提到过了。对于斯皮尔曼相关系数和肯德尔相关系数，它们有以下两个比较突出的局限。

- 对于样本中的最大最小值不敏感。如此一来，有低估相关性的可能。但是，也有人把这看成是一个优点：如果数据中存在不希望有的**离群值** (outlier)，对相关系数的测量影响有限。
- 对于样本的数量有一定的要求。尤其是对于肯德尔相关系数，需要有足够的样本量来计算和谐样本和非和谐样本对的数量，否则对测量影响很大。

对于这两种非参数的相关系数度量，一个很大的优点就是没有提前假设联合概率分布。这也是为什么它们在实际中也经常被使用到的主要原因。

8.6 二元正态分布

二元正态分布 (bivariate normal distribution) 是**多元正态分布** (multivariate normal distribution) 的一个简单特例。这一节为了方便可视化，便于读者理解，将只讨论**双变量分布** (bivariate distribution)。

一个多元随机变量 $X = (X_1, \cdots, X_k)^{\mathrm{T}}$ 服从正态分布可以写作：

$$X \sim \mathcal{N}(\boldsymbol{\mu}, \boldsymbol{\Sigma}) \tag{8.37}$$

对于二元正态分布，只有两个随机变量时，X 可以写作：

$$X = \begin{bmatrix} X_1 \\ X_2 \end{bmatrix} \tag{8.38}$$

均值向量 $\boldsymbol{\mu}$ 可以写作：

$$\boldsymbol{\mu} = \begin{bmatrix} \mu_1 \\ \mu_2 \end{bmatrix} \tag{8.39}$$

协方差矩阵 $\boldsymbol{\Sigma}$ 可以表达为：

$$\boldsymbol{\Sigma} = \begin{bmatrix} \sigma_1^2 & \rho\sigma_1\sigma_2 \\ \rho\sigma_1\sigma_2 & \sigma_2^2 \end{bmatrix} \tag{8.40}$$

在上式协方差矩阵中，ρ 为二元随机变量之间的相关系数。在此基础上，二元正态分布可以详细地表示为：

$$X = \begin{bmatrix} X_1 \\ X_2 \end{bmatrix} \sim \mathcal{N}\left(\begin{pmatrix} \mu_1 \\ \mu_2 \end{pmatrix}, \begin{pmatrix} \sigma_1^2 & \rho\sigma_1\sigma_2 \\ \rho\sigma_1\sigma_2 & \sigma_2^2 \end{pmatrix} \right) \tag{8.41}$$

二元正态分布的概率密度函数可以写作：

$$\mathrm{pdf}(x_1, x_2) = \frac{1}{2\pi\sigma_{X1}\sigma_{X2}\sqrt{1-\rho^2}} \exp\left(-\frac{1}{2(1-\rho^2)}\left[\frac{(x_1-\mu_{X1})^2}{\sigma_{X1}^2} + \frac{(x_2-\mu_{X2})^2}{\sigma_{X2}^2} - \frac{2\rho(x_1-\mu_{X1})(x_2-\mu_{X2})}{\sigma_{X1}\sigma_{X2}} \right] \right) \tag{8.42}$$

图8.34展示的是均值为0、方差都为1的二元正态分布的PDF和CDF。左侧两图是用MATLAB的mesh()函数绘制，右侧两图使用contour()绘制。我们发现，右侧两图的等高线图为圆形，那是因为为了满足二元概率密度函数的PDF为某一定值(等高线)，如下算式为定值：

$$\frac{(x_1 - \mu_{X1})^2}{\sigma_{X1}^2} + \frac{(x_2 - \mu_{X2})^2}{\sigma_{X2}^2} - \frac{2\rho(x_1 - \mu_{X1})(x_2 - \mu_{X2})}{\sigma_{X1}\sigma_{X2}} = c \tag{8.43}$$

其中，$c > 0$。对于均值都为0，标准差都为1的情况，如上算式相当于x-y坐标系中的下式：

$$x^2 + y^2 - 2\rho xy = c \tag{8.44}$$

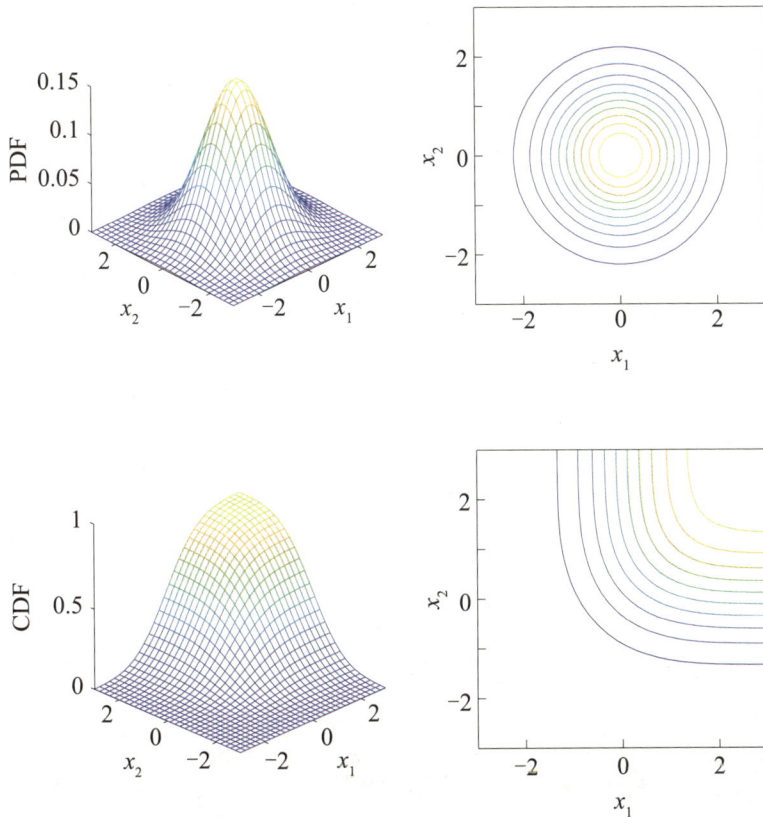

图8.34 二元正态PDF和CDF，均值都为0，方差都为1

以下代码可以获得图8.34。

```
B1_Ch8_17.m

clc; clear all; close all
mean_1 = 0; mean_2 = 0;
MEANs = [mean_1 mean_2];
var_1 = 1; var_2 = 1; cov_1_2 = 0;
% to be updated, 0, 0.3
COV_Matrix = [var_1,   cov_1_2 ;
              cov_1_2, var_2];
```

```
x_1 = linspace(-3+mean_1,3+mean_1,30);
x_2 = linspace(-3+mean_2,3+mean_2,30);

[xx1,xx2] = meshgrid(x_1,x_2);
X = [xx1(:), xx2(:)];

pmvt = mvnpdf(X,MEANs,COV_Matrix);
joint_pdf = reshape(pmvt,length(xx2),length(xx1));

pmvt_2 = mvncdf(X,MEANs,COV_Matrix);
joint_cdf = reshape(pmvt_2,length(xx2),length(xx1));

figure(1)
subplot(2,2,1)
mesh(xx1,xx2,joint_pdf);
xlabel('x_1'); ylabel('x_2'); zlabel('PDF')
title('2-D normal distribution PDF')

subplot(2,2,2)
contour(xx1,xx2,joint_pdf,10);
xlabel('x_1'); ylabel('x_2');
title('2-D normal distribution PDF')

subplot(2,2,3)
mesh(xx1,xx2,joint_cdf);
xlabel('x_1'); ylabel('x_2'); zlabel('CDF')
title('2-D normal distribution CDF')

subplot(2,2,4)
contour(xx1,xx2,joint_cdf,10);
xlabel('x_1'); ylabel('x_2');
title('2-D normal distribution CDF')
```

在分布的其他参数都不变的情况下，改变两个变量的相关系数。如果这两个变量线性正相关，$PCC = 0.6$，二次曲线相当于x-y平面的：

$$x^2 + y^2 - 1.2xy = c \tag{8.45}$$

其中，$c > 0$。同样，当$PCC = -0.6$时，这个二次曲线可以写作：

$$x^2 + y^2 + 1.2xy = c \tag{8.46}$$

图8.35展示了这两种情况的二元正态分布的PDF。一个很有意思的现象是，这两个二元分布的等高线图像是一簇沿 ±45° 对角线方向排布的椭圆。为了搞清楚这一簇曲线的来历，我们接着研究一下这个特殊的**圆锥曲线** (conic section) 形式。

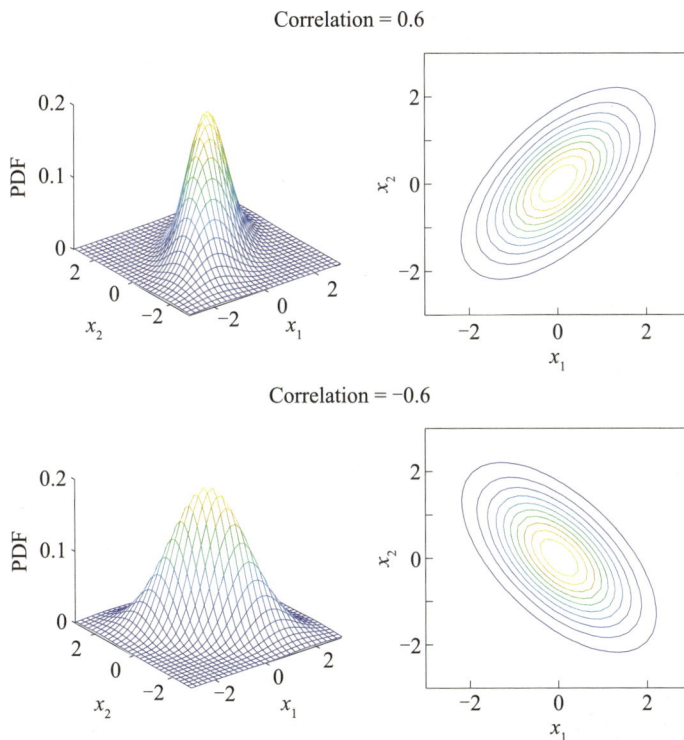

Correlation = 0.6

Correlation = -0.6

图8.35 两个随机变量分布服从标准正态分布，相关系数分别等于0.6和-0.6

以下代码可以用来获得图8.35。

```
B1_Ch8_18.m

clc; close all; clear all
RHOs = [-0.6, 0, 0.6];
% Correlations

mean_1 = 0; mean_2 = 0;
MEANs = [mean_1 mean_2];
var_1 = 1; var_2 = 1;

for i = 1:length(RHOs)
    rho = RHOs(i)

    cov_1_2 = rho*var_1^0.5*var_2^0.5;
    COV_Matrix = [var_1,    cov_1_2;
                  cov_1_2, var_2];

    x_1 = linspace(-3+mean_1,3+mean_1,30);
    x_2 = linspace(-3+mean_2,3+mean_2,30);

    [xx1,xx2] = meshgrid(x_1,x_2);
    X = [xx1(:), xx2(:)];
```

```
pmvt = mvnpdf(X,MEANs,COV_Matrix);
joint_pdf = reshape(pmvt,length(xx2),length(xx1));

figure(i)
subplot(1,2,1)
mesh(xx1,xx2,joint_pdf);
xlabel('x_1'); ylabel('x_2'); zlabel('PDF')
line1 = ['mean(x_1) = ',num2str(mean_1),'; var(x_1) = ',num2str(var_1)];
line2 = ['mean(x_2) = ',num2str(mean_2),'; var(x_2) = ',num2str(var_2)];
line3 = ['correlation(x_1,x_2) = ',num2str(rho)];
title({line1;line2;line3})

subplot(1,2,2)
contour(xx1,xx2,joint_pdf,10);
xlabel('x_1'); ylabel('x_2');
title('2-D normal distribution PDF')
%    sgtitle can be used for MATLAB 2018b and after

end
```

一个双曲线的解析式如下：

$$x^2 + y^2 + k \cdot xy = c \tag{8.47}$$

式中，$c > 0$，k任意取值。令k取值范围从-5到5，如图8.36所示，分别将对应曲线全部画在一张图上。当$k = 0$时，图形是一个正圆；$k = \pm 2$时，图形是两根直线；当k取值为-2～2，且不包括0时，图形就是一个椭圆；当k的绝对值大于2后，图形变成了双曲线。多元正态分布和圆锥曲线之间联系千丝万缕，丛书后续会展开讲解。

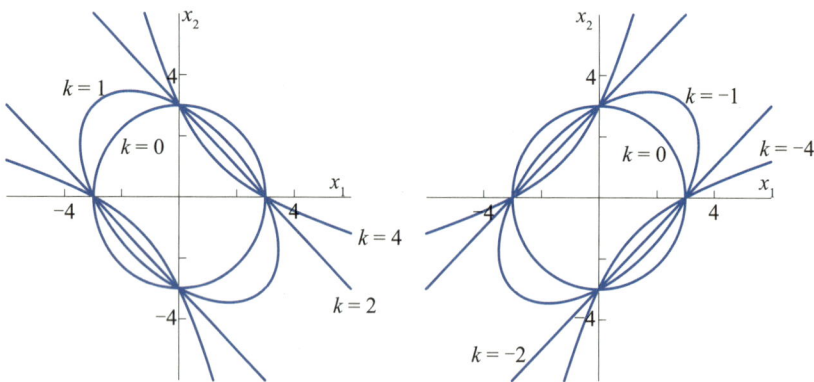

图8.36 几条双曲线的图像

以下代码可以用来获得图8.36。

B1_Ch8_19.m

```
clear all; close all; clc
syms x y
```

```
Ks = [0, 1, 2, 4];

figure(1)
subplot(1,2,1)

for i = 1:length(Ks)

    k = Ks(i);
    f = x.^2 + y.^2 + k*x.*y;
    fcontour(f,'LevelList',[9]); hold on
end
set(gca, 'XAxisLocation', 'origin')
set(gca, 'YAxisLocation', 'origin'); box off

Ks = [-4, -2, -1, 0];
subplot(1,2,2)
for i = 1:length(Ks)

    k = Ks(i);
    f = x.^2 + y.^2 + k*x.*y;
    fcontour(f,'LevelList',[9]); hold on
end
set(gca, 'XAxisLocation', 'origin')
set(gca, 'YAxisLocation', 'origin'); box off
```

　　这里要更深入地了解MATLAB函数mvnrnd()如何产生多元随机数。图8.37中每个数据点的横坐标x和纵坐标y都是通过mvnrnd()产生的二维随机数。mvnrnd()函数的主要输入有三个，第一个是多元正态分布的期望值向量，本文的代码是AVEs = [ave_1 ave_2]；第二个输入是协方差矩阵，下文代码用的是COV_Mtx；最后一个输入是随机数的个数，本文代码的变量是num_sims。mvnrnd()输出是随机数在给定维度的值。

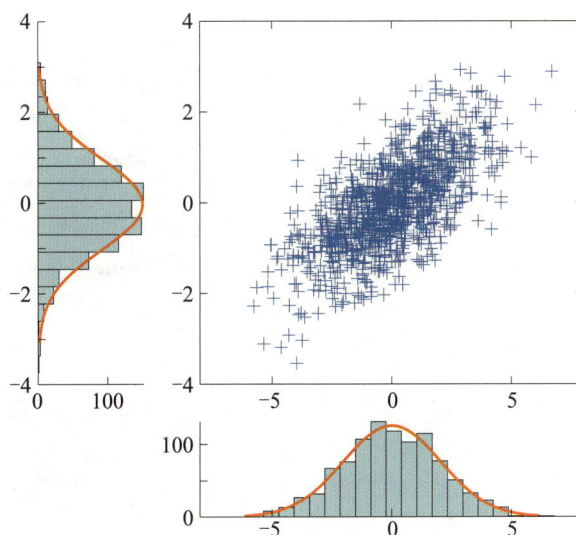

图8.37　mvnrnd()函数获得二元随机数

以下代码可以用来获得图8.37。

B1_Ch8_20.m

```matlab
close all; clear all; clc
% The following code will be discussed in Chapter 6

rho=0.66; ave_1=0; ave_2=0;
var1=1^2; var2=2^2;
cov12=rho*(var1*var2)^0.5;
num_sims = 1000;

AVEs=[ave_1 ave_2];
COV_Mtx=[var1   cov12;
         cov12 var2];
X = mvnrnd(AVEs,COV_Mtx,num_sims);
X1=X(:,1); X2=X(:,2);

figure(1)
num_bins = 20;
subplot(4,4,[2:4 6:8 10:12]); % Top right square
plot(X2,X1,'+')
xlim([-8,8]); ylim([-4,4])
y1=get(gca,'ylim'); x1=get(gca,'xlim')

subplot(4,4,[1 5 9]); % Top left
histfit(X1,num_bins)
xlim(y1); view(90,-90); box off

subplot(4,4,[14:16]); % Btm right
histfit(X2,num_bins)
xlim(x1); box off
```

以上代码采用十六格三分图的布置方案。较大的分图用plot()绘制二元随机变量的散点；另外两个较小的分图，用histfit()函数绘制随机变量X_1和X_2各自的分布情况。MATLAB的scatterhist()函数可以直接绘制类似的图像，如图8.38和图8.39所示。scatterhist()可以用Location对应的输入变量调整大图所在位置；用Direction对应输入，调整两个小图的朝向。scatterhist()默认的小图展示方案为直方图；但是，如果激活Kernel后，可以用核密度分布来展示两个随机变量的分布情况，如图8.39所示。

第7章中讨论统计绘图时，了解了imagesc()、bar3()、scatter()和heatmap()等可以用来绘制二元随机变量分布频率。这一节详细讲解了imagesc()和heatmap()这两个展示方案。利用mvnrnd()函数，首先得到二元随机数组X_1和X_2。histcounts2(X_1, X_2, 20)函数可以求出这个二元随机数组在两个方向均匀分布的区间内出现的频率；函数中的输入量20，是沿任意某个方向的区间数量。另外，histcounts2()还可以输出这些区间的边界，20个区间有21个边界。然后，通过计算得到这些区间的中心所在位置，X_centers和Y_centers。最后用imagesc()和heatmap()展示二元随机数组在不同区间出现的频率。对于imagesc()产生的热图，可以用set(gca, 'YDir', 'normal')命令将其上下翻转；而heatmap()产生的热图，需要后期人为将其上下翻转，如图8.40和图8.41所示。

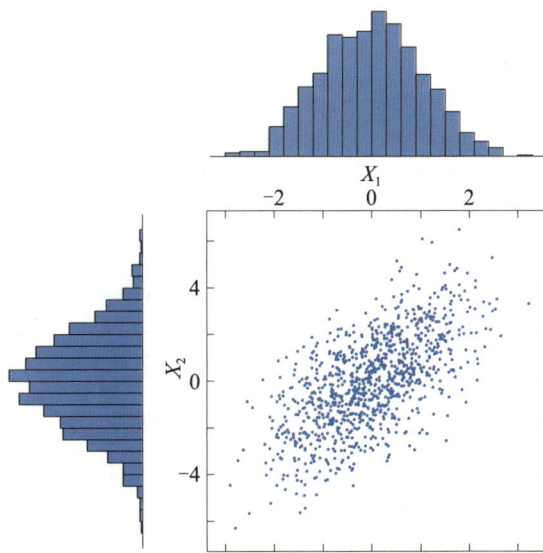

图8.38　scatterhist()函数绘制的二维随机数，两个分图为直方图

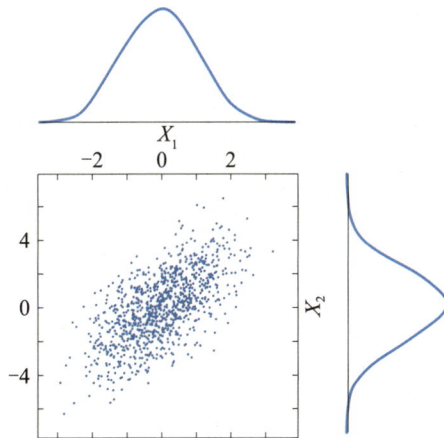

图8.39　scatterhist()函数绘制的二维随机数，两个分图为核概率密度函数

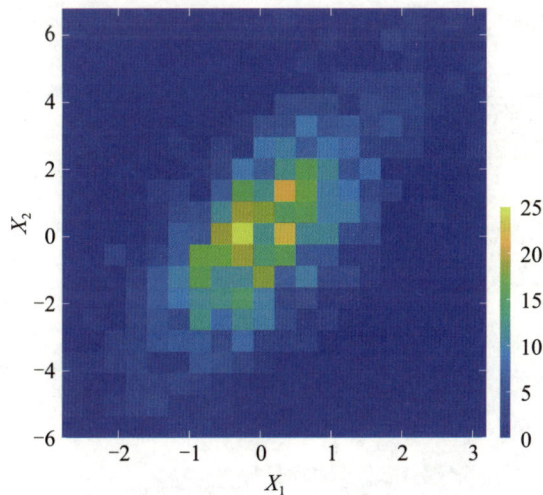

图8.40　imagesc()函数绘制的二元随机变量分布的热图

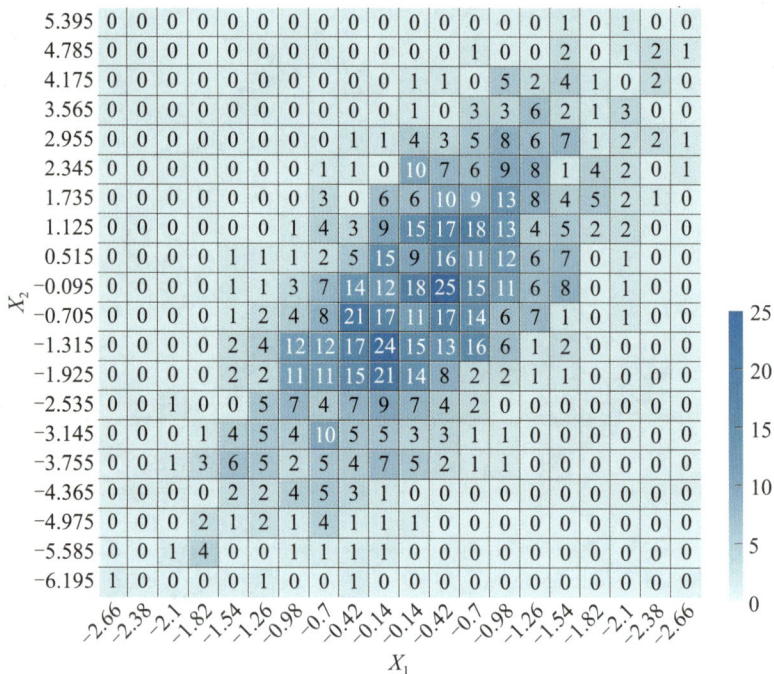

图8.41 heatmap()函数绘制的二元随机变量分布的热图

以下代码可以用来获得图8.38～图8.41。

```
B1_Ch8_21.m

close all; clear all; clc

rho=0.66; ave_1=0; ave_2=0;
var1=1^2; var2=2^2;
cov12=rho*(var1*var2)^0.5;
num_sims = 1000;

AVEs=[ave_1 ave_2];
COV_Mtx=[var1  cov12;
    cov12 var2];
X = mvnrnd(AVEs,COV_Mtx,num_sims);
X1=X(:,1); X2=X(:,2);

figure(1)
scatterhist(X1,X2,'Location','NorthWest',...
    'Direction','out','Marker','.');

figure(2)
scatterhist(X1,X2,'Location','NorthEast',...
    'Direction','out','Kernel','on','Marker','.');

[bin_counts,Xedges,Yedges] = histcounts2(X1,X2,20);
X_centers = Xedges(1:end-1) + (Xedges(2) - Xedges(1))/2;
```

```
Y_centers = Yedges(1:end-1) + (Yedges(2) - Yedges(1))/2;
[XX,YY] = meshgrid(X_centers, Y_centers);

figure(3)
imagesc(X_centers,Y_centers,bin_counts)
set(gca,'YDir','normal')
xlabel('X1'); ylabel('X2')
colorbar

figure(4)
heatmap(X_centers,Y_centers,bin_counts)
xlabel('X1'); ylabel('X2')
colorbar
```

　　至此，丛书第一本统计部分的内容已经讨论了三分之二。本章主要介绍了几种常见的连续和离散分布。请读者格外注意正偏、负偏、肥尾分布的QQ图形态。在线性相关和二元正态分布这两节介绍了两个随机数组的分析手段，也请读者掌握。

第9章 统计基础 III

你相信一个掷骰子的上帝，而我相信完备的定律与秩序主宰着这个客观存在的世界，并且我正以一种疯狂而侥幸的方式去试图捕捉它。我如此坚信，但也希望有人以一种更加现实的方法，或者说用一些更加明朗有形的依据，而不是像我一直以来做的那样。量子理论的巨大初步成功还是没有说服我去相信基础层面上的骰子游戏，但我也很清楚，你的年轻同事将此归咎于我的衰老。

You believe in the God who plays dice, and I in complete law and order in a world which objectively exists, and which I, in a wildly speculative way, am trying to capture. I firmly believe, but hope that someone will discover a more realistic way, or rather a more tangible basis than it has been my lot to do. Even the great initial success of the quantum theory does not make me believe in the fundamental dice game, although I am well aware that your younger colleagues interpret this as a consequence of senility.

——阿尔伯特·爱因斯坦 (Albert Einstein)

Core Functions and Syntaxes
本章核心命令代码

◄ 2:round(length(MEANS)/30):length(MEANS) 生成2到length(MEANS)，间隔值为 (length(MEANS)/30) 的整数。

◄ autocorr(y) 计算数据序列 y 的自相关系数，并绘制自相关系数火柴杆状图。

◄ cumsum(return_y) 计算累积和。

◄ fill(x2, inBetween, 'g') 填充颜色。

◄ histfit(X,nbins,'kernel') 绘制条形图，并绘制根据数据拟合的分布曲线，nbins 定义条形的数量，拟合的方法是 kernel。

◄ icdf(p,A) 计算逆累计分布函数 p 在累积概率 A 处的自变量值，此处需要配合使用 makedist 命令生成概率密度函数句柄。

◄ makedist('Normal','mu',mu,'sigma',sigma) 创建概率密度函数句柄，Normal 为定义概率密度函数为正态分布，mu 和 sigma 分别定义概率密度函数的数学期望 mu 和标准差 sigma。

◄ norminv() 是专门针对正态分布的 ICDF 运算，针对其他常见分布的逆累计分布函数还有 poissinv(),tinv(),unifinv(),unidinv() 等。

◄ normspec() 绘制置信区间或者尾部区间。

◄ num2str(random_mean) 将 random_mean 从数字格式转换为字符串格式。

◄ ones(size(x)) 生成一个和矩阵 x 有相同行数和列数的矩阵，新矩阵的每个元素都为1。

◄ plot3 (x , y , z , 'ok') 绘制三维点图或者线图。

◄ polyfit(x,y,5) 根据自变量 x 和因变量 y 的数据，返回 n 阶拟合曲线。

◄ prctile(samples_each_draw, [5, 95]) 根据数据返回5%和95%的百分位数。

◄ randn(1,num_peak_1) 生成一行向量，向量的每个元素服从标准正态分布。

◄ randsample(X,num_samples) 从向量 X 中随机地抽出 num_samples 个元素。

- ◀ regress(y,X) 根据 Y 返回 X 的回归系数。
- ◀ std() 计算标准差。
- ◀ stem() 生成离散火柴杆图。
- ◀ text(0,0.2,['CI: ', num2str((1-alpha)*100),'%']) 在图中添加文字说明，可自定义文字的位置，要显示的字符串，及其文字类型、大小等。

9.1 置信区间

在开始本章之前，先提出两个问题，请计算出在未来第100天时下面的两个数字吗？

◀ 上海市居民的平均体重；
◀ 大兴安岭红松的平均高度。

2018年，上海市约有两千六百万人口。想要准确地计算出某一个时刻上海市居民的平均体重，需要在每个人面前，哪怕是老人和婴儿，摆放一个体重计。一声令下，大家一齐跳上体重计，并且同时记录所有数据，然后求得平均体重。显然，这个解决办法是不切实际的。如果用100天的时间，每天测量几十万人的体重，然后再求平均数，吹毛求疵的研究者会说，100天内会有新生儿，会有人去世，会有人减肥，会有人增重，会有人旅游不在家。考虑到这些情况，居民的平均体重看样子是永远得不到了。

计算大兴安岭红松的高度，更是不可能的任务。上海的人口数，我们至少还有大概的数字。大兴安岭地区的红松有多少棵，可就不一定有答案了。同样，这些树每一天在不断地生长，有的树被砍伐，有的树死去，有新的树破土而出。这些不确定因素，都为估算带来了难度。

为了解决这些实际问题，统计学家想出了两个方法。第一个办法是尽可能多地采集样本，如在统计上海人的平均体重时，尽量同一时间采集尽可能多的人的体重。这里应用到的统计学原理是**大数定律** (law of large numbers)。大数定律指的是当样本数量越多时，样本的算术平均值有越大的概率接近其真实的概率分布的期望。然而，由于需要尽可能多地提高样本数量，这使得操作本身变得尤为困难。

第二种方法是，多次地独立地从总体中抽取样本，并计算每次样本的平均值，并用这些样本平均值去估算总体的期望。中学物理课中，我们用游标卡尺反复测量同一物体的厚度，然后计算平均值来估计物体的实际厚度，这一试验的思路实际上就是这一方法的应用。这种方法在统计学中被称为**中心极限定理** (central limit theorem)。中心极限定理指在一个总体中随机进行n次抽样，每次抽取m个样本，计算其平均数，一共能得到n个平均数。当n足够大时，这n个平均数的分布接近于正态分布，不管总体的分布如何。这个定理常常也被戏谑地称为"上帝视角"，在他眼中正态分布仿佛如同终极分布一般。

在用多次抽样估计总体分布的期望时，抽样的次数总是有限的，也有可能存在极端的样本值，这都会对估算产生影响。统计学家想到一个更有效的办法，在进行估算时将注意力集中到样本平均值可能的范围或区间，并给出期望值落于这个区间的概率。这个区间被称为置信区间。置信区间是一种区间估计，与点估计有所不同。前者仿佛是买了一盒彩票，后者像是只买了一张彩票，明显前者的中奖几率会变大。所以，区间估计的命中率相对而言会更高。在通过样本数据计算平均值的这个例子中，如果只根据一次抽样的样本数据来计算平均值，那么这就成了点估计；如果根据多次抽样的样本且多次计算平均值，那么就成了区间估计。

所谓95%置信区间指的是，每次抽样的次数不变，做100次抽样，分别计算得到100个对应的样本平均值，并且认定在"上帝视角"中这100个样本平均值服从正态分布。那么，在这个正态分布的中心区域的95个样本均值，就构成了一个区间；这个区间就是对应的95%置信区间。它告诉我们，有95%的可能性总体真正的均值或者期望，就在这个置信区间的范围内。

注意总体的平均值不管是已知还是未知，都是一个定值。变化的是置信区间，因为每次试验得到的置信区间都不同。获得总体平均值的置信区间，一般需要如下几个步骤。

首先计算**样本平均值** (sample mean，empirical mean)：

$$\bar{x} = \frac{1}{m} \sum_{i=1}^{m} x_i \tag{9.1}$$

如果**总体的方差已知** (a known standard deviation)，总体平均值的$1-\alpha$水平的**双边置信区间** (two sided confidence interval) 可以表达为：

$$\left(\bar{x} - z_{1-\alpha/2} \frac{\sigma}{\sqrt{m}}, \bar{x} + z_{1-\alpha/2} \frac{\sigma}{\sqrt{m}} \right) \tag{9.2}$$

其中：

◂ $z_{1-\alpha/2}$是**临界值** (critical value)，通过标准正态分布的累积概率密度分布函数CDF计算。
◂ α**显著性水平** (significance level)，是假设检验中的概念，表示当做出接受原假设的决定时，其正确的可能性。通常取0.1或0.05。
◂ $1-\alpha$**置信水平** (confidence level)，置信水平表示真值在置信区间内的可信程度。
◂ σ**总体的标准差/波动率** (volatility of the population)。
◂ $\bar{x}$**样本平均值** (sample mean)。
◂ m**样本数量** (sample size)。

求解$z_{1-\alpha/2}$的方法为：

$$z_{1-\alpha/2} = \mathrm{cdf}_{N(0,1)}^{-1}\left(1 - \frac{\alpha}{2}\right) = -\mathrm{cdf}_{N(0,1)}^{-1}\left(\frac{\alpha}{2}\right) \tag{9.3}$$

$\mathrm{cdf}_{N(0,1)}^{-1}(\ )$是**逆累计分布函数** (Inverse Cumulative Distribution Function，ICDF)，也就是累计分布函数的逆运算。上标的-1表示函数的逆运算；下标是用来描述分布类型，上式中下标$N(0,1)$指的是标准正态分布。推荐使用MATLAB函数icdf()：

```
mu = 0;
sigma = 1;
pd = makedist('Normal','mu',mu,'sigma',sigma);
p = [0.1,0.25,0.5,0.75,0.9]; Zs = icdf(pd,p)
% x = icdf('name',p,A)
% returns the inverse cumulative distribution function (icdf)
% for the one-parameter  distribution family specified
% by 'name' and the distribution parameter A, evaluated
% at the probability values in p.
```

为和MATLAB命令保持一致，$\mathrm{cdf}_{N(0,1)}^{-1}(\ )$运算在本书中写成$\mathrm{icdf}_{N(0,1)}(\ )$，因此上式也写作：

$$z_{1-\alpha/2} = \mathrm{icdf}_{N(0,1)}\left(1 - \frac{\alpha}{2}\right) = -\mathrm{icdf}_{N(0,1)}\left(\frac{\alpha}{2}\right) \tag{9.4}$$

如果总体方差未知，常用t-分布计算临界值，这部分内容之后会进一步讨论。总体方差已知的95%置信水平的双边置信区间可以表达为：

$$\left(\overline{x} + \text{icdf}_{N(0,1)}\left(\frac{\alpha}{2}\right) \times \frac{\sigma}{\sqrt{m}}, \overline{x} + \text{icdf}_{N(0,1)}\left(1 - \frac{\alpha}{2}\right) \times \frac{\sigma}{\sqrt{m}}\right) \tag{9.5}$$

注意，下两项相加为0：

$$\text{icdf}_{N(0,1)}\left(\frac{\alpha}{2}\right) + \text{icdf}_{N(0,1)}\left(1 - \frac{\alpha}{2}\right) = 0 \tag{9.6}$$

通过以下MATLAB代码，可以计算0.025和0.975的逆累计分布运算结果。

```
mu = 0; sigma = 1;
pd = makedist('Normal','mu',mu,'sigma',sigma);
p = [0.025, 0.975];
Zs = icdf(pd,p)
```

运算结果如图9.1所示。

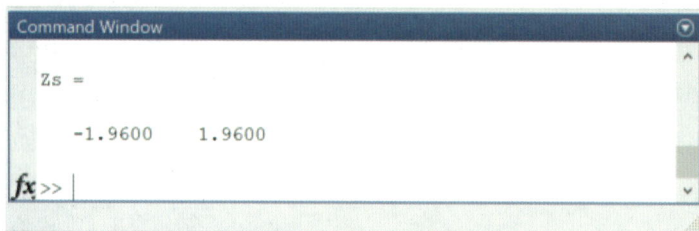

```
Command Window

Zs =

   -1.9600    1.9600

fx >>
```

图9.1　运算结果

因此，总体方差已知95% $(1 - \alpha = 1 - 5\%)$ 置信水平的双边置信区间为：

$$\left(\overline{x} - 1.96\frac{\sigma}{\sqrt{m}}, \overline{x} + 1.96\frac{\sigma}{\sqrt{m}}\right) \tag{9.7}$$

除了双边置信区间，统计上还有**单边置信区间** (one-sided confidence interval)。单边置信区间可以是左边的，取值范围从负无穷到平均值 $\overline{x}$ 右侧的临界值 $\overline{x} + z_{1-\alpha}\dfrac{\sigma}{\sqrt{m}}$：

$$\left(-\infty, \overline{x} + z_{1-\alpha}\frac{\sigma}{\sqrt{m}}\right) \tag{9.8}$$

也可以是右边的，取值范围从正无穷到平均值 $\overline{x}$ 左侧的临界值 $z_{1-\alpha}\dfrac{\sigma}{\sqrt{m}}$：

$$\left(\overline{x} + z_{\alpha}\frac{\sigma}{\sqrt{m}}, +\infty\right) = \left(\overline{x} - z_{1-\alpha}\frac{\sigma}{\sqrt{m}}, +\infty\right) \tag{9.9}$$

再次使用MATLAB函数icdf()计算：

```
mu = 0; sigma = 1;
pd = makedist('Normal','mu',mu,'sigma',sigma);
p = [0.05, 0.95];
Zs = icdf(pd,p)
```

运算结果如图9.2所示。

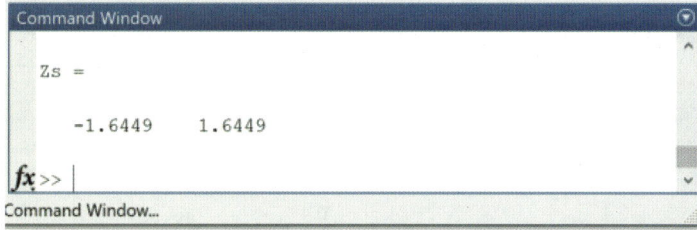

```
Command Window
  Zs =

    -1.6449     1.6449

fx >> |
Command Window...
```

图9.2　运算结果

因此，总体方差已知95% (1 - α = 1 - 5%) 水平的单侧置信区间为：

$$
\begin{cases}
\left(-\infty, \bar{x} + 1.645 \dfrac{\sigma}{\sqrt{m}}\right), \text{或} \\
\left(\bar{x} - 1.645 \dfrac{\sigma}{\sqrt{m}}, +\infty\right)
\end{cases}
\tag{9.10}
$$

这部分内容需要格外留心，因为它和**风险价值** (Value at Risk，VaR) 计算直接相关。丛书第二本将会详细讲解VaR的计算方法。在上述的计算中，是通过MATLAB中的icdf()函数来获得z_{1-a}的值，从而得到对应置信水平下的置信区间。

双边和单边置信区间在后面介绍的双尾和单尾假设检验中会常常遇到。对于这两种假设检验后面会详细介绍，这里先大致地来看一看，让读者对双边和单边置信区间有一个形象的认识。图9.3展示的是双边置信区间，其置信水平分别为80%、90%、95%和99%，对应的是双尾检验。图9.3左上图给出的是置信水平为80%的情况，左右尾部的面积分别为0.1。临界值为±1.282。当置信水平提高到90%时，置信区间向两侧扩展，临界值变为±1.645，如图9.3右上图所示。希望读者记住1.645这个值，它对应单侧95%的置信水平，这也是FRM经常用的一个统计数值。当双边置信区间为95%时，左右尾部面积分别为0.025，如图9.3左下图所示。为了使用更多的MATLAB函数，这部分的ICDF运算用的是norminv()。norminv()是专门针对正态分布的ICDF运算。常见的针对其他分布的ICDF运算还包括泊松分布的逆累计分布函数poissinv()，学生t-分布的逆累计分布函数tinv()，连续均匀分布的逆累计分布函数unifinv()，逆累计分布函数的unidinv()等。

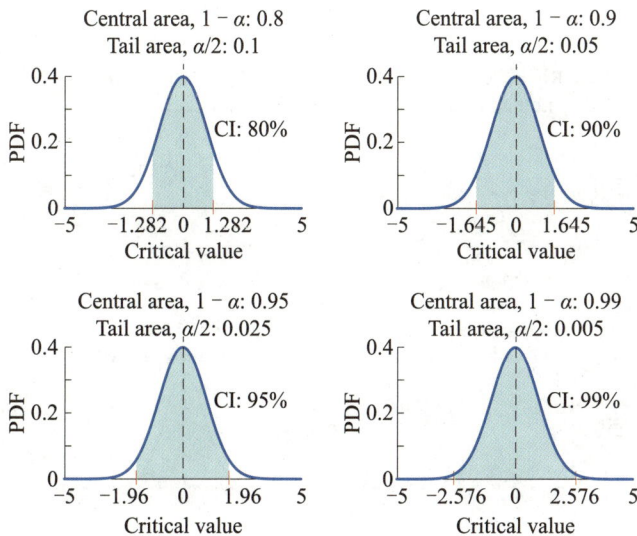

图9.3　双侧检验，标准正态分布，CI = 80%，90%，95%和99%

图9.4展示的是四个左尾部单边置信区间。如图9.4所示，当单侧置信水平为80%时，临界值为0.842，右尾部面积0.2。0.842这个临界值对应的是，置信水平为60%的双边置信区间。在图9.4右上图中，能再次看到1.282这个临界值，而在双边置信区间中，它对应的是80%置信水平。图9.4左下图，1.645这个临界值，读者肯定也不陌生。表9.1中给出了右部尾部CI和双边CI对应的临界值，建议读者熟背右侧尾部临界值。如果需要用到双侧CI临界值，可以通过标准正态分布的对称性来推导。

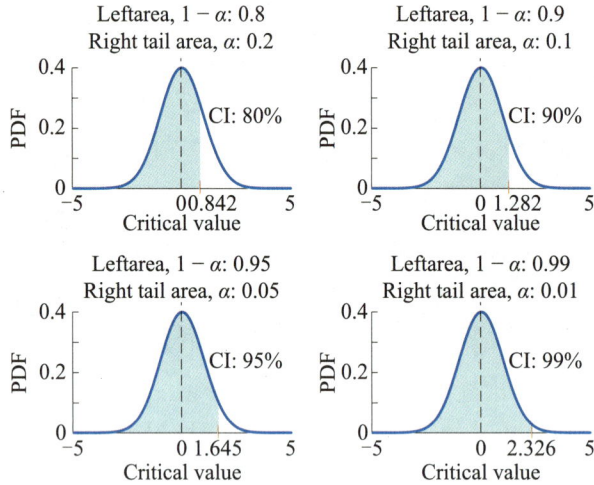

图9.4　右尾部单侧置信区间，CI = 80%，90%，95%和99%

表9.1　建议熟背的临界值，标准正态分布

临界值z	右侧尾部CI		双侧CI	
	$1-\alpha$	α	$1-\alpha$	$\alpha/2$
1.28	90%	10%	80%	10%
1.65	95%	5%	90%	5%
1.96	97.5%	2.5%	95%	2.5%
2.33	99%	1%	98%	1%
2.58	99.5%	0.5%	99%	0.5%

图9.5展示的是四个右尾部单边置信区间。图9.5的4个置信区间的临界值，和图9.4中的临界值互为相反数。这四个区间和风险价值VaR直接联系。VaR的内容讨论会在第二本书中出现。

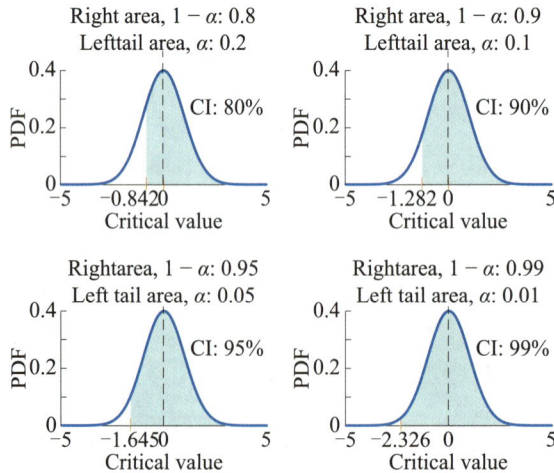

图9.5　左尾部单侧置信区间，CI = 80%、90%、95%和99%

以下代码可以用来获得图9.3至图9.5。

```matlab
B1_Ch9_1.m

% Two sided confidence interval, known std
% significance level, alpha

clc; clear all; close all
x = [-5:0.01:5];
mu = 0; sigma = 1;

CIs = [0.8, 0.9, 0.95, 0.99]; % confidence levels
ALPHAs = (1 - CIs); % significance levels
figure(1)
for i = 1:length(ALPHAs)

    subplot(2,2,i)
    alpha = ALPHAs(i);
    Zs = norminv([alpha/2 1-alpha/2])
    Z_left = Zs(1);
    Z_right = Zs(2);
    y = normpdf(x,mu,sigma);
    plot(x,y,'k');   hold on
    xx = [Z_left:(Z_right - Z_left)/100:Z_right];
    yy = normpdf(xx,mu,sigma);
    x2 = [xx, fliplr(xx)];
    curve1 = zeros(1,length(xx));curve2 = yy;
    inBetween = [curve1, fliplr(curve2)];
    fill(x2, inBetween, 'g'); hold on
    xlabel('Critical value'); ylabel('PDF')
    line1 = ['Central area, 1-\alpha: ', num2str(1-alpha)];
    line2 = ['Tail area,\alpha/2: ', num2str(alpha/2)];
    text(0,0.2,['CI: ', num2str((1-alpha)*100),'%'],...
        'FontSize',10, 'HorizontalAlignment','center')
    title({line1;line2}); xticks([-5 Z_left 0 Z_right 5])
    xticklabels({'-5',num2str(round(Z_left, 3)),...
        '0',num2str(round(Z_right, 3)),'5'})
    plot([0, 0], [0, 0.5])
    ylim([0, 0.5])
end


%% One-sided (right-tailed test) confidence interval, known std

figure(2)
for i = 1:length(ALPHAs)

    subplot(2,2,i)
```

```matlab
    alpha = ALPHAs(i);
    Z_right = norminv([1-alpha])
    y = normpdf(x,mu,sigma);
    plot(x,y,'k');  hold on
    xx = [-5:(Z_right + 5)/100:Z_right];
    yy = normpdf(xx,mu,sigma);
    x2 = [xx, fliplr(xx)];
    curve1 = zeros(1,length(xx)); curve2 = yy;
    inBetween = [curve1, fliplr(curve2)];
    fill(x2, inBetween, 'g'); hold on
    plot([0, 0], [0, 0.5]); ylim([0, 0.5])
    xlabel('Critical value'); ylabel('PDF')
    text(0,0.2,['CI: ', num2str((1-alpha)*100),'%'],...
        'FontSize',10, 'HorizontalAlignment','center')
    line1 = ['Left area, 1-\alpha: ', num2str(1-alpha)];
    line2 = ['Right tail area, \alpha: ', num2str(alpha)];
    title({line1;line2})
    xticks([-5 0 Z_right 5])
    xticklabels({'-5', '0',num2str(round(Z_right, 3)),'5'})

end

%% One-sided (left-tailed test) confidence interval, known std

figure(3)
for i = 1:length(ALPHAs)

    subplot(2,2,i)
    alpha = ALPHAs(i);
    Z_left = norminv([alpha])
    y = normpdf(x,mu,sigma); plot(x,y,'k');  hold on
    xx = [Z_left:(5 - Z_left)/100:5];
    yy = normpdf(xx,mu,sigma); x2 = [xx, fliplr(xx)];
    curve1 = zeros(1,length(xx)); curve2 = yy;
    inBetween = [curve1, fliplr(curve2)];
    fill(x2, inBetween, 'g'); hold on
    plot([0, 0], [0, 0.5]); ylim([0, 0.5])
    xlabel('Critical value'); ylabel('PDF')
    text(0,0.2,['CI: ', num2str((1-alpha)*100),'%'],...
        'FontSize',10,'HorizontalAlignment','center')
    line1 = ['Right area, 1-\alpha: ', num2str(1-alpha)];
    line2 = ['Left tail area, \alpha: ', num2str(alpha)];
    title({line1;line2})
    xticks([-5 Z_left 0 5])
    xticklabels({'-5',num2str(round(Z_left, 3)),'0', '5'})

end
```

这里，再给读者专门推荐一个绘制置信区间或者尾部区间的MATLAB函数normspec()，如图9.6所示。

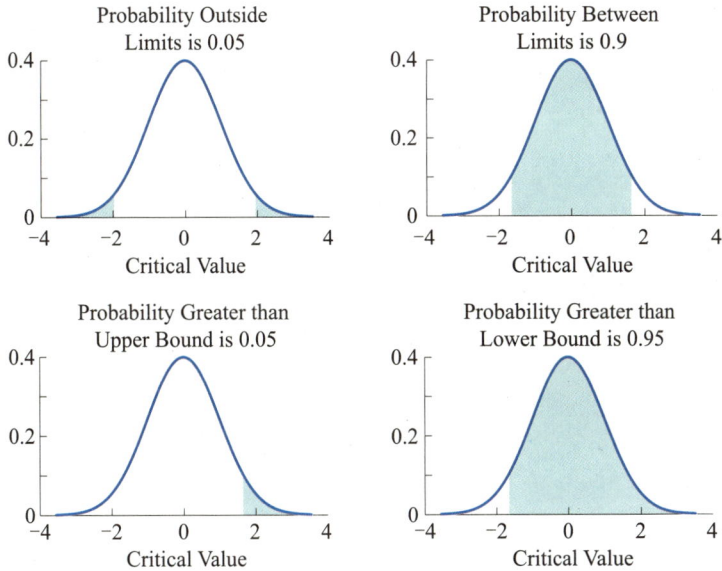

图9.6 用normspec()函数绘制置信区间界限

以下代码可以用来获得图9.6。

```
B1_Ch9_2.m

clc; clear all; close all
pd = makedist('Normal')

x = icdf(pd,[.025,.975]) % CI: two-sided, 0.95
p = normspec(x,0,1,'outside')

x = icdf(pd,[.05,.95])    % CI: two-sided, 0.90
p = normspec(x,0,1,'inside')

x = icdf(pd,[0,.95])      % CI: right-tailed, 0.95
p = normspec(x,0,1,'outside')

x = icdf(pd,[0.05,1])     % CI: left-tailed, 0.95
p = normspec(x,0,1,'inside')
```

9.2 整体方差未知

以上讨论的内容适合整体方差已知情况。如果整体方差未知，需要用样本方差来估计，就不能用标准正态分布ICDF来算临界值，需要用t-分布的ICDF。总体平均值的1 − α水平的双边置信区间可以表达为：

$$\left(\bar{x} + t_{m-1;\alpha/2}\frac{s}{\sqrt{m}}, \ \bar{x} + t_{m-1;1-\alpha/2}\frac{s}{\sqrt{m}}\right) \tag{9.11}$$

其中：

◀ s为样本的标准差。
◀ m为样本数量。
◀ m − 1为**自由度** (degrees of freedom)，常用v来表达。
◀ $t_{m-1;1-\alpha/2}$为自由度m − 1，概率为1 − α/2的学生t-的逆累计分布函数ICDF运算结果。

样本的方差，标准差的平方数，可以通过下式求得：

$$s^2 = \frac{\sum\limits_{i=1}^{m}(x_i - \bar{x})^2}{m-1} \tag{9.12}$$

MATLAB函数icdf()也支持学生t-分布的ICDF运算：

$$\left(\bar{x} + \text{icdf}_{T(m-1)}\left(\frac{\alpha}{2}\right)\frac{\sigma}{\sqrt{m}}, \bar{x} + \text{icdf}_{T(m-1)}\left(1-\frac{\alpha}{2}\right)\frac{\sigma}{\sqrt{m}}\right) \tag{9.13}$$

另外，MATLAB有针对学生t-分布ICDF运算的另外一个函数tinv()：

```
p = .95;
nu = [5, 15, 50];
T = tinv(p,nu)
```

以上运算得到的结果如图9.7所示。

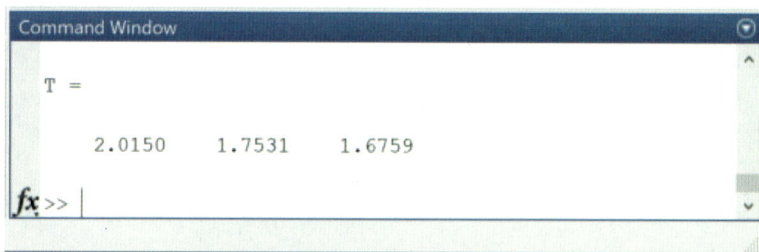

```
Command Window

T =

    2.0150    1.7531    1.6759

fx >>
```

图9.7　运算结果

第8章已经介绍过，学生t-分布有明显的厚尾现象。但是当自由度v (也用df表达) 不断提高，学生t-分布逐渐接近标准正态分布。由于厚尾现象的存在，同样的置信区间，学生t-分布的**临界值** (critical value) 的绝对值要大于标准正态分布。但是v不断提高，这种两者的临界值不断靠近，如图9.8和表9.2所示。

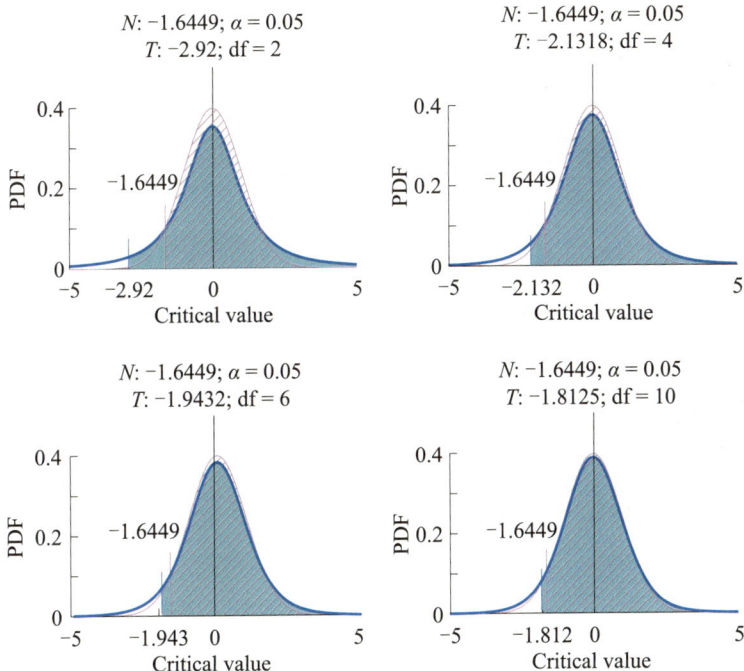

图9.8 左尾部95%置信区间，学生 *t* (自由度dt = 2，4，6，10) 和标准正态分布比较

以下代码可以用来获得图9.8。

```
B1_Ch9_3.m

% Two sided confidence interval, known std
% significance level, alpha

clc; clear all; close all
x = [-5:0.01:5]; mu = 0; sigma = 1;
CI = 0.95; % confidence level
alpha = (1 - CI); % significance level
dfs = [2, 4, 6, 10];

% One-sided (left-tailed test) confidence interval, known std

figure(1)

for i = 1:length(dfs)

    subplot(2,2,i)

    % pdf of standard normal distribution
    Z_left = norminv(alpha)
    N_pdf = normpdf(x,mu,sigma);
    plot(x,N_pdf,'b');   hold on
    xx = [Z_left:(5 - Z_left)/100:5];
    NN_pdf = normpdf(xx,mu,sigma);
```

```
x2 = [xx, fliplr(xx)];
curve1 = zeros(1,length(xx)); curve2 = NN_pdf;
inBetween = [curve1, fliplr(curve2)];
h = fill(x2, inBetween, 'b'); hold on
set(h,'facealpha',.25)

nu = dfs(i);
T_left = tinv(alpha,nu);

T_pdf = tpdf(x,nu);
plot(x,T_pdf,'r');  hold on
xx = [T_left:(5 - T_left)/100:5];
TT_pdf = tpdf(xx,nu);
x2 = [xx, fliplr(xx)];
curve1 = zeros(1,length(xx)); curve2 = TT_pdf;
inBetween = [curve1, fliplr(curve2)];
h = fill(x2, inBetween, 'r'); hold on
set(h,'facealpha',.25)

plot([0, 0], [0, 0.5]); ylim([0, 0.5])
xlabel('Critical value'); ylabel('PDF')
line1 = ['N: ', num2str(Z_left),'; \alpha = ',num2str(alpha)];
line2 = ['T: ', num2str(T_left),...
    '; df = ', num2str(nu)];

title({line1;line2})
xticks([-5 T_left 0 5])
xticklabels({'-5',num2str(round(T_left, 3)),'0', '5'})

end
```

表9.2　挑选的几组不同自由度的学生t-分布数值

$T(v, p)$		$(1 - \alpha)$				
		0.9	0.95	0.975	0.99	0.995
v	2	1.89	2.92	4.3	6.96	9.92
	3	1.64	2.35	3.18	4.54	5.84
	4	1.53	2.13	2.78	3.75	4.6
	5	1.48	2.02	2.57	3.36	4.03
	10	1.37	1.81	2.23	2.76	3.17
	20	1.33	1.72	2.09	2.53	2.85
	50	1.3	1.68	2.01	2.4	2.68
	100	1.29	1.66	1.98	2.36	2.63
	200	1.29	1.65	1.97	2.35	2.6
	400	1.28	1.65	1.97	2.34	2.59
Standard normal $N(0, 1)$		z0.9	z0.95	z0.975	z0.99	z0.995
		1.28	1.64	1.96	2.33	2.58

9.3 两个试验

在抛硬币的试验中，当试验次数足够多时，每次试验的平均值呈现正态分布。在这个试验中，每次试验抛100次硬币，同时记录硬币正面的次数。在分别进行20、200、2000和20 000次试验后，研究结果的分布。20 000次试验，也就是$m = 20\ 000$，可以得到20 000个平均值，这些值的分布接近于正态分布。这里有个有意思的问题，m如何影响结果？在另一个抛骰子的试验中，每次试验抛m次骰子，获得m个样本，记录并计算这些骰子点数的平均值和方差。然后，每次试验不断改变m的数量，也就是研究每次试验抛骰子的次数如何影响试验结果。图9.9展示的就是在m不断变化时，95%置信区间的宽度不断收窄。也就是要想提高试验的准确度，就要不断提高试验的样本数量。那么，如何选择m值呢？

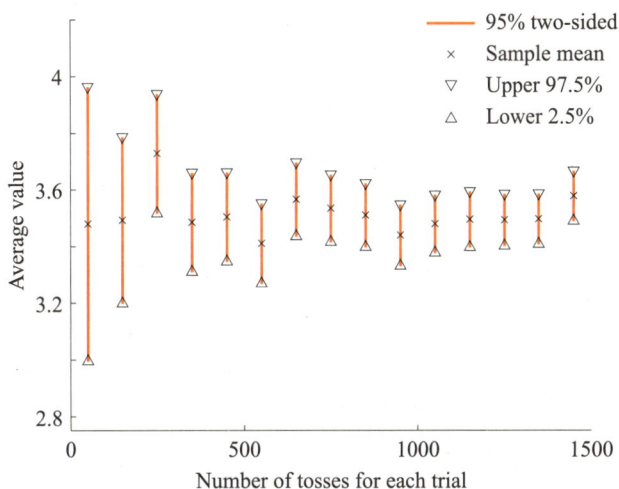

图9.9　抛骰子试验，改变每次试验中抛骰子的次数 ($m = 50$，150，250，$\cdots$，1500)

我们先研究一下图9.9中置信区间的宽度表达式。假设总体标准差已知：

$$
\begin{aligned}
W &= \mathrm{icdf}_{N(0,1)}\left(\frac{\alpha}{2}\right)\frac{\sigma}{\sqrt{m}} + \mathrm{icdf}_{N(0,1)}\left(1-\frac{\alpha}{2}\right)\frac{\sigma}{\sqrt{m}} \\
&= 2 \times \mathrm{icdf}_{N(0,1)}\left(\frac{\alpha}{2}\right)\frac{\sigma}{\sqrt{m}}
\end{aligned}
\tag{9.14}
$$

另外，如果规定置信区间的宽度，也就是容错宽度，不能超过某个值 η，可以令：

$$
2 \times \mathrm{icdf}_{N(0,1)}\left(\frac{\alpha}{2}\right)\frac{\sigma}{\sqrt{m}} \leqslant \eta
\tag{9.15}
$$

求解不等式，m的取值范围为：

$$
m \geqslant \left[\frac{2\sigma \times \mathrm{icdf}_{N(0,1)}\left(\frac{\alpha}{2}\right)}{\eta}\right]^2
\tag{9.16}
$$

不管总体的均值已知还是未知，总体的均值是不变的。图9.9很好地说明了，每次试验中变化的是置信区间。同样样本数量的试验，多次试验也不能保证置信区间位置 (样本均值) 和宽度相同。另外，置信区间的宽度受到试验样本数量影响明显。以下代码可以用来获得图9.9。

```
B1_Ch9_4.m

clc; clear all; close all

NUMs_toss = [500:2000:40000];
% NUMs_toss = [50:100:1500];
% Number of tosses in each trial increases

MEANS = []; CI_UPPs = []; CI_LOWs = [];

figure(1)

for i = 1:length(NUMs_toss)

    num_toss = NUMs_toss(i);
    alpha = 0.05;            % 95% two-sided
    alpha_up = 1 - alpha/2;
    alpha_low = alpha/2;
    upp = tinv(alpha_up, num_toss - 1);
    low = tinv(alpha_low, num_toss - 1);

    face_1_to_6 = randi([1,6],num_toss,1);
    average_faces = mean(face_1_to_6);
    ySEM = std(face_1_to_6)/sqrt(num_toss);
    % compute bounaries of confidence intervals, CIs
    CI_upp = average_faces + upp*ySEM;
    CI_low = average_faces + low*ySEM;

    MEANS = [MEANS, average_faces];
    CI_UPPs = [CI_UPPs; CI_upp];
    CI_LOWs = [CI_LOWs; CI_low];


    plot([num_toss,num_toss],[CI_low,CI_upp],'r','LineWidth',2);
    hold on
    plot(num_toss,average_faces,'xk'); hold on
    plot(num_toss,CI_upp,'vk'); hold on
    plot(num_toss,CI_low,'^k'); hold on
    legend('95% two-sided','Sample mean',...
        'Upper 97.5%','Lower 2.5%')

end

% plot(NUMs_toss,MEANS,'k'); hold on
```

```
xlabel('Number of tosses for each trial')
ylim_up = (round(max(CI_UPPs(:))/0.25) + 1)*0.25;
ylim_down = (round(min(CI_LOWs(:))/0.25) - 1)*0.25;
ylabel('Average value');ylim([ylim_down ylim_up])
```

下面来看一个稍微复杂的例子。图9.10展示了数据的整体分布情况。**整体** (population) 有10万个数据，呈现出双峰分布；右侧峰度要高于左侧峰度。图9.10的直方图是数据的真实分布情况，红色曲线是用histfit命令kernel方法描绘的数据PDF函数。

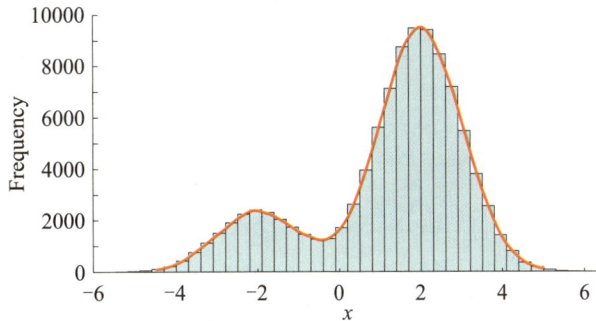

图9.10　总体有10万个数据，呈双峰分布，左矮右高

针对这个数据，我们设计一个试验来获得整体的平均值。一共进行1000次试验，每次试验随机抽取100个样本，计算样本平均值。然后统计这些平均值的分布情况，看看其是否符合中心极限定理。图9.11展示的就是某1000次试验的平均值分布，明显呈现出正态分布的趋势。这也说明了，中心极限定理并不要求总体分布必须满足一定的形式，可以是任意分布。

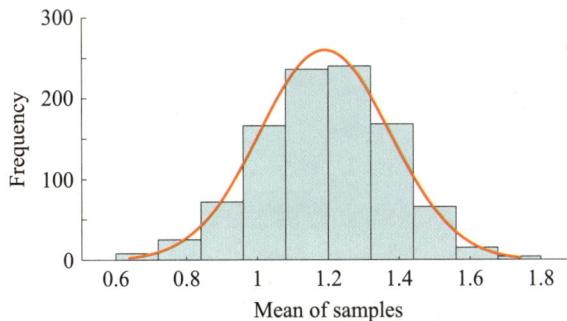

图9.11　每次试验随机抓取100个数据，测量平均值；1000次试验平均值分布

如果从这1000试验中随机取出4个试验，研究试验的样本分布情况。图9.12展示的就是随机抽取的编号为699、475、407和671这四次试验。我们发现每次试验100个样本的分布类似于总体样本的分布。四次试验的均值都在1附近波动。

1000次试验产生1000个95%双边置信区间，从这1000个区间中均匀抽取30个，看一下这30个区间的位置 (样本均值) 和宽度 (样本标准差和样本数量决定) 的情况。图9.13给出的就是抽取的30个区间。注意，这些区间的位置和宽度都不相同。蓝色线是总体的均值。并且当读者运行下文中的代码生成图9.13时，会发现每次生成的图不尽相同，并且包含整体均值的置信区间数量也不完全一样。根据置信区间的定义，1000次试验重复抽取大量 (样本量相同) 样本时，产生1000个类似的置信区间。这1000区间中有些会覆盖总体的平均值，有些不会覆盖整体平均值。95%双边置信区间描述的就是，这1000个区间中，大概有95%，也就是950个区间，会覆盖真正的总体平均值真值。图9.13中有30个置信区间，可以看到有些区间覆盖了整体均值，恰好有3个区间没有覆盖整体均值。以下代码可以用来获得图9.10～图9.13。

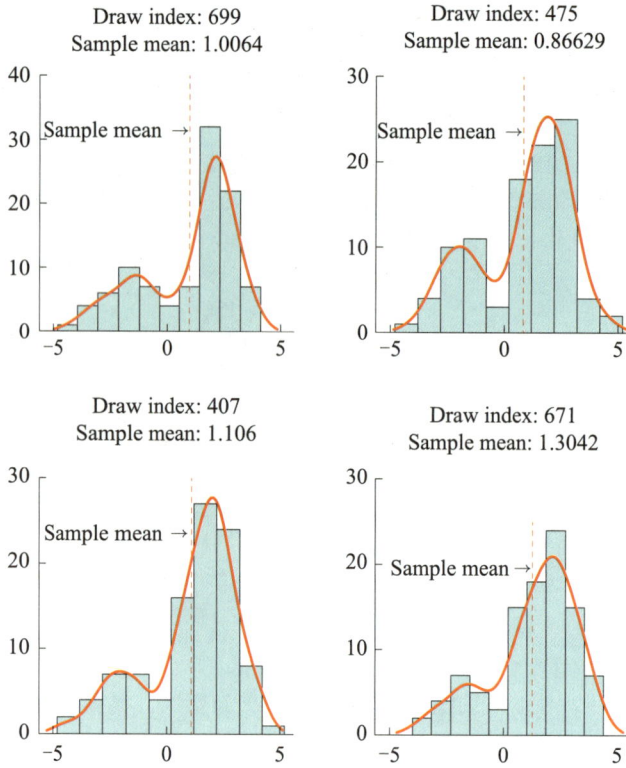

图9.12　随机取出四次试验，绘制100个样本数据分布，并测量平均值

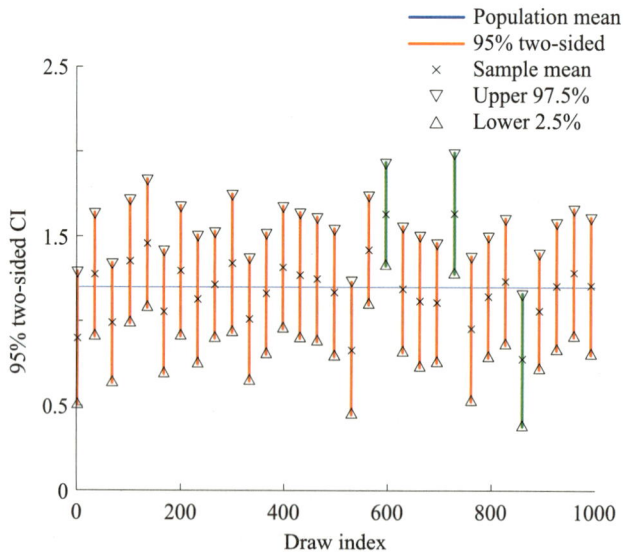

图9.13　随机取出30个置信区间

```
B1_Ch9_5.m
```

```
%% distribution with two peaks
%  central limit theorem
```

```matlab
clc; close all; clear all

num_peak_1 = 20000;
num_peak_2 = 80000;
X_1 = -2 + randn(1,num_peak_1);
X_2 = 2 + randn(1,num_peak_2);

nbins = 40;
X = [X_1, X_2];
% The population, 0.1 million data points
true_mean = mean(X);

figure(1)
histfit(X,nbins,'kernel')
xlabel('x'); ylabel('Frequency')

%% Resample from the population

% y = randsample(population,k) returns a vector of
% k values sampled uniformly at random, without replacement,
% from the values in the vector population.

num_draws   = 1000;  % number of draws performed
num_samples = 100;   % number of samples in each draw
alpha = 0.05;        % 95% two-sided
alpha_up = 1 - alpha/2;
alpha_low = alpha/2;
upp = tinv(alpha_up, num_samples - 1);
low = tinv(alpha_low, num_samples - 1);

MEANS = []; CI_UPPs = []; CI_LOWs = [];
P_5s  = [];
P_95s = [];
SAMPLEs = [];

for i = 1:num_draws

    samples_each_draw = randsample(X,num_samples);
    SAMPLEs = [SAMPLEs; samples_each_draw];
    sample_mean = mean(samples_each_draw);
    % compute the standard error of the mean
    % pretend population mean and std are unknown
    % use t table

    ySEM = std(samples_each_draw)/sqrt(num_samples);
    MEANS = [MEANS, sample_mean];
    % compute bounaries of confidence intervals, CIs
```

```matlab
    CI_upp = sample_mean + upp*ySEM;
    CI_low = sample_mean + low*ySEM;
    CI_UPPs = [CI_UPPs; CI_upp];
    CI_LOWs = [CI_LOWs; CI_low];

    Percentiles = prctile(samples_each_draw, [5, 95]);

    p_5_each_draw  = Percentiles(1);
    p_95_each_draw = Percentiles(2);
    P_5s  = [P_5s, p_5_each_draw];
    P_95s = [P_95s, p_95_each_draw];

end

%% explain central limit theorem

figure(2)
nbins = 10;
histfit(MEANS,nbins)
% [N,edges] = histcounts(X,nbins);
% % [N,edges] = histcounts(X,nbins) uses a number of bins
% % specified by the scalar, nbins.
xlabel('Mean of samples'); ylabel('Frequency')
line1 = ['Number of draws: ', num2str(num_draws)];
line2 = ['Number of samples in each draw: ', num2str(num_samples)];
title({line1; line2})

%% Plot only 4 random distributions of samples

figure(3)

selected_4_draws = randsample(1:num_draws,4);
selected_samples = SAMPLEs(selected_4_draws,:);
x_min = min(selected_samples(:));
x_max = max(selected_samples(:));

for i = 1:4

    subplot(2,2,i)
    index = selected_4_draws(i);
    random_samples = SAMPLEs(index,:);
    random_mean = mean(random_samples);
    histfit(random_samples,nbins,'kernel'); hold on
    xlim([x_min-1,x_max+1])
    line1= ['Draw index: ', num2str(index)];
    line2 = ['Sample mean: ', num2str(random_mean)];
    title({line1; line2})
```

```
y1=get(gca,'ylim')
plot([random_mean random_mean],y1)
txt1 = 'Sample mean \rightarrow';
text(random_mean-0.05,y1(2)*0.8,txt1,...
    'HorizontalAlignment', 'right')

end


%% visualize confidence levels
% plot only ~30 confidence levels, evenly spaced
x_cases = 1:length(MEANS);

indices_selected = 2:round(length(MEANS)/30):length(MEANS);

figure(4)
plot([1,length(MEANS)],ones(2,1)*true_mean); hold on

for ii = 1:length(indices_selected)

    xx = x_cases(indices_selected(ii));
    plot([xx, xx],[CI_LOWs(indices_selected(ii)),...
        CI_UPPs(indices_selected(ii))],'r','LineWidth',2);
        hold on
    plot(xx,MEANS(indices_selected(ii)),'xk'); hold on
    plot(xx,CI_UPPs(indices_selected(ii)),'vk'); hold on
    plot(xx,CI_LOWs(indices_selected(ii)),'^k'); hold on
    legend('Population mean','95% two-sided',...
        'Sample mean','Upper 97.5%','Lower 2.5%')

end

xlabel('Draw index'); ylabel('95% two-sided CI')
ylim([0, 2.5])
```

9.4 假设检验

　　假设检验 (hypothesis test) 的思想简单来说，就是先行建立一个假设，然后根据实际观测到的数据地，判断这个假设是否可能成立；不成立的话，就拒绝这个假设。一般地，一个假设检验大致包括以下几个步骤。

◀ 提出**零假设** (null hypothesis) 和**备择假设** (alternative hypothesis)。
◀ 考虑检验中对样本做出的**统计假设** (statistical assumption)。

◀ 选取合适的**检验统计量** (test statistic) T。
◀ 在零假设下，选取检验统计量的分布。
◀ 选择**显著水平**α (significance level)，如果低于这个阈值就拒绝零假设。
◀ 根据样本计算**统计量** (test statistic)。
◀ 判断是否接受零假设，或者接受备择假设。

其中，零假设，又称原假设，常记作H_0；零假设指进行统计检验时预先建立的假设。备择假设，又称对立假设，常记作H_a。假设检验并不是百分之一百正确的，常见的有以下两类错误，如表9.3所示。

◀ **第一类错误** (type I error)，可以通俗地理解为"拒真"，对应的概率为α；在拒绝原假设时容易犯这个错误。
◀ **第二类错误** (type II error)，可以理解为"存伪"，对应的概率为β；在拒绝备择假设时容易犯这个错误。

表9.3 第一类和第二类错误

		检验结果	
		H_0	H_a
真实情况	H_0	√	第一类错误
	H_a	第二类错误	√

假设检验有双尾假设检验和单尾假设检验。如图9.14所示，双尾假设检验的置信区间是双边置信区间。对于估算总体均值μ这个问题，双尾检验的原假设和备择假设如下：

$$\begin{cases} H_0 : \mu = \mu_0 \\ H_a : \mu \neq \mu_0 \end{cases} \tag{9.17}$$

μ_0为**假定总体均值** (hypothesized population mean)。原假设认为总体的均值等于μ_0，备择假设认为两者不相等。如果对应的随机变量X的样本均值为$\bar{X}$，是通过样本数据直接计算得到的。那么通过比较$\bar{X}$和μ_0，这个假设检验就可以判断在一定的置信水平上μ_0是否可能是总体均值。

当总体标准差σ已知时，在μ_0附近建立双边置信区间，如同前面介绍双边置信区间一样，在$(1-\alpha)$的置信水平上有：

$$\left(\mu_0 - z_{1-\alpha/2} \frac{\sigma}{\sqrt{m}}, \mu_0 + z_{1-\alpha/2} \frac{\sigma}{\sqrt{m}} \right) \tag{9.18}$$

对应图9.14，这个区域构成了所谓的非拒绝区间，而两端分别是**拒绝区间** (rejection region)。这个非拒绝区间，占据了概率密度函数以下的$(1-\alpha)$区域，对应的概率积分为$(1-\alpha)$；两端的拒绝区间占据并且等分了剩下的α区域，对应的概率积分分别为$\alpha/2$。当$\alpha = 5\%$时，非拒绝区域对应的概率就是95%，而在双边假设检验中拒绝区域对应的概率就分别是2.5%了。如果$\bar{X}$如同$\bar{X}_a$一样，落在非拒绝区间里，那么就不能拒绝原假设；这时候认为，在95%的置信水平上，总体均差有可能是μ_0。如果$\bar{X}$如同$\bar{X}_b$或$\bar{X}_c$一样，落在非拒绝区间里，那么就可以拒绝原假设；这时候认为，在95%的置信水平上，总体均差不可能是μ_0。通常，也可以先将$\bar{X}$进行标准化，即令：

$$z = \frac{\bar{X} - \mu_0}{\sigma/\sqrt{m}} \tag{9.19}$$

然后比较其与临界值 $z_{1-\alpha/2}$ 的大小。如果有

$$|z| \geqslant z_{1-\alpha/2} \tag{9.20}$$

那么就是要拒绝原假设；否则，不能拒绝原假设。由于这种检验方法是基于正态分布的，所以又称为**正态检验法**或 **z检验法**。

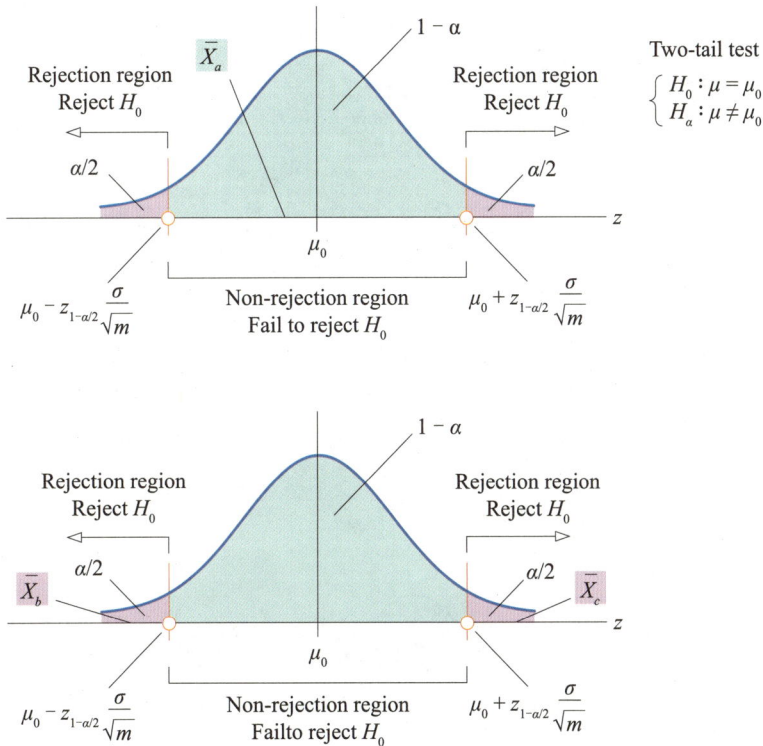

图9.14 双尾z检验

这里有两点需要强调。第一点，是关于"拒绝"和"接受"的问题。一般大家的思维是，不"拒绝"原假设，不就是等于"接受"了原假设吗？实际上，在假设检验中从来不采用"接受原假设"的表述。我们需要理解，假设检验的目的是在试图找到证据来拒绝原假设，而不是为了证明到底什么是绝对正确的。没有足够的证据来拒绝原假设时，只能说明没有获得明确的结论，而不能说明原假设是绝对正确的。第二点，是关于临界值 $z_{1-\alpha/2}$ 下标的表达问题。前面为了便于理解 $z_{1-\alpha/2}$ 的计算，下标使用的是置信水平，例如 $\alpha = 5\%$ 时，这个值就是 $z_{97.5\%}$。如图9.14所示，这个与图9.15中的常态分布表也是一致的。**常态分布表** (z-table) 是查找临界z值的常用工具。图9.15中的常态分布表就是根据表格中置信水平的大小，通过对应在第一列和第一行值来找到z值的。实际操作中，也有下标使用的是显著性水平，即 $z_{\alpha/2}$，对应例子中的 $z_{2.5\%}$；如图9.16所示的就是这样的一个例子。希望读者首先理解好原理本身，在实际中做到灵活应用；毕竟无论是 $z_{1-\alpha/2}$ 还是 $z_{\alpha/2}$，背后的道理和逻辑是不变的。

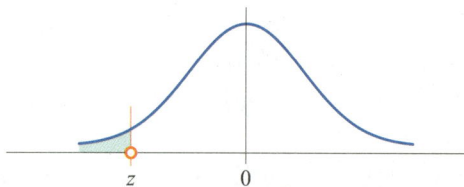

Z	0	0.01	0.02	0.03	0.04	0.05	0.06	0.07	0.08	0.09
-2.3	0.0107	0.0104	0.0102	0.0099	0.0096	0.0094	0.0091	0.0089	0.0087	0.0084
-2.2	0.0139	0.0136	0.0132	0.0129	0.0125	0.0122	0.0119	0.0116	0.0113	0.011
-2.1	0.0179	0.0174	0.017	0.0166	0.0162	0.0158	0.0154	0.015	0.0146	0.0143
-2	0.0228	0.0222	0.0217	0.0212	0.0207	0.0202	0.0197	0.0192	0.0188	0.0183
-1.9	0.0287	0.0281	0.0274	0.0268	0.0262	0.0256	0.025	0.0244	0.0239	0.0233
-1.8	0.0359	0.0351	0.0344	0.0336	0.0329	0.0322	0.0314	0.0307	0.0301	0.0294
-1.7	0.0446	0.0436	0.0427	0.0418	0.0409	0.0401	0.0392	0.0384	0.0375	0.0367
-1.6	0.0548	0.0537	0.0526	0.0516	0.0505	0.0495	0.0485	0.0475	0.0465	0.0455
-1.5	0.0668	0.0655	0.0643	0.063	0.0618	0.0606	0.0594	0.0582	0.0571	0.0559
-1.4	0.0808	0.0793	0.0778	0.0764	0.0749	0.0735	0.0721	0.0708	0.0694	0.0681
-1.3	0.0968	0.0951	0.0934	0.0918	0.0901	0.0885	0.0869	0.0853	0.0838	0.0823
-1.2	0.1151	0.1131	0.1112	0.1093	0.1075	0.1056	0.1038	0.102	0.1003	0.0985
-1.1	0.1357	0.1335	0.1314	0.1292	0.1271	0.1251	0.123	0.121	0.119	0.117
-1	0.1587	0.1562	0.1539	0.1515	0.1492	0.1469	0.1446	0.1423	0.1401	0.1379
-0.9	0.1841	0.1814	0.1788	0.1762	0.1736	0.1711	0.1685	0.166	0.1635	0.1611
-0.8	0.2119	0.209	0.2061	0.2033	0.2005	0.1977	0.1949	0.1922	0.1894	0.1867
-0.7	0.242	0.2389	0.2358	0.2327	0.2296	0.2266	0.2236	0.2206	0.2177	0.2148
-0.6	0.2743	0.2709	0.2676	0.2643	0.2611	0.2578	0.2546	0.2514	0.2483	0.2451
-0.5	0.3085	0.305	0.3015	0.2981	0.2946	0.2912	0.2877	0.2843	0.281	0.2776
-0.4	0.3446	0.3409	0.3372	0.3336	0.33	0.3264	0.3228	0.3192	0.3156	0.3121
-0.3	0.3821	0.3783	0.3745	0.3707	0.3669	0.3632	0.3594	0.3557	0.352	0.3483
-0.2	0.4207	0.4168	0.4129	0.409	0.4052	0.4013	0.3974	0.3936	0.3897	0.3859
-0.1	0.4602	0.4562	0.4522	0.4483	0.4443	0.4404	0.4364	0.4325	0.4286	0.4247
0	0.5	0.496	0.492	0.488	0.484	0.4801	0.4761	0.4721	0.4681	0.4641

图9.15　常态分布表一

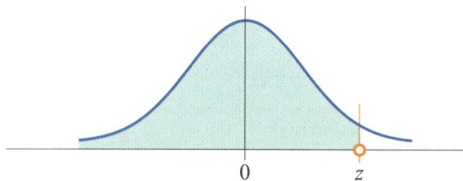

Z	0.0000	0.0100	0.0200	0.0300	0.0400	0.0500	0.0600	0.0700	0.0800	0.0900
0.0000	0.5000	0.5040	0.5080	0.5120	0.5160	0.5199	0.5239	0.5279	0.5319	0.5359
0.1000	0.5398	0.5438	0.5478	0.5517	0.5557	0.5596	0.5636	0.5675	0.5714	0.5753
0.2000	0.5793	0.5832	0.5871	0.5910	0.5948	0.5987	0.6026	0.6064	0.6103	0.6141
0.3000	0.6179	0.6217	0.6255	0.6293	0.6331	0.6368	0.6406	0.6443	0.6480	0.6517
0.4000	0.6554	0.6591	0.6628	0.6664	0.6700	0.6736	0.6772	0.6808	0.6844	0.6879
0.5000	0.6915	0.6950	0.6985	0.7019	0.7054	0.7088	0.7123	0.7157	0.7190	0.7224
0.6000	0.7257	0.7291	0.7324	0.7357	0.7389	0.7422	0.7454	0.7486	0.7517	0.7549
0.7000	0.7580	0.7611	0.7642	0.7673	0.7704	0.7734	0.7764	0.7794	0.7823	0.7852
0.8000	0.7881	0.7910	0.7939	0.7967	0.7995	0.8023	0.8051	0.8078	0.8106	0.8133
0.9000	0.8159	0.8186	0.8212	0.8238	0.8264	0.8289	0.8315	0.8340	0.8365	0.8389
1.0000	0.8413	0.8438	0.8461	0.8485	0.8508	0.8531	0.8554	0.8577	0.8599	0.8621
1.1000	0.8643	0.8665	0.8686	0.8708	0.8729	0.8749	0.8770	0.8790	0.8810	0.8830
1.2000	0.8849	0.8869	0.8888	0.8907	0.8925	0.8944	0.8962	0.8980	0.8997	0.9015
1.3000	0.9032	0.9049	0.9066	0.9082	0.9099	0.9115	0.9131	0.9147	0.9162	0.9177
1.4000	0.9192	0.9207	0.9222	0.9236	0.9251	0.9265	0.9279	0.9292	0.9306	0.9319
1.5000	0.9332	0.9345	0.9357	0.9370	0.9382	0.9394	0.9406	0.9418	0.9429	0.9441
1.6000	0.9452	0.9463	0.9474	0.9484	0.9495	0.9505	0.9515	0.9525	0.9535	0.9545
1.7000	0.9554	0.9564	0.9573	0.9582	0.9591	0.9599	0.9608	0.9616	0.9625	0.9633
1.8000	0.9641	0.9649	0.9656	0.9664	0.9671	0.9678	0.9686	0.9693	0.9699	0.9706
1.9000	0.9713	0.9719	0.9726	0.9732	0.9738	0.9744	0.9750	0.9756	0.9761	0.9767
2.0000	0.9772	0.9778	0.9783	0.9788	0.9793	0.9798	0.9803	0.9808	0.9812	0.9817
2.1000	0.9821	0.9826	0.9830	0.9834	0.9838	0.9842	0.9846	0.9850	0.9854	0.9857
2.2000	0.9861	0.9864	0.9868	0.9871	0.9875	0.9878	0.9881	0.9884	0.9887	0.9890
2.3000	0.9893	0.9896	0.9898	0.9901	0.9904	0.9906	0.9909	0.9911	0.9913	0.9916

图9.16　常态分布表二

除了通过对z值大小来判定是否拒绝原假设以外，还可以通过p值来判定。这里的p值是**检验的p值** (p-value)，是犯第一类错误 (拒真) 的概率。p值越小，拒绝原假设的证据越充分；当p值小于或等于事先给定的显著性水平α时，就要否定原假设：

$$\text{Reject } H_0 \text{ if } p\text{-value} \leqslant \alpha \tag{9.21}$$

如图9.17所示，在双尾检验中对应p值就是图中居于分布尾部的阴影区域面积，代表一定的概率大小。以图9.17的上子图为例，此时对应的是$\bar{X}$正好落在拒绝区间的情况 (如同之前的$\bar{X}_b$或$\bar{X}_c$)。按照之前的结论，这个时候就应该拒绝原假设了。那么，会有多大的概率犯了"拒真"的错误呢？为了回答这个问题，可以先假定原假设是"真"，即$\mu = \mu_0$真实成立。在这个前提下，已经根据样本数据计算出的均值是$\bar{X}$，即$\bar{X}$已经被观测到了。只有考虑出现$|\mu| \geqslant |\bar{X}|$的情况的概率，才是犯第一类错误的概率。而当$|\mu| < |\bar{X}|$时，我们并不一定会"拒真"，因为$\bar{X}$还会落到非拒绝区间内。所以，图中阴影部分的积分，就是拒真的概率，即为p值。换句话说，当μ真的等于μ_0时，有p值这么大的概率会从样本数据中计算得到$\bar{X}$以及绝对值比它大的数。如果这个概率太小，说明原假设可能没有那么真；否则，怎么会这么巧就是观测了$\bar{X}$这个值。这就好比有人中了彩票，却怀疑是不是自己在做梦一样。图9.17的上子图的情况，p值小于α，需要拒绝原假设；图9.17的下子图的情况，p值大于α，就不能拒绝原假设。根据p值得到的结论，与之前得到的结论是一致的。实际应用中，选定显著性水平，即α值，有时也是一件很伤脑筋的事情；毕竟"拒绝"与"不拒绝"就在一念之间。表9.4总结了一些α的经验取值范围以供参考，在不同情况下请读者审时度势，灵活选用。

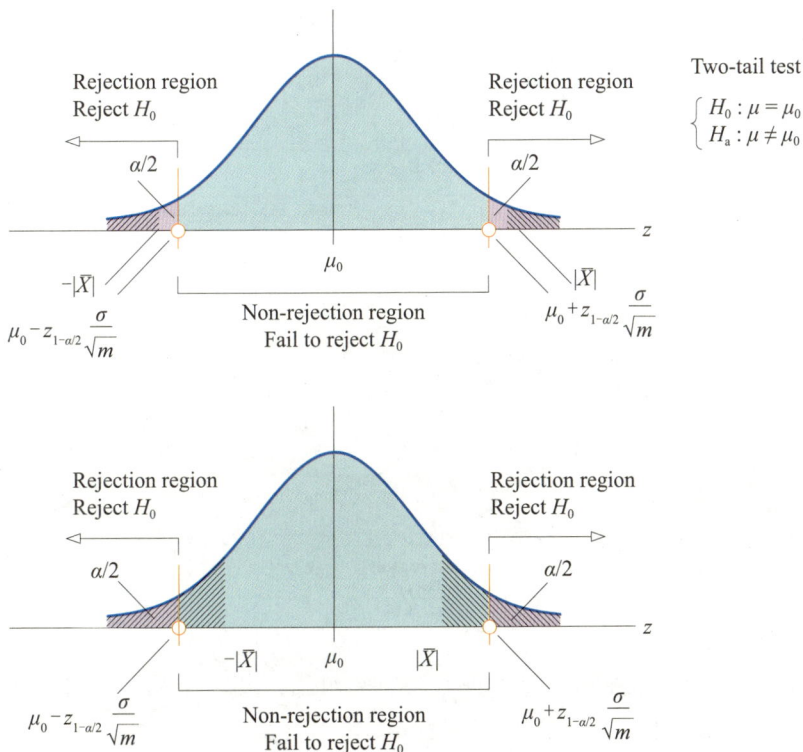

图9.17　双尾z检验中的p值

表9.4　根据 p 值大小判断原假设的一般经验依据

p 值	拒绝原假设 H_0 的证据
< 0.01	非常充分
0.01 ~ 0.05	充分
0.05 ~ 0.1	比较充分
> 0.1	不充分

理解了双尾的 z 检验，再来看单尾的 z 检验就容易了。如图9.18所示，单尾 z 检验的置信区间是单边置信区间。对于估算总体均值 μ 这个问题，单尾检验的原假设和备择假设如下：

$$\begin{cases} H_0 : \mu \leqslant \mu_0 \\ H_a : \mu > \mu_0 \end{cases} \tag{9.22}$$

原假设认为总体的均值小于等于 μ_0，备择假设认为总体的均值大于 μ_0；这是图9.18上子图的情况。还可以假设检验相反的情况，即：

$$\begin{cases} H_0 : \mu \geqslant \mu_0 \\ H_a : \mu < \mu_0 \end{cases} \tag{9.23}$$

原假设认为总体的均值大于等于 μ_0，备择假设认为总体的均值小于 μ_0；这是图9.18下子图的情况。从图形上与双尾 z 检验比较，直观的区别是：单尾 z 检验关注的只是某一边的尾部，显著水平不再被平分，拒绝区间也由两个变成了一个。

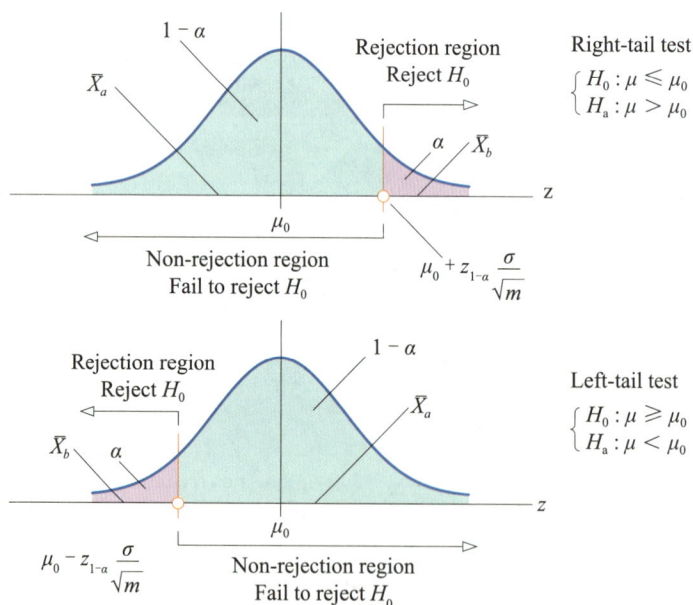

图9.18　单尾 z 检验

在单尾 z 检验中，如图9.18所示，当 $\bar{X}$ 如同 $\bar{X}_b$ 落在拒绝区间内时，就要拒绝原假设；当 $\bar{X}$ 如同 $\bar{X}_a$ 落在非拒绝区间内时，就不能拒绝原假设。这一点和双尾 z 检验是一致的。相对应地，体现在 z 值的比较上，右尾 z 检验时比较，如果有

$$z \geqslant z_{1-\alpha} \tag{9.24}$$

就要拒绝原假设。左尾z检验时，如果有

$$z \leqslant -z_{1-\alpha} \qquad (9.25)$$

就要拒绝原假设。注意这里的$z_{1-\alpha}$值与图9.18相对应；如前面提到的一样，当使用不同的正态分布表时，也可能会写成z_α。这里的一个技巧是，右尾z检验是与"正值"做比较，左尾z检验是与"负值"做比较。如果采用p值来判定假设检验，原理和之前的双尾z检验是一样的。不同之处是，如图9.19所示，p值此时只是在某一边尾部阴影区域的面积。

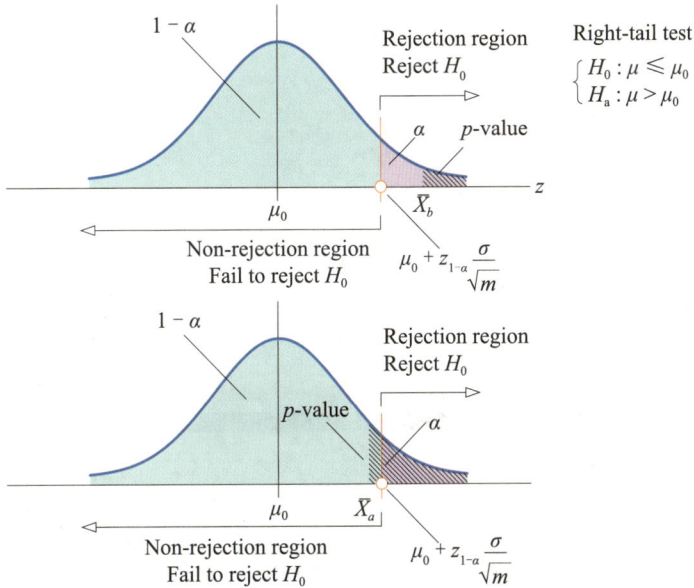

图9.19 右尾z检验中的p值

在MATLAB中，用来执行z检验的函数是ztest (x, m, sigma, name, value)。需要的输入变量中，x是含有需要检验的样本数据，m是假设值μ_0，sigma是标准差；name和value组合起来使用，可以指定显著性水平α，定义检验是双尾还是单尾。这里利用MATLAB自带的考试成绩数据examgrades，举几个z检验的例子。如图9.20所示是用来做假设检验的样本数据直方图，令sigma = 9。

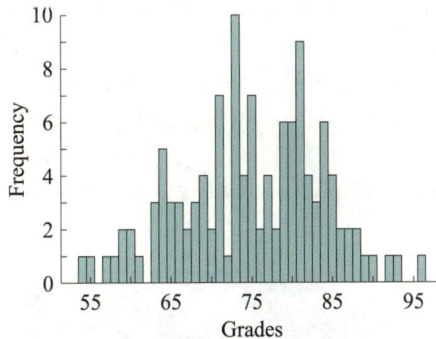

图9.20 z检验例子的样本数据直方图

用双尾z检验来检验是否样本的平均值等于76，对应的原假设是$\mu = 76$，备择假设是$\mu \neq 76$。执行如下的代码，首先绘制，然后进行双尾z检验。

```
B1_Ch9_6.m
```

```
clc; clear all; close all

% Extract data of exam grades
load examgrades
x = grades(:,1);

% Plot data
figure
histogram(x)
ylabel('Frequency')
xlabel('Grades')

% Two-tail z test
miu0=76;
sigma=9;
```

```
[h1,p1,ci1,zval1]=ztest(x,miu0,sigma)
```

获得的结果显示如图9.21所示。

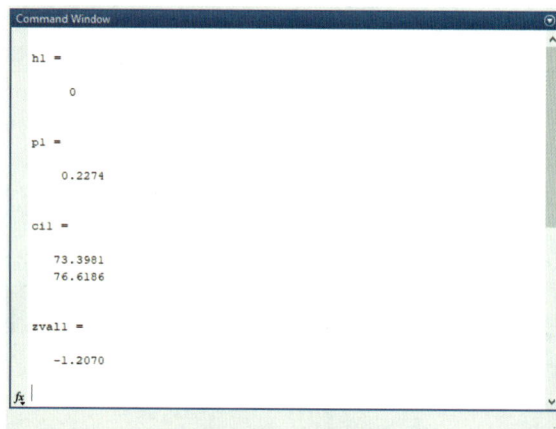

图9.21　运行结果

代码中未直接定义双尾假设和显著性水平，ztest()函数默认双尾假设，显著性水平默认 $\alpha = 0.05$。结果中，h1 = 0 表示无法拒绝原假设，否则其值就是1。对应的 p 值 p1 = 0.2274 值，也比默认的 α 值大，不能拒绝原假设。ci1给出了置信区间的上下临界点。zval1给出了相对应的 z 临界值。如果需要指定是双尾检验以及不同的 α 值，可以紧接前面的代码，使用下面的代码：

```
[h2,p2,ci2,zval2]=ztest(x,miu0,sigma,...
'Tail','Both','Alpha',0.10)
```

其运行的结果与刚刚显示的结果是完全一样的。

用右尾 z 检验来检验是否样本的平均值不大于85，对应的原假设是 $\mu \leqslant 85$，备择假设是 $\mu > 85$。执行如下的代码：

```
miu0=85;
[h3,p3,ci3,zval3]=ztest(x,miu0,sigma,...
'Tail','Right','Alpha',0.01)
```

注意，代码中指定了是右尾z检验，显著性水平改为$\alpha = 0.01$。结果显示如图9.22所示。

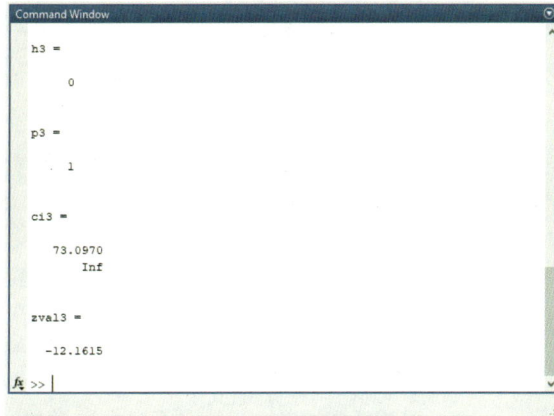

图9.22　运行结果

用左尾z检验来检验是否样本的平均值不小于70，对应的原假设是$\mu \geqslant 70$，备择假设是$\mu < 70$。执行如下的代码：

```
miu0=70;
[h4,p4,ci4,zval4]=ztest(x,miu0,sigma,...
'Tail','Left','Alpha',0.01)
```

读者可以自己运行一下试试，看看结果会是怎样的，这里不做过多演示。

在z检验中，总体标准差σ是已知的。如果总体标准差未知的话，就要使用**t-检验**。单样本学生t-检验统计量如下：

$$t = \frac{X - \mu_0}{s/\sqrt{m}} \sim t(m-1) \tag{9.26}$$

其中，s是样本的标准差，是样本数目。$t()$表示t-分布函数，是关于**自由度**的函数；此处的自由度为：

$$df = m-1 \tag{9.27}$$

在统计学中，自由度是指当以样本的统计量来估计总体的参数时，样本中独立或能自由变化的数据的个数，称为该统计量的自由度。例如此处，用样本的标准差来估计总体的标准差。通常，自由度等于独立变量数减去由其衍生的变量数。例如，此处有m个独立样本，根据这些样本数计算衍生出了另一个数，即样本标准差s，那么其对应的自由度就为$m-1$。

t-检验和z检验的主要不同就是后者依赖的是正态分布，而前者采用的是学生t-分布。在MATLAB

中，t-检验对应的函数是ttest()，与之前的ztest()的使用是类似的。最大的区别就是无须指定输入变量sigma，函数会根据输入的样本数据x自行计算。下面的代码重复了刚刚的三个z检验的例子，但执行的分别是双尾t-检验，右尾t-检验和左尾t-检验。

```
% Two-tail t test
miu0=76;
[h5, p5, ci5, stats5]=ttest(x, miu0,...
    'Tail','Both','Alpha',0.05)
stats5.sd

% Right-tail t test
miu0=85;
[h6, p6, ci6, stats6]=ttest(x, miu0,...
    'Tail','Right','Alpha',0.05)

% Left-tail t test
miu0=70;
[h7, p7, ci7, stats7]=ttest(x, miu0,...
    'Tail','Left','Alpha',0.05)
```

读者可以试着运行这段代码，看看结果是如何的。ttest()函数的结果与ztest()的结果也很类似，图9.23只显示了双尾t-检验的结果。

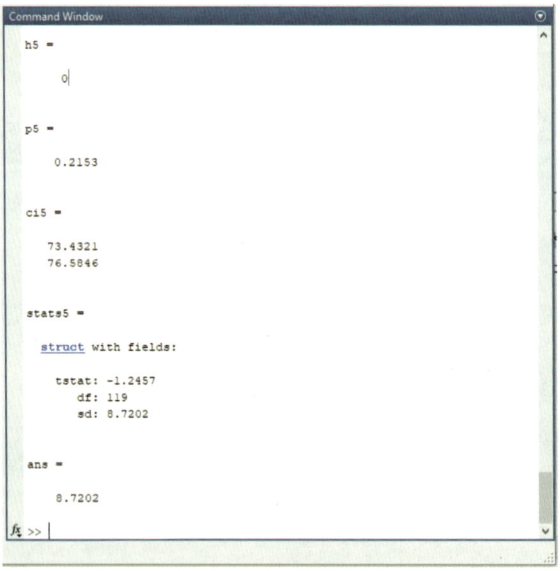

图9.23 运行结果

注意，在这个例子中，如果想知道t-检验使用的标准差的值是多少，可以在输出变量stats5中找到。或者如上面的代码中所示，运行stats5.sd。

除了刚刚介绍的单样本t-检验，还有双样本t-检验，它的统计量计算如下：

$$t = \frac{\bar{X}_1 - \bar{X}_2}{s_p \cdot \sqrt{\frac{1}{m_1} + \frac{1}{m_2}}} \tag{9.28}$$

其中，$\bar{X}_1$ 和 $\bar{X}_2$ 为样本均值，m_1 和 m_2 为样本数目。样本标准差 s_p 可以通过下式计算得到

$$s_p = \sqrt{\frac{(m_1-1)s_1^2 + (m_2-1)s_2^2}{m_1 + m_2 - 2}} \tag{9.29}$$

这里，s_1 和 s_2 为样本标准差。对应的学生 t-分布自由度为：

$$\mathrm{df} = m_1 + m_2 - 2 \tag{9.30}$$

双样本 t-检验的目的是根据两组不同的样本数据来判断各组数据代表的总体均值是否相等。对应的原假设和备择假设如下：

$$\begin{cases} H_0 : \mu_1 = \mu_2 \\ H_a : \mu_1 \neq \mu_2 \end{cases} \tag{9.31}$$

在MATLAB中双样本 t-检验的命令函数为ttest2()。以下的代码给出了一个双样本 t-检验的例子。

```
clc; clear all; close all

% Extract data of exam grades
load examgrades
x1 = grades(:,1);
x2 = grades(1:end-20,2);

% Two-tail z test
miu0=76;
[h6, p6, ci6, stats6]=ttest2(x1, x2,'Alpha',0.05)
```

运行结果显示如图9.24所示。

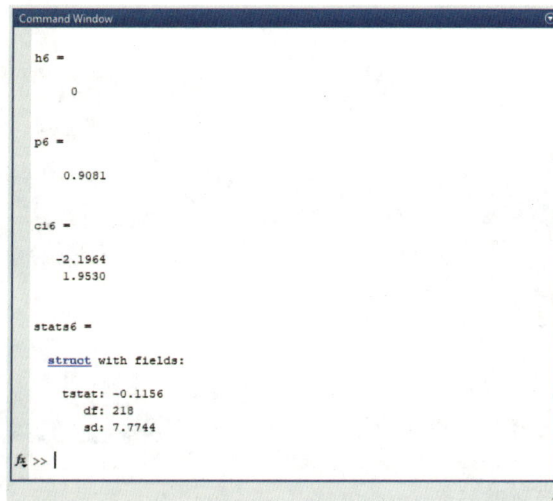

图9.24　运行结果

注意，两个样本的数据量不必一样，这个例子中就是长度不同的两组数据。

卡方检验 (Chi-squared test，χ^2 test) 也是常用到的假设检验，其目的是考查来自于正态分布的总体的方差值。卡方检验的统计量为：

$$\kappa = \frac{(m-1)s^2}{\sigma_0^2} \sim \chi^2(m-1) \tag{9.32}$$

其中，m为样本数量，s是样本标准差，σ_0为假设标准差，$\chi^2()$表示卡方分布。双尾卡方检验的原假设和备择假设为：

$$\begin{cases} H_0 : \sigma^2 = \sigma_0^2 \\ H_a : \sigma^2 \neq \sigma_0^2 \end{cases} \tag{9.33}$$

单尾卡方检验的原假设和备择假设为：

$$\begin{cases} H_0 : \sigma^2 \leqslant \sigma_0^2 \\ H_a : \sigma^2 > \sigma_0^2 \end{cases} \tag{9.34}$$

或者：

$$\begin{cases} H_0 : \sigma^2 \geqslant \sigma_0^2 \\ H_a : \sigma^2 < \sigma_0^2 \end{cases} \tag{9.35}$$

在MATLAB中，执行卡方检验的函数命令为vartest()。下面的代码分别给出了双尾和单尾卡方检验的例子。

```
B1_Ch9_7.m

clc; clear all; close all

% Extract data of exam grades
load examgrades
x = grades(:,1);

% Two-tail Chai-squared test
variance=20;
[h7, p7, ci7, stats7]=vartest(x, variance, ...
    'Tail','Both','Alpha',0.01)

% Right-tail Chai-squared test
variance=25;
[h8, p8, ci8, stats8]=vartest(x, variance, ...
    'Tail','Right','Alpha',0.01)

% Left-tail Chai-squared test
variance=15;
[h9, p9, ci9, stats9]=vartest(x, variance, ...
```

```
    'Tail','Left','Alpha',0.01)
```

最后介绍一个常用的假设检验是*F*检验 (F test)，其目的是考查两个总体的方差是否相等。因为其借助的是*F*分布，所以被称为*F*检验，它的统计量为：

$$F = \frac{\sigma_1^2}{\sigma_2^2} \sim F() \tag{9.36}$$

其中，S_1和S_2分别是样本标准差，m_1和m_2是各自的样本数。$F()$表示*F*分布函数，是关于两个自由度$m_1 - 1$和$m_2 - 1$的函数。双尾*F*检验的原假设和备择假设为：

$$\begin{cases} H_0 : \sigma_1^2 = \sigma_2^2 \\ H_a : \sigma_1^2 \neq \sigma_2^2 \end{cases} \tag{9.37}$$

单尾*F*检验的原假设和备择假设为：

$$\begin{cases} H_0 : \sigma_1^2 \leqslant \sigma_0^2 \\ H_a : \sigma_1^2 > \sigma_0^2 \end{cases} \tag{9.38}$$

或者：

$$\begin{cases} H_0 : \sigma_1^2 \geqslant \sigma_0^2 \\ H_a : \sigma_1^2 < \sigma_0^2 \end{cases} \tag{9.39}$$

其中，σ_1和σ_2是两个样本分别对应的总体标准差，这里由S_1和S_2来近似表达。

在MATLAB中，执行*F*检验的函数命令为vartest2()。下面的代码分别给出了双尾和单尾*F*检验的例子。

```
clc; clear all; close all

% Extract data of exam grades
load examgrades
x1 = grades(:,1);
x2 = grades(1:end-10,3);

% Two-tail Chai-squared test
[h10, p10, ci10, stats10]=vartest2(x1, x2, ...
    'Tail','Both','Alpha',0.01)

% Right-tail Chai-squared test
[h11, p11, ci11, stats11]=vartest2(x1, x2, ...
    'Tail','Right','Alpha',0.01)

% Left-tail Chai-squared test
[h12, p12, ci12, stats12]=vartest2(x1, x2, ...
    'Tail','Left','Alpha',0.01)
```

请读者自己运行代码，观察一下结果。

9.5 简单回归

大致来说，回归模型试图通过数学表达来体现一个或多个自变量和因变量之间的关系。本节不会从量化角度来研究回归分析，这一部分的内容留在第三本书进行详细介绍。这里只作为引子，通过对MATLAB 函数命令regress()的介绍，在不同的几个回归分析的例子中，获得一些直观的感受，为下一步更深入的量化回归分析打下基础。

图9.25两个图中的散点图给出的是在 [0，2] 区间上的正弦函数。如果想要研究这些散点是否存在线性关系，可以从最简单的线性关系入手，即：

$$y = ax + b \tag{9.40}$$

其中，y是因变量，x是自变量，a和b是未知的系数。在MATLAB中，可以先用如下代码来建造一个矩阵：

```
F1 = [ones(size(x)),x];
```

ones (size(x)) 对应$y = ax + b$结构中的常数项b，在矩阵中为其预留了位置。x是一次方程结构的一次项。将两个成分合并，并赋给F_1。下一步，使用regress()方程，输入因变量数据y和拟合的结构F_1，代码如下。

```
b1 = regress(y,F1);
```

regress()得到的结果是b_1，b_1是一个向量，里面保存着拟合运算结果。$b_1(1)$ 是常数项b的解，$b_1(2)$ 是一次项x系数a的解。图9.25左图给出了通过函数回归后得到的直线；这条直线代表了x与y之间的线性关系。

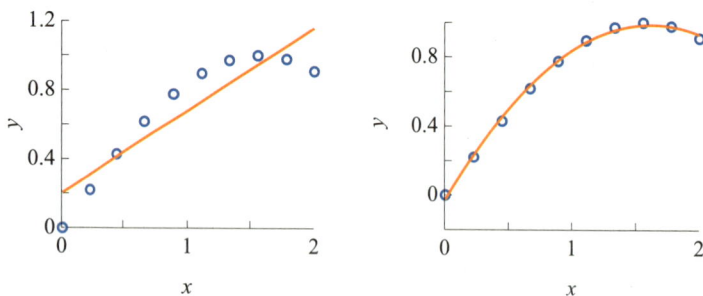

图9.25　正弦函数的一次和二次回归拟合

如果考虑得稍稍复杂一些，引入一些非线性的特征，可以考虑使用二次方程来构造：

$$y = ax^2 + bx + c \tag{9.41}$$

在代码上只需要修改F_1的结构：

```
F2 = [ones(size(x)),x, x.^2];
```

图9.25右图给出的就是二次拟合曲线。以下代码可以用来获得图9.25。

`B1_Ch9_8.m`

```
clc; clear all; close all
x = linspace (0,2,10);
x = x';
y = sin(x);

% linear regression
F1 = [ones(size(x)),x];

b1 = regress(y,F1);

x_fine = [0:0.01:2];
y_regressed1 = b1(1) + b1(2)*x_fine;

figure(1)
subplot(1,2,1)
plot(x,y,'o'); hold on
plot(x_fine,y_regressed1)
xlabel('x')
ylabel('y')

% probola

F2 = [ones(size(x)),x, x.^2];

b2 = regress(y,F2);

y_regressed2 = b2(1) + b2(2)*x_fine + b2(3)*x_fine.^2;

subplot(1,2,2)
plot(x,y,'o'); hold on
plot(x_fine,y_regressed2)
xlabel('x')
ylabel('y')
```

上一例中，x只含有一个**自变量** (independent variable)。x通常也被叫作**回归因子** (regressor)，或**解释变量** (explanatory variable)。当存在两个回归因子时$x = \{x_1, x_2\}$，从编程的角度来说并没有任何区别。例如，图9.26的三维坐标给出了100个散点，这些散点似乎满足某种规律。我们首先想到的是，这些散点是否满足一维线性关系，也就是在x_1-x_2平面上，y轴的数据是否能用$y = a_1x_1 + a_2x_2 + b$这样的代数式来表达。类似地，构造以下结构：

```
F = [ones(size(x1)), x1, x2];
```

再调用MATLAB回归分析函数regress()：

```
p = regress (y, F)
```

得到的结果p中有三个变量，分别对应$y = a_1 x_1 + a_2 x_2 + b$式中的$b$、$a_1$和$a_2$。两个回归因子构造的平面如图9.26所示。

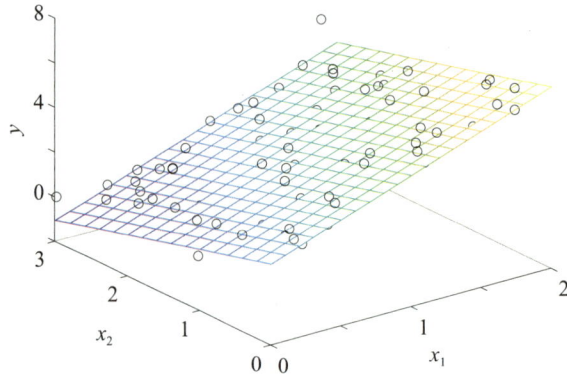

图9.26　两个回归因子的一次平面

再考虑一下能否用二次平面，$y = a_1 x_1^2 + a_2 x_2^2 + b_1 x_1 + b_2 x_2 + c$，比如来表达这些数学的关系。因此，重新构造了回归结构：

```
F = [ones(size(x1)), x1, x2, x1.^2, x2.^2];
```

然后通过regress()回归运算，就能得到如图9.27所示的二次平面。

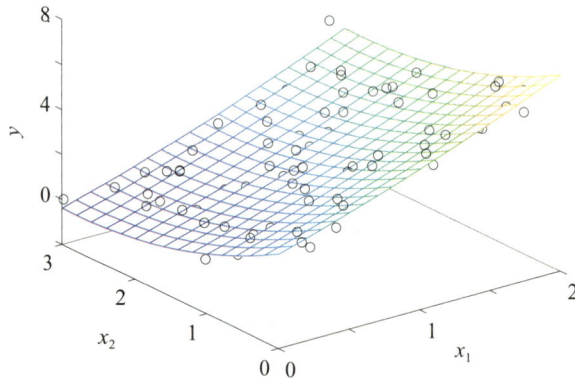

图9.27　两个回归因子的二次平面

以下代码可以获得图9.26和图9.27。

```
B1_Ch9_9.m

clc; close all; clear all
% two regressors

N = 100;
x1 = 2*rand (N,1);
x2 = 3*rand (N,1);
```

```matlab
y = 2 + 2*x1 - 1.5*x2 + 0.1*x1.^2 + ...
    0.2*x2.^2 + 0.5*randn(N,1);
```

```matlab
% Linear surface
```

```matlab
F = [ones(size(x1)), x1, x2];
```

```matlab
p = regress (y, F)
[x1_grid, x2_grid] = meshgrid([0:0.1:2],[0:0.2:3]);
y_grid = p(1) + p(2)*x1_grid + p(3)*x2_grid;
```

```matlab
figure(1)
plot3 (x1 , x2 , y , 'ok')
hold on
mesh(x1_grid, x2_grid, y_grid)
xlabel('x_{1}');
ylabel('x_{2}');
zlabel('y');
grid on
```

```matlab
% Quadratic surface
```

```matlab
F = [ones(size(x1)), x1, x2, x1.^2, x2.^2];
```

```matlab
p = regress (y, F)
```

```matlab
y_grid = p(1) + p(2)*x1_grid + p(3)*x2_grid + ...
    p(4)*x1_grid.^2 + p(5)*x2_grid.^2;
```

```matlab
figure(2)
plot3 (x1 , x2 , y , 'ok')
hold on
mesh(x1_grid, x2_grid, y_grid)
xlabel('x_{1}');
ylabel('x_{2}');
zlabel('y');
grid on
```

regress()函数很强大，可以处理很多回归问题。如果仅仅是多项式回归分析的话，还可以使用MATLAB函数polyfit()，回归结果的多项式形式如下：

$$p(x) = p_1x^n + p_2x^{n-1} + p_3x^{n-2} + \cdots + p_nx + p_{n+1} \tag{9.42}$$

图9.28给出用polyfit(x, y, 5) 处理五次多项式的情况。图9.28右图给出了约95%的置信区间。以下代码可以获得图9.28。

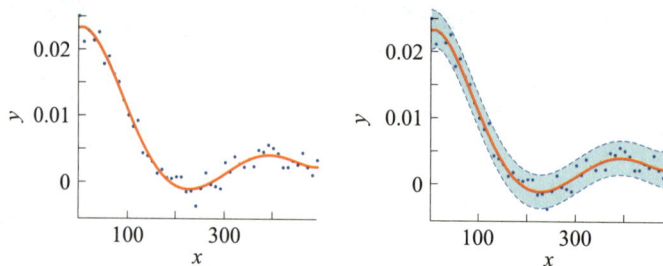

图9.28 用polyfit和polyval进行拟合和绘图

```
B1_Ch9_10.m

clc; close all; clear all;
num_rand = 50;
x = [1:10:10*num_rand];
y = sin(x/50)./x + 0.005 * rand(1,num_rand);

figure(1)
subplot(1,2,1)
plot(x,y,'.')

p = polyfit(x,y,5);
hold on
plot(x,polyval(p,x),'k')
xlabel('x'); ylabel('y')
ylim([min(y)*1.5,max(y)*1.2])
y1=get(gca,'ylim')
xlim([1,max(x)])

subplot(1,2,2)
[p,s] = polyfit(x,y,5);

% p = polyfit(x,y,n) returns the coefficients for
% a polynomial p(x) of degree n that is a best fit
% (in a least-squares sense) for the data in y.
% The coefficients in p are in descending powers,
% and the length of p is n+1

[y_fit, delta] = polyval(p,x,s);
% delta is an estimate of the standard deviation of the error
% in predicting a future observation at x by p(x)
% range of 4 deltas with center at mu
% correspond roughly to the 95% confidence level

curve1 = y_fit + 2*delta;
curve2 = y_fit - 2*delta;
x2 = [x, fliplr(x)];
inBetween = [curve1, fliplr(curve2)];
```

```
fill(x2, inBetween, 'g'); hold on
plot(x,y,'.'); hold on
plot(x,y_fit,'k'); hold on
plot(x,y_fit + 2*delta,'b'); hold on
plot(x,y_fit - 2*delta,'b'); hold on
xlabel('x'); ylabel('y')
ylim([y1]); xlim([1,max(x)])
```

这种方法，常常也用来产生数据的拟合曲线或者平面。

图9.29给出的是非常有名的**安斯库姆四重奏** (Anscombe's quartet) 的散点和一元一次回归分析。安斯库姆四重奏想表达的观点是，尽管这四组数据的平均值、方差、回归曲线位置完全相同，但是它们四个数据的分布、趋势等完全不同。之前也讨论过，线性无关或者线性相关并不能说明其他非线性关系。另外，**离群值** (outlier) 对数据分析有很大影响。离群值是指在众多数据点中有一个或几个数据点与其他数据点的分布差异较大。关于如何处理离群值，将在第三本书中讨论。

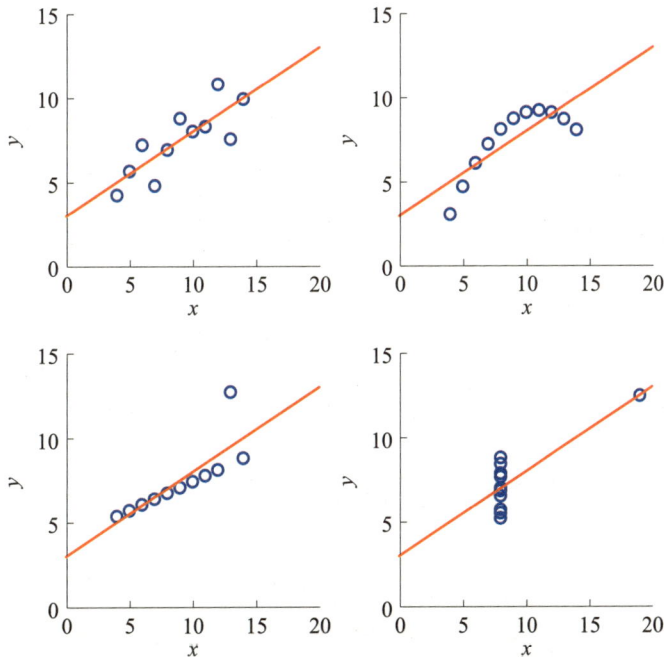

图9.29 安斯库姆四重奏数据和一元一次回归分析

以下代码可以获得图9.29。

```
B1_Ch9_11.m
```

```
X = [10.0  8.04  10.0  9.14  10.0  7.46  8.0  6.58
8.0  6.95  8.0  8.14  8.0  6.77  8.0  5.76
13.0  7.58  13.0  8.74  13.0  12.74  8.0  7.71
9.0  8.81  9.0  8.77  9.0  7.11  8.0  8.84
11.0  8.33  11.0  9.26  11.0  7.81  8.0  8.47
14.0  9.96  14.0  8.10  14.0  8.84  8.0  7.04
6.0  7.24  6.0  6.13  6.0 6.08  8.0  5.25
4.0  4.26  4.0  3.10  4.0 5.39  19.0  12.50
```

```
12.0   10.84    12.0   9.13   12.0   8.15   8.0   5.56
7.0    4.82   7.0 7.26   7.0   6.42   8.0   7.91
5.0    5.68   5.0 4.74   5.0   5.73   8.0   6.89];


figure(1)
subplot(2,2,1)
plot(X(:,1),X(:,2),'o')
hold on
F1 = [ones(size(X(:,1))),X(:,1)];
b1 = regress(X(:,2),F1);
x_fine = [0:0.1:20];
y_regressed1 = b1(1) + b1(2)*x_fine;
plot(x_fine,y_regressed1)
xlim([0,20])
ylim([0,15])
xlabel ('x'); ylabel('y')

subplot(2,2,2)
plot(X(:,3),X(:,4),'o')
hold on
F1 = [ones(size(X(:,1))),X(:,3)];
b1 = regress(X(:,4),F1);
x_fine = [0:0.1:20];
y_regressed1 = b1(1) + b1(2)*x_fine;
plot(x_fine,y_regressed1)
xlim([0,20])
ylim([0,15])
xlabel ('x'); ylabel('y')

subplot(2,2,3)
plot(X(:,5),X(:,6),'o')
hold on
F1 = [ones(size(X(:,1))),X(:,5)];
b1 = regress(X(:,6),F1);
x_fine = [0:0.1:20];
y_regressed1 = b1(1) + b1(2)*x_fine;
xlim([0,20])
ylim([0,15])
plot(x_fine,y_regressed1)
xlabel ('x'); ylabel('y')

subplot(2,2,4)
plot(X(:,7),X(:,8),'o')
hold on
F1 = [ones(size(X(:,1))),X(:,7)];
b1 = regress(X(:,8),F1);
```

```
x_fine = [0:0.1:20];
y_regressed1 = b1(1) + b1(2)*x_fine;
xlim([0,20])
ylim([0,15])
plot(x_fine,y_regressed1)
xlabel ('x'); ylabel('y')
```

9.6 自相关

自相关研究的是**时间序列** (times series) 不同时间点上的相关性。比如，现在有250天的股票回报率数据，要研究当天和之前一天、两天或者三天的数据是否有任何相关性，这就是自相关。金融数据通常存在一定的惯性，是产生金融时间序列自相关的原因之一。比如有时会看到，今天涨，明天也涨，今天跌，明天也跌。另外，**重叠数据** (overlapping data)，比如说**重叠回报率** (overlapping return) 也是产生数据自相关的重要原因之一。什么是重叠回报率？比如，每隔一天计算某股票的周回报率就是重叠数据；而每隔一周计算同样一个股票的周回报率就是**非重叠数据** (non-overlapping data)。

分别在时间 t ($t = 1$，2，3，$\cdots$) 上采集了一系列的数据 u_t。考虑 u_t 和 u_{t+k} 两者之间的相关性，就可以通过下式进行计算：

$$
\begin{aligned}
\rho_k &= \mathrm{autocorr}\left(u_t, u_{t+k}\right) \\
&= \frac{1}{T} \frac{\sum_{t=1}^{T-k}(u_t - \bar{u})(u_{t+k} - \bar{u})}{\mathrm{var}(U)}
\end{aligned}
\tag{9.43}
$$

其中：

◂ t 是时间序列的序号，$t = 1$，2，3，$\cdots$，$T-k$。
◂ T 是这个时间序列的总长度。
◂ k 是时间序列滞后值，$k = 1$，2，$\cdots$。
◂ u 是整个时间序列数据。
◂ $\bar{u}$ 代表 u 的平均值。

如图9.30所示，整体数据有 T 个点，根据这 T 个数据可以计算样本的平均值和方差。关键是从这 T 个数据中，提取出两条时间序列。第一个时间序列，对应的时间点为 $t = 1$，2，3，$\cdots$，$T-k$。然后再取出第二个时间序列，对应的时间点为 $t = k+1$，$k+2$，$k+3$，$\cdots$，T。接着，需要计算这两个等长数组的协方差。如图9.31所示，是当 $k = 1$ 时，提取的对应的时间序列，研究的就是当下时刻和下一个时刻之间的相关性。因为研究的对象本质上是同一时间序列的不同时间点，是自身的相关性，为了强调，称其为自相关性。

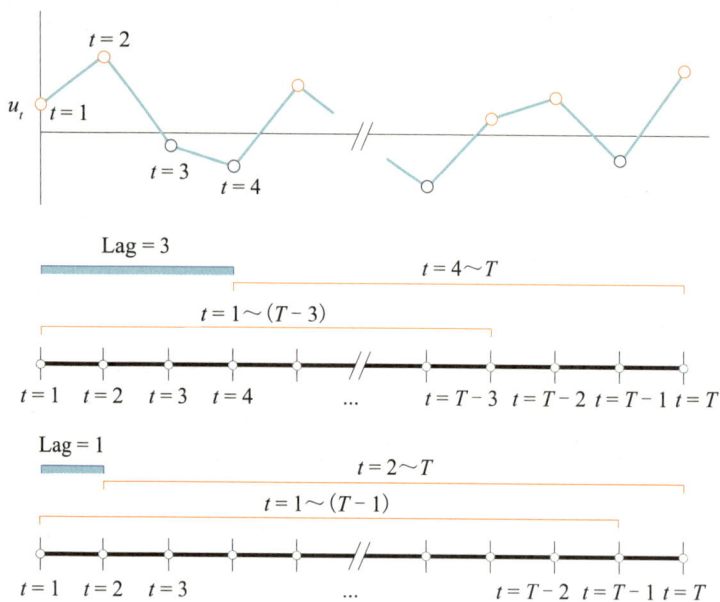

图9.30　滞后为$k = 3$和$k = 1$的两个自相关时间序列

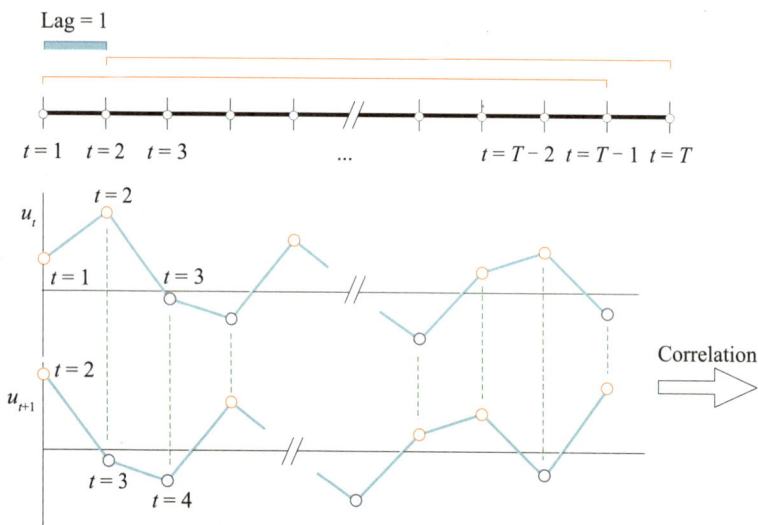

图9.31　滞后$k = 1$的自相关计算

　　当时间序列存在**正自相关** (positive autocorrelation，positively autocorrelated) 时，时间序列的特点是，某一时间点上的数据与之前的数据保持正的相关性。以日回报率举例，若某个时刻的回报率为正，那么下一个时刻的回报率很大可能也为正，类似于一种惯性；同样地，一个时刻的回报率为负，下一时刻很可能也会出现负的回报率。这样的时间序列明显存在滞后$k = 1$的正自相关。

　　同样地，时间序列也可能出现**负自相关** (negative autocorrelation，negatively autocorrelated)。例如，当某时刻的数据为正，而下一个时刻的数据呈现截然相反的趋势，极大可能为负。这时，就显示出了明显的负相关性。

　　图9.32给出的价格回报率数据正负交错。如果计算$k = 1$情况的自相关性时，自相关系数一定为负。如果考虑到$k = 2$，每隔一个时刻的数值符号几乎都相同，同正或同负；因此$k = 2$的情况下，数据展现出正自相关性。MATLAB提供autocorr()函数，不但可以用来计算自相关系数，而且可以绘制自相关系数的杆状图，如图9.33所示。

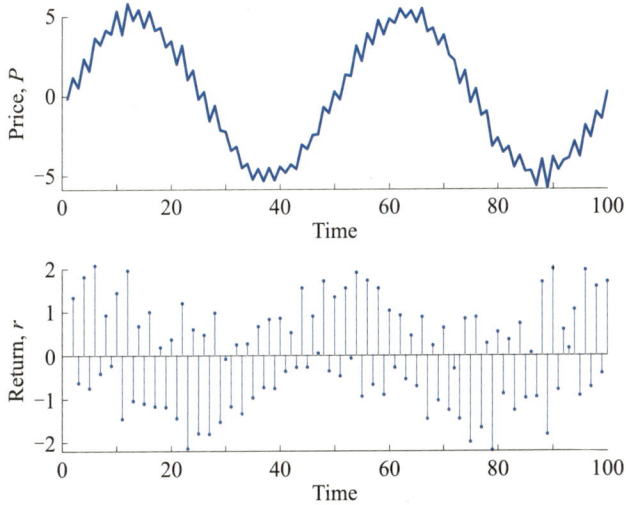

图9.32　价格差值展现出交替自相关性

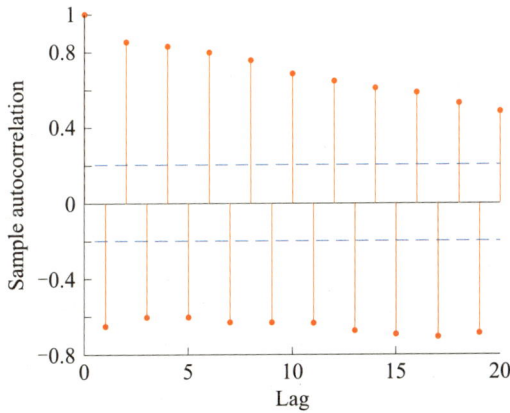

图9.33　相关性计算，自相关系数正负交替，$k = 0 \sim 20$

　　图9.34四幅子图展现了，当滞后系数$k = 1$，2，3和4时，时间序列$\{u_t\}$ 和 $\{u_t + k\}$ 之间的散点图。当滞后系数为1时，可以看到散点的关系呈线性负相关，PCC小于0。$k = 2$时，$\{u_t\}$ 和 $\{u_t + k\}$ 关系却又变成了正相关。线性自相关系数正负交替出现，k为奇数时，自相关系数为负值；k为偶数时，自相关系数为正值。

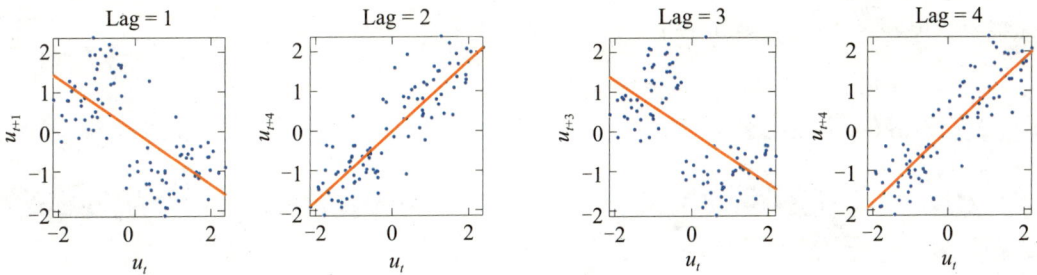

图9.34　u_t和u_{t-k}的关系，自相关系数正负交替，$k = 1$，2，3和4

以下代码可以获得图9.32 ~ 图9.34。

```
B1_Ch9_12.m

%% Switching autocorrelation
clear all; close all; clc

num = 1:100;
x = 0:(4*pi/(length(num)-1)):4*pi;
switch_sign = (-1).^num;
y = 5*sin(x) + abs(rand(1,length(x))).*switch_sign;
return_y = diff(y);

figure(1)
subplot (2,1,1)
plot(num,y)
ylabel('Price, P')
xlabel('Time')

subplot (2,1,2)
stem(num(2:end),return_y,'.')
ylabel('Return, r')
xlabel('Time')

figure(2)
autocorr(return_y)

figure(3)

LAG = [1,2,3,4];

for i = 1:length(LAG)
    lag = LAG(i);
    u_t_lag = return_y(1:end - lag);
    u_t = return_y(1+lag:end);

    subplot(2,2,i)
    plot(u_t_lag, u_t, '.'); hold on
%    plotregression(u_t_lag,u_t,'Regression')

    F1 = [ones(size(u_t_lag')),u_t_lag'];
    b1 = regress(u_t',F1);
    x_fine = [min(u_t_lag):0.01:max(u_t_lag)];
    y_regressed1 = b1(1) + b1(2)*x_fine;
    plot(x_fine,y_regressed1,'LineWidth',2)

    ylabel(['u_t_+_',num2str(lag)])
    xlabel(['u_t'])
    line = ['Lag = ',num2str(lag)];
    title(line)
```

```
    daspect([1 1 1])
end
```

图9.35展示的是一个随机行走的价格曲线，它的回报率时间序列完全随机。因此，回报率没有呈现出任何明显的自相关现象。MATLAB的函数rand()可以用来生成随机数，随机数默认服从均匀连续分布。

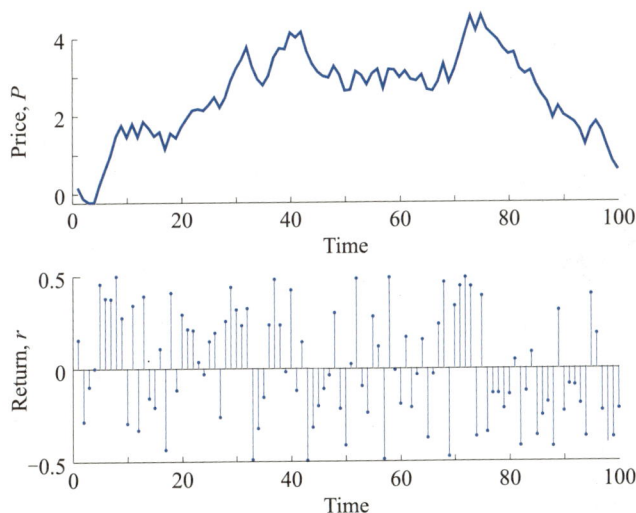

图9.35　回报率自相关现象不明显

对图9.35下图的回报率数据进行相关性分析，发现数据没有展现出显著的线性自相关。如图9.36所示，此处的Lag即为k值。$k = 0$对应Lag $= 0$的情况，因为是同一时间序列，相关性肯定为1。$k = 1$对应Lag $= 1$的情况，可以看到相关系数的值明显降低，体现出很微弱的相关性。对于其他的k值，也可以从图中观察到类似的现象。图9.37从另一个角度展示了当滞后系数$k = 1$，2，3和4时，$\{u_t\}$和$\{u_{t+k}\}$数组没有呈现出明显的线性相关性，图9.37中红色的回归曲线的斜率几乎为0，因此线性相关性很弱。以下代码用来生成价格和回报率时间序列，绘图命令请参考上文。

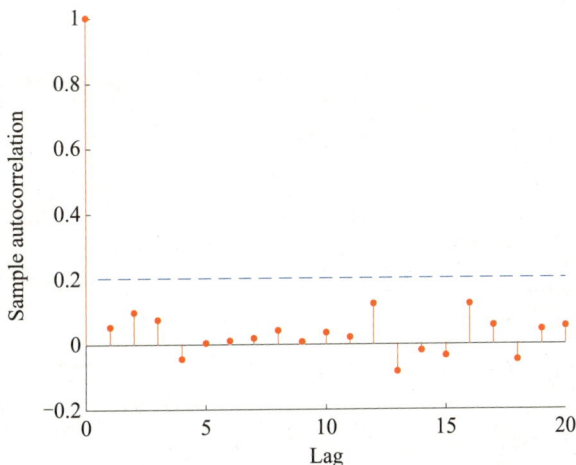

图9.36　相关性计算，自相关性不明显，$k = 0 \sim 20$

```
%% No autocorrelation
clear all; close all; clc
```

```
num = 1:100;
x = 0:(4*pi/(length(num)-1)):4*pi;
return_y = -0.5 + rand(1,length(x));
y = cumsum(return_y);

% Refer to previous program for plotting
```

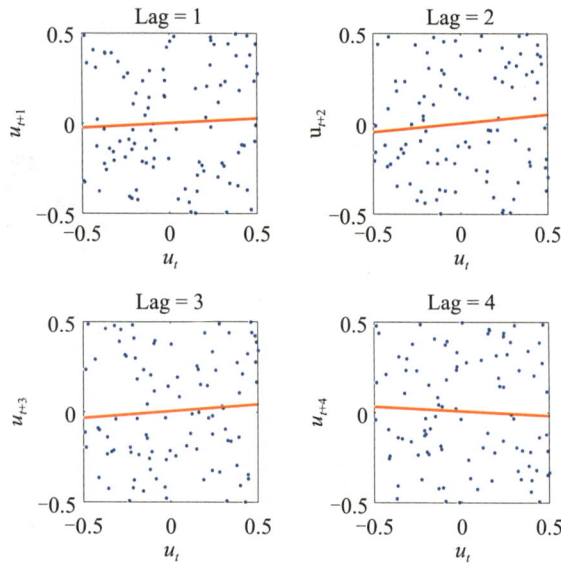

图9.37　u_t和u_{t-k}的关系，几乎没有自相关的数据，$k=1$，2，3和4

　　图9.38给出的回报数据，一个时刻为正值，下一时刻多数情况为正值；类似地，一个时刻如果为负值，下一时刻回报数据为负值的可能性极高。滞后系数$k=2$，甚至更大的滞后系数，该回报数据都呈正自相关。图9.39、图9.40进一步展示了同样的结论。

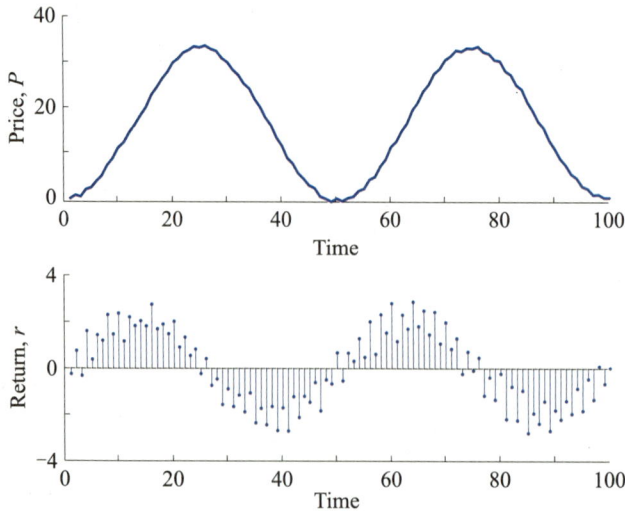

图9.38　回报率呈明显正自相关

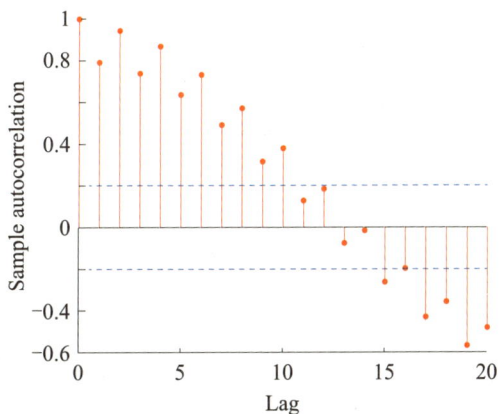

图9.39 滞后系数小于等于10，回报数据呈正相关

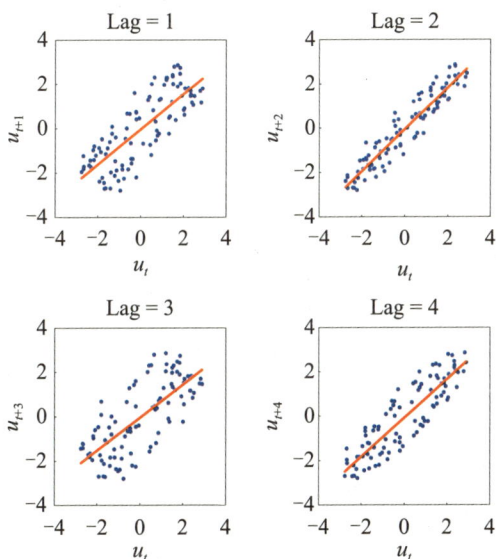

图9.40 u_t和u_{t+k}的关系，正自相关，$k=1$，2，3和4

以下代码用来生成绘制图9.38～图9.40所需数据。

```matlab
%% Positive autocorrelation
clear all; close all; clc

num = 1:100;
x = 0:(4*pi/(length(num)-1)):4*pi;
switch_sign = (-1).^num;
return_y = 2*sin(x) + abs(rand(1,length(x))).*switch_sign;

y = cumsum(return_y);

% Refer to previous program for plotting
```

　　有些时候会发现，一些时间序列本身没有展现出显著的自相关性。但是经过一些简单的数学变换，比如平方运算，新得到的数据的自相关性就很明显了。举例来说，利率的每日变化量 (每天的差值)，这个时间序列的自相关性一般不足。但是，将利率每日变化量平方后得到的平方值序列，却展现出很好的自相关性。了解这一点，有助于我们后面用各种时间序列模型，比如GARCH、ARCH等，去估算利率差值的波动率等。自相关这个概念从提出到今日也就半个世纪的时间，但是这个概念却让时间序列建模成为可能。丛书将会在第三本中和读者深入探讨时间序列建模。

上帝不仅玩骰子，他还有时把骰子扔到看不见的地方。

God not only plays dice. He also sometimes throws the dice where they cannot be seen

——史蒂芬·威廉·霍金 (Stephen William Hawking)

第 **10** 章

Fixed Income Analysis
固定收益分析

> 潮水退去之前，你永远不知道谁在裸泳。
>
> *You never know who is swimming naked until the tide goes out.*
>
> ——沃伦·巴菲特 (Warren Buffett)

> 我尽量不借，你一开始是借，然后就是乞求。
>
> *I try not to borrow, first you borrow then you beg.*
>
> ——欧内斯特·海明威 (Ernest Hemingway)

Core Functions and Syntaxes
本章核心命令代码

- ◂ A(any(isnan(A),2),:) = [] 去除矩阵 A 中任何含有 NaN 元素的行。
- ◂ bndprice(Yield,CouponRate,Settle,Maturity) 将收益率转换为价格。
- ◂ bndyield(Clean_Price, CouponRate, Settle, Maturity, Period, Basis) 将净价等转换为收益率。
- ◂ bondbyzero(RateSpec,CouponRate,Settle,Maturity) 获得债券当前的全价、净价和现金流情况。
- ◂ cfconv(CashFlow,Yield) 计算现金流的凸率。
- ◂ cfdur(CashFlow,Yield) 根据输入的现金流和收益率计算久期和修正久期。
- ◂ datenum(Valuation_Date,formatIn) 将日期 Valuation_Date 转换为日期数字，formatIn 指定 Valuation 的日期格式，常见的有 'dd-mmm-yyyy''mm/dd/yyyy''dd-mmm-yyyy HH:MM:SS' 等。
- ◂ datetick('x','mmm/yy','keeplimits') 将图的横坐标改成以日期显示，需要配合 datenum() 事先把横坐标的日期数据由月期格式改成数字形式。
- ◂ intenvset('Rates',0.05,'StartDates','20-Jan-2000','EndDates','20-Jan-2001') 建立一个利率期限结构。
- ◂ pvvar() 用于计算非固定现金流的现值。
- ◂ set(basemesh, 'facecolor', 'none') 取消显示网格的颜色，配合绘图函数 mesh() 使用。
- ◂ zbtprice() 将债券价格转换为即期利率。
- ◂ zero2disc() 将即期利率转换为折算因子。
- ◂ zero2fwd() 进行即期利率到远期利率的折算。默认的即期利率的折算频率是 2 次 / 年，这个函数的输入和输出数据可以任意设定计息频率和方式。输入数据计息频率的句柄为 InputCompounding，输出数据的计息频率的句柄为 OutputCompounding。

10.1 债券介绍

债券可看作是一种债务凭证。发债一方可以是政府、企业等机构。债券的购买者可以是各种组织或个人投资者。债券一般承诺以一定的利率和时间支付利息，并按照约定的条件偿还**本金** (par，par value，face value)。和债券相关的另外一个重要概念是**名义本金** (notional principal，notional principal amount)。它指的是，交易双方在合约中确定的交易金额。

举个例子，甲方向乙方以资金筹措为名借款。合同中写明甲方的欠款金额，还款时间，还款方式，每年 (或者每半年) 偿付的利息，是否有抵押资产作为借款担保，是否有其他人或机构作为借款担保，任何违约行为出现应该如何处理。甲方拿到的是乙方的借款，是**债务人** (debtor)；乙方提供借贷资产，是**债权人** (creditor)。甲乙双方都拿到一份合同。如果甲方是政府，这个债券就可以是政府债券。如果甲方是企业，这个债券就可以是企业债券。债券发行的一瞬间，债券本身立刻有了商品属性。也就是，这个债券立刻可以拿到市场上进行交易。但是，一般老百姓之间的借款或者欠款，几乎不可能在市场上买卖。就具体形式而言，债券又是区别于**贷款** (loan) 的一种专门的金融产品。

那么债券放到市场上交易的那一刻，它的价格是如何确定的呢？利率是影响债券价格一个重要的因素之一。举个极端例子，债券上市10分钟后，各个期限的利率大幅上升。和10分钟前相比，借款成本大幅度上升。对于债权人一方，10分钟前签订的合同10分钟后看来一定是赔钱的买卖。这笔刚刚签订的债务也只能打折才能售出。

此外，发债方的信用情况对债券价格也有很大影响。还是债券上市10分钟后，发债方公司财务突然爆出丑闻，导致公司股票10分钟跌停。那么，10分钟前签订的这份借款合同现在看来一定要打折卖出。原因很简单，发债方的信用风险大幅提高，能否按时支付利息、偿还本金都是未知数。也就是，如果甲方破产，不但利息拿不到，本金也没法收回，鸡飞蛋打。从以上两点可以看到，债券价格会随着市场相关因素不断波动。

最常见的债券是固定息票利率债券。图10.1展示的是期限为5年，每年年底付息一次的固定利率债券；付息的这个利率叫作息票利率。这张图里可以看到6个现金流，0时刻是债券合同签订之时。之后的4个时刻发债方需要按息票利率支付利息。债券期满，发债方要偿还本金和最后一笔利息。图10.2演示的现金流和图10.1类似，也是固定利率债券的现金流。但是，图10.2中债券期限为2.5年，每半年期末支付利息一次。这里注意两种情况，债券息票利率都是年化数值。这就是为什么图10.2中会出现$C/2$的情况，分母的2是对应付息频率每年两次。

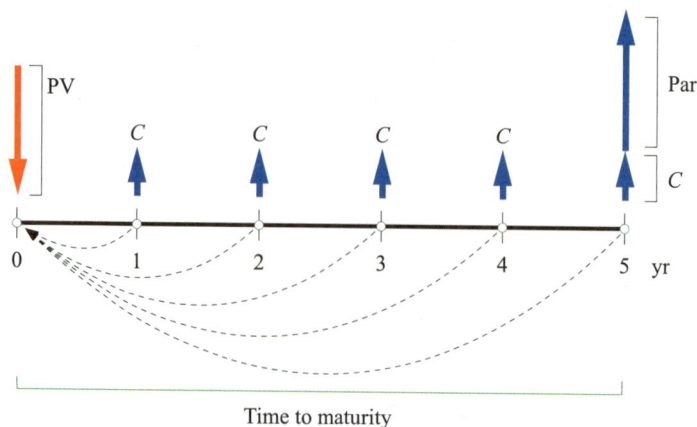

图10.1　债券每年计息一次

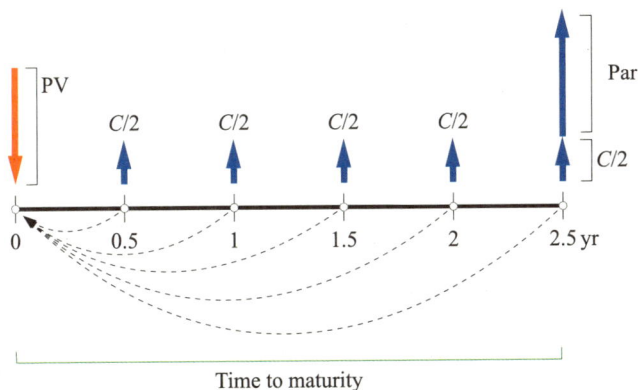

图10.2　债券每半年计息一次

零息债券，不同人的理解可能是不同的。有人可能认为，零息债券是期初借款金额为本金，期末一次性连本带利偿还。而本书的**零息债券** (zero coupon bond)，指的是发行时以低于票面金额价格发行，而期末兑付时按照票面金额兑付，而利息隐含在发行价格和兑付价格之间，现金流结构如图10.3所示。常见的零息债券是美国短期国债。说到美国国债，常见的美国国债有四种：**短期国库券** (Treasury Bills，T-Bills)、**国库票据** (Treasury Notes，T-Notes)、**国库债券** (Treasury Bonds，T-Bonds)、**通涨保值债券** (Treasury Inflation Protected Securities，TIPS)。美国短期国库券到期时间为一年或一年以内，一般都是**零息债券**。比较受欢迎的T-Bills有一个月期、三个月期、半年期和一年期。T-Notes一般到期时间是2～10年，每半年付息一次。T-Bonds是长期债券，目前最长期限的T-Bonds是30年。T-Bonds也是半年付息一次。通涨保值债券是一种浮动利率债券，浮动利率根据**消费价格指数** (Consumer Price Index，CPI) 调节，如图10.4所示。

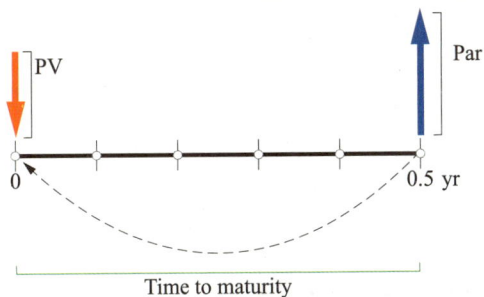

图10.3　零息债券

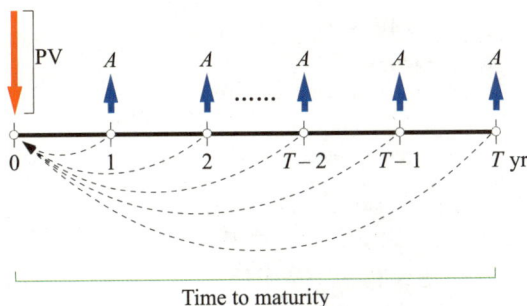

图10.4　年金

10.2 债券价格

在债券价格的计算中，有一对非常重要的概念：

> ◀ **全价** (PV (of all future cash flows)，full price，invoice price，dirty price，gross price，settlement price，all-in-one price)
> ◀ **净价** (clean price，quoted price，or Reuters，flat price)

全价相当于实际成交价格，包含**应计利息** (Accrued Interest，AI)。债券净价是不含有应计利息的价格。债券市场采用净价进行债券报价。为什么需要使用净价来报价？因为净价本身波动不受应计利息影响，净价更容易看出风险因子 (利率、利差等) 的波动情况。净价、全价和应计利息三者关系展示在图10.5中。可以看到全价 (dirty price) 的波动一部分来自应计利息随时间的变化，另外一部分来自于市场其他因素。

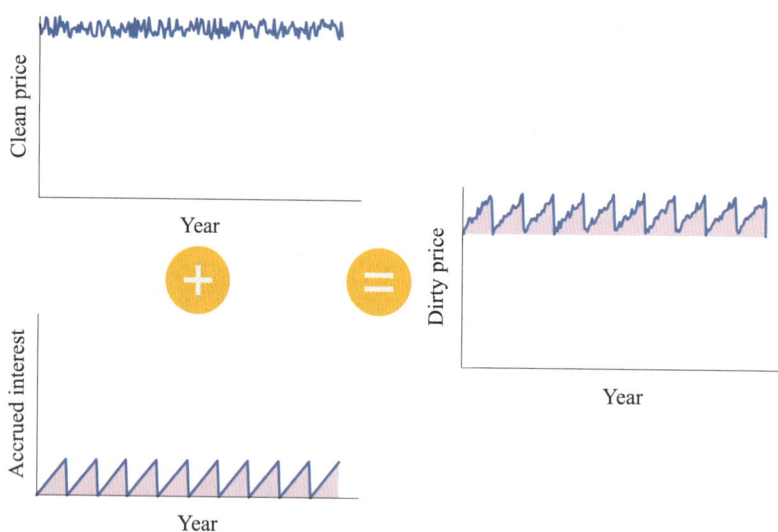

图10.5 净价、全价和应计利息三者关系

图10.6展示了债券交易的两个时刻：发利息之前和发利息之后。图10.6上的时间点是发利息之前。发债方是甲方，乙方购入债券后，将手中持有的债券销售给丙方。乙丙两方成交之后，丙方立刻可以拿到一个债券利息现金流C。如果这笔现金给了丙方，乙方自然觉得不公平；因为在$T-k-1$和$T-k$这个时间段里，乙方持有债券的时间更长。不然，乙方如果再等一段时间，如图10.6下图，拿到$T-k$时间点对应的现金流之后再交易债券，岂不是更划算。那么如果交易就是发生在$T-k-1$和$T-k$中间某个时刻，乙丙两方应该如何分配C这个现金流呢？图10.7展示的就是应计利息的分配原理。应计利息AI的算式是：

$$AI = C\frac{t}{\Delta T} \tag{10.1}$$

ΔT是付息间隔时间，单位可以是天 (营业日或日历日)；或者是年，比如说半年 (每年付息两次，或每半年付息一次)、1年 (每年付息一次)。有关日数协议，请参考本章后文。AI是乙方理应拿走的部分；$C-AI$就是丙方应该拿走的部分。这是FRM一级最常见的考点之一。

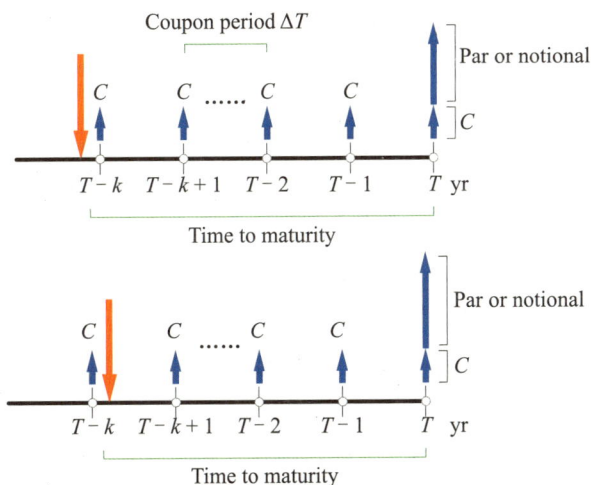

图10.6　发息前后时刻

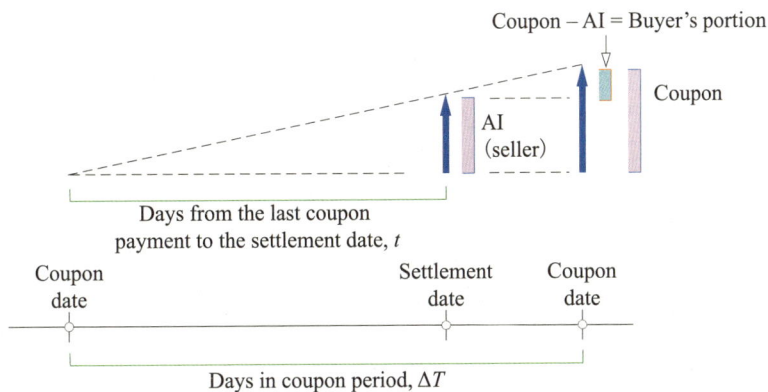

图10.7　应计利息分配

下面用两个例子来加深对全价、净价和应计利息这三个概念的理解。首先，用intenvset()函数建立起一个**利率期限结构** (term structure of interest rates)，通过定义该函数中的指令项Compounding，给出年付息频率。图10.8展示的就是这个瞬时的利率期限结构。这里再次强调，利率期限结构这条折线或曲线，会随时间不断变化。在第4章中格外提过，希望读者能将利率期限结构理解为一个曲面。利率曲面的两个时间维度是期限和瞬时时间。

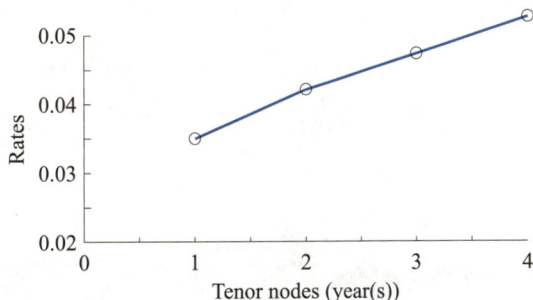

图10.8　当前利率期限结构

然后，再构建一个债券的现金流结构，息票利率为10%，到期时间为2021年8月1号，每年期末付息两次 (或每半年付息一次)，票面价格为$100。用bondbyzero()这个函数，输入利率期限结构、息票率、交易日期、到期日、年付息频率和面值，可以计算得到债券当前的全价、净价和现金流情况。图10.9就是用这个函数绘制的债券未来现金流的情况。现金流金额为负值的$-4.16代表的就是应计利息AI。

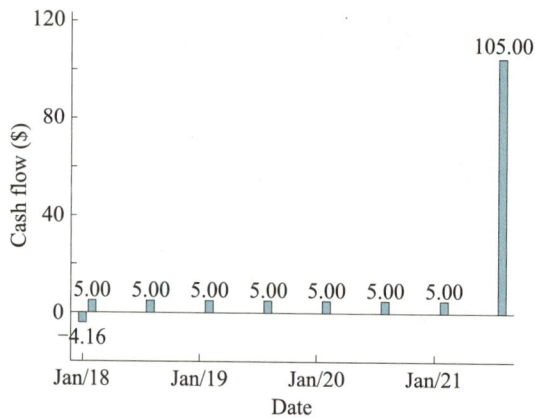

图10.9　债券未来现金流情况

如果假设利率期限结构不随时间变化，即图10.8展示的利率期限结构不变。换句话说，一年期、两年期、三年期和四年期这几个期限节点上的利率水平不随时间变化。从现在 (2018年1月1日) 算起到债券到期日，债券全价和净价随时间变化的趋势将如图10.10所示。全价的形状是锯齿状的，这是受到每半年一次的债券利息现金流影响。锯齿的起落是应计利息的变化。净价的变化很平滑，是因为整个过程利率的期限结构没有变化。在债券到期时，债券的净价**回归债券面值** (pull to par)。

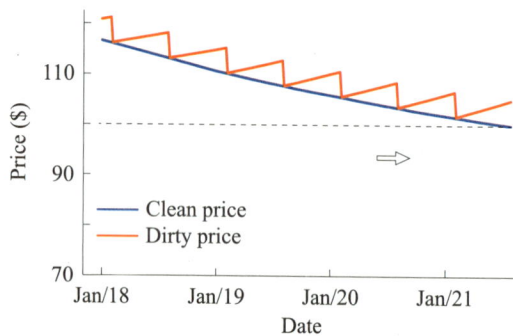

图10.10　净价和全价随时间变化

以下代码可以获得图10.8到图10.10。

```
B1_Ch10_1.m

%%
clc; clear all; close all

Rates = [0.035; 0.042147; 0.047345; 0.052707];
Valuation_Date = 'Jan-1-2018';
Start_Dates = Valuation_Date;
End_Dates = {'Jan-1-2019'; 'Jan-1-2020'; 'Jan-1-2021'; 'Jan-1-
2022'};
Compounding = 1;
ZeroRateSpec = intenvset('Rates', Rates, 'StartDates',Start_Dates,...
    'EndDates', End_Dates, 'Compounding', Compounding);
```

```matlab
figure(1)
tenors = ZeroRateSpec.EndTimes;
Zero_Rates = ZeroRateSpec.Rates;
plot (tenors,Zero_Rates, 'o-')
xlabel ('Tenor nodes (year)')
ylabel('Rate')

xlim([0 max(tenors)])
ylim([0 max(Zero_Rates)])
set(gcf,'color','white')

Coupon_Rate = 0.1; % 10% coupon
analysis_date = Valuation_Date;
Maturity = 'Aug-01-2021';
Period = 2; % semi-annual coupon
Face = 100; % USD
[Price, DirtyPrice, CFlowAmounts, CFlowDates] = bondbyzero(...
    ZeroRateSpec, Coupon_Rate, analysis_date, Maturity,
'Period',...
    Period, 'Face', Face)
% Day count convention: actual/actual

figure(2)
bar(CFlowDates, CFlowAmounts)
datetick('x','mmm/yy','keeplimits')
x = CFlowDates;
y = CFlowAmounts;
for i1=1:numel(y)
    text(x(i1),y(i1),num2str(y(i1),'%0.2f'),...
                'HorizontalAlignment','center',...
                'VerticalAlignment','bottom')
end

xlabel('Date')
ylabel('Cash flow [USD]')

% analysis date is rolling
% assumption: the term structure is unchanged

formatIn = 'mmm-dd-yyyy';
analysis_date_num = datenum(Valuation_Date,formatIn);
Maturity_date_num = datenum(Maturity,formatIn);
analysis_date_series = analysis_date_num:5:Maturity_date_num;

for i = 1:length(analysis_date_series)

    analysis_date = analysis_date_series(i);
```

```
    [Clean_Price_series(i), Dirty_Price_series(i), CFlowAmounts,
CFlowDates] = bondbyzero(...
    ZeroRateSpec, Coupon_Rate, analysis_date, Maturity, 'Period',...
    Period, 'Face', Face);

end

figure(3)
plot(analysis_date_series,Clean_Price_series); hold on
plot(analysis_date_series,Dirty_Price_series); hold on
datetick('x','mmm/yy','keeplimits')
ylim([50,max(Dirty_Price_series)])
legend('Clean price','Dirty price','Location','southwest')

xlabel('Date')
ylabel('Price [USD]')
```

刚才讨论的是利率的期限结构不随时间变化的情况。下面来看另外一个利率的结构随着时间不断变化的例子。在这个例子中，构建的债券的现金流结构如图10.11所示。债券发债时间为2015年11月6日。债券的到期时间为2018年11月6日。债券的面值为$100，债券的年化息票率分别为10% (0.1)、1% (0.01) 和0% (零息债券) 三种情况，每年付息两次 (每半年付息一次)。采用真实的利率历史数据。我们用fred()和fetch()这两个函数获取https://fred.stlouisfed.org/的几个期限节点上的利率数据。三个期限节点上的利率历史数据随时间变化的过程如图10.12所示。图10.13演示的是利率期限结构随时间变化形成的曲面。如何绘制图10.13，请回顾并参考第4章利率平面的内容。

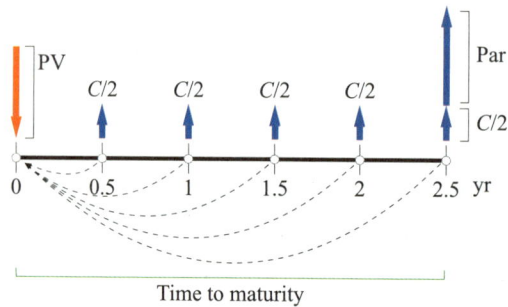

图10.11　三年到期，每半年计息一次

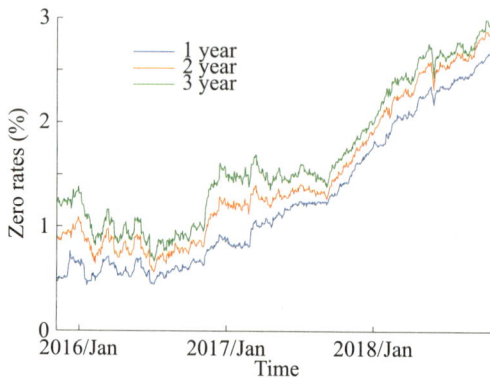

图 10.12　真实利率变化

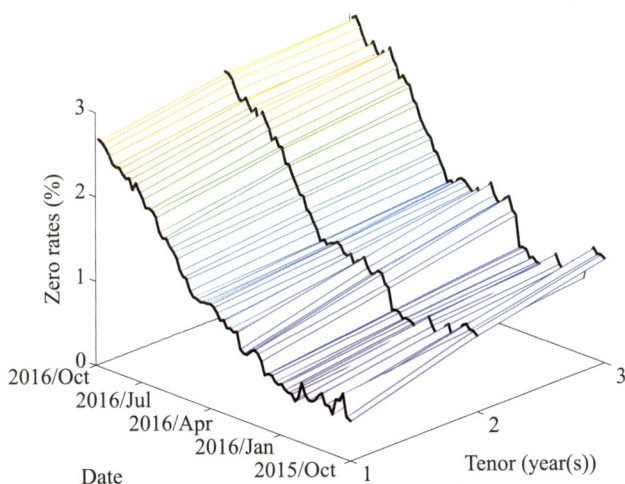

图 10.13　利率期限曲面变化

首先看债券的年化息票利率为10%的这种情况。债券的面值为\$100，每年发息两次，因此每次的利息现金流为\$5。\$5对债券的全价的影响还是很明显的，如图10.14所示，锯齿状现象很明显。债券到期时，最后一笔现金流让债券的最终全价为\$105。值得注意的是，一般情况下债券发售时，息票率都是根据当前的主流利率精确计算过，除了零息债券外，发行的售价一般都是面值。但是，本章中编写的这个例子债券的最开始发行价格不是面值，而是远高于面值，如图10.15所示。由于债券初始价格远高于债券面值，所以债券的净价随着时间不断下降，不断靠近债券面值。

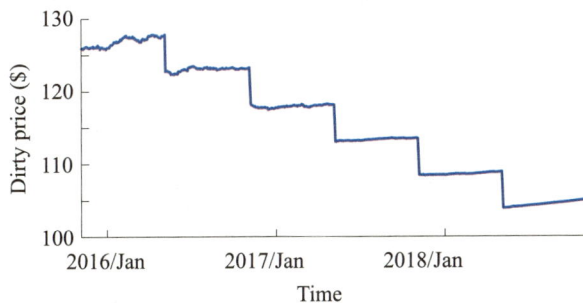

图10.14　全价随时间变化，10%息票率，每半年计息一次

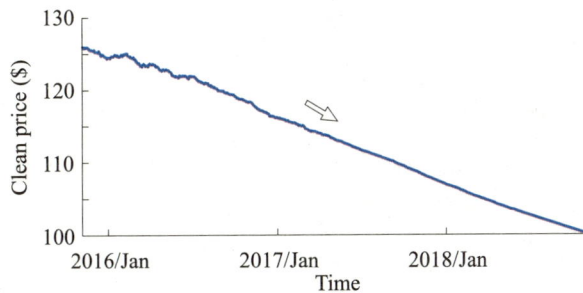

图10.15　净价随时间变化，10%息票率，每半年计息一次

当息票率下降为1%时，如图10.16所示，债券初始价格接近票面价格。票面为\$100，每半年的债券利息现金流为\$0.5。这笔现金流很小，因此对全价的影响很小，锯齿现象并不明显，反而利率的波动对其影响很大，如图10.16所示。净价随着利率在\$100附近波动，如图10.17所示。

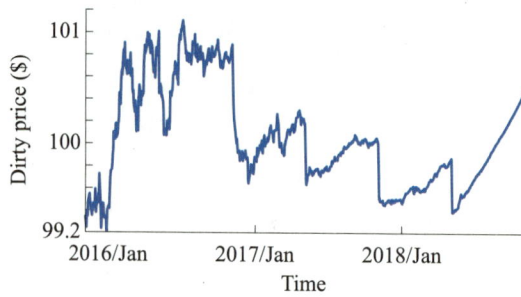

图10.16　全价随时间变化，1%息票率，每半年计息一次

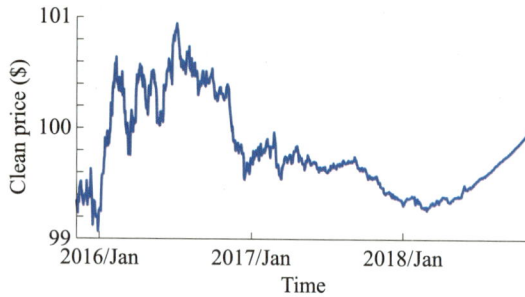

图10.17　净价随时间变化，1%息票率，每半年计息一次

　　图10.18展示的是当债券没有利率现金流时，也就是零息债券的价值变化。可以看到，债券初始价格低于$100的票面金额，随着时间推进，债券的全价/净价不断接近$100。

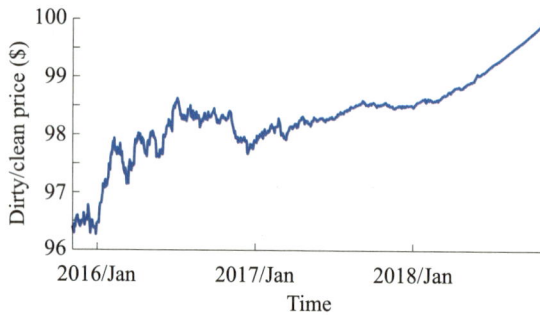

图10.18　零息债券，全价/净价随时间变化

以下代码可以获得图10.12到图10.18。

```
B1_Ch10_2.m

%% Step 1: Download zero rates from FRED
%  Nodes: 1yr, 2yr, 3yr
%  Length: 2 actual years
%  Remove NaN from the data and calculate daily difference
%  Retrieve 250 data points

clc; clear all; close all
url = 'https://fred.stlouisfed.org/';
c = fred(url);
```

```matlab
startdate = '01/01/2015';
% beginning of date range for historical data
enddate = '11/18/2018'; % to be updated
% ending of date range for historical data
% please convert the following to a loop
series = 'DGS2';
treasury_2_yr_data = fetch(c,series,startdate,enddate)
% display description of data structure
treasury_2_yr = treasury_2_yr_data.Data(:,2);
date_series = treasury_2_yr_data.Data(:,1);


series = 'DGS3';
treasury_3_yr_data = fetch(c,series,startdate,enddate)
treasury_3_yr = treasury_3_yr_data.Data(:,2);


series = 'DGS1';
treasury_1_yr_data = fetch(c,series,startdate,enddate)
treasury_1_yr = treasury_1_yr_data.Data(:,2);


treasury_rates = [treasury_1_yr, treasury_2_yr, treasury_3_yr];


treasury_rates_nan_removed = treasury_rates;
treasury_rates_nan_removed(any(isnan(treasury_rates),2),:) = [];


date_series_nan_removed = date_series;
date_series_nan_removed(any(isnan(treasury_rates),2)) = [];
%% Step 2: Bond Definition and Pricing


issue_date = '11/06/2015';
coupon_rate = 0.1; % 0, 0.01 (1%), 0.1 (10%)
mature_date = '11/06/2018';
coupon_per_yr = 2; % coupon frequency


date_index_start = find(datenum(date_series_nan_removed) == datenum(issue_date));


date_index_end = find(datenum(date_series_nan_removed) == datenum(mature_date));


for i = date_index_start:date_index_end-1

    analysis_date = date_series_nan_removed(i);
    CalWin = datenum(analysis_date);
    tenor_1yr = datestr(addtodate(CalWin, 1, 'year'));
    tenor_2yr = datestr(addtodate(CalWin, 2, 'year'));
    tenor_3yr = datestr(addtodate(CalWin, 3, 'year'));
    rates_tenors = [tenor_1yr; tenor_2yr; tenor_3yr];
    Rates = (treasury_rates_nan_removed(i,:)/100)';


    ZeroRateSpec = intenvset('Rates', Rates,
```

```matlab
    'StartDates',analysis_date,...
        'EndDates', rates_tenors, 'Compounding', 2);

    [clean_price, dirty_price, CFlowAmounts, CFlowDates] =
bondbyzero(ZeroRateSpec,...
        coupon_rate, analysis_date, mature_date, coupon_per_yr);

    % Yield_series(i) = bndyield(clean_price, coupon_rate, analysis_date,...
    %           mature_date, coupon_per_yr, 1);

    CLEAN_PV (i) = clean_price;
    DIRTY_PV (i) = dirty_price;

end

index = 1;
figure(index)
index = index + 1;
plot(date_series_nan_removed(date_index_start:date_index_end-1), ...
    treasury_rates_nan_removed((date_index_start:date_index_end-1),1)); hold on
plot(date_series_nan_removed(date_index_start:date_index_end-1), ...
    treasury_rates_nan_removed((date_index_start:date_index_end-1),2)); hold on
plot(date_series_nan_removed(date_index_start:date_index_end-1), ...
    treasury_rates_nan_removed((date_index_start:date_index_end-1),3)); hold on
datetick('x','yyyy/mmm','keeplimits')
xlim([date_series_nan_removed(date_index_start),...
    date_series_nan_removed(date_index_end-1)])
xlabel('Time')
ylabel('Zero Rates [%]')
legend('1 year','2 year','3 year')

figure(index)
index = index + 1;
plot(date_series_nan_removed(date_index_start:date_index_end-1), ...
    DIRTY_PV(date_index_start:date_index_end-1));

datetick('x','yyyy/mmm','keeplimits')
xlim([date_series_nan_removed(date_index_start),...
    date_series_nan_removed(date_index_end-1)])
xlabel('Time')
ylabel('Dirty price [USD]')

figure(index)
index = index + 1;

plot(date_series_nan_removed(date_index_start:date_index_end-1), ...
    CLEAN_PV(date_index_start:date_index_end-1));
```

```
datetick('x','yyyy/mmm','keeplimits')
xlim([date_series_nan_removed(date_index_start),...
    date_series_nan_removed(date_index_end-1)])
xlabel('Time')
ylabel('Clean price [USD]')
```

10.3 到期收益率

对于债券而言，**到期收益率** (Yield To Maturity，YTM) 可以这样理解：在某个时间点上分析债券，如果按现在的利率期限结构，将债券持有到期，收到债券所有的现金流 (利息和本金)，计算出债券的内部收益率就是债券的YTM，类似于年化平均收益率。某种意义上到期收益率像是，在各个现金流节点上，按债券现金流的金额进行加权计算出来的利率均值，如图10.19所示。

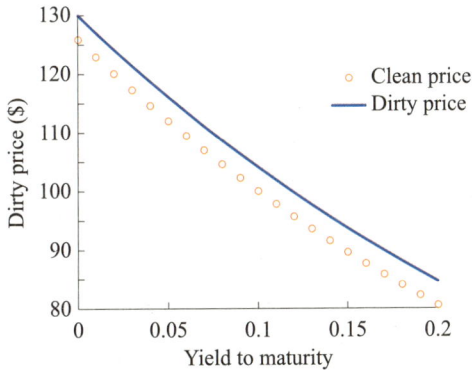

图10.19   全价和净价随到期收益率变化

如图10.20所示的现金流和即期利率，债券现值可以首先通过下式计算出来：

$$PV = \frac{C}{(1+z_1)} + \frac{C}{(1+z_2)^2} + \frac{C}{(1+z_3)^3} + ... \frac{C}{(1+z_n)^n} + \frac{Par}{(1+z_n)^n} \tag{10.2}$$

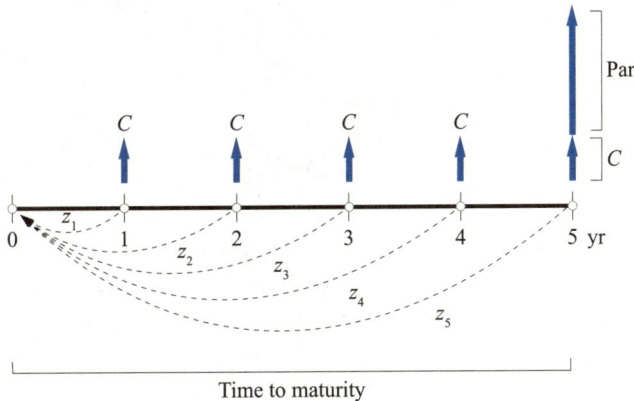

图10.20   即期利率和现金流结构

然后通过下式，反求y，也就是反求YTM：

$$PV = \frac{C}{(1+y)} + \frac{C}{(1+y)^2} + \frac{C}{(1+y)^3} + ... \frac{C}{(1+y)^n} + \frac{Par}{(1+y)^n} \qquad (10.3)$$

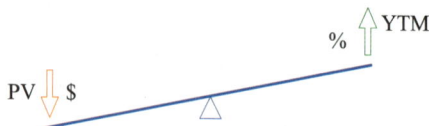

图10.21　债券价格和到期收益率关系

图10.21展示的是全价和净价随到期收益率YTM的变化关系。可以看出来，两者呈现一个类似反比例的关系。在下一本书中，会继续仔细研究这种类似反比例的关系，以及这种关系下的风险因子如何影响资产价格。如前文所述，YTM某种意义上代表利率的平均水平，因此可以简单地说，如果利率 (准确地说，利率期限结构整体，或者某种加权平均下的结果) 下降，那么债券的价格会上升；利率上升，债券的价格会下降，如图10.21所示。以下代码可以获得10.19。

```
B1_Ch10_3.m

%% Dirty/clean price versus YTM

Yield_series = [0:0.01:0.2];
CouponRate = 0.1;
Settle = '18-Jan-2018';
Maturity = '18-Aug-2020';
Period = 2;
Basis = 0; % day count convention

[Clean_Price, AccruedInt] = bndprice(Yield_series, ...
    CouponRate, Settle, Maturity, Period, Basis)
% covert yield to price

figure(1)
plot(Yield_series,Clean_Price,'o'); hold on
xlabel('Yield to maturity')
ylabel('Clean price [USD]')

dirty_price = Clean_Price + AccruedInt;

plot(Yield_series,dirty_price)
xlabel('Yield to maturity')
ylabel('Dirty price [USD]')
legend('Clean price','Dirty price')

%% Clean price to YTM

Clean_Price = [80:2:110];
```

```
CouponRate = 0.1;
Settle = '18-Jan-2018';
Maturity = '18-Aug-2020';
Period = 2;
Basis = 0;

Yield = bndyield(Clean_Price, CouponRate, ...
    Settle, Maturity, Period, Basis)
% convert clean price to yield

% For SIA conventions, the Price and Yield are
% related by the formula:
% Price + Accrued Interest = sum(Cash_Flow*(1+Yield/2)^(-Time))

figure(2)
plot(Yield, Clean_Price, 'o')
xlabel('Yield to maturity')
ylabel('Dirty price [USD]')
```

　　当债券在市场公开发售时，市场的各种风险因素，比如利率、信用评级、流行性等，开始综合影响债券的价格。一般情况下，如果一个附息债券以面值首发，那么它的息票率和YTM应该相等。利率大小基本由无风险利率水平和信用风险水平决定。比如，A公司为了融资$100，借款期限为两年，每半年付息$2，第二年年底连本带利付清。注意一点，A公司约定的债券的息票率不会发生变化。

　　其他因素完全不变的情况下，如果在首发结束后一瞬间，市场的无风险利率相比债券首发时刻下降，市场突然意识到，谁买了A公司的债券此时卖掉能赚钱 (不考虑其他交易成本)。或者说，债券发行结束后，突然公司信用评级提高，A公司的借款成本下降，A公司前一时刻发行的债券，现在看来，利息付多了。另外一个角度，如果A公司此时决定，再次融资$100，借款期限仍为两年，同样也是每半年付息，每半年的利息就要小于$2。

　　再换投资者的角度来看。如果投资者手里持有的A公司债券突然变得更具吸引力，此时售出应该卖出高于$100价格，因为市场利率低，要获得每半年$2的利息，就要拿出大于$100的本金。这种债券就是**溢价债券** (premium bond)，如图10.22所示。

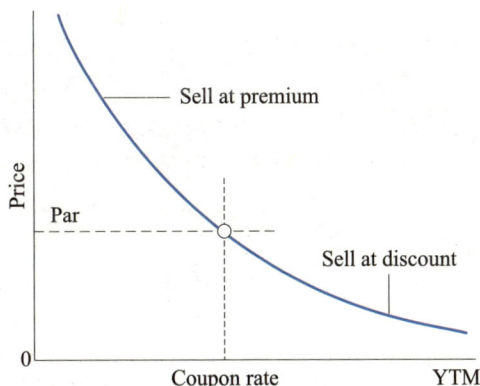

图10.22　打折债券和溢价债券

　　相反，如果无风险利率在债券首发过后一瞬间，突然大幅上扬；或者A公司的信用评级下降，这两种情况都会导致公司借款成本陡然增加，这时公司之前发行的债券就会打折，这种债券就是**打折债**

券 (discount bond)。图10.23展示的是打折债券和溢价债券净价随时间变化的规律。

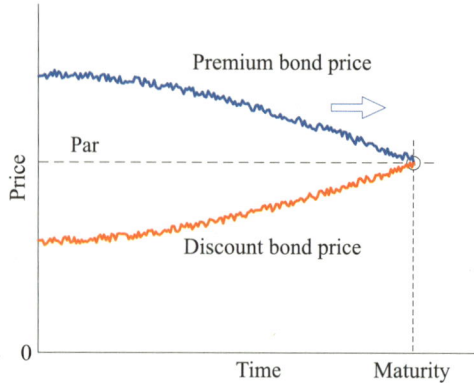

图10.23　打折债券和溢价债券净价随时间变化

　　有些时候，公司怕自己发行的债券溢价太多，会设置**赎回条款** (redemption term)，这种债券就是**可赎回债券** (callable bond)。作为购买者，当看到这种可赎回、保护发债人的条款，应该如何看待呢？实际上，亲兄弟照样明算账，这样的债券会被更加便宜地售出。图10.24演示的就是可赎回债券和一般债券价格的比较。FRM考试的时候，债券销售一方可以被描述为：

◀ 可赎回债券的发行者 (issuer in callable bond)
◀ 销售可赎回债券 (sell a callable bond)
◀ 售出可赎回债券 (short position in a callable bond)

　　销售债券一方相当于：

◀ 售出普通债券，但是认购看涨期权 (short position in non-callable bond + long position in a call option)

　　债券购买一方可以被描述为：

◀ 可赎回债券的购买者 (holder in callable bond)
◀ 投资可赎回债券 (investment in callable bond)
◀ 购买可赎回债券 (long position in callable bond)

　　购买债券一方相当于：

◀ 认购普通债券，但是售出看涨期权 (long position in non-callable bond + short position in a call option)。因此债券售价相当于：债券价格减去看涨期权价格。

　　这种可赎回债券有利于债券发行方，因为**债券发行者有权利赎回债券** (a callable bond is a bond that can be redeemed by the issuer prior to its maturity)。因此，可赎回债券售价偏低，到期**收益率偏高** (higher yield rate)，这样才能吸引投资者，如图10.24所示。当利率下降时，债券价格上升，债券发行者可能赎回债券，而投资者拿到现金后，要在一个低利率的投资环境下再投资。在这种情况下，投资者有**再投资风险** (reinvestment risk)。另外，这种债券的**信用风险** (credit risk) 较低，因为债券销售方违约可能性降低。

　　与可赎回债券相对的是**可卖回债券** (puttable bond)。顾名思义，这种债券的特点是，债券的**持有者** (holder)，可以在未到期之前，债券价格降低到一定程度时，**将债券以约定最低价卖回给债券发行方** (allows the investor to sell the bond back to the issuer, prior to maturity)。很明显，这种可卖回债券有利于投资者，因为它保护了投资者的利益。因此，债券发行方觉得吃亏，就要提高债券的售价。另外，这种债券的信用风险很高，因为利率 (或/和利差) 上升是触发投资者卖回债券的关键原因，如图10.25所示，这时债券发行方可能会违约，因为借款还钱成本大幅提高。

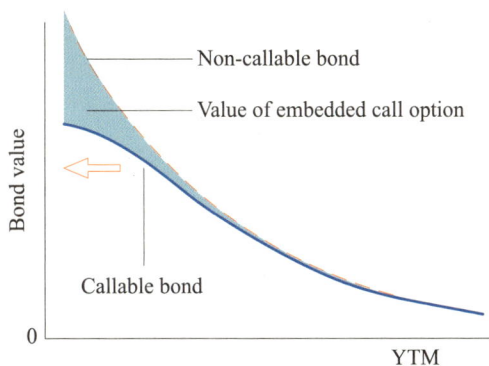

图10.24　可赎回债券

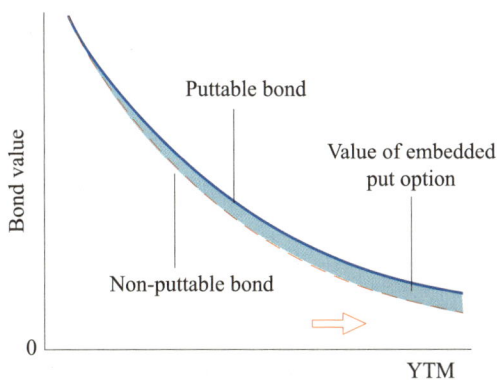

图10.25　可卖回债券

可卖回债券的发行方，可以这样描述：

- ◀ 可卖回债券的发行方 (issuer in puttable bond)
- ◀ 销售可卖回债券 (sell/sold a puttable bond)
- ◀ 售出可卖回债券 (short position in puttable bond)

销售可卖回债券，相当于：

- ◀ 售出普通债券，并且售出看跌期权 (short position in non-callable bond + short position in puttable option)

投资可卖回债券的持有者，可以描述为：

- ◀ 可卖回债券的持有者 (holder in puttable bond)
- ◀ 投资可卖回债券 (investment in a puttable bond)
- ◀ 认购可卖回债券 (long position in a puttable bond)

购买可卖回债券相当于：

- ◀ 认购普通债券，并且同时认购看跌期权 (long position in non-callable bond + long position in a put option)

10.4 折算

即期利率和远期利率之间的关系可以通过图10.26来说明。如果是**单利** (simple rate)，即期利率和远期利率的关系可以表述为：

$$(1+z_1t_1)\left[1+f(t_1,t_2)(t_2-t_1)\right]=1+z_2t_2 \tag{10.4}$$

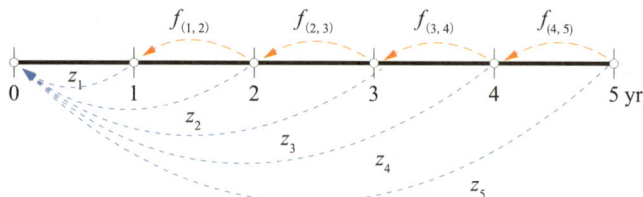

图10.26　即期利率转换为远期利率

假设1和2时刻的即期利率已知，两个时刻之间的远期利率可以通过下式计算出来：

$$f(t_1,t_2)=\frac{1}{t_2-t_1}\left(\frac{1+z_2t_2}{1+z_1t_1}-1\right) \tag{10.5}$$

如果是**年复利** (annual compounded rate) 的话，远期利率和即期利率的关系为：

$$(1+z_1)^{t_1}\left[1+f(t_1,t_2)\right]^{t_2-t_1}=(1+z_2)^{t_2} \tag{10.6}$$

类似地，远期利率可以求解为：

$$f(t_1,t_2)=\left(\frac{(1+z_2)^{t_2}}{(1+z_1)^{t_1}}\right)^{\frac{1}{t_2-t_1}}-1 \tag{10.7}$$

如果是**连续复利** (continuously compounded rate) 的话，这两个利率的关系为：

$$e^{z_1t_1}e^{f(t_1,t_2)(t_2-t_1)}=e^{z_2t_2} \tag{10.8}$$

上式可以整理为：

$$z_1t_1+f(t_1,t_2)(t_2-t_1)=z_2t_2 \tag{10.9}$$

远期利率的计算式可以整理为：

$$f(t_1,t_2)=\frac{z_2t_2-z_1t_1}{t_2-t_1} \tag{10.10}$$

MATLAB中有专门的函数zero2fwd()进行即期利率到远期利率的折算。默认的即期利率的折算频率是2次/年。这个函数的输入和输出数据可以任意设定计息频率和方式。输入数据计息频率的句柄为InputCompounding，输出数据的计息频率的句柄为OutputCompounding，数值和对应的计息频率，请参考表10.1。注意默认的计息频率为2次/年。fred()函数下的利率数据一般情况也是每年计息2次。MATLAB的句柄和数值一般都是通用的，类似的计算通用一套句柄和数值。

表10.1 输入和输出利率数据计息频率

数值	计息频率和方式
0	单利 [simple interest (no compounding)]
1	1次/年 (annual compounding)
2	2次/年 [semiannual compounding (default)]
3	3次/年 (compounding three times per year)
4	4次/年 (quarterly compounding)
6	5次/年 (bimonthly compounding)
12	12次/年 (monthly compounding)
365	每日计息 (daily compounding)
−1	连续复利 (continuous compounding)

协议日数 (day count convention) 也是利息计算很重要的部分。简单来说，MATLAB用InputBasis和OutputBasis两个句柄来表达输入和输出利息数据的协议日数。MATLAB的命令中一般默认的协议日数是"实际天数/实际总天数"。这里解释一下这个分数的意思。本节前文讲到t_1和t_2，这些都是年化的时间段。比如，某个利率节点是1年，那么这个时间段可以在数字上用1来表达。如果从2019年1月1日算起，到2019年8月8日为止，这个时间段转换为年的话，是多少年？遇到这个问题，大家怕是要挠头了。最简单的方法就是数日历，日历上说是几天，然后分母上除以2019年整年的天数。然而，有人立刻提出异议，不需要用全年的天数，应该不包括不营业的周六周日，这才是实际总天数。也就是，从起始日到截止日，算一下有多少营业日，然后分母除以2019年整年的营业日的天数。后来又有人提出异议了，那不同地区的节假日怎么办？面对这些林林总总的考量，大家提出来几种协议，常见的几种协议见表10.2，更多日数协议请参考MATLAB help。

表10.2 几种日数协议

数值	协议日数
0	actual/actual：实际天数/实际天数，默认方法
1	30/360 SIA：一年按360天计算，一个月按30天计算。其他细节请参考MATLAB金融术语目录 (可在网站https://www.mathworks.com/help/上搜索"financial glossary")
2	actual/360：分子用实际天数，分母用360
3	actual/365：分子用实际天数，分母用365
5	30/360 ISDA：类似30/360 SIA，仅在具体月份和月初月末计数方面有细微差别
6	30E /360：类似30/360 SIA，在二月份日期计数上有不同
7	actual/365 Japanese：闰年也是365天，二月闰月多出一天不计
8	actual/actual ICMA：类似第一种方案，计息频率每年一次
13	bus/252：分母是实际营业日的天数，分母统一为252天

另一种常见的折算方式是**折扣率** (Discount Factor，DF)，如图10.27所示。类似于即期利率，DF也是有时间节点这个因素的。MATLAB用zero2disc()函数将即期利率折算为DF。

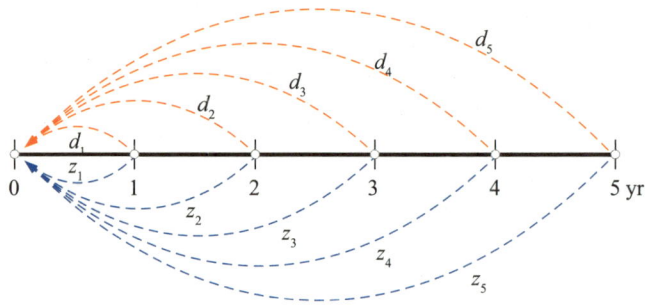

图10.27　即期利率转换为折算因子

　　图10.28展示的是一个即期利率的期限结构和其对应的远期期限结构。这个程序中，输入数据为到期时间不同的几个债券的信息 (到期时间，债券的息票率和债券当前价格)。这几个债券的计息频率都是每年两次 (每半年付息一次)。用MATLAB函数zbtprice()将债券价格转换为即期利率，这个过程叫作**票息逐层剥离法** (bootstrapping yield curve)。然后用zero2fwd()函数将即期利率转换为远期利率，同时用zero2disc()函数将即期利率转换为折算因子DF。图10.29展示的是折算因子随时间的变化。

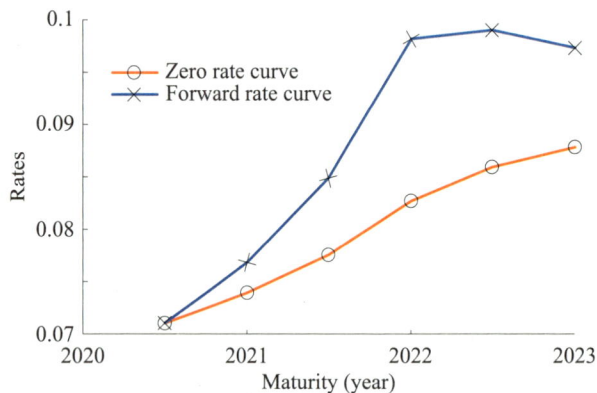

图10.28　即期利率和远期利率之间的关系

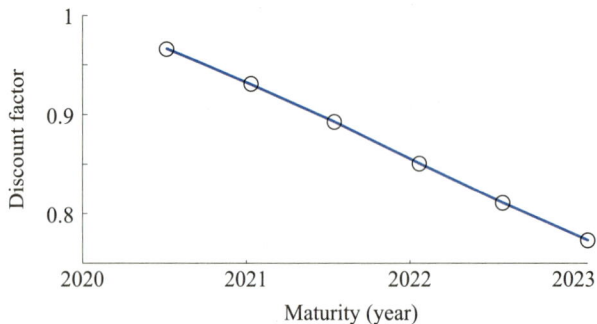

图10.29　折算因子的变化

以下代码可以生成图10.28和图10.29。

```matlab
Settle = datenum ('01-Jan-2020');
BondData = {'01-Jul-2020'  0.07000  99.95
            '01-Jan-2021'  0.07125  99.75
            '01-Jul-2021'  0.07250  99.32
            '01-Jan-2022'  0.07375  98.45
            '01-Jul-2022'  0.07500  97.71
            '01-Jan-2023'  0.08000  98.15};

tenors =datenum(strvcat(BondData{:,1}));
coupon_rates =[BondData{:,2}]';
bond_prices = [BondData{:,3}]';
Period = 2;
% semi-annual coupon, compounding frequency = 2/yr

Zero_Rates = zbtprice([tenors coupon_rates], bond_prices,
Settle);

Forward_Rates = zero2fwd (Zero_Rates, tenors, Settle);

% 'InputCompounding' — Compounding frequency of input zero rates
% 2 (default) | numeric values: 0,1, 2, 3, 4, 6, 12, 365, -1

Discount_Factors = zero2disc (Zero_Rates, tenors, Settle);

figure (1)
plot (tenors,Zero_Rates, 'o-', tenors,Forward_Rates,'x-')
xlabel ('Maturity (year)')
ylabel('Rate')
legend({'Zero rate curve','Forward rate curve'},'Location','northwest')
xlim([min(tenors) max(tenors)])
datetick x
set(gcf,'color','white')

figure (2)
plot (tenors,Discount_Factors, 'o-')
xlabel ('Maturity (year)')
ylabel('Discount factor')
xlim([min(tenors) max(tenors)])
datetick x
set(gcf,'color','white')
```

10.5 久期

第6章提到过一个重要概念——泰勒展开。这里就用这个概念从数学的角度来理解一个金融概念——**久期** (duration)。久期的形式有很多，比如：

◀ **麦考利久期** (Macaulay duration)
◀ **修正久期** (modified duration)
◀ **有效久期** (effective duration)

首先介绍下麦考利久期。一听名字就知道，这个久期肯定和麦考利有关。的确，加拿大经济学家 Frederick Macaulay (1883—1970) 在1938年提出麦考利久期这个概念。简单地说，麦考利久期就是，以债券未来不同时间节点上的现金流作为权重，计算加权平均债券的还款时间。举个例子，现在给你两个债券让你选择：A，两年后还款100元，中间没有任何现金流；B，第一年年底还款50元，第二年年底还款50元。乍一看来，这两个债券的还款总额完全一样，都是100元。但是仔细想来，债券A还款时间为2年；债券B相当于提前还款，平均还款时间为1.5年。在债券初始价格一样的情况下，肯定债券B更受欢迎。麦考利久期就是这样一种对于平均还款时间的计量。麦考利久期越长，利率风险越大。久期是一种利率敏感性的表达方式，相关内容会在第二本书市场风险部分继续探讨。

首先我们要根据当前债券未来现金流的总现值：

$$P = \sum_{i=1}^{n} \mathrm{PV}_i \tag{10.11}$$

用总现值作分母，麦考利久期可以通过下面的公式计算出来：

$$D_{\mathrm{MAC}} = \frac{\sum_{i=1}^{n} t_i \mathrm{PV}_i}{\sum_{i=1}^{n} \mathrm{PV}_i} = \frac{\sum_{i=1}^{n} t_i \mathrm{PV}_i}{P} = \sum_{i=1}^{n} t_i \frac{\mathrm{PV}_i}{P} \tag{10.12}$$

其中：

◀ i 是**现金流的次序** (indexes the cash flows)
◀ PV_i 代表着**第 i 个现金流的现值** (present value of the ith cash flow)
◀ t_i 是**第 i 个现金流所在以年为单位的时间跨度** (time in years until the ith payment will be received)

如果用到期收益率 y 来折算图10.30中的现金流，可以用下式来计算麦考利久期：

$$
\begin{aligned}
D_{\mathrm{MAC}} &= \sum_{i=1}^{n} t_i \frac{\mathrm{PV}_i}{P} \\
&= \frac{1}{P} \sum_{i=1}^{n} (t_i \mathrm{PV}_i) \\
&= \frac{1}{P} \left(\frac{C}{(1+y)} + \frac{2C}{(1+y)^2} + \frac{3C}{(1+y)^3} + \cdots \frac{nC}{(1+y)^n} + \frac{n\mathrm{Par}}{(1+y)^n} \right) \\
&= \frac{1}{P} \left(\sum_{i=1}^{n} \frac{iC}{(1+y)^i} + \frac{n\mathrm{Par}}{(1+y)^n} \right)
\end{aligned} \tag{10.13}
$$

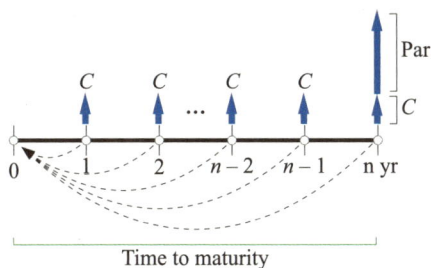

图10.30 债券n年现金流，付息频率：1次/年

注意，上式只适合计息频率每年一次、YTM已知的债券。另外，式中的P不是定值，P会随着n、y、C和Par改变而变化。但是P是不同时间节点上共享的分母项，真正对于不同的时间节点上的现金流金额影响，还是要看"权重×时间"，它由下式决定：

$$\text{wt}(k) = \frac{k}{(1+y)^k} \tag{10.14}$$

对于$k=1$的情况，

$$\text{wt}(k=1) = \frac{1}{(1+y)} \tag{10.15}$$

如果用它作为基准，其他"权重×时间"可以标准化为：

$$\text{WT}(k) = \frac{\text{wt}(k)}{\text{wt}(1)} = \frac{k}{(1+y)^k} \bigg/ \frac{1}{(1+y)} = \frac{k}{(1+y)^{k-1}} \tag{10.16}$$

用这些权重可以将麦考利久期的算式改写为：

$$D_{\text{MAC}} = \frac{1}{P(1+y)}\big(C \cdot \text{WT}(1) + C \cdot \text{WT}(2) + \cdots + C \cdot \text{WT}(n) + \text{Par} \cdot \text{WT}(n)\big) \tag{10.17}$$

图10.31展示的就是这些"权重×时间"随时间的变化。当YTM等于0的时候，也就是分母为1时，从图10.31的右图可以看出来，z轴数值随时间变化是一条一次函数直线。随着YTM不断提高，相对于前期现金流的时间，后期现金流"权重 × 时间"不断变小。归一化的"权重 × 时间"随时间变化让这一趋势变得更加明显，如图10.32所示。对于前期现金流，归一化的"权重 × 时间"随着YTM升高，不断提高；对于后期现金流，这个数值不断下降。读者可以尝试对k求解$\text{WT}(k)$的一阶导数来研究这种趋势，这个任务就交给读者来完成。

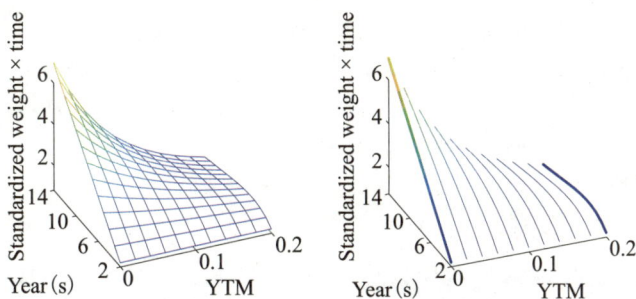

图10.31 "权重 × 时间"的变化

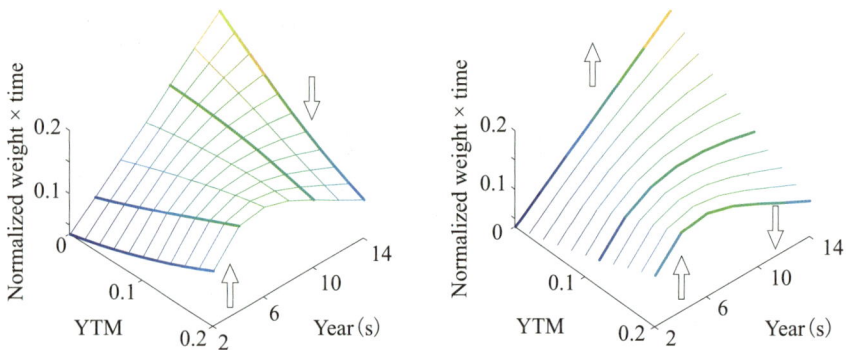

图10.32 归一化"权重 × 时间"的变化

以下代码可以获得图10.31和图10.32。

```
B1_Ch10_5.m

clc; clear all; close all
ytms = 0:0.02:0.2;
ns = 2:2:14;
% ns = 2:4:6;
[YTMs, Ns] = meshgrid(ytms,ns);

% weight = n/(1 + ytm)^n
WEIGHTs = Ns./(1 + YTMs).^Ns;
W_n_1 = WEIGHTs(1,:);
W_N_1 = repmat(W_n_1,length(ns),1);
w_standardized = WEIGHTs./W_N_1;

% the above can be simplified as:
% W_normalized = Ns./(1 + YTMs).^(Ns-1);

figure(1)
subplot(1,2,1)
mesh(YTMs, Ns, w_standardized)
xlabel('YTM'); ylabel ('Year(s)');
zlabel('Standardized weight × time')
xlim([min(ytms) max(ytms)]); ylim([min(ns) max(ns)])
zlim([min(w_standardized(:)) max(w_standardized(:))])

subplot(1,2,2)
mesh(YTMs, Ns, w_standardized,'MeshStyle','column')
xlabel('YTM'); ylabel ('Year(s)');
zlabel('Standardized weight × time')
xlim([min(ytms) max(ytms)]); ylim([min(ns) max(ns)])
zlim([min(w_standardized(:)) max(w_standardized(:))])

W_sum = sum(w_standardized,1);
W_SUM = repmat(W_sum,length(ns),1);
```

```
W_normalized = w_standardized./W_SUM;

figure(2)
subplot(1,2,1)
mesh(YTMs, Ns, W_normalized)
xlabel('YTM'); ylabel ('Year(s)');
zlabel('Normalized weight × time')
xlim([min(ytms) max(ytms)]); ylim([min(ns) max(ns)])
zlim([min(W_normalized(:)) max(W_normalized(:))])

subplot(1,2,2)
mesh(YTMs, Ns, W_normalized,'MeshStyle','column')
xlabel('YTM'); ylabel ('Year(s)');
zlabel('Normalized weight × time')
xlim([min(ytms) max(ytms)]); ylim([min(ns) max(ns)])
zlim([min(W_normalized(:)) max(W_normalized(:))])
```

修正久期，是债券价格对收益率变化的一个敏感度指标。简单地说，市场利率期限结构波动，导致YTM波动，修正久期越大，对应债券的价格波动的百分比越大。使用图10.30的现金流结构，可以很容易写出债券现值总和，然后对 y（收益率YTM）求取一阶导数：

$$\frac{\partial P}{\partial y} = \frac{-C}{(1+y)^2} + \frac{-2C}{(1+y)^3} + \frac{-3C}{(1+y)^4} + ... \frac{-nC}{(1+y)^{n+1}} + \frac{-n\text{Par}}{(1+y)^{n+1}}$$

$$= -\frac{1}{1+y}\left(\sum_{i=1}^{n}\frac{iC}{(1+y)^i} + \frac{n\text{Par}}{(1+y)^n}\right) \tag{10.18}$$

修正久期和麦考利久期的关系可以通过如下的推导得到：

$$\frac{1}{P}\frac{\partial P}{\partial y} \approx \frac{1}{P}\frac{\Delta P}{\Delta y}$$

$$= -\frac{1}{1+y}\frac{1}{P}\left(\sum_{i=1}^{n}\frac{iC}{(1+y)^i} + \frac{n\text{Par}}{(1+y)^n}\right) \tag{10.19}$$

$$= -\frac{1}{1+y}D_{\text{MAC}} = -D_{\text{MAC}}$$

因此：

$$D_{\text{MOD}} = \frac{D_{\text{MAC}}}{1+y} \tag{10.20}$$

这个公式有一个既定的假设，即每年付息频率为1。如果用 m 来表示付息频率，修正久期和麦考利久期两者的关系就变为：

$$D_{\text{MOD}} = \frac{D_{\text{MAC}}}{1+y/m} \tag{10.21}$$

目前讲到的两个久期——麦考利久期和修正久期，这两个久期有一个重要的假设，即随着利率波动债券现金流不变。也就是说，债券没有任何保护条款，比如债券赎回、债券卖回权等。有可赎回、可卖回权利时，债券的现金流就不是固定的。对于现金流不固定的债券，它的债券就需要用有效久期来计算：

$$D_{eff} = \frac{P_{-\Delta y} - P_{+\Delta y}}{2P_0 \times \Delta y} \qquad (10.22)$$

通过以上公式，可以发现这就是在第6章提到的**中值差分** (central difference) 方法对一阶导数的近似：

$$\frac{\Delta P}{P} \approx -D_{eff} \times \Delta y \qquad (10.23)$$

久期是债券价格的一种**价格敏感性** (price sensitivity)。久期越大，**利率风险** (interest rate risk) 越大。第二本书在研究市场风险时，将从更加量化的角度来了解这个概念背后的原理。简单理解的话，久期越大，到期时间越长，风险相对增加。

保持其他因素不变时，到期收益率YTM越小，债券的久期越大。YTM较小时，后期的现金流有相对较大的现值，因此有更大的权重，从而时间的加权平均相对越大，久期因此更大。相反，YTM较大时，相比前期现金流，后期的现金流打折越大，因此时间加权平均相对越小，因此久期越小。图10.33展示的就是修正久期和麦考利久期随着YTM增大而不断下降的过程。注意图10.33上图中的(0.1，100) 这一点。代码中假定债券的票面利息为10%，也就是0.1，因此在YTM等于此值时，债券的现值为$100，也就是票面价值。

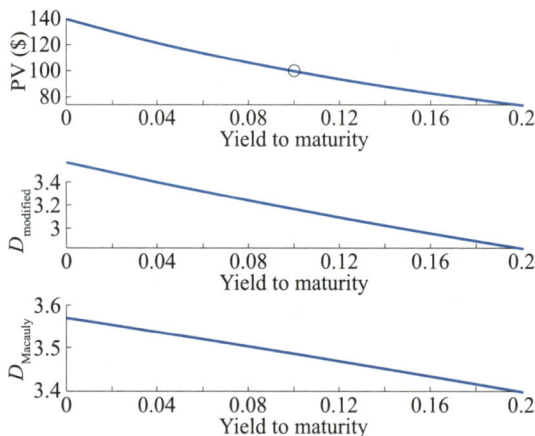

图10.33 久期和到期收益率的关系

以下代码可以获得图10.33。

```
B1_Ch10_6.m
%% Duration vs YTM
clc; clear all; close all

coupon_rate = 0.1;
par = 100;
coupon = par*coupon_rate;
```

```matlab
CFs = [coupon coupon coupon coupon + par];

YTM = [0:0.01:0.2];

for i = 1:length(YTM)

    ytm = YTM(i);
    PV(i) = pvvar([0 CFs], ytm);
    [D, D_m] = cfdur(CFs, ytm);

    D_mod (i) = D_m; D_macl (i) = D;

end

figure(1)

subplot(3,1,1)
plot(YTM, PV); hold on
xlabel('Yield to maturity'); ylabel('Bond price [USD]')
plot(coupon_rate, par, 'o')

subplot(3,1,2)
plot(YTM,D_mod)
xlabel('Yield to maturity'); ylabel('Modified duration')

subplot(3,1,3)
plot(YTM,D_macl)
xlabel('Yield to maturity'); ylabel('Macauly duration')
```

在其他因素保持不变的条件下，息票利率越低，债券的久期越长。这一点很好理解，息票利率低时，早期的现金流越小，因此权重小，所以对权平均的时间影响相对较小，最后时间点的那笔现金流的权重相对来说很大，因此久期越大。反之，当息票利率高时，早期的现金流越大，这样较短的时间节点有更大的权重，因此让加权平均时间越小，久期越小。图10.34展示的就是，随着息票利率上升，麦考利久期和修正久期不断下降的过程。以下代码可以获得图10.34。

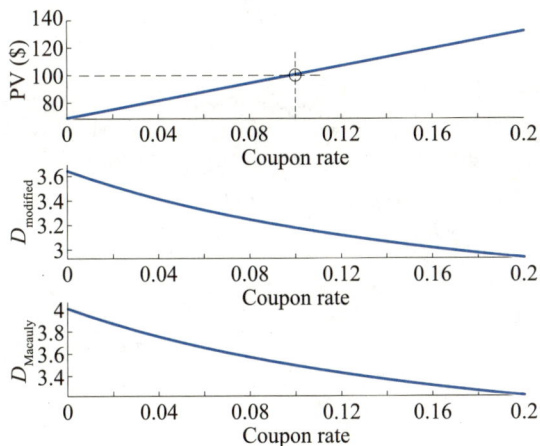

图10.34 久期和息票率的关系

```matlab
%% Duration vs coupon rate

clc; clear all; close all

ytm = 0.1; par = 100;
COUPON_r = [0:0.01:0.2];

for i = 1:length(COUPON_r)

    coupon_rate = COUPON_r(i); coupon = par*coupon_rate;
    CFs = [coupon coupon coupon coupon + par];

    PV(i) = pvvar([0 CFs], ytm);
    [D, D_m] = cfdur(CFs, ytm);
    D_mod (i) = D_m; D_macl (i) = D;

end

figure(1)

subplot(3,1,1)
plot(COUPON_r, PV); hold on
xlabel('Coupon rate'); ylabel('Bond price [USD]')
plot(ytm, par, 'o')

subplot(3,1,2)
plot(COUPON_r,D_mod)
xlabel('Coupon rate'); ylabel('Modified duration')

subplot(3,1,3)
plot(COUPON_r,D_macl)
xlabel('Coupon rate'); ylabel('Macauly duration')
```

现在用曲面图和等高线图这两个可视化的工具来研究，到期收益率和息票率两者如何协同影响债券现值和修正久期。图10.35展示的就是到期收益率和息票率影响债券现值的网格曲面。随着YTM不断减小，债券息票率不断增大，债券的现值越大。黑色的网格平面给出的是债券的现值为\$100。这个平面和彩色的曲面相交得到空间的一条直线(曲线)，这条线上的YTM和息票率的组合满足债券现值为债券票面价格。请读者自己考虑如何编写代码可视化这两个空间平面/曲面以及它们的交线。

如果同样也用等高线这个可视化工具来研究YTM和息票率两者对债券现值的影响。在这个平面的等高线上，可以清楚地看到债券现值为\$100时，YTM和息票率的关系是一条直线。如图10.36所示。

对于修正久期、YTM和息票率这三者的关系，也可以通过图10.37的网格平面和等高线来展示。随着YTM增大，息票率增大，修正久期不断下降。图10.38展示的等高线也支持这一点。

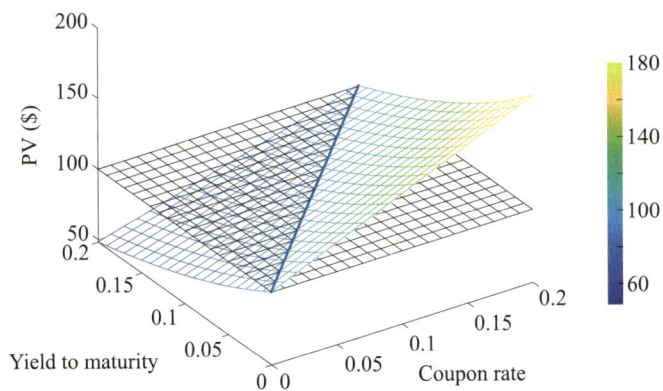

图10.35 到期收益率和息票率影响债券现值的曲面

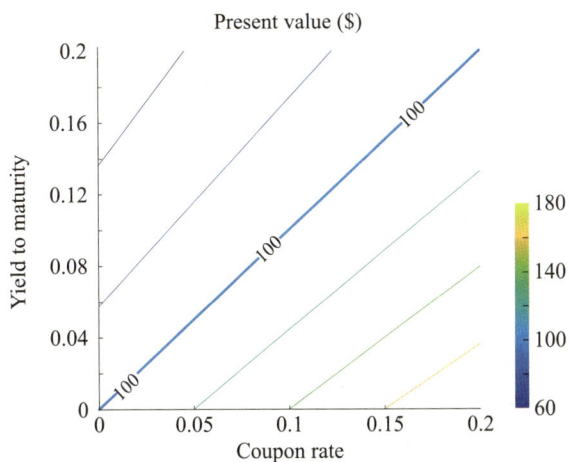

图10.36 到期收益率和息票率影响债券现值的等高线图

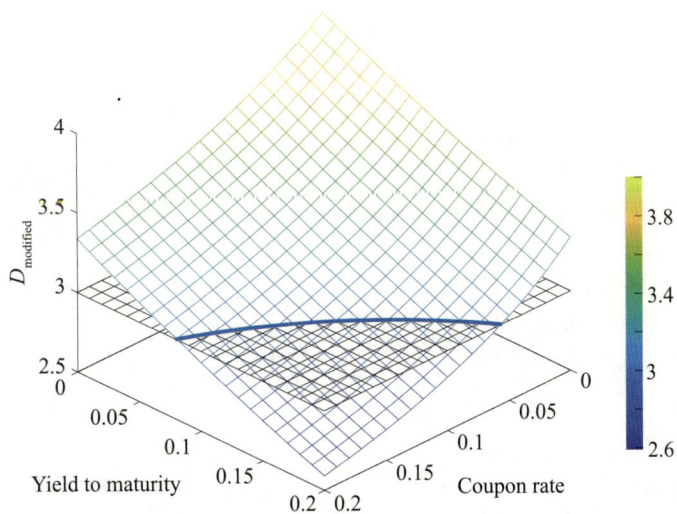

图10.37 到期收益率和息票率影响修正久期的曲面

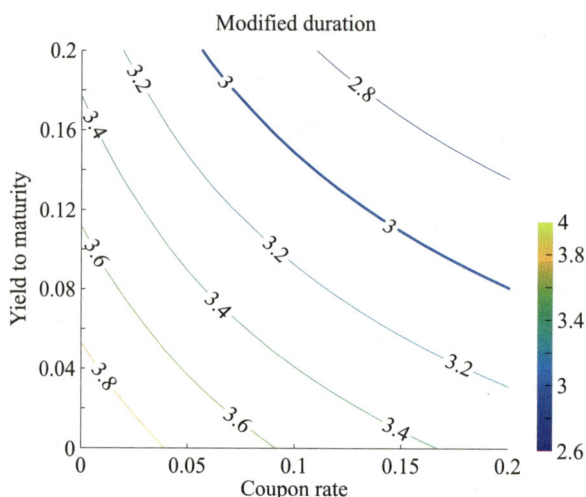

图10.38　到期收益率和息票率影响修正久期的等高线

以下代码可以获得图10.35～图10.38。

```
B1_Ch10_8.m

%% Duration vs YTM vs coupon rate

clc; clear all; close all
T_interest = 3; % year
par = 100;
COUPON_r = [0:0.01:0.2]; YTM = [0:0.01:0.2];

[XX,YY] = meshgrid(COUPON_r,YTM);

for i = 1:length(YTM)

    ytm = YTM(i);

    for j = 1:1:length(COUPON_r)

        coupon_rate = COUPON_r(j); coupon = par*coupon_rate;
        CFs = [coupon coupon coupon coupon + par];

        PV(i,j) = pvvar([0 CFs], ytm);
        [D, D_m] = cfdur(CFs, ytm); D_mod (i,j) = D_m;

    end
end

levels = [par,par];
[C,h] = contour(XX,YY, PV,levels,'ShowText','on','LineWidth',2);

figure(1)
```

```
mesh(XX,YY,PV)
xlabel('Coupon rate') ylabel('Yield to maturity')
zlabel('Present value [USD]')
colorbar; hold on
PAR_height = par*ones(length(YTM), length(COUPON_r));
basemesh = mesh(XX, YY, PAR_height); hold on
set(basemesh, 'facecolor', 'none');
set(basemesh, 'edgecolor', 'k'); set(gca, 'box', 'on');

xxx = C(1,2:end); yyy = C(2,2:end); zzz = par*ones(1, length(yyy));
plot3(xxx,yyy,zzz,'LineWidth',2); view([-1, -1, 1])

figure(2)
contour(XX,YY,PV); hold on
xlabel('Coupon rate') ylabel('Yield to maturity')
zlabel('Present value')
hold on colorbar;
levels = [par,par];
[C,h] = contour(XX,YY, PV,levels,'ShowText','on','LineWidth',2);
set(gcf,'color','white')
title('Present value [USD]')

figure(3)

mesh(XX,YY,D_mod); colorbar;
xlabel('Coupon rate') ylabel('Yield to maturity')
zlabel('Modified duration')
hold on
T_height = T_interest*ones(length(YTM), length(COUPON_r));
basemesh = mesh(XX, YY, T_height);
set(basemesh, 'facecolor', 'none');
set(basemesh, 'edgecolor', 'k'); set(gca, 'box', 'on');
view ([1,1,1])

figure(4)
contour(XX,YY,D_mod,'ShowText','on'); hold on
xlabel('Coupon rate') ylabel('Yield to maturity')
title('Modified duration')
hold on colorbar;
set(gcf,'color','white')
```

10.6 凸率

上文研究了债券价格和债券收益率YTM之间的线性关系，可以由债券价格对YTM的一阶导数来分析。那么，**债券凸率** (bond convexity) 是表达债券价格和YTM之间的一种非线性关系，**是债券价格对YTM的二阶导数** (the second derivative of the price of the bond with respect to yield to maturity)。如果对凸性的一些性质已经生疏，请回顾一下第6章有关凸性的讨论。

如果两个债券的久期相同，A债券有更高的凸性，B债券凸性较低，当YTM下降或者利率下降时，A债券价格上涨幅度更大，如图10.39所示；当利率上升时，A债券价格下降幅度更小。因此，从某种意义上说，债券的凸性越大越好。另外，债券的凸率并不都是正值。本章前文讲到可赎回债券，它在低利率时，债券价格和YTM关系就表现出负**凸性** (negative convexity)，如图10.40所示。久期不能很好地描述债券价格和YTM之间的非线性关系，因此引入凸性，相当于一种**凸性调整** (convexity adjustment)。

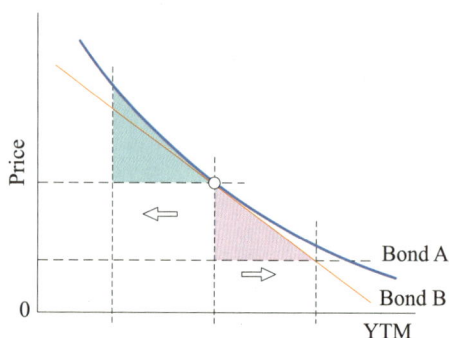

图10.39　不同凸率的债券价格和YTM关系

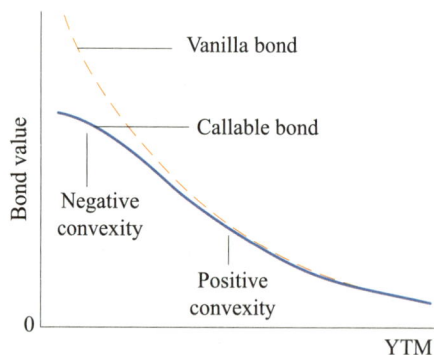

图10.40　正凸性和负凸性

类似有效久期的计算方法，**有效凸率** (effective convexity) 可以通过下式计算得到：

$$C_{\text{eff}} = \frac{P_{-\Delta y} + P_{+\Delta y} - 2P_0}{P_0 \times \Delta y^2} \tag{10.24}$$

读者可能已经注意到了，上式就是在第6章讨论过的二阶导数中心差分近似。债券的价格可以用下式估计：

$$\frac{\Delta P}{P} \approx -D_{\text{eff}} \times \Delta y + \frac{1}{2} \Delta y^2 \times C_{\text{eff}} \tag{10.25}$$

以上公式类似于一元泰勒二阶展开。通过以上公式，可以了解债券现值、修正久期和凸性三个参数随着YTM变化而变化的规律。保持其他因素不变时，到期收益率YTM越小，债券的久期越大。凸率也是这样，其他因素保持不变时，收益率YTM下降，债券凸率增大，如图10.41所示。第二本书会仔细讨论以上公式对债券估值的影响。

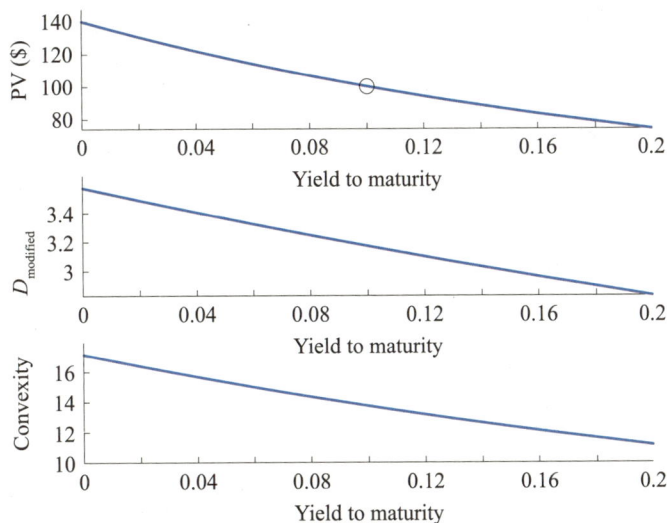

图10.41　现值、久期和凸率三者和到期收益率的关系

以下代码可以获得图10.41。

```
B1_Ch10_9.m

%% Convexity vs YTM

clc; clear all; close all

coupon_rate = 0.1; par = 100;
coupon = par*coupon_rate;
CFs = [coupon coupon coupon coupon + par];

YTM = [0:0.01:0.2];

for i = 1:length(YTM)

    ytm = YTM(i);

    PV(i) = pvvar([0 CFs], ytm);
    [D, D_m] = cfdur(CFs, ytm);
    C = cfconv(CFs, ytm);

    D_mod (i) = D_m;
```

```
    Conv(i) = C;

end

figure(1)

subplot(3,1,1)
plot(YTM, PV); hold on
xlabel('Yield to maturity')
ylabel('Bond price [USD]')
plot(coupon_rate, par, 'o')

subplot(3,1,2)
plot(YTM,D_mod)

xlabel('Yield to maturity')
ylabel('Modified duration')

subplot(3,1,3)
plot(YTM,Conv)

xlabel('Yield to maturity')
ylabel('Convexity')
```

在其他因素保持不变的条件下，息票利率越低，债券的久期越长。如图10.42所示，债券的凸率也有类似的规律。息票率上升，债券的凸率下降。以下代码可以获得图10.42。

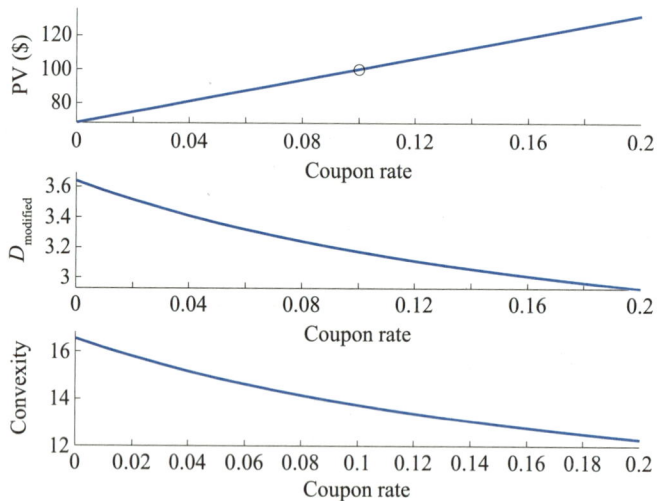

图10.42　现值、久期和凸率三者和息票率的关系

`B1_Ch10_10.m`

```
%% Convexity vs coupon rate

clc; clear all; close all
```

```
ytm = 0.1; par = 100;
COUPON_r = [0:0.01:0.2];

for i = 1:length(COUPON_r)

    coupon_rate = COUPON_r(i);

    coupon = par*coupon_rate;
    CFs = [coupon coupon coupon coupon + par];
    PV(i) = pvvar([0 CFs], ytm);
    [D, D_m] = cfdur(CFs, ytm);
    C = cfconv(CFs, ytm);
    D_mod (i) = D_m; Conv(i) = C;

end

figure(1)
subplot(3,1,1)
plot(COUPON_r, PV); hold on
xlabel('Coupon rate'); ylabel('Bond price [USD]')
plot(ytm, par, 'o')

subplot(3,1,2)
plot(COUPON_r,D_mod)
xlabel('Coupon rate'); ylabel('Modified duration')

subplot(3,1,3)
plot(COUPON_r,Conv)
xlabel('Coupon rate'); ylabel('Convexity')
```

讨论久期这个概念时，可以用**网格面** (mesh) 和等高线来研究债券凸率与YTM和息票率这两个因素的关系。图10.43展示的是网格曲面，债券的息票率升高和YTM升高都会导致债券凸率下降。图10.44的等高线也能清楚地看到这一点。

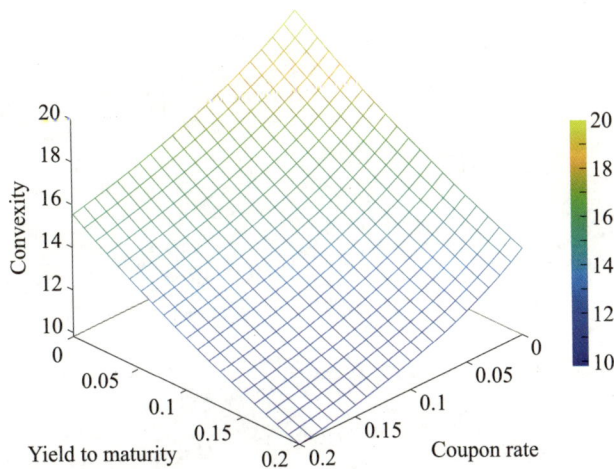

图10.43　凸率随到期收益率和息票率变化的曲面

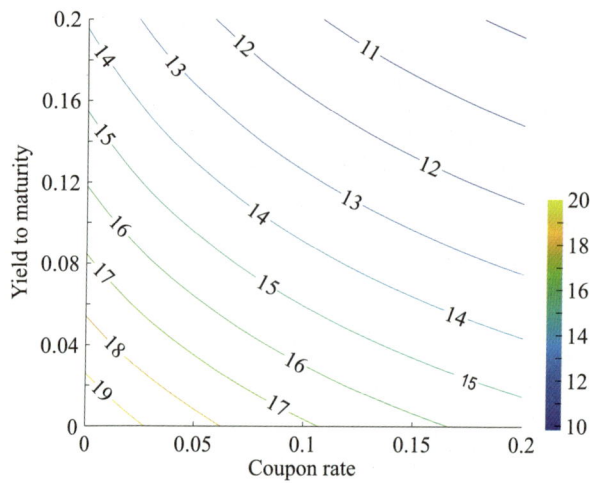

图10.44　凸率随到期收益率和息票率变化的等高线

　　本章首先一起探讨了普通债券的性质、定价、收益率，然后介绍了各种折算方式。最后，引出了久期和凸率这两个分析债券重要的概念。丛书第二本中还会在利率模型、市场风险等章节对债券相关内容继续做更加深入的讨论。

第11章

Simple Binomial Tree
简单二叉树

一片幽林，岔路两条；而我
踏上了人迹罕至的那条。
人生的千差万别，由此而起。
Two roads diverged in a wood, and I,
I took the one less traveled by,
And that has made all the difference.

——罗伯特·佛洛斯特 (Robert Frost)

Core Functions and Syntaxes
本章核心命令代码

◄ `~isnan(A)` 判断矩阵 A 中 NaN 和非 NaN 元素，NaN 元素位置结果为 1，非 NaN 元素位置结果为 0。

◄ `binprice()` 二叉树方法计算美式期权的价值。

◄ `box off` 配合绘图使用，删除图的边框。

◄ `Cell{i}` 调用元包数据 Cell 的第 i 个元素。

◄ `colormap winter` 采用冬色调。

◄ `exp(x)` 计算 e^x 的值。

◄ `factorial(n)` 求阶乘 $n!$。

◄ `flplr()` 左右翻转矩阵。

◄ `imagesc()` 生成热图。

◄ `num2str(num)` 将数字 num 转换为字符串格式。

◄ `scatter()` 绘制散点图。

◄ `set(gcf,'color','white')` 图像背景为白色。

◄ `set(h,'alphadata',~isnan(x))` 将 NaN 数值显示为白色。

11.1 期权

期权 (option) 是一种选择权。甲乙双方分别为买方和卖方。甲方支**付期权费** (premium)，在合同约定的时间点，以**执行价格**、**履约价格** (exercise price，strike，strike price)，向乙方买入或者卖出一定数量的**标的物** (underlying，underlying asset，underlying instrument)。

如果期权给甲方买进标的物的权利，这个期权被称作**看涨期权**、**认购期权** (call option)；如果期权给甲方卖出标的物的权利，这个期权被称作**看跌期权**、**认沽期权** (put option)。期权是一种权利不是一种义务，在规定的时间内，甲方可以选择买或者不买，卖或者不卖。

如果甲方只能在**到期日** (expiration date，maturity date) 选择是否执行期权权利，这个期权被称为**欧式期权** (European option)。如果甲方可以在到期日之前任意一天选择执行这个期权，该期权被称作**美式期权** (American option)。欧式期权价值折线图 (分段函数) 出现在到期瞬间；没到期之前，价值图像是曲线。

根据标的物不同。期货又可以被分为**现货期货** (option on spot) 和**期货期权** (option on futures)。期权的标的物可以是大宗商品 (金属、石油、农产品等)，也可以是股票、外汇等金融产品，甚至是期货等其他金融衍生品。

实值期权、**价内** (In-The-Money，ITM)，对于看涨期权来说，是指标的物即时价格 (spot price) 大于执行价格时；对于看跌期权来说，是指即时价格小于执行价格时。**虚值期权**、**价外** (Out-of-The-Money，OTM)，对于看涨期权来说，是指即时价格小于执行价格时；对于看跌期权来说，是指即时价格大于执行价格时。当执行价格和即时价格相等时，这种情况称作**两平期权**、**价平** (At-The-Money，ATM)。我们首先讨论最简单的欧式期权的**收益** (payoff) 和**损益** (PnL，P&L) 情况。

如图11.1所示，**买入欧式看涨期权**、**多头欧式认购期权** (long European call option) 的**到期收益** (payoff at maturity) 可以用如下数学式表达：

$$V_{\text{call}} = \max\left[(S-X),0\right] \tag{11.1}$$

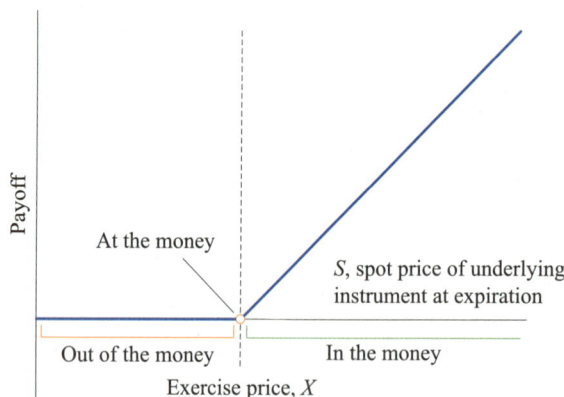

图11.1　买入欧式看涨期权到期收益折线

图11.1中，对于看涨期权，执行价格左侧部分为价外，执行价格右侧为价内。扣除期权费之后，可以得到欧式买入看涨期权的到期损益折线，如图11.2所示。图中可以清楚看到，买入看涨期权亏损最大金额为期权费，但是潜在净利润上不封顶。在本章中，会讨论如何用二叉树的方法计算期权费，即交易时刻期权的价格。

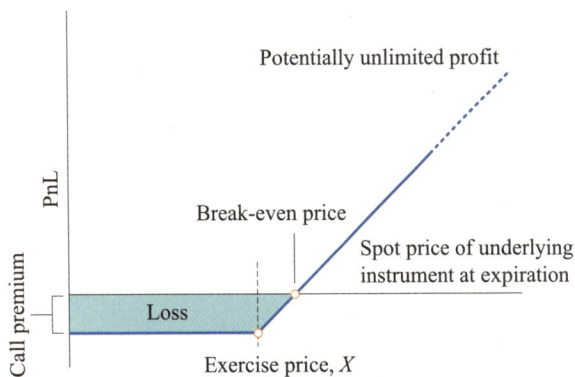

图11.2　买入欧式看涨期权到期损益PnL折线

卖出欧式看涨期权 (short European call option) 的收益折线形状为图11.3。这条折线是图11.2中折线关于x轴的镜面对称图像。如图11.4所示，对于卖出欧式看涨期权，它的净利润是有限的，也就是最高净利润是期权费。但是，它的损失可以是无限的，因此风险也是无限的。

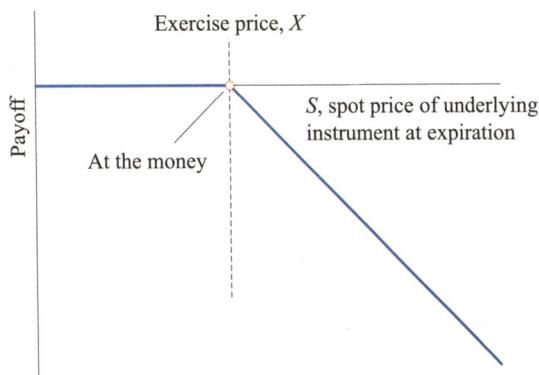

图11.3　卖出欧式看涨期权到期收益折线

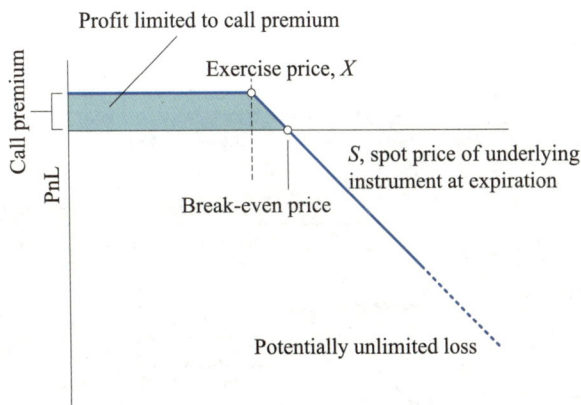

图11.4　卖出欧式看涨期权到期损益PnL折线

　　类似地，欧式看跌期权的到期收益折线和损益折线，如图11.5所示。欧式看跌期权到期最大收益为X，也就是执行价格。当到期时标的物的价格为0时，欧式看跌期权可以收益X元。和看涨期权相反，看跌期权在X的左边为价内，X的右边为价外。

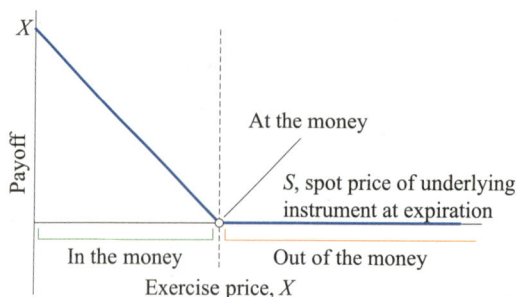

图11.5　买入欧式看跌期权到期收益折线

下式是欧式看跌期权到期时的收益计算式：

$$V_{\text{put}} = \max\left[(X-S),0\right] \tag{11.2}$$

买入欧式看跌期权的最大净利润为X - Premium，是一个有限值；它的最大亏损为-Premium，也是一个有限值，如图11.6所示。

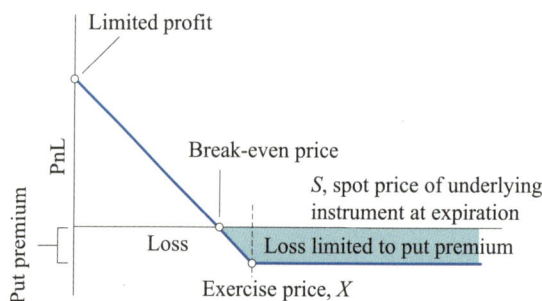

图11.6　买入欧式看跌期权到期损益折线

图11.7给出的是卖出欧式看跌期权的到期收益折线。一般情况下，只在**买入期权** (long position) 的收益折线图上讨论价内、价外和价平这几个概念。表11.1总结了看涨和看跌期权的价内、价外和价平三种情况。图11.8给出的是卖出欧式看跌期权的损益折线。我们看到，卖出欧式看跌期权的最大亏损是有限的，因此风险也有限。

表11.1　价内、价外和价平

期权	看涨期权	看跌期权
实值期权，价内	期权执行价格 < 实际价格	期权执行价格 > 实际价格
虚值期权，价外	期权执行价格 > 实际价格	期权执行价格 < 实际价格
两平期权，价平	期权执行价格 = 实际价格	期权执行价格 = 实际价格

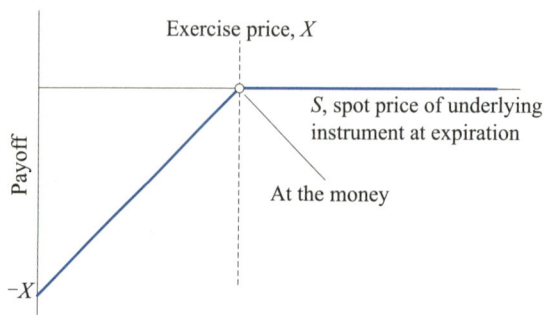

图11.7　卖出欧式看跌期权到期收益折线

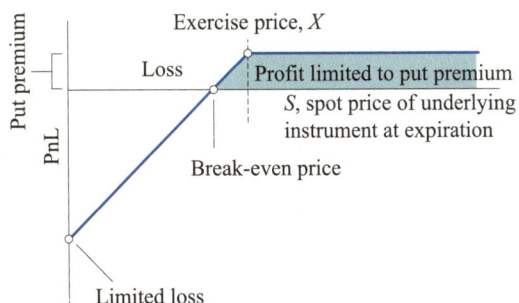

图11.8　卖出欧式看跌期权到期损益折线

结合学过的**远期** (forward)，表11.2给出买卖，远期、看涨期权和看跌期权的最大亏损和最大净利润情况。

表11.2　远期、看涨期权和看跌期权的最大亏损和最大净利润

期权	最大亏损 (max. loss)	最大净利润 (max. gain)
买入远期 (long forward)	−Forward price	Unlimited
卖出远期 (short forward)	Unlimited	Forward price
买入看涨期权 (long call option)	−Premium	Unlimited
卖出看涨期权 (short call option)	Unlimited	Premium
买入看跌期权 (long put option)	−Premium	X − Premium
卖出看跌期权 (short put option)	Premium − X	Premium

11.2 欧式期权二叉树

二叉树首先模拟的是标的资产的价格走势。标的资产 (本章通常使用股票为例) 价格，在一段时间内或上升，或下降。在一段时间之内的路径可以有无数种可能。二叉树方法实际上是将这些无限条路径可能归纳成有限条。本丛书第二本书中将会用一章的内容探讨股票价格的随机建模。二叉树相当于是一种简化版的随机建模，对资产走势进行模拟。

1979年，John Carrington Cox (MIT Sloan管理学院教授)、Stephen Ross (MIT Sloan管理学院教授)和Mark Rubinstein (加州大学伯克利分校Haas商学院教授) 三人提出二叉树模型。顾名思义，二叉树这种方法应该会和树有一定关系。二叉树，类似于老子"一生二、二生三、三生万物"的哲学思想。研究期权价格，要用到两棵二叉树：第一棵二叉树是标的物的价格之树，第二棵树是基于第一棵树产生的期权价格。第一棵二叉树的出发点就是当前标的资产，比如股票的价格。之后，二叉树的树上每一个分叉是一个未来时间点的可能价格。

为了方便可视化，先从最基本的一步二叉树开始，以股票作为标的资产。一步二叉树初始于股票**当前价格** (current stock price，stock price at analysis date) (t时刻)，截止于未来期权**到期** (maturity) 时间T的股票价格，如图11.9所示。t时刻，股票的价格为S_0，未来$T-t$时间段内，股票的价格可能上升或者下降。在一步二叉树中，$T-t$这段时间只有一步，步长就是$T-t$。如果股票价格上升，能升高到S_u；如果股票价格降低，能降低到S_d。

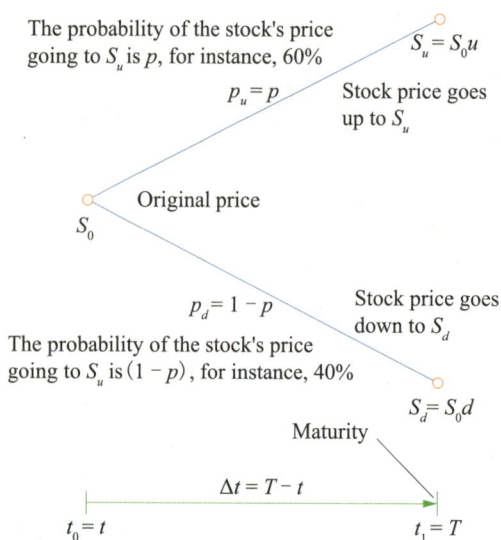

图11.9 一步二叉树 (第一棵树: 标的物价格)

假设股票价格**上升的概率** (the probability of a price rise) 为p; $1-p$就是股票价格下降的概率; 只考虑这种非一即二的情况。如果是三叉树的话, 就可以增加一个路径, 比如股票价格不变的情况。这种更高级的树状模型, 会在第五本书深入探讨。

如果股票**价格上升的幅度** (factor by which the price rises) 为u, 股票**价格下降的幅度** (factor by which the price falls) 为d, S_u和S_d可以通过下式求得:

$$\begin{cases} S_u = S_0 u \\ S_d = S_0 d \end{cases} \tag{11.3}$$

对于**风险中性市场** (risk-neutral world), 未来T时刻标的物资产价格, 通过当前无风险连续复利折算到t时刻时, 应该等于当前t时刻标的物的价格:

$$S_0 = e^{-r\Delta t}\left[pS_0 u + (1-p)S_0 d \right] \tag{11.4}$$

如果u和d已知, 那么上升的概率p可以很容易求解:

$$p = \frac{e^{r\Delta t} - d}{u - d} \tag{11.5}$$

u和d的求解需要通过数学模型, 最基本的模型是Cox-Ross-Rubinstein (CRR), u和d可以通过下式近似求得:

$$u = e^{\sigma\sqrt{\Delta t}}$$
$$d = e^{-\sigma\sqrt{\Delta t}} = \frac{1}{u} \tag{11.6}$$

其中, σ是**年化波动率** (annual volatility)。下面给出FRM考试常见的几个Δt的取值情况。

◀ 两年: $\Delta t = 2$。
◀ 一年: $\Delta t = 1$。

- ◀ 半年：$\Delta t = 1/2$。
- ◀ 一个月：$\Delta t = 1/12$。
- ◀ 一个星期：$\Delta t = 1/50$或$1/52$。
- ◀ 一天：$\Delta t = 1/252$或$1/250$。

重要的事情说三遍，这里强调第二遍：在研究期权价格时，二叉树实际上有两棵树，第一棵树是标的物的价格走势，比如股票的价格变动。第二棵树是衍生品的价格走势。两棵树通过到期收益函数联系，如图11.10所示。

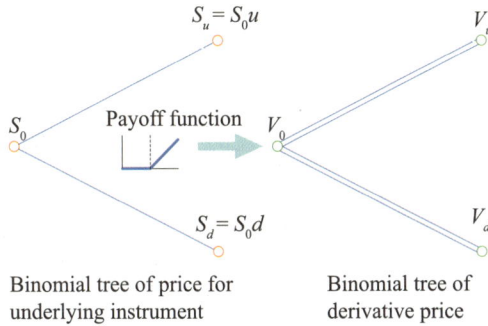

图11.10　股票价格树 (第一棵树) 和期权价格树 (第二棵树) 的关系

用欧式看涨期权的到期收益函数，可以求出T时刻S_u和S_d分别对应的V_u和V_d：

$$V_u = \max\left[(S_0 u - X), 0\right] \tag{11.7}$$
$$V_d = \max\left[(S_0 d - X), 0\right] \tag{11.8}$$

然后将V_u和V_d通过连续复利利率r折算到当前时刻，得到的就是当前时刻的V_0价值/价格：

$$
\begin{aligned}
V_0 &= e^{-r\Delta t}\left[pV_u + (1-p)V_d\right] \\
&= e^{-r(T-t)}\left[pV_u + (1-p)V_d\right]
\end{aligned}
\tag{11.9}
$$

图11.11展示的就是基于图11.9第一棵股票价格之树的第二棵期权价格之树。因为欧式期权都是到期执行，因此对于一步二叉树，到期时刻T只能有两个可能的价格V_u和V_d。如果投资者在t时刻之前以premium价格购买该期权，那么t时刻的PnL就是$V_0 -$ premium。如果投资者计划在t时刻购买该期权，因此用一步二叉树估算期权价格，那么结果V_0就是投资应该支付的期权费premium。

类似地，用同样的方法分析欧式看跌期权。如图11.12所示，看跌期权的第二棵树也是基于股票价格的第一棵树。和图11.11不同的是，图11.12中用到的到期收益函数是看跌期权的到期折线方程 (图像如图11.5所示)。第一棵树S_u节点对应的V_u通过下式计算：

$$V_u = \max\left[(X - S_0 u), 0\right] \tag{11.10}$$

第一棵树S_d节点对应的V_d可以这样计算得到：

$$V_d = \max\left[(X - S_0 d), 0\right] \tag{11.11}$$

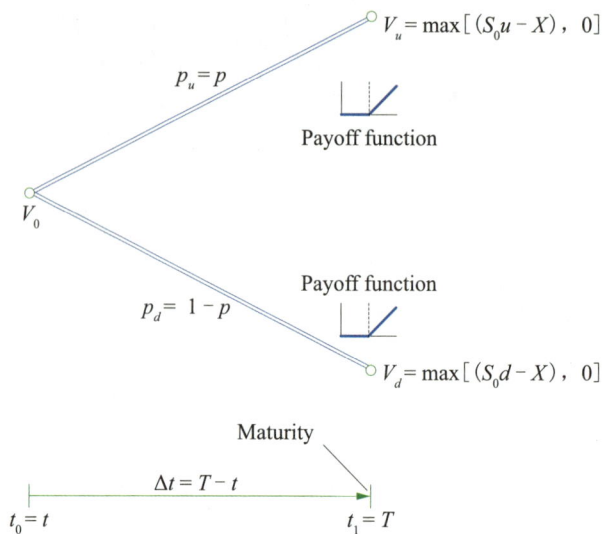

$V_u = \max\left[\left(S_0 u - X\right),\ 0\right]$

$p_u = p$

Payoff function

V_0

Payoff function

$p_d = 1 - p$

$V_d = \max\left[\left(S_0 d - X\right),\ 0\right]$

Maturity

$\Delta t = T - t$

$t_0 = t$ $t_1 = T$

图11.11 一步二叉树(第二棵树)，欧式看涨期权

用无风险利率折算，t时刻的欧式看跌期权的价值为：

$$V_0 = \mathrm{e}^{-r\Delta t}\left[pV_u + \left(1 - p\right)V_d\right]$$
$$= \mathrm{e}^{-r(T-t)}\left[pV_u + \left(1 - p\right)V_d\right]$$

(11.12)

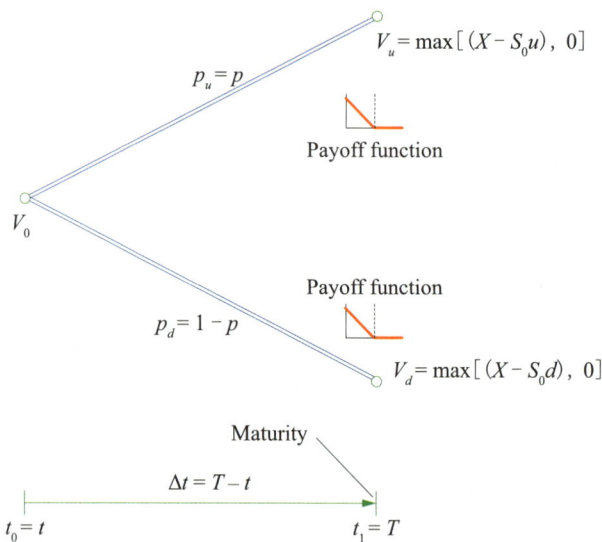

$V_u = \max\left[\left(X - S_0 u\right),\ 0\right]$

$p_u = p$

Payoff function

V_0

Payoff function

$p_d = 1 - p$

$V_d = \max\left[\left(X - S_0 d\right),\ 0\right]$

Maturity

$\Delta t = T - t$

$t_0 = t$ $t_1 = T$

图11.12 一步二叉树 (第二棵树)，欧式看跌期权

    刚才讨论的是一步二叉树来求解欧式看涨和看跌期权的价格。下面来聊一聊**两步二叉树** (two-step binomial tree)，应用对象也是欧式期权。图11.13给出的是当前t时刻到期权到期时刻T，期权标的物，比如股票价格的两步二叉树。和一步二叉树相比，我们发现T时刻的节点从两个变成了三个。图11.14给出两步二叉树的4个不同路径。其中有两个路径在T时刻的终值一样。n步二叉树的末端 (T时刻) 有 $n+1$个节点。有2^n种路径。读者可能很容易发现这个数学模型就是在第7章中探讨过的杨辉三角。

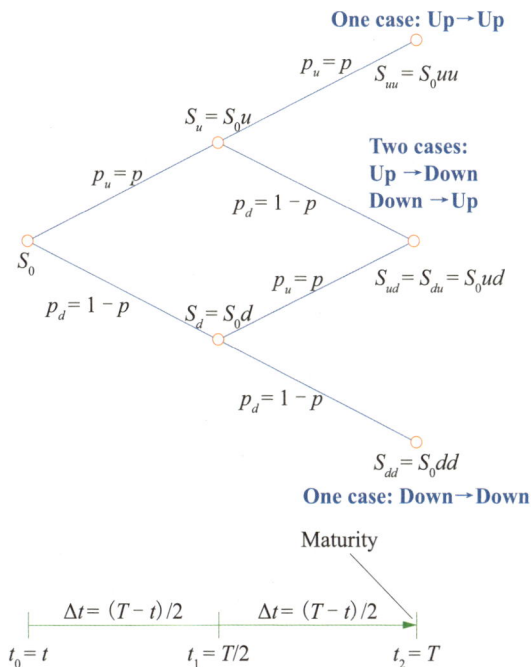

One case: Up→Up

$p_u = p$ $S_{uu} = S_0 uu$

$S_u = S_0 u$

Two cases:
Up →Down
Down →Up

$p_u = p$

$p_d = 1 - p$

S_0

$p_u = p$ $S_{ud} = S_{du} = S_0 ud$

$p_d = 1 - p$ $S_d = S_0 d$

$p_d = 1 - p$

$S_{dd} = S_0 dd$

One case: Down→Down

Maturity

$\Delta t = (T - t)/2$ $\Delta t = (T - t)/2$

$t_0 = t$ $t_1 = T/2$ $t_2 = T$

图11.13　两步二叉树(第一棵树)，标的资产价格走势

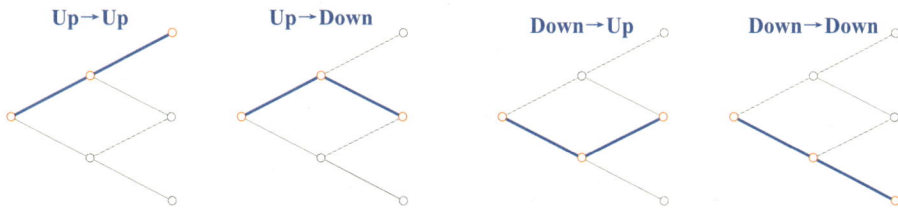

Up→Up   **Up→Down**   **Down→Up**   **Down→Down**

图11.14　两步二叉树四种路径

重要的事情说三遍之第三遍：图11.13给出的是标的物的价格二叉树，是第一棵树；第二棵二叉树是期权的价格树。第一棵树和第二棵树之间的联系是**到期收益函数** (payoff function at maturity)。美式期权可以随时执行，因此到期收益函数也是随时执行时的收益函数。之所以反复强调，是因为笔者发现，大家刚刚接触二叉树时，经常混淆二叉树到底是股票价格走势还是期权价格走势。下面接着这个两步二叉树的例子，来看看二叉树的第二棵树，如图11.15所示。

对于标的物价格"Up→Up"这种情况，欧式看涨期权的到期价格为：

$$V_{uu} = \max\left[(S_0 uu - X), 0 \right] \tag{11.13}$$

对于标的物价格"Up→Down"和"Down→Up"这两种情况，欧式看涨期权到期价格完全相同，表达式为：

$$V_{ud} = V_{du} = \max\left[(S_0 ud - X), 0 \right] \tag{11.14}$$

对于标的物价格"Down→Down"这种情况，欧式看涨期权到期的价格为：

$$V_{dd} = \max\left[(S_0 dd - X), 0 \right] \tag{11.15}$$

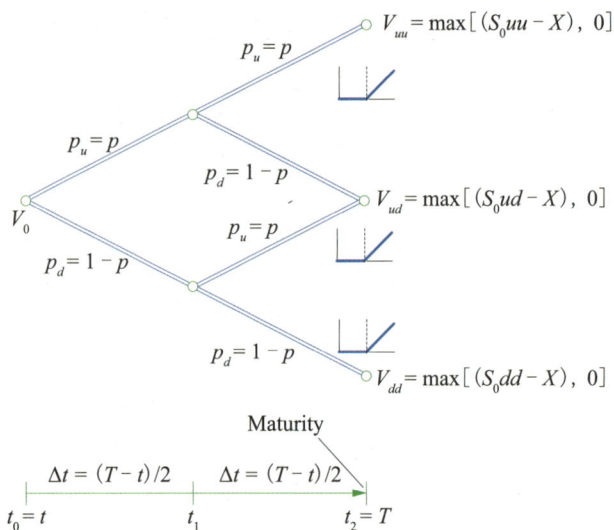

图11.15 两步二叉树 (第二棵树)，欧式看涨期权

将这四个值 (有两个相同) V_{uu}、V_{ud}、V_{du} 和 V_{dd}，折算到当前 t 时刻：

$$V_0 = \mathrm{e}^{-2r\Delta t}\left[p^2 V_{uu} + 2p(1-p)V_{ud} + (1-p)^2 V_{dd}\right]$$
$$= \mathrm{e}^{-r(T-t)}\left[p^2 V_{uu} + 2p(1-p)V_{ud} + (1-p)^2 V_{dd}\right] \tag{11.16}$$

类似地，如图11.16所示，欧式看跌期权两步二叉树的解为：

$$V_0 = \mathrm{e}^{-r(T-t)}\left[p^2 V_{uu} + 2p(1-p)V_{ud} + (1-p)^2 V_{dd}\right] \tag{11.17}$$

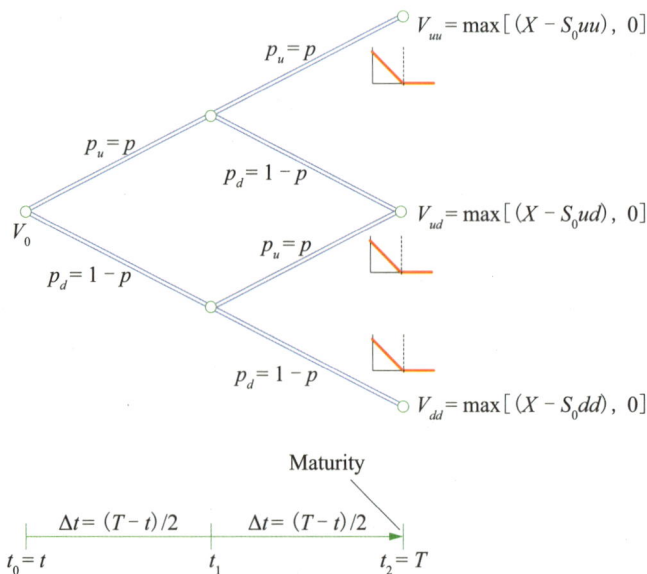

图11.16 两步二叉树 (第二棵树)，欧式看跌期权

这里需要强调一点，p、u和d这三个参数是通过Δt (步长时间长度) 求出来的，而到期时刻T节点的金额是用$n\Delta t$，也就是$T-t$来折算的。表11.3给出了FRM考试常见的$T-t$、步数和Δt的关系。

表11.3　FRM考试常见的$T-t$、步数和Δt的关系

$(T-t)$ (yr)	步数	Δt/ 年
1	1	1
1	2	0.5
1	4	0.25
0.5 (半年)	1	0.5
0.5	2	0.25
2	1	2
2	2	1
0.5	2	0.25
1/6	2	1/12
2	4	0.5

多步二叉树 (multi-step binomial tree)，顾名思义，就是二叉树的步数在两步以上，可以是十几或者几十步。如图11.17所示，一个四步二叉树，到期时有5个标的资产价格。这5个节点对应的概率如下式所示：

$$
\begin{aligned}
\left(p+(1-p)\right)^4 &= C_4^0 p^4(1-p)^0 + C_4^1 p^3(1-p)^1 + C_4^2 p^2(1-p)^2 + \\
&\quad C_4^3 p^1(1-p)^3 + C_4^4 p^0(1-p)^4 \\
&= p^4 + 4p^3(1-p) + 6p^2(1-p)^2 + 4p(1-p)^3 + (1-p)^4
\end{aligned}
\tag{11.18}
$$

如果对该式有疑问的话，可以参考第7章有关杨辉三角的讨论。通过上式，也可以看出从上至下，到达第一个节点的路径只能有一条。到达第二个节点的路径可以有4条之多，到达中间节点，也就是第三个节点的路径可以达到6条。图11.14给出两步二叉树的路径例子，有兴趣的读者可以自己画出四步二叉树的所有路径。

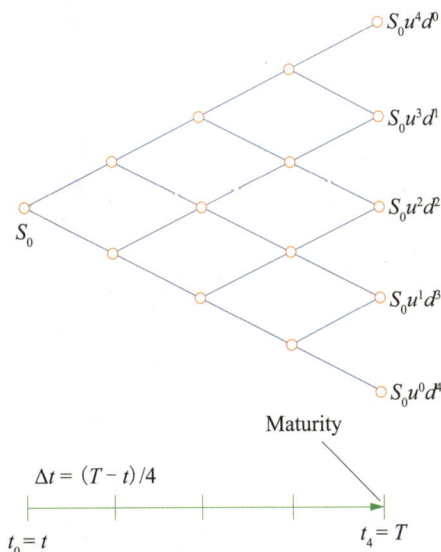

图11.17　四步二叉树 (第一棵树)，标的物价格走势路径

如图11.18所示，杨辉三角应用在二叉树上得到的是，到达节点的路径数量。现在，将四步的二叉树扩展到十步的二叉树。图11.19给出第一棵树 (股票价格) 的模拟结果，每一个色块就是在该步上的一个节点。股票初始价格为$60，欧式看涨期权的执行价格为$50。这里有几个必需的参数设置：假设无风险利率为0.1，资产回报的年化波动率为0.35，$T-t$为10个营业日，一年按250个营业日计算，二叉树的步数为10步。

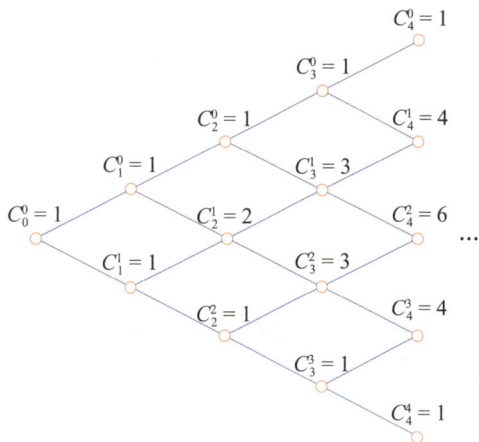

图11.18　杨辉三角在二叉树节点路径中的应用

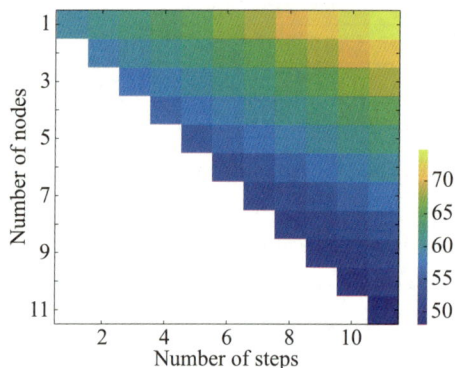

图11.19　第一棵树每个节点的价格热图

图11.19用热图这种方式来表达这些节点的标的资产价格情况。根据标的资产价格，可以算出执行价格为$50的欧式看涨期权的到期时几种价格情况。并且通过无风险利率折算得到t时刻的期权价格，如图11.20所示。因为是欧式期权，没有提前履约的可能，图11.20只显示了到期时间和当下的期权价格。以下代码可以用来获得图11.19和图11.20。请注意，这个代码也可以用二叉树方法计算美式期权的价格，通过对输入变量Type_str的适当设定就可以完成。

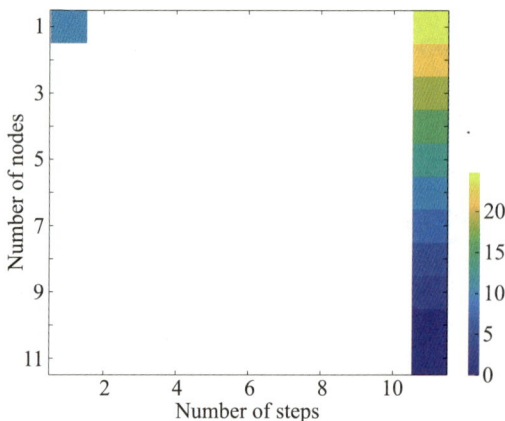

图11.20　第二棵树每个节点的价格热图

```matlab
B1_Ch11_1.m

clc; clear all; close all


option_type = 'call';
% two types: 'call', call option; 'put', put option
early_exercise = false;
```

```matlab
if early_exercise
    Type_str = 'Am';
else
    Type_str = 'Euro';
end
% false = Euro; true = American
X_strike = 50;
%strike: strike price
S0 = 60;
% S0: current stock price
interest_r = 0.1;
% interest_r: risk-free interest rate
sigma = 0.35;
% sigma: volatility
delta_t = 1/250;
% delta_t: size of time steps
steps = 10;
% steps: number of time steps

a = exp(interest_r*delta_t);
u = exp(sigma*sqrt(delta_t));
% Cox Ross Rubinstein
d = 1/u;
prob = (a-d)/(u-d);


First_Tree_Stock = nan(steps+1,steps+1);
First_Tree_Stock(1,1) = S0;


% Calculate values for the nodes on the first tree, stock tree

for idx = 2:steps+1
    First_Tree_Stock(1:idx-1,idx) = First_Tree_Stock(1:idx-1,idx-1)*u;
    First_Tree_Stock(idx,idx) = First_Tree_Stock(idx-1,idx-1)*d;
end


% Calculate the value at expiry
Second_Tree_option = nan(size(First_Tree_Stock));
switch option_type
    case 'put'
        Second_Tree_option(:,end) = max(X_strike-First_Tree_Stock(:,end),0);
    case 'call'
        Second_Tree_option(:,end) = max(First_Tree_Stock(:,end)-X_strike,0);
end
```

```
node_series = [0:1:steps];
binomial_f =
factorial(steps)./factorial(node_series)./factorial(steps -
node_series);
prob_series = [binomial_f.*prob.^(steps - node_series).*(1-
prob).^node_series];
Euro_option_price =
sum(Second_Tree_option(:,end)'.*prob_series)*exp(-
interest_r*delta_t*steps)
Second_Tree_option(1)=Euro_option_price;

figure (1)
c = imagesc (First_Tree_Stock);
% set(gca,'YDir','normal')
colorbar;
%   caxis([0 max(max(priceTree))])
% colormap winter; colorbar;

set(c,'AlphaData',~isnan(First_Tree_Stock))

xlabel('Number of steps'); ylabel('Number of nodes')
title (['First tree for stock price. X: $',num2str(X_strike),'; Stock:
$',num2str(S0),'.'])
set(gcf,'color','white')

figure (2)

c = imagesc (Second_Tree_option);
% set(gca,'YDir','normal')

colorbar;
% caxis([0 max(max(priceTree))])
% colormap winter; colorbar;
set(c,'AlphaData',~isnan(Second_Tree_option))

xlabel('Number of steps'); ylabel('Number of nodes')
title (['Second tree option value. X: $',num2str(X_strike),'; Stock:
$',num2str(S0),'.'])
set(gcf,'color','white')
```

11.3 美式期权

美式期权不同于欧式期权，美式期权可以在到期前**提前履约**或者**提前执行** (early exercise)。回顾一下，对于欧式期权，用二叉树方法求解期权价值，只用了到期时刻对应节点的标的资产价格。由于美式期权可以提前履约，需要在二叉树的每一个节点都判断期权是否可以执行。也就是某个节点，比较两个价值——执行美式期权的获利和持有期权到下一时间节点——大小。

首先，以一步二叉树计算美式看涨期权为例，如图11.21所示。除了在到期时刻节点处判断是否执行美式期权以外，在期初t时刻也需要做一次判断。根据之前讲过的内容，如果持有到时刻T，折算到t时刻期权的价格为：

$$V_{0\_no\_exercise} = e^{-r(T-t)}\left[pV_u + (1-p)V_d\right] \tag{11.19}$$

其中：

$$\begin{cases} V_u = \max\left[(S_0u - X), 0\right] \\ V_d = \max\left[(S_0d - X), 0\right] \end{cases} \tag{11.20}$$

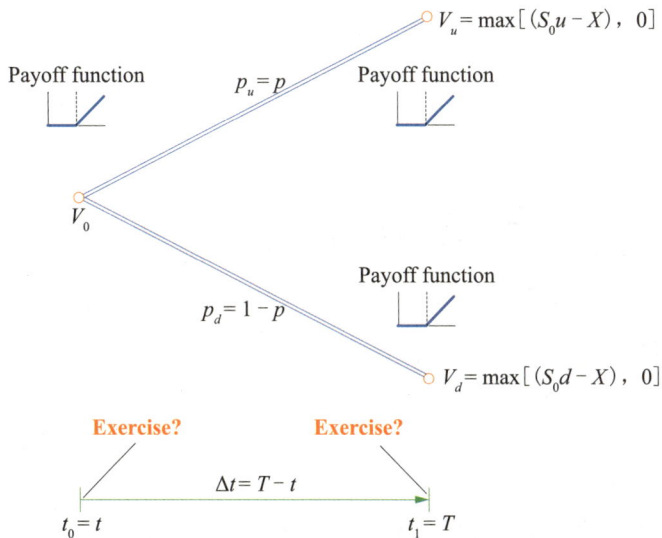

图11.21　一步二叉树计算美式看涨期权，期初判断提前履约

如果在t处执行美式看涨期权，获利为：

$$V_{0\_exercise} - \max(0, S_0 - X) \tag{11.21}$$

取"t时刻不执行"和"t时刻执行"这两种情况中的较大值，可以获得这个美式期权的价值：

$$V_0 = \max\left\{e^{-r(T-t)}\left[pV_u + (1-p)V_d\right], \max(0, S_0 - X)\right\} \tag{11.22}$$

请读者尝试推导美式看跌期权的一步二叉树价值表达式。

再看一个美式看涨期权的两步二叉树的例子。对于美式期权二叉树，每个**节点** (node)，都要考虑是否执行，从树的右边向左边推演。

首先看图11.22中的右上角第一个分叉。类似于图11.21一步二叉树的做法，可以通过下式计算出V_u：

$$V_u = \max\left[e^{-r\Delta t}\left[pV_{uu} + (1-p)V_{ud} \right], \max\left(0, S_0 u - X\right) \right] \tag{11.23}$$

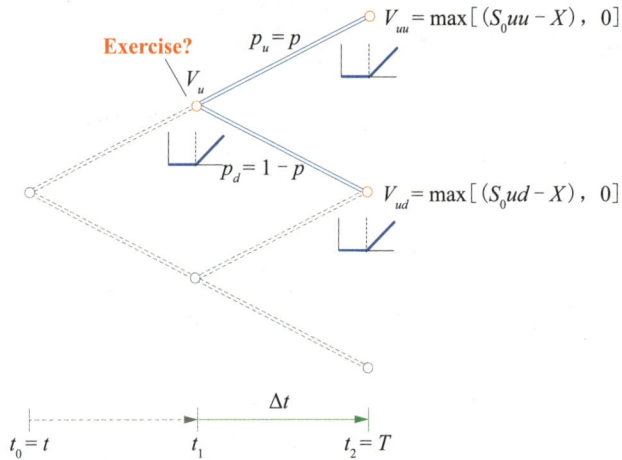

图11.22 第一次判断提前履约，两步二叉树计算美式看涨期权

其中，V_{uu}和V_{ud}的定价方法和欧式看涨期权完全相同。

$$\begin{cases} V_{uu} = \max\left[(S_0 uu - X), 0 \right] \\ V_{ud} = \max\left[(S_0 ud - X), 0 \right] \end{cases} \tag{11.24}$$

同理，可以通过下式计算出图11.23右下角分叉处的V_d值：

$$V_d = \max\left[e^{-r\Delta t}\left[pV_{ud} + (1-p)V_{dd} \right], \max\left(0, S_0 d - X\right) \right] \tag{11.25}$$

其中：

$$\begin{cases} V_{dd} = \max\left[(S_0 dd - X), 0 \right] \\ V_{ud} = \max\left[(S_0 ud - X), 0 \right] \end{cases} \tag{11.26}$$

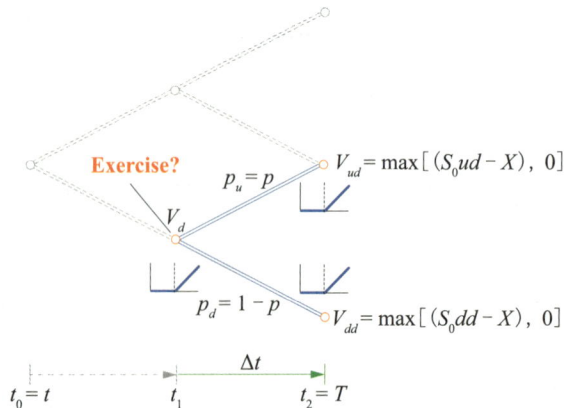

图 11.23 第二次判断提前履约，两步二叉树计算美式看涨期权

如图11.24所示，再通过下式做最后一次是否提前履约的判断：

$$V_0 = \max\left[e^{-r\Delta t}\left[pV_u + (1-p)V_d \right], \max\left(0, S_0 - X\right) \right] \tag{11.27}$$

由于每个节点处都进行一次是否执行的判断，美式看涨期权两步二叉树，一共进行了6次判断。

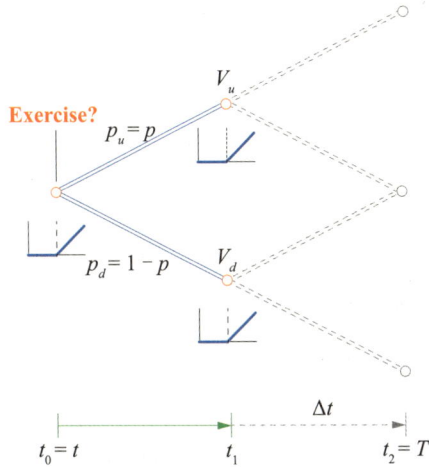

图11.24　第三次判断提前履约，两步二叉树计算美式看涨期权

图11.25上图给出的是一个股票价格的二叉树。0时刻的股票价格是确定的，$t=1$时刻，股票可能的价格有两种情况，以此类推得到整个股票价格二叉树的所有节点。图11.25下图是美式看涨期权在每个股票价格二叉树每个节点上的价格高度。图11.26给出的是股票价格二叉树和美式看跌期权的价格二叉树。

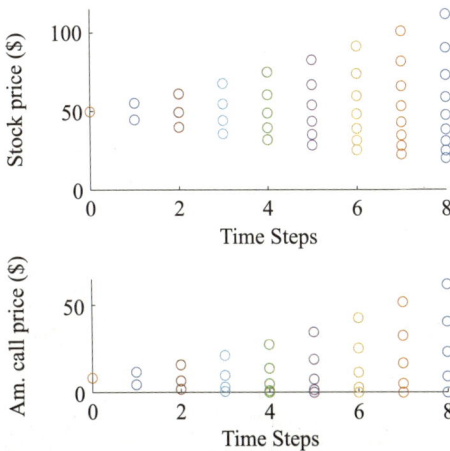

图11.25　股票价格二叉树和美式看涨期权价格二叉树

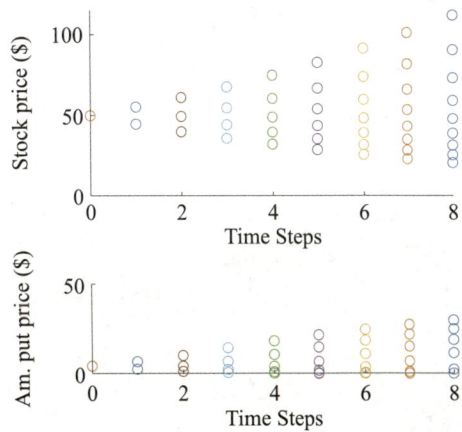

图11.26　股票价格二叉树和美式看跌期权价格二叉树

以下代码可以得到图11.25和图11.26。

```
B1_Ch11_2.m

clc; clear all; close all

S0 = 50; strike = 50;
```

```matlab
r = 0.1; sigma = 0.3;
T = 1; Num_steps = 8;

dt=T/Num_steps;
N=(Num_steps)+1;
u=1+sigma*sqrt(dt);
d=1-sigma*sqrt(dt);
diff=u-d;
PV=exp(r*dt);

figure(1)

for j=N:-1:1
    for i=1:1:j
        ss(i)=S0*(d^(i-1))*(u^(j-i));
        if j==N
            Am_Call(i)=max(ss(i)-strike,0);
        else
            Am_Call(i)=max((Am_Call(i)-
Am_Call(i+1))/diff+(u*Am_Call(i+1)-
d*Am_Call(i))/(diff*PV),ss(i)-strike);
        end
    end

    subplot(2,1,1)
    scatter((j-1)*ones(j,1),ss(1:j))
    xlabel('Time Steps')
    ylabel('Stock price [USD]')
    hold on; box off
    subplot(2,1,2)
    scatter((j-1)*ones(j,1),Am_Call(1:j))
    xlabel('Time Steps')
    ylabel('Am. call price [USD]')
    ylim([0,100])
    hold on; box off
end

figure(2)

for j=N:-1:1
    for i=1:1:j
        ss(i)=S0*(d^(i-1))*(u^(j-i));
        if j==N
            Am_Put(i)=max(strike-ss(i),0);
        else
            Am_Put(i)=max((Am_Put(i)-
```

```
Am_Put(i+1))/diff+(u*Am_Put(i+1)-d*Am_Put(i))/(diff*PV),strike-
ss(i));
        end
    end

    subplot(2,1,1)
    scatter((j-1)*ones(j,1),ss(1:j))
    xlabel('Time Steps')
    ylabel('Stock price [USD]')
    hold on; box off

    subplot(2,1,2)
    scatter((j-1)*ones(j,1),Am_Put(1:j))
    xlabel('Time Steps')
    ylabel('Am. put price [USD]')
    hold on; box off
    ylim([0,100])
end
```

相似的是，美式看涨期权价格曲线和欧式看涨期权呈现一样的蜕化过程，如图11.27所示。因为美式看涨期权提前行权并不划算。具体原因在本章接下来几节会讲解。但是，美式看跌期权价格曲线却展现出和欧式看跌期权不同的随时间蜕化过程；对比图11.27和图11.28可发现。后文也会讨论美式看跌期权的这一现象。请读者根据本章前文所学自己编程绘制图11.27和图11.28。

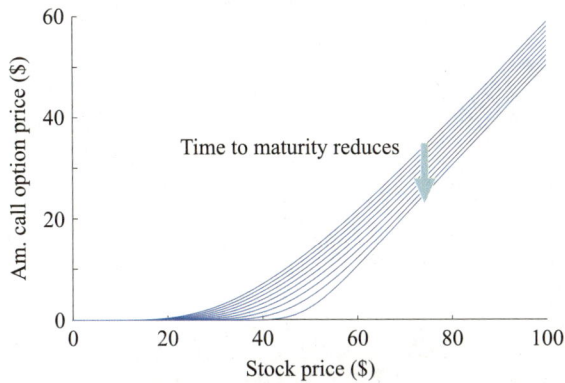

图11.27　美式看涨期权价格曲线随到期时间变化：$T-t = 0.1 \sim 2$年

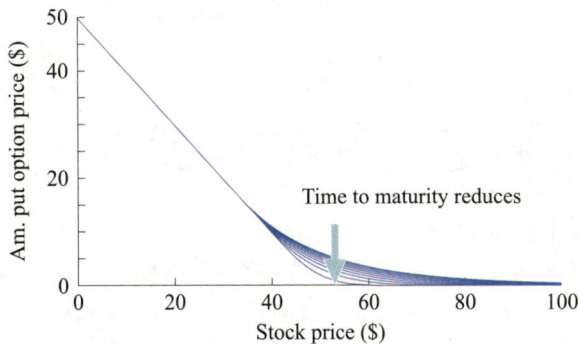

图11.28　美式看跌期权价格曲线随到期时间变化：$T-t = 0.1 \sim 2$年

11.4 期权价格的上下界

期权价格的上下界 (上下限)，是在标的资产价格一定时，其他因素在任何可能情况下，期权价格所能达到的最大和最小值。就每一个特定的标的资产价格而言，其对应的期权价格都有一对最大和最小值。这些最大值和最小值的连线，就是期权的上下边界。如图11.29所示，欧式看涨期权的**上界** (upper bound) 是标的物价格：

$$ub_{Euro\_call} = S \tag{11.28}$$

它的**下界** (lower bound) 为：

$$lb_{Euro\_call} = \max\left(0, S - Xe^{-r(T-t)}\right) \tag{11.29}$$

前文讲过因为美式看涨期权提前行权并不划算，美式看涨期权和欧式看涨期权的上下界完全一样。

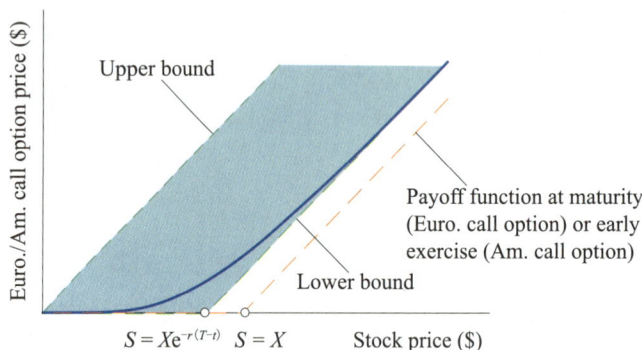

图 11.29　欧式/美式看涨期权的边界条件

图11.30展示了欧式或美式看涨期权边界随着到期时间减小的演变过程。可以发现上界始终是一条过原点并且倾斜45°角的射线，位置不随时间变化。下边界是一条折线，随着到期时间减小，不断贴近期权到期收益折线 (即红色虚线)；下边界不断变化是因其计算式中含有 $e^{-r(T-t)}$ 这一项。这里，上下边界包围的蓝色阴影就是期权价格的值域。

欧式看跌期权价格的上边界条件为：

$$ub_{Euro\_put} = Xe^{-r(T-t)} \tag{11.30}$$

它的下边界条件为：

$$lb_{Euro\_put} = \max\left(0, Xe^{-r(T-t)} - S\right) \tag{11.31}$$

图11.31给出这两个边界条件的图形。可以看到欧式看涨期权的上边界条件是一个平行于横轴的射线。下边界类似于欧式看跌期权收益折线。这两个边界条件随着时间不断变化也是因为 $e^{-r(T-t)}$ 这一项。图11.32给出的是欧式看跌边界条件随着到期时间减小不断变化的过程。接近到期时，下边界条件将靠近收益折线。

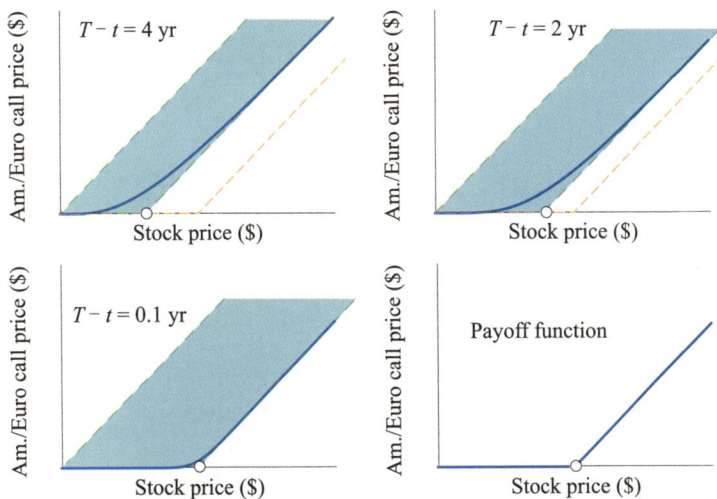

图11.30 欧式/美式看涨期权边界条件随到期时间变化，$T-t = 4$、2、0.1和0年

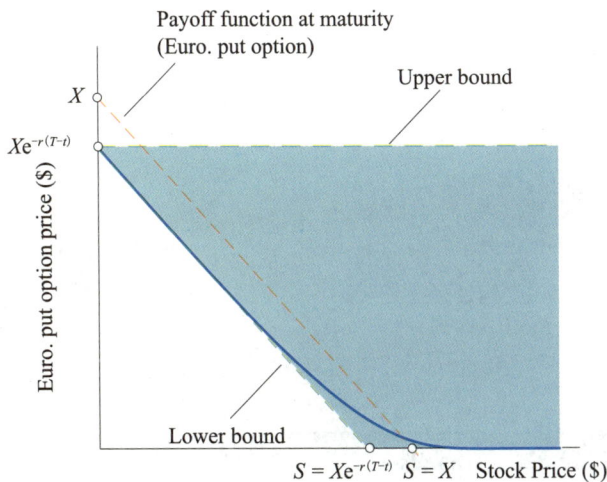

图11.31 欧式看跌期权的边界条件

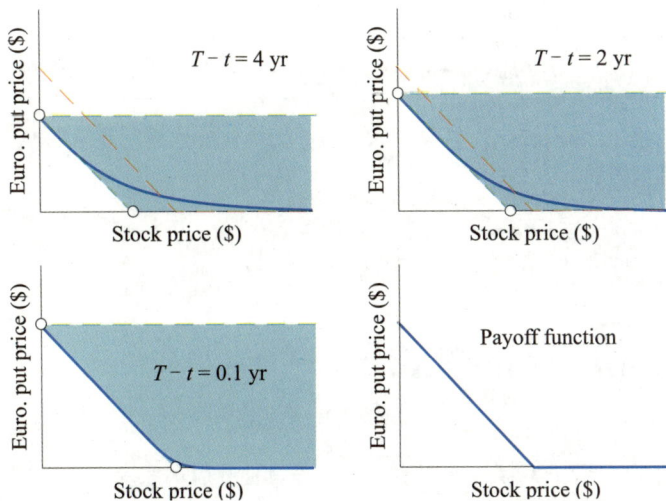

图11.32 欧式看跌期权边界条件随到期时间变化，$T-t = 4$、2、0.1和0年

对于美式看跌期权的上下界，如图11.33所示，上界也是一条平行于x轴的射线，这条射线的位置不随到期时间改变而变化。下界也是这样，一直都是期权的收益折线，如图11.34所示。表11.4总结了这些边界的公式。

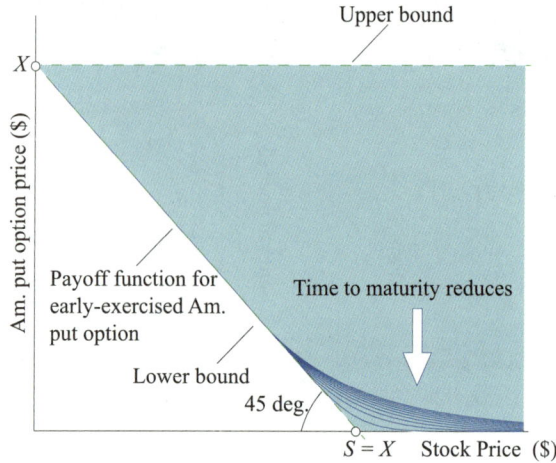

图11.33　美式看跌期权put option边界条件随到期时间变化，$T-t=0\sim4$年

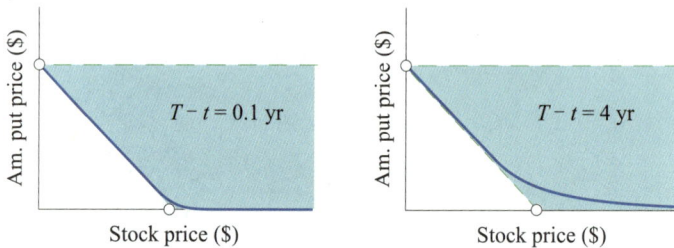

图11.34　美式put option边界条件随到期时间变化，$T-t=0.1$年和4年

表11.4　欧式/美式期权上下边界总结

期权类型	下边界	上边界
欧式/美式看涨期权	$\max\left(0, S - Xe^{-r(T-t)}\right)$	S
欧式看跌期权	$\max\left(0, Xe^{-r(T-t)} - S\right)$	$Xe^{-r(T-t)}$
美式看跌期权	$\max\left(0, X - S\right)$	X

丛书中，**执行价格** (strike price)，混用X和K，这是因为业界也常常混用X和K符号，这里提醒读者注意，也方便阅读其他资料。

11.5 时间价值和内在价值

下面来看一看到期时间$T-t$对期权价格的影响。在其他参数都保持不变的前提下，只改变到期时间，研究期权价格随着标的物价格变化的规律。图11.35给出的是欧式看涨期权价格变化的情况。需要注意的是，这张图中，其他因素 (例如无风险利率，年化波动率) 保持不变。很多读者应该听过波动率微笑这个概念。波动率微笑中的波动率是通过Black-Scholes期权模型反推出来的。也就是将市场上已知的期权价格和其他风险因素的具体值带入模型中然后反求出波动率，称为**隐含波动率**(implied volatility)。会发现在标的物价格不同时，反求出来的波动率和标的物价格呈现出两边高中间低，即所谓的波动率微笑。在丛书第二本书中会详细讨论这一话题。

可以发现，到期时间还有一段时间时，例如两年，如图11.35所示，欧式看涨期权的价格曲线 (蓝色线) 明显高于其到期时刻的收益折线 (红色虚线)。对于欧式看跌期权，如图11.36所示，距离到期时间为两年的期权价格，在标的物价格偏低时，则低于到期收益折线；在标的物价格偏高时则高于到期收益折线。下文会详细探讨这一现象。以下代码是在之前代码基础之上增加一个for循环改编而成。可以获得图11.35和图11.36。两图中的填充颜色，请读者自己完成。

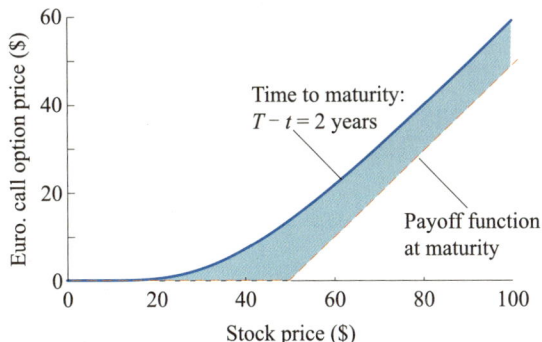

图11.35　欧式看涨期权价格随标的物价格变化：$X = 50$，无风险利率 $= 0.1$，年化波动率 $= 0.35$，$T - t = 2$年

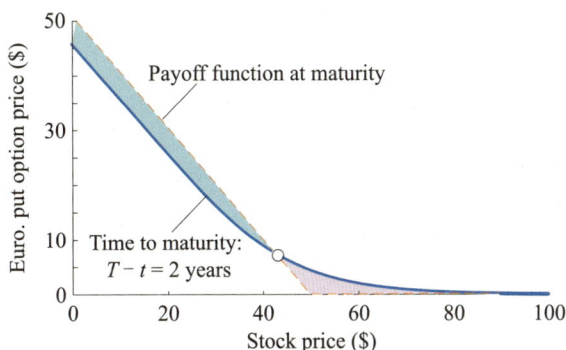

图11.36　欧式看跌期权价格标的物价格变化：$X = 50$，无风险利率 $= 0.1$，年化波动率 $- 0.35$，$T - t = 2$年

```
B1_Ch11_3.m
```

```matlab
clc; clear all; close all

option_type = 'call';
% two types: 'call', call option; 'put', put option
early_exercise = false;
if early_exercise
    Type_str = 'Am';

else
    Type_str = 'Euro';
```

```matlab
end
% false = Euro; true = American
X_strike = 50;
%strike: strike price
S0_series = [0:1:100];
interest_r = 0.1;
% interest_r: risk-free interest rate
sigma = 0.35;
% sigma: volatility
T = 2;
% T: time to maturity
delta_t = 1/250;
% delta_t: size of time steps
steps = round(T/delta_t);
% steps: number of time steps

figure(1)

a = exp(interest_r*delta_t);
u = exp(sigma*sqrt(delta_t));
% Cox Ross Rubinstein
d = 1/u;
prob = (a-d)/(u-d);

S0_length = length (S0_series);

Euro_option_price_series = [];


for i = 1:S0_length

    S0 = S0_series(i);
    % S0: current stock price

    First_Tree_Stock = nan(steps+1,steps+1);
    First_Tree_Stock(1,1) = S0;

    % Calculate values for the nodes on the first tree, stock tree

    for idx = 2:steps+1
        First_Tree_Stock(1:idx-1,idx) = First_Tree_Stock(1:idx-1,idx-1)*u;
        First_Tree_Stock(idx,idx) = First_Tree_Stock(idx-1,idx-1)*d;
    end

    % Calculate the value at expiry
    Second_Tree_option = nan(size(First_Tree_Stock));
    switch option_type
        case 'put'
```

```
        Second_Tree_option(:,end) = max(X_strike-First_Tree_Stock(:,end),0);
    case 'call'
        Second_Tree_option(:,end) = max(First_Tree_Stock(:,end)-X_strike,0);
    end


    for idx = steps:-1:1

        Second_Tree_option(1:idx,idx) = ...
            exp(-interest_r*delta_t)*(prob*Second_Tree_option(1:idx,idx+1) ...
            + (1-prob)*Second_Tree_option(2:idx+1,idx+1));
        % This computational process can be simplfied for European
        % options; However, the identical process is used in the
        % American option pricing.

    end

    % Output the option price
    Euro_option_price = Second_Tree_option(1);
    Euro_option_price_series = [Euro_option_price_series,Euro_option_price];

end

plot (S0_series,Euro_option_price_series);
xlim ([0,100])
xlabel('Stock price [USD]');
ylabel([Type_str, ' ', option_type,' option price [USD]']);
title([Type_str, ' ', option_type,' option price versus time to maturity']);
set(gcf,'color','white')
```

下面看一下期权价格和标的物价格之间的关系，随到期时间而变化的趋势。如图11.37所示，随着到期时间不断减小，不断接近到期时间，欧式看涨期权价格曲线从上到下不断接近期权到期收益折线。而欧式看跌期权，在标的物价格较低和较高时，随着到期时间减小，价格曲线变化表现出不同的趋势。这与欧式期权价格的边界条件、时间价值和内在价值息息相关。绘制图11.37和图11.38可对之前相关的代码进行修改获得，只需要再增加一个for循环，依次改变到期时间即可。

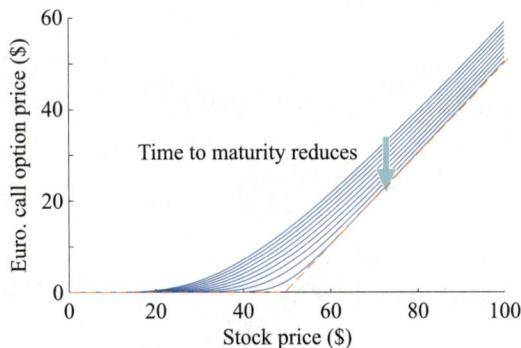

图11.37　欧式看涨期权价格曲线随到期时间变化：$T-t=0.1$年～2年

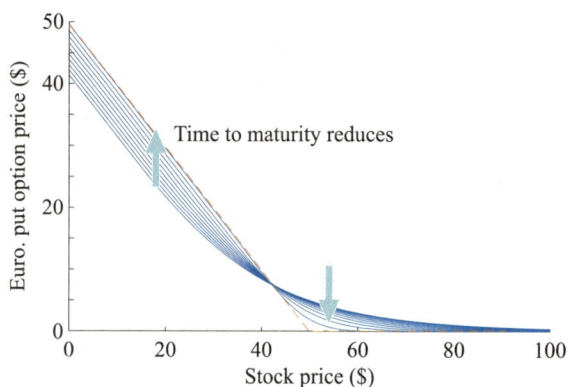

图11.38　欧式看跌期权价格曲线随到期时间变化：$T - t = 0.1 \sim 2$ 年

实质价值、内生价值、内在价值 (intrinsic value)，是指标的资产的现价、即时价格和履约价格之前的差。**时间价值** (time value)，指的是在持有的时间内因为各种风险因素变化而使得期权价值变动的那部分价值。

通过本章之前的学习，我们知道欧式看涨期权本质上和美式看涨期权基本一样，两者的价格曲线都会随着到期时间不断变小，而不断靠近到期收益折线。图11.39展示了看涨期权的时间价值和内在价值。当标的物价格固定时，期权的内在价值不发生改变。但是时间价值不断减小。对于欧式期权这个很好理解；但是，有读者会问对于美式期权为什么也会是这样？毕竟美式期权给予投资更多的选择，更多的行权选择难道不应该卖贵些？

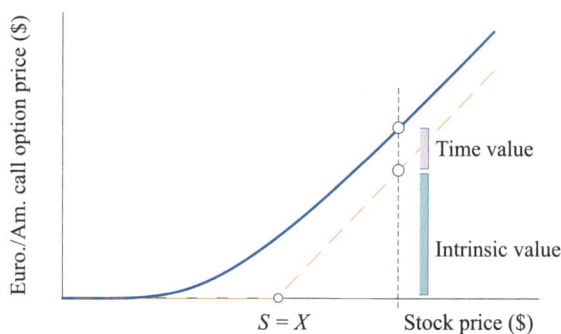

图11.39　时间价值和内在价值，未到期看涨欧式期权

对于尚未到期的美式看涨期权，标的物如股票，没有任何**红利** (dividend)。假设投资者购买这个期权花费P，此时$S > X$，投资者觉得很划算，决定此刻行权；这时，这个权利让投资者以X的价格买入价值为S的股票一股。不考虑折算，这个过程让投资者获益：

$$\text{PnL} = -P + S - X \tag{11.32}$$

另外一种情况，投资者决定不行权，直接把这个欧式看涨期权卖掉；如图11.40左图所示，这个过程投资者获益：

$$\text{PnL} = -P + S - X + \Delta \tag{11.33}$$

可以看出，与其行权不如把美式看涨期权直接卖掉。两者收益相差Δ，这个就是期权的时间价值。

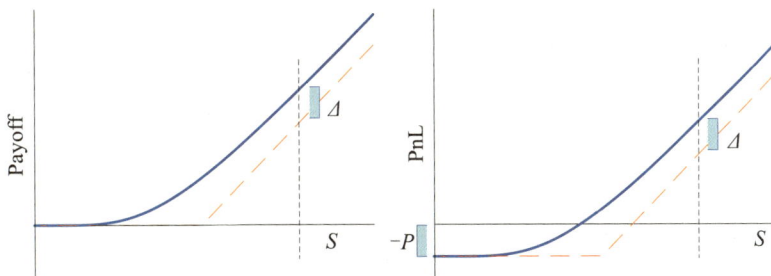

图11.40　欧式/美式看涨期权的收益和损益折线

通过图11.40右图的损益折线看得更清楚，未到期之前执行美式看涨期权不划算。从另外一个角度来看，整个一套分析都是建立在股票长期来看是不断上涨的，平均的上涨率是无风险利率。既然期权尚未到期，股市整体更大的可能性是上涨，为什么要提前行权？请读者自行思考，如果无风险利率为0，波动率为0的情况下，美式和欧式期权定价又会有怎样的规律。

对于欧式看跌期权的时间价值和内在价值，如图11.41所示，在标的物价格较低时，时间价值为负值。如果把两个风险因素相同的欧式和美式看跌期权放在一起比较，如图11.42所示，会发现美式看跌期权在大部分的区域内的价值都要高于欧式看跌期权。如果投资者相信虽然短期的波动不可避免，但是长期来看股市标的物价格会不断上升，能够提前行权的美式看跌期权更具吸引力。然而，欧式期权只有到期才能执行，因此必须要便宜一点儿卖，这样投资者才会买。欧式看跌期权时间价值为负，某种意义上就相当于这个折扣。

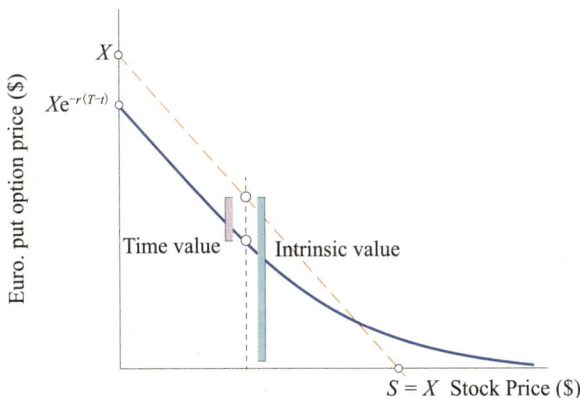

图11.41　时间价值(负值)和内在价值，未到期看跌欧式期权

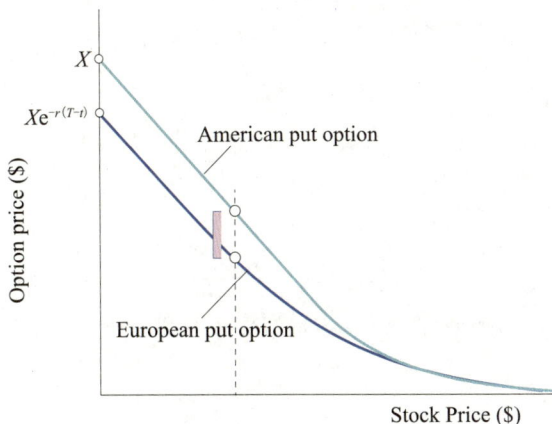

图11.42　欧式看跌期权和美式看跌期权的比较

有读者会问为什么标的物价格较高时，欧式看跌期权有一部分的时间价值为正？如图11.43所示，这是因为价格波动，回报率波动的缘故，这部分的时间价值来自于对未来市场走势的不确定性。

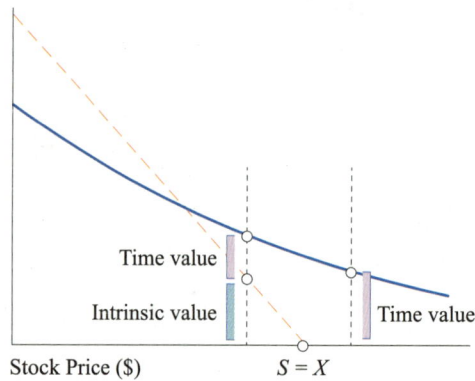

图11.43　欧式看跌期权局部视图

下面用MATLAB编程对期权的时间价值变化趋势研究。图11.44给出欧式/美式看涨期权时间价值随到期时间变化。这四幅图的蓝色阴影是时间价值。随着到期时间不断减小，阴影面积不断缩减。蓝色实线代表期权价值，$T-t$不断减少，蓝色实线不断靠近红色虚线 (看涨期权到期收益折线)。图11.45给出的是一组欧式看跌期权的时间价值变化。粉色阴影是时间价值为负的部分；蓝色阴影是时间价值为正的部分。随着到期时间不断缩短，粉色阴影面积的变化是最大的，因为这一部分的股票值小于X。

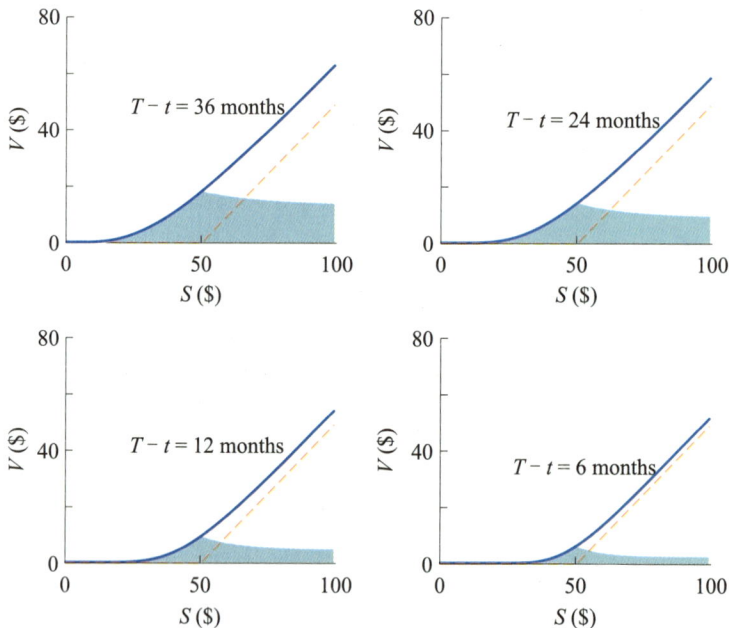

图11.44　欧式/美式看涨期权时间价值，随到期时间变化，$T-t$ = 3年、2年、1年和0.5年

以下代码可以获得图11.44和图11.45。请读者注意这部分代码没有使用二叉树来计算期权价值，而是直接调用MATLAB函数blsprice()。这个函数用的是Black Shocles方程。

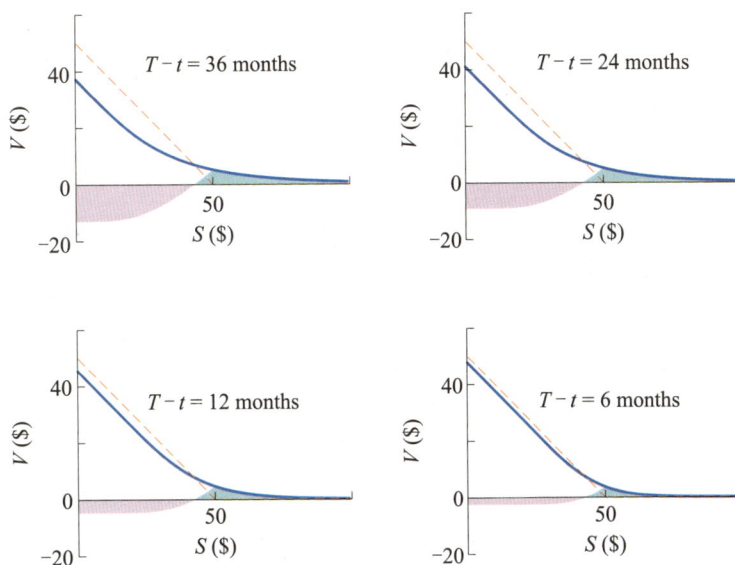

图11.45 欧式看跌期权时间价值随到期时间变化，$T-t=$ 3年、2年、1年和0.5年

```matlab
B1_Ch11_4.m

clc; clear all; close all

spot_price_range = 0.01:1:100;
strike_price = 50;      % strike price
interest_rate = 0.1;    % risk-free interest rate
volatility = 0.35;      % annualized volatility
spot_price_length = length(spot_price_range);
maturity_range = [36, 24, 12, 6]; % month
maturity_length = length(maturity_range);
maturity_matrix = maturity_range(ones(spot_price_length,1),:)'/12;

maturity_range_holder = ones(length(maturity_range),1);
spot_price_matrix = spot_price_range(maturity_range_holder,:);
all_one_matrix = ones(size(maturity_matrix));

[call_option_price_matrix,put_option_price_matrix] ...
    = blsprice(spot_price_matrix, ...
    strike_price*all_one_matrix, interest_rate*all_one_matrix,...
    maturity_matrix, volatility*all_one_matrix);

call_payoff_value = max(0, spot_price_range - strike_price);
put_payoff_value = max(0, strike_price - spot_price_range);
% Intrinsic value

% European call option
% Plot time value, intrinsic value versus stock price
```

```matlab
figure (1)

for i = 1:maturity_length

    subplot(2,2,i)

    time_v_call = call_option_price_matrix(i,:) -
call_payoff_value;
    x = spot_price_range;
    curve1 = time_v_call;
    curve2 = zeros(1,length(x));
    x2 = [x, fliplr(x)];
    inBetween = [curve1, fliplr(curve2)];
    fill(x2, inBetween, 'g'); hold on

    plot(spot_price_range, call_option_price_matrix(i,:)); hold on
    plot(spot_price_range, call_payoff_value); hold on

    legendCell{i} = num2str(maturity_range(i),'T = %-d months');
    plot (spot_price_range, time_v_call); hold on

    xlabel('Stock price [USD]');
    ylabel('Call option price [USD]');
    set(gcf,'color','white'); daspect([1 1 1])
    box off; set(gca, 'XAxisLocation', 'origin')
    ylim([0 80])
    title(['T - t = ', num2str(maturity_range(i)),' months'])
end

% European put option
% Plot time value, intrinsic value versus stock price


figure (2)

for i = 1:maturity_length

    subplot(2,2,i)

    time_v_put = put_option_price_matrix(i,:) - put_payoff_value;
    x = spot_price_range;
    curve1 = time_v_put;
    curve2 = zeros(1,length(x));
    x2 = [x, fliplr(x)];
    inBetween = [curve1, fliplr(curve2)];
    fill(x2, inBetween, 'g'); hold on

    plot(spot_price_range, put_option_price_matrix(i,:)); hold on
```

```
    plot(spot_price_range, put_payoff_value); hold on

    legendCell{i} = num2str(maturity_range(i),'T = %-d months');
    plot (spot_price_range, time_v_put); hold on

    xlabel('Stock price [USD]');
    ylabel('Put option price [USD]');
    set(gcf,'color','white'); daspect([1 1 1])
    box off; set(gca, 'XAxisLocation', 'origin')
    ylim([-20, 60])
    title(['T - t = ', num2str(maturity_range(i)),' months'])
end
```

11.6 买卖权平价关系

买卖权平价 (put-call parity) 是指执行价格X、到期日等其他条件完全相同时，欧式看涨期权和欧式看跌期权之间的基本价格关系。如果不满足这个关系，就意味着存在套利空间，也就是空手套白狼。欧式期权的买卖权平价可以表达为：

$$\begin{cases} \text{Put} + \left(S - De^{-r(t_D-t)}\right) = Xe^{-r(T-t)} + \text{Call} \\ \text{Put} + Se^{-q(T-t)} = Xe^{-r(T-t)} + \text{Call} \end{cases} \tag{11.34}$$

其中：

◀ D是t_D时刻标的物的红利。
◀ q是连续复利的红利利率。

请读者注意，标的物价格变化除了市场因素影响之外，还受到分发红利、股票分割、反向分割等公司行为的影响。如图11.46所示，股票分发红利会导致标的物价格下降，不考虑税率等影响，一般下降的幅度和每股红利相同。**股票分割** (stock split)，是公司将原来的**一股换成两股** (2∶1，2-for-1)，**一股换成三股** (3∶1，3-for-1)，**两股换三股** (3∶2，3-for-2)，等等。股票分割使得标的物价格按比例降低。**反向分割** (reverse split)，和股票分割相反，比如说**两股换一股** (1∶2)，股票的价格会按比例提高。

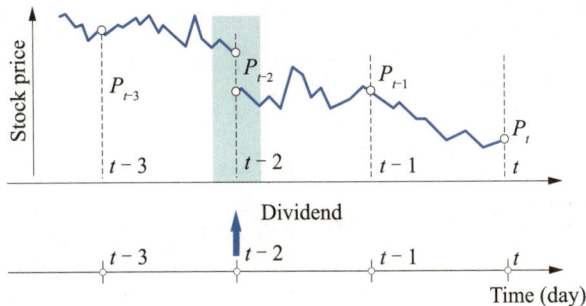

图11.46 分发红利对标的物价格影响

如果不考虑红利，欧式期权买卖权平价可以表达为：

$$\text{Put} + S = X\text{e}^{-r(T-t)} + \text{Call} \tag{11.35}$$

而对于美式期权，这个平价权可以用不等式来表达：

$$S - X \leqslant \text{Call} - \text{Put} \leqslant S - X\text{e}^{-rT} \tag{11.36}$$

为了看到这个不等式构成的取值域，用MATLAB函数binprice()来计算美式期权的价值。这个函数用的也是二叉树这个方法。图11.47给出的是美式买卖平价的看涨和看跌期权的价格曲线。两者价值的差，Call - Put，是图中的绿色线。仔细看可以发现这条绿色线并不是一条直线。这个绿色线的取值范围在图11.48看得更清楚。两条黑色虚线勾勒的就是上下界。

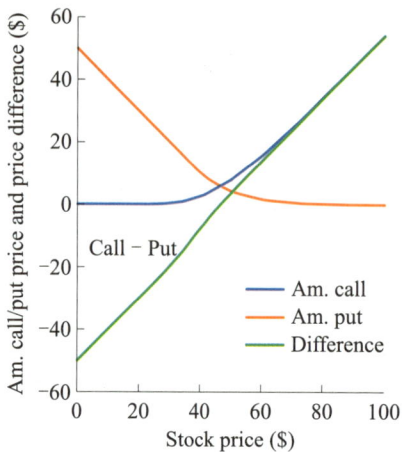

图11.47 美式看涨和看跌期权的关系

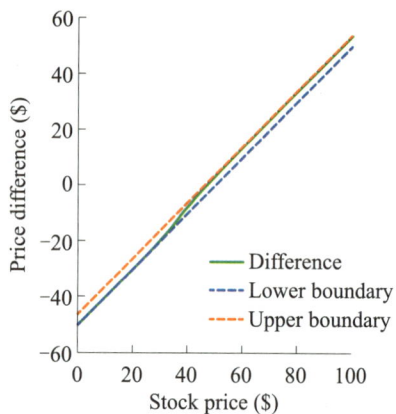

图11.48 美式Call - Put价值的取值区间

以下代码可以用来获得图11.47和图11.48。

```
B1_Ch11_5.m

clc; close all; clear all

X_strike = 50;
%strike: strike price
S0_series = [0:1:100];
interest_r = 0.08;
% interest_r: risk-free interest rate
sigma = 0.3;
% sigma: volatility
Flag = 1; % 0 = put
T_series = [0.1:0.2:2];
Num_step = 200;
T = 1; % year
% T: time to maturity
T_length = length(T_series);
```

```matlab
S0_length = length (S0_series);

Am_put_series = [];
Am_call_series = [];

for i = 1:S0_length

    S0 = S0_series(i);
    % S0: current stock price
    delta = T/T_length;
    Flag = 0;
    [~, Am_put_Price] = binprice(S0, X_strike, interest_r, ...
        T, delta, sigma, Flag);
    Flag = 1;
    [~, Am_call_Price] = binprice(S0, X_strike, interest_r, ...
        T, delta, sigma, Flag);
    % binprice: Binomial put and call American option pricing using Cox-Ross-Rubinstein model

    Am_put_series = [Am_put_series,Am_put_Price(1,1)];
    Am_call_series = [Am_call_series,Am_call_Price(1,1)];

end

figure(1)

plot (S0_series,Am_call_series,'b-'); hold on
plot (S0_series,Am_put_series,'r-'); hold on
plot (S0_series,Am_call_series - Am_put_series,'g-');

xlim ([0,100])
xlabel('Stock price [USD]');
ylabel(['Am. call/put price and price difference [USD]']);
legend('Am. call', 'Am. put', 'Difference')
set(gcf,'color','white')

figure(2)

plot (S0_series,Am_call_series - Am_put_series,'g'); hold on
plot (S0_series, S0_series - X_strike*exp(-interest_r*T),'b--'); hold on
plot (S0_series, S0_series - X_strike,'r--'); hold on
legend('Difference','Upper boundary', 'Lower boundary')
xlim ([0,100])
xlabel('Stock price [USD]');
ylabel(['Price difference [USD]']);
set(gcf,'color','white')
```

本章用欧式和美式期权探讨了期权定价的重要方法——二叉树定价方法。丛书第二本会探讨Black Scholes期权定价，届时请读者对比两种定价方法。本章还探讨了期权价格的边界条件、时间价值、内在价值、买卖权平价关系，这些都是分析期权价格的基本要素，请读者注意理解。

第12章

Option Trading Strategies
期权交易

让我告诉你如何发财致富。当别人都贪得无厌时，你得心存忌惮；当别人心存忌惮时，你就得贪得无厌。

I will tell you how to become rich. Close the doors. Be fearful when others are greedy. Be greedy when others are fearful.

有很多钱自然是好的，但是你知道，你不会永远守着这些钱。我更愿意花钱买东西。否则，这就好像把性生活预留到了老态龙钟的年纪。

It's nice to have a lot of money, but you know, you don't want to keep it around forever. I prefer buying things. Otherwise, it's a little like saving sex for your old age.

——沃伦·巴菲特 (Warren Buffett)

Core Functions and Syntaxes
本章核心命令代码

◄ `binprice()` Cox-Ross-Rubinstein 二叉树计算美式期权价格。

◄ `blsprice()` BSM 模型计算欧式期权价格。

◄ `brewermap()` MATLAB 社区提供的图线配色方案；该函数可用于生成不同的颜色。函数的下载地址：https://www.mathworks.com/matlabcentral/fileexchange/45208-colorbrewer-attractive-and-distinctive-colormaps。

◄ `input('Please input value')` 运行代码时在窗口提示接受外部输入数值。

◄ `MATRIX(:,:,1)` 拿出三维矩阵的第一页。

◄ `nan()` 按要求生成数值都为 NaN 的矩阵或向量。

◄ `switch … case` 根据不同的条件，调用不同的代码。

12.1 收益和利润图像

本章之前讨论了单个期权的到期收益曲线和到期之前的损益曲线。图12.1展示了几个常见期权的PnL曲线随着到期时间 $T-t$ 不断减小而不断蜕化的过程。蓝色线对应曲线到期前 $T-t$ 时刻，红色粗线是到期时刻的PnL折线。这些图展示的线束都是在假设其他因素是保持不变的前提下获得的。尤其是利率、波动率等因素都不会随时间变化，只考虑到期时间 $T-t$ 对PnL曲线的影响。欧式看涨期权和美式看涨期权的趋势完全一致。美式看跌期权和欧式看跌期权最大的差别在于，欧式看跌期权的时间价值在标的物价值较小时为负。

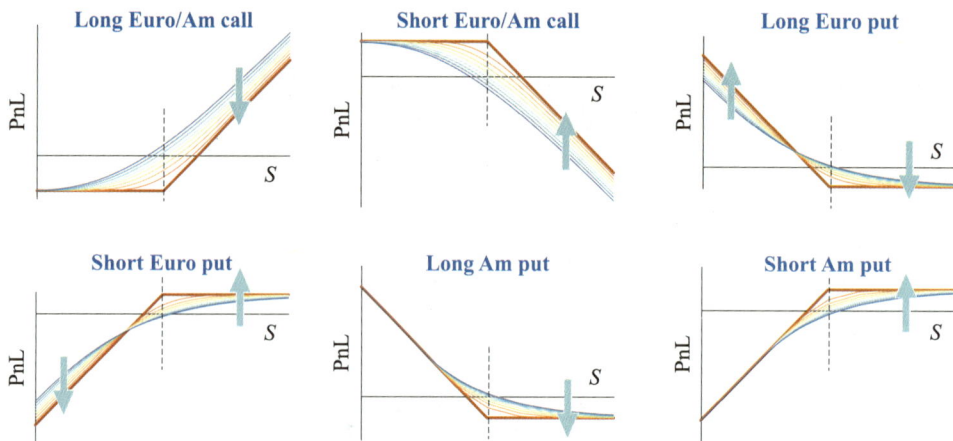

图12.1　损益PnL曲线随时间衰减金融产品

还有一类产品，它们的PnL曲线不随着时间变化而发生蜕化，如图12.2所示。选择图12.1和图12.2中某些产品构造在一起，可以构成一些特殊的期权交易策略。这些交易策略可以帮助投资者对冲风险，在某些方向 (看涨、看跌、波动率增大、波动率减小等) 获益。本章就一起探讨一些常见的期权交易策略。

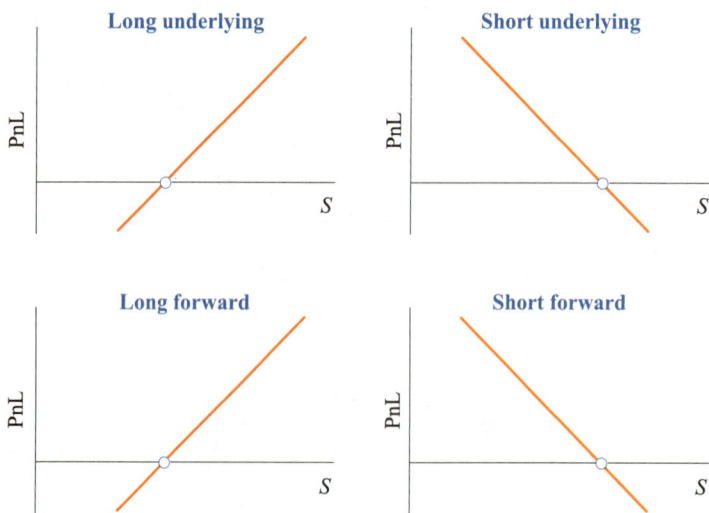

图12.2　损益PnL曲线不随时间衰减的金融产品

如图12.3常见的期权交易策略可以分为以下几种。

◀ **垂直套利，垂直价差** (vertical spread，money spread)：是指投资者设计期权交易策略时，期权有着相同的标的物和相同的到期时间，但有着不同的执行价格。
◀ **水平套利，水平价差，日历价差** (horizontal spread，calendar spread，time spread)：组成这个交易策略的期权有同样的标的物，同样的行权价，但是有不同到期时间。
◀ **对角价差，对角套利** (diagonal spread)。

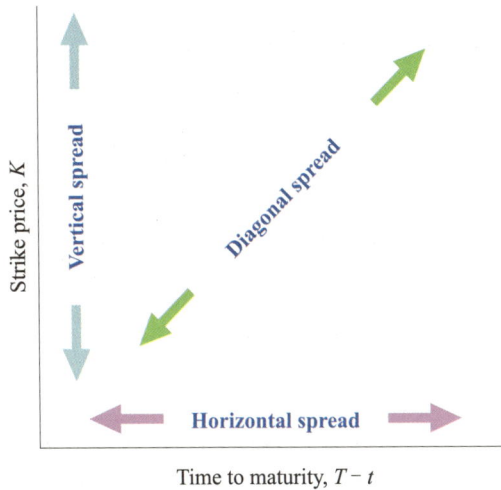

图12.3　三种期权价差的关系

下面就展开谈谈几种常见的期权交易策略，并请读者给这些期权交易策略分类。

12.2 备兑和保护性期权

第一个简单的期权交易策略是**备兑看涨期权** (covered call)。备兑期权，又称抛补式期权，指的是投资者卖出期权，同时又拥有期权标的资产。未来交割时，手中标的资产和期权交割义务相抵消。如果**期权销售者** (option writer) 不拥有标的资产，同样卖出看涨期权，这种情况被称作**裸期权、无保护期权** (naked call)。

这个策略是持有股票，卖出看涨期权。卖出看涨期权的亏损没有上限，但是净利润有限。卖出看涨期权配合买入股票，就使得股价上涨时，虽然做空看涨期权带了亏损，但是股票上涨带来的收益能够弥补这个亏损。这种交易策略明显偏于保守。Stock‐Call这个组合相当于卖出看跌期权，因此这个交易策略也叫作**合成卖出看跌期权** [writing/short covered call (synthetic put) is long stock and short call]，如图12.4所示。请注意，购买股票的**即时价格** (spot price) 未必和期权的执行价格 (strike price) 相同。这个交易策略的**最大损失** (maximum loss) 为股票即时价格减去期权费 (share price‐premium)。**最大获益**(maximum profit)为执行价格与期权费之和再减去股票即时价格 (strike price‐share price + premium)。**盈亏平衡点** (breakeven point) 是股票价格减去期权费 (share price‐premium)。

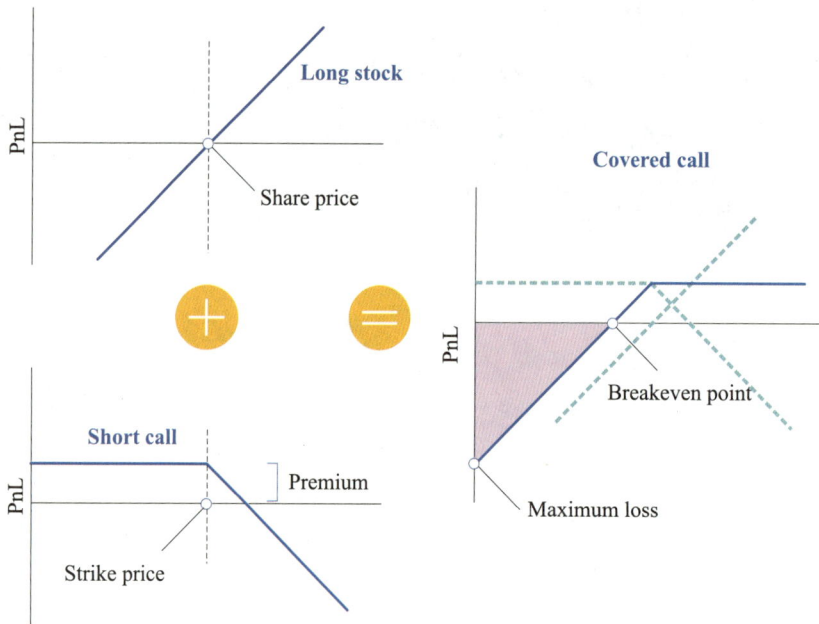

图12.4　Covered call交易策略的构成和到期PnL折线

下面研究covered call随到期时间 $T-t$ 减小而蜕变的过程，如图12.5所示。细心的读者可能已经发现，这个衰变过程类似于卖出欧式看跌期权，但是更像卖出美式看跌期权，曲线不断从一个方向靠近到期PnL折线。所以到期时间 $T-t$ 对于这个策略是个积极影响。**芝加哥期权交易所** (Chicago Board Options Exchange，CBOE) 官网有介绍如何使用covered call的内容。

◀ http://www.cboe.com/strategies/beginner/equity/covered-calls-strategy/part1

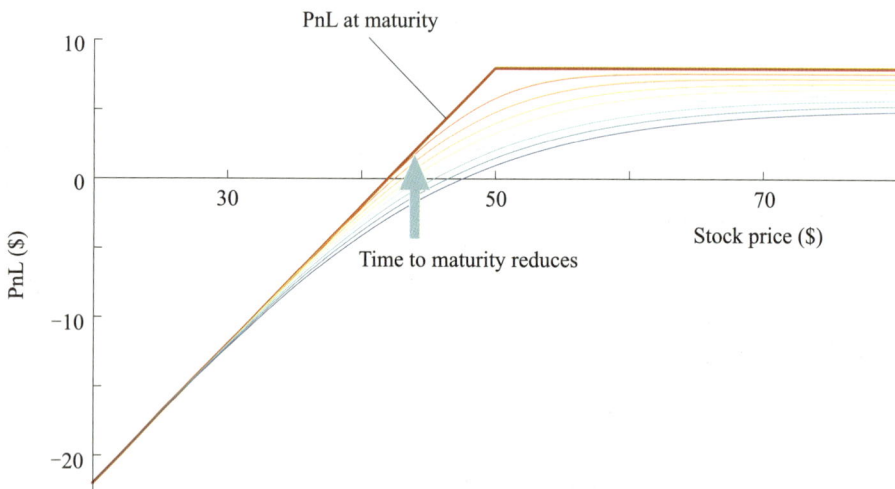

图12.5　covered call损益PnL曲线随到期时间 $T-t$ 减小的蜕变过程

和covered call相对应的交易策略叫作**备兑看跌期权** (covered put)。这个策略的合成方式是卖出看跌期权，配合卖出股票。股票价格下跌导致的卖出看跌期权亏损，可以通过卖出股票获得的收益来弥补。从图12.6中可以看出，covered put相当于一个**合成卖出看涨期权** (writing/short synthetic call (covered put) is short stock and short put)。

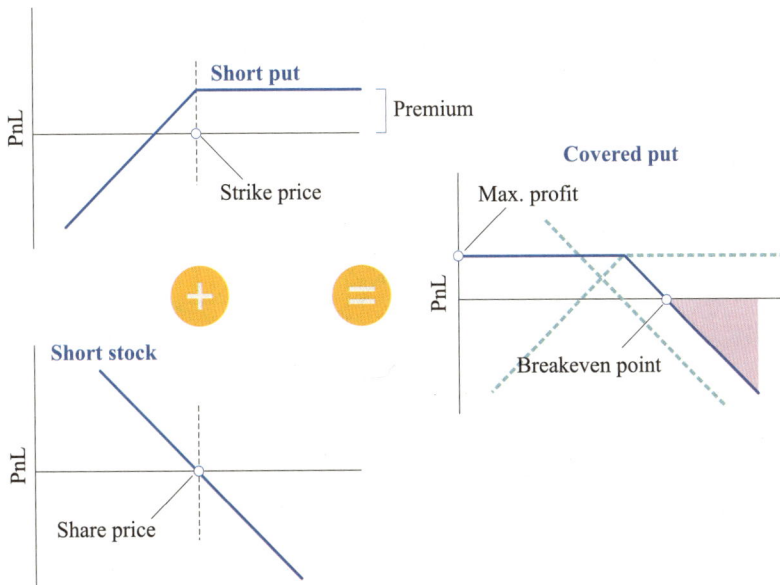

图12.6 covered put交易策略的构成和到期PnL折线

虽然说covered put看起来像一个卖出看涨期权,但是covered put的损益PnL曲线和卖出看涨期权,还是有很大区别。如图12.7所示,在股价较低的时候,随着到期时间$T-t$不断减少,covered put从高位不断向低位靠近到期收益折线。这一点和卖出看涨期权完全相反。

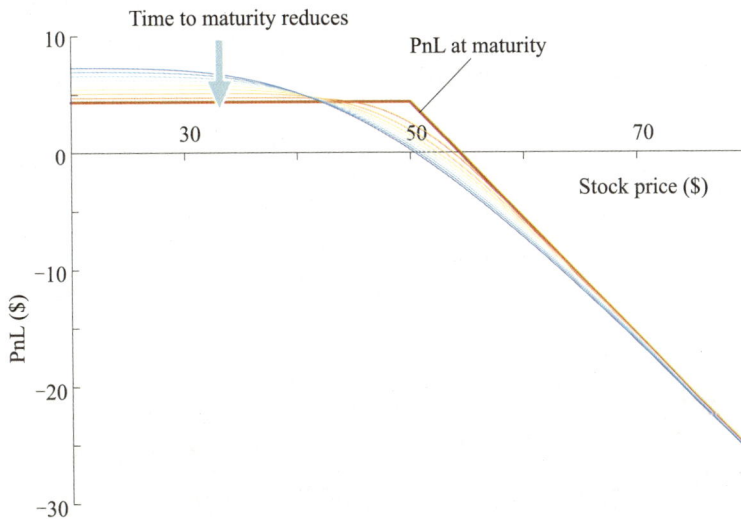

图12.7 covered put损益PnL曲线随到期时间$T-t$减小的蜕变过程

保护性看跌期权 (protective put option) 是购买股票和买入看跌期权这两者构成,如图12.8所示。当股票价格上升时,投资者可以从保护性看跌期权获利,不限制这个投资策略的最大利益;当股票价格下跌时,虽然股票赔钱,但是买入看跌期权弥补损失,有效地控制了投资者最大损失。通过图像可以发现,这个组合相当于**买入看涨期权** (long synthetic call)。这个交易组合的最大获益上不封顶;最大损失为执行价格减去股票即时价格,再减去期权费 (strike price − share price − premium);盈亏平衡点为期权费加上股票即时价格 (premium + share)。

图12.9展示了protective put损益曲线随到期时间$T-t$不断蜕化的曲线。和图12.1中欧式看涨期权的PnL曲线相比,可以发现在标的物低价位区间,随着到期时间$T-t$不断减小,损失不断减小,从更高

的损失接近PnL折线的低损失。请参考CBOE网页获取更多protective put信息：

◀ http://www.cboe.com/strategies/beginner/equity/protective-puts-strategy/part1

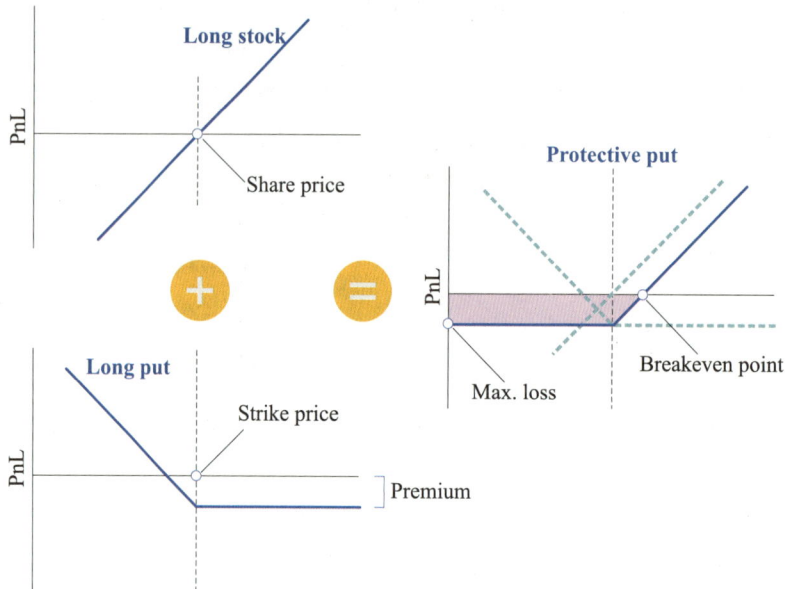

图12.8　protective put交易策略的构成和到期PnL折线

和protective put对应的是protective call。这个策略的构成是卖出股票，买入看涨期权；其PnL折线如图12.10所示。protective call的损益情况看上去像是买入看跌期权。当股票价格上涨，卖出股票会有损失，而且损失上不封顶；这时，protective call中的看涨期权价格也在上涨，弥补了股票的损失。protective call的最大损失因此被限定住了。可以很容易发现，protective call相当于买入看跌期权。随着到期时间 $T-t$ 不断减小，这个策略的PnL曲线不断靠近到期PnL折线，如图12.11所示。这个策略的蜕变过程类似买入美式看跌期权。

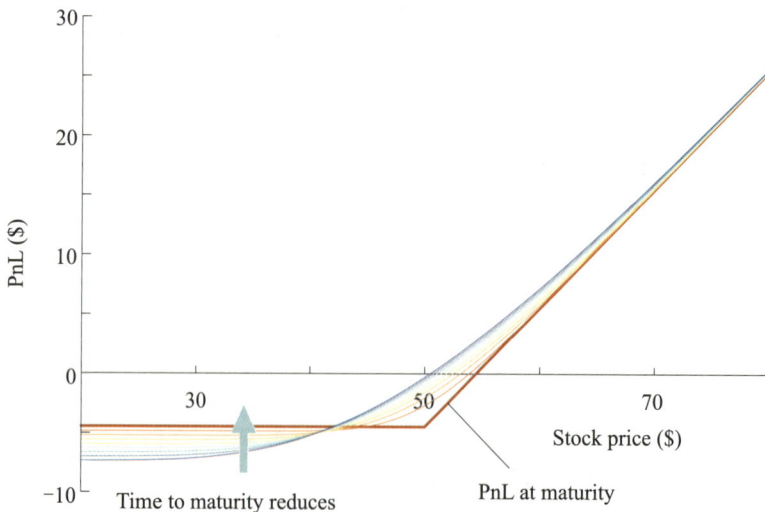

图12.9　protective put损益PnL曲线随到期时间 $T-t$ 减小的蜕变过程

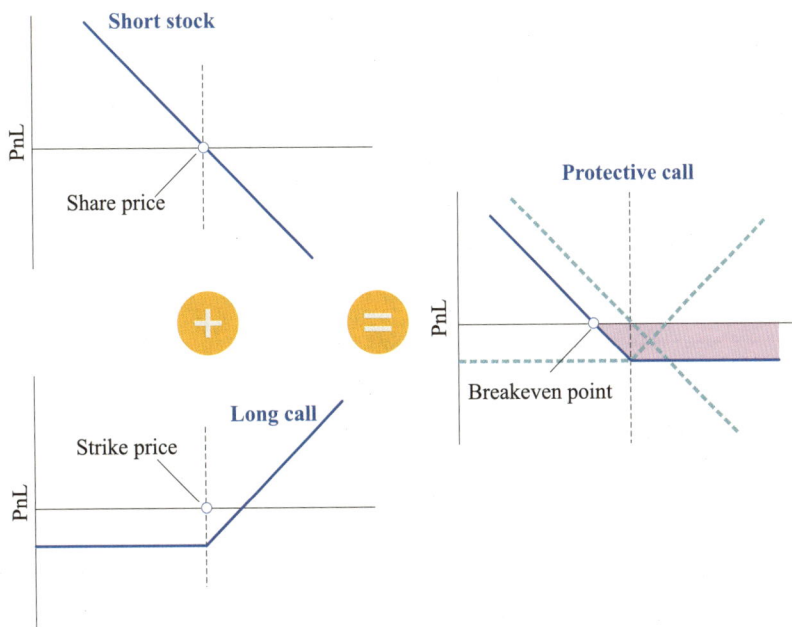

图12.10 protective call交易策略的构成和到期PnL折线

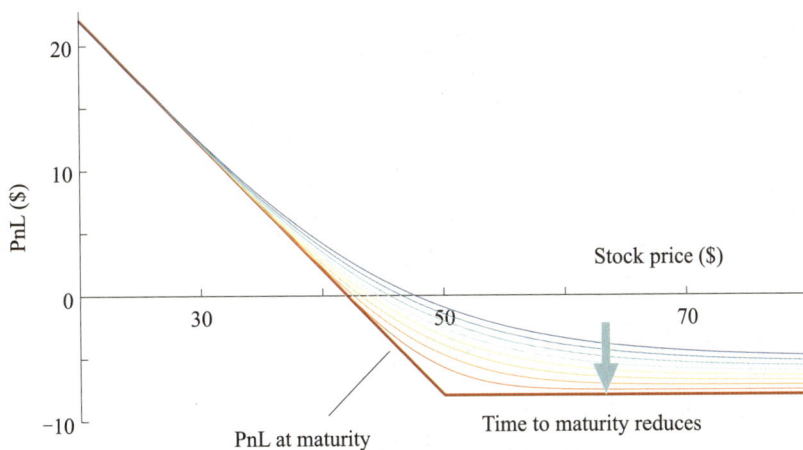

图12.11 protective call损益PnL曲线随到期时间 $T-t$ 减小的蜕变过程

12.3 牛市和熊市价差套利

牛市价差套利 (bull spread) 有以下两种构建方法。

◄ **牛市看涨期权套利** (bull call spread);
◄ **牛市看跌期权套利** (bull put spread)。

牛市看涨期权套利的交易方式是买入一个执行价格较低的看涨期权,同时卖出一个到期日完全相同，但是执行价格strike price较高的看涨期权，这样形成一个最大利润可控、最大损失可控的期权交易策略，如图12.12所示。如下网页设计了一个能输入各种参数，绘制期权交易随时间蜕化的曲线：

◀ http://optioncreator.com/bull-call-spread

这个网站还可以绘制其他几个常见期权交易策略随时间蜕化的曲线。

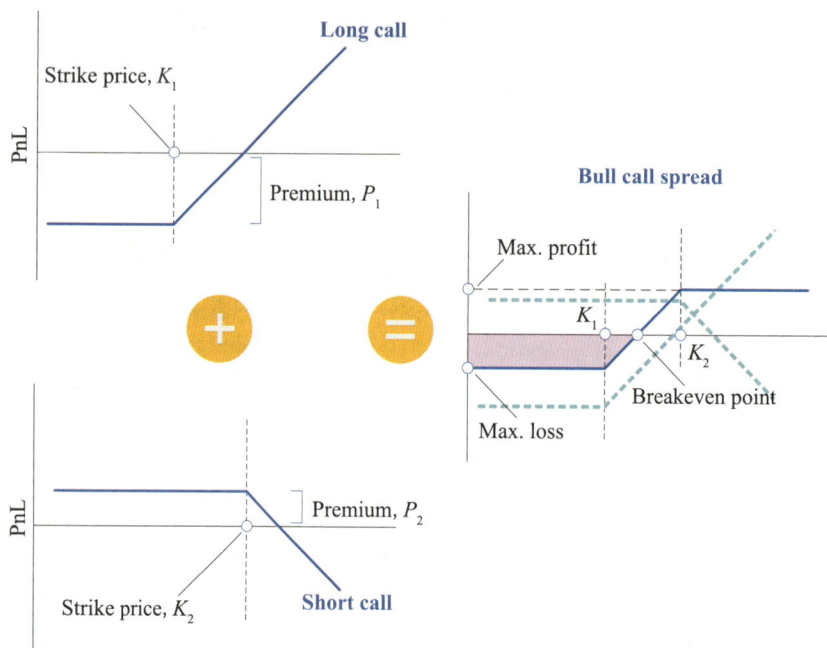

图12.12　bull call spread交易策略的构成和到期PnL折线

这个交易策略的背后动机是预测股市不会大幅上涨。最大损失是净期权费支出$P_1 - P_2$；最大的获益是净期权费、净执行价差之和，即$P_2 - P_1 + K_2 - K_1$；盈亏平衡点为较低执行价格与净期权费，即$K_1 + P_2 - P_1$。图12.13给出的是牛市看涨期权套利的PnL曲线随到期时间$T - t$的蜕化过程。在股价处在相对高位时，也就是**获利位置** (profitable position)，盈利不断升高并且靠近到期PnL折线，也就是到期时间$T - t$减少对盈利有**正方向影响** (positive effect)。但是，在亏损位置，到期时间$T - t$减少对亏损有**负方向影响** (negative effect)，也就是随着到期时间$T - t$减少，在其他风险因素不变的条件下，亏损不断增大。

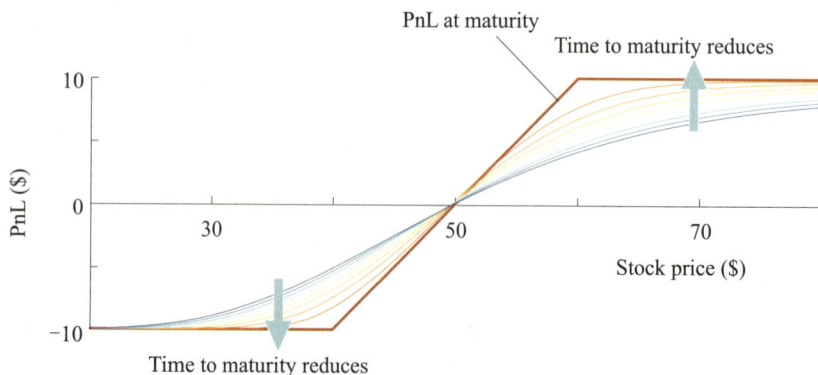

图12.13　bull call spread损益PnL曲线随到期时间$T - t$变化的蜕化过程

同样是预测股市会上涨，但是估计上涨幅度不会太大，通过看跌期权同样可以构建牛市期权套利交易策略。牛市看跌期权套利交易策略是指在低执行价位买入一个看跌期权；同时，在高执行价位，卖出一个日期相同的看跌期权，如图12.14所示。请读者自己分析这个牛市期权套利策略的最大收益、最大风险和盈亏平衡点。图12.15演示的是bull put spread损益PnL曲线随到期时间$T-t$变化而蜕化的过程，这个趋势很类似图12.13中bull call spread的曲线线束。

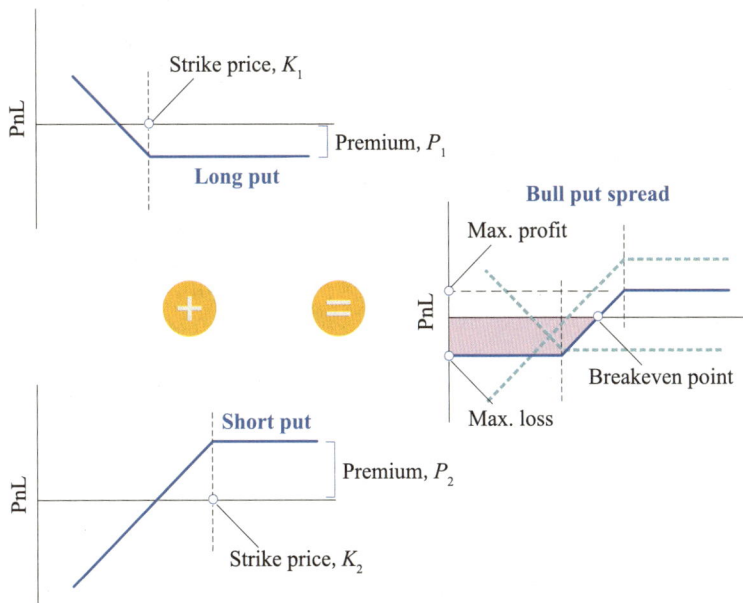

图12.14　bull put spread交易策略的构成和到期PnL折线

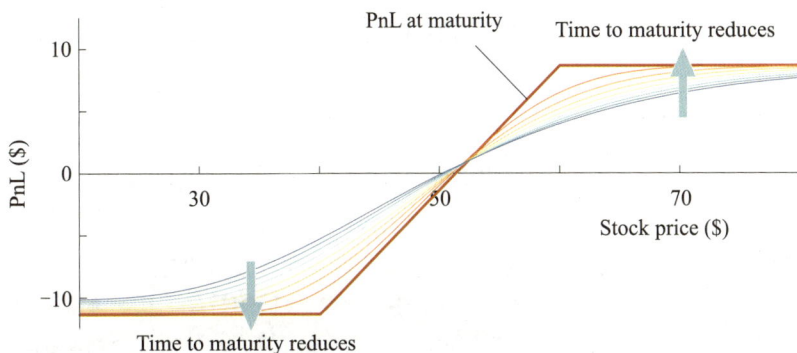

图12.15　bull put spread损益PnL曲线随到期时间$T-t$变化的蜕化过程

如果预测市场会偏于熊市，但是不会大幅下跌，可以采用**熊市价差套利** (bear spread)。同样，熊市价差套利也有两种构建方法：

◀ 熊市看涨期权套利 (bear call spread)；
◀ 熊市看跌期权套利 (bear put spread)。

当预测标的资产价格会下降，但下降的幅度可控，可以用看涨期权来构建bear call spread，从股价向下运动中获利。如图12.16所示，构建熊市看涨期权需要一份在高执行价位买入看涨期权，在低执行价位卖出看涨期权；两个期权的标的物相同，到期时间$T-t$相同。类似地，bear call spread最大获益为期权费价差P_1-P_2；最大的损失为期权费价差(P_1-P_2)、执行价位之差(K_1-K_2)之和。盈亏平衡点为净期权费与其中之一的执行价格之和$(P_1-P_2+K_1)$。

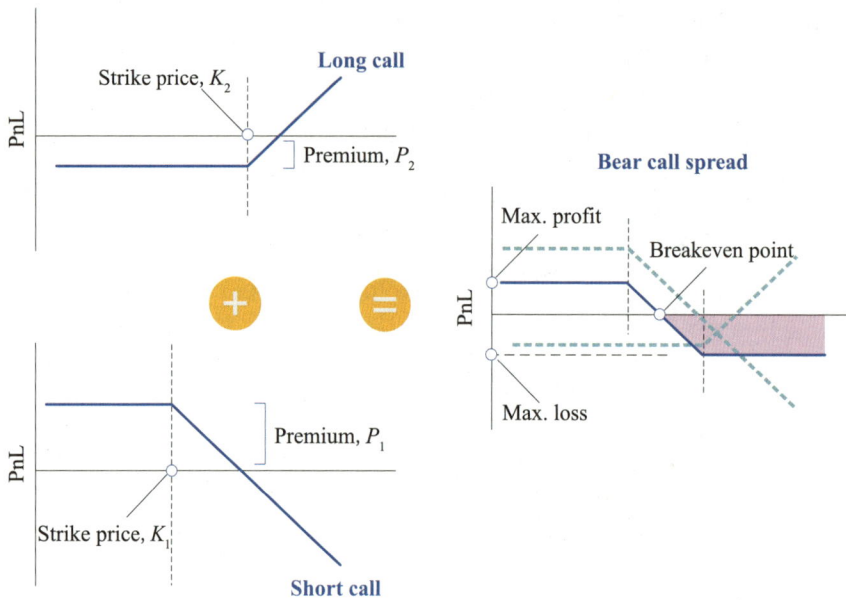

图12.16 bear call spread交易策略的构成和到期PnL折线

图12.17给出bear call spread损益PnL曲线随着到期时间$T-t$变化的蜕化过程。在标的资产价位较低时，也就是bear call spread获利区间，到期时间$T-t$减少，交易策略获利更多；在标的物价位较高时，在bear call spread亏损区间，随着到期时间$T-t$增加，这个策略亏损更大。

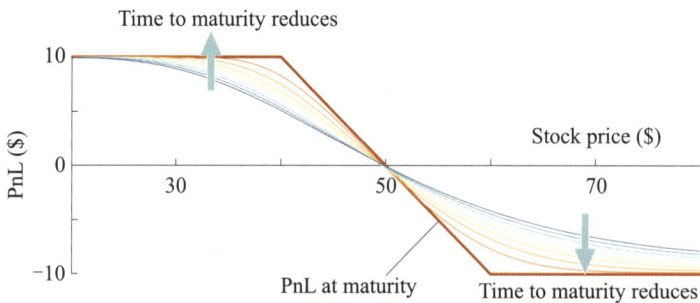

图12.17 bear call spread损益PnL曲线随到期时间$T-t$变化的蜕化过程

类似地，熊市价差套利可以用看跌期权构成。熊市看跌期权套利的交易方式是买进一个执行价格较高的看跌期权，同时卖出一个到期日相同、但是执行价格较低的看跌期权。请读者自己绘制这个策略的构建方法。图12.18给出bear put spread损益曲线随着到期时间$T-t$减小而不断蜕化的过程，这个趋势和图12.17中的bear call spread几乎完全一致。

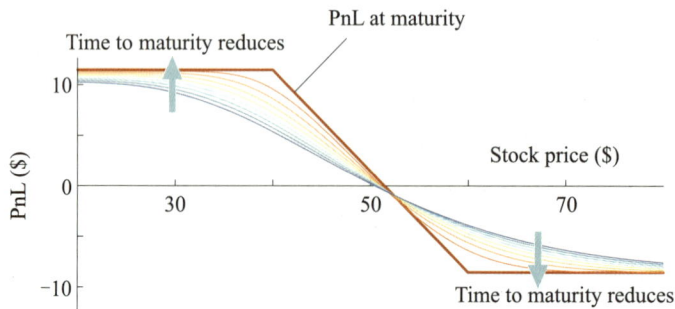

图12.18 bear put spread损益PnL曲线随到期时间$T-t$变化的蜕化过程

12.4 蝶式套利

大致来说，蝶式套利有以下四种。

- ◀ 多头看涨蝶式套利 (long call butterfly)
- ◀ 空头看涨蝶式套利 (short call butterfly)
- ◀ 多头看跌蝶式套利 (long put butterfly)
- ◀ 空头看跌蝶式套利 (short put butterfly)

首先，我们研究如何用看涨期权来构造long call butterfly。如图12.19所示，这里需要三个看涨期权来构造long call butterfly。首先在低价位K_1买入看涨期权一份，在高价位K_3买入看涨期权一份，在中价位K_2卖出看涨期权两份。这三类期权有相同的到期时间$T-t$。这个期权策略的风险有限，盈利空间也有限。在盈利区间内，当到期时间$T-t$不断减少，这个交易策略的盈利不断提高，如图12.20所示。相反，在亏损区间，随着到期时间$T-t$不断临近，这个交易策略的亏损不断提高。读者可能会很容易发现，long call butterfly可以用牛市看涨价差套利和熊市看涨价差套利来合成，如图12.21所示。

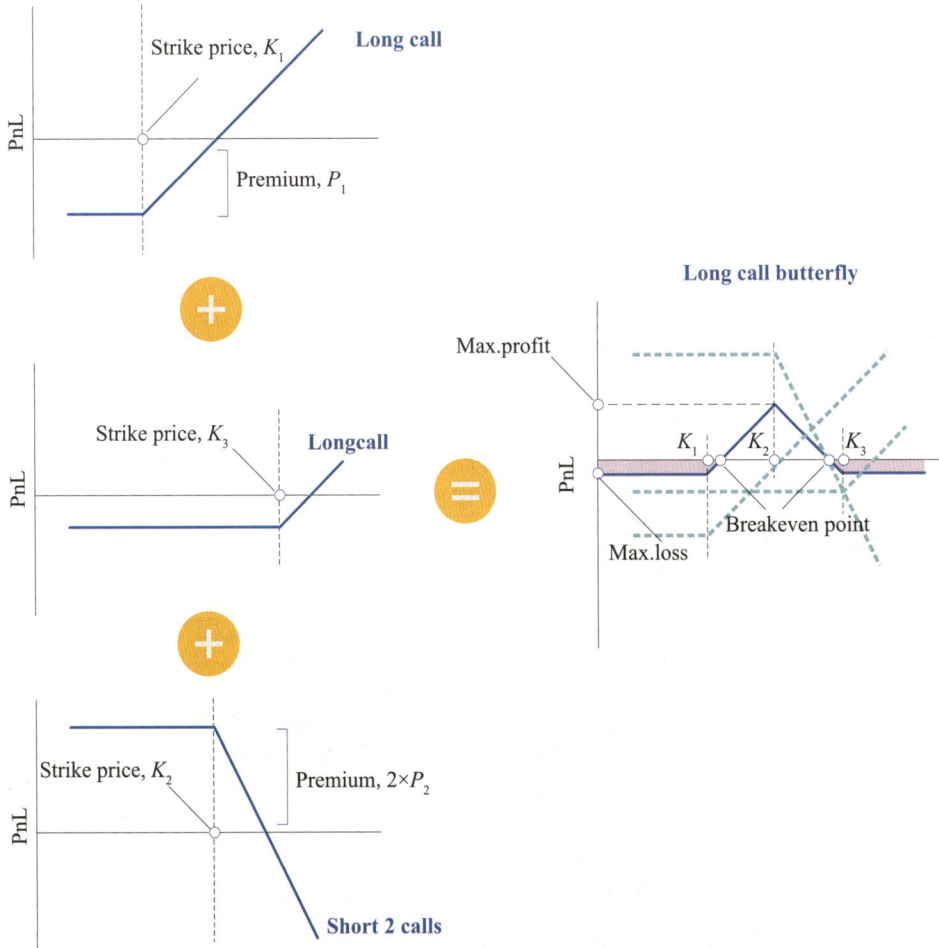

图12.19　long call butterfly交易策略的构成和到期PnL折线

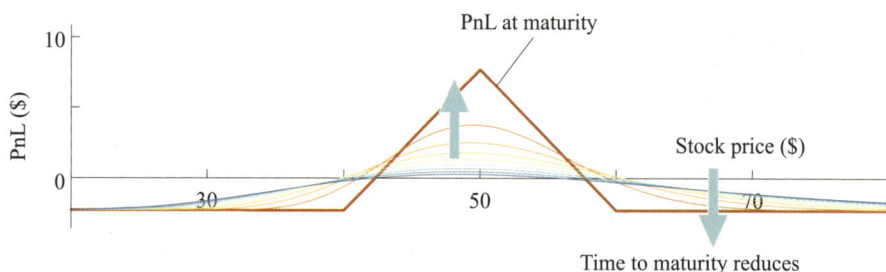

图12.20　long call butterfly损益PnL曲线随到期时间$T-t$变化的蜕化过程

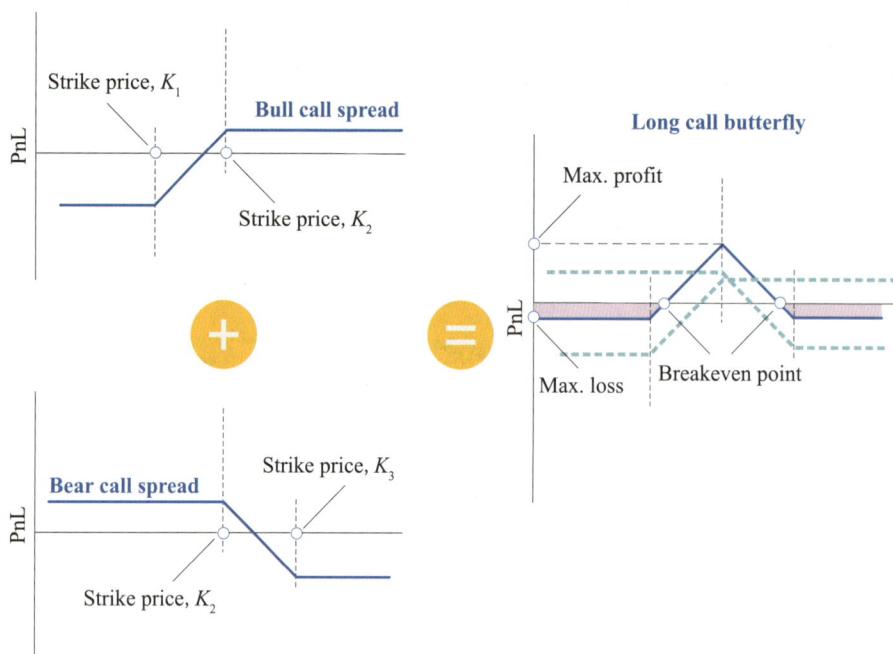

图12.21　熊市看涨价差和牛市看涨价差合成long call butterfly

　　类似地，看跌期权也可以构造多头蝶式交易策略。这个交易策略的构造，请读者自己完成。需要提示读者，可以参考本章最后的MATLAB代码。如图12.22所示，long put butterfly损益PnL曲线随时间蜕变过程和long call butterfly几乎完全相同。

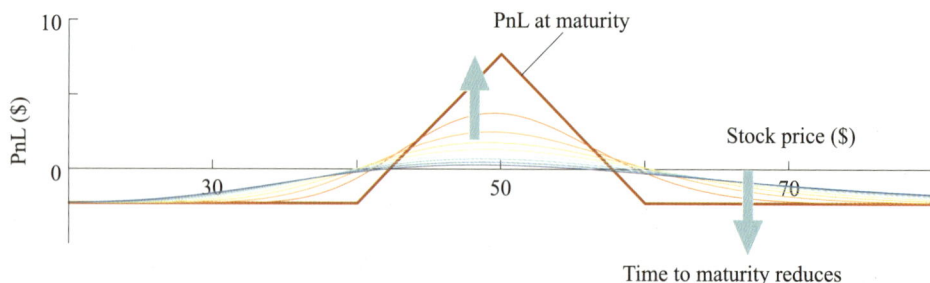

图12.22　long put butterfly损益PnL曲线随到期时间$T-t$变化的蜕化过程

　　下面介绍看涨期权构造short call butterfly期权策略。这个策略的特点是，预期股市有较大波动，希望在高价位和低价位都能获益，同时控制损失风险。图12.23给出的是short call butterfly交易策略的构成和到期PnL折线。short call butterfly策略用四个看涨期权构成。在低价位K_1卖出一份看涨期权，在高价位K_3卖出一份看涨期权，在中价位K_2买入两份看涨期权。这三类看涨期权的标的物完全相同，到期时间$T-t$相同。我们发现这个交易策略的盈利在高位和低位两侧；它的亏损在中位左右。股价处于高位和低位时，随着到期时间$T-t$减少，盈利不断提高；在中价位时，随着临近到期，亏损也不断增大，如图12.24所示。short put butterfly也有几乎完全一致的趋势。章末MATLAB代码有short put butterfly部分。

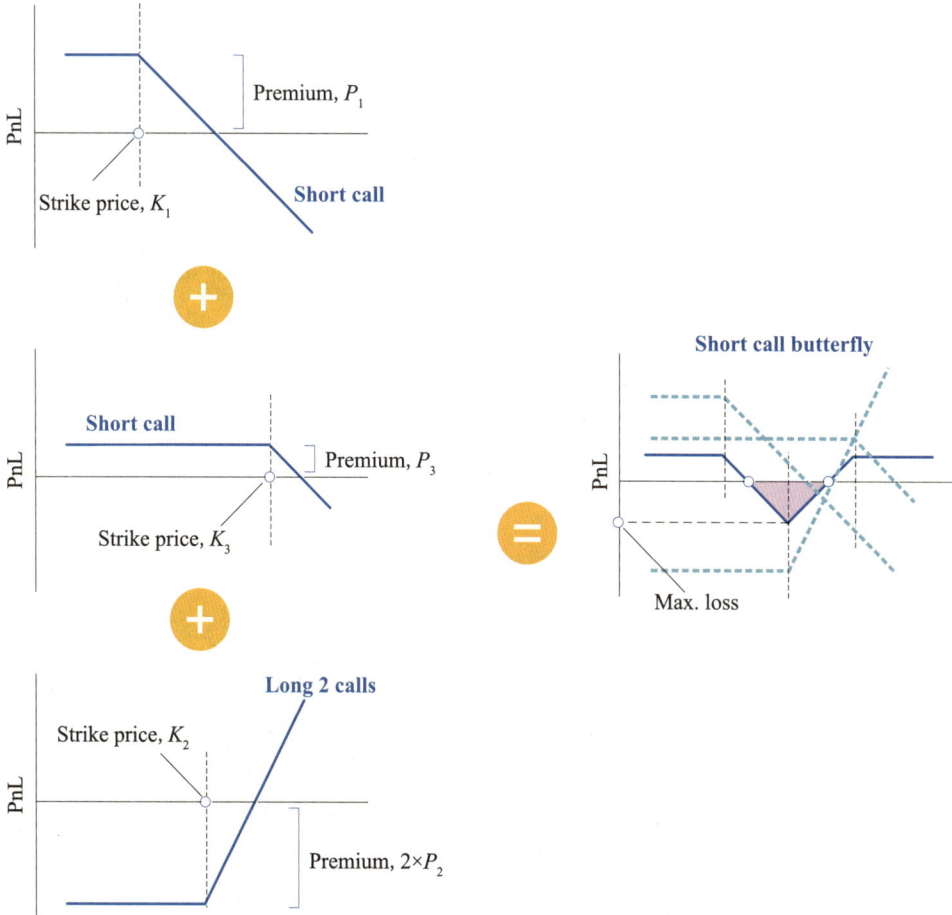

图12.23　short call butterfly交易策略的构成和到期PnL折线

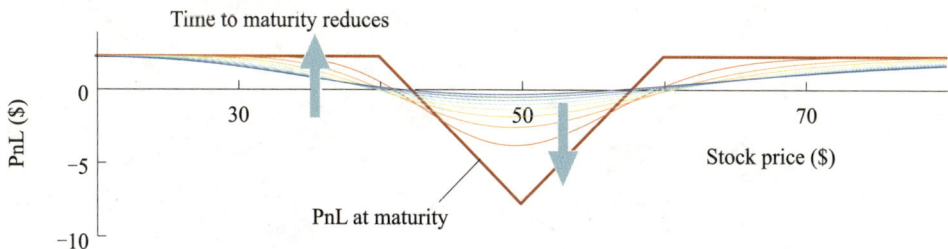

图12.24　short call butterfly损益PnL曲线随到期时间$T-t$变化的蜕化过程

另外还有一类套利策略和蝶式套利很类似，叫作**铁蝶套利** (iron butterfly)。铁蝶套利和蝶式套利最大的区别是，铁蝶套利混用看涨期权和看跌期权；而蝶式套利要么只用看涨期权，要么只用看跌期权构造。

12.5 跨式套利

　　跨式套利 (straddle) 需要用执行价格相同、到期时间 $T - t$ 相同的看涨和看跌期权各一个。**多头跨式套利**、**多头对敲** (long straddle) 的构成如图12.25所示。这个策略需要买入一份看涨期权；买入一份相同的执行价格、相同到期时间 $T - t$ 的看跌期权。这个策略的特点是在标的物价格波动较大时可以获利，获利没有上限，亏损有下限。最大的亏损是两个期权的期权费 $P_1 + P_2$。

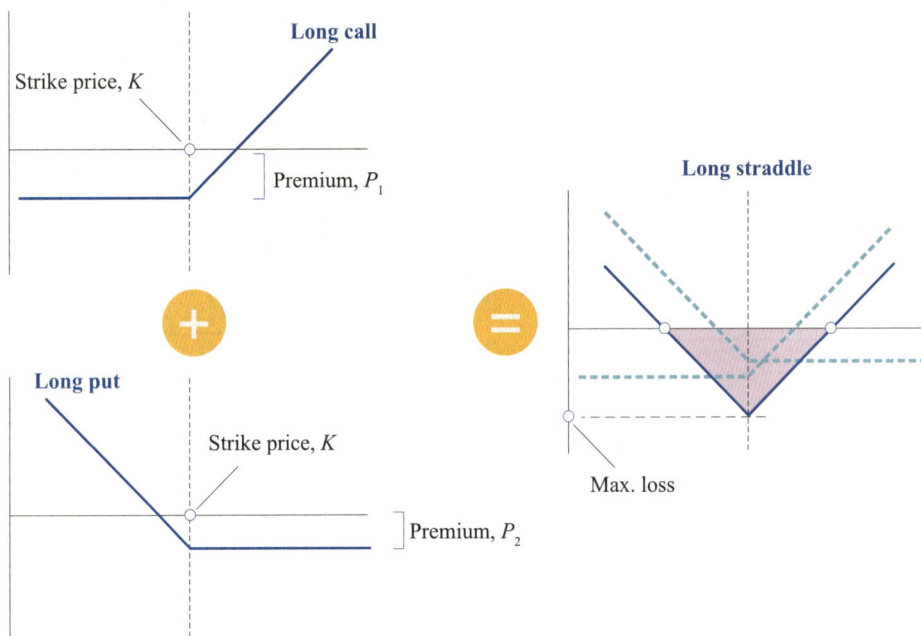

图12.25　long straddle交易策略的构成和到期PnL折线

　　为研究long straddle的损益PnL曲线随着时间变化，分别用欧式期权和美式期权来构造long straddle。因为欧式看涨期权和美式看涨期权的收益曲线完全相同，这里主要将注意力集中在区别欧式看跌和美式看跌期权对这个策略的影响上，如图12.26所示。

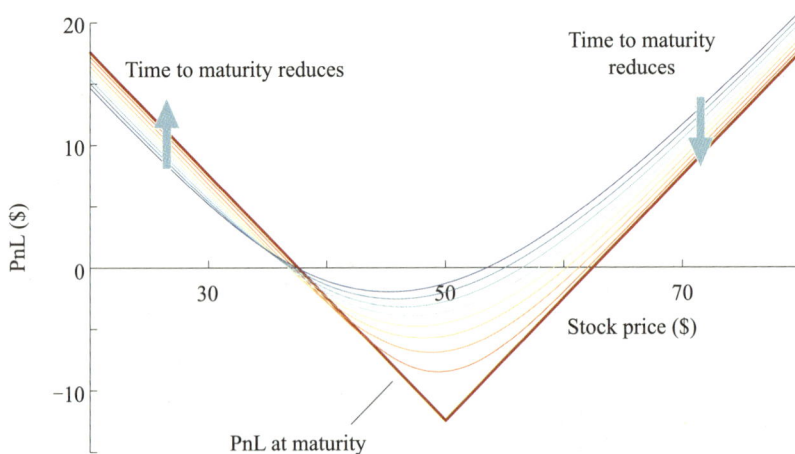

图12.26　long straddle，欧式看跌，损益PnL曲线随到期时间 $T - t$ 变化的蜕化过程

如果采用欧式看跌期权，当标的资产价位较低时，到期时间$T-t$缩短对long straddle有正方向影响，如图12.27所示。也就是说，随着到期时间$T-t$缩短，交易策略获利增加。在标的物价位较高时，随着到期时间$T-t$缩短，long straddle获利减少。在执行价附近，当期权不断接近到期，亏损不断增大。如果采用美式看跌期权，在高价位和执行价附近，PnL曲线和由欧式看跌期权构造的long straddle几乎一致。但是在高价位时，到期时间$T-t$的缩短只剩下微小的负方向影响，影响幅度很小。

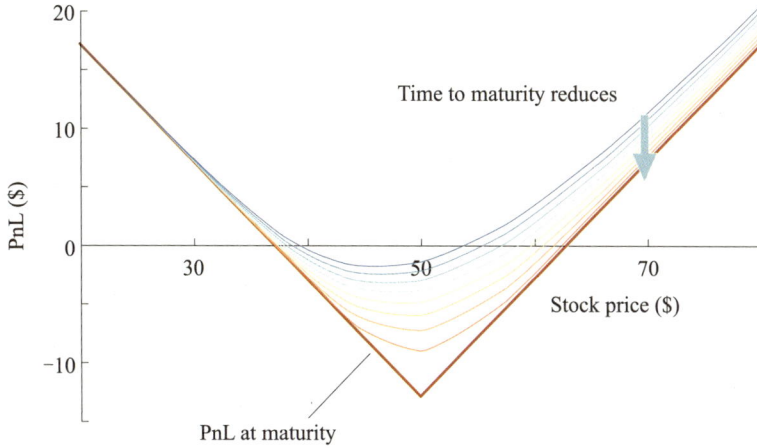

图12.27　long straddle，美式期权，损益PnL曲线随到期时间$T-t$变化的蜕化过程

和多头跨式相对应的是**空头跨式套利**、**空头对敲** (short straddle)。空头跨式套利策略的构成是卖出一个看涨期权，卖出一个执行价相同、到期时间$T-t$相同的看跌期权，如图12.28所示。这个策略的获利范围在执行价格附近。投资者预测标的物的价格在执行价格附近小范围移动。从图中折线可以看出，这个交易策略的收益有限，最大收益为期权费之和，即P_1+P_2，最大亏损没有下限。

同样是采用欧式看跌或是美式看跌期权，对策略的PnL曲线也有影响。只就欧式看跌期权而言，如图12.29所示，在低价位时，当到期时间$T-t$不断缩小，亏损不断增大；在高价位时，亏损随着$T-t$减小而减小。在执行价格附近，$T-t$减小会让获益不断提高。

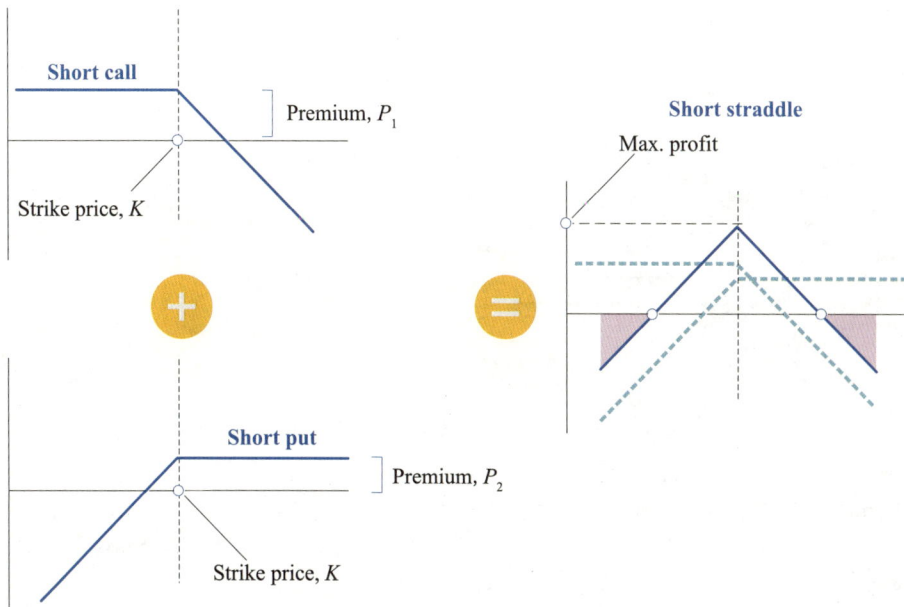

图12.28　short straddle交易策略

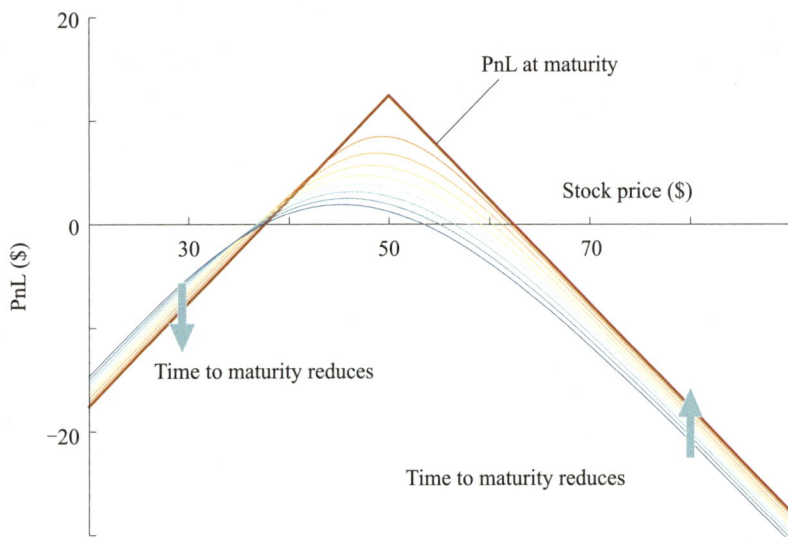

图12.29　short straddle损益PnL曲线随到期时间$T-t$变化的蜕化过程

异价跨式套利（strangle），也称勒式价差套利，类似刚刚讲到的跨式套利。strangle用的也是一份看涨期权和一份看跌期权合成。从异价跨式套利这个名字，可以知道两个期权的执行价格不相同。如图12.30所示，long strangle策略的组成是在低执行价K_1处买入一个看跌期权，在高执行价位K_2处买入看涨期权。两个期权的到期时间相同。long strangle的最大亏损为两个期权费之和：P_1+P_2。

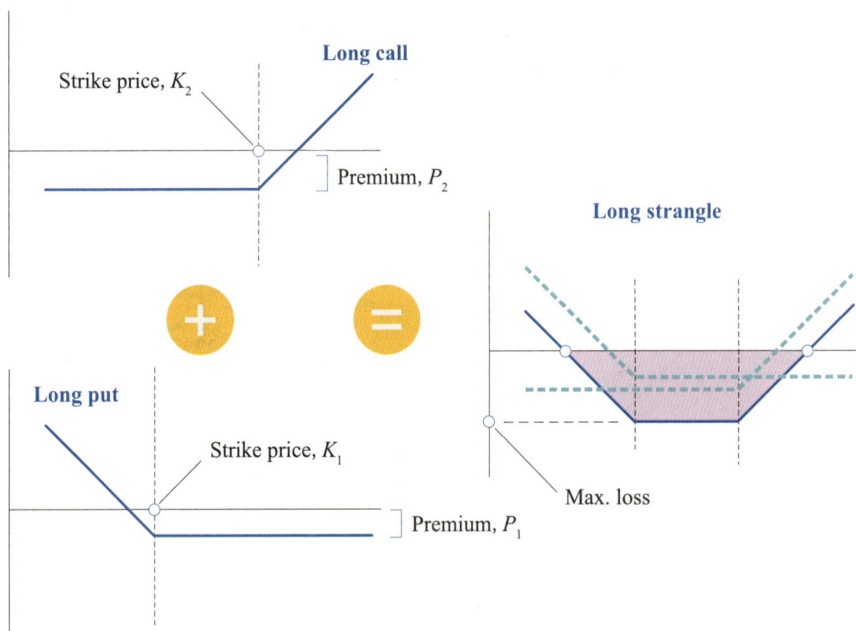

图12.30　long strangle交易策略的构成和到期PnL折线

同样分采用欧式或美式看跌期权两种情况来讨论long strangle交易策略。如果采用欧式看跌期权构造long strangle，在低价区，随着到期时间$T-t$减小，获益不断升高，如图12.31所示。在高价位区，到期时间$T-t$的减小对获益是反向影响。在两个执行价之间的区域，随着到期时间不断减少，亏损不断增大。如果采用美式看跌期权来构造long strangle，在低价区内，$T-t$的减小对收益是正向影响，不过影响很小，如图12.32所示。

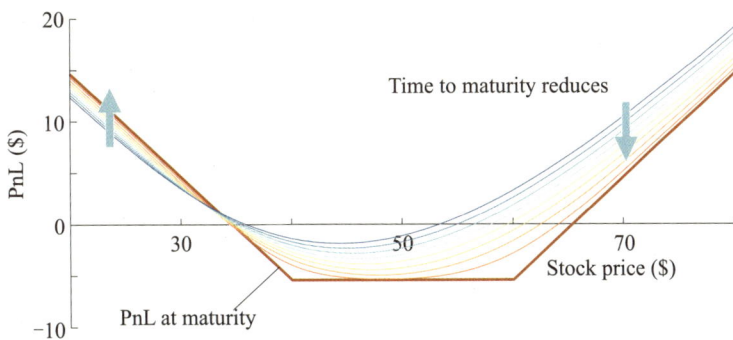

图12.31　long strangle，欧式看跌期权，损益PnL曲线随到期时间$T-t$变化的蜕化过程

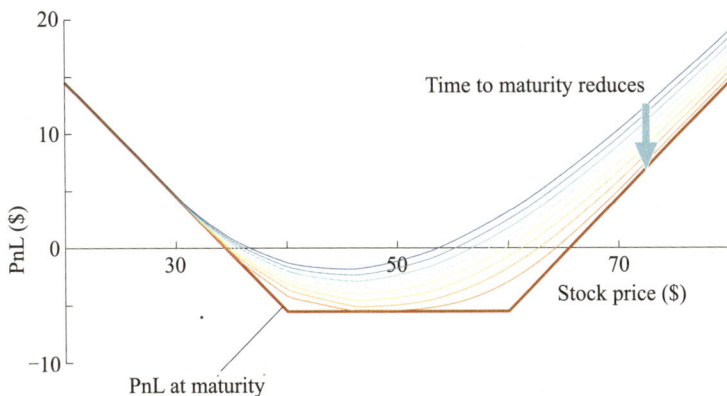

图12.32　long strangle，美式看跌期权，损益PnL曲线随到期时间$T-t$变化的蜕化过程

现在用两个欧式期权来构造short strangle。如图12.33所示，short strangle的构成成分是，卖出低执行价K_1的看跌期权，同时卖出高执行价位K_2的看涨期权，两个期权的到期时间一致。这个交易策略认为标的物的价格在两个执行价格之间小范围波动。short strangle的最大获益有限，为两个权利金之和P_1+P_2；但是，这个交易策略的最大亏损没有下界。如果采用欧式看跌期权构造short strangle，在低价位区，到期时间减小使得亏损小幅增加；在高价位区，到期时间减少，让亏损小幅减小。在获利区间，到期时间减少对获益是正向影响，如图12.34所示。

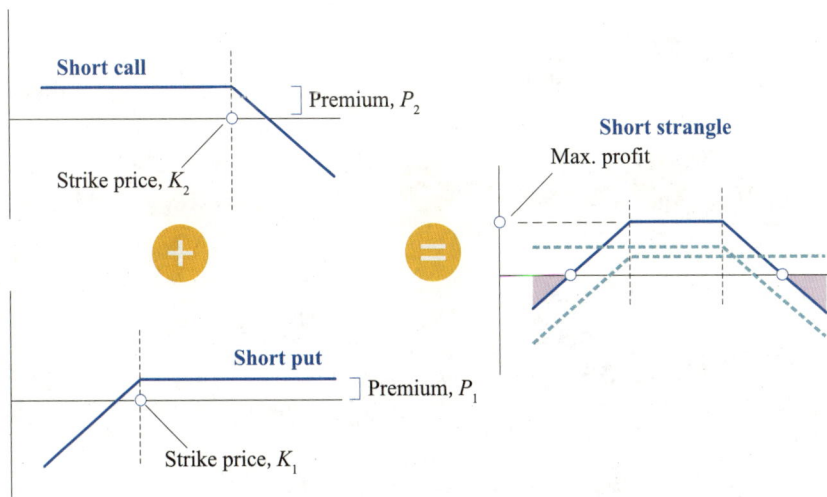

图12.33　short strangle交易策略的构成和到期PnL折线

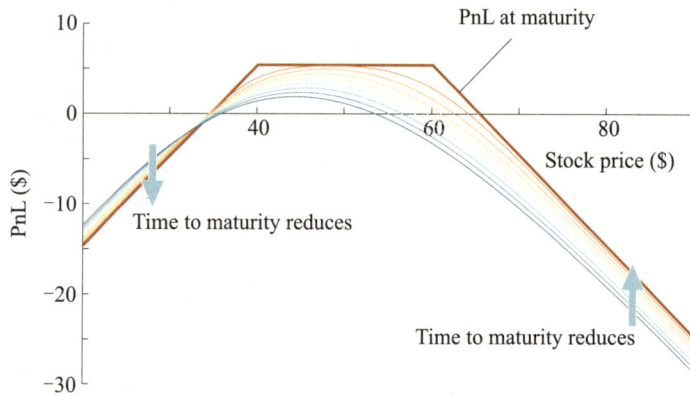

图12.34　short strangle with European options损益PnL曲线随到期时间$T-t$变化的蜕化过程

12.6 序列和带式组合

序列组合 (strip) 是跨式套利的一种延伸，它的构成是：在执行价格相同、到期时间相同情况下，买入一份看涨期权，同时买入两份看跌期权，如图12.35所示。strip这个策略在价格大幅波动时会获益。在相同的波动幅度情况下，标的物价格向下幅度比向上浮动更有利。也就是说，投资者认为标的物会大幅波动，但是猜想标的物价格向下浮动的可能性更大。strip的最大收益上不封顶；这个策略的最大亏损为所有期权费：$P_1 + 2 \times P_2$。这个策略退出获利方法是：

◀ 当标的物价格上升，卖掉call option，
◀ 当标的物价格下降，卖掉put option。

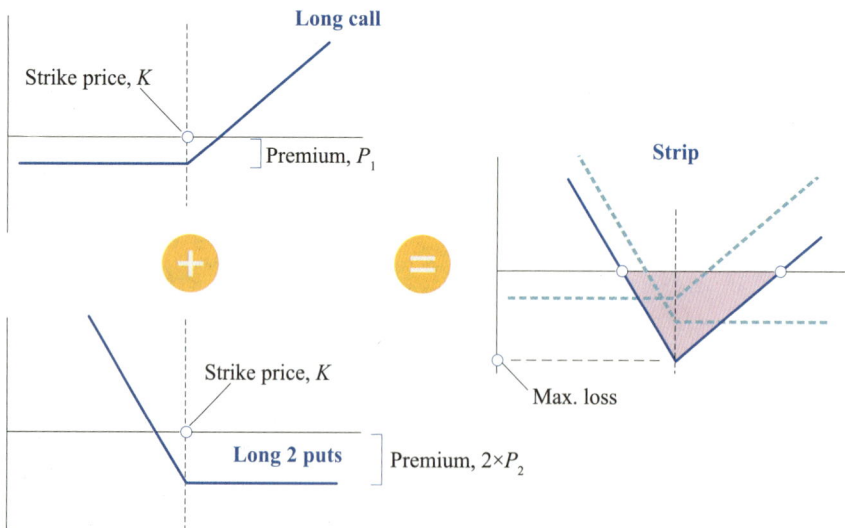

图12.35　strip交易策略的构成和到期PnL折线

也可以用欧式看跌期权或美式看跌期权起来构造strip，两者的PnL曲线稍有不同，这里不做展开讨论。请读者参考之前有关使用美式看跌期权构造期权交易策略的内容自行分析。图12.36演示了用欧式期权构造的strip价格曲线随到期时间缩小演变的曲线。在低价位区间，到期时间$T-t$减小，期权组合获利增加；在高价位区间，期权获利和到期时间缩短有负向关系。在执行价格附近，随着$T-t$减小，亏损不断增大。

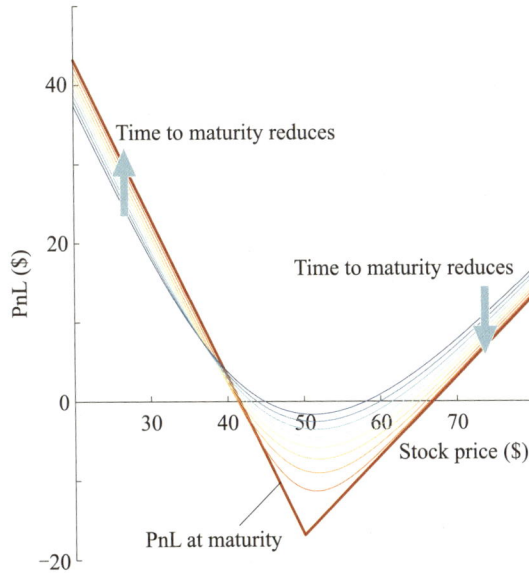

图12.36　strip，欧式期权，损益PnL曲线随到期时间$T-t$变化的蜕化过程

带式组合 (strap) 和序列组合一样，也是跨式套利的一种特例。它的组成期权有相同的到期时间和执行价格，而且都是ATM (At The Money)。带式组合的成分是：买入一份看跌期权，买入两份看涨期权，如图12.37所示。这个交易策略的最大收益上不封顶，最大的亏损和strip一样，也是所有的期权费：$P_1 + 2 \times P_2$。strap和strip最大的区别就是，strap在股价上涨时的收益曲线更陡峭。退出交易策略获利的方法是：

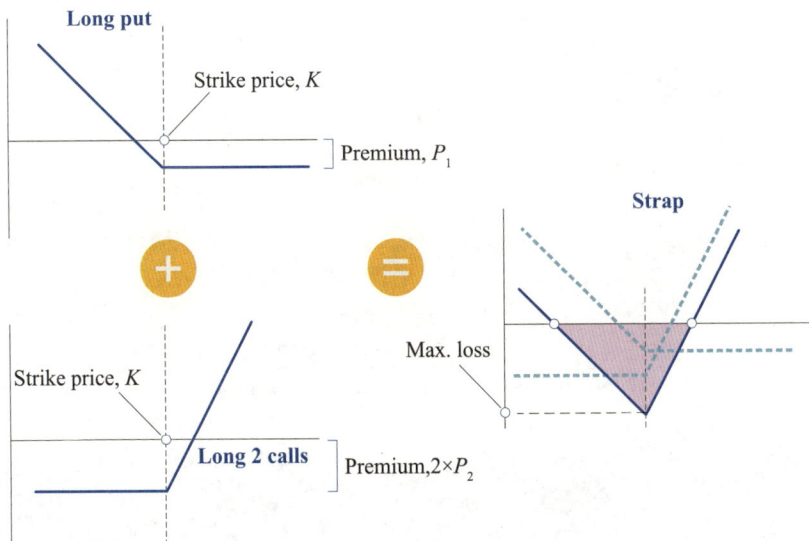

图12.37　strap交易策略的构成和到期PnL折线

◀ 当股价上升时，卖出call option，
◀ 当股价下降时，卖出put option。

如图12.38所示，如果采用欧式期权构造strap，在高股价区间，到期时间$T-t$缩小对交易策略收益是负向影响；在低股价区间，到期时间减小，交易策略收益提高。交易策略的亏损随着到期时间$T-t$减小而恶化。

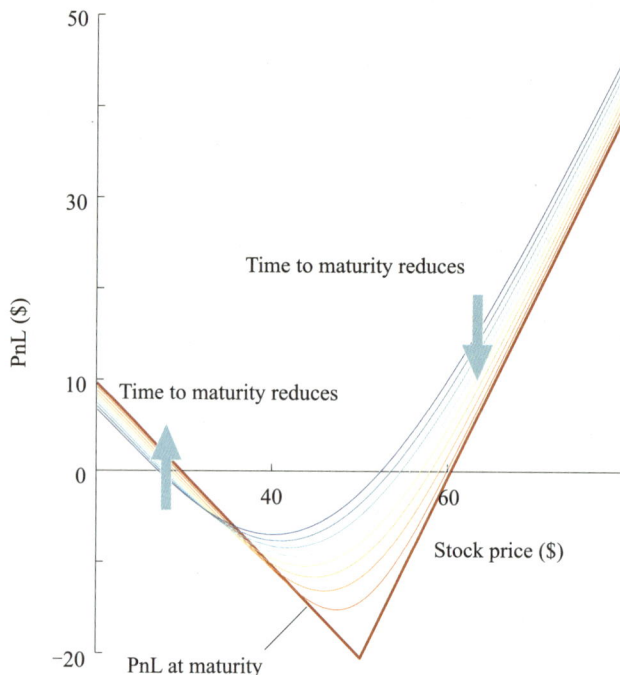

图12.38 strap，欧式期权，损益PnL曲线随到期时间$T-t$变化的蜕化过程

12.7 铁鹰套利

铁鹰套利 (iron condor) 和铁蝶套利的核心思想几乎完全一致。略有不同的是，铁蝶套利中间执行价只有一个，而铁鹰套利中间执行价有两个。因此合成一份**多头铁鹰套利** (long iron condor) 需要四个期权：在K_1买入看跌期权，在K_2卖出看跌期权，在K_3卖出看涨期权，在K_4买入看涨期权，如图12.39所示。这种交易策略很保守，它的收益有限，损失风险也有限。

通过名字，也能发现铁鹰套利可对应铁蝶套利，**鹰式套利** (condor) 应该对应蝶式套利。同样，铁鹰套利混用看涨和看跌期权；而鹰式套利只采用看涨期权，或只采用看跌期权。因此鹰式套利也有四个方案：

◀ 多头看涨鹰式套利 (long call condor)
◀ 空头看涨鹰式套利 (short call condor)
◀ 多头看跌鹰式套利 (long put condor)
◀ 空头看跌鹰式套利 (short put condor)

看涨鹰式套利 (call condor) 是买卖四个到期时间相同、但是执行价完全不同的看涨期权构成。同理，买卖四个到期时间相同、执行价格不同的看跌期权，可以构建**看跌鹰式套利** (put condor)。请读者根据蝶式套利的四个方案自己构建这鹰式套利的四个方案。并自行根据章末的代码，绘图探讨鹰式套利的PnL曲线随时间的变化。这一小节主要介绍铁鹰套利策略。

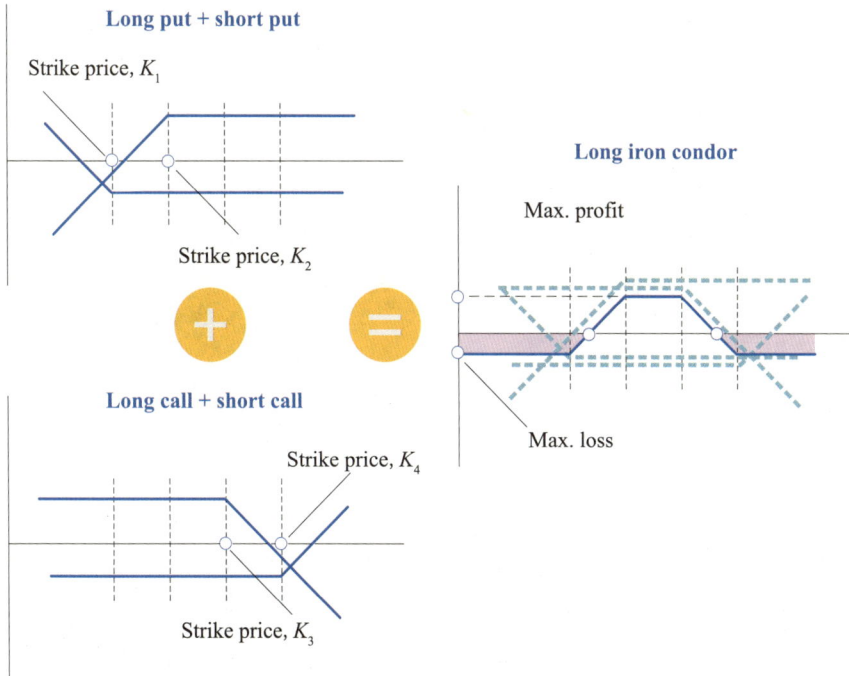

图12.39　long iron condor交易策略的构成和到期PnL折线

对于多头铁鹰套利策略，随着到期时间$T-t$缩短，临近到期，在获利区间，获利不断提高；也就是$T-t$减少对收益有正方向影响。在亏损区间，亏损不断变大，也就是$T-t$减少对收益有负方向影响。

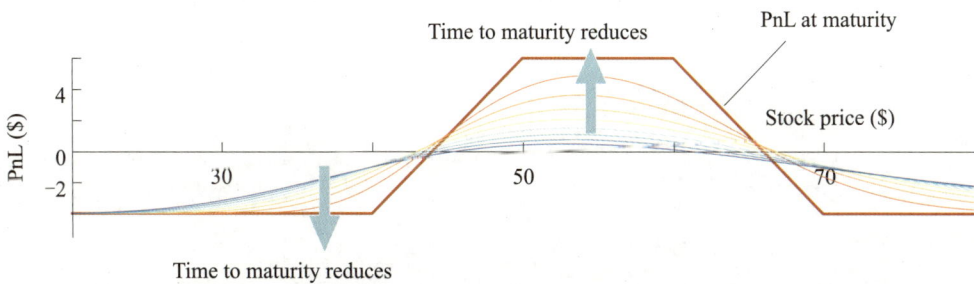

图12.40　long iron condor损益PnL曲线随到期时间$T-t$变化的蜕化过程

有多头铁鹰套利，就有**空头铁鹰套利** (short iron condor)。long iron condor的构成成分和short iron condor完全相同，买卖方向完全相反。空头铁鹰套利由如下期权构成：卖出执行价K_1的看跌期权，买入执行价K_2的看跌期权；同时，买入执行价K_3的看涨期权，卖出执行价K_4的看跌期权，如图12.41所示。这四个期权的到期时间一致。short iron condor的获利区间在低价位和高价位两侧，损失可控，收益有限，如图12.42所示。

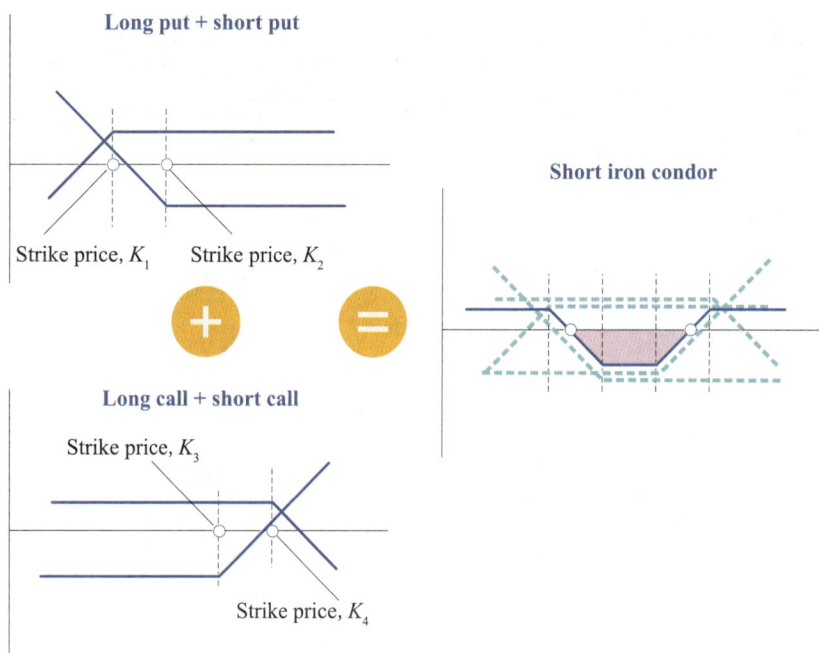

图12.41　short iron condor交易策略的构成和到期PnL折线

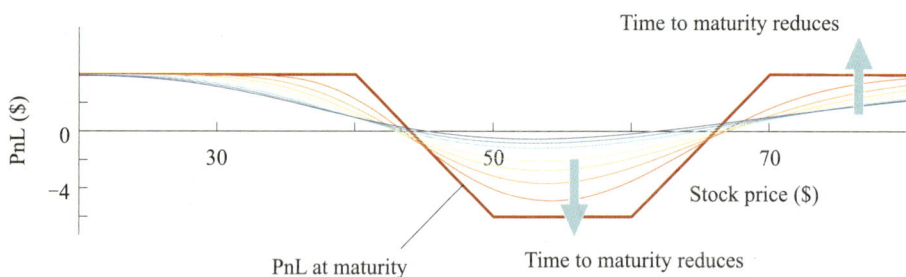

图12.42　short iron condor损益PnL曲线随到期时间$T-t$变化的蜕化过程

12.8 比率价差

常见的**比率价差** (ratio spread) 有两种：**看涨比率价差** (ratio call spread) 和**看跌比率价差** (ratio put spread)。这种比率价差的特点是，每买入一份的期权，同时卖出两份的期权。期权的种类相同，要么都是看涨期权 (比率看涨期权)，要么都是看跌期权 (比率看跌期权)。这两种期权的标的物和到期时间完全相同，但是执行价格不同。

ratio call spread的构成是：低执行价位K_1买入一份看涨期权，高价位K_2卖出两份看跌期权，如图12.43所示。如果标的物价格波动很小，这种交易策略可以推荐。如果标的物的价格波动很大，这种交易策略完全不推荐。因为这种策略的收益有限，但是亏损无限；随着标的物价格从高位不断上涨，这个交易策略的亏损不断增大。除了1：2的买入和卖出关系之外，2：3的买入和卖出关系也很常见。

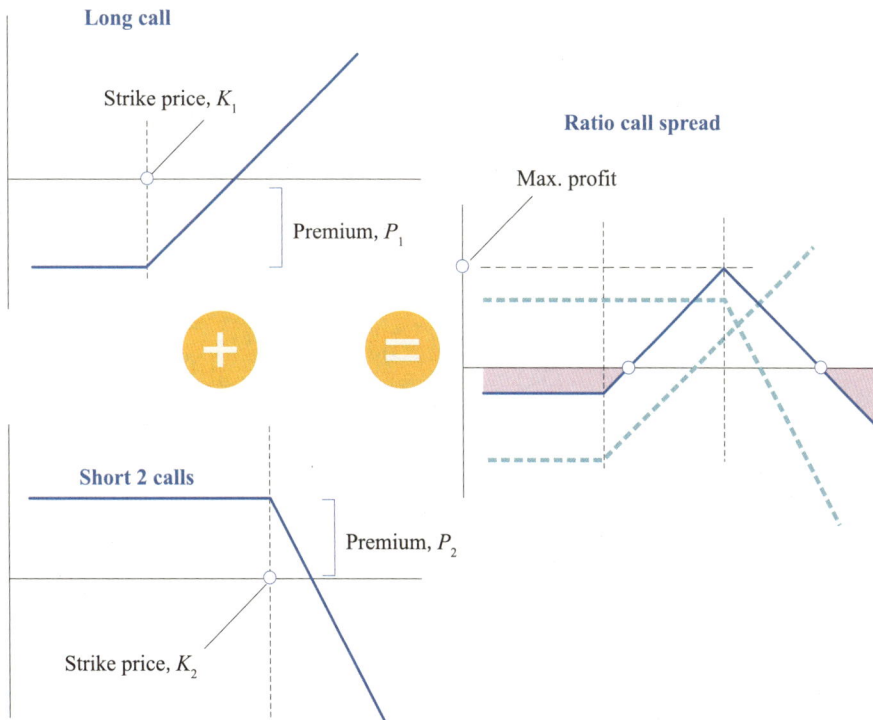

图12.43　ratio call spread交易策略的构成和到期PnL折线

从图12.44可以看出，在低价位区，交易策略的亏损随着$T-t$减小而增大；在高价位区，$T-t$减小对策略的亏损有正向影响。在获利区间，随着$T-t$减小，交易策略的获益增大。

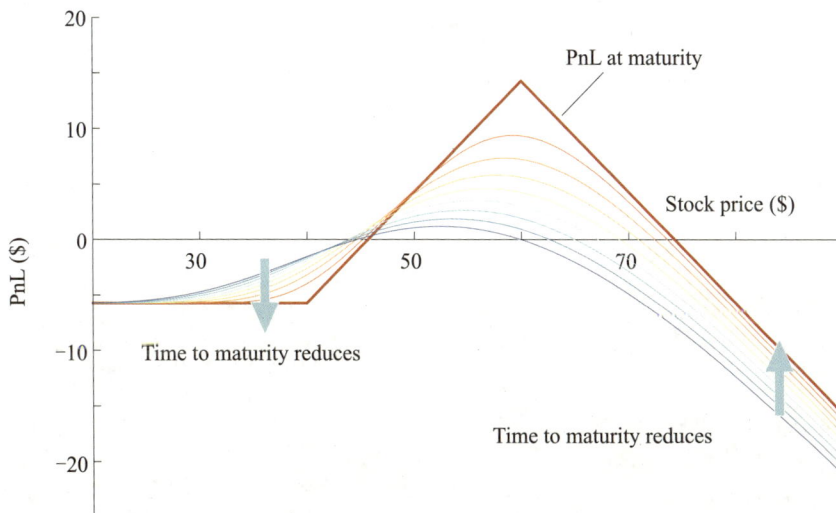

图12.44　ratio call spread损益PnL曲线随到期时间$T-t$变化的蜕化过程

图12.45给出的是ratio put spread的构成和到期PnL折线。这个期权交易策略的特点是，卖出两份低执行价位K_1看跌期权；买入一份高执行价位K_2看跌期权。这个策略不同于ratio call spread，是因为ratio put spread在高价位和低价位的损失都是有界的。和ratio call spread一样的是，这两个交易策略的收益都是有限的，而且投资认为标的资产价格在小范围波动。

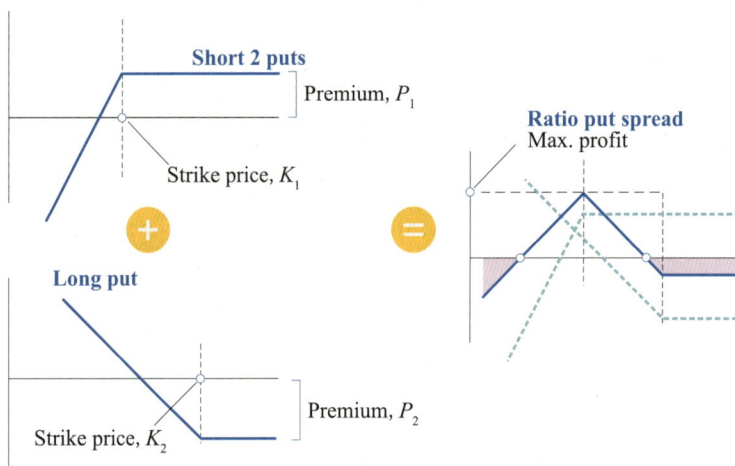

图12.45 ratio put spread交易策略的构成和到期PnL折线

这个交易策略的损益随$T-t$蜕化过程的曲线如图12.46所示。在两侧的亏损区间，到期时间$T-t$减小，会导致亏损增大；在获益区间，获利随着$T-t$减小而增大。

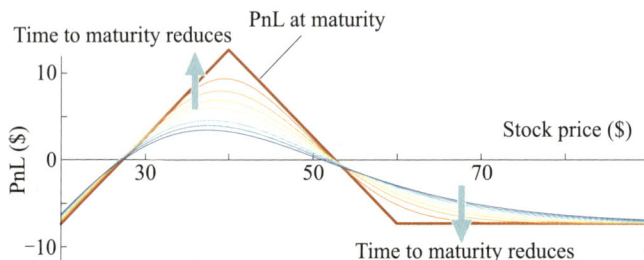

图12.46 ratio put spread损益PnL曲线随到期时间$T-t$变化的蜕化过程

和比率价差相对的是**反比率价差** (ratio backspread)。反比率价差对市场的预期和比率价差完全相反。**反比率看涨价差** (ratio call backspread) 指的是构成交易策略的期权都是看涨期权。这个策略的构成是在低执行价K_1卖出一份看涨期权，在高执行价位K_2买入两份看涨期权。这个策略预期市场价格波动较大。在低价位获利区间，交易策略的收益有限；在高价位获利区间，交易策略的获利无上界，如图12.47所示。

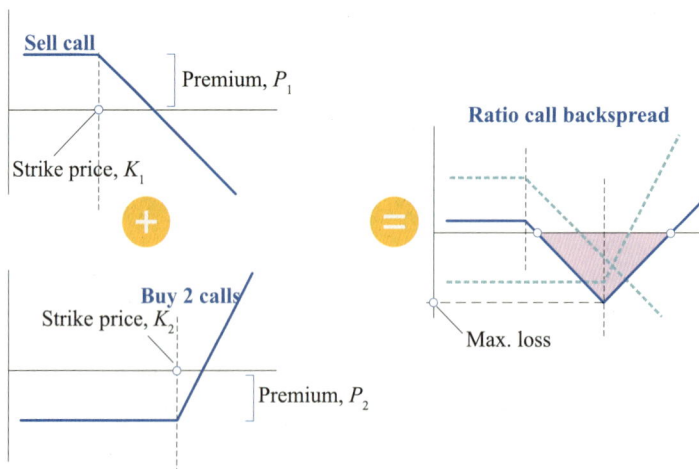

图12.47 ratio call backspread交易策略的构成和到期PnL折线

在价位获益区间，随着到期时间 $T-t$ 减小，交易策略的获益不断提高，如图12.48所示。在高价位获益区间，其他因素保持不变的前提下，交易策略的获利不断下降。在亏损价格区间，$T-t$ 减小让交易策略亏损不断提高。

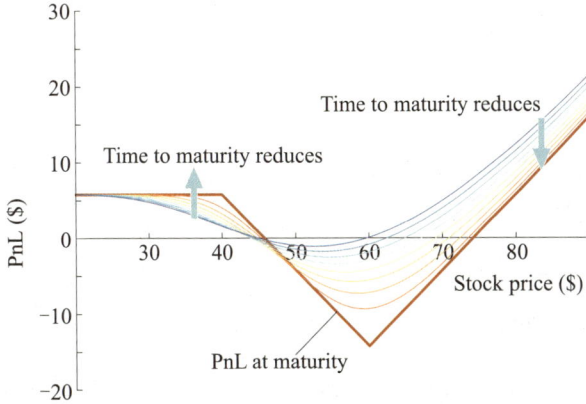

图12.48　ratio call backspread损益PnL曲线随到期时间 $T-t$ 变化的蜕化过程

由看跌期权构成的反比率价差交易策略叫作**反比率看跌价差** (ratio put backspread)。ratio put backspread的构成是：买入两份低执行价位 K_1 看跌期权，卖出一份高执行价位 K_2 看跌期权。这个期权策略最大收益有上界，最大的亏损也有下界，如图12.49所示。

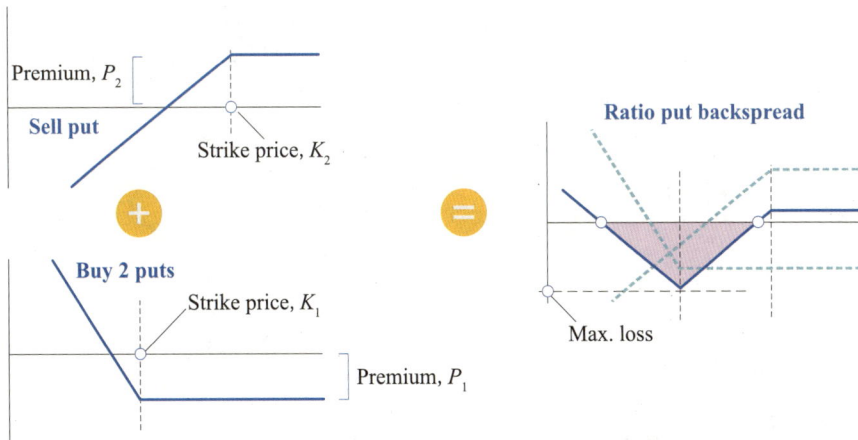

图12.49　ratio put backspread交易策略的构成和到期PnL折线

在高价位获益区间，随着到期时间 $T-t$ 减小，高价位区间的获益不断提升，如图12.50所示。在亏损区间，到期时间 $T-t$ 减小对交易策略亏损有负方向影响。$T-t$ 减小，亏损不断增大。

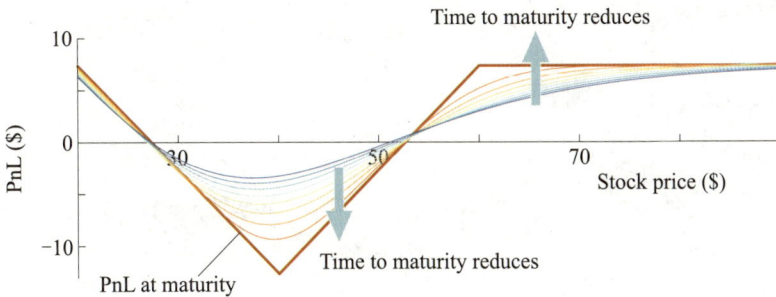

图12.50　ratio put backspread损益PnL曲线随到期时间 $T-t$ 变化的蜕化过程

12.9 梯式套利

梯式套利 (ladder) 主要有以下四种。

◀ 牛市认购梯式套利 (bull call ladder)
◀ 熊市认购梯式套利 (bear call ladder)
◀ 牛市认沽梯式套利 (bull put ladder)
◀ 熊市认沽梯式套利 (bear put ladder)

本节主要讨论前两种。牛市认购梯式套利的构成是：买入低执行价K_1看涨期权，卖出一份中执行价K_2看涨期权，也卖出一份高执行价K_3看涨期权。三个看涨期权的标的物和到期时间完全相同，如图12.51所示。这个期权交易策略的收益有上限，风险无下限。

图12.52中，在低价位亏损区域，随着到期时间$T-t$减小，亏损不断增大；而在高价位亏损区域，亏损随着到期时间减小不断减小。在获益价格区间，到期时间$T-t$对收益有正方向影响。

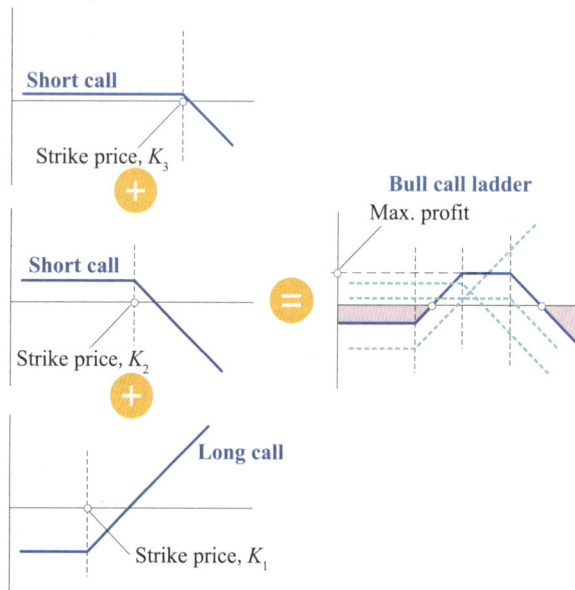

图12.51   bull call ladder牛市认购梯式交易策略的构成和到期PnL折线

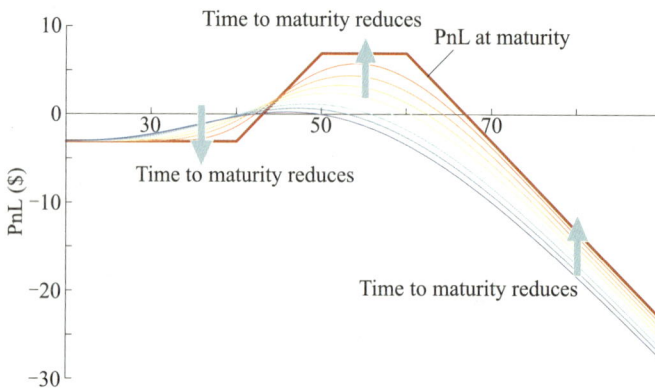

图12.52   bull call ladder损益PnL曲线随到期时间$T-t$变化的蜕化过程

bear call ladder损益曲线随到期时间变化，如图12.53所示。在低价位收益区间，到期时间 $T - t$ 减小，交易的收益不断缓慢升高；在高价位收益区间，交易收益不断缓慢下降。亏损时，到期时间 $T - t$ 减小，亏损不断增大。

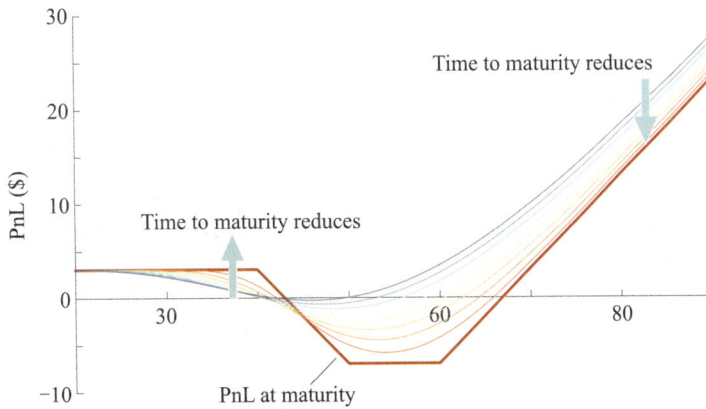

图12.53　bear call ladder损益PnL曲线随到期时间 $T - t$ 变化的蜕化过程

其他常用的期权交易策略还有很多，比如箱式交易策略、领口策略、对角线、日历价差交易等。推荐以下CME和CBOE提供的资源，了解更多有关期权交易策略内容：

◄ https://www.cmegroup.com/education/brochures-and-handbooks/25-proven-strategies.html
◄ http://www.cboe.com/strategies

本章中期权交易策略PnL曲线随时间变化的图像可以通过下面的代码获得。代码中计算期权价值的方法有两种：BSM和二叉树。有关BSM的基础知识，将在本丛书第二本书中进行介绍。

B1_Ch12_1.m

```matlab
%% Option trading strategies

clc; clear all; close all

STOCK = [20:0.5:90];
Strikes = [40, 50, 60, 70]; % OTM, ATM, ITM, ITM
stock_0 = 50; % Starting price
TIME = [0,0.25:0.25:2];
Vol_const = 0.2; % constant vol.
Vol = Vol_const;

option_type = 'put';
% two types: 'call', call option; 'put', put option
early_exercise = false;
if early_exercise
    Type_str = 'Am';
else
    Type_str = 'Euro';
end
```

```matlab
% Vol. smile
% Vol_K1 = 0.4; Vol_K3 = 0.3; Vol_K2 = 0.2;
time = max(TIME);    % Initial time to maturity
Flag = 0;    % put option

Increment = time/20;

Rate = 0.03;

for i = 1:length(Strikes)
    [Call_K_0(i),Put_K_0(i)] =
blsprice(stock_0,Strikes(i),Rate,time,Vol);
    if early_exercise
        % [~,OptionValue] =
binprice(stock_0,K1,Rate,time,Increment,Vol_K1,Flag);
        [OptionValue,~,~] = Binomial_CRR(stock_0, K1,...
            Rate,time, Increment,
Vol,option_type,early_exercise);

        Put_K_0(i) = OptionValue(1,1); % Update Am put price
    else
    end
end


RATES = linspace(0.2,0.3,5);
for iii = 1:length(Strikes)
    for j = 1:length(TIME)
        time = TIME(j);
        %     Rate = RATES(j);
        for i = 1:length(STOCK)
            stock = STOCK(i);

            [Call,Put] = blsprice(stock,Strikes(iii),Rate,time,Vol);
            if early_exercise
                % [~,OptionValue] = binprice(stock,K1,Rate,time,Increment,Vol_
K1,Flag);
                [OptionValue,~,~] = Binomial_CRR(stock, Strikes(iii),...
                    Rate,time, Increment, Vol,option_type,early_exercise);
                Put = OptionValue(1,1); % Update Am put price
            else
            end
            CALL_K(i,j,iii) = Call - Call_K_0(iii);
            PUT_K(i,j,iii) = Put - Put_K_0(iii);

        end
    end
```

```
end

CALL_K1 = CALL_K(:,:,1);  PUT_K1 = PUT_K(:,:,1);
CALL_K2 = CALL_K(:,:,2);  PUT_K2 = PUT_K(:,:,2);
CALL_K3 = CALL_K(:,:,3);  PUT_K3 = PUT_K(:,:,3);
CALL_K4 = CALL_K(:,:,4);  PUT_K4 = PUT_K(:,:,4);



index = 1;

my_col = brewermap(length(TIME),'RdYlBu');
continue_sign = true;

while continue_sign == true
    n = input('Enter a case number: ');

    switch n

        case 1
            % Covered call: short a call at K2 + long stock
            syn_p = -CALL_K2 + repmat (STOCK, length(TIME),1)' -
stock_0;
            title_temp = 'Covered call: short a call + long stock';
            %
        case 2
            % Covered put: short a put at K2 + short stock

            syn_p = -PUT_K2 - repmat (STOCK, length(TIME),1)' +
stock_0;
            title_temp = 'Covered put: short a put at K2 + short stock';


        case 3
            % Protective call: long a call at K2 + short stock
            syn_p = CALL_K2 - repmat (STOCK, length(TIME),1)' +
stock_0;
            title_temp = 'Protective call: long a call at K2 + short stock';


        case 4

            % Protective put: long a put at K2 + long stock
            syn_p = PUT_K2 + repmat (STOCK, length(TIME),1)' -
stock_0;
            title_temp = 'Protective put: long a put at K2 + long stock';


        case 5

            % Bull spread with two calls, long a call at K1 + short a call at K3
```

```matlab
        syn_p = CALL_K1 - CALL_K3;
        title_temp = 'Bull spread with two calls: long a call at K1 + short a
call at K3';

    case 6

        % Bull spread with two puts, long a put at K1 + short a put at K3

        syn_p = PUT_K1 - PUT_K3;
        title_temp = 'Bull spread with two puts: long a put at K1 + short a
put at K3';

    case 7
        % Bear spread with two calls: short a call at K1 + long a call at K3
        syn_p = -CALL_K1 + CALL_K3;
        title_temp = 'Bear spread with two calls: short a call at K1 + long a
call at K3';

    case 8

        % Bear spread with two puts: short a put at K1 + long a put at K3

        syn_p = -PUT_K1 + PUT_K3;
        title_temp = 'Bear spread with two puts: short a put at K1 + long a
put at K3';

    case 9

        % long butterfly with four calls: long a call at K1 + long a call at
K3 + short two calls at K2

        syn_p = CALL_K1 + CALL_K3 - 2*CALL_K2;
        title_temp = 'long butterfly with four calls: long a call at K1 + long
a call at K3 + short two calls at K2';

    case 10

        % long butterfly with four puts: long a put at K1 + long a put at K3 +
short two puts at K2
        syn_p = PUT_K1 + PUT_K3 - 2*PUT_K2;
        title_temp = 'long butterfly with four puts: long a put at K1 + long a
put at K3 + short two puts at K2';

    case 11

        % short butterfly: long a call at K1 + long a call at K3 + short two
```

```
calls at K2

        syn_p = -CALL_K1 - CALL_K3 + 2*CALL_K2;
        title_temp = 'short butterfly: long a call at K1 + long a call at K3 +
short two calls at K2';

    case 12

        % long butterfly: short a put at K1 + short a put at K3 + long two
puts at K2
        syn_p = -PUT_K1 - PUT_K3 + 2*PUT_K2;
        title_temp = 'long butterfly: short a put at K1 + short a put at K3 +
long two puts at K2';

    case 13

        % long straddle: long a put at K2 + long a call at K2

        syn_p = PUT_K2 + CALL_K2;
        title_temp = 'long straddle: long a put at K2 + long a call at K2';

    case 14

        % short straddle: short a put with K2 + put a call with K2

        syn_p = -PUT_K2 - CALL_K2;
        title_temp = 'short straddle: short a put with K2 + put a call with
K2';

    case 15

        % long strangle: long a call at K3 + long a put at K1
        syn_p = CALL_K3 + PUT_K1;
        title_temp = 'long strangle: long a call at K3 + long a put at K1';

    case 16

        % short strangle: short a call at K3 + short a put at K1
        syn_p = -CALL_K3 - PUT_K1;
        title_temp = 'short strangle: short a call at K3 + short a put at
K1';

    case 17

        % Strip: long a call at K2 + long two puts at K2

        syn_p = CALL_K2 + 2*PUT_K2;
```

```matlab
            title_temp = 'Strip: long a call at K2 + long two puts at K2';

        case 18
            % Strap: long two calls at K2 + long a put at K2
            syn_p = 2*CALL_K2 + PUT_K2;
            title_temp = 'Strap: long two calls at K2 + long a put at K2';

        case 19
            % long condor: long call at K1, short call at K3, short call at K2,
and long call at K4
            syn_p = CALL_K1 - CALL_K3 - CALL_K2 + CALL_K4;
            title_temp = 'long condor: long two calls (K1, K4) + short two calls
(K3, K2)';

        case 20
            % short condor: short call at K1, long call at K3, long call at K2,
and short call at K4
            syn_p = -CALL_K1 + CALL_K3 + CALL_K2 - CALL_K4;
            title_temp = 'long condor: short two calls (K1, K4) + long two calls
(K3, K2)';

        case 21
            % Call ratio spread: long call at K1 + short 2 calls at K3
            syn_p = CALL_K1 -2*CALL_K3;
            title_temp = 'Call ratio spread: long call at K1 + short 2 calls at
K3';

        case 22
            % Put ratio spread: long put at K3 + short 2 puts at K1
            syn_p = -2*PUT_K1 + PUT_K3;
            title_temp = 'Put ratio spread: long put at K3 + short 2 puts at K1';

        case 23
            % Call ratio backspread: short call at K1 + long 2 calls at K3
            syn_p = -CALL_K1 +2*CALL_K3;
            title_temp = 'Call ratio backspread: short call at K1 + long 2 calls
at K3';

        case 24
            % Put ratio backspread: long 2 puts at K1 + short put at K3
            syn_p = 2*PUT_K1 - PUT_K3;
            title_temp = 'Put ratio backspread: long 2 puts at K1 + short put at
K3';

        case 25
            % Long Call Ladder: long a call at K1 + short a call at K2 + short a
call at K3
```

```matlab
            syn_p = CALL_K1 - CALL_K2 - CALL_K3;
            title_temp = 'Long Call Ladder: long a call at K1 + short a call at
K2 + short a call at K3';

        case 26
            % Short Call Ladder: short a call at K1 + long a call at K2 + long a
call at K3
            syn_p = -CALL_K1 + CALL_K2 + CALL_K3;
            title_temp = 'Short Call Ladder: short a call at K1 + long a call at
K2 + long a call at K3';

        case 27
            % Long put Ladder: long a put at K3 + short a put at K2 + short a put
at K1
            syn_p = -PUT_K1 - PUT_K2 + PUT_K3;
            title_temp = 'Long put Ladder: long a put at K3 + short a put at K2 +
short a put at K1';

        case 28
            % Short put Ladder: short a put at K3 + long a put at K2 + long a put
at K1
            syn_p = +PUT_K1 + PUT_K2 - PUT_K3;
            title_temp = 'Long put Ladder: long a put at K3 + short a put at K2 +
short a put at K1';

        case 29
            % Box: long a call at K1 + short a call at K3 + short a put at K1 +
            % long a put at K3
            syn_p = +CALL_K1 - CALL_K3 - PUT_K1 + PUT_K3;
            title_temp = 'Box: long a call at K1 + short a call at K3 + short a
put at K1 + long a put at K3';


    end

    figure(index)
    index = index + 1;

    for jj = 1:length(TIME)
        plot(STOCK,syn_p(:,jj),'color',my_col(jj,:)); hold on
    end
    plot(Strikes(1),0,'ok'); hold on
    plot(Strikes(2),0,'ok'); hold on
    plot(Strikes(3),0,'ok'); hold on
    plot(Strikes(4),0,'ok'); hold on
    set(gca, 'XAxisLocation', 'origin')
    xlabel('Stock price [USD]')
```

```
        ylabel('PnL [USD]')
        title(title_temp)
        daspect([1 1 1]); box off

        continue_sign = input('Type true to continue (ENTER to stop): ');

end


%%
function [oPrice,Second_Tree_option,First_Tree_Stock] = Binomial_CRR(S0, X_
strike,...
        interest_r,time, dt, sigma,option_type,early_exercise)

steps = time/dt;
a = exp(interest_r*dt);
u = exp(sigma*sqrt(dt));
% Cox Ross Rubinstein
d = 1/u;
prob = (a-d)/(u-d);

First_Tree_Stock = nan(steps+1,steps+1);
First_Tree_Stock(1,1) = S0;

% Calculate values for the nodes on the first tree, stock tree

for idx = 2:steps+1
    First_Tree_Stock(1:idx-1,idx) = First_Tree_Stock(1:idx-1,idx-1)*u;
    First_Tree_Stock(idx,idx) = First_Tree_Stock(idx-1,idx-1)*d;
end


% Calculate the value at expiry
Second_Tree_option = nan(size(First_Tree_Stock));
switch option_type
    case 'put'
        Second_Tree_option(:,end) = max(X_strike-First_Tree_Stock(:,end),0);
    case 'call'
        Second_Tree_option(:,end) = max(First_Tree_Stock(:,end)-X_strike,0);
end

% Loop backwards to get values at the earlier times
steps = size(First_Tree_Stock,2)-1;

for idx = steps:-1:1
    Second_Tree_option(1:idx,idx) = ...
        exp(-interest_r*dt)*(prob*Second_Tree_option(1:idx,idx+1) ...
        + (1-prob)*Second_Tree_option(2:idx+1,idx+1));
    if early_exercise
```

```matlab
        switch option_type
            case 'put'
                Second_Tree_option(1:idx,idx) = ...
                    max(X_strike-First_Tree_Stock(1:idx,idx),...
                    Second_Tree_option(1:idx,idx));
            case 'call'
                Second_Tree_option(1:idx,idx) = ...
                    max(First_Tree_Stock(1:idx,idx)-X_strike,...
                    Second_Tree_option(1:idx,idx));
        end
    end
end

% Output the option price
oPrice = Second_Tree_option(1);
end
```

Afterword
尾声

　　至此丛书的第一本书主体内容完全结束，简单回顾一下本书的内容。最开始，用三章的内容和读者探讨MATLAB建模和绘图，为丛书之后内容打下基础。第4章中探讨的利率内容是各种金融产品的最基本风险元素，在丛书第二本中还会继续讨论。之后五章 (第5～9章) 内容围绕着基础代数和统计知识展开。这五章的内容看似简单，但是需要读者深入地理解这些数学方法是如何应用在金融领域的。FRM中考查的数学知识很广泛但是也很浅显，因此丛书后续会在FRM考纲基础之上和读者探讨更多数学方法在金融建模领域的应用。

　　第10章固定收益内容实际上是第4章金融知识和第5、6章数学知识的结合应用之一。有关固定收益的估值和风险，在第二本书会继续探讨。第11章讨论有关期权定价的经典方法之一——二叉树方法。请务必注意，任何数学模型都有自己的前提假设，这些前提假设也就是这些模型的局限。在使用任何数学模型之前，一定要清楚了解模型的前提假设。本书最后一章可能是全书最轻松愉快的一章。这样安排最后一章的目的是，想让读者知道，解释任何金融产品和金融现象，数学公式仅仅是手段之一。如果能够将任何数据和信息可视化，并且给出合理的解释说明，这就表明读者几乎完全消化吸收了这些数据和信息。最后附录用字母排序的方法给出第一本书中重要的命令和代码，以便查阅。

　　希望读者能够喜欢本书在金融知识和建模可视化方面做的很多尝试。作者将会用更多优质的内容、完整的代码、高颜值图片等，和读者在第二本书中探讨波动率、随机过程、BSM、希腊字母、股票建模、利率建模、市场风险、信用风险和压力测试等内容。我们下一本书再见！

附录

A-C

A([2: 2: end], 5)第五列偶数索引的元素

A([2: end])取出第二到最后一个元素

A([X, Y], :) 截取A的第X和第Y行

A([X: end], Y)第Y列第X个到最后一个元素

A(any(isnan(A), 2), :)= [] 去除矩阵A中任何含有NaN元素的行

A(A ~= 1)= NaN 将矩阵*A*中不等于1的元素替换为NaN

A(A == 0)= NaN 将矩阵A中为0的元素变为NaN

a*e(b)表达的是$a \times 10^b$，比如2.0e+03表达的是$2 \times 10^3 = 2000$

A.*B行列数相等的两矩阵A和B，对应元素相乘

acos()反余弦函数

area()填充区二维绘图

asin()反正弦函数

autocorr(y)计算数据序列*y*的自相关系数，并绘制自相关系数火柴杆状图

axes('position', [x1 y1 width height])设置图中图位置

axis off去掉坐标轴

axis([xmin xmax ymin ymax])设置二维绘图范围

bar(PV, 0.5)绘制条形图，并且定义每条条形

的宽度为0.5

bar3()绘制三维条形图

barh(x, y)绘制横向柱状图

binocdf()二项分布累计分布函数

binoinv()二项分布累计分布函数逆函数

binopdf()二项分布密度函数

binornd()二项分布随机数生成器

binprice()Cox-Ross-Rubinstein二叉树计算美式期权价格

blsprice()BSM模型计算欧式期权价格

bndprice(Yield, CouponRate, Settle, Maturity)将收益率转换为价格

bndyield(Clean_Price, CouponRate, Settle, Maturity, Period, Basis)将净价等转换为收益率

bondbyzero(RateSpec, CouponRate, Settle, Maturity)获得债券当前的全价、净价和现金流情况

box off去掉图框

box on显示绘图框

boxplot()绘制箱型图

brewermap()MATLAB社区提供的图线配色方案；该函数可用于生成不同的颜色。函数的下载地址：https://www.mathworks.com/matlabcentral/fileexchange/45208-colorbrewer-attractive-and-distinctive-colormaps cdf()绘制样本累计分布图

ceil()天花板函数，向大的方向取整

cell{i} 调用元包数据Cell的第i个元素

cell2sym()把元胞数据转换为符号表达式

cfconv(CashFlow，Yield)计算现金流的凸率

cfdur(CashFlow，Yield)根据输入的现金流和收益率计算久期和修正久期

cfplot()绘制现金流时间轴

chi2cdf()卡方分布累积分布函数

chi2inv()卡方分布累计分布函数逆函数

chi2pdf()卡方分布密度函数

chi2rnd()卡方分布随机数生成器

clc 清空控制台

clear all 清除所有变量

close all 关闭绘图窗口

collect(f_syms，x)按照x合并同类项

colorbar 调出色彩条

colormap winter 采用冬色调

contour()创建平面等高线图

contour3()创建三维等高线图

contourf()创建平面填充等高线图

contourslice()绘制四维数据在三维空间的剖面线

corr()可用于计算线性相关系数，采用该函数时，可自定义的指令项有"Pearson" "Kendall"或者"Spearman"，可计算获得相应的线性相关系数

corrcoef(X，Y)返回线性相关系数PCC

cos()余弦函数

cot()余切函数

cov(X，Y)返回X和Y的协方差矩阵

cumprod()如果A是一个向量，将返回一个包含A各元素累积连乘的结果的向量，元素个数与原向量相同

cumsum()如果A是一个向量，将返回一个包含A各元素累积连加的结果的向量，元素个数与原向量相同

D-H

daspect([x y z])设置图像刻度比例；daspect([1 1 1])轴刻度比例关系为1:1:1

datenum(Valuation_Date，formatIn)将日期Valuation转换成日期数字，formatIn指定Valuation的日期格式，常见的有 'dd-mmm-yyyy' 'mm/dd/yyyy' 'dd-mmm-yyyy HH: MM: SS'等

datetick('x'，'yyyy'，'keeplimits')x轴tick使用日期，日期格式yyyy

diff(f_syms)求解符号方程一阶导数

diff(f_syms，2)求解符号方程二阶导数

diff(x)计算向量x相邻元素之间的差值

doc sin 直接打开help浏览器，搜索sin为关键词的词条

double()将符合变量的值换算成双精度数值

effrr(r，m)计算有效年利率，r为年化利率，m为年复利频率

eps 计算机最小数，2^{-52}

error('Interpolation outside range')用红色字体在命令窗口显示信息

errorbar()绘制含误差条的线图

exp()自然对数底数指数运算

expand()可以将表达式展开

expcdf()指数分布累计分布函数

expinv()指数分布累计分布函数逆函数

exppdf()指数分布密度函数

exprnd()指数分布随机数生成器

ezplot(f_syms，xx)绘制函数在定义域xx内的值，xx为自变量

factor()因式分解

factorial(n)求阶乘$n!$

fcontour(f)绘制函数句柄f的等高线图

feval(f_x, x_p, y_p)根据函数f_x的输入x_p和y_p计算函数值

find(A<0)找到向量/矩阵A小于零元素的位置

find(M == min(M(:)))找到M矩阵中最小值的位置，i行j列。若M为向量则只需j=find(…)，即可找回向量中最小值的位置

fix()向0的方向取整

fliplr(A)将矩阵A左右翻转

flipud(A)将矩阵A上下翻转

floor()地板函数，向小的方向取整

fnxtr(f，order)外插插值

format bank 小数点后两位数值格式

format long 16位数值格式

format short 5位指数数值格式

fred()函数可以在线获取圣路易士联邦储备银行(Federal Reserve Bank of St Louis)(官网：https://fred.stlouisfed.org)提供的大量的经济数据。如FEDFUNDS是联邦基金利率，MPRIME是最优惠利率，DGS1MO是美国国债收益率1月期等

fvfix()计算固定现金流终值

fvvar()计算非固定现金流的终值

gca 取出当前坐标区句柄

gcf 取出当前图窗的句柄

geomean()计算几何均值

gradient()计算数值梯度

grid on 增加图像栅格

grid off 剔除背景栅格

hAxis.XAxisLocation 平面横坐标位置，取值可以是bottom、top、origin或具体数值

hAxis.XRuler.FirstCrossoverValue = 0；用来设定x轴在y轴方向的第一穿越点

hAxis.XRuler.SecondCrossoverValue=0；用来设定x轴在z轴方向的第二穿越点

hAxis.YAxisLocation 平面纵坐标位置，取值可以是 left、right、origin或具体数值

heatmap()生成平面热图

hist(data，bins)绘制出数据samples的直方图，nbins指定直方的数量

histfit(samples, nbins, 'kernel')绘制出数据samples的直方图，同时根据数据分布，给出PDF的拟合曲线，nbins指定直方的数量

histogram(X)生成直方图

I-M

icdf(p, A)计算逆累计分布函数p在累积概率A处的自变量值，此处需要配合使用makedist命令生成概率密度函数句柄

imagesc()生成平面图像,本书也将其称作热图,MATLAB专门绘制热图的函数为heatmap()

Inf 无穷大

input('Please input value')运行代码时在窗口提示接受外部输入数值

int(f)求函数f的不定积分

integral(fun, xmin, xmax)计算符号变量函数fun在[xmin, xmax]的积分

intenvset('Rates', 0.05, 'StartDates', '20-Jan-2000', 'EndDates', '20-Jan-2001')建立一个利率期限结构

interp1(x, v, xq);一维插值,根据x-v的对应关系,插值获得在xq处的值

interp1(x, v, xq, 'linear', 'extrap')线性外插插值

interp2(X, Y, V, Xq, Yq);二维内插值,根据X-Y-V的对应关系,二维插值获得(Xq, Yq)处的值

intersect()交集

irr()计算一系列周期现金流的内部收益率

isoutlier(samples)获得样本数据中的离群值

isstr()是否为字符串

isvector()是否为向量

kurtosis()返回四阶中心矩

legend('legend X', 'legend Y')在坐标区添加图例

length(A)获得向量的长度

limit(f_syms, n, Inf)计算符号变量函数f_syms极限值

line()可以绘制平面和空间曲线

linprog()求解线性回归问题

linspace(x1, x2, n)生成一个$n\times1$的行向量,行向量的每个元素在x_1和x_2之间均匀连续分布

log()自然对数函数

log10()以10为底数对数

logncdf()对数正态分布累计分布函数

logninv()对数正态分布累计分布函数逆函数

lognpdf(x, mu, sigma)根据自变量生成对数正态分布,mu为均值,sigma为标准差

lognrnd()对数正态分布随机数生成器

makedist('Normal', 'mu', mu, 'sigma', sigma)创建概率密度函数句柄,Normal为定义概率密度函数为正态分布,mu和sigma分别定义概率密度函数的数学期望mu和标准差sigma

matlabFunction(f_x)将函数变量表达式转换为函数句柄

A(:, :, 1)拿出三维矩阵的第一页

max(M(:))取出矩阵最大值

max(max(M))取出矩阵最大值,等同于max(M(:))

mean()获得矩阵或向量的均值

median()获得中位数

mesh(X, Y, Z)生成三维网格图

mesh(X, Y, Z, 'MeshStyle', 'column')绘制x维度图像

mesh(X, Y, Z, 'MeshStyle', 'row')绘制y维度图像

meshc()绘制线框网格并根据该网格绘制等高线图,使颜色与曲面高度成比例

meshgrid(x, y)生成网格坐标

meshz()绕线框网格绘制帷幕，使颜色与曲面高度成比例

mode()获得众数

mvncdf(X，MEANs，COV_Matrix)根据*X*指定的多元变量范围，MEANs指定的多维变量的均值以及协方差矩阵COV_Matrix，生成多维正态累积概率分布数据点

mvnpdf(X，MEANs，COV_Matrix)根据*X*指定的多元变量范围，MEANs指定的多维变量的均值以及协方差矩阵COV_Matrix，生成多维正态分布数据点

mvnrnd(AVEs，COV_Mtx，num_sims)用于产生多元随机数，其中，AVEs给定多元正态分布的期望值向量，COV_Mtx给定协方差矩阵，num_sims给定随机数的个数

N-Q

NaN 不定值

nan()按要求生成数值都为NaN的矩阵或向量

nancov()协方差(忽略缺省值)

nanmax()求最大值(忽略缺省值)

nanmean()均值(忽略缺省值)

nanmedian()中位数(忽略缺省值)

nanmin()最小值(忽略缺省值)

nanstd()标准差(忽略缺省值)

nansum 求和(忽略缺省值)

nanvar()方差(忽略缺省值)

nargin 函数输入变量数目

nargout 函数输出变量数目

normcdf()正态分布累计分布函数

normcdf(x，mu，sigma)生成累积概率密度分布函数cdf，均值为mu，标准差为sigma，范围为*x*

norminv()正态分布累计分布函数逆函数

normpdf(x，mu，sigma)生成概率密度分布函数pdf，均值为mu，标准差为sigma，范围为*x*

normrnd()正态分布随机数生成器

normspec()绘制置信区间或者尾部区间

nthroot(X，N)求X的N阶方根

num2str(num)将数字num转换为字符串格式

ones(row_num，column_num)生成元素都为1的矩阵，矩阵中的行数=row_num，列数=column_num。如ones(2，3)表示生成一个2行3列的元素全为1的矩阵。若row_num或column_num其中任一为1，则生成一向量。类似的还有zeros()，NaN()

patch(X，Y)生成填充多边形，封闭多边形的形状由X和Y的对应关系指定

pearsrnd(mu，sigma，skew，kurt，m，n)根据指定的四个中心矩生成*m*×*n*的矩阵

pi 圆周率

pie(X)绘制饼图

pie3(X)绘制三维饼图

plot([X，X]，[y1，y2])绘制平行*y*轴的直线

plot([x1，x2]，[Y，Y])绘制平行*x*轴的直线

plot(x，y)绘制二维图线

plot(x，y，'Color'，[0 0 0]+1/N*(k-1))绘制递进灰度线

plot3(X，Y，Z)绘制三维图，三维点由(X，Y，Z)确定

plot3(x，y，zeros(size(z)))绘制三维线图在*x-y*平面的投影

plot3(x, zeros(size(y)), z)绘制三维线图在*x*-*z*平面的投影

plot3(zeros(size(x)), y, z)绘制三维线图在*y*-*z*平面的投影

plotmatrix()散点图矩阵

poisscdf()泊松分布累计分布函数

poissinv()泊松分布累计分布函数逆函数

poisspdf()泊松分布密度函数

poissrnd()泊松分布随机数生成器

polarplot(theta, rho)绘制极坐标图

polarscatter()绘制极坐标中的散点图

polyfit()最小二乘多项式拟合

polyval(p, x)求多项式在x处的值

polyxpoly()计算交点

prctile(data, [5, 95])计算样本数据的第5和第95百分位数

pretty()按习惯方式打印函数

probplot()绘制概率图

pvfix(Rate, NumPeriods, Payment, ExtraPayment, Due)可以计算固定现金流现值。其中，Rate为复利利率，NumPeriods为复利频数，Payment为固定现金流，ExtraPayment为额外支付的现金流，默认为0，Due为支付的时间，默认为现金流在复利期末支付

pvvar(CashFlow, Rate, CFDates)用于计算非固定现金流。其中，CashFlow为现金流的金额，Rate为年化利率，CFDates 为支付现金流的时间(可选)

quiver(x, y, u, v)绘制速度图，在每一个二维点(*x*, *y*)绘制箭头矢量，矢量的方向和幅值由(*u*, *v*)定义

quiver3()绘制三维箭头图或速度图

R-S

rand(m, n)生成*m*×*n*的随机数矩阵，生成的随机数符合连续均匀分布

randi([0, 1], m, n)生成随机数为0或者1的*m*×*n*的矩阵

randn(m, n)生成*m*×*n*的随机数矩阵，生成的随机数符合标准正态分布

randsample(X, num_samples)从向量X中随机地抽出num_samples个元素

refline()绘制参考线(拟合直线，均值水平参考线等)

regress(y, x)回归拟合分析获得因变量为*y*，自变量为*x*的系数

roots()求解多项式的根

round(X, N)若N为正数，将X取整到小数点后N位

scatter(x, y)绘制散点图

scatter3(x, y, z)绘制三维散点图

scatterhist()含直方图的散点图

sec()正割函数

set(basemesh, 'facecolor', 'none')取消显示网格的颜色，配合绘图函数mesh()使用

set(gca, 'FontName', 'Times New Roman')设置图像字体

set(gca, 'XAxisLocation', 'origin')将*x*轴的位置定义在原定处，其他选项还包括top和bottom，分别将*x*轴的位置定义在图的顶部或底部

set(gca, 'YAxisLocation', 'origin')将*y*轴的位置定义在原定处，其他选项还包括left和right，分别将*y*轴的位置定义在图的左侧或右侧

set(gca, 'Xtick', [1, 5, 10])指定x轴的刻度值

set(gca, 'xticklabel', c)根据c设置x轴的tick标识

set(gcf, 'color', 'w')将图片背景色设为白色

set(h, 'alphadata', ~isnan(x))将NaN数值显示为白色

sign()符号函数

simplify()表达式最简化

sin()正弦函数

slice(xxx, yyy, zzz, v, x_checked(i), [], [])生成平面剖视图

sort(unsorted_row, 'descend'); 从大到小排列，descend可替换为其他参数而实现其他排列方式。使用doc sort查看其余参数

sphere()绘制球面

sqrt()平方根函数

stairs()绘制阶梯图

std()计算标准差

stem(x, y)绘制火柴梗图/针状图

stem3()绘制三维火柴梗图/针状图

subplot(2, 2, 1); subplot(2, 2, 3); subplot(2, 2, [2, 4]); 一个四格三子图布置方案

subplot(3, 3, [2: 3 5: 6]); subplot(3, 3, [1 4]); subplot(3, 3, [8 9]); 一个九格三子图布置方案

subplot(4, 4, [2: 4 6: 8 10: 12]); subplot(4, 4, [1 5 9]); subplot(4, 4, [14: 16]); 一个十六格三子图布置方案

subs(original_fcn, x, x0)将符合表达式original_fcn中的变量x替换为x_0。

surf()创建一个三维曲面图

surfnorm()计算并显示三维曲面法向量

switch … case 根据不同的条件，调用不同的代码

syms x 创建符号变量x

symsum(f_syms, n, 1, Inf)计算序列和的极限值

T-Z

tan()正切函数

tcdf()学生t-分布累计分布函数

tic 启动计时器

tinv()泊松分布累计分布函数逆函数

title('title text')写入图像标题

toc 结束计时器

tpdf()学生t-分布密度函数

trnd()学生t-分布随机数生成器

unidcdf()离散均匀分布累计分布函数

unidinv()离散均匀分布函数逆函数

unidpdf()离散均匀分布密度函数

unidrnd()离散均匀分布随机数生成器

unifcdf()连续均匀分布的累积概率密度分布

unifinv()连续均匀分布累计分布函数逆函数

unifpdf()连续均匀分布密度函数

unifrnd()连续均匀分布随机数生成器

union()并集

view([1, 1, 1])常见的一种视点

view([x，y，z])输入观察空间图形的视点

view(Az，El)输入观察空间图形的视角

xirr()计算一系列非周期现金流的内部收益率

xl = xlim 取出图像x轴取值范围

xlabel('xlabel text')写入x轴坐标文字

xlim([xmin xmax])设置x轴坐标取值范围，类似的命令还有ylim和zlim

xtickformat('%.2f')x轴数字设置到小数点后两位

xticklabels()指定x轴的刻度值

yl = ylim 取出图像y轴取值范围

yy/mm/d，日期格式，比如18/08/08

yyaxis left/yyaxis right 绘制双y图

yyyy/mmm，日期格式，比如2018/Aug

yyyy/mmmm，日期格式，比如2018/August

zbtprice()将债券价格转换为即期利率

zero2disc()函数将即期利率转换为折算因子

zero2fwd()进行即期利率到远期利率的折算。默认的即期利率的折算频率是2次/年，这个函数的输入和输出数据可以任意设定计息频率和方式。输入数据计息频率的句柄为InputCompounding，输出数据的计息频率的句柄为OutputCompounding

zeros(1，length(curve1)生成一个和向量curve1一样长度的行向量

zl = zlim 取出图像z轴取值范围

其他

%% 代码区块符号，配合Ctrl + Enter组合键使用

@(x)exp(-x).*sin(3*x)创建匿名函数的函数句柄

[i，j]=find(M == min(M(：)))找到M矩阵中最小值的位置，i行j列。若M为向量则只需j=find(…)，即可找回向量中最小值的位置

\Delta 大写希腊字母 Δ

\delta 小写希腊字母 δ

^ 乘幂

~= 不等于(关系运算)

~isnan(A)判断矩阵A中NaN和非NaN元素，NaN元素位置结果为1，非NaN元素位置结果为0

< 小于(关系运算)

<= 小于等于(关系运算)

== 等于(关系运算)

> 大于(关系运算)

>= 大于等于(关系运算)

… 为避免一行代码相较于其余代码显得过于冗长，使用此符号